传播与媒介文化研究方法

Communication and Media Cultural Research Methods

王颖吉 主编

图书在版编目(CIP)数据

传播与媒介文化研究方法/王颖吉主编. —北京:北京大学出版社,2017.6
(21世纪新闻与传播学规划教材·传播学系列)
ISBN 978-7-301-26544-4

Ⅰ.①传… Ⅱ.①王… Ⅲ.①传播媒介—文化研究—高等学校—教材 Ⅳ.①G206.2

中国版本图书馆CIP数据核字(2015)第273074号

书　　　名	传播与媒介文化研究方法 CHUANBO YU MEIJIE WENHUA YANJIU FANGFA
著作责任者	王颖吉　主编
责 任 编 辑	胡利国
标 准 书 号	ISBN 978-7-301-26544-4
出 版 发 行	北京大学出版社
地　　　址	北京市海淀区成府路205号　100871
网　　　址	http://www.pup.cn
新 浪 微 博	@北京大学出版社　@未名社科-北大图书
微信公众号	北京大学出版社　北大出版社社科图书
电 子 邮 箱	编辑部 ss@pup.cn　总编室 zpup@pup.cn
电　　　话	邮购部 010-62752015　发行部 010-62750672　编辑部 010-62765016
印 刷 者	北京虎彩文化传播有限公司
经 销 者	新华书店
	730毫米×980毫米　16开本　41.25印张　740千字 2017年6月第1版　2024年7月第4次印刷
定　　　价	119.00元

未经许可,不得以任何方式复制或抄袭本书之部分或全部内容。
版权所有,侵权必究
举报电话:010-62752024　电子信箱:fd@pup.cn
图书如有印装质量问题,请与出版部联系,电话:010-62756370

目 录

第一篇 传播与媒介研究基础

第一章 理解传播、媒介与文化 …………………………………… (3)
一、作为隐喻的术语 ………………………………………………… (4)
二、对于传播、媒介、文化的多元理解和解释 …………………… (8)

第二章 理解科学与方法 …………………………………………… (29)
一、人类探究及其方法 ……………………………………………… (29)
二、科学及其话语建构 ……………………………………………… (35)
三、科学的三种形式及其与传播研究的关系 ……………………… (43)

第三章 方法及其系统 ……………………………………………… (48)
一、研究方法的层次 ………………………………………………… (48)
二、哲学与方法论及其重要性 ……………………………………… (49)
三、三种方法论的取向及其比较 …………………………………… (53)
四、文化传统与研究方法 …………………………………………… (59)

第四章 量化研究与质性研究 ……………………………………… (64)
一、术语解释与辨析 ………………………………………………… (64)
二、概念定义和特征 ………………………………………………… (66)
三、量化研究与质性研究的比较 …………………………………… (67)
四、量化研究与质性研究的优缺点及其相互关系 ………………… (76)

第二篇 实证的传播研究

第一章 实证传播研究导引 ………………………………………… (83)
一、实证主义及其方法论逻辑 ……………………………………… (83)
二、实证主义与美国传播研究 ……………………………………… (88)

第二章　实证研究的设计与测量 …………………………………… (93)
　　一、实证主义研究的设计 ………………………………………… (93)
　　二、测量、概念化和操作化 ……………………………………… (96)
　　三、测量的信度与效度 …………………………………………… (105)
　　四、指数与量表 …………………………………………………… (109)

第三章　抽样的逻辑 ………………………………………………… (112)
　　一、抽样的基本概念 ……………………………………………… (112)
　　二、随机抽样 ……………………………………………………… (114)
　　三、非随机抽样 …………………………………………………… (116)
　　四、样本规模 ……………………………………………………… (117)
　　五、抽样误差 ……………………………………………………… (120)

第四章　定量研究的资料收集方法 ………………………………… (123)
　　一、调查研究法 …………………………………………………… (123)
　　二、实验法 ………………………………………………………… (141)
　　三、个案研究法 …………………………………………………… (158)
　　四、观察法 ………………………………………………………… (164)
　　五、内容分析法 …………………………………………………… (175)

第五章　定量研究的资料分析 ……………………………………… (203)
　　一、定量分析中的重要概念 ……………………………………… (203)
　　二、变量的描述性统计 …………………………………………… (212)
　　三、从统计描述到统计推断 ……………………………………… (250)
　　四、统计决策：从单一总体到多个总体的假设检验 …………… (282)
　　五、从统计决策到变量关系分析 ………………………………… (301)

第三篇　诠释取向的研究方法

第一章　现象学研究方法 …………………………………………… (323)
　　一、现象学方法概述 ……………………………………………… (323)
　　二、现象学的基本观念 …………………………………………… (327)
　　三、现象学进入传播与媒介文化研究的哲学途径 ……………… (340)
　　四、现象学进入传播与媒介文化研究的其他途径 ……………… (343)

第二章　诠释的民族志 ·· (348)
　　一、民族志的基础 ·· (348)
　　二、诠释民族志与受众研究 ·· (354)
　　三、诠释民族志与詹姆斯·凯瑞的传播观 ··························· (359)
　　四、民族志的研究路径 ··· (366)

第三章　历史研究方法 ·· (374)
　　一、史学发展及历史研究方法概述 ·································· (374)
　　二、传统史料研究方法 ··· (376)
　　三、史学研究新方法 ··· (381)
　　四、史论研究方法 ·· (387)

第四章　叙事学研究方法 ·· (398)
　　一、叙事学研究方法概述 ··· (398)
　　二、叙事学研究关键词 ··· (403)
　　三、叙事学研究方法如何进入媒介文本分析 ······················ (411)
　　四、叙事学研究方法的局限 ·· (419)

第五章　话语分析研究方法 ·· (420)
　　一、话语分析概述 ·· (420)
　　二、话语分析的流派及其研究方法 ·································· (422)
　　三、话语分析在媒介研究中的应用 ·································· (424)
　　四、国内话语分析研究方法的应用现状及前景 ····················· (443)

第六章　技术—文化诠释方法 ·· (444)
　　一、技术—文化诠释方法概述 ······································· (444)
　　二、伊尼斯与技术—文化诠释 ······································ (448)
　　三、麦克卢汉与技术—文化诠释 ···································· (452)
　　四、波兹曼与媒介环境学 ··· (457)
　　五、技术—文化诠释的方法论特征 ·································· (461)

第七章　精神分析研究方法 ·· (464)
　　一、精神分析研究方法的理论来源 ·································· (465)
　　二、精神分析方法代表人物及其核心观点 ·························· (466)
　　三、精神分析研究方法关键词 ······································ (469)
　　四、精神分析方法如何进入媒介文本分析 ·························· (474)

五、精神分析研究方法的局限 …………………………………… (481)

第八章　符号互动论研究方法 ………………………………………… (483)
　　一、符号互动论的理论先驱 ……………………………………… (484)
　　二、米德与符号互动论的奠基 …………………………………… (488)
　　三、布鲁默与符号互动论的建立 ………………………………… (493)
　　四、戈夫曼的新发展 ……………………………………………… (497)
　　五、符号互动论研究方法的局限 ………………………………… (506)

第四篇　批判理论及其研究方法

第一章　批判研究导引 ………………………………………………… (511)
　　一、何谓批判理论 ………………………………………………… (511)
　　二、批判理论的哲学基础和方法论逻辑 ………………………… (512)

第二章　法兰克福学派及其研究方法 ………………………………… (517)
　　一、法兰克福学派概述 …………………………………………… (517)
　　二、法兰克福学派的批判研究方法 ……………………………… (521)
　　三、哈贝马斯的认识论及方法论转向 …………………………… (529)

第三章　传播政治经济学及其研究方法 ……………………………… (536)
　　一、从政治经济学到传播政治经济学 …………………………… (536)
　　二、传播政治经济学关键概念 …………………………………… (542)
　　三、传播政治经济学的方法论特征 ……………………………… (548)

第四章　符号学研究方法 ……………………………………………… (556)
　　一、符号与符号学的基本理论 …………………………………… (556)
　　二、皮尔士传统：源自科学的指号学思想 ……………………… (560)
　　三、索绪尔传统：源自语言学的符号学思想 …………………… (569)
　　四、符号学方法在传播和文化研究中的应用 …………………… (580)

第五章　结构主义与后结构主义 ……………………………………… (589)
　　一、结构主义方法的概念及特点 ………………………………… (589)
　　二、结构主义方法的经典研究 …………………………………… (592)
　　三、后结构主义的方法及特点 …………………………………… (599)
　　四、后结构主义方法的经典研究 ………………………………… (601)

第六章　文化研究及其方法 (607)
　　一、文化研究概念及范式 (607)
　　二、文化研究方法论 (613)
　　三、理论思辨的方法 (622)
　　四、批判的民族志 (623)
　　五、文本分析的方法 (627)

第七章　女性主义媒介研究方法 (630)
　　一、女性主义的发生与发展 (632)
　　二、女性主义媒介研究的主要方法 (636)
　　三、女性主义媒介研究的主要议题 (642)
　　四、女性主义媒介研究方法案例评析 (644)

后记 (649)

第一篇

传播与媒介研究基础

第一章
理解传播、媒介与文化

在开始本书的介绍之际,我们需要解释一下书中所使用的关键概念,如"传播""媒介"与"文化"的含义。不过在此之前,还需要介绍一下我们在思考这一问题时所使用的方法,这种方法可以被称为反思(哲学)的方法。人们在面对一个专业术语时通常会采取两种不同的思维态度和方法,这两种思维态度和方法可以被称为自然主义方法和反思(哲学)方法。自然主义的方法是一种自动化的思维习惯,我们依靠这种自动化的思维处理日常生活中的很多问题,比如每天下课之后我们就会自动朝着食堂方向走,而在吃完饭后会自动走回自己的宿舍,在这一过程中我们并不需要思考食堂和宿舍的位置和具体路线,这些信息由于每天重复的经验而刻画在头脑之中了,当我们要处理相同任务的时候,这些刻画在头脑中的示意图就会自动发挥导引的功能,帮助我们在不费力思考的情况下达成自己的目的。自动化思维是人们赖以生存的一种能力,如果这种能力丧失的话,人们将在每一次行动前重新思考有关行动的一切细节,这对人们的正常生活来说是难以想象的。正是由于自动化思维对于我们的生活具有至关重要的作用,可以帮助我们节省脑力和精力,让我们的生活变得更加轻松,因此它被人们广泛地运用于各种活动中。然而,对于学术研究、思维创新和艺术创作这样的活动而言,自动化思维则成了导致错误和平庸的根源,因为自动化思维的实质是节省脑力和精力,是准确地重复已经成功的经验,而学术研究的实质则是开拓创新,是打破常识和常规以发现新的成果,寻求改善人类状况的多样性的、最优化的方案。因此,对于学术研究而言,自动化思维无疑是天然的敌对者,它阻碍了创新思维和科学研究的道路,让人们在一种惯常的思维习惯中不断重复已有的思维模式和观念,失去了提供新的思维路径和方法的可能性。可见自然思维是从事学术研究时需要努力加以克服的一种束缚,而克服的办法就是以反思或哲学的态度和方法对待所面对的问题,以反思和哲学的方法对所要研究的问题进行艰苦的,甚至是殚精竭虑的思考,唯其如此,才有可能产生创新性的研究成果。

以对"传播"一词的思考为例,它在中国当代的学术语境中具有两种不同的理解方式,即自然主义的理解和反思(哲学)的理解。这里所谓自然主义的理解是指人们在现存的理解和解释框架下对于"传播"一词所做的意义解释。这种理解方式的最大特点是不考虑理解与解释活动的哲学与方法论基础,而是根据日常生活中惯常具有的思维方式对"传播"做出理解和解释。最为常见的情况是列举教科书等文献资料中延续多年、鲜有变化的"传播"定义或解释,但对于这些定义和解释的哲学与方法论基础则不加任何关注和反思,也就是说对于一本教科书或者著作中所给出的概念解释仅停留在知其然而不知其所以然的状态。与此相反,反思态度的理解则需要在提供一种概念解释的时候,将这种解释所依据的哲学与方法论基础加以一并呈现。也就是说,对于任何概念的解释都需要反思其所由作出的依据,任何概念定义的作出都不是没有依据的,相反任何概念解释都具有一种隐喻的功能,将人们引向这一解释背后的那个学术体系和思维框架,只有当人们能够将一种定义或者解释所依据的哲学与方法论一并呈现出来的时候,这种定义或者解释才是令人信服的。在中国的语境中,自然主义的态度在言及"传播"一词时,一般会产生以下一些解释:"传播"是对信息的传递和扩散,是人类的基础行为和基本活动,是社会得以产生的条件。有关"传播"的研究,其范围涵盖了与媒介、信息、文化相关的诸多领域,虽然它主要用于指涉与现代电子传媒相关的现象,但也被广泛地用于指涉人际或者个人层面的交流活动,从最宽泛的意义上理解的话,"传播"与"信息传递"几乎可以画上等号。媒介研究或者文化研究有时候也被纳入以"传播"这个词命名的学术领域,但在这一体系的框架下,我们往往会发现"传播"研究与"媒介"研究或"文化"("媒介文化")研究之间其实存在着极其严重的对立与对抗,根本不可能在某种特定的"传播"解释框架下容纳多元且异质的观点。然而,这些都是我们所熟悉的当前有关"传播"这一学术领域的一些令人尴尬的状况,人们似乎对于一种解释、一套框架所依据的哲学和方法论基础不感兴趣,对于其中所存在的明显的逻辑矛盾采取视而不见的策略。然而,对于这种习惯性的、自动化的思维方式提出质疑,并尝试将我们的思维方式转化为哲学反思的态度,是从事严肃研究和研究方法学习时所需要具备的首要条件。

一、作为隐喻的术语

本书以"传播"和"媒介""文化"相对举,是因为在实际的学术研究实践中,"传播""媒介""文化"等学术术语都存在着一种易被忽视的用法,即作为一种符号隐喻来使用,也就是说,特定的语汇符号的背后往往隐喻一整套与此相关的哲学、价值观念、核心议题及研究方法的假设,这种用法是我们在开始学习的时候特别需要加以注意的,因为人们习惯于仅仅将学术术语视为表情达意的工具,而事实上,它们都附带有很深的文化和学术内涵。

就本书所涉及的学术领域而言,"传播""媒介""文化""沟通""传通""交流""交往"等不同词语都会被作为命名符号来加以使用,这些词语之间存在的差异并不仅限于所指涉的研究领域的差异,如人际传播、电视传播、网络传播,或者文字媒介、图像媒介、影像媒介之类;更重要的差异应该是它们各自所隐喻的学术观念、方法和理论立场的差异。例如同样研究电视,作为实证"传播学"之一部分的电视研究往往在价值立场上强调中立或科学,却在服务宗旨和目的上偏向行政和商业应用,在研究方法上则往往主张量化实证。而作为"文化研究"或者"媒介文化"之一部分的电视研究,则往往在价值立场上倾向人文和批判,在研究宗旨与目的上强调意义解读和人的解放,而在研究方法上则往往采取阐释和批判路径。

于是我们经常会看到:美国传统传播学所指涉的领域,在英、法等一些欧洲国家通常会被称为"媒介研究"或"媒介文化研究"。当然,"传播研究"和"媒介研究"在很多时候是可以相互通用的,但是两者之间的差别也是我们应该注意到的,它们的研究范围和研究重点有一定的不同,这种差异反映了学术传统的差异。在中国,前人一般会使用"传通""交通""交流"或者"沟通"等词语描述人类传播现象,这些词语的选择使用实际上也具有其特定思想文化传统方面的背景,而在马克思主义的传统中,如《德意志意识形态》或《交往行为理论》等著作中,"交流"或"交往"的内涵则具有特定的哲学观、价值观和方法论含义。

较长时间以来,汉语中的"传播"一词主要被用于隐喻美国行为主义学术范式的大众传播研究,这一学术范式强调的是对传播行为的预测与控制效果,在这一范式下,"传播"通常指称人类的行为,是动词。而"媒介"研究通常将关注的焦点放置在媒介机构及其经济制度、所有权制度等结构性因素上,媒介研究者一方面从比较宏观的视角研究特定社会经济制度(资本主义和发达资本主义)中的社会结构、意识形态对于人与社会的影响;另一方面也会着眼于对媒介文本的微观阐释,从意义分析和解读中实现对媒介文本的政治意识形态解读,或者揭示资本主义媒介运作中存在的那些不易觉察的神话机制。倾向于马克思主义的或者说批判研究的学术在北美地区的主要代表是"传播政治经济学",它们的政治经济学分析之所以冠以"传播"之名,可能是由于早期的传播政治经济学家主要是在美国从事教学和研究工作,为了能够便于与美国学术界进行对照或交流,于是便使用了"传播"这个美式词语,不过就精神内涵看,这种研究更接近于欧洲的文化与媒介批判,而不是美国的行为主义传播学。英、德、法等欧洲国家对于人类传播和媒介现象的研究往往被置于更加宏观的学术视野中,学者们甚至不追求"传播"或者"媒介"的专业化,这表明他们的研究并不是美国传播学意义上的那种"科学",而是追求人类解放和自由的事业。英国的批判学者将对人类传播和媒介现象的研究纳入"文化"的研究领域,通过研究文化现象来从事对西方资本主义意识形态、权力、阶级、种族、性别等领域的批判。

我们也许可以粗略地将术语选择与方法论之间的关系作如下表述:盛行行为科学(实证主义)的美国传播学喜欢用"传播"来表征他们研究的问题与人的行为之间的密切关系;而具有批判传统的欧洲学者喜欢用"文化工业""媒介文化""媒介与文化""文化研究"等词语来表示他们所研究的是一种社会政治及审美文化意义(意识形态与权力)层面的问题,是与"文化"有密切关系的问题。这两种词语的选择倾向对应于思想史上所谓的"行政研究"(含市场研究)和"批判理论"(广义的)的分野,行政研究主要是美国主流传播学的风格,而批判理论则体现了欧洲学术的特点。当然这种区分不是绝对的,仅仅是就其主要的方面来说的,例如,早期的美国经验主义学者如杜威、米德、帕克等人的传播研究风格主要不是行政或市场倾向的。这里需要注意的是研究取向与范式形成的哲学与方法论基础,这一基础很多时候是由文化传统决定的。在这两种研究风格之外还有一种通常被人们称为"技术主义"或者"形式主义"的媒介理论,即以伊尼斯和麦克卢汉为代表的北美范式。加拿大学者的学术用语既有"传播"(伊尼斯)也有"媒介"(麦克卢汉),不过这里的"传播"与"媒介"与美国和欧洲不同,尤其是在学术传统和方法论内涵方面具有较大的差异。最重要的区别可能在于:前者更注重媒介技术和形式与社会历史文化演化之间的相互关系问题,这不同于美国的行政与市场导向,也不同于欧洲媒介研究的权力与意识形态批判导向。加拿大学术传统倾向于与美国式的传播"科学"保持明确的距离,他们的工作也在哲学观念、价值观念以及方法论方面展现出完全不同于欧洲马克思主义者的逻辑,由于他们主要关注的是技术或形式层面的问题,因而对于媒介内容的研究显然不像西方马克思主义者那么重视。在价值立场上,加拿大学者及其传承人之间的差异较为明显,比如麦克卢汉倾向于对媒介现象进行中立客观的解释,而波兹曼则倾向于在人文主义立场上对现代电子传媒文化进行批判。

我们似乎有理由期待对中国本土的语汇有一个讨论,这个问题在中国文化寻求复兴与向世界传播的历史背景中显得极为重要。对于当代中国的传播学界而言,一个现实的问题是:我们应该确定一系列有自身文化特色的术语,以隐喻和标示具有中国文化特征和历史内涵的学术思想,这一术语既能联通中国历史文化传统，又能蕴含不同于其他国家及地区的特殊思维模式与方法论。除了"传播"和"媒介"之外，"传通""传学""沟通"等词语都是比较多地被提出来加以考虑的术语，但这些词语在内涵方面还没有获得具有绝对影响力的解释，因此我们一般还是因循旧有的翻译词语，即"传播"和"媒介"来指称这一学术领域，并且它们的意涵主要是西方的而不是中国的，换句话讲，这些词只是西方学术观念的中国符号，与传统的中国历史文化并没有太大的关联。

长期以来，传播学本土化被认为是当代中国学术自觉的一种表现。虽然学术界在此工作上充满了焦虑和迫切的心情，但由于传播学界很长时间以来一直存在忽视中国固有文化传承与发展的倾向，因而在美式传播学熏陶下成长起来的传播学界，对于该领域的本土化显得有心无力。事实上，真正严肃的问题还不是一种外来学术的本土化问题，而是如何建构中国自身学术范型的问题。无论是哲学、历史还是文学、艺术，中国古已有之的学术都展现出了完全不同于西方的面貌，这些面貌是中国文化在全球文化麦当劳化的当今时代中区别于其他文化的名片，是我们引以为豪的文化身份证。对于传播或媒介研究而言，其在中国兴起的时间不过是最近三十年左右，由于历史的原因，这一领域基本上只能在全面西化（主要是美国化）的学术环境中发展起来，无法从中国固有文化中发展出既体现中国历史文化传统，又着眼于当今时代问题的新型学术范式。对于人类所面临的诸多重大传播和媒介问题，我们基本上无法贡献出独具中国视角和文化价值的思想，与美国、英国、加拿大、法国或德国这样一些国家相比，中国的传播和媒介研究领域并没有什么标志性特征，远不能与中国文史哲等传统学术领域在国际学术界的地位和影响相比。由于近代以来文化断层和全盘西化的趋向积重难返，因此真正完成有中国特色的传媒学术范式的建构是异常艰难的。或许需要好几代学者的共同努力才能见到成效，或者一直要等到中国大学的新闻传播院系改变"言必称美国"的模式，让"传播"从抽象而空洞的"科学""学科"宝座回归生活世界，并重新找回历史，审视它所隐喻的中国文化的特殊价值，将传统的中国学术与文化作为教学体系的重要构成部分加以重视，才能初步具备完成这一使命的条件。

最后需要强调的一点是，某一文化体系中对某一词语的选择与使用具有复杂性和模糊性，虽然我们在前面重点解释了作为隐喻的"传播"一词的含义，但正如开篇提到的，词语的使用还有非隐喻的那种情况，因此具体语境中"传播"一词的用法究竟属于哪种情况也是需要具体分析的。另外，从符号学的角度看，词语的能指形式与其所指意义之间的关联并不是恒定的，而是一种约定俗成的结果，比如中文以"狗"指称那种家养的犬科动物，而在英文体系中，这一所指无论是字形还是字根都与汉语体系的情况不一,这充分表明:符号能指与其所指之间的关联会因为历史和文化的因素而发生变化。具体到"传播"一词来说,这一词指称的事物和意义会呈现比较复杂的情况,如果我们从历时性分析的角度看,这一词的所指意义会随着时间的变化而发生变化,时间不同,内涵不一,这是很自然的事情。如果从共识性分析的视角看,同一时间段中的同一词,其含义本身会因为使用者的不同而发生变化,只不过在这些因人而异的个体理解基础上,会因为教育、交流等原因逐渐形成多数人共同认可的含义。我们前面所阐述的"传播"一词与其所隐喻的学术观念体系之间的关系,基本上就是基于多数人在某个时间段所形成的共识性理解而言的,类似于马克斯·韦伯所说的"理想型"概念。在实际的学术研究中,很难说"传播"这一实证学者喜欢使用的词就不见用于批判理论家或者具有诠释学倾向的学者,相反,对于这些具有批判和诠释倾向的学者而言,有时候为了改造这一词语的内涵和意义,将其从原先所隐喻的那种学术传统中解放出来,他们会有意地沿用这一术语,并将它的内涵加以改造。斯图亚特·霍尔的《意识形态与传播理论》(*Ideology and Communication Theory*),以及詹姆斯·凯瑞的《作为文化的传播》(*Communication as Culture*)中所谈论的"传播"就是这种情况,他们根据自己的学术思想和立场、方法来谈论传播一词,这本身就是对于作为实证行为科学之隐喻的"传播"所进行的重新解释和界定,因此对于这些词语的具体用法,我们很多时候需要具体语境具体分析,但必须明白的一点是,在我们的观念中,"传播"一词所隐喻的学术体系及其方法,往往是通过我们的自动化思维习惯起作用的,以至于我们如果不借助于严格的反思,就很难觉察到这种奇特的意义运作机制。对于研究方法的学习者而言,有助于思维创新的哲学与方法论的重要性要远远大于具体从事研究操作的方法,两者之间可谓"本末"关系,而任何思维创新的首要条件就是对自身所具有的自动化思维和自然主义研究态度进行严厉的批判性反思。

二、对于传播、媒介、文化的多元理解和解释

由上面所讲的内容看,我们所涉及的领域中最基本的概念至少包括三个,即"传播""媒介"以及"文化",因此有必要对这三个词的含义做一些具体的解释。显然,由于我们不太可能,也无必要对所有词语定义加以介绍,因此我们的策略是在分类的基础上介绍有代表性的观点。这一方法的目的不在于详细列举迄今为止所有相关定义,并试图从中归纳出真理性的定义,求取真理性定义的做法基本上类似"缘木求鱼"的行为。正如前面所提到的,我们的方法是寻找路径的方

法,既然词语具有隐喻其背后的学术思想的功能,那么我们不禁想要知道:人们是在哪些思维框架下来衍生有关这些词的具体含义的呢?不同的思维框架下的术语解释又有何本质差异呢?这里的"路径"或"思维框架"具有阿尔都塞的"问题式"或者福柯的"话语"概念的含义,偏重于对产生概念的条件与机制的关注。

(一) 理解传播:科学与文化

结合前面已经提到的内容,我们可以从众多理解现代传播的路径中辨析出三种比较清晰的理解视角。

第一种是实证社会科学或行为科学的理解,将传播视为人类的行为,如此理解的话,传播研究的目的就在于研究人的传播行为的发生目的和动机,以及具体的刺激反应的机制与过程,以便通过研究预测、操控传播行为,达到某种实际的效果。实证研究的标杆是自然科学,认为传播研究应该采取自然科学的经验化、定量化方式进行,那些不能使用定量化测量方法加以研究的问题不应该成为研究议题。由于实证研究注重传播效果的定量化和有效性,因而特别受到商业和权力机构的欢迎,这些机构希望能够利用实证研究的结果提升市场和行政的效率,而实证研究也可从对商业和权力的服务中获得资金资助和其他帮助,不过这种合作模式也会使研究的科学性和独立性受到损害。需要注意的是:实证研究也并不全都是行政和市场的研究,实证研究的方法也可以是批评性质的,虽然绝大多数批判理论家激烈抨击实证主义的哲学立场和价值倾向,但并不一定排斥实证量化的研究方法及其研究工具的使用,当然这种使用必须是在不违背批判研究的立场及宗旨的原则下进行。

第二种非常重要的理解方式是以文化意义的诠释为主导倾向的路径,如美国实用主义思想家皮尔斯、詹姆斯、杜威、米德的传播思想,以及同属这一阵营的帕克、库利等人的传播研究。他们关注交流互动在社会共同体和文化形成过程中的重要性,强调交流主体与交流形式的参与性、多元性和民主化。他们所探讨的问题因人而异,皮尔斯关注交流的形而上学条件与符号,詹姆斯、彼得斯关注个人与自我、人与人、人与自然、人与机器、人与神或灵魂等不同对象之间交流互动的问题,杜威、米德、帕克、库利等人关注共同体的有机联合与民主生活的创造、人际互动的发生及其社会文化后果等问题。

需要说明的是,我们在这里使用的"诠释"一词,并不是就这一术语的狭义用法来讲的,而是一种较为宽泛的用法。诠释是人文社会科学中常见的研究路径,狭义的诠释学(解释学)是根源于欧洲传统人文主义的研究方法,经由德国学者施莱马赫、狄尔泰、伽达默尔等人的努力而成为带有普遍性的人文科学研究方法,这种方法的重要之处在于它的逻辑与自然科学体系的研究方法完全不同,适于处理主观性较强的精神和文化议题。简言之,自然科学强调规律性和客观性的发现,而诠释学强调的是主观意义的理解与解释,因此也更多地适用于人际交往和文化解释工作。广义的诠释学方法虽然也会以狭义诠释学作为理论基础,但并不限定在德国学术传统的范围。凡属于对人类交往活动及其文化意义的理解与诠释研究,都可以归入这一阵营,因此这一倾向的学术流派非常多,比如现象学和存在主义的研究,叙事学、精神分析、历史研究等,以伊尼斯、麦克卢汉和波兹曼等人为代表的媒介研究也属于广义的诠释学研究。可见诠释学的范围非常广泛,就连批判理论也与诠释学存在着千丝万缕的联系;事实上尽管两者在研究宗旨、旨趣和议题方面存在着明显的差别,但很多时候也是相互融合共生的,即诠释之中有批判,批判之中也有诠释,法兰克福第二代代表学者哈贝马斯的批判诠释学就非常典型地体现了这种特点。

第三种常见的视角是批判理论,主要包括法兰克福批判理论、文化研究、传播政治经济学、女性主义等。这种路径认为人类传播活动是一个与权力、意识形态密切相关的社会文化问题,只有将社会文化背景、社会结构性因素考虑在内才能理解人类传播(媒介)的意义。这种理解视角与西方马克思主义具有密切的联系,与此相关的当代欧洲学术思潮,如意识形态理论、结构主义和解构主义、女性主义、后现代主义、符号学等,都是研究媒介和文化现象时可资借鉴的视角和理论工具。

1. 威尔伯·施拉姆:作为行为科学的传播

施拉姆是美国传播学实证范式的缔造者,虽然他本人的学术背景是文学,但他对于社会科学具有更加浓厚的兴趣,于是他和志同道合的一些学者一起,将同时代心理学、社会学、政治学等领域中有影响力的实证传播研究抽取出来加以整合,建构了最早的美国传播学学术知识体系。不仅如此,他还将这一体系植入美国的大学教育分科系统,从而在现代大学中创建了以"传播"命名的学术单位。施拉姆被称为美国传播学的奠基人,因此他关于传播的解释具有典范性。在20世纪60年代实证传播学草创时期,施拉姆并没有界定"传播"这一术语的意义,而是给出了理解传播的框架和路径。他说:"美国传播研究是定量的(quantitative)而不是思辨的(speculative),从事这一研究的学者们对他们能够加以测量的理论很有兴趣。因此,从本质上讲,他们是行为的研究者。"[①]施拉姆的这个论

---

① Wilbur Schramm, *The Science of Human Communication*, New York: Basic Books, 1963, p.5.

述反映了美国传播学在兴起时所拥有的学术特色,并且这个论述对于他本人以及美国后来传播研究的发展路径选择具有重要的影响,展示了美国主流传播学的学术特征,乃是施拉姆所说的行为科学的定量研究。这一定位始终被美国主流传播学者奉为圭臬,21世纪即将到来前,施拉姆的继承者 E. M. 罗杰斯还对这一具有将近40年历史的表述进行了强有力的重申。在《传播研究史》一书中题为"今日的传播学学科"的部分,罗杰斯说:美国"今日的传播学学科主要是经验的、定量的,侧重于确定传播的效果。这个占支配地位的视野从施拉姆几十年前所启动的学术方向中自然而然地发展出来,也从社会学、心理学和政治学的早期传播研究中自然而然地发展出来。这些领域,以及传播学,是由社会科学和自然科学的定量方法的模仿所构成,其动机是渴望获得科学的尊敬"[1]。尽管替代性的多元思维框架已经在美国学术界出现,但是由于施拉姆传播学体系在美国的影响由来已久,美国的传播学保持了实证量化研究的传统,这也是它不同于欧洲、加拿大传播研究的突出特点。

不过,从国际学术界的趋势来看,"传播"在20世纪六七十年代的美国成为初具雏形的研究领域,此后该领域始终处于多元化发展的进程中。不仅行为科学的传播研究得以发展,欧洲学者的批判理论和文化研究、加拿大学者的媒介理论和政治经济学,以及美国本土的早期芝加哥学派传播理论,都得到了一定程度的发展和挖掘。这些研究目的、宗旨、价值观、方法论、核心议题和研究重点都各不相同,甚至互相对立的多元领域的出现,直接导致了以施拉姆为代表的实证传播学家试图在实证量化方法的"科学"基础上,建构统一的"传播学"体系的构想变得希望渺茫。随着时间的流逝,"传播"领域所展现出的趋势不是实证科学基础上的日益统一化,而是多元化哲学和方法论基础之上的分裂和对抗,这一现象后来被形象地称为"领域的发酵"(或者译为"领域的骚动"),这种分裂和对抗相比于40年代拉扎斯菲尔德的"行政研究"和阿多诺的"批判研究"之间的分裂与对抗要复杂得多。尽管施拉姆仍然坚持以行为科学作为传播研究的基础,但他也不得不正视正在出现的传播领域多元化发酵的趋势,反映在他对于"传播"概念的理解上,就是不再像60年代那样突出行为科学作为"传播"的唯一方法论基础,而是代之以更加宏观和灵活的表述。在他与波特合作撰写的《传媒、信息与人》(1973)一书中,施拉姆对"传播"这一概念做出界定,称传播是"人类社会交往的基本过程,传播是社会得以形成的工具。传播(communication)一词与社区

---

[1] 〔美〕E. M. 罗杰斯:《传播学史:一种传记式的方法》,殷晓蓉译,上海:上海译文出版社2005年版,第433页。

(community)一词有共同的词根,这绝非偶然。没有传播,就不会有社区;同样,没有社区,也不会有传播。人类有别于其他动物社会的主要区别是人类传播的特定特性"①。从这一界定看,施拉姆没有言及传播研究的实证方法论基础,而是强调"传播"作为人类社会关系之基本过程的性质。在这一表述中,施拉姆所理解的"传播",其内涵是广泛而包容性的,个体内在层面的传播、人与自然间的传播、人际传播、组织传播和大众传播等都可以适用,而至于采取哪些方法论视角和工具去研究传播问题,施拉姆并没有做出具体限定,这与他早期的表述颇不相同。

2. 詹姆斯·凯瑞:作为文化的传播

如何评价以施拉姆为代表的经典美国传播学、如何理解他们所给出的概念定义,这对于后继学者来说是一个必须面对的问题。事实上,美国学术界对于实证主义的批判早在20世纪50年代就已经开始了,那时候施拉姆尚处于草创其实证传播体系的阶段,标志性的论述可见于赖特·米尔斯的《社会学的想象力》一书,他在其中对于拉扎斯菲尔德的量化实证研究进行了深刻批判,指出拉氏的研究打着科学的名号,忽视了广阔的社会历史与结构,让研究服务于商业和行政需要,丧失了研究的独立性和价值标准,是一种没有历史纵深和人文关怀的工具主义学术,是彻头彻尾的"抽象经验主义"。米尔斯的这些激烈的观点基本上没有对施拉姆的传播学体系建构工作产生影响,拉扎斯菲尔德依然在实证传播体系中享有奠基人的崇高地位,不过这一体系基本建构完成以来,学术界对它的批评就不绝于缕。在诸多批评意见中,美国本土学者詹姆斯·凯瑞的批评不同凡响。凯瑞的批判目标很明确,他希望通过对"传播"这一基本术语的重新解释,赋予该术语以新的内涵和隐喻,以便在新的时代背景下改革美国传统的"科学主义"传播研究,结束施拉姆体系在美国一统天下的局面,从而在新的方法论、价值观念、操作方法、研究范围、核心论题的基础上,构建不同于施拉姆体系的新的传播研究范式。

凯瑞在挖掘本国学者杜威、格尔茨等人思想的基础上,综合了英国学者雷蒙·威廉斯、斯图亚特·霍尔以及加拿大学者麦克卢汉、伊尼斯等人的思想,提出了理解传播的两种基本模式,即传播的传递观和传播的仪式观,并指明了它们之间的本质区别。

传播的"传递观"是美国文化中最常见的对于"传播"的理解,它的含义与"传

---

① 〔美〕威尔伯·施拉姆、威廉·波特:《传播学概论》,陈亮、周立方、李启译,北京:新华出版社1984年版,第2—3页。

授""发送""传送""把信息传给他人"有密切的关系。这种观点的核心在于:传播乃是为了达到控制距离与人的目的而使讯息在空间上传递和发布的过程,或者说"传播是一个讯息得以在空间传递和发布的过程,以达到对距离和人的控制"①。在凯瑞看来,以实证主义为主流的美国传播学,其症结恰恰在于奉传播的传递观为唯一正途,仅仅把传播当作一种为控制的目的传递讯息的过程,于是传播效果也就成了其兴趣所在,"大众传播"成为其关注的重点。

传播的"仪式观"在美国文化中相对淡薄,但它是一种更为古老的观点。从仪式的角度定义,传播一词与"分享""参与""联合""团体"及"拥有共同信仰"这类词有关。这一定义反映了"共性"(commonness)、"共有"(communion)、"共享"(community)与沟通(communication)在古代有着统一性和共同的词根。传播的仪式观并非指讯息在空中扩散,而是指在时间上对一个社会的维系;不是分享信息的行为,而是共享文化经验的表征(representation)。因此,"传播就是现实得以产生、维持、修改和转换的符号过程"②。"研究传播就是为了考察各种有意义的符号形态被创造、理解和使用这一实实在在的社会过程……我们建构、维系、修正、改变现实的努力是发生在历史中的、可以公开观察的行为。我们通过各种符号系统的建构来创造、传递、表达关于现实知识及对于现实的态度,这些符号系统包括:艺术、科学、宗教、常识乃至神话。"③这一阐述意在表明:"传播"的实质并不在于传递与控制,而是一种文化仪式,其目的在于人与人之间的意义共享,以及在此基础上进行的社会联结与和谐共处。以这一视角看,媒介乃是一种文本的呈现,是供人类参与其中的戏剧舞台。譬如报纸虽然也传递信息,但同时展示权力和意识形态的角逐与争斗,读者看报就是替代式地置身于变幻不定的角色或舞台中心,这种戏剧化的参与是一种日常性的仪式,就像格尔兹笔下巴厘岛人的斗鸡。因此,传播是一种用符号生产现实的过程,是人类分享意义的文化仪式,是维系一个社会的神经网络。通过引入诠释学的观点,凯瑞将传统的美国传播研究领域扩展到了包括艺术、科学、宗教、常识和神话的领域,即是说传播研究的范围,应该是文化所及的范围,而传播研究的方法,也应该引入诠释学、符号学、文化研究等新兴社会科学的研究方法。

3. 雷蒙·威廉斯:文化与传播

早在20世纪40年代,霍克海默和阿多诺合作撰写《启蒙辩证法》时,便将现

---

① 〔美〕詹姆斯·W.凯瑞:《作为文化的传播》,丁未译,北京:华夏出版社2005年版,第5页。
② 同上书,第12页。
③ 同上书,第18页。

代资本主义社会中的报纸、广播、电影、出版等产业都归于"文化工业"的范畴,与美国学者将这些领域称为"大众传播"不同,"文化工业"涵盖的范围要广于"大众传播",事实上它指的是一切堪称"文化"的行业。"文化工业"这一术语的最基本含义是:站在人类自由和解放的价值诉求点上看,资本主义文化工业的作用并不是引导人们全面发展,建立更加公正合理的社会模式,而是维系现存的社会权力和利益分配模式,并努力从文化和意识形态上生产出适合资本主义统治要求的受压迫者。批判理论的研究诉求与奉行科学主义的大众传播研究背道而驰,毫无共通之处,对于批判学者来说,"传播"是一种技术化、工具化的学术语汇,是他们所要致力批判的资本主义文化体系的一部分,因此他们将自己的研究基石奠定于对文化的批判上。

　　由于时间上的错位,法兰克福学派的主要学者并没有机会直接针对美国的大众传播学研究发表详尽而细致的意见,不过从他们对于实证社会科学的激烈批评中,完全可以揣测出他们的大体观点。倾向于马克思主义的欧洲学者中,雷蒙·威廉斯是较早地对"传播"和"大众传播"加以关注和研究的学者。早在1958年出版的《文化与社会》一书中,雷蒙·威廉斯设置了有关"大众传播"和"传播与共同体"的讨论,这些讨论所阐发的基本思想在大约二十年后得到了总结,基本的看法并没有太大的变化。威廉斯在对传播的意义所作的阐述中,比较重要的是区分了两种基本的传播类型:"支配"或"操控"型传播与"引导"或"分享"型传播。前者建立在信息单向、强制性传递的基础上,而后者则建立在双向沟通与意义分享的基础之上,威廉斯所主张的自然是后面一种传播的观念,他的名言"传播(communication)不仅仅是传输(transmission),还是接收和回应(reception and response)"[①]预示了英国文化研究对于受众反馈和意义多元解读的关注。这种观点既不同于美国传播学对单向信息传递效果的痴迷,也不同于法兰克福学派对于文化工业具有强大效果的预设,而是将问题的焦点转向了受众反应的复杂性和创造性上来。对于威廉斯来说,对双向交流的强调源于他的如下观点:传播事关社会共同体对共同经验和意义的分享,而一切关于传播的讨论,如果脱离了对于社会"共同体"的关注,那么这种讨论就没有切中"传播"的要害,即"关于传播的任何真实理论都是关于共同体的理论(theory of community),大众传播技术,只要我们判定它们缺乏共同体的条件,或者以不完整的共同

[①] 〔英〕雷蒙·威廉斯:《文化与社会》,高晓玲译,吉林:吉林出版集团有限责任公司2011年版,第327页。

体为条件,那么这些技术就与真正的传播理论互不相干"①。从这些论述中,我们应该注意到的问题在于:威廉斯的关注点是社会共同体及其中人的生活方式问题,而有关传播或大众传播的讨论尽管极其重要,但还只是这一主题下所讨论的一个方面的问题,它并不能取代"文化与社会"这样的主题所显示的那种宽广而深厚的视域。威廉斯想要表明的是他"对工业文明及其文化和思想中已经发生和当时正在发生的事件的感受"②,而这一目的是通过聚焦文化观念的变迁来实现的,因此我们在这部名著中看到的基本上是与英国文学相关的材料,而不是有关现代大众传播媒介的讨论。

当然,以上的这些原因还不足以解释清楚威廉斯对于文化研究与传播研究之间关系的看法,在他看来,"大众传播"或者"传播"这样的词本身存在着一些难以让人察觉的缺陷,而这些缺陷很有可能将研究引到错误的方向上去。詹姆斯·凯瑞对于威廉斯和他的继承者斯图亚特·霍尔弃用"大众传播"和"传播"的理由做了详尽的解释。威廉斯曾经在一次公开的会议上明确地指出,"我们自以为是的'大众传播'研究极其严重地损害并扭曲了传播学研究",其原因主要有三条:"首先,它把研究仅仅局限在一些特定的领域,如广播、电视、电影,以及被误称的'通俗文学'……其次,'大众'一词以其最不可靠的含义进入了我们的语言,它指的是大量的受众,阻碍了我们对'特定的现代传播环境以及最独特的现代传播惯例与形式'的分析;再次,由于受众被设想成为大众,那么唯一值得一提的问题便是:电视、电影、书籍是如何影响或腐蚀人们的,以及电影、电视、书籍是否会对人产生影响或腐蚀。结果此类影响研究总是比其他方面的研究更容易得到经费。"因此,他认为"不应该再把'大众传播学'(mass communications)作为一个系、研究项目或会议的名称"③。相比于威廉斯,斯图亚特·霍尔并不仅限于对美国式"大众传播"学的批判,而是对"传播"这一概念作为一个学术领域的弊病进行了批判,霍尔认为"'传播'这个词在实质上和方法上使研究变得狭隘而孤立。在实质上,它的研究视野狭窄到只涉及由大众传媒生产与发布的产品。于是,一方面传播学研究在整体上从文学与艺术的研究中孤立出来;另一方面也从日常生活,如宗教、交谈、体育这类表达与仪式的形式中孤立出来。'文化'一词在人类学意义上把我们引向生活总体方式的研究,但它被'传播'取代了,于是把我们引向某个孤立的生存片段。在方法上,'传播'一词使我们与在人类学、文学

---

① 〔英〕雷蒙·威廉斯:《文化与社会:1780—1950》,高晓玲译,吉林:吉林出版集团有限责任公司2011年版,第327页。
② 〔英〕同上书,"1987年版前言"第1页。
③ 〔美〕詹姆斯·W.凯瑞:《作为文化的传播》,丁未译,北京:华夏出版社2005年版,第26页。

研究以及当代马克思主义中占核心地位的批判的、诠释的、比较的研究方法整个地割裂开来"①。正是由于上述的这些原因,当英国伯明翰大学当代文化研究中心草创之时,他们对于中心名字的命名颇费了一番工夫,因为这个命名绝不只是一个普通词语的选用问题,而是将词语视为一种隐喻,不同的词语所隐喻的学术体系和方向具有全然不同的后果。中心的研究工作自然涉及大量当代传播问题与文本,但他们还是放弃使用"传播"这一词语,在霍尔看来,"他们所做的最明智的决定是把中心与当代文化而不是与传播学或者大众传播学联系在一起"②。显然,当代文化研究中心对于"大众传播"和"传播"的弃用还有一个被人们普遍忽略的,但却是非常重要的原因:英国具有悠久而深厚的文学、艺术、历史、哲学等文化遗产,具有研究文化的学术传统,而这一点是美国的学术环境所没有的。因此,詹姆斯·凯瑞在向英国文化研究学习的时候,并不能弃用"传播"一词。尽管他的观点与英国学者的研究共鸣,但是作为美国的本土学者,凯瑞的现实学术环境和土壤中具有强大的美式传播学背景和薄弱的文化研究基础,因此他只能在"传播"的框架下行事,他要做的只能是改变"传播"的学术隐喻,即以"文化"替换"传播"的内涵及其隐喻,从而在新的内涵和隐喻的基础上发展出新的美国传播研究范式。显然英国文化研究的做法是将"传播"与"媒介"研究纳入文化研究的范畴,而凯瑞的做法则是保留"传播"这一符号的外壳,却将它的内容及隐喻更换为"文化"。

总之,上述三种理解"传播"的方式事实上代表了三种不同的文化传统、哲学世界观和方法论。施拉姆和罗杰斯代表的是实证主义、科学主义的传播观念,主张传播研究模仿自然科学的研究方法,以定量研究作其主要的特色。后两种理解传播的路径都主张以"文化"研究的方式观照人类"传播",将"传播"视为与人类文化密不可分的构成基础,也就是说,实证的"传播"研究及其方法只有在以"文化"的框架加以审视时才是有意义的。当然,凯瑞所代表的美国式文化研究与威廉斯所代表的英国文化研究也存在根本的差别。凯瑞的视角主要是诠释学的,他主要关注的是传播活动及其文化意义的建构、流变以及分享问题,在研究旨趣方面延续的是约翰·杜威等美国本土学者的民主共同体建构问题。而以威廉斯和霍尔为代表的英国文化研究则承接了西方马克思主义的批判和解放诉求,他们虽然广泛摄取包括诠释学在内的当代学术思想资源,但其底色仍是经由卢卡奇、霍克海默、阿多诺、本雅明、洛文塔尔、阿尔都塞、葛兰西、巴特等人延续

---

① 〔美〕詹姆斯·W.凯瑞:《作为文化的传播》,丁未译,北京:华夏出版社2005年版,第27页。
② 同上书,第26页。

而来的西方马克思主义传统。

(二) 理解媒介:作为中介物环境、机构、文本的媒介

如果我们依照前面讨论"传播"的方法看待"媒介",那么理解媒介的常见方式应该也具有实证、诠释和批判三种最基本的类型。不过,实证主义对于"媒介"和"文化"的看法,基本上没有什么让人激动的创新观点,研究者比较注重媒介使用行为的测量与效果研究,而对于媒介这一中介物本身的性质及其可能产生的文化影响却不予讨论,因为对这些问题的研究需要思辨和洞察能力,而不是进行测量和数据统计的方法。以非实证的方法研究媒介,意味着对文化现象的介入,需要采取不同于定量方法的诠释与批判方法,这不仅违背了实证科学的一些最基本的原则,并且一旦引入文化的维度,就难免会在实际的实证研究过程中产生诸多足以让研究者无法应对的难题,因此对于美国经典传播学而言,媒介仅仅是一个中性的客观存在物,真正值得研究的问题是人们围绕媒介而展开的各种可测量的行为,而那些虽然与人们的媒介活动相关,却无法采取科学测量方法处理的问题,则不会成为研究的议题。与美国经典传播学的情况不同,采取诠释和批判研究路径的学者对于媒介的研究往往新意迭出,影响深远。

1. 作为中介物的媒介

一般来说,媒介是指一种中介物(形象或实体),尤其指传达信息的中介物。雷蒙·威廉斯考察了英语中"媒介"的用法并指出,这个词从16世纪末期开始在英语中广泛使用,最迟从17世纪起,具有"中介机构"或"中间物"的意涵。1605年,培根使用这一词时写道:"通过文字的媒介来表达"[①],他在另外的地方写道:思想"是由词语这一媒介表达出来的",这两个例子都是对媒介作为中介物的用法的例证。这种用法一直延续到现代社会,今天我们将凡是能够经由它的信息传递活动而将不同事物或现象联系起来的事物都称为媒介。这是最为广义的一种理解"媒介"的方式,比如报纸、广播、电话、电视、手机等都能传达信息,通过它们传达的信息,我们可以了解到我们的感官范围之外的世界。其他如语言、文字、声音、舞蹈、绘画、动作等,只要它们承载和传达了信息,同样也可以被视为媒介。其至连人自身也可以被视为媒介,俗称的"媒人""媒婆"也就是传达、沟通信息的人。同理,汽车、火车、飞机、轮船以及它们借以运行的公路、铁路、航线、轮船也都可以被视为媒介,因为这些交通工具不仅承载运输人和货物,同时也传输

---

① 〔英〕雷蒙·威廉斯:《关键词:文化与社会的词汇》,刘健基译,北京:生活·读书·新知三联书店2005年版,第203页。

信息,道路交通的发达往往不只是改变某个地区的物质流通状况,更重要的是通过传递信息而改变该地区的思想、观念和文化,因此,在半个世纪前,人们经常将交通工具作为传播媒介来谈论,这种情况尤其见于中国现代学术著作中。如五四运动时期的新闻学家徐宝璜在谈到发展新闻事业、培养公共舆论时,将改善交通状况作为一个重要的条件。

2. 作为隐喻和环境的媒介

"媒介即讯息"是加拿大学者麦克卢汉的一句名言,他以这样的表述强调:真正改变我们生活与文化的是媒介或技术形式本身,而不是这些媒介或技术的内容,因为有一些技术形式是没有内容的。麦克卢汉举了"电光"作为例子来说明这一点,"电光"是没有内容的,但是它改变了我们的生活,而对于那些有内容的媒介来说,它们的内容只不过是另外一种媒介而已。报纸的内容是文字表述,正如书籍的内容是言语、电影的内容是小说一样。显然,麦克卢汉的用意是希望人们能够将关注的重点由媒介的内容转向媒介的技术形式,因为媒介的技术形式往往会影响我们的感官和心理,同时也会使我们的社会文化形式因为媒介技术变迁而发生巨大的改变。比如,我们有时候会纳闷为什么过去我们看的电影反映现实题材的影片居多,而现在的电影总是一些幻想类电影,比如武侠片、科幻片、魔幻片、灾难片等,难道是因为现在的人们比十年前的人们更喜欢幻想的内容吗?事实显然不是这样,真正的原因在于现在的电影影像技术和过去不同,过去的影像技术只能客观地记录现实生活中的事物,而现在的影像技术却可以生产出你能想象得出来的任何事物,并且这些事物看起来还跟真的一样,甚至比现实生活中的景象显得更加真实。正是由于这种媒介技术上的差异,电影的内容才发生了变化,同时我们的审美兴趣、观影习惯也都相应地发生了改变。

媒介与其所影响的文化之间的这种关系,被麦克卢汉的学生尼尔·波兹曼称为"媒介即隐喻",即一种媒介所隐喻的乃是一种新的文化。在麦克卢汉的基础上,波兹曼更加关注的问题是:这一隐喻功能发生的依据是什么?最终,他认为媒介改变了我们的信息环境,而信息环境塑造了我们新的知觉和感官习惯,从而进一步影响我们的思维和行动的方式,并由此对社会文化产生了影响。波兹曼在此观念基础上创建了媒介环境学,并在一次重要的学术会议上对"媒介"一词的含义做了解释:"我们对这门学科的第一个想法,受到一个生物学比方的指引,或许你们会为此感到吃惊。诸位记得自己初次接触皮氏培养皿的情景吧,在那里,所谓媒介的定义就是培养基的一种物质,能够使培养的微生物生长的一种物质,这个定义就能够成为媒介环境的一个基本原理:媒介是文化能够在其中生长的技术;换句话说,媒介能够使文化里的政治、社会组织和思维方式具有一定的形态。"①

　　现代社会的一大特征就是现代传播媒介的普及化,各种各样的媒介机构及其所传播的信息构成了我们生活于其中的信息环境。也就是说,媒介普及化之后,人类的生活就一直处于现实与虚拟的双重环境之中。一个环境是我们感官范围之内的现实生活环境,它是我们的感官所能感知的环境,真实、可靠但是范围比较狭窄;另一个环境则是由媒介信息构建的有关现实世界状况的虚拟环境,这个环境可以被看成是媒介对现实环境的模拟,是一个插入人与他的现实生活环境之间去的虚拟的环境,它并不真实但涉及的范围却非常广泛。我们的任何行为都是针对所接受的有关环境变化的信息提示而采取的,如果信息正确,那么反馈行为自然就有益于我们的生活,反之,错误信息将导致行动变得盲目而有害。

　　沃尔特·李普曼是较早研究媒介拟态环境与人的行为之间的关系的学者,在1922年出版的《公共舆论》一书中,李普曼指出:由于现代社会的规模不断扩张,而个人生活卷入的社会系统也日益复杂化,已经大大超出了我们的经验范围,因此,人们只能通过传播媒介的信息去了解那些超越于自己经验范围的事件。在接受媒介信息之后,我们便通过想象机制将媒介信息在大脑中还原为图像,以形成对外部环境的认知,并进而成为我们采取实际行动的依据。然而,这些媒介传达的信息往往由于故意欺骗、操纵或者其他种种原因而偏离事实。这样,便造成了一种可悲的结果:我们依据媒介信息所构建的世界图像并不是现实生活中实际存在的那个世界,我们的行为依据媒介建构的环境而作出,然而它却要在真实的生活环境中产生实际的后果,并且这个后果会实实在在地反馈到我们的身上。这就好比一个人在看不见的情况下依据提示信息走路,如果提示信息没有将他面前的一堵墙准确地提示给他,那么结果必然是他的头会狠狠地撞到墙上。

　　以波兹曼为代表的"媒介环境学派"的观点与李普曼的观点有异曲同工之处,他们也认为:"我们通过媒介感知或'构建/重构'的'现实',是现实世界的一种翻版,这种翻版是透过媒介感知特征过滤的;翻版的'现实'乃是插入周围环境和我们之间的一种东西。"②不过,正如前面提到的,媒介环境学派更详细地考察媒介对于人的生理—感知层面上的影响,认为人们使用的媒介技术的状况会影

---

① 〔美〕林文刚:《媒介环境学:思想沿革与多维视野》,何道宽译,北京:北京大学出版社2007年版,第44页。
② 同上书,第28页。

响到感觉器官感知世界的方式,改变人们观察和看待世界的方式,从而也直接影响人们的文化活动,而我们正好就是用这些资料和信息来理解和构建世界的,因此,我们所使用的媒介技术的特性不同,人们由此而形成的文化也会不同,这与麦克卢汉的媒介即讯息的意思是一致的。

3. 作为教化机构的媒介

当人们将报纸、书籍、广播等技术形式或传播工具视为媒介的时候,自然也一定会将以这些技术形式为核心组织起来的机构视为媒介。因此,报纸、书籍、广播、电视、网站一方面指一种媒介技术和工具,另一方面则是指按照特定的方式组织起来的社会组织机构。这些社会组织机构按照特定的组织原则来进行组织,同时又按照特定的联系方式与社会权力机制、市场机制和公众相联系。"它们是社会价值的载体和协调者。没有任何社会机构可以不与其他机构发生联系而独立运作;相反,它们相互支持,共同维护一个主导性的社会构架。作为一系列社会机构之一的媒体,与其他机构同时运作,分享并共同强化相似的价值观,这些价值观就是有关我们社会关系的主导性的观点——比如关于阶级、性别等观念。……它们在协调社会和文化价值方面起到核心作用。"[①]

正是注意到媒介机构与社会文化和价值观念之间存在着密切的关系,因此,西方批判理论家们在批判资本主义社会的意识形态统治的时候非常注意重视对于媒介机构作用的批判。比如,著名的法兰克福学派就将资本主义媒介机构视为文化工业,这种文化工业的作用有两个:一是通过制造资本主义的文化产品来向人民群众灌输资本主义的意识形态,通过制造满足人们娱乐需求的流行文化产品的形式麻醉无产阶级和人民群众的批判精神,使他们在娱乐中逐渐丧失批判意识。二是像其他资本主义工业部门生产的产品那样,追求利润的最大化,为了达到这样的目的,资本主义文化工业降低了文化的品位,不断制造声色犬马的娱乐性文化产品,然后在利用这些产品赚取大量利润的同时,也实现了将资本主义意识形态确立为社会主流意识形态的政治目的。

法国的著名学者阿尔都塞甚至直接将媒介视为一种意识形态的国家机器,也就是说,媒介机构从本质上讲就是一种推行、维护统治阶级意识形态的国家机器。任何的国家政权都由意识形态国家机器和强制性国家机器构成,强制性的国家机器指刑罚制度、警察、军队、立法与行政部门等具有强制性力量的机构。而意识形态国家机器很特别,它是隐性的统治力量,主要负责培植人们对现存生

---

① 〔英〕利萨·泰勒、安德鲁·威利斯:《媒介研究:文本、机构与受众》,吴靖、黄佩译,北京大学出版社 2008 年版,第 86 页。

产关系和社会秩序的顺从意识,也就是把人们规训成那种最有助于保持与延续现存生产关系和社会秩序的人。意识形态国家机器包括学校、家庭、宗教、媒体等,其特征在于教化、认同而非强制力量。在这其中,媒体机构是当代社会中最重要的意识形态国家机构,因为媒介技术的迅速发展已经使当代社会成为一个媒介化生存的社会,媒介无处不在,无时不有,媒介对于人们的思想观念和日常生活经验的获取所产生的影响已经达到了无以复加的程度。不过,任何媒介机构都是处于由各种社会关系构成的网络的,它一方面影响着人们的社会文化消费,另一方面也受到新的技术文化、政治文化和受众文化的影响,这些相互影响的机制极其复杂,除非进行专门的研究,否则是很难判断的。总的来讲,我们要想全面理解媒介及其文化影响,就必须将媒介作为一种社会组织机构,从社会制度、所有权关系、意识形态、市场原则等不同的视角对其加以研究。

4. 作为文本的媒介

我们在前面谈到"媒介即讯息"的观点时指出,麦克卢汉的用意是通过一种直截了当的方式让人们注意到媒介技术形式的重要性。那么,媒介内容是不是真的不重要呢?对于一些主要借鉴文学文本分析技巧和方法来分析媒介内容的学者来说,媒介的内容隐含了丰富的意义,通过对这些意义的解读,我们可以发现这些内容中所隐含的难以被人们发现的社会意识形态。一部影片、一部电视剧或者一场选秀节目……其实都可以被视为类似文学文本那样的媒介文本,也都可以使用从文学研究中发展出来的分析技巧对其加以解读。这里所谓"文本"指由"符号与符码所组成的某一表意结构",演讲、写作、电影、电视节目、穿着打扮都可以被视为是这种表意结构的不同表现形式。从某种程度上讲,文本与"讯息"的含义相近似,但两者也不能等同,讯息通常是属于功能学派或过程学派的学者使用的词,用以指称"被传输的东西"。而"文本"更多的是符号学和结构主义传统的学者经常使用的术语,用于指称"意义生成与交换的核心"。"一个文本便由一个运行于许多层面的符码网络所组成,从而能根据读者的社会—文化经验产生不同的意义。"[①]文本分析的基础是符号学和结构主义的文学分析方法,如今这些方法已经被广泛而成功地运用于文化研究实践中,通过对媒介文本意义的解读,文化研究学派的学者使得媒介研究中的意识形态批判传统重新焕发了生机,也为我们了解媒介文化中所隐含的意义生成与霸权斗争机制提供了工具。

---

① 〔美〕约翰·菲斯克:《关键概念》,李彬译,北京:新华出版社2004年版,第291页。

（三）理解文化与媒介文化

在前面讨论传播概念的部分，我们已经指出："文化"在美国社会科学界并不是一个响当当的学术术语，詹姆斯·凯瑞认为，美国学术界倾向于忽略对"文化"概念进行深入研究，它"只有在心理学或社会学的数据不足以说明问题时才被派上用场"[①]。美国社会之所以忽视文化问题，主要是由于美国作为一个新兴的移民国家，并没有深厚、丰富的文化遗产和传统，加之美国具有去欧洲化倾向，欧洲的文化传统也并不是普遍受欢迎的事物，因此美国人所拥有的文化观念不是向后看，而是向前看。在面向现实思考未来时，美国社会并不需要牵扯太多民族文化与历史传统。除了历史因素之外，詹姆斯·凯瑞提供了其他一些原因，如美国"知识界对文化这一概念的反感部分来自个人主义情结，它使人的心理世界成为一种至高无上的现实；它也来自我们的清教徒思想，致使我们轻视那些非实用或无功用取向的人类行为所具有的重要意义；它也来自我们把科学从文化中孤立开来、认为科学提供的是与文化无关的真理，而文化却以伦理为中心这一错误的观点"[②]。可以列举的原因或许还不止这些，不过美国社会科学界对于"文化"的轻视乃是有目共睹的，尽管不乏杜威、米尔斯、格尔茨、凯瑞等重视文化研究的学者，但这毕竟不是美国社会科学界的主流。文化观念的淡漠使得社会科学界在面对文化问题的时候，习惯性地将其置换为"传播"或"大众传播"问题，社会学家罗伯特·莫顿将欧洲的知识社会学与美国的大众传播学并举，以显示两者所研究的问题具有相似性，只是在文化根源上前者扎根于欧洲文化历史脉络，而后者在科学方法论的名义下抛弃了文化和历史维度，前者采用思辨的人文研究方法，而后者则采用量化实证的方法。

庸俗的实利主义倾向导致美国社会最先将文化事业作为商业来进行大规模经营，在生产文化产品时又总是优先考虑产品的传播效率问题，即它们的市场受欢迎程度问题。它们在文化问题上的首要标准无疑是商业性的，其次才是政治性和宗教性的。然而对于具有悠久文化历史传统的国家，如英、法、德等欧洲国家或者中国这样的国家，文化问题具有极为重要的地位，因为这些国家并不能在面向现实的时候不同时顾及历史与未来这两个维度，这种双向度的思维与美国单向度的思维大不相同，历史悠久的国家必须在"文化"的宏阔视野中才能定位当下的政策和文化。因此，"传播"或者"大众传播"问题最多只是现当代文化的

---

① 〔美〕詹姆斯·W. 凯瑞：《作为文化的传播》，丁未译，北京：华夏出版社2005年版，第8页。
② 同上。

一个特殊论域而已,从国家文化的整体性历史视角来看,"文化"概念的重要性及其所涵盖的学术议题的深度与广度都要远远超过"传播"这一术语。

1. 文化及其内涵

文化也许是所有人类使用的概念中,最经常被使用但意义又最为模糊的概念之一。事实上,对文化一词所带来的理解上的困惑几乎是所有的语言文化系统中共同的麻烦,文化可以说是人类在人文社会科学领域最难以解释清楚的知识范畴,同时它也是最近几十年来知识界讨论的焦点。不同的研究视角、不同的时代环境、不同的学术传统都会导致文化概念方面的巨大差异。美国学者阿尔弗雷德·克洛衣伯和克莱德·克拉克洪于1952年出版的《文化:概念和定义批判分析》曾经列举了历史上的文化定义达百余条之多,在按照学术性质分类之后归结出九种基本的文化概念:哲学的、艺术的、教育的、心理学的、历史的、人类学的、社会学的、生态学的、生物学的。不过即便如此,还是有很多关于文化的定义难以进行准确归类,文化定义之繁杂可见一斑。我们不打算在这里对文化的定义进行全面的介绍,事实上,这也是不可能做到的事情。由于我们的重点是文化与媒介之间的相互关系,因此,这里重点介绍一下对媒介研究和文化研究都产生了重大影响的文化解释,以便于大家对"文化"的所指有所了解。

首先要提及的是英国学者马修·阿诺德对于文化的看法。阿诺德认为文化是"世界上最好的思想和言论",是历史上遗留下来的那些世所公认的精神遗产,是能够培养我们认知美好事物的能力、将我们塑造成谦谦君子的精神遗产。这种观点也被称为"高雅"或"精英"的文化观点,我们在学校里接受的文化教育基本上就是以这种文化观点为基础的。按照这种文化观念,现在的媒介所生产出来的东西大多不是文化,媒介现象也不属于文化研究的范围。因此,这种"高雅"的、"精英"的文化观念的范围过于狭窄,当代文化研究领域已经没有人仅仅将文化的理解限定在阿多诺的范围下。

涵盖范围更加广泛的文化观念主要得益于人类学家的解释,英国人类学家爱德华·泰勒在1871年的《文化的起源》一书中写道:"文化或者文明,从其广泛的民族志意义上而言,是一个错综复杂的总体,包括知识、信仰、艺术、道德、法律、习俗和人作为社会成员所获得的任何其他能力和习惯。"这个定义扩大了理解文化的范围,文化不再只是和少数人(掌握知识的人)相关,而是和所有人的生活都有关系的东西。其中的"错综复杂的总体"意味着"一个特定社会或社群的一切活动,包括物质的和非物质的一切外在的和内在的活动,而成为信仰、信念、知识、法令、价值,乃至情感和行为模式的总和。"①由此,泰勒的定义被认为是理解西方文化的分水岭,它开创了从人类生活总体的视角看待和理解文化的传统。

尽管人类学家对文化的解释具有宽泛和包容的优点,但是这些解释对于具体从事文化分析的学者并不能提供更多的帮助,因为它们并没有对文化定义中所包含的众多方面做出更为详细的归类、解释和分析,难以在文化分析活动中加以实际应用。相对而言,更为全面、具体和清晰的文化解释是英国著名文化学者雷蒙·威廉斯的解释,这种解释由于包容的范围比较全面,同时在归类和分析上也比较清晰,因此,对当代学术研究中的媒介研究和文化研究都产生了很大的影响。

在《漫长的革命》《关键词》《文化与社会》等著作中,威廉斯把文化分为三个层面来理解,并给出了文化的三种定义。综合他的观点,他对于文化概念的解释主要有以下三个方面:

第一,"文化"作为独立、抽象的名词主要是用来描述 18 世纪以来思想、精神与美学发展的一般过程。在中世纪晚期,"文化"的最早含义是指庄稼的种植和动物的饲养(因此而有农业的含义);稍晚一点,同样的意义被转换用来描述对人的心智的培养。"文化"一词的这一理解维度引起了人们对其后来的用法的关注,即描述个体能力的发展,而且它已经被延伸到包含这样一种观念:培育(cultivation)本身就是一个普遍的、社会的及历史的过程。

在《漫长的革命》一书中,雷蒙·威廉斯用曾经"理想的"的文化定义来表述这一理解的视角,"根据这个定义,就某些绝对或普遍价值而言,文化是人类完善的一种状态或过程。如果这个定义能被接受,文化分析在本质上就是对生活或作品中被认为构成一种永恒秩序,或与普遍的人类状况有永久关联的价值的发现和描写"②。威廉斯对文化的这种理解其实代表了我们对于文化概念的一种带有普遍性的感知。在一般人的理解中,文化是对人类发展历史中那些优秀的东西或具有普遍价值的东西的表述。比如古希腊的神话和史诗,中国的《诗经》、先秦时期的诸子学说、唐宋诗词、明清小说等文化的象征符号体系,就像是特定族群的生物基因,经由千百年的代代相传而深入到族群中的个体身上,它们是这个族群的文化进化历史中沉淀下来的文化精华,是经过时间检验的最宝贵的遗产。如莎士比亚的戏剧就被视为英国文化传统中产生和遗留下来的文化精华,对于这些作品的文化分析就是对其中的"永恒秩序,或与普遍的人类状况有永久

---

① 陆扬、王毅:《文化研究导论》,上海:复旦大学出版社 2006 年版,第 6 页。
② 罗纲、刘象愚主编:《文化研究读本》,北京:中国社会科学出版社 2000 年版,第 125 页。

关联的价值的发现和描写"的分析。

通常,我们将这些文化记忆视为"严肃文化""高雅文化"或者"精英文化",因为要掌握、精通这些传统遗留的文化需要克服时间和空间上的隔膜,需要在一个十分抽象的层面上持续不断地努力学习。正如马修·阿诺德所说:这种文化需要通过"摆脱功利,积极地运用阅读、思考和观察去认知所能了解的最美好的东西"。这种专门的知识训练对于一般人来说是具有一定难度的。

第二,作为独立的、抽象的名词,文化也被用来描述关于知性的作品及其创造性活动,尤其是艺术方面。这种用法是现在最普遍的用法之一。换句话说,"文化"是指与音乐、文学、绘画、雕刻、戏剧与电影等艺术门类相关的社会现象,有时候还会包括哲学、学术、历史等内容,它们往往都是被称为"文化部"(Ministry of Culture)的部门所管理的范围。这种用法"是由第一类的意涵衍生而来:这种指涉思想、精神与美学发展的一般过程的概念,被有效地应用,进而延伸到作品与活动中。在英文里,第一类与第二类意涵仍然很接近;有时候基于内在原因,它们是无法区分的。"[1]约翰·斯道雷认为这种定义中的文化与结构主义者和后结构主义者所称的"表义法"有着同样的意思。也就是说,文化是一种符号的表意实践活动及其结果。"这种定义可以让我们把电视、电影、报纸以及肥皂剧、流行音乐和连环画当作文化的例子来谈论。"

文化的第三种含义是"不管在广义或是狭义方面,用来表示一种特殊生活方式(关于一个民族、一个时期、一个群体或全体人类)"[2];威廉斯认为,文化的这个意涵是由19世纪的人类学家泰勒引介进入英文的。泰勒指出:文化是一个"复杂的整体,包括知识、信仰、艺术、道德、法律、风俗以及作为一个社会成员的人所获得的任何其他能力和习惯"[3]。这一定义指出了文化在社会生活中的渗透性。它强调文化是生活在一起的人的一种产物,并且是习得的。

在《漫长的革命》中,这个定义曾被称为文化的"社会"定义。根据这个定义,文化研究的目的不仅仅是阐发某些伟大的思想和艺术作品,"表现艺术和知性中的某些意义和价值",而且阐明某种特殊生活方式的意义和价值,表现其制度和日常行为中的意义和价值。文化的"社会"定义不仅涵盖了前两种定义,而且包括了被前两种定义排斥的、在很长时间里根本就不被承认的文化的众多内容,它们包括:生产组织、家庭结构、表现或制约社会关系的制度的结构、社会成员借以

---

[1] 〔英〕雷蒙·威廉斯:《关键词:文化与社会的词汇》,刘建基译,北京:生活·读书·新知三联书店2005年版,第106页。
[2] 同上。
[3] 〔英〕爱德华·泰勒:《原始文化》,连树声译,上海:上海文艺出版社1992年版,第1页。

交流的独特方式等。威廉斯要求我们把文化过程看做一个整体。因此,对思想和艺术作品的文本分析也应当和对它们所从属的社会制度和结构的分析结合起来。

总之,这个定义弹性更大,范围也更加宽泛,并且具有强烈的现实感。想想看,我们中国人的宗教信仰、饮食起居、家庭结构、文化趣味、节日活动与西方人多么不同,这种不同甚至可以用以解释同一族群内部不同的文化人群的行为。这个定义使我们在理解文化的时候看到:文化不是别的什么高深莫测的东西,它就是我们的日常生活方式。正是在此基础之上主要由媒介文化形成的当代文化现象才得以作为人们的日常文化生活领域得到关注和研究。因此,斯道雷也指出:这一文化定义可以让我们把诸如海边度假、欢度圣诞节和年轻人的亚文化活动当作文化的例子来谈论。"这些通常是指活的文化或者是文化实践。"①

威廉斯的文化定义对于媒介与文化研究有着重大意义,它为媒介文化和文化研究未来的发展开辟了广阔的天地。正如斯图亚特·霍尔所说:"他把论辩的全部基础从文学—道德的文化定义转变为一种人类学的文化意义,并把后者界定为一个'完整的过程'。在这一过程中意义和惯例都是被社会地建构和历史地变化的,文学和艺术仅是一种,尽管是受到特殊重视的社会传播形式。"

2. 媒介与文化的关系

生活在 21 世纪的大城市的人们可能不太注意:各种各样的媒介信息填充了人们的生活空间和思维空间,这些信息就像阳光和水那样构成了我们日常生活环境的现实,一旦这些媒介系统瘫痪,城市生活也就无法再维持下去。电视、报纸、书籍、网络、手机一刻不停地为我们提供大量信息,它们不仅提供新闻和娱乐,还建构我们的现实感,塑造我们对于世界的认知。可以说,正是新世纪的电子媒介网络,正在建构我们独特的不同于其他时代的文化,在当代媒介化生存的现实语境中,都市人所谓文化,也可以理解为由各种媒体共同制造出来的媒体文化。通过研究媒介文化,我们可以认识我们的时代文化的精神状况,不仅如此,如果循此溯往,将历史文化时间中的媒介文化纳入当代研究的视野,我们对于民族和国家精神的整体面貌和特征就会有一个更为全面、合理的认识。

媒介与文化的关系,我们可以通过以下三个方面来考察。

首先,任何文化都只能借助媒介才能进行生产和传播,因为人与人之间的信息交流不能够以传心术的方式进行,而是必须借助于某种形式的媒介进行,没有

---

① 〔英〕约翰·斯道雷:《文化理论与通俗文化导论》,杨竹山译,南京:南京大学出版社 2001 年版,第 2 页。

不借助媒介手段组织、形成、传播的文化;另一方面,任何媒介的使用都会反映使用者的文化特质,因此也没有不反映特定文化特性的媒介及其内容。前述雷蒙·威廉斯对于文化的解释,已经指明,"文化"事实上也包含了各种各样的媒介文化,不管这种媒介是一个静态的文本(书籍文献、电视节目、电影等),还是一种政治经济组织及其活动(这些组织、制度及其活动都是特定的生活方式的一部分),无论这种媒介文化形式是高雅的还是通俗的,都属于"文化"研究的范畴。因此,从媒介使用与文化形成之间不可分离的关系上看,媒介与文化之间可以说是同一个问题的两个不同的方面。不过一般来说,人们所说的"媒介"通常不是广义上的"媒介",而是指大众媒介和电子媒介,因此,媒介文化也就成了"文化"的一个重要的组成部分而与广义的"文化"有所不同。

其次,媒介本身的技术形态决定了文化的形态,或者说媒介技术本身就构成了文化。这也就是麦克卢汉所谓的"媒介即讯息"的媒介文化观,即一种新的媒介技术必然会开启一种新的文化形式。例如,当我们谈到我国古代文化典籍的特点的时候,必然会注意到那是一种把文字书于竹帛之上的文化,竹帛媒介自身的特点就决定了这些典籍在构成形式、书写方式方面所具有的特征。由于主要书写材料竹简很是沉重,不利于携带,因此,为了减轻重量带来的不便,人们在书写时就尽可能地精简,于是形成了古代典籍简洁精炼的特点。孔子的一部《春秋》记载了二百多年的历史,但总共的字数也只有区区不到两万字。这样高度精练的篇章和语汇所承载的信息量毕竟有限,难免会产生理解上的模糊性和歧义,加之历史变迁所造成的文化传承断裂等原因,古籍往往难以为后人所阅读。于是,为了读懂这些典籍,就有专门的学者著书来详细地解释这些经典的含义。后一代人解释前一代人的著书,一代一代传承也就构成了中国学术文化的一大传统。此外,古代识字人群有限,记忆和传播文字内容很不容易,因此文人们在精简文字之外,通常采取押韵的形式写作以便于记诵。另一方面,文化环境的状况反过来也会决定媒介技术的进化方向,比如中国人很早就发明了印刷术,但是和西方人不同,印刷术的产生在中国的文化环境中更多的是用于广泛传播古代圣人的著作和解释这些著作的作品,而不是用于宣传创新思想和文化。西方的印刷技术所催生的变革社会文化的摧枯拉朽式的革命在中国并没有出现,这就是文化环境对于媒介技术的使用方向产生的影响。

再次,我们也应该看到,文化作为一种不能完全自由选择的结构性环境,对于媒介文化的形成、发展也具有十分明显的影响。想象一下,如果我们社会的基本价值观念,也就是说我们的文化观念不是建立在启蒙时代以来所形成的现代价值系统上,我们的媒介技术和媒介文化形态会呈现怎样的面貌?现代社会的价值观念可以被看成是建立在科学、民主、进化、功利主义等一系列原则基础之上的混合意识形态,是支配现代社会发展的文化和精神上的动力,这种文化层面上的遗产是由历史的原因形成的,我们每个人都只能被动地接受它,并通过自己的行动重新塑造它。现代文化的价值观念可以简单地表述为更高、更快、更强、更大、更实际……这是一种以西方文化的历史逻辑为基础的文化观念,完全不同于中国文化的历史逻辑。我们可以想想,两千多年前,在中国哲人老子曾经描述的那个理想的社会中,便可看到两种价值观念之间存在的极大差异。对于现代文化的价值观念来说,更高、更快、更大、更实际的目标规定了媒介技术的发展方向,这种建立在功利主义和欲望满足的基础之上的媒介发展动力推动着媒介技术向着快速、高效、便捷的方向发展,同时也向着更加适合于感官享受的方向发展。如果按照老子所描述的社会理想和文化观念的标准来决定媒介技术和媒介文化的发展,那么声色犬马和快速、高效都是必须禁止的,因为这些东西必定会破坏处于自然平衡状态之下的"小国寡民"的有机社会共同体的和谐。因此,我们在谈论媒介技术形态变化培养新的媒介文化的同时,也必须看到:文化环境对于媒介技术形式的选择和媒介文化的形成具有结构性的制约和影响力。在当代媒介文化中隐藏了我们时代的文化环境的密码,在那些形形色色的便利、高效、娱乐、享受中,无处不透露着资本、权力的欲望逻辑以及它们与普通百姓的利益诉求之间所存在着的错综复杂的关系。而要进一步认识这些错综复杂的关系,就必须对其进行文化分析和研究。通过不断的知性活动的努力,知识界已经积累了一些考察媒介文化现象的工具。借助于这些工具,我们能对那些已经司空见惯的媒介文化现象进行文化分析,解释其中所隐含的秘密。本书的不同章节就提供了一些理解传播与媒介文化的方法,介绍这些方法的目的是为同学们提供思考问题的不同方式及可能性,帮助我们从自然思维的状态走入学术思维的状态,并尝试以多样性的思维方式理解人类传播与媒介文化问题。

第二章
理解科学与方法

探究(研究)作为人类最基本的活动之一,与人类的生存发展息息相关,而在当今这个时代中,"科学"这一近代以来兴起的探究形式俨然已经成为所有探究模式中的"宠儿",被赋予了极其重要的地位。然而,什么是探究呢?它对于人类的意义何在?什么是科学?科学这一多少具有神圣性的词究竟意味着什么?我们之中的大多数人对于探究与科学有着过于简单化、单一化或者说理想化的定义和解释,忽视了其复杂性与多样性,我们在这里试图对某些观点做出一些介绍。同时我们在这一章中也会介绍有关"方法"的知识,并且就本书所持有的基本观点加以必要的辨析。

一、人类探究及其方法

研究也可以称为探究,它是人类最基本的活动,是人类生存能力和生存手段的体现。通过这种活动,人们认识自然与社会现象,寻求与自然界和社会的和谐共处的途径,并发展出人与人之间、人与社会和自然界之间的良性互动关系。

(一) 什么是探究——从怀疑到信念

人们对于人类探究活动的心理学和认识论起源的说明多种多样,美国科学家和哲学家C.S.皮尔斯对于这一问题的论述较为清晰,他的观点一个世纪以来不断被人们引述和发展,尤其在美国,众多社会科学和传播研究方法论著作中,他的观点或者以他的观点为基础的讨论极为常见,事实上这些论述的影响早已超出美国本土的范围,对于其他文化传统的学者来说,这些论述也是极有价值的。

在题为《信念的确定》(1877)和《如何使我们的思维变得清晰》(1878)这两篇论文中,皮尔斯将关注的焦点集中在思维、信念、行动和效果之间的关系上,并深入探讨了人们获取知识的不同方法,以及这些方法分别所具有的优缺点。

皮尔斯认为人们必须适应生存环境所带来的种种挑战,当人们面临新的生存或生活挑战时便会因为无法处理这一事态而产生怀疑的心态,这种心态的具体体现是:我们会体验到焦虑不安的情绪,为了应对这种情况,我们便开始进行思维,寻求某种能够应对怀疑和焦虑的意见。这种意见可以消除我们的怀疑和焦虑,它之所以能够具有这种消除怀疑和焦虑的功能,是因为我们相信这种意见是正确的,能够将我们的行动引向正确的道路。比如,当我们要到一个陌生的地方去旅游时,我们会因为一时无法获取到达该地旅游的最佳乘车路线信息而进入怀疑和焦虑的状态,于是我们在这种状态下寻求解决问题的方案——可以通过打电话咨询、上网寻求帮助,或者向身边的朋友求助等方式去探究。当我们相信我们的思维活动得到的结论是正确的时,即我们获得某种信念时,我们便不再怀疑和焦虑,而是在一这信念的指引下采取行动——背上行李,按照我们相信是正确的那个路径图(信念)上路。

由此可见,怀疑与信念是两种不同的心理状态。怀疑是一种犹豫不定、焦虑不安的心理状态;而信念则是没有怀疑,没有犹豫不定和焦虑的状态。而我们的思维活动"是由怀疑的焦虑激发起来的,当获得信念时,这种活动就平息下来;所以产生信念是思维的唯一功能"①。我们之所以探索是因为我们有怀疑与焦虑,我们之所以安宁是因为我们生活在自己的信念或信仰之中,享受由此带来的放松。因此,在皮尔斯看来,所谓探究活动就是"促使人们进入信念状态的拼搏"。换句话讲,探究就是人们为了达到一种信念的心理状态而进行的努力和拼搏。探究的唯一目的在于使某种意见确定下来。事实上,更准确点讲,探究要确定的那种意见,乃是我们认为是真实的意见,因为只有这种意见才能满足我们的期望,符合我们的要求,或者给我们带来实际的好处。

对于思维、探究、怀疑与信念之间的关系,我们可以做这样一种整理:

(1) 思维的本性是探究,而人们的探究性思维活动总是从怀疑开始的,当达到了信念状态时,思维活动便告一段落了,两者先后有别。

(2) "怀疑是一种不安宁和不满足的状态;我们力求使自己摆脱这种状态而进入信念的状态。信念是一种安宁和满足的状态……我们固执地坚持这种信念,不仅是相信,而且是恰恰相信我们的确相信的事物。"②怀疑的功能是促使我们进行探究从而达到信念的状态,而信念的功能是形成我们有依据的行动,不过

---

① 〔美〕查尔斯·桑德斯·皮尔斯:《皮尔斯文选》,涂纪亮、周兆平译,北京:社会科学文献出版社2006年版,第90页。

② 同上书,第72页。

这种形成行动的机制并不一定是即时的,"而是使我们处于一种状态,即当有关的情况发生时,我们将以某种特定的方式采取行动"①。

(3)"信念引导我们的愿望,形成我们的行动。"②这是信念的功能,在有信念的状态下,人们可以根据自己的信念来形成行为习惯,所以信念是行为的心理动力。怀疑不能产生这种效果,在怀疑的状态下人们无所适从,难以产生行动的动力,也难以形成行为习惯。皮尔斯在《如何使我们的思维变得清晰》中总结出信念的三种特性:

第一,它使我们意识到某种东西。

第二,它平息了怀疑引起的焦虑。

第三,它导致我们在我们的本性中建立起一种行动规则,或者简单地说,是一种习惯。当思维平息了怀疑所引起的焦虑(这是思维的动机)时,思维就松弛下来,并在达到信念时获得瞬间的安宁。可是,由于信念是一种行动规则,其应用又引起进一步的怀疑和进一步的思考,因此信念既是思维的一个终点,同时又是它的一个新的起点。这就是我为什么允许自己把信念称为处于安宁状态的思维的原因,尽管思维本质上是一种活动。③

(二) 人类获取知识(信念)的基本途径与方法

我们将我们信以为真的意见(观点)称为知识,因此,信念(一种意见或观点)的确定在很大程度上被人们置换成知识的确定。事实上,这种置换隐藏了思维、探究的心理根源与机制。皮尔斯指出,确定信念具有不同的方法,这些方法包括固执的方法、尊崇权威的方法、先验主义的方法、经验科学的方法。除了这几种方法以外,后来的学者们还总结了一些新的有关人们获取知识的途径和方法,包括"传统和常识""媒介环境"等。

第一,固执己见的方法。 这是一种凭借个人的直觉经验获取知识的方法,是所有方法中最为原始、最为基本的一种方法。显然,任何知识的获取都需要以个人的直觉经验为基础,皮尔斯在这里强调的是:固执的方法缺乏理性思维的特征,也不太考虑公共知识的约束力,而是固执己见地以自己的直觉经验为知识的来源。采取这种方法者不太考虑别人对其观点的质疑,也不太考虑他的观念符不符合实际的需要,甚至还会忽略这些观念将会产生的实际效果。他们之所以

---

① 〔美〕查尔斯·桑德斯·皮尔斯:《皮尔斯文选》,涂纪亮、周兆平译,北京:社会科学文献出版社2006年版,第72页。
② 同上。
③ 同上书,第92页。

固执己见,其中的重要原因在于:"一种稳定的、不动摇的信念将使心灵获得高度的安宁。"①一旦这种稳定而不动摇的信念发生了改变,人们便会面临怀疑和焦虑的状态,这也许正是我们不太愿意主动地、反思性地尝试着改变自己的想法的原因。

不过这种固执己见的方法往往是难以贯彻到底的,它往往会在实践中遇到挫折和教训。固执己见的方法在实践中是会带来很多麻烦的,固执地相信自己不会被火焰灼伤的人在遇到火焰时是要吃大亏的,他必定会因为实际经验的体验而改变自己的观念;在中国近代时期,曾经有一些义和团的成员坚定地相信他们可以刀枪不入,但是当他们在战场上看到自己的同伴因为刀枪的伤害而受伤和死亡时,他们最终也必须改变那些由于宗教性观念所带来的固执的信念,从而保护自己不受伤害。因此,采取固执这种方法的人常常会在这种方法所带来的好处和坏处之间权衡利弊。当这种方法能够为他带来心灵上的安宁和平静而又不会产生实际的危害时,它便倾向于采取这种方法获取知识;但是如果这种方法所产生的危害已经超过了它所带来的好处的时候,他便倾向于终止采用这种方法。

第二,尊崇权威的方法。固执己见的方法是基于个人意志而采取的方法,而对于生活在群体中的人们来说,必须面对很多由于集体的意志而产生的观念,这些观念必须得到共同的认可,否则人们之间很难进行顺畅的交流与社会协作,很难顺利地处理公共生活中的事务。因此,观念的公共性要求也成了人们获取知识的一个重要的条件。国家、社团、宗教群体和其他社会组织或者机构在人类知识的获取过程中扮演着重要的角色。我们应该看到这种获取知识的方式具有其存在的必要性和好处,同时它也同样存在着明显的缺陷和坏处。

服从权威的方法往往使得人们能够在共同的知识信念的基础上形成共识,维持社会精神层面的稳定和协调。"与固执的方法相比,它在精神和道德方面具有无法估量的优越性,它的成就与此成比例地增长。事实上,它一再创造出许多极其辉煌的成果。在暹罗、在埃及以及在欧洲,它促使人们把巨大的石块堆积起来,建造许多雄伟壮丽的建筑物,足以与自然界最伟大的作品媲美。除了地质时代外,没有任何一个时代像这些时代那样广泛地通过信念把人们组织起来。"②然而,从另一方面看,权威观念并不总是没有问题的,权力阶层往往将组织和协

---

① 〔美〕查尔斯·桑德斯·皮尔斯:《皮尔斯文选》,涂纪亮、周兆平译,北京:社会科学文献出版社2006年版,第74页。
② 同上书,第76页。

调社会的观念改造为最有利于他们获取利益的工具,于是这些知识及其传播便成了维系、复制社会压迫与剥削的工具,对于那些接受权威知识的人群来说,权威的方法意味着将自己按照权威的意愿塑造成为精神上的奴隶,或者生活在意识形态幻象之中而无法认识自身利益的人。

当然,这种权威的方法总是能够被一些特立独行的思想者所识别,"即使在受到教会高度控制的国家里,也会发现某些人不受那种环境的约束。这些人拥有较为广泛的社会感;他们看出其他国家和其他时代的人所信奉的观念大大不同于他们自己从小就被教导应当信奉的观念……他们坦率的性格也使他们不能拒绝这样的想法:没有任何理由把他们自己的观念看做比其他民族、其他国家的人们的观念具有更高的价值。这样一来,他们的头脑中就产生了怀疑"[1]。一旦怀疑产生,这些善于思考的人就会探索新的获取知识的方法,以便搞清楚自己所怀疑的事情究竟是怎么回事,在一种新的方法中寻求新的信念,以平复他的怀疑与焦虑。

第三,先验主义的方法。 先验主义的方法是那些善于思考的人喜欢采用的方法,他们既不听命于思维的自然倾向性的控制,也无法在权威知识的专横跋扈中保持心灵的平静。于是,他们对自己的想法进行精心的思考,并力图证明自己的信念具有充分的知识根据,合乎永恒理性的要求。这种方法与固执的方法具有相类似的地方,两者都注重个人的见解,但是两者之间的差别也是巨大的,先验主义的方法注意理性思维的运用,是主动运用思辨推理的思维活动,其思维结果具有逻辑上的严密性和合理性,有时候甚至具有非凡的洞察力。形而上学的哲学家们正是通过这种方法获得有关世界的知识的。

不过这种方法及其知识体系的最大特点在于:它们通常不是依据于任何观察到的事实,至少不是在较大程度上依据于这些事实。这些体系之所以被人们采纳,主要因为它们的基本主张似乎"合乎理性"。这是一个恰当的表达方式,它并不意味着符合于经验,而是意味着我们发现自己倾向于相信它。例如,柏拉图发现天体之间的距离是与那些产生和谐的和音的弦的长度成比例的……从理性的观点来看,这种方法比我们在上面所提到的那两种方法之中的任何一种都更加明智,更加值得尊重。不过,这种方法的缺点也是明显的,因为它不依赖于事实,而是依赖一种类似鉴赏能力的个人素质和能力,而这种鉴赏力往往是仁者见仁、智者见智的,有点像是人们看待时尚时的情况。正因为如此,采用这种方法

---

[1] 〔美〕查尔斯·桑德斯·皮尔斯:《皮尔斯文选》,涂纪亮、周兆平译,北京:社会科学文献出版社2006年版,第77页。

的形而上学哲学家们很难就一个问题达成完全一致的意见。

第四,科学的方法。 那么,能不能找到一种方法弥补以上三种方法的缺陷呢?这种方法不固执于个人的直觉经验,也不迷信权威,同时不像先验的方法那样依赖个人的鉴赏能力和素质,即可以通过这种方法得到一种具有公共属性的真理。换句话说,"借助于这种方法,我们的信念不是取决于任何人为的东西,而是取决于某种外在的永恒之物——取决于某种不受我们思想影响的事物。……外在永恒性必须是影响或可能影响每一个人的东西。虽然这些影响像个人状况那样必然是不同的,然而方法必然如此,以使每个人的结论都是一样的。这就是科学的方法。……科学方法的基本假设就是:存在着一些真实之物,它们的性质完全不依赖于我们对它们的看法;这些真实之物按照固定不变的规律影响着我们的感官,尽管我们的感觉随我们与对象的关系的不同而不同。不过,通过利用知觉法则,我们能够通过推理而弄清楚这些事物其实和真正是怎样的。任何人如果具有充分的经验并做出充分的推理,就会得出真正的结论"[①]。

与其他三种方法相比,科学的方法具有的特别优点是:"这种方法的经验没有将我们引向对它产生怀疑,相反,科学研究在确定意见的道路上已经取得了一些令人惊奇的胜利,这为我们不怀疑这种方法或者它所依据的假设提供了说明。"[②]在皮尔斯看来,科学方法可以使我们自己得出的意见与事实相一致,"没有理由说明为什么前三种方法的结果也一定能够做到这一点。科学方法的特权就在于它能得出这个结果"[③]。

值得注意的是,尽管皮尔斯本人从事自然科学研究,因此对于自然科学的研究方法充满敬意,但他并不排斥其他的几种方法。就他本人作为美国历史上最重要的哲学家和思想家的事实而言,皮尔斯的方法显然并不仅仅是自然科学的,也是思辨性的。因此,他明确主张各种方法都会有一些自己特殊的好处,在特定的情境下可以比其他的方法更加恰当,即"不要以为前三种用以确定意见的方法没有任何比科学方法更加优越之处。与此相反,其中每种方法都有各自特有的适宜之处"[④]。结合皮尔斯所创立的实用主义哲学的精神,我们不难理解他对于方法的多元性和情境性的强调完全出自他的哲学立场,即判断一种方法好坏的依据要综合考虑自己的实际情况、自己的目的或所希望得到的结果与实际所

---

① 〔美〕查尔斯·桑德斯·皮尔斯:《皮尔斯文选》,涂纪亮、周兆平译,北京:社会科学文献出版社2006年版,第81页。
② 同上书,第82页。
③ 同上。
④ 同上书,第83页。

得到的结果的关系。只要一种方法的使用能够引导人们实现其正当合理的欲求和目的,那么这样的方法就是好的方法。皮尔斯在陈述各种方法的论述中并没有对于某一种方法做简单的优劣判断,而是比较客观地陈述其利弊好坏,因此,他也鼓励那些选择了自己的方法的学者,忠实于他自己选择的逻辑方法,并且避免一叶障目,排斥其他方法的使用。

二、科学及其话语建构

在前面所述皮尔斯获取知识、确定信仰的方法中,科学的方法被赋予了特殊的优点,这种方法通常能够将人们引向研究目标的实现。皮尔斯所谓科学方法指的是自然科学意义上的科学方法,在他生活的时代,人文和社会研究领域的探究活动及其结果刚刚开始被人们赋予"科学"的名称。但是在后来的发展中,科学事业的成功已经使得它的面目变得越来越模糊,随着这一名词变得越来越具有神圣性,它的应用范围也越来越大,以至于早已超出了学术研究的范围,甚至成为为社会各阶层的人们随意加以利用的意识形态话语。

(一)科学的流俗解释

几乎所有介绍研究方法的著述都需要回答与科学相关的问题,因为无论人们所谈论的是否真的是科学,都非常期盼自己所介绍的方法能够戴上"科学"的王冠,即使这一愿望不能实现,那也至少应该被视为"科学"事业的同盟者。科学如此重要,以至于美国经典传播学的目标始终都是在向科学致敬和看齐,它们惯常的关注焦点通常是:传播学如何成为一门被人们认可的新兴科学,对于美国学术环境中的知识事业而言,得到科学的正名是一件极其重要的事情,即便是人文和社会知识领域的研究,也一定要模仿自然科学,以便使自己的工作看起来像是科学的事业。没有科学正名的知识事业很难在现代学术体系中获得生存、发展的机会。

然而,"科学"究竟是什么呢?当我们问及这个问题的时候却很难精确地表述清楚,在最一般的意义上这个词的意思就是指自然科学的研究体系及其知识,但传播研究和媒介文化这样的探究活动毕竟在研究对象领域、话语模式、目的宗旨等方面都不同于自然科学,也没有办法严格照搬自然科学的研究方法和理论来从事人文与社会性质的传播与媒介探究活动。因此,当我们将自己的知识事业定位为科学的事业时,我们需要对"科学"做出一些适当的理解和解释。

对于什么是"科学",现在流行的教科书倾向于给出一个简洁的定义,如:"科学研究是一种对一个或多个变量进行有组织的、客观的、受控的、质化或量化的经验分析。"①这样的定义简洁明了,具有它在教学和学习中的价值和功能,能让学生们关于"什么是科学"的问题得到回答。但教科书在给出科学定义的时候往往不会将围绕着"什么是科学"这一问题所产生的复杂而多元的观点详加介绍,因此,这个简洁的答案极容易产生误导,使读者误认为这一定义所代表的乃是对于"科学"之本质的普遍定义,而不是一种非本质的权宜性概念解释,是众多科学理念中的一种。一旦读者被这样误导,那么他们对于"科学"就会产生相对狭窄的理解,这将会影响他们对这一术语的更加多元化和开放性的理解,而这样的多元和开放的理解是我们面对当代科学话语时所需要具备的视野,这种视野对于学习传播研究方法来说也是至关重要的。

(二)寻求普遍单一的"科学"定义是困难的

我们寻求普遍有效的定义的一种常见的办法是,首先辨识出事物的一些基本特征,依靠这些特征,我们可以归纳和抽象出能够描述这些特征的定义,这样的定义就可以被视为有关某事物的具有普遍性的定义。如果我们希望寻求"科学"的定义,也需要先辨识出科学所具有的那些具有区别性的本质特征,然后在这些特征的基础上归纳、抽象出有关科学的定义。经常被提到的有关科学的标识性特征可以包括如下一些方面:

1. 科学研究是从经验事实中得到的知识。以经验事实为基础进行研究,这一点可以将科学与某些纯粹思辨的工作如哲学区别开来。

2. 科学研究是运用理性去观察事实的方法与结果。从经验事实出发固然重要,但对于经验事实的照面必须以理性的运用为前提,失去这一前提则无法保证这种照面的结果能够形成科学知识。运用理性意味着要么对经验事实进行归纳后形成普遍性结论,要么从一种普遍原则出发对具体的经验事实进行观察和分析。

3. 科学研究具有客观性。这种客观性首先应该理解为是对自身主观偏见的克服,即在研究过程中尊重经验事实的逻辑而不是屈就于自己的个人好恶。这一特点体现了科学研究需要对自身的既定意识框架保持反省和怀疑。

4. 科学是由事实证据支配的组织化和系统化的知识。

5. 科学是科学家共同体认可的知识。科学家共同体是指在科学观念、价值

---

① 〔美〕罗杰·D.维曼、约瑟夫·R.多米尼克:《大众媒介研究导论》(第7版),金兼斌等译,北京:清华大学出版社2005年版,第9页。

观和研究方法等方面能够相互理解和交流意见的松散的、虚拟的共同体。这一共同体的成员的见解可以互不相同,但他们的工作能够得到彼此的回应和理解,相互之间能够进行专业性对话与交流。在某些科学知识与方法的认识方面,科学家共同体可以达成一致,而这种共识性的知识通常可以被称为科学定律。

......

这样的一份科学特征的清单还可以延展下去。

看上去我们对于什么是科学的确定性认知可以从这些特征中找到,需要做的仅仅是对这一份清单进行进一步完善,并从中归纳总结出有关科学的本质属性。然而,事情并没有看起来这么简单,对于科学特征的列举清单显然是难以完结的,并且这样的列举也存在局限性和风险。因为,一方面,人们对哪些特征是科学所独有的本质特征持有不同的意见;另一方面,即便是对那些最具有常识意义的特征,如果认真分析起来也是存在疑问的,不足以构成描述科学本质所需的那种条件。

例如,科学研究的客观性原则通常被认为是科学研究的一个重要特点,但客观性原则通常被人们解释为研究中科学家要避免自己的主观性,让自己在不带有个人主观见解的情况下从事研究。事实上,这种原则是很可疑的,它需要专门的进一步解释才能确保自身的合理性。最根本的问题可能是:客观性是如何可能的?主张客观性的人基本上都不会思考这样的问题,因为这种认识论意义上的反思属于形而上学的范畴,而形而上学是思辨性的而非经验性的,因而是不客观的。无论如何很明显的一点是,客观性并不能被理解为无前提性,不能被理解为在完全排除主观意识或意义框架的前提下开展研究。因为人只能在特定的意义框架或前见的基础上才有可能看到事实,完全没有既定意义框架的大脑虽然是最具有客观性的大脑,但这样的大脑却不能看见任何事物。正像美国哲学家威廉·詹姆斯指出的那样,婴儿眼中的世界是一个杂乱喧嚣的世界,他的眼睛只能接受感官上的刺激信息,却无法对这些信息进行加工整理并形成图像,因为他的大脑中并没有用以整理信息的意义框架。这种情况也适用于身处完全陌生的环境之中的人们在进行观察时所遇到的情况,比如一个普通人和一位训练有素的植物学家一起走到丛林中,因为他们大脑中的意义框架和前理解结构不同,所以所看到的经验事实也完全不同。只有当一个人的大脑中已经有了蕨类植物的知识的时候,他才有可能在丛林中辨识出这种植物;相反,不知道蕨类植物为何物的人在极其丰富多样的丛林植物中,是看不到这样的植物的。

所以,客观性不可能是指婴儿大脑那样的无前提性,而是指这样的一种思维努力,这种努力旨在帮助我们进行信息整理,以对某种观念的思维定式进行反省和克服。当我辨识出某种植物是蕨类植物时,我意识到这其实是一种思维定式的结果,我也可以假设这种植物其实并不是蕨类植物,如果想要得到有关这一植物的新的知识和理解,我就必须克服我既有的知识框架的影响,将这些既有的思维框架和知识悬搁起来,以便能够在一个客观的基础上来研究这一植物。这可能就是客观性的一个比较合理的解释,但我们不难看出当我要在新的客观性基础上对这一植物进行重新认识时,依然还会依赖于大脑中储存的知识和意义框架,以便发展出新的知识。因此,从某种意义上讲,客观性其实只能是以一种主观性替代另一种主观性,没有主观性的客观性是不存在的。虽然客观性的原则通常被人们视为科学研究的重要特征,但事实上它只有在保留主观性的前提下才会是可行的。

另一方面,几乎所有的这些特征都很难被确定为科学所独有的特征,这些特征在其他知识领域中也会得到同样的重视,甚至是更多的强调和更充分有力的论证。仍然以客观性原则为例,它并不是经验科学或者自然科学独有的原则,也是某些哲学家所强调的根本原则。相比于胡塞尔的现象学来说,实证科学对于客观性原则及其可能性条件的认知与追问显得要随意和松散得多。胡塞尔宣称现象学是一种严格意义上的科学,因为它的全部努力在很大程度上就是要回答这样的一个问题:纯粹客观性的认识是如何可能的,从而为真正的科学事业奠定一个坚实的基础。科学的客观性基础其实是一个源自自然科学的问题,但自然科学和实证主义在这一点上基本上都持有自然主义的态度,所谓自然主义的态度其实就是非反思性的态度,即对认识的可能性条件缺乏反思的态度,具体表现则是在提出将客观性原则作为科学研究的基本原则的同时,却不从认识论的角度提出并回答这样的问题:纯粹客观的认识是如何可能的?显然,缺乏反思性的质疑正是经验科学的致命缺陷,自然科学无暇顾及这样的反思,而实证主义则倾向于将这样的问题抛诸脑后,或者以视而不见的态度来对待它;然而这种鸵鸟策略并不能平息人们心中的疑问,它反而成了实证主义的软肋,为那些充满疑问的人发起攻击树立了靶子。

如果说单独一两条特征不足以让我们在科学与非科学之间划定确定界限的话,那么同时满足一组特征的做法是不是能够帮助我们找到这样的界限呢?确实,从逻辑上说如果我们增加对科学进行定位的视角和条件的话,我们是可以实现逐步聚焦的。但正如我们在前面已经谈到的,一方面对于哪些特征才能被视为识别特征本身就是存在疑问的,另一方面这样的一组特征应该按照什么样的原则被确定并组织成一个识别系统而发挥其功能也是存在极大不确定性的。

可见,尽管我们已经设法通过多种途径寻找有关科学的确定性意见,却没有办法获得满意的结果。实际情况或许正如萨米尔·奥卡沙所说:我们并不能找到被我们称为"科学"所共同具有,且不被"非科学"所拥有的那种科学之"本质特征"。不仅如此,就连"关于科学拥有'本质特征'的设想都值得怀疑。毕竟,科学是一种多元的活动,包含了范围广泛的不同学科和理论,也许它们共享一套能够定义何为科学的固定特征,但也许这种特征并不存在"[1]。据此,要想从本质论意义上在科学与非科学之间确定一个明确的划分标准几乎是不可能的事情。正是基于这样的原因,我们才将科学视为一种在历史上被建构起来的观念及其话语,而非本质意义上的永恒的自然之物。也许,有关"科学究竟是什么"的最可靠的回答就是一直以来那些科学家的工作与思想,以及人们就科学研究问题所发表的各种论述,而这样的回答必定是多元而具体的。但在历史的话语空间中,哪些思想家属于科学,哪些不属于科学,哪些观念及其话语属于科学,哪些不属于科学,则是仁者见仁、智者见智的事情了。

(三)"科学"的概念及其历史建构

如上所述,"科学"是难以有一个普遍而确定性的定义的,这一术语本身就具有了非常复杂的含义。在当代社会中,"科学"有时候被视为与伽利略、牛顿、爱因斯坦这些名字相联系的事物,有时候被视为一整套的哲学和方法论体系,有时候被视为一种现代社会学术研究的制度系统,有时候则被视为一种知识的体系,有时候又被视为一种探究真相的精神与态度,还有的时候被视为一种意识形态的权力话语。概念理解的多元化表明,科学对于我们生活的方方面面都产生了极其深远的影响,以至于即使我们从不同的视角切入,也都能够发展出对于科学概念的特定理解和解释。面对如此多样而复杂的概念意义,我们或许需要在科学本身的发展史中去梳理一下这些概念意义的演化过程,以便能够看清楚科学究竟是如何从一种知识探究实践转变为一套系统的知识体系和制度化机制,并进而被运用到文化和政治领域中,成为一种权力话语的。

在"科学"的概念发展史中,我们可以清晰地看到:当代社会所有关于"科学"的观念,都源自人类探究的实践活动,尤其是对于16世纪以来的"科学革命"及其遗产的理解和解释。在这场"科学革命"中展现出来的新的探究方法,以及由此形成的知识形式,就是我们现在所谓科学的最为核心的、最基础的含义,也就是人们通常所说的自然科学意义上的那种探究努力和知识形式。

现代科学的历史通常可以上溯到1500—1750年间的欧洲科学革命,在这场

---

[1] 〔英〕萨米尔·奥卡沙:《科学哲学》,韩广忠译,南京:译林出版社2013年版,第16页。

科学革命中，一些不同于过往时代的崭新的世界观和方法论得以涌现，这些新的探索及其成就基本上彻底转变了人们对于世界的看法。以亚里士多德的自然哲学和中世纪神学为代表的旧的知识体系结束了在欧洲的统治地位，人们开始循着新时代的思想家们的足迹探索未知的世界。早期科学革命中的第一个关键的成就是哥白尼日心说的出现，它打破了此前在欧洲延续了1800年之久的地心说模式，对于基督教神学和亚里士多德的权威形成了前所未有的挑战。哥白尼的结论建立在两个基本的方法论原则之上，一是对运动着的物体进行实际的观察，二是对空间中的物体运动进行数学上的计算。这两个方法是现代科学有关经验观察和定量分析方法的雏形，这些方法被开普勒和伽利略所继承和发展，尤其是伽利略的工作显得尤其重要。

伽利略不仅强调实际观察的重要性，还发展了观察的手段，即使用仪器来帮助观察，从而大大拓展了科学观察方法的适用范围。此外，他特别强调数学在研究工作中的基础性地位，被视为第一位使用数学语言描述物质世界中的真实物体运动状况的学者。中世纪的欧洲人普遍认为上帝之书写有两个文本，一个是《圣经》的文字文本，而另一个则是自然。伽利略的独特之处在于，他认为自然这个文本是用数学书写的，因此要研究和描述自然的奥秘应该使用数学的语言。这与当时人们对于数学工具的看法大不相同，那时候数学被视为仅仅适于用来处理纯粹抽象的事物，而不是具体的物质世界。如今人们对于数学语言的使用已经不再陌生，并且它早已经异化为一条衡量一项研究是否具有科学性的不恰当的标准。除此之外，伽利略的重要性也体现在对于实验方法的发展上，他主张以实验来检验理论假说的真伪。他的自由落体理论可以被看成是对这一方法的运用，这一实验的结果改变了人们对亚里士多德的结论的认识。伽利略的成就是多方面的，现代科学研究所应用的那些方法在伽利略那里都已经基本成形了，他因此被视为欧洲科学史上第一位现代意义上的科学家，他所开创的那些研究的原则和方法在笛卡儿、培根、牛顿等人的研究和论述中得到了进一步的发展。在随后的时间里，"科学"逐渐走出了宗教的禁锢和迫害，取得了前所未有的成功。

不过，在自然科学兴起并迅速获得成功之后，作为一种回应，非自然科学领域的学者开始质疑人们对于"科学"含义的理解和解释过于狭隘。它的指称范围事实上并不应该被限定于伽利略—牛顿体系的范围，而是应该包括探讨精神现象和社会现象的其他知识形式，并且精神科学所遵循的原则与方法和自然科学并不相同。这种看法无疑具有充分的合理性，因为从词源学上看，"拉丁词语 scientia（scire，学或知）就其最广泛的意义来说，是学问或知识的意思。但英语词 science 却是 natural science(自然科学)的简称,最接近的德语对应词 wissenschaft 仍然指一切有系统的学问,不但包括我们所谓的 science(科学),而且包括历史语言学及哲学"①。可见,"科学"一词的实际含义其实要比自然科学的范围更加广泛,自然科学成为"科学"一词最核心、最基础的含义并非自古如此,而是随着自然科学在现代社会中的空前成功和巨大影响而形成的。

科学的概念史表明,"科学"并非自然存在的事物,而是一种在历史中被建构起来的观念及话语。指出这一点并不是说对科学含义的理解和解释可以任意进行,也不是说科学仅仅是一种观念而不是物质实践活动。相反,我们所说的"科学"乃是对人们的某种特定认知实践活动及其成果的表述,由于人们的实践是不断变化和发展的,因此有关"科学"概念的理解和解释也是历史地变化着的。对于这一点我们在任何有关科学思想史的论著中都可以找到证据,哥白尼时代的科学概念与爱因斯坦时代的科学概念所指称的概念意义并不完全是相同的东西,牛顿时代与海森伯格时代的科学含义也相去甚远。

因此,科学哲学家查尔默斯指出,"不存在这样一种关于科学和科学方法的普遍主张,它可以适用于所有科学和科学发展的所有历史阶段"②。也就是说,要回答"科学是什么"这样的问题,必须通过详细地考察科学发展的历史,在历史语境中把握各个时代的科学家们的工作与观念,在此基础上我们才有可能对于科学做出一些具体的而非抽象的论断。此外,即便是在同一时代的科学家共同体中,对于科学的理解也是不同的,更为明显的差异性则来自文化传统的差异。例如前面所谈到的对于"科学"一词的英国式理解和德国式理解之间就存在巨大差异。因此,当查尔默斯以提问的方式将"究竟什么是科学"作为他的著作标题后,接着解释说这个问题是一个误导性的问题。这样的问题倾向于引导人们去寻求有关科学的本质意义上的确定性说明,但这样的说明即便有也是被历史地建构起来,又在历史中不断地被消解或修正的东西,因而并不具有永恒的确定性及绝对的合法性。

总的来说,对于科学,我们最好将它仅仅视为人类因好奇或者实践需要而进行的一种智识性努力。虽然人们对它的理解因为具体时间、文化背景的不同而有差异,但它也有一些共识性的特征是得到公认的:首先,科学是一种智力性实践活动,是人类立足于自己的生活需要,而对未知领域展开的心智探究实践。其

---

① 〔英〕W.C.丹皮尔:《科学史》,李珩译,北京:中国人民大学出版社 2010 年版,第 1 页。
② 〔英〕A.F.查尔默斯:《科学究竟是什么》(第 3 版),鲁旭东译,北京:商务印书馆 2007 年版,第 287 页。

次,科学是一种求真务实、努力不懈地追求真理和真相的精神与态度。尽管不同思想范式的学者对于真理和真相的理解各不相同,但这并不妨碍他们依照自己的思想逻辑去努力探索他们的真理,而这些严肃的智力探索,最终都会成为人类知识的一部分,造福人类的生活。再次,科学在思维表现和符号形式上体现为系统性的思考及由此产生的知识及学问。当然,上述特征也可见于宗教这样的智力活动之中,因此还需指出的是:尽管科学经常被人们以宗教的态度加以接受和崇拜,但宗教与科学的界限仍然不能混淆,而区别两者的关键就在于,科学具有自我反省与批判的精神,也具有理解多元思想的包容性,并且它承认自己的局限性——它并不像人们所期待的那样,能够解决人类社会的所有问题和困难,也并不能取代艺术、伦理和宗教在人类生活中所占据的重要地位。除此之外,科学也需要承认自己的结论并不是绝对正确的,而是可错的、可修正的。科学精神之所以伟大而崇高,恰恰就在于它既具有实事求是的态度,也具有自我反省和多元包容的精神。

(四) 作为权力话语的科学

如前所述,科学成为现代世界的重要观念和话语主要是因为 16 世纪以来的"科学革命"让人们的社会生活产生了翻天覆地的变化。在人类历史最近的三百多年的时间里,"科学"逐渐走出了宗教的禁锢和迫害,取得了前所未有的成功,并且逐渐演化成为一种合法化的标签,用以鉴别和判断知识的合法性质。得到"科学"的认证就意味着某人的陈述及其方法都是具有合法性质的,可以在社会人群中大行其道;相反,如果他的陈述被贴上了"不科学"的标签,那么这就意味着一种否定性评价,即它们缺乏存在的合法性,不应该在人群中加以传播。显然,作为合法性标签来使用的"科学"本身已经与当初在宗教和世俗之见的禁锢、压迫之下艰难推进的科学研究不是一回事了。自然科学事业的空前成功使得它在毁灭了人们对上帝和诸神的信仰之后,登上了接受万民崇拜的偶像位置。在新一轮的宗教性崇拜中,科学成为一种意识形态意义上的权力话语,尽管人们并不清楚"科学"究竟是什么,甚至从没提出过这样的问题,但这并不妨碍整个社会对它的顶礼膜拜,正如古代世界的人们曾经毫无怀疑地崇拜诸神和上帝一样。

如今的世界所面临的状况正是费耶阿本德所指出的那种科学的非理性肆意泛滥的情况。狂热的科学崇拜使得科学从一种知识探究活动演变为带有盲目性和非理性色彩的新宗教。费耶阿本德将第二次世界大战之后人们将科学意识形态化之后加以滥用的行为称为"科学沙文主义",不过这是一种虽然被认识到,却无法加以克服的时代病。"科学沙文主义"在学术界和高等院校的显著表现,就是将各个研究领域都冠以科学之名。科学史学者查尔默斯指出:"许多研究领域现在被它们的支持者描述为是科学,他们大概要尽力暗示,他们所使用的方法像传统科学如物理学和生物学一样是有牢固基础的,并且有可能取得丰硕的成果。现在,政治科学和社会科学已经成了常见的用语。许多马克思主义者热衷于坚持历史唯物主义是一门科学。此外,图书馆科学、管理科学、演讲科学、森林科学、乳品科学、肉类和家禽科学以及丧葬科学,都出现在大学的教学提纲中了。"[①]这样的清单在中国也是如出一辙的,但凡某人在灵机一动的情况下捕捉到了纷繁芜杂的世界中某个特定的值得引起关注的对象,不管有没有先期进行深入考察,分析论证,便匆忙地将它以"……学"来加以命名,于是我们就有了"彩票学""风水学""报纸编辑学""新闻评论学""媒介管理学"以及"传播学""新闻学"或者"媒介学""文化产业学"等新名词。尽管人们并不一定明确这里的"学"指的就是科学,但以科学之名为自己正名和加冕的意图还是极其明显的。事实上,正如前面所谈到的,我们在谈论学术和知识的时候,往往以科学话语作为开端,这一事实本身就标示了我们这个时代的症候。与此相对照的是,这样的问题完全不会出现于古代中国或者希腊人的思考范围内,因为他们并不生活在科学昌明的时代,因此完全没有如今普遍存在的那种急需科学正名或者加冕的合法性焦虑。

三、科学的三种形式及其与传播研究的关系

探讨了科学究竟是什么之后,我们已经了解到:所谓"科学"乃是一种与探究实践密切联系的建构性历史话语,而不是可以简而化之地总结出本质上的对于"科学"概念的确定性界定。但是,一般意义上的科学仍然有其公认的研究形式。科学研究由于研究对象和领域的不同,大致可以分为三种研究形式,这三种研究形式各有其特征和范式,也有相互作用、交叉的部分。而这三种形式作为三种宏大的研究范式,对于传播研究也有着重要的影响。

(一)科学研究的三种形式

科学所涉及的探究对象和领域不仅包括自然界及其规律,也包括人类精神生活和人类社会及其文化。传播作为人类基本的生存实践活动,它所涉及的领

[①] 〔英〕A.F.查尔默斯:《科学究竟是什么?(第三版)》,鲁旭东译,北京:商务印书馆2007年版,第10页。

域也涵盖了自然、精神和社会的所有方面,因此,无论是自然科学、人文科学还是社会科学都具有与人类传播密切相关的研究内容。不过,由于自然科学领域的传播研究通常被涵盖于其他自然科学学科的范围,因此传播和媒介研究的范围一般主要指人文与社会科学范畴的传播与媒介研究。偏重于探究人类精神与文化层面的传播和媒介现象的研究可以被纳入人文科学范畴,而社会行动、制度及其运行机制等方面的传播与媒介研究则可以被纳入社会科学范畴。不过,人文研究与社会研究之间的区别只是大致上的一种区分,它们之间的界限并不是泾渭分明的,很难说清楚两者之间明确的分界线或者划分标准,因此一般情况下我们将两者统称为人文与社会科学,以区别于自然科学研究。事实上,传播与媒介研究与这三种科学形式都具有密切的联系,作为后起的学术领域,它是在这三种科学知识的基础上才得以产生和向前推进的。为了理解和学习本书的内容,我们有必要首先对这三种科学形式进行简要的介绍。

1. 自然科学研究

自然科学是"科学"一词最核心和最基础的含义。自然科学的研究对象是外在的自然物质世界,包括无机自然界和包括人在内的有机自然界,重点关注物质世界的类型、状态、属性、运动形式及其规律。自然科学的哲学和世界观基础是人与世界的二元区分关系,即自然界是独立于人的客观实在,它有自己的属性和规律,掌握了这些属性和规律就可以对其加以认识、预测和利用,以造福于人类。因此,自然科学研究的目的主要在于揭示自然世界的属性和规律,以便人们在社会实践中合理而有目的地利用这些为自己服务。

传统意义的自然科学,其研究目标往往设定为揭示世界"是什么"的问题(实然),不涉及价值判断,避免回答"应该是什么"(应然)的问题。它强调研究的客观性,以便排除主观因素对于研究的干扰。自然科学还强调研究中的普遍法则、规律的发现,以及发现这些普遍规律的程序及其结果的重复性验证。

在研究范式的发展上,自然科学具有排斥性特征,即有关某个问题的结论往往会通过竞争而成为科学共同体公认的权威性结论,这样的结论往往只有一个,而不会出现多个相互矛盾的结论同时得到承认的局面。同时,有关某问题的新结论需要在以往结论的基础上产生,且它一旦取得了权威地位,便会推翻先前存在的结论,宣告其"死亡"。这种"弑父"的特征是科学知识演化的一个重要的特点,如哥白尼的日心说取代以往的地心说,而后又被新的结论所推翻。

2. 人文科学研究

如果说自然科学研究是相对于人而言的外部研究的话,那么人文科学则主要是有关人的精神活动及其结果的内部研究;自然科学的目标是认识外部世界,而人文科学的目标则是认识人自己——人的在世存在及其意义。因此,人文科学不是客观和价值中立的研究,其个体风格与主观性较强、追求个性展示、强调研究的个体差异性,研究结果也是难以或者说不可完全重复的,很多研究结论难以用实际经验加以验证,而是需要以思辨推理的方式加以领悟。

在研究范式发展上,人文科学往往形成互相竞争、多元共存的格局。很多旧有的范式和观点往往因为时代需要不同等原因而出现暂时被冷落或者遗忘的情况,但不会像自然科学领域中的那些旧理论范式和学说,会被新的学说证明为错误而被完全加以替代。孔子对于人生和社会生活及其伦理的观点,直到今天我们还是觉得很有道理。老子小国寡民的社会理想从来就没有成为社会思想的主流,但是由于它指示了人类社会发展的另外一种可能性,揭示了人们对现存大型社会中存在的诸多弊端的反省,因此千百年来也从未被抛弃。老子揭示的"大器晚成""大音希声""大象无形"等充满辩证法的思想,有悖常识却带有真知灼见,古往今来始终受到知识界和艺术界的高度重视。同样,苏格拉底、柏拉图、亚里士多德的很多观点至今看来也都还有其合理性。至于宗教领袖们的很多教诲,在科学昌明的今天,也没有失去它们的光彩;宗教虽然已经在科学革命的大潮中被冲击得七零八碎,但是仍然有无数的人们愿意倾听那些宗教典籍中所蕴藏的智慧。当然,康德、黑格尔、杜威等哲学家的思想也不会因为时代的发展而变成"错误",而往往是在时代变迁的过程中出现了潮涨潮落的波动。时至今日,孔子、老子、柏拉图、亚里士多德、奥古斯丁等思想家经常以不同的姿态莅临当代学术思潮的现场,为当代社会问题的解决提供重要启发。几乎可以预见的是,正如几千年来人们会不断研习这些先哲的思想,数千年后的人们也依然会学习和研读他们的思想,并且还会研读我们同时代的思想家,如维特根斯坦、杜威、海德格尔、德里达、福柯、哈贝马斯等人的著作,并从这些著作中寻求启示。

3. 社会科学研究

社会科学的研究对象是与人类社会的群体生活相关的现象。如社会学主要研究工业化时代产生的大型的、复杂的人类社会生活;人类学主要研究小型的、处于前工业化发展时代的人类群体生活。而经济学、政治学、管理学、新闻学等学术领域则关注人类社会生活的具体部门的较为专业化的问题。

要理解社会科学的特点,需要注意到人类社会所具有的双重性质。它既是一种客观存在的事物,具有一定的客观规律性可循;同时又无处不渗透着人类主观精神生活的影响,在某种意义上讲,社会本身就是人的精神活动的产物。比如学校、房屋、桥梁或者铁路、教务处或者国务院这样的一些我们司空见惯的事物究竟是客观自在的,还是人类主观精神活动的产物呢?显然,这些社会事物既是客观的,也是主观的,是两者的共同产物。为什么中国的房子和美国的房子不一样?为什么中国国务院的机构设计与英国的机构设计不一样?人们为什么要建立学校这样的教育机构?对于这些问题的理解和解释恐怕就不能坚持完全客观性的原则,因为人类行动之中充满了主观性因素,其中蕴含了丰富的目的性和意义,如果仅仅将这些事物视为客观存在的事实,我们将无法全面理解人的社会性活动的内涵与意义。

正是由于对社会事实所展现的这些特点具有不同的理解,不同的社会科学研究者在面对社会这一研究对象时,所持有的世界观和方法论存在着较为复杂的情况。有的人坚持按照自然科学的世界观和方法论看待社会现象,而另一些人则坚持用更加人文的视角理解社会,还有更多的人坚持两者之间的折中。但不管怎样,社会科学的研究相比于自然科学和人文科学而言,在某些方面具有更加特殊的困难。

(二) 传播研究与三种研究形式的关系

传播学者罗杰斯在其《传播学史》中认为,美国传播学的历史实际上也是社会科学的历史,意思是说,美国传播研究的历史与美国社会科学诸学科的历史是同步的。或者换句话说,传播研究的历史是社会科学充分发展之后的结果。从美国传播研究的历史来看,经典传播学(实证主义)的研究方法的直接来源,既有人文科学(哲学、历史、文学)研究,也有自然科学(进化论、控制论、信息论)研究。不过更为直接的联系则是与20世纪前后一段时间在自然科学和人文科学基础上产生的现代社会科学诸学科,如心理学、政治学、人口学、管理学、教育学等的联系。这些新兴的社会科学在其产生之初曾经受到人文科学的强烈影响,因而具有较强的人文主义色彩。如芝加哥学派的传播研究在很大程度上可以被视为实用主义哲学在社会研究领域的具体运用,符号互动理论就是这一学术实践的遗产,它被视为美国社会研究中最具有本土特色的理论之一,与量化的实证社会研究具有根本上的差异。稍后,随着唯科学主义和行为主义研究方法在美国的大肆流行,社会科学诸学科中开始渗透入唯科学主义的理念,排斥人文研究的传统,偏重于以自然科学为典范的实证社会科学研究。最终在20世纪50年代后,美国形成了以量化的实证研究占据主流地位的局面,社会科学普遍地被认为是对人类行为进行科学研究的"行为科学"。在这种一边倒的时代背景下,美国传播学的真正奠基者威尔伯·施拉姆及其同时代传播学者将"行为科学"领域中有代表性的四位社会科学家奉为传播学的"奠基人"。在施拉姆看来,美国传播学的研究方法也就是"行为科学"的研究方法,是一种以定量化研究为特点的严格的科学研究。

不过,虽然第二次世界大战后实证主义一统天下的局面难以撼动,但国际学术界始终没有停止对这种局面的抵制,也从未停止过对实证主义哲学和方法论基础进行批判或解构。从维柯、狄尔泰、李凯尔特和胡塞尔到以霍克海默为代表的法兰克福学派,西方人文主义及批判研究的脉络始终传承有序,其中以20世纪30年代霍克海默等人对实证研究发起的攻击尤为重要,实证研究的理论被称为传统理论而遭到抨击。在美国本土,皮尔斯、詹姆斯、杜威、米德等人对于实证主义和科学主义都具有清醒的批判性认识,而赖特·米尔斯、詹姆斯·凯瑞、尼尔·波兹曼、道格拉斯·凯尔纳、马克·波斯特等一大批学者都是在反对实证主义的浪潮中涌现出来的有代表性的传播学者。

第三章
方法及其系统

本书所谓"方法",是指用能够帮助人认知其生存过程中出现的种种困惑,确定社会行动之信念的思维方法及其操作化技术程序。传播与媒介文化研究方法,指的是对人类种种传播与媒介现象,即广义上的人类文化加以认知和科学探究的思维方法及其操作化技术或程序。

一、研究方法的层次

一般来说,人们倾向于将研究方法看成一个具有意义分层结构的概念体系。我们可以根据不同的分类标准和分类目的对方法加以划分,例如根据研究所涉及的领域及对象,可以将研究方法划分为自然科学的方法、社会科学的方法、人文科学的方法等。在此基础上还可以再进行细化,如划分出各门具体学科的方法:数学研究方法、物理学研究方法、社会学研究方法、心理学研究方法、历史学研究方法、哲学研究方法等。对于具体的某个领域,如传播与媒介文化研究而言,研究方法可以比较粗略地划分为三个层面:一是哲学与方法论基础,二是具体的研究领域的方法论,三是具体的研究方法和工具。哲学与方法论提供最基础的支持和指导,而具体研究领域的方法论是哲学方法论在这一领域的实际运用和体现。而具体学科的研究方法和工具则是在上述两个基础之上根据研究需要发展出来的研究技术和工具。三者之间的关系是:哲学方法论是最普遍的指导,是方法体系的地基,它在实际领域中的运用则发展出社会学、心理学、传播学等学科的方法论,在此基础上发展出的实际应用性质的技巧和工具,则处于学科研究方法的顶层,它依赖于前面两个层面提供的支持和指导。

同属自然科学领域的不同学科的具体研究方法往往可以共享,例如数学的方法和物理学的方法,会共享很多研究原则、程序与操作技术。人文社会科学领域的情况比较复杂,方法的区分度主要体现在哲学与方法论基础方面,即不同思想流派的人文社会科学研究会衍生出全然不同的实际操作方法。如西方马克思主义的文化研究在方法上与实证主义的行为科学具有本质上的差异,这种差异甚至体现出激烈的对抗性质。霍克海默在其经典文献《传统理论与批判理论》中将两者的这种对抗性表述得淋漓尽致,如果我们想理解它们之间的这种差异以及对抗性,就必须从哲学与方法论层面入手。在同一思想体系中,研究方法所遵循的原则基本上差别较小,例如实证社会学和实证心理学的方法仅存在一些细节上的差异,它们在抽样、测量、实验、调查以及数据分析等方面,则共享几乎完全一致的研究原理。因此,哲学与方法论层面的学习带有根本性质,因为它是理解各种具体的研究方法或操作技术的基础,没有对根本性问题的理解,方法和技巧的学习便成了无源之水和无本之木,难免陷入知其然而不知其所以然的境地。相反,如果能够追本溯源地从哲学与方法论层面弄清楚各种研究所依据的基本原理和原则,就能够更准确地理解这些研究方法的目的、宗旨、具体操作方法及路径选择等问题,而且只有从哲学和方法论层面入手,教师才能由"授人以鱼"转变到"授人以渔",学生也才能在学习中由得"鱼"进而得"渔"。

二、哲学与方法论及其重要性

哲学与方法论是密切联系在一起的,哲学本身包含方法论,而方法论则是以特定的哲学为基础发展出来的,有时候我们可以将两者等同起来看待,比如某些实用主义思想家认为,他们的学说既是一种哲学,也是一种方法。无论作何理解,我们强调的是对于理解和学习研究方法这门课程来说,对哲学与方法论的了解是一个极其重要的基础。那么,什么是哲学?什么是方法论呢?

(一) 什么是哲学?

按照《哲学大辞典》的解释,哲学是"关于世界观的学说,人们对整个自然界、社会和思维的根本观点的体系;是系统化、理论化的世界观,自然知识和社会知识的概括和总结"[①]。现在汉语中使用的"哲学"一词,源自19世纪日本人西周借用汉语的"哲""学"两字对古希腊语中 $\varphi\iota\lambda o\sigma o\varphi\acute{\iota}\alpha(philosophia)$ 一词进行的翻译,后来由清末学者黄遵宪从日本引介到中国来。这个词在古希腊语中的含义是"爱智慧",汉语中的"哲"字则具有"智慧""明智"之意,哲学即关于"智慧之学问"。需要注意的是,古希腊的"哲学"实际上是对一切学问和知识的称谓,无论是自然知识还是社会、人生知识,统统都属于哲学的范围,这一点不同于如今学

---

① 冯契主编:《哲学大辞典》,上海:上海辞书出版社2007年版,第1页。

科意义上的"哲学"。因此,在古希腊世界中,哲学并不完全是抽象的知识,而是具体而鲜活的,只不过它所关注的重点仍然是一些根本性的问题。随着社会生活日益复杂化,社会分工日益繁杂,尤其是工业社会出现后,知识被划分为支离破碎的各种专业领域,于是各种研究具体问题的知识领域便脱离了原初的哲学而独立为新的科目,哲学关注的范围也就变得越来越集中,哲学知识也越来越抽象了,直到最后被界定为"对自然科学与社会科学的概括与总结,是关于自然、社会和思维的本质和最普遍的规律的学问。例如世界本质上是物质性的,普遍联系、对立统一等是自然和人都要遵守的最普遍的规律"①。显然,哲学与各门具体的科学之间的关系本来就是血肉相连、合而为一的,只是由于社会分工发展导致知识的专门化倾向,才出现了在教育机构的科层制运作中各自分家的状况。但这并不影响哲学与各门具体学问之间存在的那种本质联系,哲学负责为各门具体学问提供世界观和方法论的指导,而各门具体的学问则在社会实践的基础上发展各种专门知识,并从这些知识中发展出关于世界和人生的根本问题、普遍规律或深度思考的知识,即哲学的知识。可见哲学与各门具体学问的关系是哲学提供形而上和方法论方面的指导,而各门具体学问则在实践中丰富和发展哲学与方法论。

(二) 什么是方法论?

方法论可以理解为:"认识世界和改造世界的方法的学说和理论。有哲学科学方法论、一般科学方法论、具体科学方法论之分。哲学方法论是关于认识世界、改造世界的最一般的方法理论,是各门科学方法论的概括和总结,对一般科学方法论、具体科学方法论具有指导意义。"②方法论是哲学体系的重要组成部分,哲学乃是有关世界观的学说,有什么样的世界观就会有什么样的方法论,对于世界的起源、性质、真理、价值等方面的回答都会直接体现在方法论中,两者之间的关系是相互统一的。脱离哲学的方法论,以及脱离方法论的哲学都是不可想象的。对于方法论来说,它也是一个具有层次性的体系,处于最基础层面的乃是作为各门具体科学方法论基石的哲学方法论,而建立在其上的是各门具体学科领域的方法论,如社会学、政治学、传播学等领域的方法论,再往上才是各门具体科学的具体研究方法和工具。例如辩证唯物主义是马克思主义的哲学方法

---

① 〔美〕罗伯特·C.所罗门:《哲学导论》,陈高华译,北京:世界图书出版公司2012年版,第7页。
② 冯契主编:《哲学大辞典》,上海:上海辞书出版社2007年版,第8页。

论,将这一方法论运用于各门具体科学的研究后便能发展出该领域的方法论,如马克思主义历史研究的方法论就是历史唯物主义,在历史唯物主义的指导下,研究者根据所要研究的具体问题又再发展出符合唯物辩证法和历史辩证法要求的具体研究方法,如阶级分析法、制度分析法、经济分析法、文化分析法等。在最终的具体研究方法和工具层面,往往可以看到多种方法的综合、灵活的运用,但这些综合而灵活的方法都与辩证唯物主义和历史唯物主义的基本原则相适应。这种情况也同样适用于实证主义、现象学、结构主义、精神分析等思想学术范式,可见哲学方法论在研究方法体系中占据着极为重要的基础性地位。

(三) 哲学与方法论的重要性

强调哲学和方法论对于研究方法的学习所具有的基础性地位,很大程度上是基于这样一种常识:人类认知活动的一大特征就在于必须借助于某种哲学和方法论进行思考与认知,学习、接受、借鉴、创新一种属于自己的哲学与方法论是我们从事研究实践的基础,无论是自觉地建立这一基础,还是被动地接受某种意识形态作为基础,人们都不能无前提地对世界、社会和人生形成思考。联系前述皮尔斯有关研究与信仰之间的关系看,如果缺乏思想基础,那么我们很难在内心建立起一种信仰,没有内心的信仰,人们便会处于无所适从的焦虑状态,唯有当人们凭借某种思想机制建立起内心信仰,才有可能获得心安,并采取实践行动。

由于我们必须在某种思想机制或意义框架下才可能从事社会实践,因此,自主建立思考世界和社会人生问题的能力极为重要。因为人们都是生活在人类自己所编织的意义网络中,虽然西方世界一直致力于追寻完全客观的、有关世界之确定性的面貌,但站在21世纪的视角上看,世界的模样很多时候要取决于人们赋予它怎样的意义,庄子所看到的世界与柏拉图眼中的世界具有天壤之别,实证主义者看到的世界与现象学家看到的世界也完全不同,而行为主义者在科学问题上的主张也全然不同于批判理论家。

显然,世界的模样及其意义是因人而异的,我们并不能就世界的真相达成任何"客观""一致"的意见,即便是在自然科学领域,牛顿关于世界面貌的描述与爱因斯坦也是很不相同的,并且这种科学解释的差异贯穿于整个自然科学的历程。可以说,人类对于世界面貌的科学解释史本身就是一部因人因时而异的"真相"研究史。千百年来,我们从未就世界的面貌达成任何终极意义上的一致意见。共识性意见虽然在现实中以历史形态的方式存在,即在特定范围的人群、特定的时代、特定的文化系统中存在,但从历史—当下—未来的整体性历史视角看,我们从未形成过关于世界真相的永恒不变的知识,这样的无条件的终极真理以后也不会出现,任何真理性认知都是有条件和可变化的。人们总是根据自己所生活的环境、教育背景、文化传统和生活实践需要发展出自己关于世界面貌的说明,并且依据自己的信仰对这些说明深信不疑,也就是说,虽然并不存在超越时间、环境、文化而存在的真理,却存在着信仰的真理,对于一个笃信某种真理的人来说,世界的面貌确实是确定的,如果想要改变他的认知,就只能改变他的信仰。

可见,对于我们来说,真正重要的事情其实并不是追寻无条件的绝对真理性认知,而是建立起关于"真理"的信仰,这一信仰并不是简单复制、移植某种既定信仰,而是在各种有关世界的解释中,根据自身情况选择、糅合、融通、转化之后产生的结果,是经过艰苦深思之后的智力产物。具备这种个人信仰系统才有可能在从事研究工作时确定自己在研究宗旨、目的、程序、方法、表述等方面应如何行事,并且对整个研究设计具有明确的自信和把握。

传播学院系的学生现在学习研究方法时很容易接触到诸如实验法、问卷调查法、内容分析法之类的方法,也学习了如何运用统计软件去进行数据分析,可是很多的初学者像是单纯记忆武功招式那样,依样画葫芦地对待这些研究方法。他们甚至不会主动思考这样的一些问题:这些方法为什么是正确的?它们适不适合我的研究目的和宗旨?有没有其他的更加适合的工具?如果这些工具并不能达到我的研究要求,那么应该怎么办?……然而,不去思考并不等于问题不存在,当人们面临实际的社会问题并开始着手从事研究的时候,就不可避免地会遇到上述问题。在这种状况下现成的工具很难直接派上用场,因为在具体研究方法被使用之前,人们必须首先思考所面对的问题,单靠那些研究工具和技巧显然无法完成宏观层面上的研究设计。如果人们恰好需要进行一项较为特殊的研究,又没有什么现成的成果可以参考和借鉴,那么就必须根据所研究的问题进行创新性思考。此时此刻,仅仅熟悉研究工具使用方法的研究者是难以胜任的,因为这样的特殊问题必定涉及哲学及方法论层面的创新,并在此基础上进行研究方法与工具的借鉴、整合与创新。可见,哲学和方法论的价值就在于,它所关注的是,当我们面对复杂问题时,能够依据哲学和方法论的指导进行意义框架的建构工作。这种意义框架是当我们面对现实问题时,如何理清其轮廓、提炼其要点、布局其结构、设计其步骤的机制,也是生产研究方法和工具的机制,如果这种意义框架不能建立,那么研究工作就不可能达到独立、自觉、创新的境地。

这里所谓"意义框架"也就是所谓"研究信仰",即在学术研究方面所建立起来的一种有依据的深信不疑的信心,它的基础是关于世界和社会之性质的哲学与方法论。研究信仰的建立可以使我们明白,我们使用的方法究竟有何意义。如果需要使用数据统计法,那么就一定能够给出必须使用统计方法的理由;如果要使用民族志方法而不是用统计法,也能够明确地说出这样做的原因。在没有建立个人研究信仰的情况下,人们极有可能是因为偶然性的因素而选择使用某一研究方法和工具。例如,使用统计法可能是因为老师要求这么做;或者数据统计法看起来更像科学,用它撰写论文更容易获得发表的机会;或者是由于恰好只会这种方法,而不知道如何使用民族志或者符号学的方法等。总之,在这种情况下,具体研究方法与工具的使用并不是从研究的整体设计中来的,不是在研究方案的严密逻辑之中自然衍生出来的,因而是游离于研究的宗旨、目的和逻辑之外的。

当然,研究信仰并不是凭空产生的,研究信仰的基础是某种特定的哲学方法论,它有可能是经过深思之后被研究者接受下来的一种现成的哲学方法论,也可能是在综合多种哲学方法论的基础之上所形成的新的哲学方法论。事实上,研究信仰是不同思想范式对话交流的结果,具有研究信仰的研究者能够理解其他哲学思想范式,并与之进行交流对话,这一点对于学习研究方法和改进、完善个人研究信仰而言是极其重要的。无论是实证主义、诠释主义、批判理论,还是中国的儒家、道家、佛家,如果我们并不真正理解这些思想体系的哲学方法论基础,那么我们就无法理解他们对于世界所做出的各种异质性解释,自然也就无法理解他们在观察、研究、解释世界时所使用的各不相同的方法。因此,无论自己的研究信仰建立在何种哲学方法论基础之上,我们都需要在广泛的学术视野中承认多元思想的价值。学术史的事实证明,没有任何一种思想及其方法可以穷尽世界的奥秘,每一种思想和方法都具有它产生的原因,都能为我们理解和解释世界提供一个视角。

三、三种方法论的取向及其比较

如前所述,科学这一神圣的词,并不是一个客观存在的客观事物,而是在人类活动历史中被不断建构和定义的事物。我们可以认为个人的研究信仰其实就是关于什么是真理、什么是科学的回答,不过这样的答案是多元化的,并不存在一个单一的答案。事实上,由于人们在教育背景、文化传统、个人经历等方面存在差异,因此在"究竟什么样的研究才是科学的"这一问题上会很容易产生争议,这方面的争论由来已久,迄今仍然处于激烈讨论之中。

从前面已经介绍的内容可以看出,人类科学依据研究关注的对象可以划分为三种基本的类型,即自然科学、社会科学和人文科学。如果我们将划分标准确定为哲学方法论而不是研究对象的话,我们可以将名目繁杂的科学观念归结为两大阵营和三大取向。两大阵营指的是自然科学阵营和人文科学阵营,三大取向则是实证取向、诠释取向和批判取向。当然,我们必须承认,用两大阵营和三大取向来归纳形形色色、丰富多彩的实际研究主张,确实是一件过度概化和危险的事情,这会导致对复杂细节的忽略,因此这种简化仅仅是一种"理想型"的认识结果,是对现实的简单、明晰且重点突出的描述,但并不能与现实的情况等同。因此,在使用这种"理想型"描述的时候,我们应该保持一定程度上的弹性与模糊性,尤其是诠释和批判两个取向,均属于人文取向的研究,有时候很难在两者之间做出清晰、明确的划分。包括民族志、历史研究、精神分析、符号学、结构主义与后结构主义等具体方法在内的研究法,很多时候都同时兼具诠释和批判的旨趣,由于两者的区别又确属必要,因此人们在进行归分类时通常会出现因人而异的情况,有时候可能将符号学看成是诠释理论,有时候又将它视为批判理论,这些看法都具有合理性,关键要看研究者采取的是什么样的立场和视角。

(一) 两大研究阵营

1. 具有实证科学精神的经验社会科学研究

这一取向的特点是在科学观念上主张一元论,即认为科学只有一种模式,也就是自然科学的模式。因此社会科学应该以自然科学为标准,从世界观到方法论,乃至具体的操作技术和研究程序都应全面而严格地模仿自然科学的做法,这样才能使社会科学研究具有科学性。实证研究讲求研究的客观性和程序性,强调避免研究者主观思想的介入,并且刻意避免形而上的思辨色彩,主张对于研究资料的收集与分析都采取定量化的处理方式。客观性的追求在自然科学研究中或许是可能的,但是在社会科学研究中则难以实现,人们一般倾向于将这种客观性视为实证主义者根据自身的哲学和方法论逻辑进行的一种想象,这种客观主义的意识形态本身就缺乏客观性。

2. 具有人文精神的人文社会科学研究

这主要是指实证研究之外的其他研究倾向,我们可以大致将它们归入诠释性和批判性的社会科学研究阵营中。这些研究范式虽然形式多样,互不相同,但与实证研究相比,它们也分享了一些共同的特征。所有这些非实证倾向的研究范式都较多地容纳了人文主义的理念,它们认为以人类社会为研究对象的社会科学与以自然事物为研究对象的自然科学之间存在着本质性的差异,社会科学应该有自己的哲学和方法论基础,而不是将自然科学作为模仿的目标。大多数诠释和批判学者都不排除研究中的主观性因素,他们认为所谓研究的客观性不过是一种假象,研究者不可能在研究中保持中立和客观。与此相反,很多诠释学者和批判学者强调对社会行动和文本中展现出来的那些主观要素进行解释、表达和分析,认为这是社会科学研究的重要内容之一。与实证主义强烈排斥形而上学不同,非实证主义的研究者虽然也会采用经验证据,但他们并不回避形而上学的思辨,因为如果放弃了对认识活动本身进行形而上学的批判和反思,就意味着对于获取人类真理性认识的那些可能性条件丧失了怀疑和关切。同时,在抛弃形而上学的思辨的同时,也就意味着对于研究的宗旨、目的和价值的抛弃,这样不仅不能给我们呈现出真理性的知识,还会由此产生科学理性的滥用问题,导致科学及其知识异化为人的对立面。有关这三者的具体比较情况我们在后文还会提到,这里就不赘述了。

(二) 三大研究取向

1. 实证取向

实证取向就广义来说是指以自然科学为标准的研究取向。从历史发展的角度看,实证主义曾经发展了很多不同的分支,如逻辑实证主义、后实证主义、自然主义和行为主义等。

实证主义起源于孔德,他在《实证哲学教程》这部著作中,列举了许多迄今仍然沿用的实证主义原则。英国哲学家约翰·斯图亚特·密尔,在其《逻辑体系》一书中对孔德提出的这些原则做出了详尽的诠释和修正。法国古典社会学家涂尔干在其著作《社会学方法的规则》中概要论述了他的实证主义观,该书成为实证主义社会研究者的一本主要教科书。

实证主义与许多特定的社会理论相结合。最为人熟知的是它与结构功能理论、理性选择理论以及交换理论等研究框架之间的关联。实证主义研究者比较喜欢精确的定量资料,而且时常使用实验法、调查法以及统计分析法。他们寻求严谨、确实的测量工具与"客观"的研究,并且通过仔细分析测量所得的数据来检验假设。许多应用研究者(行政人员、犯罪学家、市场研究者、政策分析者、计划评估者和计划制订者)都赞同实证主义。批评者指责实证主义把人还原为数字,并且抨击实证主义对抽象法则或公式的关心,而这些与人类活生生的真实生活毫不相关。

20 世纪六七十年代,实证主义取向在英国、加拿大、斯堪的纳维亚和美国的主要社会期刊中占据主导位置。到了八九十年代,它在欧洲期刊中的地位急剧下降,但在北美的期刊中仍占据着主导位置。

实证主义视社会科学为:为了发现并证明一组用来预测人类活动的一般模式的概率性因果法则,而将演绎逻辑对个人行为所做的精确的经验观察结合起来的一个有组织的方法。

实证主义者指出:科学只有一个逻辑,任何渴望冠上"科学"这个头衔的智力活动都必须遵守这个逻辑。据此,社会科学与自然科学必须使用相同的方法。由是观之,自然科学与社会科学间的差异,乃是由于社会科学尚未发展成熟或是过于年轻,以及社会科学的主题不同所致。到最后,所有的科学包括社会科学在内,都会像最先进的科学——物理学——一样。各种科学之间的差异可能存在于它们研究的主题中,但是所有科学享有一组共同的原则和逻辑。

2. 诠释取向

诠释取向的社会科学可以追溯到德国社会学家韦伯和德国哲学家狄尔泰。狄尔泰在《人文科学导论》中认为科学有两个完全不同的类型:自然科学和人文科学。前者基于抽象的解释,后者根植于移情式的理解。韦伯主张社会科学需要研究有意义的社会行动,并认为我们应该运用理解来解释人们社会行动的动机。诠释学多见于人文学科(哲学、艺术、历史、宗教、语言学和文学评论)。它强调详细的文本阅读,研究者可以在阅读文本的过程中,揭露隐藏在文本中的意义或者在文本阅读活动中构建文本的意义。

诠释的社会科学有许多不同的类型:诠释学、建构主义、认知社会学、现象社会学等。诠释研究常见于对媒介技术的社会影响做出解释,也常见于媒介文本意义的理解和解释。除此之外,诠释研究还经常采用参与观察和实地研究的方法研究人们的社会行为的意义。这些方法需要研究者和被研究者在一段时间内进行直接的接触,用细致的方法搜集大量的定性资料,然后用详尽的方式分析录音或者录像带,以便能够深刻了解人们日常生活中的行为意义。与实证主义的工具取向不同,诠释取向的社会研究通常采取的是实践取向,即对普通人如何处理日常生活中的实际事务的探究。它关心的是人们如何行动、如何与他人相处。总体上来说,诠释研究取向旨在对人们如何创造与维持他们共享的社会世界予以理解并给予诠释。

3. 批判取向

批判的研究取向可以追溯到马克思、弗洛伊德,之后由阿多诺、弗洛姆以及马尔库塞发扬光大。批判的社会科学与20世纪30年代由德国法兰克福学派发展起来的批判理论有所关联,也常与冲突理论、女性主义分析和激进的心理疗法联系在一起。批判的社会科学同意诠释研究取向对实证主义的许多批评,但同时又加上自己的批评,在某些方面,它不同意诠释社会科学的主张。法国社会学家皮埃尔·布迪厄提出反对实证主义和反对诠释学的取向。他既拒斥实证主义者采取的那种客观的、像法律一样的、定量的经验研究,也拒绝诠释的社会科学采取的唯意志论的研究取向。布迪厄主张社会研究必须是反思性的,也必然是政治性的。

诠释的社会科学批评实证主义无法处理现实中的人所持的意义以及他们能够感觉和思想的能力,同时认为实证主义忽略了社会情景并表现出不同程度的非人道主义倾向。批判的社会科学同意对实证主义的这些批评。批判的社会科学认为实证主义并没有把当前的社会视为一个不断进行的过程,而是从亘古不变的社会秩序的假设出发。

批判研究者批评诠释研究取向太过主观、过于相对主义。诠释研究者把焦点放在微观层次以及短期环境中,忽略了更为广阔的、长期的社会背景。在批判研究者看来,诠释的社会科学是道德无关的和被动的。它缺乏一个强烈的价值立场,也不主动帮助人们辨别周围错误的幻觉,以便改善他们的生活。批判的社会科学恰恰将其宗旨界定为帮助人们改变现状并建设一个更美好的世界,超越表面的幻觉,以便发现社会世界的真实结构。

4. 三种研究取向的对比

三大取向之间的差异非常复杂,劳伦斯·纽曼将所涉及的主要问题简化为八个方面:(1)为什么要进行社会科学研究?(2)社会现实的基本特征是什么?(3)什么是人类的基本特征?(4)科学和常识间的关系是什么?(5)哪些因素构成了对社会现实的解释或理论?(6)如何确定一个解释是对还是错?(7)什么才算是好的证据?事实信息是什么样的?(8)社会政治价值在哪一点上介入了科学?根据对这八个方面的问题的不同回答,可以看出三者的差异(见表1)。

表1 社会科学三大研究取向的对比[①]

	实证的社会科学	诠释的社会科学	批判的社会科学
研究的原因	发现自然法则,以便人类进行预测与控制	理解和描述有意义的社会行动	粉碎神话,并赋予人们激进地改变社会的力量
社会现实的本质	事先存在着稳定的模式与秩序,等待人们去发现	情境的定义充满流动的特性并由人类互动创造	隐藏着的基本结构充满了冲突,同时冲突受其宰制
人性的本质	追求自我利益、理性的个人,受制于外在力量的形塑	是创造意义的社会的人,并不断地理解他们所生存的世界	充满创造性的、适应性的民众,有着没有实现的潜力,受制于虚幻与剥削

---

① 〔美〕劳伦斯·纽曼:《社会研究方法》,北京:中国人民大学出版社2007年版,第115—116页。

(续表)

	实证的社会科学	诠释的社会科学	批判的社会科学
常识的角色	显然不同于科学,而且,不具效度	强有力的日常生活理论,广泛地被平常人所用	错误的信仰把权力与客观情况隐藏起来
理论是什么样的?	相互关联的定义、原理、原则所构成的合乎逻辑的归纳体系	针对群体的意义体系如何产生、维持所提出的描述	显示真正的情况,提出的批判能够帮助人们看到迈向更好世界的方式
真的解释	合乎逻辑,与法则有关,并且建立在事实的基础上	获得被研究者的共鸣,获得他们的认同	为人们提供改变世界所需的工具
好的证据	基于明确的观察,其他人可以重复获得	镶嵌在流动的社会互动之中	由能够揭示幻觉的理论提供
价值的地位	科学是价值中立的,除了选择主题之外,价值在科学研究中是没有地位的	价值是社会生活整体的一部分,没有一种群体的价值是错误的,有的只是差异	所有的科学必须从某个价值立场出发,有的立场是对的,有的立场是错的
问题	实证的社会科学	诠释的社会科学	批判的社会科学
问题一:为什么要进行社会科学研究?	发现人类行为的法则,控制或预测事件的发生	发展对社会生活的理解,发现在自然环境下人们如何建构出意义	揭示神话,揭露隐藏的真相,改变世界
问题二:社会现实的基本特征是什么?	社会现实确实存在,有基本稳定的模式和秩序,可以通过研究部分获得整体图像	社会现实并不是等着被发现的,社会在很大程度上是人们所感知的形象;社会生活建立在社会互动与社会建构的意义体系之上	现实乃是不断受到社会、政治、文化及相似因素影响的结果;变迁根源于社会关系或制度间的冲突
问题三:什么是人类的基本特征?	人类的活动是以外在因素为基础的,相同的原因对每个人都会产生相同的结果	试着去了解人们行动的理由和动机	人有创造、改变、适应的潜力,但是往往受困于社会意义关系网络
问题四:科学和常识间的关系是什么?	使用更具有逻辑一致性、更加精心思考提炼出来的概念,而不是日常生活中常用的概念	必须首先抓住常识,因为一般人靠常识来指导他们的生活	常识容易把社会现象变得自然而然,应该揭示出背后的权力和控制

(续表)

问题	实证的社会科学	诠释的社会科学	批判的社会科学
问题五：哪些因素构成了对社会现实的解释或理论？	演绎的公理、定理和相互关联的因果法则	人们有极大的自由意愿创造社会意义，也可在交往互动中构建社会意义	人们确实能够塑造自己的命运，但是绝不在他们自己选择的条件下
问题六：如何确定一个解释是对还是错？	在逻辑上没有矛盾并符合观察到的事实；另外，可被复制性也是必要的	能够传达研究者对他人推理、感觉和观察事物的方式的深刻理解，即为真	正确描述深层结构产生的条件，运用这种知识去改变社会关系，用实践来检验理论的好坏
问题七：什么才算是好的证据？事实信息是什么样的？	可观察的、精确的以及不受理论和价值影响的证据	特定情境与意义的独特性是了解社会意义的基础，证据存在于被卷入其中的人们的主观理解中的东西	事实独立于主观知觉之外，但事实并不具有主观中立性。相反地，事实来自某个价值、理论与意义的框架中的诠释
问题八：社会政治价值在哪一点上介入了科学？	观察者对他们所见的事物有一致的看法，科学不是以价值、意见、态度或信仰为基础的	并不尝试保持价值中立，对价值进行判断的标准具有相对性，主张价值多元。	带有行动主义者的导向，要求研究者忠实于某个价值立场

四、文化传统与研究方法

以哲学和方法论的视角看待传播研究方法，可以帮助我们理解文化传统不同的国家和民族，其在学术事业上所展现的面貌与倾向颇不相同。我们可以把影响传播研究的地域、历史、学术传统等因素笼统地称为文化传统，不同文化传统的传播研究者所持有的世界观和方法论有各自不同的特点，即便面对同样的传播现象也会有着不同的理解与解释。近代以来的学术视野，由于受到实证主义的影响较大，因而给人们留下科学研究总是客观和普遍的，是对于永恒规律和世界真相的发现的印象，然而在人文社会科学领域，实证研究并没有取得自然科学原理那样的权威性，相反欧洲大陆的思想家们更倾向于将他们的学术研究传统和哲学思考与传播研究结合起来，从不同的视角解释或者批判传播与媒介文化现象。这种由文化传统所展现的学术个性也能在加拿大、拉美或者其他文化区域见到，事实上，由于人文社会科学的研究对象和目的具有特殊性，因此不同地域和文化传统中的人们总是立足于自身面临的实际问题,并结合自身的学术文化传统对于传播与媒介文化现象进行个性化的研究。即便是主张普遍性的实证研究者,在不同的文化环境中,其对研究主题的选择、研究目的和宗旨的确定、研究材料的搜集与处理等都会表现出各不相同的文化个性。

(一) 美国传播研究及其方法论的特点

作为世界上传媒技术和传媒业最发达的国家,美国是最早致力于传播研究制度化、学科化的国家,传播研究成为显学与美国学界的努力有直接的关系。美国的传播研究在方法论方面具有如下特点。

1. 传播研究作为一个学术领域最早脱胎于实证社会科学诸领域的整合,并且行为科学的传播研究是较早发展成熟的研究范式。这主要得益于历史上四大奠基人的实证性行为科学研究以及施拉姆的倡导及其对传播研究方法论的早期论断。施拉姆在20世纪60年代对于传播研究在方法上的论断是将其视为定量的实证科学,他的目标很明确:希望以自然科学为准则,在广泛吸收实证社会科学的理论成果的基础上,发展一门以定量研究为基础的研究人类传播行为的新学科。

2. 人文性质的传播研究虽然在起源时间上早于实证社会科学的传播研究,但是它受重视的时间要晚于行为科学范式。例如,美国早期实用主义者和芝加哥学派的皮尔斯、詹姆斯、杜威、米德、库利、帕克等人的传播研究,带有较强的哲学和历史学色彩,是人文色彩浓厚的社会科学研究。战后,伊尼斯、麦克卢汉、波兹曼等人的人文传统的传播研究得到了延续和发展。迄今为止,尽管这些人文性质的研究所取得的成就已得到广泛承认,但它们并没有成为美国传播学界主流的研究范式。

3. 法兰克福学派在第二次世界大战期间经由阿多诺等人传入美国,后经斯密塞、席勒等人的努力,在美国发展为传播政治经济学。20世纪末,批判理论在美国显示了它越来越重要的地位,詹姆斯·凯瑞、道格拉斯·凯尔纳、劳伦斯·格罗斯伯格、马克·波斯特等人都是批判传播理论在美国的重要代表。批判理论如今已在美国站稳脚跟,但是在学界的理论创新能力和影响都比较有限。

4. 自然科学的传播研究几乎只是在自然科学诸学科领域内进行,并未被公认为属于"传播学"的领域。但它是传播研究的重要理论来源之一,例如香农的信息论、维纳的控制论等。在现在美国的大学中,有些院系将传播研究与自然科学研究结合起来,即以通信、信息等自然科学为基础,发展有关人类传播科技及与此相关的社会科学。比如麻省理工学院的媒体实验室和斯坦福大学的传播系,都具有这样的一些特点。

总体来说,美国的传播研究以量化的经验研究为主流,批判研究和诠释性研究在美国虽然得到了发展,并且日益重要,但是美国主流的经验研究和量化研究风格还是具有较大优势。

(二) 欧洲传播研究及其方法论的特点

与美国不同,欧洲的传播与媒介研究更多地脱胎于哲学、历史和文学等人文研究传统,是偏重于人文主义的社会科学,批判性研究和诠释性研究在欧洲学术界占据主流位置。欧洲传播与媒介研究历史悠久,古希腊的亚里士多德就以修辞学研究著名,而柏拉图则针对口语与文字媒介的利弊进行了一番考察,比他们更早一些的智者学派的哲学家,大都以从事教人演讲和公关挣钱谋生。

不过,欧洲虽然是西方传播与媒介研究的重镇,但将传播与媒介作为一个学术领域加以建设并将其纳入高等教育机构、使之成为一个独立的学术单元的历史要晚于美国。欧洲的媒介研究也不像美国的传播学那样高度专业化,而是更倾向于在社会研究、文化研究等学术领域的大框架中来展开。欧洲的媒介研究以批判理论著称,法兰克福学派致力于揭示资本主义文化工业中意识形态操纵的秘密,而英国文化研究则力图发展一种微观的文化政治学,通过对媒介活动中受众主体性的拯救,探寻一种奠基于日常生活基础之上的抵抗宰制性文化的可能性。这些研究的目的和宗旨更像是唤醒民众的文化主体性意识,以便在资本主义媒介环境中仍然能够保存对该制度持续不断的批判和抵抗。这种研究与美国式的商业及行政研究风格大异其趣。

可见,欧洲媒介研究在方法论上是多元的,但其主流却不是定量的实证研究,比较有影响的研究是诠释倾向和批判倾向的研究,批判理论、政治经济学和文化研究在欧洲学界的创新能力和影响力要远远大于实证研究。欧洲传播研究的另一特点是:比较著名的传播研究大多产生于跨学科研究的实践中,媒介与传播研究的专业化和学科化倾向不明显。最重要的理论和创新通常根植于威廉斯、福柯、拉康、哈贝马斯、布尔迪厄、鲍德里亚、汤林森、霍尔等哲学家和社会理论家的思想,但这些思想家都不是崇尚工具理性的技术性专家,而是富有批判精神的学者。

(三) 中国的传播研究及其方法论的历史与现状

中国的传播研究受美国影响较大,施拉姆在20世纪80年代初访华,使得经验主义的美国学术范式传入中国,而此前他的影响已经通过他所教授的中国学生登陆香港和台湾。中国大陆区域翻译的第一本传播学著作是施拉姆和波特所撰写的《媒介、讯息与人》(《传播学概论》)。美国传播学的制度化、学科化、科学化等"正名"观念对中国学术界具有极大的示范效应,成为推动中国传播学专业化、学科化发展的动力。由于这个历史和现实的原因,更由于学术背景和文化传统方面存在的一些深层的原因,①中国传播学界的主流研究范式基本上以美国经验主义的研究范式为主,很多学者虽然逐渐意识到欧洲学术的重要性,但由于学术文化背景的差异以及行政研究需求的兴盛,欧洲传统的批判倾向和理论倾向的研究范式并没有在中国传播学领域中占据重要位置。欧洲传播与媒介研究在中国主流传播学界的地位是边缘化的,这种状况如今虽已有很大的改变,但仍需要在进一步的实践中继续改进。

当然,对于中国的传媒学术界来说,缺乏自身的原创性的理论学说以及研究方法无疑是一种遗憾,整个传媒学术界的理论和方法论基本上都建立在西方思想的基础之上,这些理论和方法被嫁接到无数中国本土的传媒问题研究上,不管适合不适合本国国情,都能大行其道,畅行无阻。传媒领域"全盘西化"的程度是极其严重的,人们甚至难以做出以下这种假设:在所有的关于传播和媒介文化的领域中,如果不传授西方观念而是向学生讲授中国传媒思想和方法的话,那么我们还能说点什么出来? 因此,在中国传媒学术繁荣的今天,人们也时常因为不能适应时代发展需要、不能提供中国人自己的传媒学术而深感焦虑和不安,人们也曾为建设中国本土的传媒学说而奋斗,但最终都因为无法突破西方传播学学术框架,深入到中国文化的土壤之中,触及中国文化的根本,最终无法有效完成这一本土传媒学说体系的建构。现在看起来,如果要实现中国特色的本土传媒学说的建构,最重要的难题还是如何深入领悟中国传统文化的精髓,因为唯有如此,才有可能实现整体学术框架的重新建构,才有可能发展出一整套不同于西方传媒学说的知识系统,然而,这并不是短时间内能够奏效的,而是需要非常艰苦而长久的努力。

(四)"方法之用"与"方法之累"

需要注意的是,迄今为止,我们还很难说传播或媒介研究领域在实质上,而非教育单元设置的意义上,已经形成了一个类似哲学、文学、经济学甚至社会学

---

① 欧洲传播与媒介研究往往贯穿着历史悠久的人文传统和极为复杂、艰深的思辨风格,这无形中给中国文化圈的读者造成了理解上的困难,也使得中国传播学界较为忽略欧洲传播研究。相对而言,欧洲传播与媒介思想及学术在中国的引介,主要由哲学、美学、文艺学、社会学等领域的学者承担。

那样相对独立的学科。因为"传播"与"媒介"乃是一个多元交叉的交汇性的学术领域,从它诞生伊始就一直是一个完全开放交叉的学术领域,正如施拉姆所说,它是一个十字路口,来自不同学术领域的学者在此交汇,发展出有关传播和媒介的学术思想。虽然当代传播领域已经由十字路口发展为有大量学者终身居留于此的绿洲,但作为一种学术事业而言,该领域的交叉性、跨学科性、综合性的研究性质并没有发生改变,如果脱离了这种多元汇聚和开放性的特征,而代之以统一性和同质性,那就意味着这一学术领域的生命力和创新活力将会逐渐枯萎、衰败。

同理,我们也不应该寻找到某种单一而普遍的传播研究方法体系,幻想凭借这种单一的方法体系,我们就能够对所有人类传播现象进行"科学"研究或解释。相反,方法总是要为研究目的和研究宗旨服务的,总是要根据所要研究的问题的状况而加以选择创新,如果为了实践一种方法而罔顾研究的目的与宗旨,就犯了"为方法而方法"的禁忌。总之,借助于人文、社会乃至自然科学研究方法研究传播和媒介现象是该领域的学者及学生必须掌握的基本功,在学习传播与媒介研究方法时也可以有所侧重,但必须清楚地知道方法的运用是具有多元性的,也是具有灵活性的。研究方法绝不是必须加以严格恪守的某种死教条,它需要服务于为增进人类的福利而努力的研究目的和宗旨,需要根据实际研究的问题、条件、环境等具体情境而加以灵活运用和创新。

因此,学习研究方法应该坚持注重实践、多元交叉、淡化专业、灵活掌握等方面的问题,特别应该处理好"方法之用"与"方法之累"之间的辩证关系。方法来源于学术实践,学术实践源于人类生存发展中所遇到的各种实际问题。因此,方法是实践经验的积累和总结,其意义在于引导初学者进入学术研究的殿堂,而不在于限制研究者的学术创造性,研究方法只是一种工具,而不是我们严格遵守的死教条。因此,在学习过程中,首先应该脚踏实地地学习前人总结的那些有用的研究方法的基本知识和技能。应掌握一些基本的研究方法和技能,并以此作为进入学术研究殿堂的工具,而当我们感觉到真正想要研究某个社会问题的时候,还必须在前人提供的研究方法的基础之上进行创新,探索适合自己的研究主题和兴趣的方法。总之,学习研究方法的目的是帮助我们进入学术研究的天地,而不是限制我们发挥创造力。此外,已有的研究方法往往都是过去的一些学者在其经典性研究过程中所创造或发展出来的,我们在课堂教学中讲授的研究方法其实是从这些活生生的研究中抽取出来的。因此,在学习研究方法时还应该注意结合其产生的历史和相关具体案例来理解其起源、应用和发展。

第四章
量化研究与质性研究

为了更加清晰便捷地认识和把握多种多样的研究方法,人们区分出两种基本的研究类型:量的研究和质的研究;尽管学术界对于这两种研究形式的解释和定义各不相同,但这种区分所具有的简洁性、明晰性和有效性确实能够帮助人们把握研究方法的基本维度。不过,值得提醒的问题在于,这两种分类仅仅是人们出于思维经济的原则进行的大致分类,因此,对于研究者和学习者而言,在把握及理解两者的概念内涵及外延意义时都必须允许存在一定的模糊性和弹性。事实上,对于我们身处其中的传播与媒介文化研究领域来说,方法上的多样性是难以想象的,几乎每一种学术传统和方法论都可以发展出自身特有的具体研究方法,而这些多样化的哲学和方法论在性质上往往是互相矛盾的,因此力图将多样化的研究方法归纳到两个学术范型中加以考察的想法本身就是很可疑的,而我们之所以需要这样做(明知不可为而为之),乃是因为这一视角便于我们把握和整理过于复杂的多元化方法,使得我们的思维变得更清晰。因此,尽管存在着将简化后的理想模型与实际研究的复杂性相混淆的危险,但精简节约思维的好处,以及那种一目了然的明晰性所具有的优点仍然是明显的。所以,对于我们来说,一方面必须理解这种分类的必要性及其产生的现实依据;另一方面则需要理解这种分类的局限性、模糊性及不确定性,不能将这种作为权宜之计的分类视为金科玉律的教条,这一点也是我们所强调的学习本书介绍的所有研究方法时应该抱有的基本态度和原则。

一、术语解释与辨析

量化研究和质性研究有时候也被称为定量研究和定性研究,实际上后者是一对更为传统的术语,而前者则是在后者的基础上发展而来的概念。尽管两套概念术语之间存在着延续传承的关系,但其具体的学术内涵却大不相同,这主要是由于传统的"定性研究"与新兴"质性研究"之间存在较大的理论含义上的差异,而对于"定量研究"和"量化研究"而言,却不存在内涵上的太多差别。

在中国学术界,定性研究与定量研究的对举方式是比较传统的社会研究方法所探讨的概念,但在最近的趋势中,一些学者注意到"定性研究"一词存在着因这种历史传统而产生的局限性,难以用于指称当前国际学术界在研究方法方面呈现的进展,于是有很多学者将英文的 Qualitative Research 一词翻译为"质性研究"并以此替代传统上使用的"定性研究",新译名所涵盖的内容要远远大于后者。不过,也有不少接受传统社会研究方法教育的学者坚持使用"定性研究"来作为 Qualitative Research 一词的译名,鉴于这种译名混用的状况,我们有必要在两者之间进行一些辨析,以便在学习时避免一些不必要的困惑。

单纯从译名的选择上讲,作为英文 Qualitative Research 的译名,无论使用"定性研究"还是使用"质性研究"都未尝不可,但如果我们考虑到学术传统的历史演变和发展,考虑到"定性研究"一词曾经在中国社会科学研究方法的发展历史过程中所具有的历史性含义的话,则确有必要对"定性研究"的含义进行重新解释,或者干脆像一些学者那样用"质性研究"这样的新概念取而代之。因为历史地看,"定性研究"曾经在两个不同层面上所具有的基本含义与当前所谓的"质性研究"大不相同。

首先,在一种并不严格的社会话语中,"定性研究"指除了定量研究之外的其他所有研究方法,不管这种研究是否具有哲学和方法论上的依据、政治伦理上的诉求以及论证过程上的严格性与系统性。换句话说,人们曾经将那些有感而发的、片断式的议论和观点也都称为"定性研究",这可能是很多学者反对使用"定性研究"来指称那种基于严格、系统的思维过程的非量化研究的最重要原因。因为传统上那些自然主义形式的研究通常被形象地称为"拍脑袋"的研究,它们没有明确的哲学与方法论基础,也没有在此基础之上发展出来的特定研究程序、操作方法或者表述方式,而仅仅是些有感而发的议论;事实上,这些松散的议论和观点表达并不能被视为一种严格意义上的研究工作。我们应该注意到:在后现代语境下,质性研究并不一定追求知识的系统化、严整性、稳定性,最广义的质性研究甚至包括那些反学科、反系统、反理性的研究,但是这种对抗性的后现代创新工作仅仅是在形式上与传统的定性研究类似,在精神实质上却大不相同。后现代主义具有其深厚的哲学方法论基础和特定世界观、价值观、政治态度,虽然我国传统的定性研究在非理性、非学科、非系统等方面与后现代的一些较为极端的创新研究很相似,但它显然缺乏后现代创新性研究所具有的哲学基础、价值关怀以及政治伦理。

其次,在我国社会研究方法的教学研究系统中,"定性研究"曾经是实证研究取向的传统研究方法论体系中与"定量研究"相对举的概念,它的哲学和方法论基础与定量研究一样,基本上是实证主义。而质性研究方法则是一种较为新兴的研究视角,它的基础虽然涵盖了传统研究方法体系中的实证主义的定性研究方法,但是其范围却要大得多、内涵也复杂得多,除了实证主义之外,还包括后实证主义、现象学、解释学、符号学、女性主义、种族主义、批判理论、文化研究、后现代主义等几乎所有的新兴学术思潮。每一种学术思潮都产生了相应的理论范式,这些理论范式之间既有不同的量化研究的共性特征,又具有各不相同的内部差异。正是由于质性研究所存在的这种复杂性、跨学科和反学科的特点,著名方法学者邓津和林肯将质性研究学者的工作比喻为利用手头的各种资源缝制一床"百纳被",或者利用各种资源进行蒙太奇式的电影创作的工作。不仅如此,"质性研究"在领域界定、政治伦理、表述形式等方面都全然不同于传统的"定性研究"。可见,传统的"定性研究"确实与"质性研究"的内涵相去甚远,不过,如果将前者视为后者的一个组成部分的话则完全贴切。

二、概念定义和特征

要为量化研究和质性研究下定义是一件颇具为困难的事情,尤其对于质性研究而言,为它下一个令人满意的定义几乎是不太可能完成的任务,因为它的领域是完全开放的,并不存在统一而严整的方法论体系。不仅如此,质性研究总是受到各种学术思潮的影响,不断吸纳复杂多样的当代政治诉求,因此在它模糊而具有弹性的领域内,不断积聚着整合与播撒、稳定与变革这样两种反向力量之间的巨大张力。

从研究所使用的资料形式和研究所呈现的表述形式上看,量化研究是数量化的,而质性研究是非数量化的,这是两者最直观的区别所在。我们可以将量化研究视为:遵循自然科学原理,尽力排除研究中的主观因素干扰,运用数理统计的思维、资料和技术手段对社会现象进行概化抽象的研究,并力求产生带有普遍性质的、数学化的模型结论。而质性研究则可以被视为:在各种人文思想影响下,研究者置身于自然化情境中运用非数字化手段和资料,对社会现象进行深度理解、解释与批判的研究活动,其研究结果主要表现为非数据化和模型化的一系列陈述。

由于量化研究承载了近现代西方文明中对于科学理性的推崇,它一度成为最先进、最合理、最具合法性的研究方法的代名词;加之这种研究方法极易与政治或经济上的功利性诉求达成同盟,并且具有标准化、程序化等诸多特点,便于形成严整的知识系统在大学和研究机构中推广,因此,从20世纪二三十年代开始,这种量化研究方法逐渐在美国等西方国家占据主流地位,在五六十年代时达到了巅峰。面对量化研究方法已然在西方形成学术霸权的状况,很多国际著名学者都针对量化研究存在的无关人生宏旨、高度抽象、缺乏历史意识和人文关怀的倾向进行批判,并力图用更加人性化的、更加具有灵活性的研究方法来对抗量化研究的霸权。此后,人文主义的研究视角逐渐重新回归学术界,有识之士不再沉迷于对自然科学的顶礼膜拜,他们注意到人类社会与自然世界的不同,人们生存于其中的现实世界实际上是人与自然共同作用的产物,社会事实并不是单纯的物理化学现象,而是渗透了人类主体意识、价值观念和文化精神的现象。20世纪初期的众多反思科学主义的思想被社会科学家们重新重视起来,现象学、结构主义、存在主义、诠释学、女性主义、后殖民主义、后马克思主义、后现代主义等一波又一波的社会思潮不断冲击着西方实证主义科学理性大厦的基础,并最终形成了与实证科学理性相对峙的人文理性,在此基础上,质性研究也逐渐发展起来并形成与量化研究相对的研究取向。

三、量化研究与质性研究的比较

对这两种研究类型的直观化、简单化的表述虽然简洁明了,却并不完整。如果从深层次来理解量化研究和质性研究,我们还需要注意到它们在哲学方法论、价值观与真理观、思维逻辑、操作技术原则、政治伦理立场以及判定其优劣的标准等诸多方面所具有的特点,而这些丰富、复杂又细致入微的特点显然是难以完全容纳到一个简洁明了的概念之中的。为了更好地理解两者的差异,我们可以采取比较法,分别从以下一些维度的差异中考察两者的特征。

(一) 从哲学和方法论基础看

量化研究的哲学与方法论基础是科学主义的实证主义,而质性研究的哲学则包括了几乎所有人文主义取向的现代哲学思想流派。因此,在很大程度上讲,量化研究与质性研究之间的区分实质上就是实证主义哲学思潮与非实证主义哲学思潮之间的区分,是科学主义与人文主义之间的区分。

实证哲学的最高典范是自然科学,它坚持一种二元论的世界观和现实观,即社会也像自然科学的研究对象一样存在于人的主观精神生活之外,是不依赖于人的主观世界而存在的事实。在各种社会现象的背后存在着客观的规律,只要掌握了这些规律,人们便能够对社会世界的运行规律进行预测并进而对其加以控制与利用,因此科学活动的目的就是去发现、掌握这些客观存在的规律,实现对自然规律的征服。由此,实证主义主张真理的唯一性,也即正确的结论仅仅只能有一个,而这个唯一的真理就是通过科学研究所得到的结论。对于量化研究来说,对研究对象的量化测量是相当重要的,只有通过测量才能得到数据化的资料,判定一项量化研究好坏的标准,不仅有效度标准也有信度标准。所谓效度,就是一项研究反映所需要测量的事物的准确性,也即它是否能在实践中经受有效性的检验。此外,研究的信度也很重要。所谓研究信度,也就是一项研究及其结论的可重复性,只要按照一项研究所运用的方法和程序,便可以得到相同的结论,如果不能得到相同的结论,这项研究就不是好的研究。

与量化的实证研究不同,虽然质性研究的哲学和方法论基础也包括实证主义和后实证主义在内,但更加重要的哲学基础则来自非实证主义的和反实证主义的各种思潮,尤其是人文主义色彩浓郁的各种现当代哲学与政治理论。如实用主义、现象学——存在主义、结构主义——后结构主义、诠释学、后马克思主义、后现代主义、女性主义等。这些理论思潮的内涵各不相同,但它们都反对科学至上主义,从某种程度上说,很多当代人文主义西方思潮的兴起都是由于反对工具霸权的需要出现的。对于这些人文导向的思想来说,我们生活于其中的现实并不是一种自为自在的存在,而是人与自然共同作用的产物,实证科学研究不会得出唯一正确的真理,真理都是相对而言的。

(二) 在人的主体意识和价值观念介入方面

由前面的介绍中,我们已经认识到,实证主义秉持一种客观性原则。它特别强调研究的客观性,要求研究者在研究过程中保持价值观念的中立性,尽量排除个人主观因素对研究过程的影响。社会研究者应该像自然科学家面对自然事物时那样采取中立而客观的研究态度,极力克服研究者的主观意愿、价值观念、意识形态和文化知识对于科学研究的影响,为了达到这一客观性和中立性研究的目的,研究者需要运用和发展出特殊的科学方法来排除和克服研究过程中主观因素的干扰。一方面,研究者需要对研究条件和环境进行必要的控制,即为研究的实际进行创造一个相对而言比较理想的研究环境,比如实验室的研究就是一种可控的研究环境。很多实证的传播研究都属于实验室环境下的产物,它们往往能够得到一些在实际生活环境中难以发现的有趣的结论,当然,这些结论是否适用于现实社会生活也常常是一个需要进一步验证的问题。另一方面,研究者需要想方设法避开那些实际存在的主观因素干扰,小心翼翼地避开那些研究中可能会涉及的主观问题,将它们放到一个"黑箱子"里面关起来,不让它们干扰到研究的进行。例如,行为科学的传播研究者在研究人的传播活动时,只关注行为刺激与这种刺激所产生的结果之间的相互关系,而对于这些刺激所引起的人们在意识、情感和审美等主观方面所引起的变化则毫不关心,因为刺激行为和这种行为产生的效果之间的因果关系是可以进行客观化测量的,而从刺激到效果产生之间的情感、意识和伦理等问题则无法进行客观化测量,因此这些主观方面是需要排除在研究之外的干扰因素。媒体研究中的收视率调查就是比较典型的行为研究,研究者所关心的只是电视节目的播出与观众收看行为之间的关系,即针对某个电视节目而言,观众收看人数、时间等数量方面的情况。至于人们在收看时的感受和想法之类的问题,则不是收视率调查所要涉及的问题。

相比之下,质性研究不承认实证主义所说的那种带有绝对色彩的客观性原则,从前面介绍的质性研究的哲学基础看,它们主张对人的有目的的社会行为中所蕴含的意义和价值观念进行解释与理解;或者主张将社会意识形态的分析与批判作为认识社会历史结构和规律、寻求人类解放之路的关键。由此,意义、价值观念的研究和社会意识形态批判成为质性研究所要关注的焦点。在对待价值观念与客观中立两者之间的关系问题上,质性研究内部存在一些不同的情况,解释学倾向于把理解和解释社会现象中所蕴含的文化意义和价值观念作为研究的焦点,主张在现实情境中融入被研究对象,在亲身体验的基础上对社会文化过程进行记录、描述和分析,它们不关心或者不承认社会现象中的客观规律性。不过,另外一些学者,比如带有实证或者后实证倾向的质性研究学者则也像量化研究者那样强调研究的经验性、客观性和科学性,主张价值无涉或者价值中立的立场。当然,质性研究中最常见的还是对两者进行调和与折中,即一方面反对量化研究那种绝对的客观性和价值无涉的观点,承认文化意义和价值观念等人类主观因素在研究中的重要地位;另一方面又保留社会现象中客观性和价值中立、价值无涉的位置,正如在著名社会学家马克斯·韦伯的研究中所呈现出来的价值关联与价值中立两者之间的辩证关系。

首先,韦伯反对实证主义将社会科学与自然科学同等看待的做法,反对社会科学照搬自然科学的研究目的和方法,他认为对社会的研究与对自然事物的研究不是一回事,要理解人类社会现象不能仅仅着眼于外部表现的研究,还要研究人们的内在动机和文化意义。韦伯继承了德国新康德主义学派将事实观念与价值观念严格区分的观点,两者各有自己的存在价值,相互之间是不能替代的。一个研究者关注什么样的问题、选择什么样的问题进行研究完全取决于他的价值准则与个人兴趣,而这些价值准则和兴趣无疑是一种社会文化观念与意识形态的个体化反映;但无论如何,问题的选择总是"与价值有关的"。比如,为什么中国传播学者要提出"传播学中国化"这样的问题？这里面有什么超越于价值观念的客观依据吗？另外，为什么近年来国家社会科学基金的新闻传播学课题指南要持续关注社会舆论引导与管理方面的问题？这里面有什么与价值无关的客观性标准吗？显然，这些问题的提出都只能是我们文化价值观念的产物，与我们的政治、经济或者文化上的实际利益密切相关，而与科学选择的客观标准无关。因此，韦伯认为："对于文化和社会现象进行绝对'客观的'科学分析，不掺杂特殊的和'片面的'观点是不可能的，问题的选择、分析和阐述总是为着一定的目的。至于'值得知道的'是什么，那要看研究者的眼光了。"①此外，韦伯还驳斥了实证主义关于社会事实只能用抽象的理智加以概括化理解的论断，主张社会科学应该通过探寻行动者的主观目的来理解人类行为，"鸡场社会学只能解释行动的规律性，即啄食顺序。而人类群体的社会学，则能够深入到行动的主观方面，即目的的领域。所以韦伯给社会学下了这样的定义：'旨在对社会行动作出解释性理解以获得对这一行动的原因、进程和结果的解释的科学。'"②

其次，虽然社会科学在选择研究主题方面完全取决于研究者的主观兴趣和价值取向，没有什么内在的科学标准可言，但这并不意味着社会科学研究就没有客观性和价值中立性。事实上，价值关联与价值中立在整个研究中都具有其特殊的位置，它们分别出现在研究的不同阶段上：价值关联出现在研究主题的选择上，而价值中立则应该是研究执行过程中所要遵循的基本原则。按照美国著名社会学家刘易斯·科塞的解释，韦伯所说的价值中立主要有两个含义：一是指当社会科学家根据自己的价值观念和兴趣选定了研究课题后，他就必须有意识地排斥自己或者他人的价值观念对研究产生影响，他应当遵从发现的资料的指引，在一种客观中立的研究逻辑的指引下依据可靠的资料和事实信息客观地描述事物的状况、研究其性质并得出合乎事实与逻辑的结论，即使这种结论可能与研究者个人的价值、观念和喜好相悖，也不能改变研究的客观性和价值中立态度；在研究的执行过程中，程序上的客观性和价值中立性是保证获得科学结论的关键。

价值中立的另一层含义则是指事实与价值本属不同的领域，不能够也不应该从"实然的陈述"中抽出"应然的陈述"。换句话说，得出科学的结论是一回事，而应当采取何种行动是另外一回事，两者之间没有必然的关系。合乎事实的结论仅仅提供了信息，但真正指导行动的是价值观念。科学研究"可以帮助行动者

---

① 〔美〕刘易斯·A.科塞：《社会思想名家》，石人译，上海：上海世纪出版集团2007年版，第194页。
② 同上书，第195页。

领悟终极的价值标准……至于表述这些价值判断的人是否遵从这些终极标准则是他的私事,要看他的意愿和良心,而不是他的经验性认识。韦伯从根本上与那些持道德基于科学的学者意见相左。……道德价值领域是与众神作战的领域,神域要求我们对各种相互冲突的伦理观念保持忠诚。因此,作为科学代言人的科学家很难回答托尔斯泰式的问题'我们该怎么办?'韦伯相信,'学术预言只会创造狂热的教派,而不是真正的学术共同体。科学家不应该企图凌驾其上,而是保持尊严和责任,追求真理。'"①从很大程度上看,韦伯的学说力图调和社会科学研究中客观主义与主观主义这两种倾向,它的总体思想是清晰的,要真正懂得人类就必须关心人类所经历的事情,这需要理解意义和价值的能力;但要找到一个普遍有效的答案,回答历史人物出于激情而提出的问题,还必须不顾自身的兴趣,这需要客观研究的精神。

(三) 从思维逻辑和研究的执行路径上看

量化的实证研究遵循的主要是一种演绎的思维方法,在研究的实施过程中,量化研究遵循一条相对而言比较线性的路径。所谓演绎的方法也就是从一般原理到具体、特殊情境的方法,即在开始执行研究之前,需要依据某种理论或研究理念对整个研究进行设计,这种思维逻辑在研究方式上的直接体现就是所谓的建构逻辑:"意指关于如何进行研究的逻辑,是高度组织化的,而且是以理想化的、正式的和系统的形式重新加以陈述的逻辑。它被重新建构成具有逻辑一致性的规则和术语。它是一个好的研究应该如何执行的清晰模式。这套逻辑常见诸教科书以及已出版的研究报告之中。例如进行一次简单随机抽样的规则是非常直截了当的,只要遵循一套按部就班的程序,就可以完成。"②由这种建构逻辑所导致的直接结果是量化研究的执行过程具有线性路径的特点,即研究的环节与步骤呈现出比较明显的先后顺序:什么事情先做,什么事情后做,对于这样的顺序,量化研究具有相对固定的步骤和顺序,"与定性(质性)研究者相比,定量研究者遵循一条更线性的路径。线性研究的路径奉行一套固定的步骤顺序,就像一道阶梯领你去某个清楚明白的方向。它是一套思维方式,也是一种考察议题的方法——这种直接、狭窄、笔直的路径,是西欧与北美文化中最常见的

---

① 〔美〕刘易斯·A.科塞:《社会思想名家》,石人译,上海:上海世纪出版集团2007年版,第196页。
② 〔美〕劳伦斯·纽曼:《社会研究方法》,郝大海译,北京:中国人民大学出版社2007年版,第183页。

模式。"①

相比之下,质性研究的思维方式则主要遵循的是归纳逻辑。所谓归纳,指的是从特殊的、个别的情境或现象出发逐步达成一般性认识的思维方法。归纳需要从现实生活中存在的个别现象或案例出发而不是从抽象的原理出发,并最终在此基础上得到原理性的认识,这显然与演绎方式的路径恰好相反。归纳的思维方式在研究中体现为所谓的实践逻辑:这种逻辑并不像建构逻辑那样在研究之前苦心孤诣地预设一整套需要严格执行的研究程序和步骤,也没有固定的可以按部就班地加以遵循的金科玉律,实践逻辑需要研究者充分发挥自身的创造性才能,深入到自然情境中去观察体会和思考,在不断的观察和思考过程中逐步形成研究思路,逐步提炼主题并发展出达成研究主题的一系列操作性技术。

可见,量化研究重视研究程序、步骤、技术上的标准化和可复制性,并力图保持一项研究在其各个环节上均体现出统一和一致的实证科学风格。对于初学者来说,量化研究的入门门槛较高,因为它有一套特殊的标准化的术语概念、研究程序、步骤以及资料统计和分析的技术,这些知识几乎都是对现实生活现象或事物进行高度概括和抽象之后得到的,对于初学者来说是极其陌生的,只有专门学习并掌握了量化研究的知识之后才能从事研究,不过由于量化研究具有标准化特征,因此一旦掌握了这些知识、方法和技巧之后,研究的设计工作便显得相对容易了。这就好像学习打拳,只要记住了套路,以后每次都按部就班地重复那些动作就可以了。其实量化研究的方法也需要不断进行创新,只不过一般研究者都仅仅把精力集中在对既有方法和技术的运用方面,量化研究在方法上的创新极有难度,并不是普通研究者所要关注的问题。对普通研究者而言,量化研究方法的运用容易导致千篇一律的标准化,缺乏创新性,并且由于量化研究注重研究技术的发展,比较排斥思辨和形而上学的推理,因而容易导致研究结论过于琐碎,无关社会与人生宏旨。

(四) 政治与道德倾向方面

由于量化研究的基础是实证哲学,秉持自然科学的研究态度,主张价值中立和研究的客观性,因此,量化研究者基本上倾向于宣称自己没有道德和政治上的偏见,他们将自己视为从事科学研究的科学家,他们的研究就像自然科学家的研究那样缺乏政治和道德上的偏见。不过,对于那些非实证主义和反实证主义的

---

① 〔美〕劳伦斯·纽曼:《社会研究方法》,郝大海译,北京:中国人民大学出版社2007年版,第183页。

学者来说,任何以人类活动为对象的研究都不可能脱离政治和意识形态的影响,即便是自然科学家的研究也无法摆脱这种影响,这一点我们在前面论述韦伯的价值关联与价值中立观念时已有所说明,因此,量化研究在政治伦理上的客观公正中立态度是值得怀疑的。

与量化的实证研究不同,尽管质性研究领域各理论范式对政治伦理均有不同的见解,但它们基本上都致力于反对量化研究在政治伦理上的中立性或者客观性原则。在所有的质性取向的研究中,批判的社会科学最明确地彰显自身所具有的鲜明政治态度,并且将政治伦理上的诉求作为它们从事研究的宗旨。在1937年发表的题为《传统理论与批判理论》的著名论文中,霍克海默阐释了批判理论与传统的实证主义之间的区别,指出传统实证理论的目的是在经验基础上发展一种普遍化的自治系统。这个自治系统最终能还原为几条原理,我们根据这些原理,按照次序层层推进就可以达到任何"科学"的目标。这种理论追求纯粹性,缺乏社会历史视野,它只关心理论在自身由于历史的原因而产生出来的那个自治封闭的孤立领域中意味着什么,而不关心理论在复杂而广泛的人类生活中意味着什么。实际上,实证科学割裂了社会历史语境,也割裂了与人们之间丰富多彩的精神生活的关联,它所追求的那种永恒真理只不过是一种经过伪装的乌托邦而已。对于批判理论来说,其目的绝非仅仅是增长知识本身。它的目标在于把人从奴役中解放出来。因此,批判理论是一种实践的知性政治,也是一种以否定性思维为特征的理论,尽管批判理论"产生于社会结构,但它的目的却不是帮助这个结构的任何一个要素更好地运行;不管从它的主观意图还是从其客观意义来说,都是如此。相反,当较好的、有用的、恰当的、生产性的和有价值的范畴被人们在现存社会秩序中加以理解时,它怀疑它们,并拒绝承认它们是我们对之无能为力的非科学的先决条件。……具有批判思想的人与社会认同的特征就是紧张,而紧张又是一切批判概念的特征。"[①]社会历史固然是人类意识活动的产物,但同时也是一个非人的自然过程,它呈现于我们面前的状况对我们来说并非合理的,当代社会一方面可以说是人们自己创造的社会,另一方面也可以说是社会历史过程中形成的资本统治的社会,这种资本统治所造成的奴役和压迫正是我们要对现存社会秩序持否定性批判态度的原因,唯有这种批判性视角和否定性政治才能帮助我们不断摆脱不合理的压迫和奴役,实现人类的真正解放。可见,在批判理论看来,实证主义是认同现存社会秩序的肯定性政治,而批判理论则是否定现存社会秩序的否定性政治。

---

① 〔德〕霍克海默:《批判理论》,李小兵等译,重庆:重庆出版社1993年版,第198页。

(五) 知识与方法的系统化和一致性方面

知识与方法应该加以系统化吗？是否应当追求知识与方法的一致性和稳定性？对于这些问题的回答，量化研究与质性研究有不同的答案。以实证主义为基础的量化研究认为科学的逻辑具有唯一性，从一个既定的科学理念出发可以演绎出众多的科学知识和科学方法，这些知识与方法虽然涉及的问题各不相同，形式上多种多样，但是在其哲学基础和方法论方面却是一元论的，在基本原理和主张方面具有高度的内部一致性。量化研究主张标准化，这种标准化建立在数学与统计学的基础之上，追求将具有内部统一性的形形色色的各种实证知识建构为教育机构中的一门学科，并且在学科内部设定一些共同的标准，根据这些学科标准判定某些新的知识在学科内是否具有合法性、某些研究是否是一项成功的研究等。

质性研究在是否应该追求知识的系统化和内部一致性方面具有较为复杂的情况，从前面介绍的内容中可以看到，质性研究的哲学基础非常庞杂，几乎涉及所有的现代哲学的主要思潮，而每一种哲学思潮都具有自己特定的世界观和方法论，因此，质性研究不可能像实证研究那样形成内部知识与方法高度一致和标准化的学科。我们目前只能将质性研究视为一个边界模糊、包容若干不同研究方法的学术领域，在这一领域同时存在着两种相反方向的力量。一种是模仿实证主义将既有的知识和方法加以系统化和标准化的努力，这种努力反映了人们希望精确把握该领域状况、对有效的知识与研究方法加以整理传承的愿望；与此相反的一种力量则是不断突破既有学科界限、不受既定规则和程序限制而大胆进行创新的努力，这种努力反映了人们在知识创新上不断适应新的形势要求，反对成规与教条的束缚，力求以多元化知识和方法理解、解释、探究世界的愿望。

由于同时存在着这两种张力，因此，对于质性研究是否应该追求知识和方法上的系统化、标准化、程序化与一致性，是否应该将其整合为一个具有内部统一性的学术领域，实际上存在着两种不同的意见。一种看法坚持质性研究的开放性、跨学科性和反学科性，强调质性研究的生命力正在于其内部知识与方法的不稳定性，强调各种异质性思想不断碰撞发酵所激发出来的创新潜力。具有这种倾向的研究者致力于各种研究方法的创新性运用，发展出很多缺乏系统化和程序化的具体研究方法。比如，从事文化研究的学者对于一项研究应该如何进行并无固定的观念与程序，不同的研究目的与研究主题会催生不同的研究方法，虽然我们很多时候可以将这些杂多的方法归类为民族志、结构主义、符号学等，但是除了一些比较原则性的区分标准之外，这些方法并未发展成为具有系统性和标准化程序的方法。与此相对的另外一些学者则主张,为了认识和学习上的便利性,应该不断整理质性研究方法的各种既有研究,在此基础上发展出系统化的知识与方法,这些方法具有相对稳定的研究程序和操作要求。这两种倾向各有优缺点。前者着眼于研究的创新性,侧重在研究实践中发展新的研究方法,其缺点在于这些方法缺乏稳定性和系统化而难以推广运用,尤其对于初学者来说难以把握。后者着眼于学习和模仿的便利性,便于知识和方法的推广运用,尤其便于初学者依样画葫芦地进行模仿和学习,不过这种倾向容易导致出现实证主义研究方法的那种弊端,即形成认识论和程序上的教条,从而损害质性研究的创新活力,与质性研究的宗旨和目的背道而驰,其严重者甚至难免蜕变为一种披着质性研究外衣的传统意义上的实证研究。因此,对于质性研究内部在这一问题上的分歧,我们应该采取一种辩证的视角。认识到质性研究内部存在的两种方向相反的张力,注意到播撒和整合之间的辩证关系,而不是片面地强调其中一种倾向而忽略了另外一种倾向。本书所讨论的各种质性研究的方法,恰好体现了这种张力下的折中,一方面强调哲学基础和方法论上的原则性介绍,另一方面也适度提供可供借鉴学习的研究程序和步骤,但对于这些程序和步骤需要认识到它们的局限性,不可视为金科玉律,否则只能是作茧自缚。这就好比小孩子学习走路,一开始是需要学步车的帮助的,后来已经能够自己走路了,学步车就是多余的了,如果还套着学步走走路,这个帮助走路的工具就会变成阻碍行走的累赘。

除了以上详细论述的区别之外,两者还在以下一些方面存在着诸多差异。

为了便于认识两者之间的区别,我们可以通过图表形式来加以示例。

社会研究方法质性研究和量化研究比较表

	量化研究	质性研究
哲学与方法论	实证主义、后实证主义、行为主义等	诠释学、批判理论、文化研究、结构主义、后结构主义、女性主义等
科学类型	自然科学	人文科学
世界观与现实观	客观和基础主义	多元论、建构主义和历史主义
真理观	确定性的一元真理观	建构论真理观、非本质主义真理观
包容性与一致性	对外排他性、内部统一性、学科性、专业性	包容性、跨学科与反学科、内部不统一
价值观念	价值无涉、客观	价值关联、意义理解
政治倾向	服务于现实和既定社会秩序	超越现实秩序与控制、批判性政治
思维逻辑	演绎	归纳
研究者的位置	客位	主位

(续表)

	量化研究	质性研究
研究情境	控制性环境	自然环境
研究视角	微观、与日常生活经验和个体经验无关的抽象	选题微观、重视个体经验理解与诠释
研究结论	结论概括而抽象,追求普遍性、强调研究过程与结论有可重复性	具体而感性、不追求结论的普遍性
资料形式	数据	非数据的语文、物品和有声材料等
解释与表达方式	数学与模型	理论推演或具体描述

四、量化研究与质性研究的优缺点及其相互关系

(一) 两种研究的优缺点

量化研究的优点在于:标准化和精确化程度比较高,重视逻辑推理,强调因果关系的发现,研究结果一般简洁而且明确,较少歧义性表述。此外,定量研究的信度和效度都比较容易观察,也有利于推进理论的抽象化和概括性。

缺点在于:由于量化研究在哲学上存在将人类现象简单化的倾向,因此,这种研究也存在着将复杂社会问题简单化的倾向。虽然量化研究在结论上比较明确简洁,也能在某些问题上具有较好的信度和效度,但单纯运用量化研究方法很难对宏观的、复杂的社会现象进行研究,很难解释真实生活情景中的社会现象。量化研究总是具有理想化或者去情景化的研究倾向,往往会在一种脱离现实生活之外的研究情景中进行,因而难以获得对对象的深入而全面的认识,尤其是在涉及个人经验的体验和感受方面,几乎难有作为。

质性方法的哲学方法论的渊源主要是人文主义的学术传统。如果说量化研究的主要特征在于想方设法撇开人类主观精神对社会研究工作的干扰的话,定性研究方法的目的则更多地是理解和解释人类社会生活的主观方面。对于定性研究而言,社会事实并不像自然科学的研究对象那样与人的主观因素精神生活毫无关系,相反,人类社会是自然条件与人类的精神活动共同作用的产物。因此,定性研究不仅不排除对主观因素的运用或考察,还将人类社会生活中的精神现象作为研究的目的和重点。当然,质性研究也会涉及研究的客观性问题,不过在处理研究中的主客观关系问题时比较灵活。质性研究者一般不承认社会研究可以排除研究者的主观意识形态、价值观念。当然,在具体的研究实施过程中,

研究者既可以采取理解与解释等主观性色彩浓厚的研究方法，也可以采取尽量排除主观因素干扰的研究方法，这取决于研究者所持的哲学观念和实际研究的需要。例如马克斯·韦伯将其研究的目的和宗旨界定为理解人类文化观念与人的社会行动及其结果之间的相互关系，但在具体的研究实施过程中也强调价值中立的原则，强调研究过程和程序执行方面的客观性。

总之，质性研究强调研究情景的真实性，注重经验体验和感受的完整性和丰富性。如果说量化研究具有发展出米尔斯所谓"抽象的经验主义"倾向的话，质性研究则更多地倾向于"彻底的经验主义"，即凡属于人类经验领域的东西都不应该被排除在研究领域之外，无论是理性的思考、艺术性的体验感悟或是非理性的冲动、癫狂、暴虐等，都应被纳入研究者的研究视野，因此，质性研究强调对事物的含义、特征、隐喻、象征的描述和理解。在表述方式上，质性研究主要运用语言文字来描述。其优点是适宜处理宏观社会问题或者要求具有深度理解的个案，依靠观察和经验资料的收集，研究范围广泛、情况复杂的社会现象，对于所研究的事物可以有更加深入和全面的理解和解释。

与量化研究相比，质性研究的缺点是缺乏精确性和客观性，主观性比较强，研究结果的个性风格比较鲜明，但是研究信度不高，很多结论无法进行重复性验证。此外，对微观层面问题的因果关系的解释缺乏精确性和可靠性，较适合个案或少量样本的深度研究，而不适用于涉及大量样本的研究。

（二）量化研究与质性研究的关系

从以上的介绍中，我们可以看出，量化研究与质性研究在很多方面存在紧张的对立关系，两者无论在哲学假设、思维逻辑、理论范式还是政治伦理等方面都显示出较大的差异性。它们各自拥有自己擅长处理的问题，并且两者之间存在着较大的互补性质，质性研究难以覆盖到的领域恰恰是量化研究所擅长的领域；反过来看也一样，量化研究不擅长处理的问题恰好是质性研究擅长处理的问题。正因为如此，在一项较为复杂的研究中，量化研究与质性研究的两种方法常常会被综合地加以运用，以期收到两种研究类型优势互补的目的。

不过问题的关键并不在于两者是否应该结合，而是这种结合如何可能？换句话说，我们还应该仔细考虑两者在哪些方面可以相互结合，哪些方面无法相互结合。显然，由于两者在哲学和价值观念的基础方面迥然有别，在客观测量与解释意义方面、在行政服务与批判反思等立场上均有巨大差别和对立，因此，综合运用量化研究与质性研究方法这样的老生常谈其实是具有其特定含义的。这种结合仅仅是针对资料的搜集和资料的分析处理等技术层面而言的，而在价值取向、研究目的、研究宗旨、政治取向等方面是无法达成两相结合的。也就是说,在研究的整体精神实质方面,两者存在着紧张的对立,因此,我们需要在综合运用的过程中分清楚主次位置。例如,我们可以在质性研究中使用量化的测量方法收集数据,运用统计的方法分析数据,不过这些量化研究方法的使用是服务于社会批判或者阐释社会行动的目的和宗旨的,而不是服务于商业性、行政性应用研究目的。反过来也一样,在进行一项量化研究的时候,运用某些来自质性研究的方法,也并不能影响到这项研究服务于商业和行政的实质,我们不可能指望批判研究的否定性思维能够结合到某项旨在服务于现实政治与商业利益的量化实证研究中去,这就好比我们不能指望一只小狗会嫁给一只甲虫,两者完全是不兼容的。如果一项研究已经体现出强烈的否定性政治态度,体现出对于人类解放而不是对实际商业应用的关注,体现出社会历史语境意识而不是非历史的"纯粹研究",那么这项研究无论是不是运用了精密的统计方法,都不会是实证的量化研究。可见,这两种研究类型之间的结合其实是具有特定研究倾向的,它们的结合只能在确立了该项研究的哲学理论基础、价值取向以及研究的目的与宗旨的基础上才能成为可能,仅仅在这样的基础之上,资料搜集和分析层面的结合使用才能成为可能。当然,在社会科学发展的历史上,也有一些学者主张消除两者的主次关系,在一项研究中平等地看待两者的关系。比如拉扎斯菲尔德就认为质性研究与量化研究可以在一项研究的不同阶段上分别加以运用,而不必将这两者中的一个置于从属的位置。拉扎斯菲尔德及其合作研究者"建议利用质性研究来发展研究假设,然后用定量研究方法来检验这些假设。"[①]这种观点其实仅仅关注"形式意义上的方法"之间的结合,却没有考虑到两者在方法论、价值观和政治伦理方面的差异。

  拉扎斯菲尔德的观点代表了那个时代的定量研究者的一种考虑,也就是可以运用质性和量化的方法检视一项研究的正确性,即后来常说的"三角校正"的观念。所谓"三角校正"就是在一项研究中采取多种视角和方法共同观察测量一件事物,看看不同的视角与方法所得出的结论是不是相同。这种方法类似于我们在测定两个物体之间的精确距离时,需要从多个方位的测量比较中加以确定。三角校正的需要是质性研究和量化研究相结合的重要原因,但如前所述,这种方式的校正其实并没有考虑到两种研究在方法论、价值观和政治伦理等方面的整体假设,因此是存在很大缺陷的。我们来看劳伦斯·纽曼所列举的一个例子:如果我们想要知道流行的美国电影中的暴力行为的状况,就可以采取四种方式进

---

① 〔美〕伍威·弗里克:《质性研究导论》,孙进译,重庆:重庆大学出版社2011年版,第22页。

行三角校正。

四种三角校正的实例表[①]

主题　流行的美国电影中的暴力行为数量
测量　创造暴力行为的三个定量变量：电影中出现的频数（如出现杀人、打架的数量等）、强度（喊叫的声音大小和长度、面部表情或身体动作表现出来的疼痛强度），以及清晰画面展示的程度（如展现尸体、流血、切断的身体部位、伤者死亡）。
观察者　让五个不同的人独立地观看、评价并记录10部最受欢迎的美国电影中的暴力形式和程度。
理论　比较女性主义、功能主义和符号互动论分别是如何解释流行电影中的暴力的形式、原因和社会性结果的。
方法　对10部流行电影进行内容分析，用实验测量实验对象对每部电影中暴力行为的反应，调查电影观众对于每部电影中的暴力行为的看法，并对观众在电影放映期间的行为以及放映后短时期内的行为进行实地观察。

对于以上美国电影中的暴力行为的三角校正，我们应该注意到的问题是：首先，三角校正主要的目的是测量信度的可靠性，也就是说从多个角度比对测量同一事物的一致性。这种比对显然是不涉及研究目的和宗旨的，是属于一种资料收集和分析层面的工作，一旦牵涉到不同哲学方法论层面的问题，这种校正的有效性就成了问题，比如表中的理论校正一栏显示，我们固然可以设想运用不同的理论视角去考察这一问题，但事实上，理论的校正往往会牵涉哲学方法论层面的问题。比如，对于女性主义者而言，她们对于暴力行为与实证研究者会有完全不同的理解，她们很可能不会同意表中第一种测量的三角校正中对暴力行为概念及其检测指标的界定，如果在什么是暴力行为方面都无法达成一致认识的话，这种相互比较显然是没有意义的，因为三角校正的前提必须是不同视角所测量比对的为同一件事物或者大体上是同样的事物。显然，以女性意识为基础的女性主义者所界定的暴力行为，在范围和种类方面与以男性意识为基础的那些理论具有很大不同，对电影展现的一种行为是不是暴力行为，女性主义与其他视角的理论会有截然不同的结论，由此，它们之间的比较并没有合理性。可见，出于三角校正的目的将质性研究与量化研究结合起来不啻一种非常好的想法，也确实是能够在特定层面上实现量化研究质性研究的结合。但是很多情况下，两种研究方法"不是回答同一问题的不同方法，相反，这两种方法构造不同的途径来回答不同类型的问题。在理解如何最好地研究个体和群体行为时，它们有各自不同

---

① 〔美〕劳伦斯·纽曼：《社会研究方法》，郝大海译，北京：中国人民大学出版社2007年版，第180页。

的世界观以及由这些世界观派生的潜在假设。"① 这一点是特别需要加以说明的。

另一些问题是：从思维方式和研究路线上看，质性研究较多运用理论思辨，其研究线路是非线性的，需要在研究过程中不断加以调整；这一点显然与量化研究重视逻辑演绎、重视研究方案的事先设定，并加以严格执行的线性研究路线不同，因此从研究设计这一起点上看，两者也是无法兼容的。此外，即便仅仅将两者的结合限制在搜集资料和分析方面，也会遇到一些实际操作上的困难。比如，如果我们想要在一项电视观众的收视行为研究中综合使用质性研究和量化研究两种方法，那么我们可以运用概率抽样的方式抽出需要进行研究的样本，然后分别运用问卷调查和深度访谈两种方式获取量化资料和质性资料，这样我们便既能够获得描述性的统计数据，又能够获知观众收视行为的深层次原因。这种合理的假设在操作上存在很大的难题，限于人力、经费不足等现实原因研究者无法对所有的样本进行深度访谈，一般常见的处理方式是将该项研究的重点放在量化统计数据的分析上，只对其中的少量样本进行质性访谈，以补充统计描述结论的不足。不过这样的话难免在访谈结论的代表性方面存在很大缺陷。当然，我们可以将该项研究作为质性研究来设计，也可以尝试运用量化统计方法补充印证访谈的结论。这就需要将访谈所涉及的问题及其答案转化为标准化的数据，这样做会严重损害资料信息的完整性和准确性。

上述情况表明，量化研究与质性研究固然是能够结合使用的，使用不同研究方法进行三角校正也行之有效，不过，两者的结合存在很多局限性。面对一项完整意义上的研究，我们在考虑方法时只能以一种研究类型为主体，在此情况下才能够综合利用另一种研究方法加以补充。在一项综合运用两种方法的研究中，必定需要对两者的主次地位有明确的认识。从这个意义上讲，很多时候一项研究从整体上看，其性质仅能是两者中的一种，即要么是质性研究，但结合了量化方法的使用；要么是量化研究，但结合了质性方法的使用。一项研究既是质性研究又是量化研究的情况，仅仅只能在排除或者忽略两者在方法论、价值观和政治伦理假设等方面的差异时才有可能，而这种情况一般仅出现在一项研究的某个阶段上。并且，如前所述，两种方法的混合使用即便是在实际操作层面也存在很多无法避免的困难和缺陷。因此，在实际研究过程中也不必刻意追求两种方法的混合使用，而是要结合自己研究的具体问题在研究目的、研究宗旨、价值取向等方面的情况具体分析，灵活运用这些方法。

---

① 〔美〕德尔伯特·C.米勒、内尔·J.萨尔金德：《研究设计与社会测量导论》，风笑天等译，重庆：重庆大学出版社 2004 年版，第 132 页。

第二篇

实证的传播研究

第一章
实证传播研究导引

实证主义在19世纪30年代出现于法国,后来又流传到其他西方国家。"实证主义"(Positivism)出自希腊文 positives,原意是肯定、明确、确定,与中世纪的经院哲学相对立。实证主义的基本思想源于17世纪以来西欧哲学中一直存在的经验主义传统,欧洲18世纪的启蒙运动以及近代自然科学,尤其是经典物理学的巨大成功促进了实证主义思潮的兴起。受到培根的经验哲学和牛顿-伽利略自然科学研究的影响,法国哲学家孔多塞、圣西门、孔德等致力于将自然科学的实证精神贯彻到社会现象研究之中,他们主张从经验入手,采用程序化、操作化和定量分析的手段,使社会现象的研究达到精细化和准确化的水平。实证主义及行为科学(实证主义的一种分支)是美国主流传播学的基石,施拉姆等美国早期传播学家在建构传播学知识体系时,十分明确地将这一学科定位为定量化的实证科学。他们所设定的传播学四大奠基人,无一例外都是从事实证量化研究的社会科学家,由此可见实证的行为科学研究对于美国传播学的重要性。如今,这一传统势力虽然有所削减,但仍旧在美国的传播学学术界占据着主导位置。

一、实证主义及其方法论逻辑

(一) 实证主义的历史

实证主义社会研究的发展史大体可以分为两个阶段:古典实证主义(又称早期实证主义)与新实证主义(新实证主义又经历了现代与后现代两个时期)。[①]第一阶段从19世纪30年代开始,它同孔德、斯宾塞、涂尔干及其大批追随者的名字连在一起,至20世纪初,即在机械论观念与进化论观念发生危机的时期结

---

① 文军:《西方社会学理论》,上海:上海人民出版社2006年版,第60页。

束。实证主义发展的第二阶段约从20世纪30年代开始一直持续至今。在这一阶段,实证社会科学的研究重心从欧洲转向美国,尤其是1937年帕森斯的成名作《社会行动的结构》一书的出版,开创了美国社会学理论研究的现代阶段,也在某种意义上标志着以实证主义为特征的美国社会学理论开始成为整个美国,甚至西方社会学理论的主流范式。

1830年到1842年孔德《实证哲学教程》六卷本的出版,揭开了实证主义运动的序幕,在西方哲学史上形成实证主义思潮。英国哲学家约翰·斯图亚特·密尔在其《逻辑体系》一书中对孔德提出的这些原则做出了详尽的诠释和修正。法国古典社会学家涂尔干在其著作《社会学方法的规则》中概要地论述了他的实证主义观,该书成为实证主义社会研究者的一本主要教科书。

孔德认为人类的思辨发展要经历三个阶段:一是神学阶段,人类对于自然界的力量和某些现象感到惧怕,因此就以信仰和膜拜来解释面对自然界的变化;二是形而上学阶段,以形而上或普遍本质的探索为特点的阶段;三是实证阶段,也就是科学的阶段,运用观察、分类以及分类性的资料探求事物彼此的关系,由此获得的结果,才是正确可信的。① 实证阶段是一切学科发展的最高阶段。因此,孔德认为建立一门社会科学,将科学的实证方法运用于社会、政治、道德、宗教等问题,是摆脱危机和社会重建的途径。

孔德的这种观点与当时的时代背景密切相关。实证主义产生的时代正值欧洲主要资本主义国家的资产阶级已经先后掌权的阶段。这些资产阶级在政治上已趋保守,他们所关心的主要是扩张经济势力,进一步发财致富。当时英国已进入工业革命阶段,法国等大陆国家也正着手进行工业革命,反映在意识形态上,资产阶级抛弃并敌视进行社会革命的理论,抛弃和敌视唯物主义和无神论。他们也鄙视以黑格尔为代表的思辨唯心主义,但对发展科学技术表现出强烈的兴趣。实证主义正好反映了当时资产阶级的这种精神状态,即对一切探究世界的基础和本质、事物的内在联系和客观规律性的理论,普遍采取虚无主义的态度,否定唯物主义以及一切革命理论,它强调哲学和社会学应以实证科学为根据,强调经验研究。②

实证主义在19世纪取得了原先宗教所具有的地位,其原则指导了大部分的社会科学研究,并为方法论提供了基础。对当时大多数社会科学家来说,掌握实证主义思想被认为是学养成熟的标志。经过孔德、斯宾塞、涂尔干、帕森斯等一

---

① 〔法〕孔德:《论实证精神》,黄建华译,北京:译林出版社2011年版,第1—9页。
② 文军:《西方社会学理论》,上海:上海人民出版社2006年版,第60页。

代代社会学家的不断努力,确立和完善了社会学研究的实证主义传统,并将其奉为社会学的主流和传统。

实证主义与许多特定的社会理论相结合。最为人熟知的是它与结构功能理论、理性选择理论以及交换理论等研究框架之间的关联。实证主义研究者比较喜欢精确的定量资料,而且时常使用实验法、调查法以及统计分析法。他们寻求严谨精确的测量工具与"客观"的研究,并且通过仔细分析测量所得的数据来检验假设。许多应用研究者(行政人员、犯罪学家、市场研究者、政策分析者、计划评估者和计划制订者)都赞同实证主义。当然,实证主义社会研究在将近两个世纪的发展历程中也不断地受到其他学派的责难和冲击,20世纪后半叶以来尤为激烈和尖锐。批评者指责实证主义把人还原为数字,并且抨击实证主义对抽象法则或公式的过分关注,而这些与人类的真实生活毫不相关。实证主义已经历了将近两个世纪的发展历程,其间虽然饱受反实证主义流派的诘难和冲击,也相应地做出了调整,但在美国这样的国家中,实证主义仍被奉为社会科学的正统,一直占据主流地位。由于美国主流传播学脱胎于美国的实证主义即行为科学,因此这一学科也一直以实证主义研究为正统和主流。

(二)实证主义的基本假设

实证主义所推崇的基本原则是科学结论的客观性和普遍性,强调知识必须建立在观察和实验的经验事实上,通过经验观察的数据和实验研究的手段来揭示一般结论,并且要求这种结论在同一条件下具有可证性。实证主义的基本信念是认为社会科学与自然科学并无根本区别。由于科学已经取代宗教成为无可争议的权威,将自然科学中卓有成效的方法运用于社会生活领域,建立一门关于社会的科学既势所必然,又合情合理。因此,近代的第一批社会学家以实证主义为其理论和方法的源泉丝毫不令人感到奇怪,而实证主义的主要创立者,如孔德、S.穆勒又都同时成为社会学的创始人。这一情况在相当一段时间里竟使许多人把社会学等同于实证主义。

实证主义视社会科学为:为了发现并证明一组用来预测人类活动的一般模式的概率性因果法则,而将演绎逻辑与对个人行为所做的精确经验观察结合起来的一个有组织的方法。实证主义者指出:"科学只有一个逻辑,任何渴望冠上'科学'这个头衔的智力活动都必须遵守这个逻辑。"[①]据此,社会科学与自然科学必须使用相同的方法。由是观之,自然科学与社会科学间的差异,乃是由于社

[①] 〔美〕劳伦斯·纽曼:《社会研究方法》,郝大海译,北京:中国人民大学出版社2007年版,第91页。

会科学尚未发展成熟或是过于年轻,以及社会科学的主题不同所致。到最后,所有的科学包括社会科学在内,都会像最先进的科学——物理学——一样。各种科学之间的差异可能存在于它们研究的主题间的差异,但是所有科学享有一组共同的原则和逻辑。①

孔德在《论实证精神》中对"实证的"一词的含义作了这样的解释:真实的而不是虚幻的,有用的而不是无用的,肯定的而不是犹疑的,精确的而不是模糊的,肯定的而不是否定的,组织的而不是破坏的,相对的而不是绝对的。② 于海由此总结了社会学实证主义的基本原则:第一,本体论的自然主义假设。断言社会文化现象与自然现象本质上是同类的,因此,社会过程同自然现象相比并非崭新的现实,同样可依自然规律来解释。第二,方法论的自然主义假设。社会学知识体系应以自然科学为楷模,并采用它的方法论观点,在这个问题上,早期的实证主义不像后来的实证主义那样刻板。孔德与穆勒都很关注社会科学与自然科学的不同之处,而且他们都未用这一个来反对另一个。第三,认识论的经验主义原则。实证主义可被视为是广义经验主义的一个别种。强调经验和感性资料在社会学认识中的作用,排斥思辨的社会哲学与形而上学的假问题,断言社会知识的可靠性、真理性取决于观察与检验。第四,"价值中立性"的要求。科学只与"是什么"(what is)有关,而对"应是什么"(what ought to be)不感兴趣,作为学者的社会学家,应该放弃对被研究的现象与所获得的结果的本质作任何价值判断。第五,社会科学是社会工程的工具与基础,科学使预测成为可能,而预测则有助于控制社会的过程与结束它的自发性与破坏性。因此,社会知识本质上是实践取向的。③

实证主义坚持本体论上的自然主义取向,断言社会文化现象与自然现象本质上是同类的,它们遵从同样的科学法则,用自然科学的方法论来研究社会现象是行之有效的。科学是判定社会科学是否完善的最高标准。在认识论上,实证主义坚持经验主义取向,强调经验和感性资料在社会认识中的作用,排斥思辨的社会哲学与形而上学的问题。坚持认为社会研究的逻辑方法是假设演绎法,科学假说的陈述必须由经验事实来检验,理论仅当它得到经验证据的完备支持时才是可接受的。方法论上,实证主义坚持科学主义取向,强调知识必须建立在观察和实验的经验事实上,通过经验观察的数据和实验研究的手段来揭示一般结

---

① 〔美〕劳伦斯·纽曼:《社会研究方法》,郝大海译,北京:中国人民大学出版社2007年版,第91页。
② 〔法〕孔德:《论实证精神》,黄建华译,北京:译林出版社2011年版,第29—31页。
③ 于海:《西方社会思想史》,上海:复旦大学出版社2010年版,第138—139页。

论,并且要求这种结论在同一条件下具有可证性。具体来说,实证主义的基本研究方法有用于搜集材料的观察法、问卷法、实验法、量表测量等,用于分析材料的统计方法(因果分析、回归分析、卡方检验等)、计算机模拟等。

(三) 实证主义的优势与缺点

实证主义使社会科学摒弃形而上学的思维方式,以实证的原则赋予了社会科学不同于哲学的特征,使社会科学摆脱了思辨哲学的传统模式,促进了不同专业性学科的形成。同时,其所倡导的实证原则与尊重客观事实的科学态度在形成社会科学专业气质及其制度化方面起到了不容低估的积极作用,也在很大程度上促进了社会科学在科学界威信的提高。实证社会科学从研究设计、搜集材料、分析材料到验证假设,都大量借鉴了自然科学的方法和理论,并由此发展出了不少特有的具体方法和工具。此外,实证社会科学在整个社会科学发展史中还起到了一个"参照标准"的作用,众多其他的社会科学流派大都是为弥补实证主义之不足或批判其理论上的谬误而发展起来的。

但是,作为社会科学主流形态的实证主义研究范式排除一切主体性和意义、价值问题,这不仅造成了人性的危机,也造成了科学自身的危机。具体来说,实证主义的不足有以下几个方面:首先,可观察、可测定、可量化的经验材料是有限的,作为社会实践主体的人的理性和精神活动,在很多情况下并不能单纯地用经验材料加以说明。其次,实证研究所依赖的程序和技术主要是问卷调查或控制实验。问卷调查仅仅具有"概率论意义上的科学性",并不具备自然科学的精确和严谨;虽然控制实验的一部分变量或条件在实验环境中得到操作、分析和处理,但在有限的实验控制条件下得出的结论,往往不能推广到丰富多彩的社会现实中。再次,实证的经验性研究所依赖的主要是个人或小群体层面上的经验材料,在研究现实社会微观现象方面具有一定的效用,但在考察社会的历史进程以及宏观社会结构方面缺乏有效的手段。最后,尽管实证主义要求用"纯客观"的态度来研究社会现象,但这一点在现实中很难做到。每一个学者都有自己的文化背景、社会价值和意识形态,这使得他们的学术立场或多或少都具有特定倾向性。所谓用"纯自然科学的方法和态度"考察社会,只能是一种理想状态。自 20 世纪 60 年代以来,社会学研究领域的学者们开始注重对实证研究这一范式所存在的缺陷进行批判,并逐渐发展出更具人文主义色彩的解释范式。

二、实证主义与美国传播研究

　　实证主义的行为科学是美国主流传播学的基础,施拉姆所建构的传播学大厦是奠定在行为科学基础之上的实证社会科学的体系。施拉姆强调传播学的建构应该是多元交叉的性质,强调其来源上的跨学科性,但在传播研究方法论上则是一元化的。他说:"美国传播研究是定量的而不是思辨的,从事这一研究的学者们对他们能够加以测量的理论很有兴趣。因此,从本质上讲,他们是行为的研究者。"[①]不过,在施拉姆以及四大奠基人之前,美国的传播研究就已经在芝加哥学派手中结出了硕果,由于实用主义具有崇尚科学和效用的特点,这为实证主义取代实用主义成为美国社会科学的主流提供了思想文化上的便利,也为美国传播学学术体系建构的实证主义范式奠定了基调。

　　芝加哥学派被认为是美国传播学术的先导研究团体,其成员的研究普遍受到实用主义的影响。提出"首属群体"和"镜中自我"这两个重要概念的库利阅读了斯宾塞、孔德、塔尔德的著作,受到詹姆斯《心理学原理》(1890)的影响,这部著作被认为是实用主义的奠基之作。米德开创了后来被称为符号互动论的观点,他认为人类传播通过符号及其意义的交流而发生,因而可以通过认识个体如何赋予交流符号以意义,从而理解人类行为。显而易见,这一理论根植于经验主义哲学。帕克对芝加哥的城市研究主要根据达尔文的进化论,他从进化论中借用了诸如入侵、支配、演替和生长变化率等概念。帕克相信经验的研究,但不相信统计分析。他认为在各种变量中寻求统计关系会使一个社会学家偏离对于个体关系的本性的理解。帕克领衔的芝加哥学派将社会学这一新领域定义为经验论的、价值自由选择的、偏离社会应用的、趋向于达尔文的进化论和西美尔的互动论等欧洲理论。芝加哥学派后期逐渐转向定量的和统计性的。20世纪30年代,美国社会科学方法论开始以统计为中心。在美国社会学的中心舞台上,帕森斯的哈佛学派和以莫顿、拉扎斯菲尔德为代表的哥伦比亚学派取代了帕克等芝加哥学派的主导地位。

　　"实用主义"(Pragmatism)这个名词起源于希腊语 πραγμα,意思是行动。实践(Practice)和实践的(practical)都是从这个词引申出来的。实用主义与实证主义常常混淆。两者都偏向于经验主义,把矛头对准作为思辨哲学的形而上学,"在拒斥各种字面上的解决、无用的问题和形而上的抽象方面,实用主义与实证

---

① 王颖吉:《威廉·詹姆斯与美国传播研究》,北京:北京师范大学出版社2010年版,第27—28页。

主义一致"①。但是两者的差别也是显而易见的。首先,在真理的判定标准上,实证主义是一元的,而实用主义是多元的。实证主义推崇科学,坚持科学主义一元论,认为只有实证科学方法得出的知识才是可靠的,主张用实证科学去综合一切知识。实用主义也重视科学,但更注重科学的"功用",即科学的意义在于其所引起的"效用"。在这个方面,实用主义调和了理性主义和人本主义,坚持多元论。其次,两者对待宗教的态度不同。实证主义对宗教持排斥态度,实用主义则较为变通调和。实用主义可以"把经验主义思想方法和人类的更多宗教性的要求完满地协调起来"②,这是它胜于实证主义的好处。

在施拉姆创立美国传播学学科时,量化研究已经成为实证主义最主要的特征。传播学的研究方法通过对社会学、心理学、人类学等社会科学方法的借鉴,实现以自然科学方法,主要是统计学和应用数学作为其方法论基础的研究范式,这一范式发展成为美国传播学研究的主流。

实证主义对传播学研究影响较大,体现在控制论和社会心理学的引入方面。控制论最早由数学家维纳在机器的自动化研究中提出,它把传播看作是一个信息过程,讨论的是如何通过编码、解码、控制噪音、加入冗余和反馈增加传播的准确性,提高传播效率。社会心理学的研究则把人的心理活动分为感知、理解、态度等过程,这些过程都受到不同变量的影响,如果把这些变量适当加以配置,就可以达到需要的结果。这两个传播研究传统都受到行为主义的影响,把人作为一个缺乏主动性的"机器",就像其他动物或自然现象一样,只要具备了一定因素,就可以产生一定结果,因此我们可以像研究自然现象一样研究社会。

用自然科学的模式来研究社会传播现象,尤其是对大众传媒现象的关注。这使得传播学的研究重点集中在大众传播媒介与社会的互动,简言之就是社会(包括政治制度、经济体制、文化价值观、社会结构)和社会变迁对传媒的决定作用,以及大众传媒对社会和社会变迁的反作用。其中,传媒的效果研究是大众传播学研究始终关注的重点。效果研究在西方经历了四个显著的阶段,即魔弹论阶段、有限效果阶段、适度效果阶段和强大效果阶段。洛厄里和德弗勒在《大众传播效果研究的里程碑》一书中,列举了 14 个实证研究的里程碑。③ 这些具有代表性的经验性研究项目,构成了美国 20 世纪 90 年代之前大众传播实证研究的主要脉络。这些理论研究成果构成大部分传播学者所共同接受的假说、理论、

---

① 〔美〕威廉·詹姆士:《实用主义》,李步楼译,北京:商务印书馆 2012 年版,第 32 页。
② 同上书,第 41 页。
③ 参见〔美〕洛厄里、德弗勒:《大众传播效果研究的里程碑》,刘海龙译,北京:中国人民大学出版社 2009 年版。

准则和方法的总和,并在心理上形成了传播学学者们的共同信念,这些传播研究范式造就了一种学术传统。

施拉姆追认的传播学四大奠基人都是实证主义的忠实践行者。拉斯韦尔和他的宣传研究、拉扎斯菲尔德的"传播流研究"、霍夫兰的说服实验、勒温的把关人理论,无不带有明确的实用目的。他们着眼于考察传播过程的结构与功能,传播对人的心理、态度和行为的影响,以及如何通过传播来达成个人或群体的目标,这使得传播效果问题一直是经验学派关注的核心和焦点。[①]

拉斯韦尔提倡一种研究政治学的行为主义科学方法,定量的传播方法的兴起对于拉斯韦尔的宣传研究产生了某种影响。1927年,他出版的《世界大战中的宣传技巧》在风格上主要是定性的和批判的,15年后,在进行第二次世界大战期间的宣传研究时则转为定量的和统计学的。在1948年发表的《传播在社会中的结构与功能》一文中,他最早总结了社会传播的三项基本功能(环境监控、社会协调、文化传承),并考察了传播的基本过程,将其解析为五个主要环节,即著名的"5W"模式。这一模式被认为使传播研究侧重于媒体效果上的研究。

勒温将群体研究纳入传播研究领域,提出了"场论"。勒温熟练运用实验的科学方法,他通过食品习惯变化方面的实验研究,提出了"把关人"的概念。但是他并不完全依赖这一方法,在场论研究中,他遵循某种现象学的方法,将人文主义和科学主义结合起来,例如在实验后他亲自询问每一个调查对象,以便了解他们对于自己行为的感觉,他很少使用关于意义的统计监测法,因为担心个体情况会在统计分析所固有的聚合物中丧失。

保罗·拉扎斯菲尔德为美国传播领域的实证研究做出了重要贡献,被称为传播研究的"工具制造者"。早在去美国之前,取得数学博士学位的拉扎斯菲尔德就在奥地利运用多种方法进行了失业研究。到美国之后,他在普林斯顿大学成立了广播研究所,进行了许多关于广播节目和受众的研究。他将调查访问和变量资料分析相结合,把民意测验变成了一种科学工具。他开发了广播节目分析仪,组织了"焦点小组访谈"研究媒体效果。1940年拉扎斯菲尔德在俄亥俄州伊里县进行了总统选举中的投票行为研究,在《人民的选择》中提出了媒体效果有限性的"二级传播"论和"舆论领袖"的概念。拉扎斯菲尔德不仅注重开发定量研究方法,还试图把定量方法和参与性观察、深度访谈、焦点小组、内容分析、个人传记、专题小组等定性方法结合起来,此外,他还试图将批判学派的研究也吸收进来,但遗憾的是,他与法兰克福学派成员阿多诺的合作以失败告终。

[①] 李永健:《传播研究方法》,杭州:浙江大学出版社2009年版,第9页。

霍夫兰是从实验心理学角度研究传播学的开创者。第二次世界大战期间，霍夫兰对电影在新兵中的说服效果进行了实验。他提出"信息学习法"的研究模式，包括传播过程的组成部分（SMCR）研究、与态度改变有关的自变量（假设的条件）研究，进而提出因变量（预期的结果）。作为实验心理学家，霍夫兰的方法论背景遵循的是行为主义关于行为变化的方法。这些实验从微观角度探索了大众传播的说服效果。有批评者提出，实验并不能代表真实的说服过程，因为这些受众在实验中比在现实条件下更投入；还有批评者提出，态度与人的外在行为之间并不具有必然的联系。但是这种方法建立在变量间因果关系方面具有特殊优势，经过后来者的不断完善，已经成为大众传播研究的重要工具。实验研究法的精确和易操作性，也进一步巩固了实证研究范式在大众传播研究中的地位。

实证研究中量化方法的异军突起受到一些研究者的批判。拉扎斯菲尔德就被批判为"抽象的实证主义"。[①] 米尔斯认为抽象的实证主义最重要的特征就是奉科学哲学为圭臬，从而带来了对方法论的抑制，严格限定了人们所选择研究的问题和表述问题的方式，这使得社会科学成为一套科层式的技术手段。学者们花费很大精力去完善调查的方法和技巧，遵循一套严格的、标准化的机械步骤。然而这种专业化，仅仅基于对方法的运用，而不考虑内容、问题及领域。以拉扎斯菲尔德的研究为例，狭隘的小规模环境调查，以小城市为抽样区，对此类研究的简单的相加，决不能达成对于国家的阶级结构、地位和权利的完整认识。他所采取的是微观的、心理主义的取向，而非宏观的、历史主义的取向。由于教条地恪守统计仪式这一小而精的程序操作，一些创新性想法在细节研究中被耗尽。

量化的实证研究又被称为"行政的"，这是由于许多经验性的研究项目花费昂贵，研究者不得不考虑提供经费的利益集团所关心的问题，比如如何提高新兵的士气、如何促进广告的效果、确定电视是否会对儿童产生不良影响等。这一传统本着科学研究价值中立的立场，把价值判断和事实判断严格区分开来，基本不理会研究结论应用所产生的后果。结果造成研究的问题越来越细致，主要关注信息的效果，对信息本身不作价值评价。这种微观的、科学的倾向与整体的、人文的批判学派形成鲜明对比。

实证主义的传播研究范式，不可能从批判的立场上研究资本主义制度下的大众传播，也不可能触及资本主义社会的基本矛盾，它们至多只能出于维护现存制度的目的，从"管理"的角度做一些修修补补的工作。由于实证主义的传播研

---

① 参见〔美〕米尔斯：《社会学的想象力》，陈强、张永强译，北京：生活·读书·新知三联书店2005年版。

究在方法论和学术立场上的倾向性,它们有意无意地忽视和回避了传播学研究的许多重大课题,如信息生产和传播与宏观社会结构间的关系、信息传播与社会的上层建筑和经济基础的关系、传播制度和社会制度的关系等。效果方向是以牺牲未被采纳的那些路线为代价的,大众媒体的所有权和控制权的问题被忽略了,特别强调微观层次上的效果研究,导致涉及传播背景的宏观层次上的问题被忽略了。

第二章
实证研究的设计与测量

一、实证主义研究的设计

不论是实证研究还是质性研究,研究设计往往都是从确定一个研究主题,并将其提炼为合适的选题开始的。主题的选择并没有一个固定的标准,最重要的是依据个人的研究兴趣,同时也受到解决问题和理论困惑的实际需要等因素的影响。在主题确定之后,研究设计所面临的第一个问题是如何从主题中有效地将研究选题提炼出来。

(一)从主题到选题的提炼

主题是基于研究兴趣所确定的一个较大的研究方向,而作为一个研究问题的选题则需要从主题中进行浓缩和提炼,研究设计是围绕这个提炼出的选题进行的。例如,"网络谣言"是一个主题,但并非一个合适的研究选题,如果对其进行浓缩和提炼,获得如"网络谣言的爆发与突发公共事件的发生有关吗"之类的问题,一个选题才可以被确定。

那么,如何从一个宽泛的主题里将选题提炼出来呢?劳伦斯·纽曼对一些提炼选题的小技巧进行了总结,主要包括文献检索、与他人讨论、应用于某个特定情境以及界定研究的目的与期望的结果。[①] 文献检索是帮助我们发现问题的一种较为常用的方式,已发表的论文由于其具有较高的清晰度和学术价值,我们往往可以从中发现许多可供研究的问题,例如可以对前人的研究计划进行改编、将前人的理论应用于新的研究,或者对前人所发现的非预期结果进行探索、反驳前人的某些观点,也可根据论文结尾提出的未来研究建议进行论证等。与他人讨论既包括向一些对某个问题有深入研究的人咨询,也包括与一些和自己持有

---

① 〔美〕劳伦斯·纽曼:《社会研究方法》,郝大海译,北京:中国人民大学出版社 2007 年版,第 187—188 页。

不同观点的人探讨,在讨论中往往能发现新的研究问题。此外,我们还可以尝试将脑中所想的主题进行浓缩,浓缩的方式包括:在时间上限制到某个特定的时间段(如"民国时期"),在空间上缩小到某个特定的社会或地理单位(如将研究范围限于某一地区),还可以思考问题中牵涉哪些次级群体以及它们之间的差异。最后,确定研究目的和期望的结果也可以帮助提炼出主题,明确的目的性会带领研究者确定一个合适的选题。

选题的确定受到选题本身的重要性和创新性等因素的影响,这是决定选题价值大小的两个重要因素。而选题的可行性,即进行选题研究的实际的制约因素,也是在提炼选题时就应当被考虑在内的。在研究设计时,需要综合考虑有关选题的许多客观的实际制约因素,主要包括时间、费用、获得资源的渠道、权威机构的许可、伦理道德的考虑以及专业知识[1]等,这些制约因素很可能会对研究设计产生较大的影响。

首先,在规定的时间和费用或自己所计划花费的时间和费用的限制内能否完成选题是确定选题的一个现实的考虑因素,这影响到选题范围的大小、研究方法的选择,甚至会导致推翻原选题。

其次,在确定选题时,应当同时考虑到研究该选题所需要的获得资源的渠道是否可行、是否能够得到权威机构的许可以及是否违反伦理道德等因素。某些研究如"同性恋者数量与男女比例失调是否有关"就是很困难的,因为获取这方面数据的障碍比较大,许多同性恋者并没有公开自己的性取向,也难以在人口普查数据上显示出来。而另一些研究,则有可能无法得到权威机构的许可,如涉及国家机密或某行业机密的研究等。此外,一些可能对个人身心造成伤害的违反伦理道德的研究也是不被支持的。

最后,个人的专业素质也是确定选题的重要制约因素,如果缺乏某些方面的知识,涉及这方面的研究就难以进行。如涉及美国新闻报道方面的研究,就要求研究者具有一定的英语水平,或者能够找到合适的人员为自己提供此类可行的研究服务。

(二) 研究设计和研究方案

形成选题是研究前提,而在选题完成之后、研究开始之前的一个步骤就是研究设计。什么是研究设计呢?风笑天是这样定义的:"指对整个研究工作进行规

---

[1] 〔美〕劳伦斯·纽曼:《社会研究方法》,郝大海译,北京:中国人民大学出版社2007年版,第188页。

划,制定出探索特定社会现象或事物的具体策略,确定研究的最佳途径,选择恰当的研究方法。同时,它还包含着制定详细的操作步骤及研究方案等方面的内容。"①简单地说,研究设计是对研究具有指导性意义的具体研究策略,研究设计所形成的书面结果就是研究方案。因此,研究设计要求周密性、确定性以及可行性。一项研究方案的设计通常要考虑以下几个方面的因素。

1. 研究目的和研究性质

研究方案首先要求确定研究目的(探索性研究、描述性研究、解释性研究),研究目的的不同对研究对象和方法等的选择是有影响的。例如,对于探索性研究一般选取比较小的样本进行主观的、定性的分析,主要目的是形成初步的概念;而描述性研究则要求更为缜密,样本一般要大,并进行定量的、描述性的统计,以便对其总体状况进行一个较为翔实的描述;解释性研究则要求对因果关系的重视,重视变量之间的关系,具有较强的理论性。

研究性质分为理论性研究和实用性研究。不同的研究性质也会对研究方法的选择和研究方案的设计产生一定的影响。

2. 研究方法

在研究方法的选择上,实证研究主要用到的研究方法有调查研究、实验研究和文献研究。三者具有不同的内在逻辑,所能回答的问题类型也是不同的,因此在选择中应针对不同问题和不同研究目的,同时考虑研究的便捷性、科学性和可行性来进行取舍。

调查研究主要包括自填式问卷或结构式访问,它包含三个关键环节:抽样、问卷、统计分析。通过这种方式所收集的量化材料具有系统性、及时性、全面性,并且在实际应用中具有普遍性。

实验研究的主要手段是形成高度控制的条件,即对影响变量的某些因素进行操控,目的是研究变量之间的因果关系。

文献研究并不直接接触研究对象,而是通过对二手材料进行研究,体现了其无干扰性和非介入性的特征。文献研究分为内容分析、二次分析和现存统计资料分析三种类型。内容分析是通过抽样和编码对文献内容进行研究,其描述具有客观、系统和定量的特征;二次分析则是利用其他研究者为其他研究目的所收集的原始数据进行新的研究;而现存统计资料分析的基础是官方的统计资料。

3. 分析单位的确定

分析单位就是所分析的对象,它可以是大学生、农民工这样的个人或群体,

---

① 风笑天:《社会学研究方法(第3版)》,北京:中国人民大学出版社2009年版,第64页。

也可以是组织或社区这样的共同体,还可以是婚礼仪式、新闻报纸等这样复杂抽象的社会产物。但是,无论分析单位是什么,我们都应当注意,当我们进行调查和分析时,对象往往是单个的实体(人或物),但我们所描述和探讨的往往是总体的特征和现象等。因此,个体特征的集合如何反映群体特征是我们所应当注意的,群体特征并非个体特征的简单组合,其内在联系要更为复杂。

4. 具体方案的设计

研究设计的具体方案是对研究工作的步骤、手段、工具、对象、时间和经费等进行规划和安排,以形成一份周密严谨、切实可行的研究方案。方案形成的基础是以上研究思路的确定。一项具体的研究方案一般包括研究的目的和意义、研究的内容和对象、研究的分析单位和抽样方案、研究资料的收集与分析的方法,以及研究人员的组成、时间进度的调配和经费的使用计划等。

二、测量、概念化和操作化

在日常生活和自然科学中,我们经常使用一些仪器以达到精确测量的目的,如测量温度、湿度以及重量等。而在社会研究中,我们也需要测量。测量是实证研究中一个常用的技术,但其测量对象却不同于自然科学,社会研究者更加关注某些社会现象,无论是年龄、性别等能够被直接测量的现象,还是态度、性别认同等不容易被直接测量和观察的现象。社会研究者通过测量对某些社会现象进行研究,目的往往是进行检验假设、评估解释以及为理论提供支持,或者是为了对某个应用议题或社会的某些领域进行系统的研究。本章所关注的就是,在社会研究中,如何对智力、隔离、贫困、犯罪、自尊、歧视、偏见等这些社会现象进行测量。

(一) 有关测量的初步认识

1. 测量的概念和意义

关于测量的概念,史蒂文斯(S. S. Stevens)的定义是:"测量就是依据某种法则给物体安排数字。"[1]而风笑天则在此基础上给出了一个更为通俗的定义:"根据一定的法则,将某种物体或现象所具有的属性或特征用数字或符号表示出来的过程。"[2]

---

[1] 转引自风笑天:《社会研究方法(第3版)》,北京:中国人民大学出版社2009年版,第88页。
[2] 同上书,第88页。

在这些概念中,我们可以总结出测量所包含的四个要素:测量对象、测量内容、测量法则以及用来表示测量结果的工具——数字和符号。在社会研究中,测量对象往往是社会中的事物或现象,如对媒体公信力进行测量,往往要合理地选取某个媒体作为测量对象。而测量内容是测量对象的属性特征,是对对象进行分析的基础。测量的最终结果要用符号和数字来表示,那么如何表示呢?这就需要用到测量法则,测量法则也就是如何测量的问题。

测量之于我们具有重要的意义,它使我们的感觉和能力得到延展,帮助我们获得关于事物的更加客观、明确、肯定和精确的信息,并帮助我们看到一些其他方法无法观察到的事物,使一些从前不可见或不可知的事物展现出来。

例如,在自然科学中,研究者使用各种科学仪器使我们的自然能力得到延展,我们能够看到遥远的月球表面,可以听到海底的各种神奇的声音……并且,这种科学的测量更具客观性、稳定性和精确性,比如我们对一个事物有冷热感知,但这种冷热感知并不能够获得普遍性,因为每个人对冷热的反映和感知是不一样的,这样评判出的"冷"或"热"往往是依据个人感觉而不具有普遍适用性的,而科学的温度测量则克服了这个障碍,它以摄氏度(或其他)的表述方式给温度一个更具普遍适用性的标准。

科学测量如此,社会测量也是如此,像科学家力图发明和更新各种测量工具来测量不可见的物体一样,社会研究者也通过合理地设计测量工具来观察社会中不易被观察到的一些现象,力图给我们提供关于社会现实的精确信息。例如研究现代人对同性恋者的看法这样的抽象现象,社会研究者往往通过一些测量手段,以数字或符号化的结果来对这个现象进行一个较为客观和精确的描述。

2. 测量的四个层次

测量层次反映的是测量的精确程度。按照精确程度由粗到精,可以将测量层次分为四个等级:定类测量、定序测量、定距测量、定比测量。

(1) 定类测量

指依据一定的属性特征对某一概念划分不同的类别,也叫定性测量。在研究中,这是最低层次的测量类别,也是较为常用的一种。例如我们可以根据出生地将一群人分为南方人和北方人,或者根据性别将人们划分为男性和女性等。定类测量具有穷尽性和排他性,一方面所划分出来的类别是可穷尽的,另一方面不同的类别之间应保证不会出现交叉重叠。例如根据婚姻状况划分为已婚和未婚,或根据职业划分出工人、农民、学生、干部、其他,这样就无所疏漏和重复地涵括了所有的类别。

(2) 定序测量

定序测量在分类的基础上强调逻辑排列,也就是说,在定序测量的情况下,我们不仅仅能够看到被划分出的类别,还能看到各类别之间的比较排列。例如研究人们的受教育程度,可将其分为未受教育、小学水平、初中水平、高中水平、本科水平和研究生及以上这几种类别,而这些类别可以按高低序列进行等级排列,我们因此就可以进行判断,某部分人比另一部分人的受教育程度高还是低。

(3) 定距测量

定距测量在前两种测量的基础上更进一步,它不仅能够区分不同的类别和等级,还能区分不同类别和等级之间的距离。定距测量的一个典型例子是智商测验,智商分数 90、110、130 之间存在着差异数量,可以形成定距的比较关系,可以说,90 分和 110 分之间的差距与 110 和 130 分之间的差距不大。但这里需要注意,定距测量的零点只是起到帮助记分的作用,并没有具体的含义,如 0 摄氏度只是华氏温度的一个测量标准,并不代表 0 摄氏度就没有温度,0 摄氏度也是一种温度。而对于智力测验的例子,100 分是智力平均数,被定义为正常标准,因此,也不能说智力测验成绩为 0 的人就是没有智力,他只是低于平均水平,同样我们也不可以说 120 分的人是 60 分的人的智商的两倍。

(4) 定比测量

定比测量与定距测量的不同之处在于它具有绝对的零点,那么,它所得的数据能够进行加减计算。如对于收入这个变量,我们就可以说如果 A 收入是 4000 元,B 收入是 2000 元,那么 A 的收入是 B 的收入的两倍。

我们可以通过下表来概括这四个测量层次的特征:[①]

层次	不同类型	序列层次	检测类别之间的距离	是否有真正的原点
定类测量	是			
定序测量	是	是		
定距测量	是	是	是	
定比测量	是	是	是	是

3. 测量的前提

对于定量研究来说,测量是极其重要的、最核心的问题,定量研究为此发展了一系列的测量技术和术语。没有对事物的精确(不是准确)测量,定量研究的

---

① 〔美〕劳伦斯·纽曼:《社会研究方法》,郝大海译,北京:中国人民大学出版社 2007 年版,第 240 页。

进行将会因为无法获取经验性的资料而搁浅,因此,测量是定量研究中资料收集的前提,是一个独立进行的步骤。

定量研究者总是采取一种演绎的取向来进行社会研究,也就是说,他们往往从一个概念的确定入手,然后通过精确、细致的测量来收集经验资料,并将其表示为数字形式,形成代表想法的经验资料,完成对概念和资料的综合。也就是说,在测量过程中存在着这样一个非常明确的顺序——先概念化,再操作化,最后通过测量对资料进行搜集整理。

实际上,无论是定量研究还是定性研究的研究者在测量过程中都不可避免地涉及两个前提:概念化和操作化。下面,我们来看看这两个重要的方面。

(二) 概念化

概念化(conceptualization),简单地说就是这样一个过程,它使得观察能够通向概念,使模糊的、不精确的观念变为明确化和精确化的表达,成为有效的、可测量的概念。这一过程也是"共识"得以形成的过程,而概念是形成共识的结果。劳伦斯·纽曼将概念化定义为这样一个过程:捕捉一个构想,并通过赋予它一个概念或理论定义的方式来提炼它。他认为,概念化的结果就是产生概念定义(conceptual definition),概念定义是以抽象的理论术语所下的定义。[①]

1. 观念、概念和现实

当人们谈论"偏见""同情心""怨恨""激进"等词时,在大脑中所产生的观念是复杂而多元的。由于我们每个人的经验都具有特殊性,因此,每个人关于偏见或者同情心或者其他的印象与观念(印象集合)都会有所不同。但另一方面,这些不同的经验资料之间会有一些共同的地方,否则我们将无法进行交流。为了达到交际的目的,某人的观念需要表述为具有社会约定俗成性质的语言或者符号才能被他人理解,同时,这一观念还应该被表述为超越于个人经验,能够被其他人所理解的共识——概念(concept)。可见,交流的过程实际上也就是运用语言或者符号达成共识的过程,这一过程往往也是产生新概念的过程。"卡普兰把概念定义为'一组观念'。根据卡普兰的说法,概念就是结构。如'同情心'和'偏见'等概念,就是你们的、我的,还有所有使用这个术语的人的观念的组合。"[②]这种组合是结构性的,也就是说它是超越于个体的观念的共识性的东西。

[①] 〔美〕劳伦斯·纽曼:《社会研究方法》,郝大海译,北京:中国人民大学出版社2007年版,第220页。

[②] 〔美〕艾尔·巴比:《社会研究方法(第11版)》,邱泽奇译,北京:华夏出版社2009年版,第124页。

那么,我们可以给概念下一个定义:概念是人们基于共同交际(共识)的目的而对事物进行的抽象表达。

值得注意的是,一般交际中所使用的概念与学术研究中所使用的概念具有很大的差别,前者比较模糊,人们对这些日常生活中使用的概念主要通过感悟的方式加以把握,概念的表述者不会对这些概念加以精确陈述或定义,而概念的接受者也不会对这些概念的外延与内涵进行深究。与此不同的是,学术研究中使用的概念一般都需要精确界定和详细表述,研究者或者出于研究本身的需要(如进行测量),或者出于学术交流的需要,必须对他在自己的研究中所使用的核心概念进行清晰界定,即以抽象的理论术语来对概念所涉及的观念进行详细而清晰的表述,从而得到概念定义(conceptual definition)。

比如,"偏见"这一概念,在日常生活交际使用中,其内涵与外延都不清楚,概念表述者和接受者都不会深究其具体定义,因为在特定的交际情境中,人们可以有效地通过使用这一概念进行交流。而在以"偏见"为主要研究对象的学术著作或者论文中,这一概念就需要得到清晰的界定,比如你在研究媒介是否会在其报道中具有性别、年龄偏见的问题时,就需要对"偏见"进行清晰的界定,明确你所指的"偏见"的内涵与外延情况,在此基础上才能进一步进行操作化处理,进而对媒介的报道进行测量,以观察其是否具有偏见。而明确"偏见"这一概念的过程,就是"概念化"。

需要注意的是,观念和概念都是对真实事物的抽象表达,它们并不是真实存在的事物本身,而是一种建构性的话语。不过,虽然这些概念并不真实存在,但是它们对于研究和测量真实的事物极其重要,没有这些概念,我们将无法进行思维,也无法对真实事物进行研究。概念之所以具有这个功能,是因为尽管它们自己不是在现实世界中存在的事物,或者不能直接观察,但是它们跟真实存在、可以观察的事实有明确的关系。

2. 变量

我们知道,性别可以划分为男性和女性两类,那么我们可以说,性别这个概念是由男性和女性两个"属性"构成的,类似的,婚姻状况可划分为已婚和未婚两个属性,而中国的民族则可以包括汉族、维吾尔族、满族、蒙古族、苗族等56个不同的属性。我们可以发现两类不同的概念:一类是固定不变的,如日常所说的"地球""月亮"等,叫做常量;而另一类则是涵括不同属性、在某些维度上可变化的概念,叫做变量。

变量可以根据客观维度划分为不同的值,如上面所提到的性别可以划分为男性和女性两个值,教育水平可以划分为小学以下、中学、大学、研究生及以上几个值;同时,变量还可以根据主观维度进行划分,如对于吸烟的态度可以划分为从坚决反对到坚决支持等多个值。

组成变量的属性有两个特征:完备性和互斥性。完备性也可以说是穷尽性,即某变量的属性应当涵括它实际所包含的所有情况。如我们需要对宗教信仰划分属性的时候,就不能只划分出基督教、佛教、伊斯兰教以及无宗教信仰人士,印度教和犹太教等其他教派也应被考虑进来。为了增强完备性,我们可以在这里增加一个"其他"项来概括其他宗教教派。互斥性强调了变量的各个属性具有唯一性,它们各自应当有明确的概念范畴的划分,不与其他属性重叠或交叉,且相互之间应当是同类的对等关系。例如,我们划分媒体属性的时候,就不能划分出新媒体和电子杂志这样的类别,因为电子杂志属于新媒体,二者相互交叉了,且二者不是对等的关系,电子杂志和网络、手机等才是对等关系。那么,在这个概念划分时,我们首先应当对新媒体的概念范畴有一个明确的认知,才能够划分得当。

关于变量的另一个需要注意的方面是自变量和因变量这两个变量的分类,它们通常存在于具有因果关系的变量中。其中,被影响的变量是因变量,而影响因变量的变量则称为自变量,用纽曼的话说,"自变量'独立于'对它发生作用的前因"[1]。而因变量则相反,因变量受到自变量的影响,依赖于自变量而形成。举个例子来说,学校教育与升学率这两个变量的关系中,前者是自变量,后者是因变量。

在研究中,我们还常常遇到一些更为复杂的因果关系,这就涉及第三种变量——中介变量。中介变量介于自变量与因变量之间,它受自变量的影响,同时又影响着因变量,它反映了自变量与因变量之间的联系或关系机制。例如上文提到的学校教育与升学率之间的关系的例子,学校教育影响学生学习水平,而学生学习水平则影响升学率,那么,学生的学习水平就是一个中介变量。

中介变量不一定只有一个,多个中介变量往往形成变量链。如 A 影响 B,B 影响 C,C 影响 D,D 影响 E。在这个变量链中,A 和 E 分别是自变量与因变量,而 B、C、D 都是中介变量。同时需要注意的是,在复杂的因果关系中,不仅包含多个中介变量,也可能包含多个自变量与因变量,如学生学习水平不仅仅受到学校教育的影响,也可能受到学生本身的学习习惯、天生资质以及家庭环境的影响,这些都可以成为学生学习水平的自变量。在社会研究中,可能涉及比较复杂

---

[1] 〔美〕劳伦斯·纽曼:《社会研究方法》,郝大海译,北京:中国人民大学出版社2007年版,第194页。

的因果关系,但一般的情况是只检测和研究因果链的某个部分。

3. 指标与维度

(1) 指标

指标(indicators)是使得一个概念(变量)能够在经验上被观察、检测得到的那些具体事物。比如,回家的频繁程度可以作为某人对父母孝敬程度的一个指标,而同父母通话的次数和长度也可以作为这个研究的一个指标。一个概念可以通过多个指标进行测量,指标将抽象的概念用具象的事物表现出来,使其变得可测量。

但是,应当认识到,指标的这种抽象概念具象化的表现当然只是在某种程度或某种条件下的表现,并不是一种完全的、无损的表现。事实上,我们在进行指标的测量时,总是会遇到一些更为复杂的状况。一个典型的例子是对一个小型极端主义教派的研究[①],在研究中发现,他们对同性恋者、无神论者以及女性主义等群体有着比较极端的观点,他们还认为那些拒绝加入教者的人将下地狱,还会被焚烧。而一般人所认为的同情心概念在他们那里几乎没有表现,但是我们可以发现,他们教派的文宣资料里却时常谈及同情心。

这种情况的发生实际上是文化与宗教在理解上的不同造成的,在一种文化中认为是同情心的东西在另外的一种文化中可能就是相反的事情了。这种情况恰好说明了社会现象研究的复杂性,如果你不是将社会科学研究中使用的测量方法仅仅作为工具看待,而是上升到世界观、本质论或者价值观层面的话,你会很容易陷入你的信仰与现实两者之间极大的冲突之中,因为你会发现不同文化宗教背景的人对于同情心的测量指标的确定有很大不同,因此,不可能会存在一种适合于各种文化或宗教背景的社会测量指标,只有意识到你的测量工作都是具有意识形态色彩的,你的测量才有可能进行下去,并且可以在一定的意识形态框架下对社会现象进行合理的解释。

因此,我们在面对这样的研究时,需要考虑质性研究的思路。比如,在与宗教成员的谈话中,或在参与宗教仪式的过程中,把自己置身于能够了解该教派对同情心定义的情境之中,转换一下自己的意识形态框架以及经验上的感受,然后你才有可能理解你在另外的文化框架范围下感觉很奇怪、很不可思议的那些同情心定义与测量指标的合理性或者必要性。仍然分析上面那个小教派的例子,你也许会在研究中进一步了解到,在他们的意识形态和文化框架里,他们认为犯

---

① 该案例引自:〔美〕艾尔·巴比:《社会研究方法》(第 11 版),邱泽奇译,北京:华夏出版社 2009 年版,第 126 页。

罪者会在地狱里被焚烧,而他们愿意采取一些方式来减轻人们的罪孽,哪怕这些方式是暴力的,他们认为这些其实是同情心的表现,如果你认识到了这一点,那么他们的行为就是可以理解的了。

(2) 维度

由上述的情况也可以看出,在对概念进行讨论和定义的时候,无论你多么谨慎,都难免会碰到各种各样的例外情形,可能是与他人的想法不一致,也可能是自己前后的想法不一致。例如,根据以上对"同情心"的不同解释,你可能会生发出不同的关于同情心的印象,像对朋友的同情心、对与自己有相同宗教信仰的人的同情心、对人类及鸟类的同情心等,这就把同情心分为不同的类和亚类,而分类的方法也是多种多样的,例如可以根据感觉或行动来分类。也就是说,我们可以把一个概念分为不同的维度,维度就是分类的技术术语,也可以说是概念的一个可指明的方向。①

(三) 操作化

1. 含义与作用

所谓操作化(operationalization),就是将概念化后的概念定义发展为操作性定义,这种定义是对于如何精确测量一个概念的说明,也就是将抽象的概念转化为可观察的具体指标的过程。也就是说,操作化试图回答这样的问题:抽象的概念是通过哪些程序、步骤、方法和手段等被具体测量的? 比如,将抽象概念"学习态度"转化为"出勤率""旷课迟到次数""上课回答问题的积极程度"等就是操作化的一个例子。

在社会研究中,研究者所面对的概念往往是比较抽象的,如前面所提到的智力、隔离、贫困、犯罪等,而通过操作化,将这些抽象的概念转换为可测量的指标是实证研究的一个重要方式。因此,操作化可看做是从理论到实际、从抽象到具体的一座桥梁,是使抽象思维和概念得以研究的前提和重要手段。例如,前面提到的"学习态度"的概念。我们虽然的确经常提起学习态度,也能够在自己或他人身上体会到它,但是,在现实中这个东西其实是不存在的,它只是人类构成的一个概念,在日常生活中,我们看不到或摸不到它。但是,当我们将它操作化为"出勤率""旷课迟到次数""上课回答问题的积极程度"等指标时,我们就能够在现实生活中对它进行测量了。操作化的作用就是使那些通常只存在于思维之中的抽象概念转化为现实生活中能够为我们所熟悉的、可测量的东西,而不仅仅是

---

① 〔美〕艾尔·巴比:《社会研究方法》(第11版),邱泽奇译,北京:华夏出版社2009年版,第126页。

通过抽象的思考和体验去感受这些概念,从而使实证研究成为可能。

2. 操作化方法举例

关于操作化的方法,这里用美国著名社会学家英克尔斯及其合作者在研究"现代人"时的案例来说明,为了对"人的现代性"这一概念进行测量,他们进行了非常细致的操作化工作,将人的现代性划为 24 个维度:[①]

(1) 积极参与公共事务

(2) 年老者的角色

(3) 教育期望与职业期望

(4) 可依赖性

(5) 对变革的认识与评价

(6) 公民权

(7) 消费态度

(8) 对尊严的评价

(9) 效能

(10) 家庭大小

(11) 意见的增多

(12) 对国家的认同

(13) 信息

(14) 大众传播媒介

(15) 亲属义务

(16) 社会阶级分层

(17) 新经验

(18) 妇女权利

(19) 宗教

(20) 专门技能

(21) 对时间的评价

(22) 计划

(23) 工作信念

(24) 了解生产

在每一个维度下面又分解成若干具体的问题,即指标。如第一个维度下面就有六个指标:① 是否属于某一个组织,② 所参加的组织的数目,③ 哪一个组

[①] 转引自:风笑天,《社会学研究方法》(第 3 版),北京:中国人民大学出版社 2009 年版,第 99 页。

织在政治上持有自己的观点,④ 是否用谈话或舒心的方式向政府官员表明自己的观点,⑤ 参加投票的次数,⑥ 是否曾高度关心某件公共事务。

由此,英克尔斯和他的合作者在这个个人现代性综合量表的基础上形成了一份包括438个具体问题的访问问卷。

在这个例子中,我们可以看到,操作化的步骤是:首先要通过概念的澄清与界定探析概念所包含的多种维度,其次是根据这些维度建立测量指标,以便对概念进行测量。

三、测量的信度与效度

在测量中,我们通常要对测量的结果进行估测,即对测量是否成功进行评估,而信度与效度则是我们的两个评估标准。在社会研究中,绝对完善的信度和效度是不可能达到的,但如何使信度和效度更高一直是研究者的不懈追求。

(一) 信度

信度可以简单地理解为"可信程度"或"可依赖程度",即我们的测量结果是否可信,即相同事物在多次相同的重复测量中可以达到一致结果的程度。例如测量一袋水果的重量,如果多次将这袋水果放在电子秤上,每次所得的重量数值都是相同的,那么我们就可以说这个电子秤的信度较高,而如果我们每次都得到不同的结果,那么这个电子秤的信度自然就低。

信度用以检测我们的测量手段或方法具有多大程度上的可信赖度。那么,如何建立有信度的测量呢?在社会研究中,研究者有几种常用的用以检测信度的方式。

1. 反复测量法

以同一测量方式进行反复测量是检测稳定性信度的有效方法。稳定性信度是指跨时间的信度,即在不同的时间使用同一种测量方法进行测量获得相同结果的程度。利用这种检测方法进行检测,要求以同样的测量方式对同一对象进行两次或多次测量,主要观测一些不可变指标是否发生变化以及可变指标是否发生了不切实际的变化,如果发生变化,则证明这种测量方法信度低,反之则高。例如,在对某读物仅隔两月的两次受众态度调查中,某受众第一次填写阅读过该读物,而第二次却填写没有阅读过该读物,或者两次调查中受众的年龄发生超过一岁的变化,这些都是违背常理的,因此可以说这个调查没有稳定性信度。

2. 对分法

对分法是用以检测等值信度的一种方法。等值信度回答的问题是：研究人员所使用的多种指标能否得出一致的结果？仍然以上面某读物的受众态度调查为例，如果在设计的问题中有 10 个问题（指标）都是测量受众态度概念的，将这 10 个问题随机分成两组进行调查，那么，可预测的结果是，如果这个测量方式是具有等值信度的，那么这两组问题应当得出同样的结果。

3. 次总体分析法

次总体分析法可以帮助研究者判断指标的代表性信度。代表性信度的含义是使用同一个测量工具或指标对不同群体进行测量能够得出一致结果的程度。次总体是指以性别、年龄、阶级等标准划分出的不同群体。对不同的次总体以同一指标进行测量，如果得出的结果一致，那么就证明这个指标是具有代表性信度的。例如，如果想检测一份问卷中关于年龄的问题是否具有代表性信度，可以对测量对象按年龄的不同阶段进行划分，并通过核对他们的有效证件之类的方式对其回答的结果进行检测，如果 40 岁人的答案比他们的实际年龄小，而 20 岁人的答案比他们的实际年龄大，那么，这个指标就不具有代表性信度；但是，如果这两个群体的人之中，回答答案比实际年龄低的 40 岁人和 20 岁人的人数是基本相等的，而回答答案比实际年龄高的 40 岁人和 20 岁人也是基本相等的，那么就可以说，这个指标具有代表性信度。

4. 督导检验法和复证法

这两种方法是针对工作人员的信度进行测量的方法，工作人员工作上的问题也可能导致低信度。督导检验法是指由督导打电话给部分受访者来检验访谈者所得资料的准确性，以检验访谈者的信度；复证法是通过不同的工作者做同一份工作的结果的一致性判断其信度，如在编码过程中，可以请多位不同的编码人员对同一份资料进行编码，处理编码结果所产生的差异并判断其信度。

根据以上以及研究人员的总结，我们得出一些提高信度的方法：

（1）清晰化概念。在测量之前对所测量的概念进行清晰的构建以避免歧义是高信度的前提，这可以帮助研究者排除一些不必要的干扰。

（2）测量层次精确化。精确的测量层次可以帮助研究者提高信度，如在研究受众态度问题时，设置"满意"和"不满意"两个选项不如设置从"非常不满意"到"非常满意"五个选项的测量效果好。

（3）多重指标。使用多重指标来测量一个变量可以增加测量信度，也可以避免因个别指标的失误所带来的结果的误差。

（4）前测和试调查。这种方法类似于上面所说的反复测量，是指在正式的调查开始之前,使用不同版本进行反复测试,并在测试过程中不断修改错误,最终达到一个比较完善的测量版本。

(5) 利用已有的测量方法。一种简便的避免信度出现问题的方法是利用别人使用过的测量方法,而这个方法应当经过检验并且十分可信。例如,史汝尔量表就是测量个体失范的一种很具有信度的测量手段。但同时应关注测量环境等一些因素的变化可能对测量产生的影响,前人的测量手段是否适用于当下的研究是需要研究者综合多方面因素去考虑并进行修正的。

(二) 效度

效度是指测量与概念之间的吻合程度。也就是说,测量是否反映了概念的真实含义。如果答案是肯定的,那么它就是具有高效度的。实际上,测量不可能完全地、真正地反映概念的含义,也就是我们无法获得绝对的效度。这是由于概念和具体指标之间存在着一定的不吻合度,前者是抽象的,而指标则是具体的、可观察的,一个指标在多大程度上能够反映概念是很难确定的。但是,我们在研究中可以发现,测量工具之间的效度存在着高低差异,这也就促使研究者以更高的效度为追求,越高效度意味着其研究成果越具有可信性和有效性。以下是测量效度的四种类型。

1. 表面效度(face validity)

从我们的常识(共识或印象)判断,某个指标能否准确地测量出某个概念?这就涉及表面效度的问题。如果测量一个人的文学素养,那么很显然,他阅读文学书籍的数量可以看作一个判断指标,而如果将他的身体健康程度作为一个指标则很明显是没有说服力的。另外,有一些已经在学术界成为共识的概念具有实用效度,如在社会学研究中,对幸福感的测量就形成了一系列的具有一定使用效度的测量指标。

2. 标准关联效度(criterion-related validity)

标准关联效度又称预测效度,是指某项测量与所制定标准的相关程度。如通过考试对某专业的大学生进行专业知识能力的测试,那么专业知识能力就是标准,而考试的效度在于大学生的专业知识能力与其试卷成绩之间的关系。

3. 建构效度(construct validity)

建构效度表现的是某一项测量与其他变量之间的相关程度。如要研究"受众对革命影片的喜爱程度",可以预期其与其他变量之间的关系,如与"受众对革命历史的了解程度"的关系,我们做这样的推断,比较喜欢革命影片的人比不喜欢革命影片的人更了解革命历史,如果我们的研究结果发现确实是这样,那么就可以认为这个测量是具有建构效度的。

4. 内容效度(content validity)

在测量过程中,一个概念往往包含多个含义,如果测量没有涵盖概念所包含的全部含义,那么我们就认为它是没有内容效度的,也就是说,内容效度是指一个测量包含概念所涵盖的全部含义的程度。例如,如果要研究一个人的英语水平,就不能仅仅限于其词汇量和写作水平的研究,口语水平、听力水平等也是非常重要的方面,它们是构成英语水平这个概念不可或缺的部分。

(三) 信度与效度的紧张关系

毋庸置疑,高信度与高效度都是研究者的追求,然而,在现实测量中,这两个概念之间往往存在着某种紧张关系,即二者难以同时达到。例如前面对某读物的受众态度进行调查的例子,如果想要达到更高的信度,我们可以采用问卷调查法设计一些指标来测量他们的态度,这种计算的方式更具有信度;然而,如果深入到读者之中对他们进行深入的访谈则能够给我们提供更具有效度的结果,但相对的,这种方法也会造成信度的降低。有一个经典的比喻常被引用说明这个问题,将测量比作靶心,可以看到信度和效度所表现出的三种状态,如下图:①

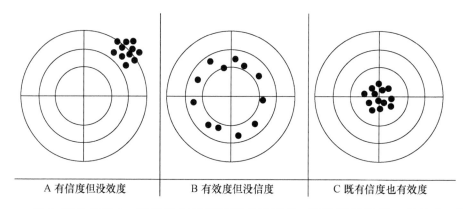

A 有信度但没效度　　B 有效度但没信度　　C 既有信度也有效度

在 A 图的状态中,测量是有信度但没有效度的,即其测量结果一致性高,但与概念的真实含义(靶子的核心点)相离较远;而 B 图的状态则相反,代表测量的点都围绕着中心,证明它们与概念的真实含义具有一定的匹配程度,即有效度,但测量结果较为分散,具有不一致性;而 C 图则是研究者追求的最佳状态,既具有信度,也具有效度,一方面测量结果相对稳定,另一方面与所测量概念的

---

① 〔美〕艾尔·巴比:《社会研究方法(第11版)》,邱泽奇译,北京:华夏出版社2009年版,第147页。

真实含义相符合。

同时我们可以发现,这两种测量的评估结果其实与定量和定性的研究方法相对应,这也说明了研究中所存在的一个普遍现象,即定量研究往往具有更高的信度,而定性研究则往往更加有效。此种两难困境似乎不可调和,然而研究者也在采取多种方式避免其对研究结果带来的负面影响:"如果无法就测量某个概念达成共识,就用多种方法进行测量。如果某个概念有多个维度,就去测量所有的维度……用各种方式测量概念可以帮助我们了解周围的世界。"①

四、指数与量表

指数和量表是社会测量过程中所使用的比较专门化的测量工具,也是提高信度与效度的有效手段。由于社会研究中常常会对一些抽象的复杂概念进行研究,因此,以指数或量表形式进行复合测量有助于简化和浓缩所收集到的资料,从而减轻研究者的工作量并降低其复杂程度。

(一) 指数与量表的概念

指数与量表是两个比较容易混淆的概念,二者都是对变量的定序测量。举个例子来说,如果要测量一个人的宗教虔诚程度,可以通过一些指标建立测量标准,以分值的方式来对不同人的宗教虔诚程度进行区分和排序。

但是,二者的分值匹配方式有所不同,这是区别二者概念的主要因素。指数是以累加或合并的方式将各个指标的分值进行简单综合,通常包括多个指标。而量表则强调指标强度结构的变化,它可以是多个指标,也可以使用一个指标,但指标或分值具有一定的顺序以表示强度和层次。举个例子来说,如果要测量人们对国学的热爱程度,那么我们可以设计这样两个方案。

方案一:

构建几个不同的指标以测量人们对国学的热爱程度,每个指标赋予一定的分值,它们所能够代表的人们对国学的热爱程度是相似的,如下面这几个指标。

- 读过四书五经;
- 读过四大名著;
- 能够背诵一些古诗词;
- 购买过一些国学书籍;

---

① 〔美〕艾尔·巴比:《社会研究方法(第11版)》,邱泽奇译,北京:华夏出版社2009年版,第148页。

- 观看关于国学的电视节目。

……

方案二：

同样建构几个指标，但每一个指标所能够代表的热爱程度是不同的，如"尝试发表一些关于国学的文章"就显然比仅仅"阅读过国学作品"代表更强烈的对国学的热爱程度。

- 阅读过国学作品；
- 参加过一些国学学习或交流的活动；
- 对一些国学作品有一定的研究；
- 曾尝试发表一些关于国学的文章。

前者是一个指数案例，各个指标所代表的人对国学的热爱程度是相似的，也就是说，如果一个人能够做到前三项，而另一个人能够做到后三项，那么我们可以认为他们对国学的热爱程度是一样的。而对于方案二则不同，方案二是一个量表的案例，各指标之间存在着强度结构的不同，一般来说，能做到后一项的也能够做到前一项，且后一项所代表的对国学的热爱程度要高于前一项。

(二) 几种量表介绍

1. 李克特量表

李克特量表(Likert Scaling)是人们在调查研究中广泛使用的一种量表类型，它的优点在于能够清楚地表现出态度顺序等级。如在一项调查中，答案用"非常满意""满意""不满意""非常不满意"这样几个有层次的选项组成，那么它就可以看作是李克特量表的一个案例。李克特量表往往包含4—8个不同类型的选项，这比单纯的"是"与"否"两个选项更加精确化。几个层次的答案往往对应一定的分值，如"非常满意"=4分，"满意"=3分，"不满意"=2分，"非常不满意"=1分，这样就可以将统计结果简单地用分值来表示，使结果更加清晰简明。当然，在有的研究中也可以看到，研究者将分值定为"－1,0,1"这样的类型，以便于统计分析。

2. 鲍氏社会距离量表

鲍氏社会距离量表(Bogardus social distance scale)是用于测量人们进入其他不同社会关系的意愿的一种量表，它的特点在于各指标所表现出的态度在强度上的明显层次性。如以下这个例子，如果要测量大学生是否愿意接纳农民工群体，我们可以设计这样的问题：

- 你愿意让农民工住在你家附近吗？

- 你愿意让农民工住在你家隔壁吗？
- 你愿意和农民工成为朋友吗？
- 你愿意和农民工成为男女朋友吗？
- 你愿意和农民工结婚吗？

在这几个指标里，每一个指标与前者都是递进的关系，表示大学生对农民工群体不同的接纳程度。而一般不同意前一条的人，也不会同意后一条，如一个不想让农民工住在自己家附近的人怎么可能愿意和农民工成为朋友甚至结婚呢？我们可以做这样的设想，也许调查的结果会是大学生不介意和农民工成为朋友，但不想和他们通婚，或只有极少数人愿意和他们通婚，那么通过这样的层次性指标的测量，我们就可以得出大学生在多大程度上能够接纳农民工的一个研究结论。

3. 语义差异量表

语义差异量表（sematic differential）主要用于研究人们对某一概念的感受差异。语义差异量表具有比较严格的结构，它和李克特量表一样设计两个极端选项和一些中间选项，但它的特点在于设计了用以形容对概念的感受的不同形容词，它一般由 3—15 组反义的形容词组成，以测量受访者对测量概念的不同反应。如下面这个对某报新闻评论板块的受众阅读感受调查的例子：

	十分	有点	两者都不	有点	十分	
新颖的						陈旧的
简单的						晦涩的
深刻的						肤浅的
有帮助的						无帮助的

这个例子中的不同的态度层次也可以用分值来表示，如同李克特量表里所做的那样，计分表的每一行都代表了读者对该报评论板块的感觉的不同维度，而在每一组感觉中又设置了不同的强弱层次，这种更加严格的问卷结构能够帮助增强测量结果的信度和效度，也使测量更加简便明晰。

# 第三章
抽样的逻辑

抽样作为一种由部分认识整体的观察方法,让研究者可以大规模及有系统地调查研究总体,因此被广泛应用于大众传播学实证研究中。研究者借由这种方法可以进一步找寻目标总体,调查从总体中所抽取的样本,最终基于这些样本得出符合社会研究方法的结论。抽样调查的理论基础是概率论的大数定律。也就是说,当随机观察对象充分多时,在试验不变的条件下,偶然的数量、现象方面的差异将相互抵销,呈现出几乎必然的规律。这个定律应用于抽样调查有两层含义。一是随着样本规模的扩大,样本平均数将接近于总体平均数,从而为统计推断中依据样本平均数估算总体平均数提供了理论依据。二是当样本规模足够大时,事件发生的频率无穷接近于其发生的概率,抽样调查中用样本成数去估计总体成数的理论依据即在于此。

一、抽样的基本概念

(一) 总体(Population)和样本(Sample)

总体就是所要认识的全部事物或现象的集合,又称母体或全及总体。样本是从总体中抽取出来,用以对总体进行推断的一部分单位个体的子集合。传媒研究中的目标总体可以是一群具有相同特色的观众,一些特定类型的节目,或是一系列报道相同主体的新闻故事。有些研究摒弃抽样,而直接调查目标总体,最好的例子就是"普查(Census)",即每一个在目标总体中的个体都被研究。普查虽然有其优点,但常常耗费大量的金钱与时间。研究者必须有足够的经费与充裕的时间才可以执行普查研究。因此,在有限的条件下,研究者必须在总体中随机地抽取样本作为研究个体。

统计学上,一般样本单位数达到或超过 30 称为大样本,小于 30 则称为小样本。无论样本大小,从总体中抽取样本时必须使样本具有代表性,即每一个在目标总体中的个体都具有相同机会被抽取,并且单个个体被选中不会影响到其他个体是否被选中。只有满足这两个条件,推论总体的情况时才不会有太大的误差。这种由样本推论到总体时产生的误差称为抽样误差(Sampling Error)。如果样本不具有代表性,由此产生的抽样误差可能会对研究结果产生显著影响。一个经典的案例就是1936年美国《文学摘要》杂志在总统选举前夕的民意测验。经过对上百万选民的样本分析,《文学摘要》断言艾尔弗雷德·兰登将以57%比43%战胜富兰克林·罗斯福。然而结果却是罗斯福以62%比38%的绝对优势当选美国总统。事后分析,发现问题出在抽取的样本上。原来《文学摘要》主要是按照电话簿、汽车车主的登记资料等名单发出调查表的,而当时电话、汽车在美国低收入人群中还没有普及,因此取得的样本排除了很多贫穷的民主党选民,而这些人是偏向于罗斯福的。这家原本颇有名气的杂志也因这个与事实完全相反的调查结果而元气大伤,最后不得不关门停刊。

(二) 随机抽样(Probability Sampling)与非随机抽样(Nonprobability Sampling)

抽样主要分为两类,即随机抽样与非随机抽样。随机抽样意指依据数学概率方法来抽取样本,所有个体都必须拥有相同的机会成为样本。根据不同的研究目的,随机抽样又分为五种主要的类型:(1)简易随机抽样法,(2)系统随机抽样法,(3)分层随机抽样法,(4)群集随机抽样法,(5)多层群集随机抽样法。非随机抽样意指不经由数学概率的方法来抽取样本,它包含:(1)方便性抽样法,(2)目的性抽样法,(3)定额抽样法,(4)滚雪球抽样法,(5)自愿者抽样法。本章第二、三节将详细介绍这些方法。

在抽样调查的实际工作中,经常要求综合考虑以下因素,并将几种抽样方法结合起来应用[①]:

1. 研究目的:如果研究课题涉及大规模区域性的调查(例如:民意调查),研究者必考虑使用随机抽样。如果研究课题只涉及特定个案(例如:政府官员的媒体使用习惯),研究者可选非随机抽样。

2. 研究经费:研究者必须考虑抽样过程中所耗费的成本。如果随机抽样所需要的成本太高,非随机抽样未尝不是一个可使用的抽样方法。

3. 时间限制:研究者必须在有限的时间内完成抽样流程。相较于随机抽

---

① Peirce, K., & Martinez, G. D., "Sampling," in S. Zhou & D. Sloan (Eds.), *Research Methods in Communication* (2nd ed., pp. 111—122), Northport, AL: Vision Press, 2012.

样,非随机抽样可让研究者节省更多的时间。

4. 可接受的误差范围:研究者必须考量(考虑)抽样误差是否会造成对研究结果的影响而来决定使用随机或非随机的抽样方法。一般而言,研究者可以在"前测(前导)"研究时使用随机抽样,并且计算抽样误差。如果误差系数不足以影响研究结果,研究者可以考虑使用适当类型的非随机抽样方法。

二、随机抽样

随机抽样(Random Sampling)意指依据数学概率方法来抽取样本。所有个体都必须拥有相同的机会成为样本。根据不同的研究目的,随机抽样又分为以下五种主要的类型。

(一) 简易随机抽样方法 (Simple Random Sampling)

简易随机抽样是最为普遍的随机抽样方法。在采用此类抽样方法前,研究者必须制定"抽样框架"。在抽样框架里列出在目标母体中所有样本的共同"特色",并依此一系列的特色去涵盖所有目标母体中的个体。简易随机抽样方法使每一个目标母体中的个体都享有"相同的机会"被选为样本,而且每个个体的抽取都是相互独立的。如果目标母体中的个体数量不多,研究者可简单地给予每一个个体一个号码签,而后将号码签置入签筒,并从签筒中随机抽取一个号码签。此过程即是最典型的简易随机抽样方法。

另一种简易随机抽样方法则是经由电脑辅助选取目标母体中个体的电话号码作为选取样本的依据,此种方法即为随机电话号码拨号法。它主要是选取四位数字(常从电脑或随机数字表中获得),并在四位数字前加上当地区域号码而成为有效的电话号码进行抽样。此种方法的缺点是经由随机数字表中的抽取组成的电话号码有时是无效码,或是无法接通的空号码。因此,研究者需准备三倍以上经抽样而产生的电话号码来取代那些无效号码。

有些研究者亦从电话簿或电话号码名册中随机抽取电话号码,或是为这些随机抽取的号码加上一到三位数的数字。此种方法降低了抽取到无效号码或空号的概率。因为电话号码常被配置于一个街道或社区的区域号码中,加上随机的数字就成为每一个体的电话号码。

简易随机抽样的优点在于它是最快速、最方便的随机抽样方法,但研究者必须获取完整的目标母体名册,而此名册需包含所有个体。建立一个完整的母体名册是极其耗费经费与时间的。此外,若有其他次级团体分布于母体中,简易随机抽样将难以在每一个次级团体中取得相同数量的样本。因此,当简易随机抽样不能满足研究者的需求时,研究者就需要采用其他随机抽样方法。

(二) 系统随机抽样方法 (Systematic Random Sampling)

如果总体数量过大,简易随机抽样方法耗时耗力,因此实际工作中经常采用系统随机抽样法,即将 N 个总体单位按一定顺序排列,随机抽取一个单位个体作为起始点,再按一定的抽样间距抽取其他 $n-1$ 个样本单位。与简易随机抽样相同的是,这种抽样方法也需要有一个完整的目标母体名册。抽样间距(K)可以用总体规模(N)除以样本规模(n)求得。例如,研究者计划在 1000 个目标母体中抽取 200 个大学生个体作为研究样本,因此抽样间距 $K=N/n=1000/200=5$。若随机取得的起点号为 3,则 3,8,13,18,23 等的学生个体就被抽取成样本。要注意的是系统随机抽样时,目标母体名册中的单位个体应该是随机排列的,这些个体之间不能有与抽样间距对应的某种周期性或顺序性。比如上述例子的目标母体名册中,若从 3 开始每第 5 人是计算机专业,那么按照抽样间距为 5 来抽,3,8,13……依次往下,最后抽到的都是计算机专业学生。

(三) 分层随机抽样方法 (Stratified Random Sampling)

分层随机抽样主要应用在当目标母体中有数个次团体,并且要将次团体中的适量样本抽样选出的情况中。例如,研究者试图在校园中抽取学生样本,若只使用简易随机抽样,很可能将无法在各年级(一年级,二年级,三年级,四年级)取得相同数量的样本。因此最好的方法就是将目标母体分层为数个次团体,再根据研究所需的比例数目,对各个次团体进行简易随机抽样。分层随机抽样的优点在于不扩大样本规模的前提下减少抽样误差,提高抽样精度,便于了解目标母体内不同层次的个体情况以及对母体中的不同层次进行单独研究或比较研究。这种方法尤其适用于次团体之间差异大但内部差异小的目标母体。

依照比例的分层次,随机抽样又分为比例分层抽样与非比例分层抽样。比例分层次随机抽样即依照母体的比例去抽取样本,例如:30%为一年级生,20%为二年级生,25%为三年级生,以及 25%为四年级生的母体,则样本也依照 30%、20%、25%及 25%去抽取四个不同年级的学生。

非比例分层次抽样则不注重母体的比例数而是依照研究者的需求去对样本进行比例的分配。例如:研究者想集中样本数于一年级生,于是抽取 40%的样本为一年级生,其余各三个年级均取 20%的样本数。如此依然是合理的样本数。

（四）群集随机抽样方法（Cluster Random Sampling）

类似于分层次随机抽样，群集随机抽样亦将目标母体分为数个群集体，然后再随机抽样单个群集体进行研究调查，例如：研究者从校园内数个宿舍里随机选取一个宿舍，而后将宿舍内的所有学生选作为研究样本。群集随机抽样的优点在于抽样过程比较简捷，成本小，尤其适用于次团体之间差异小但内部差异大的目标母体。

（五）多阶层群集抽样方法（Multi-stage Random Sampling）

多阶层群集抽样为进阶群集随机抽样，即在随机选取一个群集体后再将该群集体分为多个阶层，而后再依次地随机选取一个阶层，最后将所有在该阶层的个体选为样本。例如：研究者随机从校园内选取一个宿舍楼后，将宿舍楼内四个楼层作为四个阶层，而后再随机选取一个楼层并将在该楼层内的所有学生选为研究样本。

群集抽样与多阶层群集抽样的优点在于研究者不需要建立抽样框架或一份完整的目标母体名单。研究者可针对经随机抽取的单一区域进行样本收集，然而，此类抽样方法容易让研究者忽略次团体的样本代表性，导致样本显得较为单一，多元性不足。

三、非随机抽样

非随机抽样（Non-random Sampling）意指不经由数学概率的方法来抽取样本。使用非随机抽样的最大优点即是研究者不需建立抽样框架或目标母体的个体名册。在研究调查时，若随机抽样难以执行，非随机抽样则是另一个合适的抽样方法。以下为五个不同的非随机抽样的类型。

（一）方便性抽样方法（Convenient/Available Sampling）

此种非随机抽样法使研究者方便找寻研究样本，即任一个体只要其愿意作为研究样本时即可被选为研究对象。研究者常会给予某些奖励作为个体参与研究的回报。例如：研究者可到校园内的课堂上鼓励学生参与问卷受访，学生可经由参与受访而获得在期末成绩上的额外加分。研究者更可以就近选取自己的亲戚朋友作为研究样本。然而，研究者在分析研究结果时只能就其所收集的样本撰写结论，而此结论将无法适用于解释其他现象。

（二）滚雪球抽样方法（Snowball Sampling）

滚雪球抽样法则是寻求研究样本的帮助进而获得更多样本的参与。例如：研究者要调查公关人员的社交媒体使用概况。因此研究者必须选取公关人员作为研究样本，然而在有限的资源下研究者也许难以找到一定数量的公关人员，因此研究者可寻求现有公关人员的帮助，经由他们的引见（引荐），找到更多公关人员作为研究样本。此种抽样方法帮助研究人员找到更多难以接触到的研究对象。

（三）目的性抽样方法（Purposive Sampling）

研究者有时会根据研究目的而找寻特定的研究对象，而这些研究对象常具有一些特殊的习性或人格特质。为了有效获取这些研究样本，研究者必须采取目的性抽样作为抽样途径。例如：研究者想研究习惯性观看"非诚勿扰"的观众，因此这些习惯性观看"非诚勿扰"的观众即是研究者的目的性样本。不论这些观众的其他人格特征，只要他们习惯性观看"非诚勿扰"即可作为研究样本。

（四）配额抽样方法（Quota Sampling）

配额抽样方法类似分层次随机抽样法，两者唯一不同的是配额抽样采取非随机抽样方法，而分层次抽样采取随机抽样方法。然而两者在采取抽样过程前都先把目标母体区分为数个次团体。例如：研究者将校园区分为四个年级，再依照各年级进行非随机抽样，类似于分层次随机抽样，配额抽样方法将可抽取数个可代表各个次团体的个体作为研究样本。它不但照顾到各个次团体的代表性，更使研究者方便而迅速地（非随机抽样）选取到样本。

（五）自愿者抽样方法（Volunteer Sampling）

自愿者抽样方法则完全依赖被研究个体的个人意愿。被研究个体可自我选择作为研究样本，然而研究者必须张贴广告或宣传研究计划、目的和参与酬劳等。当个人产生意愿时，他们就会主动成为自愿者样本，因为自愿者的目的性不同常使研究结果有部分误差。

四、样本规模

样本规模（Sample Size）指一个样本的必要抽样单位数目，又称样本容量或样本大小。例如:中国的电视观众总人数为一个总体,你随机抽取一千个电视观众,这一千个人就是总体的一个样本。这个样本中个体的数量就是样本规模。抽样研究中为什么要考虑样本规模呢?因为当研究对象的目标母体很大时,需要随机抽取有限的样本,并由统计方法来推论目标母体的特性。一般来说,所抽取之"有限"样本的个数必须要足够大,才能代表目标母体,反映目标母体的特性。理论上,假设检验中样本规模越大越好,但实际上不可能无穷大,正如研究中国人看电视的习惯不可能把所有观众都调查一遍一样。

(一) 样本规模确定的基本原则

传播学研究中估算样本规模的大小需要兼具定性和定量的考虑,规模过小过大都不合适。样本规模过小,所得指标不稳定,统计推断的可信度降低;样本规模过大,会增加实际应用中的困难,浪费人力、财力、物力和时间,从而丧失抽样调查相对于普查的优势。那么,多大的样本规模才合适呢?这是抽样调查中最具争议性的问题之一,至今没有一个简单明确的答案,因为不同的研究调查有不同的研究目的和研究方法。以下数个基本原则用来协助研究者决定样本的大小,这些建议并非根据统计学或数学原理而来,但它们(可以)帮助研究者决定样本数量的合理性[①]。

1. 研究方法:不同研究方法需要不同的样本数量,比如深度访谈或焦点团体法的样本数约 2—6 人,而前测或试探性的研究则需约 10—50 个样本数。

2. 目标母体中的次团体:一些研究调查涉及多个次团体的比较,例如:成年人(18—36)、中年人(36—54)与老年人(54—70)的媒介使用习惯。每一个次团体需抽取 50—80 个样本数作为统计性的比较,因此样本总数至少要在 150—240 个之间。

3. 有限的研究经费与时间:在媒介产业的研究中,研究者常获取较多的研究经费与时间,也因此可抽取较多的样本。一般而言,媒介产业研究需至少1000 个以上的研究样本。而一般学术性研究没有宽裕的经费和时间去抽取较多的样本,因此,一般而言,学术性研究至少需要 300—400 个研究样本才足以说明结论。

4. 研究变数(变量)的多寡影响样本的大小:因多个变数(变量)涉及多个测量分析,相对于单一变数研究分析显得较为复杂,因此 Comrey & Lee (1992)

---

① Roger D. Wimmer, Joseph R. Dominick, *Mass Media Research:An Introduction*, Boston: Wadsworth Publishing, 2011, pp. 102—104.

建议多变数(变量)的样本数量为:50＝极少;100＝太少;200＝适中;300＝好;500＝很好;1000＝最好。

5. 对于长时间固定样本研究、定点测试、焦点团体法及其他招募受访者的研究,研究者需选取比实际需求样本数更多的样本以防研究对象中途退出研究计划,尤其是长时间固定样本研究,研究对象常无法长时间地配合研究需要,以致流失率极高。

6. 从相关研究确定适当的研究数量:任何研究调查主题皆会承袭之前的研究文献。研究者可依据之前相似主题的研究调查去判定适当的样本数量。若过去相似的研究调查只取得400个样本数,那大约400个样本数应可获得值得信赖的研究结果。

7. 样本需具代表性:一般人皆认为样本数愈大,研究结果愈具有说服力。然而,若样本数大但不具有代表性也是徒劳无功的。因此,研究者不可只考虑到数量,样本的品质比样本数量更重要。研究者在选取样本时一定要确保研究样本能够代表整个目标母体。

(二) 样本规模的计算

在掌握上述基本原则的前提下,实际研究中可以通过估计总体均数或总体成数的方法来考虑样本规模。这里涉及两个概念:置信水平(Confidence Level)和总体标准差(Standard Deviation)。置信水平也称置信度,指总体参数值落在样本统计值某一区间内的概率。置信度表明人们对测量结果判断的可信程度,是影响样本规模的一个主要因素。理论上置信度越接近1表明人们对测量结果越满意,如99%的置信度比95%的置信度要好,传播学实际研究中置信度常取95%。总体标准差是一种总体参数,反映总体各单位之间的变异程度,用σ表示。下面我们来看看样本规模是怎么计算的:

1. 均数的样本规模估算

$$n = Z^2 \sigma^2 / \Delta^2$$

公式中

n：所需样本量

Z：置信水平的Z统计量,如95%置信水平的Z统计量为1.96

σ：总体标准差

Δ：可接受的抽样误差范围

例如调查某地刚进入传媒界工作的大学本科毕业生去年的收入情况,已知年薪的标准差大约为4000元,如果要求平均年薪95%的置信区间,希望允许误差为 500 元,应抽取多大的样本量?我们已经知道,如果置信度要求为 95%,就必须在 1.96 倍标准误差范围内,那么 $Z=1.96, \sigma=4000, \Delta=500$,因此:$n=1.96^2 4000^2/500^2 \approx 246$,说明此次调查所需最小样本量是 246。

2. 成数的样本规模估算

$$n = Z^2[p(1-p)]/\Delta^2$$

公式中 p 为成数。当 p 未知时,可取 0.5,使方差达到最大值,以保证计算得出的样本规模有足够高的置信水平和足够小的置信区间。

例如某媒介研究公司估算某地区过去 12 个月内曾订阅旅游杂志的家庭所占比例。假定研究人员要求置信度为 95%,可接受的误差范围为 ±3%。过去的一次类似调查中有 20% 的被调查者表示在最近 12 个月内订阅过旅游杂志。那么 $n=1.96^2[0.2(1-0.2)]/0.03^2 \approx 683$,表明研究人员应抽取 683 个家庭进行调查。

从上面的计算公式可以看出,样本规模的大小不取决于总体的多少,而取决于(1)研究个体的变异程度,(2)可接受的误差范围,(3)推论的置信度要求。具体地说,所研究的个体差异越大,则样本规模要求越大;要求误差范围小,推论可信度高时,样本规模也会相应增大。样本规模越大,所需的时间、人力、物力、财力也就越多。因此,在确定抽样方法和样本规模的时候,要从调查目的、性质、允许误差范围、概率保证程度及时间、经费预算等多方面统筹考虑。

五、抽 样 误 差

抽样误差(Sampling Error)是指由于抽样的随机性而带来的偶然的代表性误差。抽样误差是衡量抽样调查准确度的一个指标,抽样误差愈小,表明用样本推断总体的精确度越高,抽样调查的结果越准确;反之,抽样误差越大,说明其准确度越低,抽样调查的结果越不可靠。在抽样研究中,由于总体中各观察对象之间存在着个体变异,因而抽样误差是不可避免的。

实际研究中常见的抽样误差有两种:均数抽样平均误差和成数抽样平均误差。例如:从某地的电视观众中随机抽取 100 名,测得每人平均每天看电视时间为 3 个小时,该样本均数不一定等于该地观众看电视的总体均数,这种样本均数与总体均数间的差别,反映了抽样指标与总体指标的平均误差程度,称为均数抽样平均误差;又如从某地人群中随机抽取 1000 人,测得的手机上网人数为 400 人,手机上网率为 40%,该样本率不一定等于该地人群的总体手机上网率。这种样本率与总体率之间的差别,称为成数抽样平均误差。

虽然抽样误差不可避免，但可以运用公式事先计算，确定具体的数量范围，并通过抽样方法的设计加以控制。要注意的是，抽样误差的计算仅适用于随机抽样方法产生的样本，非随机抽样法产生的样本不能用来计算抽样误差，因为总体中不是所有个体都有相同的机会成为样本。计算抽样误差的方法有多种，但没有任何一种方法适用于所有的样本类型或研究情况。下面介绍传播学研究中常见的两种抽样误差的计算方法。

（一）均数抽样平均误差

在简单随机抽样中，均数抽样平均误差等于总体标准差除以样本单位数的平方根。这个计算可以用下面公式表示，其中 μ_x 为均数抽样误差，σ 为总体标准差，n 为样本单位数。

$$\mu_x = \frac{\sigma}{\sqrt{n}}$$

在 σ 已知的情况下，可以计算出均数抽样误差的值。由于在抽样研究中总体标准差常常未知，实际运用中通常用一个样本的标准差来代替总体标准差。从计算公式看，均数抽样误差与总体标准差成正比，与样本单位数成反比。这就是说，总体标准差越大，均数抽样误差越大；样本单位数越大，均数的抽样误差越小。所以实际研究中，在成本许可的前提下，可通过选择同质性较好的调查总体以及适当增加样本单位数来减小抽样误差。

假定某大学有学生 4000 人，随机抽选 200 名学生，这些学生平均每周读报时间为 230 分钟，标准差为 60 分钟。那么均数抽样平均误差为：

$$\mu_x = \sigma/\sqrt{n} = 60/\sqrt{200} = 4.24（分钟）$$

结果表明，当根据样本学生的平均每周读报时间估计这所大学全部学生的平均每周读报时间时，均数抽样平均误差为 4.24 分钟。

（二）成数抽样平均误差

成数抽样误差可以用下面的公式计算，其中 μ_p 表示成数抽样误差，p 为成数，n 为样本单位数。

$$\mu_p = \sqrt{\frac{p(1-p)}{n}}$$

假设某地随机抽选 1000 个电视观众，其中 30% 的观众每天固定收看当地晚间新闻节目。应用上述公式计算成数抽样平均误差：

$$\mu_p = \sqrt{p(1-p)/n} = \sqrt{0.3(1-0.3)/1000} = 1.45\%$$

计算结果表明,当根据样本资料推断该地全部电视观众中固定收看晚间新闻节目的人数比重时,推断的平均误差为 1.45%。

实际研究中估计抽样误差时,经常需要考虑置信水平和置信区间(Confidence Interval)。前面介绍了置信水平指的是总体参数值落在样本统计值某一区间内的概率,而置信区间是指在某一置信水平下,样本统计值与总体参数值之间的误差范围。在抽样误差一定的情况下,置信度越高,置信区间的范围就越大。如果要求较小的置信区间,则推论的可靠性会相应降低。如果在调查置信度分别为 90%、95%、99% 的情况下,想知道一个样本率多大程度上反映了总体率的精确特征,可采用下面的公式计算总体率的置信区间。

$$90\% \text{ 置信区间} = \text{样本比例} \pm 1.64 \times \sqrt{p(1-p)/n}$$
$$95\% \text{ 置信区间} = \text{样本比例} \pm 1.96 \times \sqrt{p(1-p)/n}$$
$$99\% \text{ 置信区间} = \text{样本比例} \pm 2.58 \times \sqrt{p(1-p)/n}$$

公式中 1.64、1.96、2.58 分别为 90% 置信区间、95% 置信区间、99% 置信区间的 z 统计量,在任何一本概率统计的书后附表中可以查到。举例来说,你就某地观众对电视节目的喜爱程度进行了随机调查,结果发现 100 个受调查者中,70% 的观众喜爱娱乐节目。那么

$$90\% \text{ 置信区间} = 0.70 \pm 1.64 \times \sqrt{0.7(1-0.7)/100}$$
$$= 0.70 \pm 1.64 \times 0.046 = 0.70 \pm 0.08$$
$$95\% \text{ 置信区间} = 0.70 \pm 1.96 \times \sqrt{0.7(1-0.7)/100}$$
$$= 0.70 \pm 1.96 \times 0.046 = 0.70 \pm 0.09$$
$$99\% \text{ 置信区间} = 0.70 \pm 2.58 \times \sqrt{0.7(1-0.7)/100}$$
$$= 0.70 \pm 2.58 \times 0.046 = 0.70 \pm 0.12$$

因此,我们有 90% 的信心可以说该地所有电视观众喜爱娱乐节目的总体比例介于 62% 到 78% 之间,而发生错误的概率为 10%。

同时,我们有 95% 的信心可以说该地所有电视观众喜爱娱乐节目的总体比例介于 61% 到 79% 之间,而发生错误的概率为 5%。

同时,我们有 99% 的信心可以说该地所有电视观众喜爱娱乐节目的总体比例介于 58% 到 82% 之间,而发生错误的概率为 1%。

第四章
定量研究的资料收集方法

一、调查研究法

(一) 调查研究概说

调查研究(survey research)通常是指针对一个取自某种社会群体的样本进行提问来系统地收集资料,并通过对资料的统计分析来认识社会现象及其规律的研究方法。

调查研究往往抽取许多个体作为样本,来回答相同的问题。而被调查者给出的答案则构成了我们需要收集和分析的资料。之后,针对被调查者的回答研究者进行统计分析,测量多种变量之间的关系,检验多种假设,并将这些从样本中获得的结论推论至相应的研究总体,形成对研究总体某些方面定量的描述。

1. 调查研究的基本步骤

调查研究的基本步骤包括:

第一,提出研究假设。即在确定研究主题后,在分析现有理论的基础上,对某一传播现象提出一项有待证实说明的理论命题。有时,一个假设里可包括正反相对的两个命题。如拉扎斯菲尔德的伊利调查从"魔弹"和"皮下注射"等理论出发,事先假设大众传播对于选民投票行为有巨大影响。

第二,按照研究假设的需要,确定本调查的总体范围和样本量。一般来说,调查有全面普查和抽样调查两种方法。前者对符合假设要求的总体范围内所有成员进行调查,虽然这可以准确地反映总体的情况,但由于人力、物力、财力等的限制,实际上实施普查既没有可能也没有必要。传播学研究一般采用抽样调查,也就是从调查总体中选出一部分能代表总体的成员(样本)作为调查对象。如果样本量足够多,调查结果往往能以很小的误差反映出总体的情况。而抽样调查比起全面普查可大大节省人力、物力和时间。

第三,制定抽样方案。抽样方法有随机抽样和非随机抽样之分。严格按照随机原则,使总体中每个对象均有同等被抽取机会的,叫随机抽样;而按照研究者主观意图进行抽样的,叫做非随机抽样,而后者主观色彩浓厚。传播学的调查研究,大多采用随机抽样。在随机抽样中,又有简单随机抽样、等距抽样、分层抽样和整群抽样等不同形式。这些抽样方法各有长短,而不管实行哪种抽样方法,都需要在一个详尽的抽样方案指导下进行。

第四,设计调查问卷。问卷是一种调查研究中有用的测量工具,依据有关理论和假说而设计,为实施标准化的调查而编制。问卷一般有严谨的标准化的结构,能保证从受访者处获取相同形式的数据。问卷设计的好坏直接影响到资料收集的质量,它是关系调查研究成果的重要环节。问卷的内容一般可分为两大类:一类是调查对象的个人背景或基本情况,如年龄、性别、文化程度、职业、收入等。另一类是调查对象的意见、态度、感觉、偏好和行为等。问卷中的问题一般分两种类型:一类是开放式问题,即只提问题,不给具体答案,让被调查者自由作答。另一类是封闭式问题,即包括所有可能的回答,让被访者从中选择一个答案。一般问卷设计中多封闭式问题,这样可以使调查对象的回答标准化,便于后期编码和统计分析。在问卷设计好后,一般会先在一定范围内进行试调查,这是为了发现和修正问卷中存在的问题。最后将修正好的问卷通过街头拦截、入户、电话、邮寄和网络等方式进行调查。

第五,整理分析调查结果,撰写报告。问卷回收后,经过整理分组,即可进行统计分析,如计算各种指标的百分比、均值、方差、相关系数和卡方分析等。然后对结果进行分析,看统计的结果能否验证研究开始时提出的假设。如果两者一致,则假设得以成立;如果两者不合,则推翻假设,或证明假设中的逆命题可以成立。

2. 调查研究在传播学中的应用领域

调查研究是传播学研究方法中的一种重要而常用的定量研究方法,也是美国传播学研究中的传统方法。盖洛普民意测验所的创始人乔治·盖洛普20世纪30年代就利用这种方法进行民意测验并取得成功。传播学的奠基人之一保罗·拉扎斯菲尔德是被公认为最早将这种方法引入传播学研究的学者。他在1940年美国总统大选期间,和助手调查了俄亥俄州伊利县的选民,测定大众传播对选民态度的影响(史称"伊利调查",1944年出版了调查报告《人民的选择》)。当时的学术界普遍认为大众传播具有"魔弹"和"皮下注射"一般的强大效果,而拉扎斯菲尔德的调查结果则表明,大众传播对个人选举行为的影响远不及人际传播大。他提出的"两级传播""意见领袖"等概念已成为传播学理论框架中重要的组成部分,伊利调查也成为传播学定量研究中的经典。

现在的调查研究也被用在许多传播学研究中。如受众研究往往就会运用调查研究的方法,由研究机构、媒体或广告商等实施,以深入细致地了解受众的媒介接触行为和态度。通过对受众进行系统提问,收集并分析有关研究数据,描述或解释传播现象及其各相关因素之间的关系,如受众与媒介的各种关系,受众对媒介传播的态度、观念等。另外,问卷调查法还常用在传播效果研究中,如中国传媒大学教授柯惠新对北京奥运会媒介传播效果的相关研究就大量使用了调查研究。

3. 调查研究的优缺点

调查研究最明显的长处在于它以广大受传者为研究对象,在描述大样本特征时显得比较有效,表现出较客观、准确的优点。首先,精心地进行概率抽样设计和问卷设计,谨慎地进行问卷调查实施中的质量控制,往往能很好地描绘群体的特征,并可以推而广之,将研究结果适用于那些与被调查者具有共同特点的人群。其次,调查研究在实施时有规范的程序和步骤,而且标准化的问卷使得调查实施较为方便,比较节省调查时间,而完全一致的标准化测量也确保了被调查者的信息具有可比性,容易被整理和分析。再次,运用数量和统计的手段进行分析,可以使研究者能够比较精确地比较变量之间的差异和关系。

但是调查研究也有其缺点。首先,标准化的问卷在实施时是对所有被调查者询问同样的问题,弹性较弱,不像深度访谈或小组座谈会等方法在实施时可根据被访者的回答不断调整提问的内容、方式和顺序。其次,研究者在实施问卷调查时一般不对被调查者进行追问,也不对察觉到的新的变量进行考察,并且会假定被调查者选择相同的回答往往具有同样的意图,不会进一步灵活探寻被访者更深层的需求、态度和情感等。再次,调查研究并不能确切地得知被调查者行为的真实性,它只是用回忆的方式来收集被调查者自我报告的行为,或者是将来假设性的行为。调查研究者并不能像参与观察者那样较全面地掌握被调查者生活状况中的处境、思想和行为。基于以上这些特点,调查研究在处理较为复杂和深度的议题时,总是显露出肤浅的一面,它更多的是对被调查者的行为、态度和社会特征的描述,而较难从现实生活的大量现象中概括出起主要作用的因果关系。

(二) 问卷设计

问卷(questionnaire)是调查研究中用来收集数据和资料的一种重要工具,其形式是一份精心设计的问题表格,其功能是用来测量人们的行为、态度和社会特征等。

1. 问卷的主要类型

按照不同的分类方法,问卷可分为不同的类型。

(1) 按照调查方式可分为"自填式问卷"和"访问式问卷"。自填式问卷一般是通过当面发放或留置、邮寄、刊登在报纸杂志或发布到网站上等方式将问卷送达被调查者手中,由被调查者自行填写完成。访问式问卷一般是在面访或电话调查时,由调查员将问卷逐题念给被访者听,再由调查员根据被访者的回答填写问卷。两者的主要区别在于访问式问卷在使用中有调查员参与征询答案,而自填式问卷则没有。因此,尽管这两种类型的问卷都是由一系列的问题和答案构成,但在设计方法上存在一定差别。一般来说,自填式问卷要尽可能简单明了,易读易懂,填写说明要尽量详细。电话访问式问卷不宜过长,问题不能太复杂;人员面访问卷可以设计得较长,可以询问较复杂的问题,并可以结合卡片,但需要注意妥善处理较敏感或较隐私的问题。

(2) 按照问卷的结构,可分为"无结构问卷"和"有结构问卷"。无结构问卷所提的问题在组织结构上没有进行严格的设计和安排,一般只是针对研究目的提出开放式的问题,而不规定问题的答案。在访问时,调查员可以打破无结构问卷上问题原有的顺序,并根据被访者的回答补充新的问题。无结构问卷在调查中使用灵活、有弹性,往往能够获得较为深入的想法、情感或动机等方面的信息,获得较多研究者料想不到的新思想和观念。但由于被访者可以按照自己的意愿自由发挥,这使得无结构问卷后期的整理和分析工作常显得费时费力。无结构问卷多用在深层访谈和小组座谈会等定性研究中。

有结构问卷是研究者根据研究目的和研究范围精心设计的具有一定结构的问卷,从形式上看大部分问答题都是封闭的,即不仅提出问题,还针对问题给出若干明确、有限、可供选择的答案;而且问题的排列顺序根据研究问题的逻辑关系有严格的规定。在调查时,调查员必须严格按照规定的顺序逐字逐句地提出问题,不能即兴增加或删减问题,不能随意变动提问方式和字句;被访者则需要在规定的答案范围内选择选项。有结构问卷虽然在获取新观点方面逊于无结构问卷,但其优势是答案标准化,便于被访者回答,也便于资料的统计分析。有结构问卷一般出现在大样本的定量调查中。

2. 问卷的结构

一份完整的调查问卷一般分为开头、正文和结尾三部分。

(1) 问卷开头

问卷的开头一般有问卷标题、封面信或开头语。

1) 问卷的标题。一份标准的问卷,一般都有一个正式的问卷标题,来概括调查的研究主题。问卷标题一般应简明扼要，尽量能引起被访者的兴趣，使被访者对将要回答哪个方面的问题有所准备。

2）封面信或开头语。一份标准的问卷需要封面信或开头语。对于自填式问卷则一般需要以致信的方式，向被调查者介绍和说明调查的目的、意义、主题以及填答方式等信息，通过阅读封面信，被调查者可以了解调查的相关情况，消除顾虑，并按照一定的要求填写问卷。对于访问式问卷一般也需要一个简短的开头语，可以保证调查员的口径一致，避免误差，并达成访问。

一般封面信或开头语需要包括以下五方面内容：

一是调查单位介绍。在问候语之后，一般需要通过自我介绍向被调查者说明调查的单位和访问者的身份。

二是调查目的与主要内容。应该用简明的话语向被调查者说清做关于什么的调查、为什么做此调查等问题。

三是隐私保护说明。为了打消被调查者的心理压力和顾虑，应该做出对被调查相关信息保密的承诺，有时也需要对调查对象的选取方法作出简要的说明。

四是在封面信的最后，一般还要包括问卷填写说明，说明问卷填答的方法、要求以及回收问卷的方式和时间等具体事项。

五是致谢。在封面信或开头语的最后还应对被调查者的合作与支持表示诚挚的感谢。

以下是一个访问式问卷的开头语：

您好！我是××研究公司的调查员，我们受××电视台的委托，正在进行一项关于全国观众电视节目满意度的研究，您是我们按照科学方法随机抽中的访问对象。您的意见对我们很重要，这些意见用来帮助电视制作者做出更好的电视节目。对您提供的信息我们将严格保密，不会用于研究以外的任何用途。感谢您的支持与帮助！

3）问卷编号。一般每份问卷都有一个编号，问卷编号好比问卷的"身份证号"，是问卷的一个非常重要的信息，一般放在问卷首页的位置上。问卷编号的使用有利于问卷后期录入、查错等管理工作。

4）辅助信息。问卷上一般还会附有作业证明和质量控制等信息。如调查员的姓名、编号、访问日期、访问起止时间、被访者姓名和联系方式、复查员姓名、复查日期、复查结果等。辅助信息是研究者评价和控制调查质量的重要依据，而具体使用哪些辅助信息则要视调查性质和要求等来确定。

(2) 问卷正文

问卷正文是调查问卷中最重要的部分，主要调查人们的行为、态度和社会特征等,主要包括有固定顺序的各类问题、问题的答案以及编码等。作为问卷的主体,问卷正文部分的设计质量直接关系到整个调查的质量。主体内容主要包括:

1) 人们的行为。通过设计行为性问题来了解被调查者的行为特征,如是否做过、周期、习惯等。

例如:您昨天看了多长时间电视?您是否看过电视节目《爸爸去哪儿》?

2) 人们的态度。通过设计态度性问题来了解被调查者的态度、看法、意见、情感、动机、兴趣、爱好、意愿等。

例如:您是否喜欢看江苏卫视的《非诚勿扰》节目?

考虑所有的情况,目前您对记者这个职业的满意度是:

① 非常满意　② 比较满意　③ 一般　④ 比较不满意　⑤ 非常不满意

3) 人们的基本情况。通过设计事实性问题来了解被调查者的主要社会特征,包括年龄、性别、文化程度、职业、收入、婚姻状况等。

例如:请问您的教育程度是:

① 小学及以下　② 初中　③ 高中(中专、技校)　④ 大专　⑤ 本科及以上

(3) 问卷结尾

问卷结尾常常用简短的话对被调查者的合作和支持表示感谢,并提醒调查员送给被访者礼品致谢。

3. 问卷设计的流程

(1) 设计准备

设计问卷的第一步并不是罗列调查的问题,而是先要进一步明确调查的目的、主要范围、重要和次要的研究项目。在正式设计问卷前往往需要做一些探索性研究,运用观察、深度访谈和小组座谈会等方法熟悉并更加明晰所要研究的问题,对各种问题的提法和可能的回答有所准备。

其二,需要考虑针对什么样的调查对象做调查,分析调查对象所在的社会环境、社会群体、经济状况、文化程度、可能的需求、行为等特征。细致地分析调查对象的情况有利于在设计调查的问题及措辞时做到有的放矢。例如,如果被调查者不是专业人士,问题中就不应出现术语;如果被调查者文化程度不高,则问卷上的问题、措辞、答案及回答方式都应该更加简单明了。

其三,需要考虑好用哪种调查方法收集调查资料,需要注意的是由于面访、电话、邮寄和网络等不同的调查方法的特点不同,对问卷的要求也有所不同。例如邮寄调查和网络调查的匿名性比较好,往往可以涉及十分广泛的调查内容,特别是针对一些敏感性的问题,往往容易获得较为真实的回答。而如果使用入户或街头拦截式的面访,则在问卷中都不便涉及较敏感性的问题。

(2) 初步设计

在进行了较充分准备的基础上,就可以着手设计问卷初稿了。较好的做法是首先构建问卷的主体框架,即先考虑要从哪几个部分去设计问题以及这几部分的先后顺序。之后再将每一部分的研究问题具体化为一系列问题,并考虑各个问题的顺序以及提法或措辞。可以尽量详细地拟定问题,并对其进行检查和筛选,充分考虑每个问题的必要性和合理性。最后尽量详尽地为问题列出答案,并考虑问题是否需要编码等。总之,问卷初稿的设计需要反复推敲完善,最终才可打印形成问卷初稿。

(3) 试调查及修改

问卷初稿设计好后,一般不直接用于大规模的正式调查,而是先将其用于试调查并进一步修改。试调查是在正式调查之前对小范围内的、合格的被调查者进行的调查,除了作为训练调查员之用,使调查员对实际调查工作有一个初步的准备外,试调查的作用还在于检验问卷设计中没有预料到的缺漏,毕竟没有哪一个研究者可以完全避免被误解。这些缺漏,例如是否有问题让被调查者不愿回答,哪些问题有歧义或提法不清楚,问题的答案是否重复或者遗漏,问题的顺序是否符合逻辑,问题数量是否过多等。通过试调查,研究者需要逐步对问卷的内容进行修改和完善,将与调查内容无关的、被调查者不能理解的、不能或不愿回答的等问题删除或修改,直到最终得到一份满意的问卷。

(4) 排版及印制

当问卷的内容定稿后,就可以将问卷排版好,准备打印复印了。问卷排版时需要注意版面应整齐、美观、字体清晰、留有充裕的空白;注意将答案均匀隔开,以便明确地圈定选项;注意为了便于阅读、作答和统计,同一个问题应排版在同一页上等。之后,就可对完成排版的问卷进行打印复印并进行正规装订,制成正式的问卷了。需要注意的是,印制问卷的纸张质量应比较好,以体现调查的正规和专业。另外,问卷的数量往往需要在既定样本量的基础上留有富余,主要是为了应对访问中有不合格问卷作废等情况。

4. 问卷设计的原则与技巧

(1) 提问的设计原则及技巧

问卷中提问措辞的基本原则是含义清晰、问句简短、通俗易懂。具体有下列技巧:

1) 避免陈述太复杂,提问陈述应尽量简洁、短小。

例如:如果您家拥有一台或多台电视机,请从最新的那台开始,列出每一台的购买时间、尺寸大小、目前主要是谁在使用。

此提问的陈述不够简洁,没有必要让被访者排序来增加难度。另外,可以提前征询被访者是否有电视机,没有电视机的可以不必回答。较好的问法是:

请列出您家每一台电视机的购买时间、尺寸大小、目前主要是谁在使用。

2) 避免使用模糊含混的词

例如:您经常去电影院看电影吗:

① 从不　　　② 偶尔　　　③ 经常　　　④ 定期

被访者对此回答选项中出现的有时、偶尔、很多、经常等模糊含糊的词语会有很多不同的理解,从而使收集到的数据不够准确。较好的问法是:

在过去一个月中,您去电影院看电影的次数是:

① 0 次　　　② 1 到 2 次　　　③ 3 到 4 次　　　④ 超过 4 次

3) 避免提问没有针对性

例如:报纸增加大量社会新闻的重要性如何?

此问句不知是针对被访者个人询问还是针对一般读者询问,提问应当有所针对。较好的问法是:

对您来说,您所订阅的报纸增加大量社会新闻的重要性如何?

4) 避免表述过于专业化

例如:请问您同意索尼的蓝光 DVD 标准优于东芝 HD-DVD 的说法吗?

此问句如果是对普通受众进行调查,出现这样专业的表述会使被访者无从回答。提问时应对相关专业术语进行说明。

再例如:请问上周您上网的频次是多少?

此问句没有使用普通词语,也会给部分被访者带来理解困难。较好的问法是:请问您上周上了几次网?

5) 避免提双重或多重含义的问题

例如:当您看到电视广告时或某节目不符合您的期望时您会换台吗?

又如:您父母的文化程度是_____。

1. 小学及以下　　　2. 初中　　　3. 高中(中专、技校)
4. 大专　　　5. 本科及以上

一个问句中如果包含过多询问的内容会使被访者无从答起,所以以上两个问句都应该分别提问。较好的问法是:

您通常在什么情况下换台?

1. 一看到电视广告就换台　　　2. 当觉得电视节目不好看时换台
3. 因为有计划要看某个节目而换台　　　4. 其他(请注明)

您父亲的文化程度是_____。

您母亲的文化程度是_____。

6) 避免问题中包含难度较大的回忆或计算

例如：在过去一个月中，您看了多少小时的电视？

此问句需要被访者有大量的回忆或计算，给被访者的回答带来了麻烦。较好的问法是：

您昨天看了多少小时的电视？

7) 避免使用否定形式提问

例如：您是否赞成不进行频道专业化改革？

您是否不赞成进行频道专业化改革？

以上问句使用否定形式来提问，不符合人们的习惯，也给被访者的回答带来了麻烦。

8) 避免提问方式带有诱导性

例如：您昨天在上班的路上看到了哪些户外公益广告，例如关于遵守交通规则的广告？

此问句带有提示，使得被访者更多想到的是遵守交通规则的广告，会引起偏差。较好的问法是：

您昨天在上班的路上，除了商业广告外，看到了哪些户外公益广告？

9) 避免从众效应和权威效应

例如：人们都说《××日报》比《××都市报》办得好，您是不是也这样认为？

如果问句用"人们都说……""有专家说……"等提法有可能会带来从众效应，所以应该避免出现以上表述。

10) 避免出现结论性和断定性的词语和句子

例如：加入WTO之后，我国的媒介产品市场会逐步走向规范化，是吗？

此问句中对加入WTO之后，我国的媒介产品市场会逐步走向规范化做了结论性的表达，会引起调查偏差。提问时应该使用中性的词语和表达方式。较好的问法是：

加入WTO之后，我国的媒介产品市场会有什么变化？

11) 避免直接提问敏感问题

例如：您每月的实际收入是多少？

涉及被访者隐私的问题最好不要让被访者写实际数额，而是列出可供选择的选项，来降低拒答率。较好的问法是：

您的个人月总收入(包括福利和奖金)是_____？出示卡片

1. 1000 元以下　　2. 1001—2000 元　　3. 2001—3000 元
4. 3001—4000 元　　5. 4001—5000 元　　6. 5001 元以上

12）注意提问的顺序

在问卷设计时，需要研究者推敲问题的顺序，使得问卷条理清晰，提高调查效率，可考虑以下几点：

- 问题的安排应具有逻辑性；
- 同性质、有关联性的问题应集中在一起；
- 问题的安排应先易后难；
- 能引起被调查者兴趣的问题放在前面；
- 一般总括性问题先于具体的、专业性的问题；
- 行为性问题先于态度性问题，先于事实性问题；
- 封闭性问题放在前面，开放性问题放在后面。

(2) 答案的设计技巧及原则

问句设计好后，需要给封闭式的问题配上可供被访者选择的答案，常见的答案形式有选择题（包括两项选择题、单项选择题、多项选择题等）、顺位题、回忆填空题和矩阵列表题等。

1）两项选择法

两项选择法一般只设两个对立的供选择的答案。

例如：你对飘柔洗发水的广告是否喜欢？

1. 喜欢　　　　2. 不喜欢

您看过电视节目《非诚勿扰》吗？

1. 看过　　　　2. 没看过

两项选择的特点是简单明了，能快速收集信息，但是两个对立的选项往往会难以区分被访者不同的态度层次。

2）单项选择法

单项选择法是指针对提问可设置多个选项供被访者选择，但只能选择一个作为答案。这是答案设计中最常见的一种形式。

例如：您最希望有关时尚的内容在节目中以何种方式展示？（单选）

1. 播报式　　2. 讲述式　　3. 聊天式
4. 游戏式　　5. 专题片式　　6. 纪实式

运用选择法在答案设置时一般会同时进行编码，另外注意选项的设置不宜过多，一般控制在 8 个以内，以方便被调查者回答。

3) 多项选择法

多项选择法是被调查者可从供选择答案中选择多个选项作为答案,其中有不限制选项数量的多项选择法。

例如:您主要通过哪些媒体获得2011年深圳大运会的信息?

1. 电视　　　　　　　2. 广播　　　　　　　3. 报纸
4. 杂志　　　　　　　5. 互联网　　　　　　6. 手机
7. 家人/朋友/同学/同事　　8. 其他(请注明＿＿＿＿＿＿)

有时在运用多项选择法时希望通过被访者的回答找到最主要的因素,则会使用限定选项数量的多项选择法。

例如:您主要通过哪些媒体获得2011年深圳大运会的信息?(限选两项)

4) 顺位法

顺位法也叫排序法,是列出若干项目后,由被调查者按照重要性决定先后顺序,以获得被调查者态度、动机、意见等的分层次、有比较的回答。

例如:您主要通过哪些媒体获得2011年深圳大运会的信息?

1. 电视　　　　　　　2. 广播　　　　　　　3. 报纸
4. 杂志　　　　　　　5. 互联网　　　　　　6. 手机
7. 家人/朋友/同学/同事　　8. 其他(请注明＿＿＿＿＿＿)

问:

1. 最主要的媒体是＿＿＿＿＿＿　　2. 第二主要的媒体是＿＿＿＿＿＿

5) 回忆填空法

回忆填空法很多情况下用在测量被调查者回忆品牌等内容的先后和快慢中。

例如:请列举您所知道的口香糖的牌子:

＿＿＿＿＿、＿＿＿＿＿、＿＿＿＿＿、＿＿＿＿＿、＿＿＿＿＿

回忆填空法在使用时也可以通过一定的线索,如文字、图画、照片等,用以帮助被调查者回忆某一现象,如了解品牌名、公司名、广告语、广告文案的知名度、认知度等。

例如:以下是电视广告的广告语,请根据您的记忆将空格填写清楚:

只溶在口,＿＿＿＿＿＿＿＿＿＿＿。

＿＿＿＿＿＿＿＿＿＿＿,一颗永流传。

6) 矩阵列表法

矩阵列表法常用来测量被调查者的态度差异,了解其态度的强烈程度。此法使问卷显得更加整齐,有效利用了空间,有利于被调查者通过比较更迅速地选定答案。先看矩阵式：

例如：如下观点，您的态度是：

观点	同意	比较同意	一般	较不同意	不同意
看电视广告完全是浪费时间	1	2	3	4	5
我有时喜欢看电视商业广告	1	2	3	4	5
电视商业广告枯燥乏味	1	2	3	4	5
大多数电视商业广告是挺有趣的	1	2	3	4	5

再看列表式：

例如：您对2013年北京电视台春运节目报道的下列特点是否满意？（请在每一行合适的格中打"√"）

节目特点	非常满意	比较满意	一般	比较不满意	非常不满意
内容的丰富程度	1	2	3	4	5
及时性	1	2	3	4	5
深入性	1	2	3	4	5
主持人的表现	1	2	3	4	5
画面、音效清晰	1	2	3	4	5

矩阵列表法在设置时应当注意选项平衡分类，包含两极对立的选项，对立选项的程度应该对称。比如，"非常满意、比较满意、比较不满意、非常不满意"，而不是"非常满意、比较满意、不满意"。

最后，在设计答案时需要注意答案应该具有穷尽性和互斥性。

其一，答案须穷尽。即应当将针对提问的所有可能的答案尽可能列出，才能使所有的被调查者都有答案可选，不至于因为没有找到合适的选项而放弃作答。

例如：您的婚姻状况是：

1. 已婚/同居　　2. 未婚　　3. 离婚/分居

上面这个问句的答案缺少了"丧偶"一项，使得丧偶的人无法选择。一般在答案设计时往往会在最后列出"其他（请注明）"，使被调查者可将问卷中未穷尽的答案填写在"其他"选项中，但需要注意应防止过多被调查者选择"其他"选项。

其二，答案须互斥。针对一个问句的答案，彼此之间在类属上不应当重叠，在概念上不应当包容、交叉。如果答案的含义互有重叠，则可能使被调查者做出多重选择，从而不利于问卷的整理分析，影响最后的结果。

例如：在过去一个月中，您去电影院看电影的次数是：

1. 0次　　2. 1到2次　　3. 2到4次　　4. 4次以上

此问题选项中的次数2和4发生了重叠。如果被调查者答2则会无法勾选选项。

(三) 问卷调查的类型

1. 面访调查

(1) 内容及类型

面访调查是一种面对面的调查形式,一般是研究者委托调查员依照调查问卷或访问提纲口头提问并记录被调查者的回答。面访调查有入户面访、街头拦访和计算机辅助个人面访等形式。

1) 入户面访

入户面访一般是调查员按照抽样方案中的要求,到抽中家庭或单位中,按照事先规定的方法,选取适当的被调查者,依照问卷或调查提纲进行面对面的调查,问卷可为访问式问卷和自填式问卷。

2) 街头拦访

街头拦访,顾名思义是指在街头拦截被访者,征得其同意后,进行面对面访问的方法。街头拦访一般是在拦截地点当场进行访问,除此之外还有一种方式也被称为中心地调查或厅堂测试,即将被访者请到事先确定的场所再开始访问,这种研究方法通常用于需要进行实物展示或特别要求有现场控制的研究,如产品测试或广告效果测试等。街头拦访常用于需要快速完成的、小样本的探索性研究。

3) 计算机辅助个人面访调查(CAPI)

计算机辅助个人面访调查(CAPI,Computer-Assisted Personal Interviewing)是调查员带着笔记本电脑(或PDA掌上电脑、IPAD等)进行入户或街访。由调查员或被调查者将回答通过鼠标、键盘或触摸屏等输入到电脑中。访问完成后,数据以有线或无线的方式传回到服务器。CAPI可以支持需要播放视频、声音、图片、3D动画的测试项目,当然设备配置成本也相对较高。

(2) 优点与缺点

面访调查的优点是问卷可以相对较长,可望获得较多内容、较深问题、较高质量的数据,适合研究内容较为复杂的调查项目。如果遵循严格的随机抽样,入户面访往往能获得比较有代表性的样本,其调查结果往往可以推断总体。

面访调查最大的缺点是高额的费用,项目需要支付调查员的培训费、交通费、劳务费等花费。调查员调查实施质量也较难控制。另外由于入户难,入户面访的成功率较低,调查周期也较长。

2. 电话调查

(1) 内容及类型

电话调查指的是调查者按照统一问卷,通过电话向被访者提问,笔录答案的调查方法。电话调查可分为传统的电话调查和计算机辅助电话调查两种。

1) 传统的电话调查

传统的电话调查使用的工具是普通的电话、普通的印刷问卷和普通的书写用笔。经过培训的调查员按照调查设计所规定的随机拨号的方法,拨通电话,遵照要求筛选被访问对象,并对合格的调查对象按照问卷逐一提问并记录答案。

2) 计算机辅助电话调查(CATI)

计算机辅助电话调查(Computer-Assisted Telephone Interviewing)是利用CATI系统进行的调查。实施时将问卷直接显示在每位调查员的电脑上,调查员头戴耳机,由自动随机拨号系统随机拨号并保留拨号记录,电话接通后调查员直接、即时将被调查者的回答输入电脑,并即时经由网络传送至中央电脑。CATI系统集抽样、访问、编码、输入、查错、统计于一身,大大提高了电话调查的效率。

(2) 优点和缺点

电话调查最大的好处是时间短、费用低。项目周期短,当天访问当天就可取得数据,适用于热点问题或突发问题的快速调查,费用也相对较低。由于调查员基本与督导或研究员在同一场所,易于控制实施的质量。

电话调查的缺点是电话访问的时间不宜过长,调查的内容不易深入。此外,由于随机拨打的电话可能是空号或是错号,接听电话拒访等使得电话调查的成功率可能较低。

3. 邮寄调查

(1) 内容及类型

1) 狭义上的邮寄调查

狭义上的邮寄调查,其过程是把问卷装入信封,通过邮局寄给选定的调查对象,并要求他们按照规定的要求和时间填写问卷,然后寄回调查机构。在邮寄调查中提高回收率是一个最关键的问题。一般人不将问卷寄回的主要原因就是嫌麻烦。所以,为提高回收率,研究者需要找到可以减少被调查者麻烦又能激励其作答的办法,比如可采取随问卷附上回邮信封、随问卷附上礼品或其他诱因、设计有趣的问卷、邮寄前电话通知、邮寄后电话催收和补寄等。有时为了提高回收率,邮寄调查会和面访调查结合使用,如由调查员将问卷送入被调查者家中,请其填答完成后邮寄给调查机构;或者将问卷邮寄给选定的调查对象,之后由调查员登门收回问卷等。这些办法都比单纯的邮寄调查的回收率高得多。

2) 邮寄盘努(邮寄固定样本组)调查

邮寄调查还包括针对固定样本的邮寄调查,又称为邮寄盘努调查(mail panel),指先抽取一个地区性或全国性的样本,样本中的家庭或个人同意参加定期的邮寄调查,之后调查机构定期向这个固定样本(panel)中的成员邮寄调查问卷,样本成员按要求填写问卷后定期寄回调查机构。这种邮寄调查常常用于电视收视率、广播收听率、报纸杂志阅读率等的调查中。为防止被调查者由于长期填答产生疲劳而造成调查质量不稳或下降等样本老化现象,一般需要定期更新样本。

(2) 优点和缺点

邮寄调查的主要优点一是保密性强,由于邮寄调查一般是匿名的,使被访者较有安全感,所以邮寄调查比较适合对敏感问题的研究。二是由于通邮的地区广,使得邮寄调查的调查区域也很广泛。三是邮寄调查一般比面访调查和电话调查的费用都低。

邮寄调查的缺点是回收率低,且花费的时间较长,所以邮寄调查适合那些时效性要求不高的研究项目。此外,由于没有调查员的把控,使得邮寄调查的填答质量难以控制。

4. 网上调查

(1) 内容及类型

网上调查是利用互联网作为技术手段进行的调查,分为网站(网页)问卷调查、电子邮件调查、网上拦截调查和网上固定样本调查。

1) 网站(网页)问卷调查

网站(网页)问卷调查是将调查问卷链接到某个网站(网页)上供被调查者点击作答。一般可以在网站入口发出调查的邀请,网民自愿根据自己的兴趣主动访问网页填答问卷。或者由研究员向调查对象发一份电子邮件,邀请其参加,一般在邮件中有调查问卷的超级链接,点击链接就可打开调查问卷所在网页进行填答。

2) 电子邮件调查

电子邮件调查是将调查问卷发送到调查对象的电子邮件信箱中,邀请调查对象填写问卷并回复邮件。这种调查方法的执行过程和邮寄调查类似,也可以通过发信前通知、发信后追踪催促等办法提高回收率。

3）网上拦截调查

网上拦截调查是由网站安装抽取被调查者的软件,可按照一定的方法自动抽取被调查者,被抽中的被调查者在访问该网站时会碰到弹出的一个窗口,要求其参与一项调查。按要求点击链接后,会呈现一个有问卷的新窗口,填答完成后可立即提交。

4）网上固定样本调查

网上固定样本调查是在网上通过非概率抽样或概率抽样的方法建立一个小组样本,之后对这个样本成员定期进行网站(网页)问卷调查或电子邮件调查,其中通过概率抽样的方法建立盘努样本的成本相当高。

（2）优点和缺点

网上调查的优点:其一,主要是快捷、高效,问卷传送和回收的速度快,信息填答上交后,数据可被快速地处理和分析;其二,调查费用低,网上调查节省了问卷复印费、调查员交通费等花费,节省了人力和财力;其三,调查范围广,可以比较容易地找到全国性或全球性的样本;其四,保密性强,有利于对敏感问题的调查。

网上调查的缺点:其一,主要是样本一般仅局限于互联网的使用者,互联网普及率不高会影响调查群体的代表性,使样本很难代表更有一般性的总体;其二,回答的随意性较强,匿名回答可能导致不真实的回答;其三,回答率较低,容易产生没有调查员参与的数据收集的各种缺点。

(四) 调查的组织与实施

1. 调查实施的队伍和管理

一般调查实施的队伍主要由项目主管、督导和调查员三部分人组成。

（1）项目主管

这里的项目主管主要是指负责调查实施的管理者。其主要的职能是在明确和深入地掌握研究项目的目标、范围、主要问题和具体要求的基础上,制定实施计划,负责挑选和培训督导和调查员,并在调查实施过程中负责监督管理和质量控制。项目主管决定着一个调查项目的实施质量,胜任者一般需要有较深厚的理论素养和实践工作经验,以及较强的组织和运作能力。

（2）项目督导

项目督导是一个具体项目运作的监督人员,负责实施过程和调查结果的检查和监督。督导在项目实施前应该对调查员进行培训,使调查员规范地进行问卷调查。在项目实施中,督导通过陪访、现场检查等方式检查调查员的工作,修正调查员在实施中的不良做法,同时及时解决调查员在实施过程中遇到的问题。如在面访调查中督导陪同新调查员进行试调查,在电话调查中督导可在现场通过分机监听调查员与被调查者的对话过程。这些做法都可以对调查员遇到的问题进行经验上的指导。在调查实施结束后,督导对调查员交回的问卷进行检查,对调查员的工作进行记录和评价,及时向项目主管报告实施进度和完成的配额等情况,并及时根据调查计划进行调整。

(3) 调查员

调查员是问卷调查的具体执行者。调查员是从申请者中精心挑选产生的,一般从调查员的品德和能力两方面来选择调查员。

在品德方面,首先调查员应该是诚实守时的。诚实是个人品德的至要,更是调查质量的生命。调查员诚实、认真地完成调查工作,不欺骗、不投机、不作弊,才能保证调查数据的有效性。同时,调查员应当守时,即能严格按照公司确定的工作期限来进行工作,在限定的期限内接受培训、访问、提交问卷。其次是认真刻苦。实地调查是很艰苦的工作,做事认真刻苦的调查员才能把做好调查当作一件很严肃的事情,清晰地明确责任和工作任务,并认真细致、不畏困难、不怕烦琐地做好调查实施。

在能力和性格方面,一般希望调查员性格开朗,乐于和陌生人交谈,能自然地与被调查者接触,并善于倾听和控制节奏;同时做事积极,头脑灵活,能够针对在实地调查中产生的突发问题随机应变;有耐心,能循循善诱被调查者合作;并很细心地记录访问答案。当然,调查员应当具备一定的观察能力、辨别能力和理解能力,能较好地运用访问技巧并领会被调查者的反馈。

2. 调查实施的基本技巧

当挑选出合适的调查员后,需要精心计划和安排对调查员的培训,介绍调查项目的概况(如研究目的、主要内容等)以及调查实施的要求等,其中要着重培训调查员问卷调查实施的基本技巧。按照实施的程序,调查实施的基本技巧有:

(1) 确定调查的时间和地点

在保证项目整体进度的前提下,调查的时间应该以方便被调查者为原则,避开被调查者可能在吃饭和休息的时间。调查的地点在面访前需要具体规定,并确保调查员进入规定的地点进行调查。其中入户调查应当征得被调查者同意方可入内;街头拦访如果需要出入一些单位,调查员需要注意携带介绍信等资料。

(2) 邀约调查对象参与

良好的初期接触是成功达成约请的一半。调查员应当穿着整洁、得体,要能正确介绍自己,准确地表达调查目的。如果调查员能让被调查者感到舒服,则会增加成功邀约的可能性。在调查员做自我介绍时，首先要在一两句话中表明身份、说明来意，语速、音量适中，说话清晰、流畅，态度温和、客气、有礼貌。在面访中，自我介绍的同时可以递上调查员证，以表示真诚，解除被调查者的陌生感和戒备心。应对被调查者的质疑要沉着、从容，着重解释调查什么、为谁做此调查、保证其提供资料的保密性等。同时，作为调查员要做好遭到被调查者拒绝或反感反应的心理准备，事先要对被调查者的心理及社会环境作仔细的研究并考虑到遭到推辞或拒绝的解决办法。

(3) 调查员对问卷的操作技巧

成功邀请调查对象参与调查后，调查员就要开始进入主题，开始正式调查。此时调查员对问卷的操作技巧主要有一看、二问、三听、四写。

"看"是指一定要与被调查者有目光的交流。调查员如果不看被调查者，只盯着问卷，会让被调查者感到不受重视。但需要注意目光也要适度，如果调查者目不转睛地盯着被调查者，会让其感到拘束和紧张。

"问"即逐字逐句读出问题，严格按问卷的问答题和指导语提问。具体来说，要严格按照问题在问卷中出现的顺序、措辞来提问，做到不提示、不诱导，并严格遵照指导语进行跳答和出示卡片。为了提问清晰准确，调查员在调查前就一定要熟悉问卷，要充分理解和明白问题的意思，练习流利准确地提问。同时，注意对于被调查者回答"我不知道"或"没想法"等情况，调查员需要进一步追问答案，如"假如必须选择一个答案，您最倾向于选哪一个？"此外，调查员针对开放式的问题，要注意对被调查者的回答进行深入的追问。

"听"即要倾听被调查者的回答，要有回应的听。调查员不但要做一个好的提问者，还应当是一个好的倾听者。在被调查者说话时，应当聚精会神，通过频频点头等非语言信息鼓励被调查者表达其思想和情感。

"写"即要如实准确、逐字逐句地记录被调查者的原话。在记录问卷中封闭式问题的回答时，调查员要注意选对画圈的号码；在记录开放式问题的回答时，要注意逐字逐句地按原话记录，而非调查员对被调查者回答的归纳或概括。

(4) 结束调查

当问卷调查在主体问题的信息都收集到后，我们进入结束调查环节。一般情况下，我们要真诚地感谢被调查者的支持和配合。如果此时被调查者自发地发表一些与研究相关的议论和建议，应该及时记录下来。在面访调查中，我们一般要赠送被调查者小礼物以答谢，并在离开调查现场前，再次确认没有遗漏问卷、卡片、展示物品等材料。

3. 调查实施的质量控制

为了很好地控制调查实施的质量,除精心设计和完成培训外,还要引入监督机制,主要由项目主管和督导完成项目监督和控制工作。督导可在调查实施时公开或隐蔽地监督调查员的工作过程,指导调查员工作并解决问题。在调查结束后,督导首先要对每一份提交的问卷进行检查,检查记录的数据(字迹、划圈等)是否清楚;是否完全按问卷和指导语进行提问,有无漏问的情况;问答前后是否一致;是否清晰记录了开放题的答案,进行了深入且有意义的追问等。其次,督导一般可以根据被调查者留下的联系方式,抽查 10%—25% 的被调查者进行复查验收,重复询问一些事实型的问答题,以及调查员是否认真地按要求进行了访问、访问的时间长度和质量、有无收到礼品或收到什么礼品等问题。通过以上方法了解调查员的工作质量,如发现问题,进行及时的回访补救,并按照数据质量发给调查员报酬。

为了避免调查员作弊,还可以使用"撒胡椒面"的方法,检出作弊的行为。方法之一是在问卷中"撒"上一些检查用的问答题,这些题与问卷中的某些题是高度相关的或几乎是相同的,调查员如果作假自己填答问卷的话,很有可能会在这些题中出现矛盾,从而被发现。方法之二是在访问名单中"撒"上一些"查账者",所谓的"查账者"可能是调查公司或委托客户公司中的工作人员。调查员会把这些"查账者"当成一般的被访者进行访问,因此如果有任何作弊的行为,都会很容易很快地暴露出来。[①] 对于检查出的作弊行为应该给予坚决的制止,对作弊的调查员进行惩罚,对于兢兢业业的调查员给予鼓励。

二、实 验 法

实验法是一种能够让研究者探索因果关系的观察方法。实验研究最早诞生于物理科学研究领域。从文艺复兴时期开始,自然科学通过实验建立起理论与经验事实的联系,从而获得飞速发展。20 世纪初,为了对社会现象进行解释、预测和控制,实验法被引入社会科学的研究当中,并最先出现在心理学研究领域。从 20 世纪 20 年代到 40 年代,一些对传播学感兴趣的心理学家将这种研究方法引入传播学,将其作为研究传播效果的有效工具,因此控制实验也成为传播学研究的重要方法。

那么实验研究有哪些相关概念?其研究原理是怎样的?我们在设计一个实

---

① 柯惠新、丁立宏:《市场调查与分析》,北京:中国统计出版社 2000 年版,第 179 页。

验时应该遵循怎样的步骤？不同的议题如何选择适用的实验类型？哪些因素影响了实验研究的效度？应该如何对干扰因素进行控制？实验研究的优点和缺点何在？这就是本章要回答的主要问题。

（一）实验的概念

一提到"实验"，我们往往就会想到实验室里的实验。在实验室进行的实验将研究因素和研究对象与日常生活隔离开来，这种隔离是为了便于研究者操控研究对象和研究因素，排除一些不确定因素的干扰。从这里我们可以得到实验研究法的一个关键词：控制。这里的控制，我们可以从控制变量和控制情景两方面来理解。控制变量就是控制研究者在实验中设定的各种变量（自变量、因变量、额外变量），而控制情景就是控制实验中除了变量因素之外的其他因素，如实验场地和环境等。

要理解实验研究法的定义，我们还需要先了解实验研究的目标，即研究者通过操控要达到什么目的。在社会科学研究中，我们经常会发现两种社会事物或现象之间存在一定联系，很多时候我们假设它们之间存在因果关系。而实验研究法特别适用于假设检验，通过对其他影响因素的控制，实验能够为因果关系提供直接的证据。

通过以上的论述，我们可以归纳出实验的定义。实验是指在控制其他所有影响因素的情形下，研究者探究其操控变量的效应，实验的目的是建立因果关系。[1]

（二）实验的基本构成要素

从实验的定义里，我们可以总结出几个相关概念，这些概念是实验研究法的基本构成要素。

自变量和因变量。自变量是引起其他变量变化的变量，也称作原因变量。因变量是随着自变量变化的变量，也称为结果变量。在实验中，自变量被作为刺激因素引入，是有待检验的引起因变量变化的原因。因变量往往就是实验所观察和测量的结果。因变量应该在实验之前和实验之后有所变化，在接受自变量刺激对象和未接受刺激对象之间有所不同。因变量和自变量都要经过严格的定义和操作以便测量。对传播学研究来说，大多数自变量是传播因素，诸如媒介或传播者信度、媒介接触的量、媒介内容的性质或倾向、信息的表达方式、媒介接

---

[1] 〔美〕雷纳德：《传播研究方法导论》，李本乾译，北京：中国人民大学出版社2008年版，第256页。

触种类等。因变量则多为对受众的社会态度、对媒介的信任度、生活方式、社会行为、价值观念等各方面的影响。

前测和后测。为了确定因变量在实验之前和实验之后是否有所变化,研究者需要在实验前后分别对因变量进行测量。在实施刺激之前对因变量的测量称为前测,在实施刺激之后对因变量的测量被称为后测。在实验过程中,前测和后测之间除了实验刺激本身的影响,还可能会受到其他一些干扰性因素的影响。首先,随着实验对象对测量问题和实验目的的进一步了解,他们可能会在后测中刻意改变回答。比如前后两次填写同一张调查问卷,不排除实验对象为了显示区别而改变回答。同样地,研究者不能排除实验对象在实验过程中的情绪变化,有的实验对象可能在实验过程中突然变得厌烦或兴奋起来。另外,随着时间本身的变化,实验对象的个人生活经历或环境会发生较大变化,这些都会影响到实验的有效性。

实验组和控制组。针对前测与后测之间的由实验过程引起的干扰因素,研究者可以通过设计控制组来排除干扰。控制组在特征和条件上与实验组基本相同,唯一的差别在于控制组不接受实验刺激。这样,研究者可以从控制组发现实验本身的影响。如果后测显示控制组和实验组的结果相差不大,说明实验本身的影响因素超过了自变量的影响因素,因果关系的假设就无法证实。

(三) 实验的原理

在了解实验的定义和实验基本构成要素的基础上,我们可以总结出实验设计的基本原理。首先,我们对一对传播因素和传播现象进行观察,如果发现两者具有相关关系或者有存在因果关系的可能性,就可以做出一个因果关系假设,即某些自变量会导致某些因变量的变化。以这个假设为起点,进行如下操作:

(1) 在实验开始前对因变量进行测试。
(2) 引入自变量,让它发挥作用或影响。
(3) 在实验结束前再测量因变量。
(4) 比较前测与后测的差异值就可以检验假设。

例如,如果想研究影响人们对黑人偏见的因素,我们可以假设人们了解到黑人对美国历史的贡献会减少他们对黑人的偏见。我们可以通过实验来验证这一假设。首先测量一组实验对象对黑人的偏见程度,然后放映一部描绘黑人对美国社会发展做出贡献的纪录片,最后我们测量他们的偏见水平,看看影片是否有效果。

(四) 实验的基本程序

虽然不同的实验在研究对象、研究设计、变量测量、资料收集等方面存在差异,但是实验的基本原理是相同的,因此我们可以总结出实验研究的基本流程。初学者可以参考基本流程进行实验设计。

纽曼详细列出了实验研究的12个具体步骤[①],参见表1

表 1　进行一项实验的步骤

1. 从一个有关因果关系的假设入手
2. 根据实际条件,决定一种合适的实验设计来检验假设
3. 决定引入并处理自变量的情境
4. 选择一种有效地测量因变量的方法
5. 建立实验背景,对自变量和因变量实施试测
6. 选取适当的被试
7. 随机分配被试到各个实验组别,并给予清楚的指示说明
8. 对所有组别的因变量实施前测,记录测量结果
9. 对实验组进行实验刺激
10. 对所有组别的因变量实施后测,记录测量结果
11. 告知被试实验的真实目的和原因,询问他们的实际感受;当实验对象在某些方面感到被欺骗时,这种说明尤其重要
12. 检验收集到的资料,比较各实验组的结果,并运用统计方法决定假设是否被证实

社会学家袁方从实验的不同阶段总结出了另外的一套步骤[②]。

1. 准备阶段

(1) 确定研究问题和研究目的。查阅文献,确定研究课题的价值及可行性。

(2) 提出理论及工作假设。选择分析各个有关的变量,将变量分类并建立变量间的因果模型。

(3) 进行实验设计。选择实验场所、设备、测量工具、确定实验进程、控制方式、观测方法。

2. 实施阶段

(4) 选取实验对象,采用随机、指派等手段进行分组。

(5) 实施实验,控制情景,引入或改变自变量,仔细观察,做测量记录。

[①] 〔美〕劳伦斯·纽曼:《社会研究方法》,郝大海译,北京:中国人民大学出版社2007年版,第309页。

[②] 袁方:《社会研究方法教程》,北京:北京大学出版社1997年版,第366页。

3. 资料处理阶段

（6）整理分析资料，对观测结果进行统计分析，得出实验结果，检验假设，提出理论解释和推论。

（7）撰写研究报告。

（五）实验中的控制

在总结实验概念和论述实验研究原理的过程中，我们都提到了一个关键词：控制。控制是指研究者用来剔除干扰变量的影响或使其保持恒定的方法。[①] 控制是实验研究法的核心。研究者可以从三个方面对实验进行控制：样本、变量、环境。

1. 样本控制

实验研究通过比较两个组或者更多个组来测量某自变量的效果，而这几个组从一开始必须相同。研究者如何确保这种相同？一种方法是通过随机分配参与者，一种方法是通过配对方式。

（1）随机分配法

以随机分派的方式将实验者分配到实验组和控制组。随机分配是最常用的方法，在理论上也是最有效的控制影响变量的方法。因为按照随机抽样的原则，各组的成员构成、条件都是均等的，被试的年龄、文化程度、性别比例等都是基本相同的。外部因素对他们的影响也是等同的。这并不是说实验组的所有变量都相等，使用随机法并不会消除个体差异，不过这些差异在不同的条件下，实验组可能偶然不相等，但它相等的概率更大。

（2）配对法

配对法是将变量按照分组进行匹配的控制方法。例如，把年龄、性别、职业类型、智力水平等相同的人配对。研究者可以将个人配对也可以将小组配对。配对法又可以分为无差异配对和等均值配对两种。前者是各分组每名被试被控制的变量取值完全相等。找出两个需控制变量完全相同的人，将其中一人分派到实验组，另一人分派到控制组，这样一对一对分派所形成的两个组在理论上是完全相同的。但无差异配对在实际中很难做到，因为很难找到两个完全相同的人。为了克服这种困难，可采用等均值配对法，只要各分组在各种特征的比例上大致相同，或者在某一主要影响变量的分布和方差上大致相同即可。不过应该注意的是，过度配对会导致结果失真，不能代表总体；而且变量越多越难配对。

---

① 〔美〕雷纳德：《传播研究方法导论》，李本乾译，北京：中国人民大学出版社2008年版，第267页。

对大样本来说,随机分配可以保证将个人特征在各组中平均分配,但小样本的随机分配可能存在危险,因此许多小样本的研究者会用配对方式代替随机分配,即研究者找出参与者的特征并以大致相同的数目将参与者分配到各个比较组中。

2. 变量的控制

对自变量的控制,就是有计划、系统地安排实验刺激的情景和程度,使其作用于因变量。比如增加或减少自变量,以观察和记录因变量的变化。在研究广告播放频次与广告效果的实验中,研究者可以减少或增加被试的广告接触频次来观察广告效果。

除了自变量和因变量之外,控制实验研究中还存在其他变量,我们称之为额外变量。为了确定自变量和因变量之间的因果关系,我们必须对额外变量进行控制。对所有额外变量的控制原则是:使他们在实验中保持不变或减少变化,使其不至影响或混淆自变量与因变量之间的因果关系。常用的额外变量控制方法是恒定法、统计控制法和纳入法。

(1) 恒定法

从技术层面讲,所有的控制方法都涉及获取干扰变量并使其不变。有三种维持恒定的方法:限定人群(将实验各组的被试都选为女性),用实验对象作为其自身的对照(实验前后变化),对抗平衡实验(并不消除,而是使其均匀地分布在实验的整个过程当中)。恒定法对于变量的控制较为严格,但缺点是会降低实验结果的外部效度。

(2) 统计控制法

使用统计方法使干扰因素保持恒定。"协方差分析"和"偏相关"是两种常用的统计控制。它们计算和每一个干扰因素相关的变差,然后把该变差与实验中其余的总变化分离开来。当自变量被按照类目分类(如实验组和控制组)时,就使用协方差分析。干扰因素被称为协变量,并作为调整输出变量的分数的基础。在分析研究变量之间的相关性时,偏相关性被用来探究两个变量之间的关系,同时保持第三个变量恒定。

(3) 纳入法

纳入法是把影响实验结果的某些因素也当作自变量来处理,将其纳入实验设计中,成为多因子实验设计。这样,不但可以收到控制之效,还可以进一步了解变量间的交互作用结果。例如在研究女性外表吸引力对信息说服力的影响时,回答者的性别可能对实验结果产生很大影响。这样可以把回答者的性别作为另一个变量引入。通过纳入因子变量,研究者可以知道每一个变量各自的影响。在样本足够的情况下,纳入法可能是进行控制最好的方法。

3. 环境控制

环境控制指的是利用各种仪器或技术手段制造一个"纯"实验环境,排除环境等因素对实验的影响,尽可能只保留自变量和因变量,以观察它们之间的因果联系。实验室实验是这种人工控制环境的典型。以电视与青少年的关系为例,青少年的侵犯性行为可能还受到其家庭、学校、邻里等环境的影响。为了弄清电视暴力节目是否与青少年犯罪有关,就有必要把其他一切可能相关的因素隔离在实验之外。

(六) 实验类型

实验的类型根据分类标准的不同而不同。根据研究目的的不同,实验可以分为探索性实验和验证性实验,前者用以探索社会现象的本质、揭示变量间的因果关系,后者用以检验已有理论或研究。根据实验揭示变量之间质和量的关系的不同,可以分为定性实验和定量实验。根据实验对象的不同可以分为动物实验和人类实验。根据实验情境的不同,实验可以分为实验室实验和实地实验。根据实验中控制和操纵的自变量数量的不同,可以分为单因素实验和多因素实验。根据实验设计的不同,实验分为前实验、准实验和标准实验。下面简要介绍几种实验类型。

1. 实验室实验和实地实验

在传播学研究领域内,根据对实验环境的控制水平,我们可以将实验分为两种类型:第一种为"纯"实验,即在控制方面接近于心理学、社会心理学的实验,其控制水平较高。这类实验大都是实验室实验,如传播者信度实验、恐惧诉求实验、选择性理解实验以及团体压力实验等。第二种是"半"实验,也可称为实地实验,即对环境因素不进行直接控制,就地取材,根据传播因素的自然分布来考察传播对人的影响:被试不与其生长的自然环境相分离。施拉姆等学者在1959—1960年所进行的电视与儿童的大型研究就是一个典型的实地实验的例子。由于电视技术刚刚在美国和加拿大普及,自然形成了以收看电视为主的电视区和以收听广播为主的广播区。施拉姆等学者通过比较两个区域儿童在智力、情感、对真实世界的理解程度等方面的差异,得出了关于电视对儿童发展的影响的结论。

2. 前实验、准实验和标准实验

前实验、准实验和标准实验是坎贝尔和斯坦利根据实验的控制程度和内外在效度的水平进行的分类。前实验指可以进行观察和比较,但缺乏控制无关干扰因素的措施,因而无法验证实验使用的因素同实验结果之间的因果关系,也很难将实验结果推及实验以外的其他群体或情境,内外效度都很差的实验。准实验指不能随机分派被试,无法像真实验那样完全控制误差来源,只尽可能予以控制的实验。而标准实验则指能随机分派被试,完全控制无关干扰因素,能系统地操作实验因素,内外在效度都很高的实验。

准实验设计能够在严格实验无法进行的时候取得结果。例如研究者出于伦理考虑,不可能为调查观察大学生药物使用情况而创造一个药物滥用组,然后比较他们与我们创造的非药物滥用组的行为;又比如研究者也没有能力为了解自然灾害下的情绪反应而人为制造一场地震。在这些情况下,严格的实验研究是不可能的,研究者只能求助于准实验设计。

(七) 实验设计

按照自变量的数量,实验设计可以分为单因素实验设计和多因素实验设计。单因素设计是指只考察一个自变量的控制实验设计。多因素实验设计用于检验多个自变量(或一个自变量的多种取值)对因变量的影响。需要注意的是,单因素设计只限制自变量的个数,不限制因变量的个数。单因素设计又分为两个分组的单因素设计和多个分组的单因素设计。

以下介绍三种常用的实验设计:经典实验设计、所罗门四组实验设计、多因素设计。其中,经典实验设计属于两个分组的单因素设计、所罗门四组实验设计属于多个分组的单因素设计。

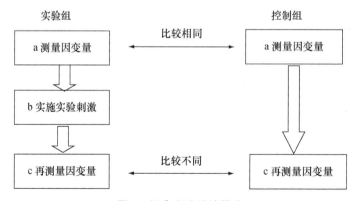

图 1　经典实验设计模式

资料来源:〔美〕艾尔·巴比:《社会研究方法第 11 版》,邱泽奇译,北京:华夏出版社 2009 年版,第 225 页。

1. 经典实验设计

在这一设计中,实验对象一般是随机抽取和随机分派到实验组和控制组的。

在引入自变量之后,在两个组测量因变量。由于两个组的成员是随机分派的,因此可以假定他们的各种特征和所受影响是相同的,唯一不同的是实验组实施了实验刺激,而控制组没有,因而两组之间的差异只可能是实验刺激导致的。霍夫兰第二次世界大战时进行的美国士兵说服实验中就采用了这种设计。他先让士兵们回答"太平洋战争会延续多久"的问题,然后让他们随机分组听广播,一组的广播提到了日军的实力、抵抗决心等事实,另一组则只说美军现在与日本打仗的有利条件(如德国已投降)等。之后再分别询问"战争还要打多久"的问题。然后,对比两组的士兵的态度转变。

典型实验设计的主要优点是:(1)比较实验组和控制组前测与后测的差异值,不仅可以确定自变量的影响,还可以排除外部因素的影响。(2)可以排除前测造成的某些干扰,例如在第二次回答测试题时,由于对题目比较熟悉,所以后测的成绩肯定要高于前测。但两个组都同样受这个因素影响,因而不会影响实验的内在效度。

典型实验设计的主要缺点是:被试经过一次前测,所以可能会对自变量的引入产生敏感的情绪,这样虽然不会影响内在效度,但会影响和降低实验的外部效度。在前测会引起被试敏感的情况下,应考虑采用无前测的实验设计。

2. 所罗门四组实验

所罗门四组实验是传播学中经常用到的控制实验类型之一。把实验对象随机分成4组,对他们分别加以不同的实验条件,以对测试结果进行多方面的比较。其中包括实验组(1)和控制组(1)的比较、实验组(2)与控制组(2)的比较、实验组(1)与实验组(2)的比较、实验组(1)与控制组(2)的比较等。该设计可以测量自变量、外部变量和测量干扰这三类因素各自对因变量的影响,综合了经典实验设计和无前测设计的优点。其实验模式如下表:

表2 所罗门四组实验设计模式表[①]

	前测	引入(改变)自变量	后测	差异值
实验组(1)	y_1	X	y_2	$de_1 = y_2 - y_1$
控制组(1)	y_3		y_4	$dc_1 = P + U + I_{pu}$
实验组(2)	无	X	y_5	$de_2 = E + U + I_{Eu}$
控制组(2)	无		y_6	$dc_2 = U$

资料来源:袁方:《社会研究方法教程》,北京:北京大学出版社1997年版,第373页。

[①] E表示实验刺激的影响,U表示外部因素的影响,P表示与前测干扰影响,de表示前测与后测的差异,I表示交互作用引起的改变。

所罗门四组实验的效度较高,可以区分外部因素和干扰因素的影响。但缺点是:(1)设置四个组,必然会增加实验人数,从而增加实验难度。(2)所得的结论必须经过复杂的统计检验。对单变量实验的检验一般比较简单,对两组的平均值变异可采用 t 检验,对三组的平均值变异可采用 F 检验,而对四组的平均值变异的检验要用比较复杂的 χ^2 检验。(3)它只能判断其他外部因素对因变量是否有影响,无法确定哪些因素与因变量之间存在关系。

3. 多因素实验设计

多因素实验设计也称为"因子设计",用于检验多个自变量(或一个自变量的多种取值)对因变量的影响。多因素实验设计有两种形式,一种是检验一个自变量的多种取值对因变量的影响,另一种是考察两个以上的自变量对因变量的影响以及自变量之间交互作用对因变量的影响。两个自变量,每个自变量有两个值,分为四组,通常称之为 2×2 因子。如果我们要探究受众需求状况、名人代言、广告词和产品成熟度对手机广告效果的影响[1],我们就需要采用 2(需求状况:高需求/低需求)×3(代言人:名人代言/普通人代言/无代言)×2(品牌成熟度:名牌/新品牌)被试之间完全随机化设计。

但是随着自变量的增加,实验组的数目也要相应增加。这在实际情况中很难实施,这种实验至少需要几百名被试,并要求进行大量复杂的数据处理和统计分析工作。在数据统计分析方法上通常采用多因素方差分析。

(八) 实验效度及其影响因素

实验的效度分为内部效度和外部效度。内部效度指的是研究结果所提供的解释的确定程度。外部效度是指一项研究结果可以推广到研究情景以外的程度。在第二次世界大战美国士兵电影说服实验中,如果能够严格地排除其他因素的影响而确定是由影片引起士兵作战动力的提高,二者的因果关系确定性就很高,也就是说实验研究的内部效度很高。实验证明观看影片对士兵有效,但是对其他社会人群是否有效呢?如果结论的普遍性高,适用于不同人群和不同情景,即实验的外部效度高。

一般而言,控制实验研究的内部效度通常较高,这是因为实验研究的核心在于内部控制。越是严格的变量控制,越能比较清晰地确定变量之间的因果关系。这也是实验研究比抽样调查和内容分析等其他量化方法内部效度更高的原因。

---

[1] 王沛、关文军:《受众需求状况、名人代言、广告词和产品成熟度对手机广告效果的影响》,载《心理科学》2008 年第 31 期第 6 卷。

但是正是由于实验研究的控制比较严格,限制了实验结果的推广能力,导致外部效度不高。而抽样调查和内容分析等以抽样为基础的量化研究则因其样本的代表性较强,其外部效度反而较高。

1. 影响内在效度的因素

(1) 实验对象成长和缺损

实验对象的成长指的是在前后测之间被试者本身发生的变化。在长期研究中,实验对象的成长体现为变得成熟或者经历更加丰富。在短期研究中,人们也有可能变得疲劳、饥饿、厌烦等。这都将影响到实验结果。

实验对象的缺损指的是实验对象在实验完成之前退出。如果实验要经历一个较长时期,那么某些实验对象可能因缺乏兴趣、缺乏时间、搬迁、死亡等原因不再参与实验。一旦退出实验的那些对象在基本条件上不同于那些仍留在实验中的对象,那么实验中的两个群体实际上就失去了可比性。

(2) 环境的变化

在实验过程中,外部环境可能会发生变化,这将会影响到实验对象在实验中的表现。另外,实验环境也可能会发生变化。即使后测用的是同一份问卷、在同样的地点,但是由于细节或者某些条件的差别,前后测的实验环境不可能完全一样。

(3) 实验组和控制组的交互影响

如果实验组和控制组没有完全隔离,控制组成员也可能从实验组成员那里了解到实验的内容,这样控制组成员也在某种程度上受到了实验的影响。实验中还容易出现约翰·亨利效应。在民间传说中,约翰·亨利是一个拼命努力胜过机器的英雄,用来代指那些在参与实验的时候特别努力的人的行为。当控制组被试得知他们不在实验组,会产生一种补偿竞争意识,发奋努力,从而在实验中的表现较之实验前发生显著变化,成绩也随之提高,进而影响到实际的结果。

(4) 测量的影响

对象在前测中学到的东西可能对他在后测中的表现产生影响。经过前测,一些实验对象会对测试本身十分熟悉,因而在后测中表现得更为出色。在佩恩基金会关于电影对青少年影响的实验中,研究者挑选了16部有某种倾向的电影作为实验中的刺激物,来观察儿童在看电视前后的社会态度的变化。他们对儿童的态度进行了前测,两天后请儿童看电影,隔天再次进行测试。再隔半个月至18个月,研究者进行第三次测试,以检验电影的影响是否还存在。结果认为,电影会改变儿童的社会态度。但有人对实验结果持有异议,即前测时青少年不了解实验的目的,所以能如实回答问题的概率较大。但事后测量时,他们可能会猜测实验者是要了解他们的社会态度,其后的答案会大受社会期许性的影响。除此之外,在测量时还会因为测量工具的不精确和测量人员的疏忽而产生效度问题。

2. 影响外部效度的因素

严格来说,研究结果只能推广到样本组。然而大部分实验的目的都是希望通过样本普及到更大的群体。但是由于实验法本身的缺陷和实验设计的欠缺,有时实验结果难以推广到更大的总体。影响外部效度的主要因素有以下三点。

(1) 样本不具代表性

实验对象的选择通常采用自愿参加、应征参加和强制参加三种方式。[1] 自愿者通常比一般人更热衷于科学研究,因而具有比一般人更高的社会参与意识和较强的风险精神;被招聘者往往具有处于经济上比较紧张的状况的特点;至于强制性控制的学生、士兵、犯人,以他们为实验对象的实验结果显然不能推广到普通人身上。也就是说,这三种方式获得的实验对象都不能很好地代表公众。这就降低了实验的外部效度。

(2) 实验环境与现实环境的差距

实验环境是经过研究者严格控制的拟态环境,但是现实社会中社会现象和行为总是特定社会环境的产物,抽掉了这种环境,这些行为也许根本就不可能发生。这就降低了实验的外部效度。

(3) 多重实验变量的干扰

如果研究对象重复接受实验,他们的反应可能不能推广到那些未经重复实验的研究对象上。

3. 其他影响效度的因素

(1) 晕轮效应

晕轮效应是一种影响人际知觉的因素。个体常常对外表有魅力的人持有更积极的评价,认为他们具有更强的社会技能、更好的性格等。比如,一个传播源强烈的正面或负面印象可能影响实验过程中所有的评估。

(2) 安慰剂效应

在医学研究中,安慰剂是一个根本不含药物或者根本不经过实验处理的刺激物。在非医学研究中,即使未进行任何处理,在他们受到某种刺激性的精神暗示时,研究对象也可能出现变化。比如,在戒烟实验中,被试不是接受药物处理以降低他们对尼古丁的依赖,而是收到安慰剂。如果接受安慰剂的被试也停止

---

[1] 风笑天:《社会学研究方法(第3版)》,北京:中国人民大学出版社2009年版,第226页。

吸烟,这意味着药物作用和安慰剂的作用共同导致了戒烟的行为,然而无法确立药物治疗和戒烟的因果关系。

(3) 什么也不做的控制组的隐患

除了关键性因素之外,控制组一般应该经历与实验组完全一样的事情。"什么也不做"的控制组与实验组的差别不只是被分类出来需要处理的变量。

(九) 实验法的评价

1. 实验法的优点

(1) 能够确立因果关系

实验法是社会科学研究中建立因果关系的最好方法。在实验中,研究者可以操纵刺激因素使其作用独立出来。例如,对美国电视节目的内容分析表示,商业性电视网播放的节目中充斥着暴力的镜头。与此同时,美国社会调查表明青少年的犯罪率有上升趋势,那么电视暴力内容是否导致了青少年行为趋于好斗和侵犯,这需要控制实验加以证明。

(2) 花费较少,易于重复

同其他社会研究方法相比,实验受研究目标和特性的限制,规模往往比较小。较少的对象、较小的规模、较短的时间决定了实验的费用不会太多而且便于重复操作。可重复操作对于获得可靠的结论具有十分重要的意义。在稍微不同的环境中进行同一个实验设计,如果结果相同,则可以保证实验结果不是某种特定环境的特殊产物。

(3) 控制能力强

在各种社会研究方法中,实验的控制能力是最强的。研究者通过对实验对象和实验条件的控制,可降低或消除外部因素对实验结果的影响,减少各种误差的形成。

2. 实验法的缺点

(1) 效度困境

实验法的关键在于控制,只有严格控制变量才能增加实验结论的有效性,即提高内部效度。但是,对实验环境的控制度越高,也就意味着实验环境离现实环境越远。现实社会中的社会现象和行为总是特定社会环境的产物,抽掉了这种环境,这些行为也许根本就不可能发生,这就降低了实验的外部效度,由此内部效度和外部效度就像鱼和熊掌一样不可兼得。这被称为实验研究法的效度困境。[1]

---

[1] 徐沛、张艳、张放:《传播研究方法基础》,成都:四川大学出版社2011年版,第255页。

(2) 实验者效应

在实验中,实验人员可能以某种方式(如表情、手势、语气等)有意无意地影响被试者,使他们附和实验者的期望。由于有意无意地给实验对象以某种暗示,某些实验对象就会有意去迎合实验者的期望,从而,实验对象的行为就有可能受到实验者的影响。为了避免或降低实验者效应,研究者一般采用双盲控制的方法。双盲控制是指实验的操作者和被试都不知道实验的内容和目的,也不知道哪些是实验组哪些是对照组,从而避免实验者和被试者双方因为主观期望而产生额外变量。

(3) 伦理及法律的限制

由于社会科学研究中控制实验以人为研究对象,因而实验所能操作的自变量常常受到法律和伦理的限制,如防止实验中的有意欺骗、身心伤害、必须践行实验前的信息告知义务等。在社会科学研究较为成熟的国家,学术界往往制定相关的道德规范和行业标准来规范实验流程,如美国心理学会(APA)制定了《美国心理学会道德准则》规范被试伦理。

(十) 实验法在传播研究中的运用及案例

在传播学研究的五个主要领域(控制研究、内容分析、媒介研究、受众研究和效果研究)中,都有实验方法的研究。但实验方法的应用集中在微观的传播效果研究方面,准确地说,是集中在与传播效果能发生关系并假设在其中能产生因果联系的研究问题上。

在我国,传播学研究还处于定性研究阶段,量化研究尚未成为解释传播学现象的主导性研究方法。对于实验法的学习和研究将有助于完善对传播学研究方法的认识,有助于进一步推动实验法在传播学研究中的应用。

传播学实验研究的经典案例非霍夫兰的说服实验莫属。霍夫兰是传播学的四大奠基人之一,作为耶鲁大学实验心理学教授,他在第二次世界大战期间为美国军方进行士兵心理实验研究,把心理实验方法引进了传播学领域。下面将从实验背景、具体的实验步骤与方法、实验结论以及实验意义四个方面对这项在传播学史中占有重要地位的研究过程进行简要说明。

1. 实验背景

霍夫兰实验研究的背景要追溯到珍珠港事件。1941年12月7日,日军毫无预警地偷袭了美国珍珠港海军基地,这令美国人大为惊愕,因为在此之前美日双方一直处在谈判之中,美国人希望借此孤立于欧亚战场之外。珍珠港事件激怒了美国人,全国要求参战的声音占据上风,青年纷纷自愿参军。12月8日,当时美国总统罗斯福通过广播向全国宣布美国正式与日本开战。

美国大量新兵入伍,他们在职业、种族、宗教信仰、文化程度等方面的多元化带来了新兵培训上的困难。除了训练新兵行军及操练武器,更重要的工作是提振他们的作战士气,向他们灌输仇恨敌人和爱国卫国的精神,提高新兵战斗力。美国军方决定采用电影或其他大众传播形式进行宣传、说服教育,鼓舞斗志。美国军方的情报及教育署研究部实验室接受指派,对说服材料的效果进行评估和研究,霍夫兰等人就接受了这一重托,开始了对说服材料传播效果的研究,从而也开始了传播史上的"说服性传播"研究。他们的研究成果在1949年以《大众传播实验》(*Experiments on Mass Communication*)为书名结集出版。

2. 实验步骤及方法

霍夫兰等人在控制实验对象方面拥有前所未有的便利条件,他们可以选择实验的时间、地点、实验对象的数量、观看的电影;至于实验对象的背景信息则可以从军方档案中获得;他们可以不必等待被调查者答应义务填写问卷就能获得数据;最后,实验的费用全部由美国军方承担。

实验想探究电影对士兵们产生的效果:(1)影片能否有效提高士兵们关于战争的事实性知识?(2)影片是否改变了士兵们对几个基本主题的观点和解释?(3)影片在多大程度上改变了士兵们对英国盟军的态度?(4)影片是否提高了新兵的作战动机和士气?

其调查程序如下:(1)使用实验组和控制组,前者观看宣传影片,后者在人员上与实验组相似,但是没有看过影片。(2)在实验组看电影之前和之后都分别对两个组进行匿名的问卷调查,即"带控制组的前\后测实验设计"。

在一些操作细节上,他们采用的方法也值得我们借鉴。例如在实验前,对问卷的每一个问题都加以仔细的预先试验,以确定它能被实验对象所理解,并且能准确地收集到实验者需要的信息。最后出现在问卷上的问题主要被分为两类:事实测验、观点性项目以及有关被调查者个人信息的问题。这些个人信息加上笔迹,能确保前后作答的是同一个人。

在抽样方式上,不是按个人而是按连队抽,为了保证实验组和控制组相似或配对,研究者进行了微调。那些年龄、宗教信仰、学历等特点相类似的连队被平均分配到各组。实验地点是食堂大厅,受过训练的调查人员在现场监视,实验的匿名性得到保证。

在前/后测中,研究者们设计了两套问卷,为了不让他们对填写两次问卷的原因产生怀疑,研究者向他们解释说,根据第一次的结果,对问卷进行了修改。事实上,第二个版本只不过在问卷的开头用大写字母印了"REVISED"几个字。

3. 实验结论

首先,影片确实增加了士兵们对战争的事实性知识。例如,在回答"为什么德国人没有取得轰炸英国地面飞机的胜利"这一问题时,控制组里只有21%的人正确回答了这个问题,而在电影组中却78%的人答对了。其他的事实性问题的回答结果也十分类似,电影组的正确率要高得多。

其次,影片在改变士兵们对片中主要观点的接受及解释方面也具有显著效果,但是控制组和实验组之间的差别没有事实性知识的差别那么大。

再次,在改变士兵对英国的态度方面,影片的效果不大。尽管影片明显地影响了对战争的事实性信息的了解,改变了与主题有关的观点接受与解释,但观看经验并没有改善士兵对英国盟友的态度。通过对各种问题的调查发现,控制组和电影组之间的差异几乎可以忽略不计。

最后,在强化观看者整体动机和提高士气方面,影片没有明显效果。其中一个问题是,训练者是否愿意在美国本土或海外服役,控制组中有38%的人回答愿意,而在实验组中只有41%,其差距不具有统计显著性。

总之,影片对于增加战争有关知识的效果很大,在意见和解释的改变上产生效果,但是影片对于新兵服役的动机毫无影响力,这显然不符合军方拍摄和播放电影的主要意图。那么如何才能更好地增强影片的说服效果呢? 霍夫兰等人将研究重点转向了不同说服手段的效果差异。

4. 后续实验

在不同说服手段的效果差异研究中,有一项探讨说服产生的意见变迁为短期或长期的效果;还有一项研究旨在探讨"一面提示"和"两面提示"两种不同的传播方式之间是否存在差异性的后果,即到底是片面的理由较能达到说服效果,还是正反两面意见并陈比较能达到更好的说服效果。

短期和长期效果的测试都是采用"带控制组的前测/后测"方法。只是长期效果研究中,前、后测之间的时间为9个星期。结果显示,长期和短期设计的结果之间有明显差异。经过9个星期的时间,被试只能记住一星期后记忆的一半。为了进一步探讨时间对意见变迁的影响,研究者设计了一份包括15个项目的意见问卷来进行测试,得到了一些未预料到的结果。长期实验组比短期实验组在大约占总数1/3的意见项目中改变得少,但是在超过半数的意见项目上,长期实验组却比短期实验组改变得多。研究者称此种现象为"睡眠效果"(sleeper effect)①。这是因为被试已经忘记了他们借以改变意见的影片信息,摆脱了信息的限制,观点发生了更大的改变。

表3　对指导性电影的长期、短期效果的调查设计

	短期组		长期组	
	实验组	控制组	实验组	控制组
第1周	用问卷进行前测	用问卷进行前测	用问卷进行前测	用问卷进行前测
第2周	放映电影	—	放映电影	—
第3周	用问卷进行后测	用问卷进行后测	—	—
第11周	—	—	用问卷进行后测	用问卷进行后测
实验人数	450	450	250	250

资料来源:洛厄里、德弗勒:《大众传播效果研究的里程碑》,刘海龙译,北京:中国人民大学出版社2009年版,第99页。

霍夫兰等人又以"美国对日本的战争还要持续多久"为题进行"一面提示"与"两面提示"的比较研究。625名士兵被分成三组。(1)"一面提示"组(214人),即在广播稿中只提示对日作战的困难性,如强调日军的规模和顽强的战斗力、日本民族的凝聚力等。(2)"两面提示"组(214人),在提示不利条件的同时,也提示有利条件,如德国投降后日本已陷入孤立等,但结论同样是要完全打败日本尚需"持久作战"。(3)控制组(197人),不给予任何内容提示,目的是观察他们在自然条件下的态度变化,并与前两组进行比较。

同样,该实验也用了前测后测的方法,前后测间隔一周。实验结果主要包括:无论"一面提示"还是"两面提示"都取得了良好的说服效果,它们在总体上并无明显差异,而控制群的态度却基本没有变化。这说明,进行说服与否,结果大不一样。从说服对象的原有态度和文化水平等方面的考察结果表明,"一面提示"和"两面提示",效果的大小强弱在很大程度上取决于对象的性质,离开具体对象空谈两者的优劣是没有意义的。也就是说"一面提示"对文化水平低者或是原来持赞成态度者效果明显;而"两面提示"对文化水平高者或是原来持反对态度者效果明显。

---

① 〔美〕希伦·A.洛厄里、梅尔文·L.德弗勒:《大众传播效果研究的里程碑》,刘海龙译,北京:中国人民大学出版社2009年版,第100页。

表 4　两组接受不同节目信息的新兵对于战争长度估计的总体效果

	认为战争还要进行一年半以上的人的比例		
	实验组		控制组
	节目"一面提示"	"两面提示"	
前测	37%	38%	38%
后测	59	59	34
差别	22%	21%	−2%
概率	<0.01	<0.01	

资料来源：Carl I. Hovland, Arthur A. Lumsdaine, and Fred D. Sheffield, *Experiments on Mass Communication*, Princeton, N.J.: Princeton University Press, 1949, p.210。

三、个案研究法

(一) 个案研究法概述

1. 个案研究法的定义

个案研究法是社会科学研究的一种重要的方法，是透过针对单一或若干个个案进行全面、系统的研究，通过多元资料的搜集及多重的比较分析，尽可能多地获取丰富资料的研究方法。

"个案"一词最早出自医学、心理学和法学等领域的研究。在医学上医生们用个案研究来诊断病例；在心理学上，学者运用个案研究收集并分析关于个人生活经历、家庭环境、职业状况等资料，探究个人心理特征的形成与发展；在法学领域，许多国家的律师从以往的判例中研究法律渊源，并获得对新案件的支持性论据；在经济管理领域中，哈佛商学院最先将个案研究法引入企业管理教学并沿用至今……现在，个案研究作为一种有效的研究方法被广泛应用于人类学、社会学、教育学和新闻传播学等领域。

个案研究可以以一个整体的社会单位为对象，可以是人、家庭、组织机构、族群、社会等，也可以是事件（事例）或过程等。个案研究法的基本逻辑是，研究者在选定研究对象后，通过多元的方法，包括文献、观察、访谈、问卷调查等，仔细搜集与研究课题有关的资料，并进一步分析和归纳，了解研究对象发生和发展的规律以及发生的原因，以寻求解决问题的方法或途径。

2. 个案研究法的特点

美国学者梅里安曾列举了个案研究的四种特点[①]：

特殊性的(particularistic)，即个案研究着重于特定的情况、事件、节目或现象，是研究实际、真实生活问题的绝佳方法。

描述性的(descriptive)，个案研究的最终成果是一份有关研究主题的详细的描述报告。

启发式的(heuristic)，个案研究帮助人们了解被研究的主题是什么，给出新的解释、观点、意义和视角。

归纳式的(inductive)，大多数个案研究都依赖归纳的推理过程，通过对资料的检视形成原理和普遍性，重在发现新的关联性，而不是证明现存的假设。

总体而言，个案研究法的特点是：

（1）能提供详细而丰富的资料

个案研究法特别适合在研究者想要获得对研究课题相关的详细而丰富的研究资料的情况下使用。个案研究的研究对象集中、不分散，研究者可以深入实地，采用多元的方法了解和验证事件或现象的经过与真相，并可以通过详尽的描述展现所研究对象的细节及复杂性。

（2）深度了解问题的背景及背后的原因

个案研究需要对研究对象做深入的探究，理清与个案相关的因素以及问题的背景，并可以结合相关的理论，说明事件或现象背后的原因。所以，个案研究不仅适用于探索性、描述性的研究，也可用来收集解释性的资料。

（3）研究易出现主观偏差

个案研究的成果易受到研究者主观因素的影响。研究者如果有先入为主的观念会影响对资料的选择和解释，从而出现片面或偏颇的结论；深入实地进行观察和访谈等也受研究者自身素质的影响，如果研究者专业水平和技巧不尽人意，则容易使研究结果产生偏差。

（4）资料难于分析和整理，且不能概括出普遍性的结论

个案研究采用文献、观察、访谈等方法，收集到的资料相对凌乱，后期对资料的分析和整理相对困难。另外，由于个案研究中个案具有特殊性，因此虽然个案研究的结果对人们认识事物与现象具有启发意义，但其结论不宜直接推论至研究外的其他个案。而且一般个案研究的个案数量较少，其结果对总体而言没有

---

① 〔美〕Roger D. Wimmer 等：《大众媒体研究》，黄振家译，新加坡：新加坡亚洲汤姆生国际出版有限公司 2002 年版，第 167 页。

代表性,不能用作推论总体。

(5) 研究需要的时间较长

为了获取丰富、详尽、深入的资料,个案研究的研究周期往往比较长,花费的时间较多。而且,即使花费了大量的时间,个案研究的研究者也有可能得到许多模糊的、难以概括的资料,从而难以获得高价值的研究结论。

由于个案研究法具有以上的特点,一些学者在研究问题时常将个案研究法与其他研究法结合起来使用。比如有些研究者就把个案研究与抽样调查交叉使用来了解社会的某种现象和规律性。个案研究是通过深入"解剖"麻雀来描述各个"点"的情况,更注重研究的深度,强调质的解释,揭示个体的独特条件。而抽样调查则是要了解"面"上的情况,更重视研究的广度、强调量的分析,它试图详尽地分析各个"点"之间的相互联系,以便从整体上把握社会现象的规律性。在一项调查研究中,把这两种调查方式结合起来,就可以同时了解"点"和"面"的情况了。[①]

(二) 个案研究法的分类

根据不同的划分标准,可以将个案研究划分为不同的研究类型。根据研究目的不同,可分为探索性个案研究、描述性个案研究和解释性个案研究;根据个案的数量不同,可分为单一个案研究和多重个案研究。

1. 探索性、描述性和解释性个案研究

(1) 探索性个案研究

探索性个案研究往往希望通过个案研究获得新的研究视角和观点,回答"是什么"的问题,为进一步提出假设、调查分析、理论概括等做好铺垫。由于超越已有的理论,探索性个案研究往往缺乏比较系统的理论体系支持,不利于研究者研究前充分地准备。但如果研究者能悬置过往的经验和主观思想,以开放的心态、敏锐灵活的思考和创造性的判断进行资料的收集,探索性个案研究则有助于研究者把握事物的细节和复杂性,并进一步发现、提出新的研究问题。

(2) 描述性个案研究

描述性个案研究是研究者在已有的理论支持下,针对个案进行研究,详尽、全面地描述个体特征、事件的来龙去脉和环境背景等,主要回答"是什么""谁""在何时""在何地"等问题的方法。描述性个案研究往往可以收获对事件或现象全方面、多角度的描述,并通过资料之间的相互印证,发现影响事物的主要因素,逐步地接近真实,获取和积累经验材料。描述性个案研究也可以用于在一个正式的研究结束后,拓展或修正某种理论的解释范围或验证某些研究成果的有效

---

① 文军、蒋逸民:《质性研究概论》,北京:北京大学出版社 2010 年版,第 109 页。

性和可行性。

(3) 解释性个案研究

解释性个案研究指的是研究者运用已有的理论假设,通过个案研究来解释事件或现象,往往回答"怎么样"和"为什么"等问题。解释性个案研究除了探究事件或现象的过程和背景外,还需要针对个案进一步挖掘事件或现象形成的原因,以便加深对事物的认识,获得解决问题的启示。

2. 单一个案研究和多重个案研究

(1) 单一个案研究

单一个案研究是只研究一个案例,往往用于分析某一个有典型性的、独特的或者极端的事物。单一个案研究由于聚集研究焦点,往往能获得对这一个案深入、详细的资料,获得对事物全景式的、多角度的认识与理解,但往往不适用于系统建构新的理论框架。

(2) 多重个案研究

多重个案研究是研究者研究多个个案。研究者首先对每一个个案作为独立的整体进行深入的研究和分析,也就是"个案内分析";之后再对所有个案进行归纳、比较、整合与总结,并得出研究结论,也就是"跨个案分析"。具体流程如下图所示。多重个案研究比单一个案研究能更多地收集与课题相关的资料,能更好地认识个案的特点、共性与区别,通过对多重个案的分析与比较,更有利于提高研究的效度。

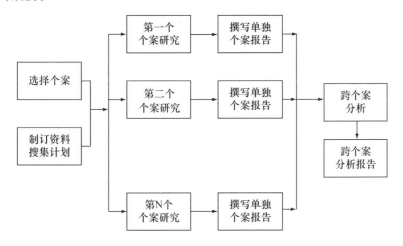

(三) 个案研究法的程序

个案研究并没有一套标准的执行方式,但是一般都会有以下四个步骤。

1. 研究设计

在研究设计中,研究者需要首先明确研究目标、研究问题等。要考虑好:该研究是为了提出新的假设还是验证已有假设?该个案研究是探索性的、描述性的还是解释性的?需要研究的主要问题是什么?个案的构成是人、组织、社会还是事件等?个案的研究背景和环境是怎样的?是做单一个案研究还是多重个案研究?研究的进度和地点是什么?收集资料的方法和工具需要哪些?……在此阶段,研究者可以通过文献研究等方式设计出一份详细的方案,周全地考虑研究目的、研究内容、研究程序、研究方法和工具、组织和实施等要素。

在个案的选取中,我们需要注意个案的典型性的问题。一个个案,只要能集中体现某一类别,则不论这个类别的覆盖范围的大小如何,就具有典型性。典型性不是个案"再现"总体的性质(代表性),而是个案集中体现了某一类别现象的重要特征。① 所以,我们在选取个案时可以先考察所关注事物的共性,再从具有共性的个体中挑选出作为研究对象的个案。另外,在选取个案时,研究者还需要综合多种因素,衡量个案的研究价值和潜力,有时也要综合研究者的兴趣与便利。

2. 试验性研究

为了使初步制订的研究方案更加完备和具有操作性,研究者可以先做一些试验性的研究,如开始接近作为个案的人物或组织,使用不同的方式搜集资料,并通过不同的试验性的角度考察研究对象等。通过试验性研究,研究者能够发现在研究设计阶段始料未及的因素,进一步完善研究设计并制定一套系统的方法来实施资料收集。

3. 收集资料

针对研究的个案,研究者可以采用多元的方法收集课题相关的资料。一般而言,个案研究至少有四种资料来源:

一是文献,如文件、文章、信件、备忘录、会议记录、档案、记事本、历史记载、小册子、标语等。相关方法可参看文献研究等相关章节。

二是访谈,如问卷调查、深度访谈、小组访谈等。相关方法可参看访谈研究和调查研究等相关章节。

三是观察,可以通过参与式观察等方法得到人的行为和关系等资料。相关方法可参看观察法等相关章节。

---

① 王宁:《代表性还是典型性?——个案的属性与个案研究方法的逻辑基础》,载《社会学研究》2002年第5期。

四是实物,如工具、设备、电脑输出资料等实体的或是文化的人造物。相关方法可参考观察法中间接观察等相关章节。

各个资料作为证据来源的优点和缺点,可列表比较[①]:

证据来源	优点	缺点
文件	• 稳定——可以反复阅读 • 自然、真实——不是作为案例研究的结果建立的 • 确切——包含事件中出现的确切的名称、参考资料和细节 • 覆盖面广——时间跨度长,涵盖多个事件、多个场景	• 检索性——低(难找到) • 如果收集的文件不完整,资料的误差会比较大 • 报道误差——反映作者的偏见(未知) • 获取——一些人为因素会影响文件资料的获得
档案记录	• 同文件 • 精确、量化	• 同文件 • 档案的隐私性和保密性影响某些资料的使用
采访	• 针对性——直接针对案例研究课题 • 见解深刻——呈现观察中的因果推断过程	• 设计不当的提问会造成误差 • 回答误差 • 记录不当影响精确度 • 内省——被访者有意识地按照采访人的意图回答
直接观察	• 真实性——涵盖实际生活中发生的事情 • 联系性——涵盖事件发生的上下文背景	• 费时耗力 • 选择时易出现偏差——如果没有一个团队,观察的范围就不够开阔 • 内省——受观察者察觉有人在观察时,会调整、掩饰自己的行为 • 费用——人力观察耗时多
参与性观察	• 同直接观察 • 能深入理解个人行为与动机	• 同直接观察 • 由于调查者的控制造成的误差
实物证据	• 对文化特征的见证 • 对技术操作的见证	• 选择误差 • 获取的困难

一般建议,个案研究者应该通过多种资料来源、多种渠道收集资料,灵活地使用和综合多元的方法,使不同资料之间可以相互印证,可以被三角验证或三角定位。多元资料收集有助于降低单一资料收集所导致的偏误或盲点,从而使个案研究的结果更准确、更有效。

[①] 〔美〕罗伯特·K.殷:《案例研究:设计与方法》,周海涛等译,重庆:重庆大学出版社2010年版,第110页。

4. 整理、分析资料

整理和分析资料往往是个案研究中最艰难的步骤。研究者在此阶段需要全面、细致、系统地对所收集到的资料进行分析、整理,获取个案的行为或现象之间的关系以及影响因素等,并撰写出研究报告。对于个案研究来说并没有一套统一、标准的分析、整理资料的方法。学者罗伯特·K.殷曾提出了三种主要的分析技术可供参考:[①]

模式匹配技术:将具有实证研究基础的模式与假设的模式相比较,如果假设的模式和实际不相称,最初的研究目的就可能有问题。

建构解释技术:进行关于某个过程和结果的基本理论陈述,与个案研究的初步结果相比较,修正前面的陈述;再分析第二个类似的案例;多次反复检验,直至建构出完整而令人满意的理论陈述为止。

时间序列技术:按资料中时间反映的一系列观点与假设的理论趋势相比较,检验这些假设是否正确。

分析、整理资料之后,研究者就可以着手撰写个案研究的报告。一般个案研究报告主要包括:研究目的与内容、研究对象的基本情况、研究过程、研究结果与分析等部分。其中研究结果部分应该着重说明资料分析、整理的结果,概括、提炼出所发现的问题和事物的规律,并用科学方法进行论证。当然,研究报告的风格和形式可以是多样的,但撰写报告时一般都需要考虑读者的特点。

四、观 察 法

(一) 观察法的概念

观察法是观察者根据研究课题,借助眼睛、耳朵等感觉器官和其他仪器与手段,有目的地对研究对象进行考察,以取得研究所需资料的一种方法。

区别于日常生活中无意识、无系统的观察,科学的观察法往往有比较明确的研究目的或研究方向,另外预先有一定的理论准备和较系统的观察计划和方案。不像日常观察那么随意和无序,科学观察在实施中往往由受过一定专业训练的观察者遵循一定的程序有系统、有组织地完成。观察者在观察中可以调动所有的感官并借用仪器、设备等工具完整及时地记录观察过程,并对观察记录进行分

---

① 〔美〕Roger D. Wimmer 等:《大众媒体研究》,黄振家译,新加坡:新加坡亚洲汤姆生国际出版有限公司2002年版,第170页。

析和整理。最后,科学的观察结果往往可以通过对被观察者反复观察或通过其他研究方法对观察结果进行验证。

观察法常用于课题的探索性研究阶段,用以收集初步的信息或原始资料,也可以帮助产出之后描述性研究的假设及测量的概念等,或者用于进一步深入探究和分析其他研究获得的特定的成果,来帮助解释特定的现象或行为。

(二) 观察法的分类

从不同的角度,可以将观察法划分为不同的类型。根据观察情境不同,可分为实验室观察和实地观察两大类;根据观察程序的不同,观察法可分为结构式观察和非结构式观察两大类;根据被观察者的不同,观察法可分为直接观察和间接观察两大类;根据观察者的角色不同,观察法可分为非参与观察和参与观察两大类。

1. 实验室观察和实地观察

根据观察情境的不同,观察法可分为实验室观察和实地观察两大类。

实验室观察也称实验法,是指在人为控制的环境中,对观察场所、观察情境和被观察者进行严格控制下的观察。这种方法适用于微观的、探究因果关系的研究。传播学的奠基人库尔特·卢因和卡尔·霍夫兰最早在传播研究中使用实验法。卢因原先研究团体动力学,为了弄清小团体内的人际关系,用实验法对团体内的传播活动进行观测。霍夫兰在第二次世界大战中,对陆军部拍摄的军事教育影片对士兵态度改变的问题进行了研究。他和助手设计了一套实验程序,让士兵观看《我们为何而战》《大不列颠之战》等战争动员电影,然后测量士兵对美国参战的不同态度,结果发现单一的大众传播信息并不能有效地影响人们改变态度,同时发现了"睡眠者效应"。第二次世界大战后,霍夫兰在耶鲁大学继续做关于劝服和态度改变的研究,而这些研究已成为传播学研究的经典之一。

实地观察是观察者在现实社会生活场景中所进行的观察,区别于实验室的观察,实地的观察往往是在自然的状况下对被观察者进行观察,所以能获得比较真实可靠的资料,并通过对资料的科学分析得出结论。这里我们主要讲实地观察。

2. 结构式观察和非结构式观察

根据观察程序的不同,观察法可分为结构式观察和非结构式观察两大类。

结构式观察也称有控制观察或系统观察,是根据事先设计好的观察计划和明确的观察目的,严格按照规定的程序来实施观察。因为结构式观察的观察内容和程序都有严格的规定,常会使用观察表格或观察卡片等作为工具,因而能够得到比较系统和详细的观察资料用以进行定量分析和对比研究。结构式观察常用于对研究对象有较充分了解的情况下,能较好地得到系统、完整、全面的观察资料,资料的分析和整理相对方便,但不足在于观察实施中缺乏弹性和开放性,不能根据观察现场的情况及时转换观察角度和观察内容。

非结构式观察也称为无结构观察、无控制观察或简单观察,是不对观察内容、范围以及程序等事先作严格的规定,根据现场实际情况灵活确定的观察方式。无结构观察法中,观察者只有一个总的观察目的和观察要求,或仅有一个大致的观察范围和内容,没有特别详细的观察计划和观察项目,观察实施时观察者根据当时环境和条件变化随时调整观察内容和观察角度,并按照观察者的理解有选择地记录观察结果。无结构观察比较灵活,适应性较强,而且简便易行,因此最为常用。但非结构式观察所得的资料较分散、不系统,因为没有制定适于量化的观察结构,故无法进行定量分析和严格的对比研究。非结构观察主要用于对被观察者的定性分析,多用于探索性研究,在对被观察者不甚了解的情况下使用。

3. 直接观察和间接观察

根据被观察者的不同,观察法可分为直接观察和间接观察两大类。

直接观察是指观察者直接对作为被观察者的人进行观察,直接获得所需的信息资料。一般来说,直接观察比较简便易行,真实性和可靠性高,应用十分广泛。

间接观察则是通过观察到的自然物质、行为痕迹和社会环境等中介物间接观察人的状况和特征。例如观察一定时期内阅览室中书刊杂志封面和书页的磨损情况,了解这一时期人们的阅读倾向;观察送到维修厂的汽车收音机调台位置,估计各个广播电台节目受欢迎程度以及与不同经济层次的车主(听众)之间的关系;观察某地区生活垃圾,来发现该地区居民的消费水平及状况等。间接观察的操作比较复杂,需要观察者有较强的分析能力和判断能力。而由物推测人的行为和态度倾向也可能发生种种误差。但是,它对已消逝的历史事物和无法直接观察到的事物来说,是比较可行和有效的观察方法,但使用时往往还需其他研究方法的辅助。

4. 非参与观察和参与观察

根据观察者的角色不同,观察法可分为非参与观察和参与观察两大类。

(1) 非参与观察

非参与观察也称局外观察,是观察者不加入被观察者的群体,不参与他们的活动,完全以局外人或旁观者的身份进行观察。这种方法的突出特点是"冷眼旁观"。观察者的身份类似于在观众席上看表演的观众,是不参与到演员的活动中的。一般来说,非参与观察比较客观、公允,但不够深入,观察到的多是一些表面现象,不能深入了解被观察者的内心,不能对事件或行为背后的原因进行有效的挖掘。

关于非参与观察,我们举一个实例说明。20世纪70年代,美国反淫秽书刊委员会为了了解经常光顾出售此类书刊的"成人"书店的是哪些人,采用结构式的直接而隐蔽的非参与观察的方法对这一现象进行了研究。通过抽样,他们选取了一些城市的某些"成人"书店作为观察点,在书店外设置了隐蔽的场所,然后由工作人员隐藏其中,并记录进入书店的每一位顾客的特征。记录表是事先设计好的,记录表中主要包括四项指标:性别、年龄、社会阶层、婚姻状况,见下表。这些指标的操作化定义是根据一些表面的状态来规定,例如,社会阶层以服装、服饰来区别,如西装革履属于白领阶层,身穿工作服属于蓝领阶层等;以是否带有结婚戒指确定婚姻状况(当然这些操作化定义的效度会引起质疑,在实际观察中,研究者通过抽样调查发现,50%的已婚男子不戴戒指,他们根据这个比例对观测结果进行了修正)。在观察实施之前,需要对观察员进行培训,来使观察标准化[①]。

书店观察表

观察开始时间　　　　　　　　　　　结束时间

个人情况:(1)男□　　　　　　(2)已婚□
　　　　　　女□　　　　　　　　单身□
　　　　　　　　　　　　　　　　不知道□

年龄估计:10岁以下□　　　　41岁—50岁□
　　　　　11岁—20岁□　　　51岁—60岁□
　　　　　21岁—30岁□　　　61岁以上□
　　　　　31岁—40岁□

职业或身份:_____不知道□

单独一人□　同_____个同伴　同谁?_____

买了几本书_____本　一本也没买□　不知道□

进书店时的最初行为:_____

同服务员的接触情况:_____　一个也没接触□

[①] 袁方、王汉生:《社会研究方法教程》,北京:北京大学出版社1997年版,第338页。

同其他顾客的交谈情况：_____　　一个也没交谈 □
翻阅书籍的情况：_____　　　一本也没翻阅 □
评价目的性：有目的的 _____ －2 _____ －1 _____ 0
_____ 1 _____ 2 _____ 随便浏览的

(2) 参与观察

参与观察也称局内观察，是指观察者作为局内人参与到被观察者的活动之中，通过与被观察者共同活动从内部进行观察。参与观察一般与实地研究以及田野调查相联系，是人类学和民族志研究中最常用的研究方法之一。在民族志研究中，参与观察者会在较长一段时间内进入观察现场，对人们在日常中平凡琐碎的行为进行研究。参与观察者在自然的场所进行直接观察，一般多采用非结构式观察，观察前往往没有完整、具体的理论假设，在根据调查研究主题进行长期观察后，从大量现象中逐步概括出被观察者的主要特征或深入地描绘出某一特定的文化现象。

参与观察根据参与程度不同，又可分为完全参与观察和不完全参与观察。

完全参与观察又称为隐蔽的参与观察，是观察者完全深入到被观察者的社会群体之中，作为其中一个成员参与这个群体的正常活动并隐藏自己作为观察者的真实身份进行观察。在整个观察的过程中，被观察者相信观察者只是他们群体中的一名普通成员，并不知道观察者的真实身份，也不知道他们正在被观察。例如，警察打入犯罪团伙内部进行"卧底"等。隐蔽地参与观察使观察者能最大限度地自由观察，也保证了被观察者在一种极为自然、不受观察者干扰的情况下行动，往往便于观察者获得真实的资料。隐蔽观察可以通过隐蔽在被观察者中用感官进行观察，也可以借助单面镜、隐蔽照相机、摄像机等设备来实现。隐蔽观察由于事先不告诉被观察者，往往因为被认为侵犯被观察者的权利而容易引起道德和伦理上的问题。

不完全参与观察又称为公开的参与观察，是观察者以公开的身份参与到被观察者群体之中，即人们都知道他是一个观察者，而且他有时和被观察者共同活动并进行观察，有时又作为旁观者进行观察。公开观察是在被观察者知道他们正在被观察的情况下进行的，在得到被观察者的同意后实施，不会涉及欺骗等道德伦理问题。观察者不仅能够通过与被观察者共同活动，体验和理解生动具体的感性资料，而且能够公开地同被观察者就研究主题进行深入地探讨，从而收集到丰富、理性的资料。但由于公开的参与观察会使被观察者时时感到他们正在被观察，可能出现"在场者效应"，使被观察者或多或少地表现出不真实的行为和态度,从而影响观察的真实性和准确度。而究竟使用隐蔽观察还是公开观察要考虑观察目的、观察内容、被观察者的合作程度以及道德伦理问题等多种因素。

了解观察法的分类及其特点,是为了使研究者能够根据实际情况灵活加以运用。在实际的观察过程中,上述各种观察类型在使用上往往是互相联系和交叉的。例如许多的实地观察同时也是非结构式观察、参与观察和直接观察。这里我们也将就参与观察的特点和实施步骤等做详细的讲解。

1)参与观察的特点

为了深入现实体验和考察传播行为,研究者往往会考虑运用参与观察法。例如在记录并分析通常不为人所知的媒介生产制作领域就常用此法,传播学理论中关于新闻生产过程中新闻编辑作为"把关人"的理论便是早期运用参与观察法的研究之一。参与观察的特点如下。

第一,能得到丰富、真实、详细的资料。参与观察是观察者在自然、真实的场景中完成的。观察者可以详细了解正在发生或进行的现象以及人们行为的过程、事件发生的来龙去脉、促使事件或行为发生的重要因素等丰富而鲜活的信息。观察者观察的过程与事件或行为发生的过程同步,并且观察者对于事件或行为并不加干预和引导,所以参与观察获得的资料往往比较真实、可靠。

第二,简单易行、灵活度高。参与观察的观察者以自己作为工具,通过自己的感官外加纸笔往往就能完成收集资料的工作,并可以随时随地进行,所以参与观察具有简单易行的特点。另外,参与观察一般是无结构的,观察者可以随时根据具体观察的情景和被观察者的状况调整观察范围、视角和内容等,观察人员的数量可多可少,观察时间可长可短,所以参与观察具有较高的弹性和灵活度,能比较开放地吸纳新的发现和成果,从而有助于为之后产出概念和假设、构造理论或模式提供丰富的资料。

第三,不受被研究对象的能力和意愿的影响。参与观察可以研究并收集一些不能或不便表达的研究对象的资料,如婴儿或聋哑人等,他们无法或不便接受问卷调查或深度访谈,但通过参与观察,可以比较好地接触并了解他们的情况。所以,参与观察比较适合接近某些其他研究方法难于调查的群体。

第四,依赖于研究者的主观判断。参与观察的成果依赖于研究者(观察者)的主观判断、领悟能力和解释技巧,研究者潜在的信念、价值观、思维方式、情感感受等可能会影响观察者观察到什么和怎么分析。另外,由于参与观察需要观察者作为局内人深入实地、参与被观察者的生活,使观察者能比较直接和真切地感受到被观察者的思想感情和行为动机,便于观察者更好地理解被观察者。但在与被观察者长时间接触中,观察者容易在不知不觉中形成倾向和认同被观察者的观点和情感,使观察结果掺入主观成分,从而影响观察结论的客观、中立。为了使参与观察的结论更加科学,往往可以采取反复验证观察结果或多位研究者同时参与观察等方法。

第五,不能得出全面、系统的研究结论。参与观察研究对象一般都是小样本,其代表性取决于研究者的经验和判断。而且参与观察的研究程序非标准化,往往也不能比较综合地考虑大量不同类型研究对象的情况,加上观察者个人的观察有时难免带有主观性和片面性,所以,一般参与观察的结论不能推断总体,不能概括出普遍性的结论。也正因为如此,参与观察往往会与其他多种方法相结合使用。

2) 参与观察的程序

参与观察的实施过程一般可分为三个阶段,观察准备阶段、观察实施阶段和观察资料的整理分析阶段。

- 观察准备阶段

在观察准备阶段,研究者需要完成明确观察目的和意义、制定初步的研究计划和准备好观察的设备与工具等工作。

第一,明确观察目的和意义。研究者在执行观察前需要再次理清观察的目标和意义,即回答为什么观察和通过观察收获什么等问题。是为了了解被观察者的一般状况?还是要揭示被观察者行为及状况的原因?是为了验证和解释已有的研究成果?还是为了通过观察获取新的思想与观点,拓展新的问题?另外,研究者可以通过文献研究、专家访谈等方法先搜集一些有关被观察者和研究课题的文献资料,并进行阅读分析,确定大体的研究方向和范围,为观察做好充分准备。

第二,制订初步的观察计划。研究计划就像学者李红艳所说,从某种意义上说,就好像是一张地图,研究者需要标出自己的路线,以及在各个路标之间可以拥有的时间、资源和经费,而后到达终点。终点自然不止一个,所以需要研究者进行选择,尽管很有吸引力,也只能选择一个终点来完成研究设计。虽然许多参与观察都是无结构的观察,需要观察者随着观察情境及被观察者的情况灵活地调整观察的内容和方向,但未进入正式观察现场前,观察者还是需要根据观察的目的和意义对被观察者、观察内容、研究途径和方法、预期的成果等做初步的构想。一般可包括如下几个方面[1]:

---

[1] 文军、蒋逸民:《质性研究概论》,北京:北京大学出版社2010年版,第128页。

① 观察谁（Who）

研究者要观察的对象是谁？他们处于什么样的群体中？被观察者是群体中的部分个体还是所有群体成员？他们的角色是什么？身份、地位如何？群体成员的关系如何？群体领袖是谁？观察时被观察者是否在场？是否有群体其他成员或外来群体出现？对于其他群体成员或外来群体是否观察？观察的范围如何？……

② 观察什么（What）

观察现象的情况如何？发生了什么？被观察者说了什么？做了什么？他们行动的表情、语气如何？成员间的互动状况如何？成员互动对行为结果及现场环境的影响如何？不同事件或现象之间的关系是什么？这些事件是如何发生的？为什么会发生？在这个过程中，群体成员的行为动机是什么？人们对该事件或现象的看法如何？……

③ 观察时间（When）

研究者第一次观察在什么时间？为什么选择这个时间观察？完成此项研究计划观察多长时间？每次（或每天）观察多长时间？对每个研究对象、研究群体或事件计划进行多少次观察？……

④ 观察地点（Where）

在什么地方进行观察？地理范围有多大？为什么选择这个地方观察？这个地方有什么特点？与其他地方有什么区别？观察者与该地方保持多远的距离？该距离对于观察结果可能造成什么影响？……

在制订研究计划的阶段，研究问题的范围应该比较宽泛，以免遗漏掉一些有可能发生的重要问题。在研究开始后，再随着问题的不断深入，逐步缩小研究范围。

第三，准备好观察的设备与工具。参与观察最大的工具就是观察者本人。而观察除了需要积极调动观察者的各种感官外，往往还需要其他辅助设备和工具，如纸笔、录音笔、摄像机、照相机等。这些设备作为观察者利用眼睛、耳朵等器官进行观察的一种补充，可以更利于观察者观察与记录。

- 观察实施阶段

做好观察准备后，就可进入实地开始实施观察了。在此阶段有选择观察地点、进入观察现场、观察和收集资料、记录和审核观察内容以及离开观察环境等环节。

第一，选择观察地点。根据观察计划，观察者可以先去几个计划的观察地点"踩点"，评估该观察地点是否适宜观察。如观察的行为和状况在该地点是否会发生？并且发生的频率是否足够观察者观察？观察地点是否相对稳定？是否有利于被观察者自然真实地行动？是否相对开放，可以方便观察者自由、不受阻碍地实施观察？是否有利于容纳观察设备？……观察者可以比较几个不同的观察地点的优劣势，之后确定实施观察的地点。

第二，进入观察现场。实施观察的地点确定后，观察者就要有计划地进入观察现场。对于完全参与观察来说，观察者需要设计一个比较好的契机，顺畅地成为被观察者中的一员，并需要转变好角色自然地融入被观察者中，取得他们的信任，使他们不会怀疑观察者的真实身份。对于不完全参与观察来说，观察者进入现场最重要的是需要和被观察者建立良好的关系。观察者不必迫不及待地与被观察者发展关系，可以在遵循被观察者的生活习惯和方式的基础上，通过共同参与一些事务和活动，逐步了解培养一些相同的爱好和兴趣，实实在在坦诚地与他们接触与交流，热情友善地帮助被观察者，消除他们的种种顾虑，逐步加深了解和信任。同时，观察者作为局外人，在实施观察时需要注意尽量不要因为观察而给被观察者的日常生活造成不便。

第三，观察和收集资料。不完全参与观察在实施观察前往往需要征询被观察者的同意，告知研究的目的和主要内容，保证对观察的内容进行保密，不用于研究外的其他用途。正式开始观察后，观察者可以先从大处着眼，按照从开放到集中的步骤进行。学者丹尼·L.乔金森将实施观察分为无焦点式观察和焦点较集中的观察两类[1]。无焦点式的初始观察是为了逐渐熟悉局内人的世界，以便调整和聚焦后续的观察和资料的收集。在研究刚刚开始时，观察者应该采用开放的态度，对研究对象以及环境进行全面地接触与感受。要调动所有的感觉，用心地敏锐地去发现和体验。丹尼·L.乔金森建议，在对所发生的事情形成初步印象之前，观察者应该限制在现场的直接参与。理想的情况是，观察者出现在现场而不引人注意。使用这个策略的关键是迅速获得对于现场的"感觉"，然后再尝试适应它，尽可能地减少干扰。例如，在多数情况下，直接拒绝回答人们的提问会被视作粗鲁无礼从而使观察者不受欢迎。当观察者对于一些行为举止没有把握时，通常明智的做法是与被观察者在现场扮演的角色行为保持一致。

焦点较集中的观察往往是在观察者熟悉了研究现场后展开的。观察者应该

---

[1] 〔美〕丹尼·L.乔金森：《参与观察法》，龙筱红、张小山译，重庆：重庆大学出版社2009年版，第77—79页。

从出现的问题和研究的主题中选择观察重点。聚焦的策略是,从范围最大的现象开始,逐渐将观察者的注意力集中到一个特定的现象上。观察者可以对之前无焦点式的观察中发现的感兴趣的现象进行更具体、更系统、更详尽的观察。在观察者对研究中出现的问题进行探索和提炼的时候,这个观察、分析、再聚焦、再观察的过程可能多次重复。同时要收集和记录某些潜在的重要事实。另外,焦点较集中的观察要在现场更多地参加人们的活动,尤其是开展非正式的交谈和询问。

第四,记录和审核观察内容。在观察的整个过程中,记录应该与观察同步进行。及时记录观察内容可以有效减少观察内容被遗漏和遗忘,为后期整理分析提供丰富、详细的观察资料。记录可以借助录音笔、摄像机、照相机等设备,当然在使用设备记录前一般需要征询被观察者的同意。除了使用设备,一般参与观察使用最多的工具还是纸和笔。观察者在观察现场做记录时,多数需要依靠记忆力,因为边观察边明显地记录往往会引起被观察者的戒备和反感。可以考虑在当天观察后,先草拟一个观察纪要,简要地记录日期和时间(事件或行为等发生的每个日期和时间)、地点(事件或行为发生的每个地点及实际环境)、行动者(参与者的角色及关键人物的身份等)、活动或事件(相关人员的系列行动)、行为(相关人员的单一行动)、目标(相关人员想达成的事情)和感受(人员情绪的感受及表现)等,可以简写关键词或使用代码加快记录。为了不给研究留下遗憾,观察者之后还应该将观察到的内容充分地记录下来,尽量做到"全部记录",如详细描述事件过程和细节以及对象的行为、语言、表情,还包括随意的交谈和访谈。另外除了观察到的内容,观察者还需要记下本人对此的诠释,即观察者对观察内容的感受、直觉、评价、推测等。为了防止遗忘,整理观察内容应该在当天完成,因为拖得越久,回想细节越难。观察记录的格式没有严格的规定,但应该说观察记录越详尽越好。观察者应该将能回想起来的细节全部如实地记录,这是因为在系统地分析观察资料之前,观察者往往很难判断哪些内容是重要的。全面而详尽的记录能使观察者在数月后通过笔记仍能描绘出一幅生动、详细的画面,再现社会现实的真实图像。

观察者在记录观察内容后,还应该有意识地审核观察及记录的质量,并需要不断地反思证实观察内容的真实性与可靠度。下列这些问题经常被提出来,用来衡量评价观察报告是否充分而合理。

评价观察报告是否充分而合理的常见问题①

问　　题	答案及评价
1. 这个报告是一手材料吗?	道听途说可能极不精确。
2. 观察者所处位置?	观察者所处位置应该能够看到或听到所描述的全部内容。
3. 参与者有必要提供虚假或偏颇的信息吗?	来自看法偏颇者的信息是不可靠的。不讲真话的参与者无法提供足以归纳结论的可靠信息。
4. 报告具有内在的一致性吗?	模棱两可的信息会妨碍得出明晰的结论。
5. 这个报告能被其他的独立报告所证实吗?	仅仅依靠来自参与者的孤立报告或许会是不可靠的。

观察者在记录观察内容时需要不断反思和审核,不断地找出观察到的关键点和新内容。而如果发现某些部分的观察内容不够可靠和明确,需要相应地改变研究计划并进一步实施观察,从而获取真实可靠的资料,为之后整理分析和撰写报告打好坚实的基础。

第五,离开观察环境。观察结束后,观察者应该有计划地离开观察环境。在某些情况下,被观察者或团体可能会对观察者产生依赖等心理,观察者的离去可能会造成负面影响。而对于完全参与观察来说,由于观察者身份的隐蔽,在融入某个团体之后突然离开,被观察者在知情后可能会觉得被利用和欺骗而感到愤怒和焦虑。所以观察者应该最大限度地防止对被观察者造成心理上、感情上或物质上的伤害,机智、适时地离开。

- 整理、分析观察资料

整理、分析观察资料其实在观察实施阶段就已经进行了,而在实地观察实施后,观察者需要系统地对记录下来的资料进行整理和分析,最终得出结论,并撰写研究报告。在此阶段,观察者需要从观察现场的"融进去"中"跳出来",以便获得适当的研究距离,以客观、中立、超脱的立场来分析观察资料,重新思考与审视被观察者的行为和态度。

从操作层面上,首先需要做的就是分类和归档。研究者需要不断循环地分析和研究观察记录,为其建立分类系统,并将原始资料归类,变成有序的信息,以便于之后系统地使用。研究者可以按照一定的标准来分类。通过不断地比较,

---

① 〔美〕约翰·C.雷纳德:《传播研究方法导论》,李本乾等译,北京:中国人民大学出版社 2008 年版,第 198 页。

辨明事实或现象的异同、它们的基本组成以及之间的关系及模式,进一步将资料按照种类、类型等进行整合。可采用文本分析和内容分析的方法对资料进行全面的分析。

另外,还可以考虑对观察资料进行编码,使凌乱的资料更加条理化和系统化。伯格登和毕克兰列举出编码类别的十种架构,可供研究者在分析资料、发展编码类别时参考。研究者在编码时可以根据课题的实际情况来选择并形成编码类别。[①]

① 场所编码:研究发生的具体的现场。

② 情境定义编码:研究对象如何定义场所或特定主题,即研究对象对于研究场所或研究主题的一般整体观点和看法。

③ 研究对象所持的观点:研究对象对于场所特定方面的思考方式。

④ 研究对象对于人们和物体的思考方式:研究对象对于周围人们和物体的分类方式。

⑤ 过程编码:事件随时间改变的顺序,或是从一种状态到另一种状态的改变。

⑥ 活动编码:经常发生的行为种类。

⑦ 事件编码:发生在研究场所或研究对象生活中的特定活动,这些活动并不常发生或只发生过一次。

⑧ 策略编码:人们完成各种事情的方法、方式和技巧。

⑨ 关系和社会结构编码:人们之间通常呈现的行为类型或一个场所内各种关系的社会结构。

⑩ 方法编码:研究的程序、问题、喜悦、困境等。

总之,参与观察的资料分析和整理是一个开放和灵活的过程。整理和分析资料的目的是使资料能以更加有意义和易于理解的方式呈现,并最终将资料理论化、模式化,获得对研究问题及其关系更加明晰的认识并形成有益的研究成果。

五、内容分析法

传播学研究关注人类语言和非语言的传播信息,研究者不但关注信息本身、信源、渠道,还试图通过信息推到前因和效果。在众多研究方法中,有一种传播

---

① 文军、蒋逸民:《质性研究概论》,北京:北京大学出版社2010年版,第134页。

研究方法,"以系统的、遵守规则的、严格的方式尤其关注这类信息"[1],这便是内容分析法。

内容分析法(content analysis)是传播学研究方法中具有悠久历史的一种方法,美国的《广播与电子媒介》(*Journal of Broadcasting and Electronic Media*)杂志在 1977—1985 年间发表的定性研究报告中,运用内容分析法的研究占据了 21% 的比例。[2] 依据传播和大众传媒全文数据库(Communication and Mass Media Complete,CMMC)搜索得知,近 50 年新闻传播学国际学术期刊发表的论文中,运用内容分析法的研究一直占主导地位。美欧诸国关于内容分析法的学术专著不断涌现,像 20 世纪 60 年代出版的霍尔斯蒂的《人文社会科学的内容分析》(*Content Analysis for the Social Science and Humanities*)和巴德等人的《传播学的内容分析》(*Content Analysis of Communications*),80 年代克里本多夫的《内容分析:方法论导论》(*Content Analysis:An Introduction to Its Methodology*),90 年代里夫等人的《内容分析法:媒介信息量化研究技巧》(*Analyzing Media Message:Using Quantitative Content Analysis in Research*)和 21 世纪初纽恩多夫的《内容分析指南》(*The Content Analysis Guidebook*)等。世界上最大的在线图书馆 Questia 搜索显示,以内容分析为主题或运用内容分析法进行研究写作的专著已近 6 万本。[3] 在各种研究方法中,内容分析法是运用较多的一种方法,它与调查法、实验法构成媒介调查的三大研究方法。

内容分析也是一种非介入性的研究方法,或称为"非侵扰性测量""非反应研究"(non-reactive research),它借用自然科学研究的方法来研究社会科学,是研究者不介入被研究者的互动、事件或行为的一种资料搜集与测量方法。它是数据分析的一种方法,也是资料转换的一种方式,可以从文献材料中使用量化的数据分析,发现一定的行为模式、态度、观念或是价值观。

(一) 内容分析法的特点

传播内容分析法通过把传播媒介上的文字、非量化的有交流价值的信息,加以分类、测量以及统计,将建立的类目转化为有意义的定量的数据,并以此来分析传播信息的某些特征。它的目的是描述传播媒介内容中隐含的一些趋势或模

---

[1] Hocking,J. E.,Stacks,D. W.,& Mcdermott,S. T.,*Communication Research*(3rd ed.). Boston,MA:Peason Education,2003,p. 171.

[2] Roger Wimmer & Joseph Dominick:《大众媒体研究》(*Mass Media Research:An Introduction*),李天任、蓝莘译,台北:台湾亚太图书出版社 1995 年版,第 218 页。

[3] 周翔:《传播学内容分析研究与应用》,重庆:重庆大学出版社 2014 年版,前言第 i 页。

式,或用以解释、预测社会未来的趋势或发展模式。

1952年,美国学者贝雷尔森(B. Berelson)的著作《传播研究中的内容分析》确立了内容分析法在大众传播学中的地位。书中认为:"内容分析是一种对明显的传播内容进行客观、系统和定量地描述的研究方法。"[1]他将内容分析的定义归纳为六项特色:(1) 只适用于社会科学的概念,(2) 主要适用于决定传播的影响,(3) 主要适用于语言的造句法和语意层面,(4) 客观性(objective),(5) 系统性(systematic),(6) 定量性(quantitative)。[2] 克林格(F. N. Kerlinger,1979)认为,"内容分析是为测量变量,或完成其他研究目的,以系统、客观和定量的方式,研究和分析传播内容的一种方法。传播内容指的是各种文献,包括为研究目的而审慎推出的现存文献、书刊、信件等"。[3]

可以看出,内容分析法的实质是对传播内容所含信息量及其变化的分析,即由表征的、有意义的词句推断出准确意义的过程。内容分析的过程是层层推理的过程。有人曾对苏联教育学家凯洛夫的《教育学》进行研究,发现凯洛夫在该书中100多处讲"传授知识",仅有10多处谈"发展智力",因此,做出"凯洛夫的教育学是一部传授知识的教育学"的判断。这个研究结论就是运用了内容分析法。

具体看来,内容分析法具有以下基本特征:

1. 具有明确特性的传播内容

传播内容指任何形态的能够记录、保存的传播信息,如报纸、期刊、广播电视的录音录像等。研究者应该按照传媒内容的表面所传达的信息对内容进行编码评分,而不是按研究者的主观理解展开分析。

2. 客观性

白实利指出,内容分析是一个资讯处理的阶段,在那个阶段里,借着客观、系统的运作归类法则,将传播内容转变为提纲挈领、可资比较的资料。内容分析的结果是基于直接的经验观察和测量得出的,而不是由研究者一个人的信仰、推论或是意识形态产生的。客观性即指研究过程中的所有程序需要由一套规则引导,每一个步骤的进行都必须基于厘定的明确的规则和秩序,每一种规则或次序都涉及不同的概念,这些概念可以被操作化处理。

---

[1] Krippendorff, Klaus, (1980), *Content Analysis: An Introduction to Its Methodology*, Sage, Beverly Hills, California, 1980, pp. 12-13.

[2] Berelson, B., *Content Analysis in Communication Research*, Glencoe, The Free Press, 1952.

[3] 李本乾:《描述传播内容特征检验传播研究假设——内容分析法简介》,载《当代传播》1999年第12期,第39页。

内容分析法是一种规范的研究方法,研究者按设计好的程序对资料进行分析,按步骤进行,整个内容分析的过程、采用的方法、标准必须客观,变量分类的操作性定义和规则应明确而全面,避免研究者主观态度和个人偏好的干扰,对变量分类的操作性定义和规则应该十分明确而且是全面性的,而这套规则即使不能完全消除个人成见,至少也要将主观立场减到最少。对于进入测量程序后所得出的结果,应当保持结果的一致性、连贯性,即不同的研究者或相同的研究者在不同的时间里采用同一个研究方法进行重复实验时,应得到相同的结论。如果结果出现不同,就要考虑研究过程出现了什么问题。

这就要求在内容分析设计时,概念操作化定义必须明确,变量取值的分类规则必须全面而合理。研究者要建立一套明确的标准与程序,对抽样设计、分类法则以及每步的具体操作过程都有详细的说明。但是,由于对分析单位的设计、研究问题的合理架构、概念的操作化定义、分类标准的说明,本身就和研究者的知识、经验、能力相关联,这对达到研究的客观性设置了一定的难度。

3. 系统性

系统性是指内容或类目的采用、舍弃和判别,必须符合始终一致的法则。巴克士认为,内容分析是传播信息的科学性分析,广泛地说,内容分析是科学方法,虽然应用甚广,但是它要求分析务必严谨而有系统。美国学者瓦利泽与威纳尔也认为,内容分析是检视资料内容的系统性程序。罗伯特·韦伯(Robert P. Weber)指出,内容分析是运用一套程序,从内容作有效的推论,推论是针对传播者、信息和受众的。内容分析的主要功能是创造文化指标,借以描述信念、价值、意识形态或其他文化体系状态。

内容分析的系统性特点可以从以下两方面理解:首先,选择分析的内容必须按照明确、一致的规则。样本选择必须按照特定的程序,每个项目接受分析的机会必须相同。其次,分析过程也必须系统化。所有的研究内容都要用相同的方法处理,编码和分析的过程必须一致,评判员或编码员对研究材料的理解也应相同,是一种可重复、有效度的探究资料的技术。

内容分析法具有一定的整体功能,在制定总的研究目标后,在此目标指导下保证整个分析研究的过程有唯一的指导原则和标准。因此,分析的对象应该是依据严密的系统的抽样方法抽取出来的样本,保证满足条件的所有对象拥有相等的机会接受分析,并且必须得到一致的、按照标准方法进行的分析处理。编码和分析的过程必须一致,编码员或评分员所接触的内容、时间必须一致,其编码或评分标准和统计方法必须一致,使得编码员与评分员具有信度。严格的系统在内容分析中起支配指导作用,它是避免其他干扰因素影响结果的必然要求。

4. 定量性

李怀祖认为,内容分析是一种将文件中的文字、图像等内容从零碎和定性的形式转换成系统和定量的研究方法。内容分析是为了对特定的传播内容进行准确的描述分析,因此对内容进行量化成为达到这一目标的有效手段。所谓定量性,是分析内容可按规则对类目与分析单位加以计量,用数字比较内容出现的次数,即"对关键类目计数,并测量其他变量的数量"[1]。以数量进行描述非常重要,因为它有助于研究者总结和报告研究结果时节省篇幅,分析的目的是对信息实体做准确的描述。

研究者通过编码等技术手段将非量化的信息内容,如词、概念、符号、主题、句子、段落等转化为定量的数据,这些数据揭示了研究对象的现象和本质的内在关系,精确地描述传播内容。在此过程中,研究者会运用一系列的数量方法,如频次、百分比、均值、总数、相关系数等来表述分析结果。由于分析结果是用数字描述的,而不是研究者笼统的主观臆断(如"大多数""大部分"这样的词语),使得研究结果具有准确性。例如,"80%的娱乐节目包含有植入式营销广告"的叙述,就比"大多数娱乐节目包含有植入式营销广告"更为准确。同时,通过数字进行量化研究,也大大简化了资料的分析与解释过程。另外,该方法除了能对单一的现象进行分析解释外,还能分析不同现象之间的关联性。

内容分析不一定非量化不可,乔治认为内容分析对少数极为关键的传播内容予以定性分析,比用标准化的定量分析来处理,常会得到更好的结果[2]。不过,定量仍是一种运用较广、行之有效的方法。定量的内容分析是一种统计方法,旨在获得内容变量的描述资料,其价值在于提供机会得以更准确、客观和可靠地观察研究对象的特点。因此,内容分析法不仅包括定性的研究,更重要的是它能把定性材料予以量化,进行定量的分析。

(二) 内容分析在传播学中的运用

内容分析法在传播学研究中有着广泛的应用。以传播效果研究为例,过去25年的传播研究舍弃了媒介绝对的强效果或弱效果的论点,许多研究都将传播效果置于不同情境中去考虑,传播效果不再被认为是任何单一原因所造成的,因此,要考察各种变量对传播效果所起的作用,内容研究方法通过将传播内容经过

---

[1] Neuendorf, K. A., *The Content Analysis Guidebook*, Thousand Oaks, CA: Sage., 2002, p.14.
[2] Geoge, A., *Propaganda Analysis: A Study of Inferences Made from Nazi Propaganda in World War* II, Evanston, Ill: Row, Peterson, 1959.

变量的操作化测量,将不同属性归在各类目下,检视各变量在传播过程中的影响力、意义。由此看来,内容分析法是最适合运用在传播研究中的一种研究方法,如应用型传播研究中健康公共信息运动、危机管理、组织机构内权力使用等。虽然该方法着眼于描述传播内容及其特征,但大量案例表明,该方法既可以在微观层面上推导分析传播内容对个体接受者的影响,也可以考察传播内容与宏观的社会结构之间的关系。

1. 最适合用于传播学的研究议题

内容分析法之所以特别适用于传播媒介方面的研究,是因为它回答了传播媒介研究的经典问题:谁说了什么、对谁说、为什么说、如何说,以及产生什么影响?[1]应用内容分析方法分析信息的内容与性质,就其内容了解社会需求、社会价值以及社会文化的变迁;分析信息传送者的来历与背景以及传送的原因与方式,再对信息接收者的来历与背景及需求加以分析,为何收受这种信息,又发生何种影响。[2]

内容分析通过剖析信息结果来测量传播内容的意涵,并和态度、人格或人口变量的探讨相辅相成,比单凭信息内容分析的结果来裁断更有深度。西方使用内容分析法的学者主要来自图书情报学、社会学、新闻传播学、计算机科学和医学五类学科,新闻传播学能掌握大量有价值的第一手资料来进行应用研究[3]。我国定量的传播研究的方法中以内容分析法占据主导地位[4]。

传播内容分析法的研究对象大体可以划分为以下三类:

(1)分析媒介内容制作者的意图。内容分析法可以通过对某一对象在不同问题或不同场合上所显示出来的内容资料的分析,把这些不同样本的量化结果进行比较,分析这一对象的意向。媒介产品是其制作者意图的体现,是他们向受众传播的信息。通过分析媒介所传达的内容、表现方式及传递状况,可以对制作者、传递者的意图进行分析。随着现代媒介技术的不断发展,媒介产品的数量不断地膨胀,只对媒介内容等因素进行分析,才能有效地把握制作者的意图。

(2)描述各种媒介传播的内容。这是内容分析的基本研究。该方面包括对书刊、广播、电视、网络等媒介的传播内容进行分析。以电视媒介为例,分析的重

---

[1] 〔美〕艾尔·巴比:《社会研究方法(第11版)》,邱泽奇译,北京:华夏出版社2009年版,第318页。
[2] Nachmias D. & C. Nachmias, *Research Methods in the Social Science*, New York: St. Martin's Press, 1981.
[3] 邱均平:《国外内容分析法的研究概况及进展》,载《图书情报知识》2003年第3期,第7页。
[4] 董天策、昌道励:《中美新闻传播学研究方法比较——以2000—2009年〈新闻与传播研究〉和〈Journal of Communication〉为例》,载《西南民族大学学报》2010年第7期,第127页。

点在于不同时间段的传播内容、相同时间段的不同传播内容的表现,通过对电视节目信息的集中观察,收集大量节目数据,从而推断出电视节目的内容特点、电视节目的变化趋势、电视观众的价值观,等等。再如,一些学者会关注媒介内容的真实性问题,即媒介内容与现实世界的一致性。关注媒体如何呈现非法使用毒品、暴力、大国关系等。他们常会比较媒介报道中团体、现象、事件的呈现与事实真相间的差距,从而评判媒介的社会表现。

(3) 研究媒介传播的效果。对于传播效果的研究是内容分析产生的基本动因。因此,研究媒介传播的效果是进行内容分析的最终目标。在现代传播学研究中,往往将内容分析与受众调查相结合,将不同媒介的内容传播特征与相应受众的反馈结合起来,以此来了解不同的媒介需要什么内容能够吸引受众、引起受众的兴趣,同时了解受众需要何种媒介内容,从而指导特定媒介传播效果的提升。例如,在广告心理研究中,内容分析法经常被用于广告活动心理策略运用以及民族心理差异的研究,像了解理性诉求和感性诉求这两种策略在现行报纸广告中的运用情形。再如,"议程设置理论"就是研究者通过调查获知公众关心的事件,再通过内容分析获得被媒介大量报道的事件,然后研究两者的关系,发现二者存在较大的相关性。

2. 使用内容分析的传播研究

内容分析法从文献资料中寻找反映文献资料内容的实质,它将非统计性的文献资料转换成便于统计处理的材料加以计量,典型的案例如议程设置和培养理论,并广泛应用于其他理论建构之中。

(1) 麦考姆斯和肖的议程设置

美国传播学家麦考姆斯和肖针对1968年美国总统选举期间,媒介的选举报道对选民的影响进行了调查,发表了《大众传播的议程设置功能》一文[1]。研究分成两大部分:一是对选民进行抽样调查,了解他们当时对美国社会的主要课题及其重要程度的认识与判断。二是选取了9个州的地方性以及全国性的媒体,同时对选举报道作了内容分析,再就外交、财政等15项问题进行专题比较,这第二部分就使用了传播内容分析法。

他们经分析发现,选民对当前重要问题的判断,与大众传媒反复报道和强调的问题之间,存在着一种高度的对应关系。换句话说,大众传媒作为重要事件加以报道的问题,同样也成了公众意识中的重要事件,传媒给予的关注度越多,公

---

[1] McCombs, M. E., & Show, D. L., "The Agenda-setting Function of Mass Media," *Public Opinion Quarterly*, 1972, Vol. 36, pp. 176-187.

众对该问题的重视程度也就越高。这一发现印证了麦考姆斯和肖的研究假设：大众媒介对政治运动不同层面的报道强调了差别化（在报道的频数、长度和版面位置方面），向公众提供了一个对于议题重要与否进行判断的粗略排序，这就是传媒的议程设置功能。

（2）格伯纳的培养理论研究

格伯纳等人开展的培养理论分析（cultivation analysis）是传播内容分析研究的典型例子。格伯纳在1967年开始依样本每周分析黄金时段的电视剧和星期日的白天节目，到了1982年，这些研究所分析的内容资料已经累积到14000人次，超过1600个节目，此为建立文化指标的起源[1]。研究发现电视剧所呈现的世界是男多于女，约三分之一；青少年和老年出现的机会较少，经理级和专业人员比蓝领阶级和服务人员多得多，少数民族出现的比例也很低，主角人物通常不是由少数民族扮演。

培养理论认为多数节目编排表现出了共同的结构，这些结构在大量观众中培养出了共同的视角。例如，女性始终被呈现为参与的活动有限、扮演的角色不多、避免不了暴力的形象。在分析了电视中的暴力性质、受害者的内容分析数据之后，格伯纳等人再询问调查对象，让他们估计自己成为犯罪受害者的可能性，与司法机构所报告的现实世界中的受害率相比，观众倾向于给出更接近电视上媒介所呈现的高受害率。

（3）其他传播内容分析研究

1893年史比得通过定量分析《现在报纸提供新闻吗？》，指出从1881年到1893年间纽约四家报纸——《论坛报》《世界报》《时报》和《太阳报》如何减少刊登宗教、科学和文学的内容，逐渐加强充实街谈巷议、运动新闻和丑闻[2]。他以平方英寸为测量单位，依社会、宗教、政治、科学、文学、琐谈、丑闻、运动、小说等为类目，测量报纸报道特殊主题的篇幅，统计分析后揭开了报纸黄色新闻的真面目。

1948年胡佛研究所在纽约卡内基公司的赞助下，由拉斯韦尔等人开始了以内容分析法为主的精英研究（elite studies）和符号研究（symbols studies），这类研究都是计量的内容分析，研究结果提供了意识形态（ideology）、民意（public opinion）、公共态度（public attitudes）、阶级分析（class analysis）等趋向资料。[3]

---

[1] Gerbner, G., Gross, L., Morgan, M., & Signorielli, N., "Growing Up with Television: The Cultivation Perspective," in J. Byrant & D. Zillmann (Eds.), *Media Effects: Advance in Theory and Research*, Hillsdale, NJ: Lawrence Erlbaum Associates, Inc.
[2] Speed, J. G., "Do Newspapers now give the News?" *The Forum*, 1893, Vol. 15.
[3] 参见王石番：《传播内容分析法——理论与实证》，台北：幼狮文化事业公司1989年版。

3. 内容分析法的优点与缺陷

内容分析法能够在纷繁的叙述语句中提炼出共同的倾向,化繁为简,它的资料客观、易得,借助现代计算机技术和数据库的发展,其研究范围不断得到拓展,从早期对于报纸内容客观性的研究,到后来的议程设置研究,从语言学到符号学,从新闻标题到新闻关键词,从新闻来源到新闻角色,从人物形象到意识形态,研究对象的不断扩大、细化体现出内容分析法广阔的应用前景。与此同时,受各种主客观条件的限制,内容分析法的研究范围也不是漫无边际,需要考虑到各种偏差的存在。因此,明确内容分析法的优点与缺陷将有助于研究者充分发挥该方法的效用。

(1) 内容分析法的优点

1) 操作结构化

内容分析法目标明确,对分析过程控制严格,所有的参与者按照事先安排的方法程序操作执行。结构化的最大好处是:结果便于量化与统计分析,便于用计算机模拟与处理相关数据。结构化研究对研究者素质要求不高,只需所有参与研究者具有相关操作技术及知识,掌握分析方法即可,无须研究者像非结构化研究的研究者那样具有深厚广博的学科专业背景知识与较高的分析判断能力。

2) 超越时空限制,时间持续性强

内容分析研究的是记录下来的资料,只要有记录就可以研究,不受时间、地域的限制。此外,内容分析法适合研究长期的事物,通过抽样,可以研究长时段过程,相比较之下,田野调查法就难以长时间持续。例如,Lester & Smith 对 1937—1988 年的《生活》《新闻周刊》《时代》杂志刊登的非洲裔美国人的照片进行分析,以编年史回溯的方式反映了从 20 世纪初期到后期,黑人的角色在美国社会各阶层的地位日益重要。①

3) 属于非接触性研究

非接触性研究较接触性研究的效率高,因为接触性研究者的态度、素质、主观意见等容易干扰研究对象,尤其是涉及研究对象的隐私与利益或敏感性问题时,研究对象受到干涉的程度强,容易失真。内容分析是非接触研究,"这种方式的主观选择成分要少一些,其主观色彩也要淡一些"②。它不以人为研究对象,研究的对象是已形成的事物,使得研究者与被研究事物之间不需要互动。同时

---

① Lester, P., & Smith, R., "African-American Photo Coverage in Life, Newsweek, and Time, 1937—1988," *Jounalism Quarterly*, 1990, Vol. 67, No. 1.

② 〔英〕安德斯·汉森等:《大众传播研究方法(第 1 版)》,崔保国、金兼斌、童菲等译,北京:新华出版社 2004 年版,第 107 页。

被研究的对象不会因为研究者对它进行内容分析而发生改变。

4) 运用成本低廉

与调查研究法相比,内容分析法不需要特殊装备,也不用大量调查人员,因此具有时间与金钱上的经济性,需要的工作人员一般在2—6人之间。它以现有的资料为检验对象,大部分工作在室内进行,因此减少了经费开支。只要能够接触资料并加以编码,就可以处理非结构性、符号形式的资料,所有的参与者都按照事先安排的方法程序操作执行,结构化、目标明确、便于量化和统计,以及使用计算机处理相关数据。如果获得的结果不理想,只需对资料重新界定分类标准和评判编码,重新加以分析即可,尤其是对一个初次做研究的研究者而言,如果使用实验法或田野调查法,或许就要面临反复试错的过程,因此内容分析法的试错成本低。

5) 定量与定性兼顾

内容分析法把定量与定性很好地结合起来。它以定性研究为前提,找出能反映文献内容的某些本质方面的计数的量的特征,并将它转化为定量的数据。内容分析的定量描述只不过是把定性分析已经确定的关系性质转化为数字符号。内容分析法从定性研究出发,定量分析的结果通过定性分析得到有意义的解释与理解,因此内容分析法的这种定量与定性相结合的方法能够达到对文献内容所反映的本质的更深刻、更精确、更全面的认识,得出科学、完整的结论,获得单纯从定性分析中难以找到的联系与规律。

6) 深度挖掘研究对象

内容分析可以揭示媒介内容的本质,揭示几年来某专题的客观事实和变化趋势,描述内容变换的发展历程,依据标准鉴别媒介内容的优劣,分析信息源的特征。此外,它能揭示宣传的技巧、策略,衡量文献内容的可读性,分辨不同媒介形式在各时期传播内容的类型特征,反映个人与团体的态度、兴趣、文化类型。还有,它能揭示受众关注的焦点、趋势、政策等。内容分析从公开的资料中萃取信息,对于军事、政治等领域也具有较大吸引力。

(2) 内容分析法的缺陷

1) 依赖记录,研究领域受限。该法限于对象是已经形成的资料,没有记录的就无法成为研究的对象,现实生活中许多有意义的现象因为不存在相关的资料而得不到研究。例如,要对中国广告中男女形象与欧美广告中男女形象进行比较,由于资料的匮乏就较困难。

2) 不同研究者的研究结果易有分歧。结构化的过程也使得不同研究者可能对同一个问题得出不同的结论。不同研究者可能会使用不同的研究架构去研究同一个问题,这样他们的测量方法就会产生不同,他们对操作化定义、分类标准都可能做出自己的界定。此外,研究的资料本身无确定的标准,例如研究报纸内容,由于文章长短参差不齐、格式不一都给评判带来不少困难。

3) 研究结果对于传媒效果的揭示存在缺陷。由于媒介内容是经过媒介从业者人为筛选、传播的,因此媒介内容所传递的信息不能代表真实世界,所以内容分析的结果不能单独成为传播效果研究的权威定论,需要结合诸如受众调查等其他研究方法共同得出结论。

4) 某些研究对象可能花费巨大。虽然内容分析法能节约时间与人力成本,但是对于某些研究对象总花费不一定少,有些资料的购置成本花销巨大。例如要分析电视节目,就需要花费不少的资金购置录像机和大量的磁带以复制节目内容。

(三) 内容分析法的研究设计

1969年霍尔蒂斯指出,内容分析法除了能够科学检验一种假设外,还能描述传播内容的倾向、说明信息来源的特征、分析劝服方法、说明受众对信息的反应、描述传播模式等。德国学者阿斯特兰德在《经验性社会研究方法》一书中将内容分析法分为三类:描述式内容分析、推论式内容分析、交往的内容分析。本书将内容分析法分为两类:含义分析(Meanoriented analysis)和形式分析(Formoriented analysis)。

含义分析是一种主观性的分析,对被调查的对象所包含的主题进行分析,它试图通过精读、理解并解释内容,来传达作者的意图。由于含义分析在解读过程中有主观性,因此该方法的应用具有一定的局限性。与此相比,形式分析是一种客观的分析方法,它要求将研究对象的内容分为特定类目,计算每类内容元素出现的频率,描述其明显的内容特征。用来作为计数单位的文本内容可以是单词、标记、主题、句子、段落或其他语法单元。这些单元在文本中是客观存在的,其出现频率也是明显可查的。尤其是文本形式统一的情况下,其分析过程得到的结论有效性高。本书着重介绍形式分析的相关操作步骤。

对内容分析法的应用,国际上的学者已经从研究目的和研究问题、抽样方法、数据收集和类目建构、编码过程、信度测试、研究结果等方面,进行了较为全面的论述,鉴于已有的成果,本书将研究设计大致上分为以下过程:确定研究目标,提出问题或假设;确定研究范围;进行内容抽样;确定分析单位;制定信息分析类目;建立量化系统;评判记录;信度分析;效度分析;数据录入,统计分析,得出结论。

图示研究设计的过程

1. 确定研究目标,提出问题或假设

进行一项内容分析,研究者首先要提出研究课题或假设,确定研究目标。因为只有确定研究目标,才能避免资料收集过程中的漫无目的。同时,确定目标是划分分析单位和指定分类标准的依据,也为提高内容分类和进行评分的准确性奠定了基础。

内容分析首先需要文献回顾、概念化、操作化,形成研究问题或假设后才进入测量阶段。要避免出现"为计算而计算"的毛病,最终目标必须有清楚明白的叙述。研究假设(Hypothesis)是对一个变量的状态或水平与另一个变量的状态之间的关系做出预测的陈述。两个变量之间的相关关系(correlation relationship),是指一个变量与另一个变量有相随变动的关系,采用条件句形式("如果X,那么Y"),量化内容分析中的假设可能很简单。霍斯提曾说,内容分析应用于检验假设(test hypotheses)的研究[1],这种假设的形式描述例如:妇女生活版的女性编辑比男性编辑更喜欢选择妇女运动的新闻报道;某地方电视台现场

---

[1] Hoisti, Ole R., *Content Analysis for the Social Sciences and Humanities*. Reading, Mass: Addison-Wesley, 1969.

直播的新闻中暴力和人类福祉的消息比例较高;女性候选人的竞选演说很少强调权力,而较强调同情心等。在 CNKI(知网)上搜寻我国有关传播的内容分析研究,可发现不少是对于变量的因果关系的检验。例如,上海世博会报道对我国国家形象的提升——以《人民日报(海外版)·上海世博特刊》为例(2011)、"官二代"的媒介形象分析——以"李刚门"事件媒体报道为例(2011)、网络自杀新闻报道及其影响因子研究——基于传播学研究的内容分析法(2010)等。

内容分析首先需要确定研究主题和研究方案,以便对后续研究加以指导。当提出了明确的研究问题时,量化内容分析才是最有效率的。假设研究问题意味着研究设计能够聚焦于收集相关的数据,节省不必要的资料搜集过程,避免产生无信度或无效度的结果。明确的假设对于如何认识数据、如何对数据进行分类,以及使用什么样的测量尺度,能够提供目标明确的指导。确定研究主题的线索可以采取如下思路:阅读已有相关文献寻找研究思路,对已有的理论进行验证,对身边的某种社会现象加以研究……总之,具有理论意义和现实意义的主题都可以作为研究的主题。

研究设计也要说明可能会涉及的任何比较。比较研究可以从以下几方面考虑:不同种类媒介(一个传播者与另一个传播者、一种媒介与另一种媒介)的比较,同一种类媒介(电视网与电视网、报纸与报纸)的比较,纵向的或跨时段的比较(不同种类或同一种类的媒介,在不同的时间点进行比较),市场与市场的比较,国家与国家的比较等。

在确定研究主题之后,研究者还需要审视一下内容分析法是否是所选主题的首选研究方法,由于研究方法是为主题服务的,虽然研究者可能一开始就决定采用内容分析法,但是如果该法不能很好地达成研究的目标或不是首选的研究方法,还是需要根据实际情况对研究主题或研究方法加以调整,使得研究主题能够以最佳的研究方法进行。

2. 确定研究范围

在明确研究目标后,研究者应根据目标取舍内容,划定研究范围。研究范围是要详细说明分析的内容界限,即对研究的总体做出明确定义。例如,如果要研究网络广告,就需要考虑:"网络广告"的含义如何界定,是仅仅指商业广告,还是商业广告与公益广告都包括在内?是指研究国内网站,还是包括国内外网站?如何划定研究范围才能使得不同地区的广告具有可比性?是研究所有网站的广告,还是研究主流网站的广告,等等。研究范围要适当,范围过宽无法操作,耗费的人力物力太多;范围过窄则无法呈现研究内容所要揭示的现象发生、变化的数量的规律性,使得研究现象没有得到足够的出现机会。

确定研究范围之后,研究者应在研究方案和最后的研究报告中明确指出这个范围,例如,"这是对 2012 年我国××省主流网络媒体 6—9 月的网络广告的研究",从中就体现出了该研究的适用范围。

3. 进行内容抽样

内容抽样就是选取进行内容分析的样本,是通过明确界定研究对象母群体的主体界限,进一步赋予母群体以适当的操作定义。内容分析的抽样多数要求对总体具有代表性,即需要采用概率抽样。与其他研究方法相比,内容分析法中某些研究所涉及的研究范围不大,数量比较有限,能够对研究范围内所有内容进行普查。而对于那些研究范围不能进行普查的研究,需要进行抽样时,其抽样方法基本上有固定的参考模式。抽样大体分两类:随机抽样(又称"概率抽样")、"非随机抽样"(又称"非概率取样")。两者主要区别见下表 5。随机抽样的每个抽样单位被选入样本中的概率是确定的;非随机抽样的抽样单位出于便利或研究者依据某种判断而决定,因此每个抽样单位被选中的概率不确定。

表 5 随机抽样与非随机抽样的区别[①]

	随机抽样	非随机抽样
样本单位的选择	随机的 单位的选择完全是靠机遇	非随机的 研究者有意识地选择样本单位
对选中概率的估计	一个总体的每一个单位被选中为样本的机遇是可以计算的	选中机遇不知道
选择的平等性	一个总体的每一个单位被选中为样本的机遇是对等的	无法保证一个总体的每一个单位有着相同的被选中的机遇

对于总体较大、材料过多的内容分析,需要采用随机抽样方法,从总体中抽取样本进行内容分析。例如,对 10 年来的互联网研究的趋势进行总结,其总体是很大的,可采用抽样方式从总体中抽取有代表性的内容进行分析。

大多数内容分析都采用多阶段抽样,这个过程包括两个或三个典型的阶段。第一阶段是"来源抽样",即对包含研究内容的载体(资料来源)进行抽样,如选取哪些学术期刊、广播电视节目、网络栏目等。例如,要研究"2012 年我国××省主流网络媒体 6—9 月的网络广告",研究者首先要抽取目标网站,即确定研究哪几个主流网站。在这一阶段的抽样中,可以采用分层抽样,如按网站的点击量分层;也有的研究者在此阶段会采用主观抽样,以节省大量工作。

---

① 周翔:《传播学内容分析研究与应用》,重庆:重庆大学出版社 2014 年版,第 106 页。

第二阶段是进行"日期抽样",即抽取某一段时间进行分析。对于传播内容分析的研究时间可以从以下几方面考虑:分析传播内容短期的截面研究(在某一个时间点上进行抽样,以调查人们的态度和看法)或中长期的趋势研究;也可以就对同一问题、同一事件的报道,或就不同国家的同一类传媒的内容进行比较分析;研究不同时期传播内容实现的传播策略、方法以及技术。例如,要研究某一报刊的报纸倾向,需要对几年的报纸内容加以分析,这就需要按日期抽样。依据研究的目的,如果要进行趋势研究,就要依据某种规则把研究范围划分为几个时间段,再确定每个时间段内要研究哪些时间点的情况。例如,要研究《纽约时报》的内容在1999—2008年十年间的变化,可以先把每年都划分为4个季度,然后在每个季度中抽取一天的报纸,共抽取40天的报纸进行研究。由于研究范围内的所有时间点本身就有一种排列的次序,可以考虑采用等距抽样,但抽样间距一定要避开研究对象自身的周期性特征。例如,报纸和电视进行抽样时,间距就必须避开"七"或它的倍数,否则会使全部样本都集中在每周的同一天,即抽中的会全部是星期一、全部是星期二或每个星期的其他固定某一天。一些研究不采用等距抽样,而是用"混合周"法,即把某个时间段内的所有星期一都放在一起,并从中随机抽取一个;把所有星期二放在一起,从中随机抽取一个……直至该时间段内一周的所有日期都抽全。这样既保证了随机性,同时这些日期组成了一个"混合周"。但是研究究竟需要抽取多少个日期,需要事先依据研究主题而定。

第三阶段是"单元抽样",即研究者在限定的日期中抽取资料的单元内容,它可能是文献的一整份,也可以是一段、一篇、一页。例如,要分析数十期的报纸,是分析所有的版面内容,还是分析头版,还是只是分析头版头条?关于单元抽样,有的研究主题确定得比较明确,抽样就可以简单些。

4. 确定分析单位

在处理信息材料前需要确定分析单位(unit of analysis),它是"用来考察和总结同类事物特征、解释其中差异的单位"[①],是内容分析中进行具体统计的对象。分析单位是指其特点能将其明确计入某一给定类别的内容的特定部分。它是对传播信息进行分类或测量的最小、最重要的计数对象。例如,对两种学术刊物的质量进行评判时,刊物的具体栏目及其内容就是分析单位;要分析家庭的消费行为,就以单个家庭作为分析单位;要分析广告的风格类型,就以一则一则的广告为研究的分析单位。通常,选择的分析单位可以是个人(如作者)、群体(如研究机构、学校)和各种材料(如书刊、广播电视栏目、网络内容)等,也可以是上述各类中的一部分(如人的面部表情、行为动作,书籍中的章节,文章的段落句

---

① 〔美〕艾尔·巴比:《社会研究方法》(第11版)》,邱泽奇译,北京:华夏出版社2009年版,第97页。

子,电视节目的镜头),还可以是时间间隔。

传播学研究者通常将信息按其载体渠道分为"文字""音响""图像"(静态)"影像"(动态)四类。文字信息(如一篇文章)的分析单位可以是整篇文章,也可将文章拆成章、段落、句子、词组、字等更小的单位,以刊出的版面大小或文字多少来进行计量。音响信息(如广播新闻)的分析单位可用文章、段落、句子、词组等不同的单位,以播出的时间长短(时、分、秒)计量。静态图像(如照片、漫画、图表等)的分析单位一般均以整个图像为计量单位。动态影像(如电影、电视、录像等)的分析单位难以界定,这主要是因为其信息内容在每一节目内连绵不断。研究者经常采用整个节目或其中的完整片段(一个没有被打断的镜头)作为分析单位。如祝建华 1996 年分析美国总统候选人在电视辩论中的表现时,以"发言机会"(长达几分钟,短则半秒钟)为分析单位,来描述各候选人的积极进取程度。

分析单位越小,收集的信息会越具体、统计结果也越精确,同时,小的分析单位可根据需要合成大的分析单位,但是小的分析单位对时间、人力、财力的耗费较高。同时,一开始就使用大的分析单位无法将所收集的数据再细分成较小的分析单位。因此,研究者要在所需资料的精确度与各项支出中寻求平衡。

选择分析单位与具体的研究目标、研究范围密切相关,并以它们作为明确目标和选择的基础。而分析单位决定了统计的内容和目的,影响着整个研究的准确性、可靠性和效度。因此,分析单位的操作化定义一定要明确,分类标准必须清晰。在操作中可以先有个初步的操作化定义,然后选择一定数量的分析内容进行对照,以便发现问题,并通过不断地修改获得最终合适的定义。

5. 制定信息分析类目

确定好研究目标、材料范围、分析单位后,需要制定可靠高效的信息分析类目,以便日后详细划分信息内容,保障内容分析的系统、客观。肯布南认为,内容分析是对文章内容以系统类目,予以定量性分类,系统类目之设计,旨在产生适合该内容特殊假设的资料。建构类目系统、分类信息内容是内容分析的核心工作。分析的类目,又称分析的维度、类别,是根据研究需要而设计的将信息内容进行分类的项目和标准。分析类目(维度)是一个层层隶属的关系,对比较大的维度需要进一步分解为若干子维度。巴比所谓的"变量语言的形式",即是指将概念建立为结构化的建构类目,以便确认研究内容的特性。然后通过赋值将它们转化成数字,来显示传播内容的变化。通过从材料中析出若干有用的变量,转化成指数或量表分数,分析出自变量与因变量,用定量的统计方法进行因果相关的分析。内容分析一开始只需就文字或内容主题加以分类编码,关于字里行间的意义、内容的潜隐意义留待解释阶段,再由研究者根据理论、资料就材料做定性的结论阐释。

总体上说,分析类目可以分为两种方法:一种方法是采用现成的分析类目系统。它是通过对传统的理论或以往的经验、某个问题已有的研究成果改进而来。首先,由多人根据同一标准独立编录同样用途的类目;然后计算两者之间的信度,并据此商讨标准,再进行编目,直至对分析类目系统有基本一致的理解为止。最后,由编码者用该系统编录几个新的材料,计算评分者的信度,如果结果满意,则可用此编录其余的材料。另一种方法是由研究者根据研究目标自行设计。从划分角度看,可以根据题材、态度倾向性、价值观、主题等进行分类。首先由编码者熟悉、分析有关材料,在此基础上制定初步的分析类目;其次,对类目进行试用,了解其可行性、适用性与合理性;最后,再进行修订试用,直至编制出客观性较强的分析类目为止。

值得注意的是,无论上面哪一种方法编制出的分析类目,特别是子类目,都必须有明确的操作定义,以保证随后的评判记录工作有具体、统一的依据。具体说来,分类标准需要满足以下要求:

(1) 分类应包含所有分析材料,所有分析单位都能包含其中,无内部重复。所有分类合起来必须能够涵盖所有的内容范围,没有遗漏。同时,所有的类别都互不相同,一个分析单位能够且只能划分在一个类别中。因此选择分类标准时,只能从众多的属性中选取一个作为分类依据,每一类目的意义应该有明确、严格的限定范围。对于无法归于某一类别,而又数量太少难以列为一类的特殊内容,可以使用"其他"单独划为一类。

(2) 分类的定义清晰,各个类别的范围划定明确。分类的层次必须明确,逐级展开,不能越级和出现层次混淆的现象。类目包含的范围要适中,分得过粗无法充分体现分级程度,难以发现区别;分得过细、分散,易使编码者、评分者产生分歧。

(3) 类目必须具有一定的刚性。类目必须在进行内容分析判断之前预先制定,不能一边分析,一边适应性地修改补充。

(4) 类目必须可靠。这是指在实施操作过程中,不同的评分员对每个单位分类能基本一致,不会造成分歧。因此需要对评分员进行训练,让他们熟练地掌握内容分析标准和编码过程。经过训练,力求使不同的评分员对内容分析标准的理解达成一致。在实际研究中,一般要求不同评分员的一致性程度达到85%以上。

(5) 类目必须直接和研究目标相关,能够回答研究问题或验证假设。在设计分析类目时应考虑如何对内容分析的结果进行定量分析,即要考虑使结果适合数据处理的问题。

由于研究目标规定研究对象的总体和分析单位,内容分析中的分析类目可根据研究目标的要求达到很细致的效果,分层确定,由粗到细,直至满足研究课题的需要。为了使分析类目能够恰当、精细适度,需要研究者对研究目标和分析类目之间的对应关系有清醒的认识。如果研究者缺乏确定分析类目的理论或经验,可以先取少量样本作典型分析,取得经验后再确定标准。

一般情况下,在没有太大把握时,分析类目可以设计得细一些,而不宜过粗。这是因为在获得数据后发现分类过细,可进行合并;但是如果分类过粗,没能回答要说明的问题,就无法把粗的分类再次细分,而需要重新统计。

在一项研究中,涉及类目(维度)应遵循统一的标准,一旦确定后,就不要随意改动或改变分类标准,也不要在中途合并或删去任何类目内容。如果在研究过程中发现有遗漏的类型,可以在首次发现时进行增添,但是要保持与原有分析类目相一致。

例如,研究全国报刊科普教育在某一时期的倾向性问题时,可把内容分析的类目表格设计成如表6所示,而其分析单位则可以编为一个单元,记下每篇字数。

表6 全国报刊科普教育内容分析类目表[①]

样本	报刊名称							
	副刊日期							
	分析单位	第1篇	第2篇	第3篇	第4篇	第5篇	……	第n篇
类目	科技史话							
	国外动态							
	自然之谜							
	智力测验							
	科学家轶事							
	生活顾问							
	工业技术							
	环境科学							
	农业科学							
	医药卫生							
	动物世界							

---

① 李秉德:《教育科学研究方法(第2版)》,北京:人民教育出版社2001年版,第221页。

再如,1977 年雷斯尼克等人对广告效果进行的研究,对理性诉求(情报性诉求)广告的操作性定义是"含有一种或一种以上信息内容的广告",将广告中的信息内容划分为 14 种,包括产品功能、用途、价值、质量等。[①] 对于每一种信息内容,他们制定了严格的分析标准。例如,对"功能用途"的分析标准是"产品有什么用途,与其他产品相比较,该产品的使用效果好到什么程度"。[②] 评分方法是,有上述信息的广告记为"1",没有的记为"0"。

为了使类目所涵盖的范围清晰明确,研究者可以在给出定义时提供一些可以参考的具体实例,帮助读者理解概念的内涵。举例来看,莫里斯在一项探求传播效果问题的问卷调查中采用了内容分析[③],考察美国喜剧中心电视台的一档新闻讽刺节目"乔恩·斯图尔特每日秀"的三个媒介效果:利用搞笑的形式讽刺新闻事件与政治人物、通过幽默对普通人的政治生活观念和美国总统大选产生影响、对民主党和共和党表现出的不同政治倾向。通过分析该节目在报道两党召开各自的大选候选人全国代表大会期间所播出的相关的节目内容,莫里斯重点关注了主持人在节目中表现出的富有感情色彩的玩笑语气,对诸如自嘲、称赞、轻蔑等语气出现的频率加以统计。由于这些玩笑语气比较抽象,对不同的人可能有不同的含义,同时研究人员在具体的研究中对概念的运用有自己的界定,因此内容分析研究者在对某一概念进行频率统计前,首先需要对其进行定义,以明确概念的内涵。例如,表 7 中显示的在莫里斯的研究中,他将"称赞"定义为"个体或群体因积极的行为或好的想法而得到称赞,通常用来建立对另一个体或群体的批评性观察,或对目标同侪的批评,批评时通常不提及姓名"[④]。与此同时,给出了说明此类玩笑语气的具体例子,这样明确的定义与例子有助于编码员充分理解研究者对类目和概念的界定,从而帮助其准确地对所需分析的内容加以分类,提高编码员间的信度。

---

① Resnik, A. J & Stern, B. L, "An Analysis of Information Content in Television advertising," *Journal of Marketing*, 1977, 41(1): 50-51.
② Ibid.
③ Morris, J. S., "The Daily Show with Jon Stewart and Audience Attitude Change During the 2004 Party Conventions," *Political Behavior*, 2009, 31, 79-102.
④ Ibid.

表7　莫里斯对七种玩笑语气的界定[①]

类目	定义	举例
称赞型	个体或群体因积极的行为或好的想法而得到称赞。通常用来建立对另一个体或群体的批判性观察，或对目标同侪的批评，批评时通常不提及姓名	(1) John Edwards 被 Stewart 介绍为"相对漂亮的乡村教师"； (2) Jimmy Carter 被称为"贴心男"，同时也是诺贝尔和平奖得主
自嘲型	主持人明确地揶揄节目的重要性，并/或揶揄与制作的节目有所关涉的人；也可以是一个记者表现得非常无知，并/或缺乏基本的理解力	(1) Rob Corrdry 访问波士顿（其家乡），这里是他哀悼童年的错误，嘲笑他的老朋友们痛饮，然后醉醺醺地寻找他女朋友的地方； (2) Stewart 将他此次大会的报道称作"必不获奖"之作
外表型	陈述目标对象非关键性的弱点，如肢体外表、瞬间的失仪、偶然的错误或政治误判，并非对政策或人物的批评	(1) Stewart 将民主党候选人 Dennis Kucinich 称作"神秘小矮人"，将 Richard Gephardt 称作"大饼脸"； (2) John Kerry 穿着美国宇航局的"清洁服"的照片； (3) George Pataki 演讲时讲了个拙劣的笑话后，在背景播放蟋蟀的声音
刻板型	对个人或党派符合与政客和/或政治有关联，或者迎合政客、政治这样的刻板印象时的陈述	(1) Stewart 在共和党全国代表大会时的评论是"麦迪逊广场官员自有史以来就没见过这么多白人"； (2) 当民主党在选举中呈现失败趋势时，被比喻为波士顿红袜队，一个经常落败的队伍
轻蔑型	这种陈述强调一个概念，某一个人、党派或利益集团与竞选和/或政治过程无关	Stewart 没能认出一个前政党提名候选人，并说"我不知道那家伙是谁"
政策型	这种陈述强调政策（过去的和现在的）的缺陷和失败的政策	Stewart 展示了一连串共和党委员会的抗议者被捕的镜头，并开玩笑说他们正前往关塔那摩湾
品质型	强调个体的特征缺陷，但不对政策作出批评	(1) Zell Miller 因为追随共和党委员会的政策演讲而被嘲笑为愤怒的和/或疯狂的； (2) Dick Cheney 因逃避在越南服兵役而被批评

6. 建立量化系统

内容分析进行定量分析，一般只使用定类测量（nominal measures）、定距测

[①] Morris, J. S., "The Daily Show with Jon Stewart and Audience Attitude Change During the 2004 Party Conventions," *Political Behavior*, 2009, 31, 79-102. p.86. 转引自周翔：《传播学内容分析研究与应用》，重庆：重庆大学出版社2014年版，第198页。

量(interval measures)、定比测量(ratio measures)。进行定类测量时,研究者只需把数值赋给类目,计算出分析单位在每个类目中出现的频数。比如,测定老人在不同种类杂志广告中出现的百分比,在旅游广告中为13%,在酒类广告中为15%,等等。

进行定距测量时,研究者假定数字与数字之间的距离是相等的。例如,研究一段时间内某一新闻事件在不同杂志中出现的篇数,研究者可以先对一定时间内不同杂志出现的文章进行分类,再对类目中的篇数进行加总,由此分析类目之间的差异程度,进行加减运算。在另一些情况中,研究者会用特殊的尺度标记人物或事件的某些特征。例如,在一项男性广告形象的研究中,编码员对每一个人物的行为可以用几条尺度来记录:

独立的—:—:—:—依赖的

支配他人的—:—:—:—顺从的

此种测量方法有助于增加分析的深度,提高研究者对结构特征的认识水平,但由于赋值过程中会融入记录者主观成分,因此如果缺乏对编码者的专业培训可能会降低分析结果的信度。

定比测量常用于对空间和时间的计算。在印刷媒介研究中,定比测量一般用于测量所占空间,通过计算媒介内容中栏目的长度、栏数,分析文章的篇幅比率,达到对社论、广告、新闻报道的剖析。在广播、电视研究中,定比测量通常用于测量时间,如广告分钟数、某类节目播出的时间总量、某类节目在各类节目中的播放比重等。例如,计算一本小说中涉及惊悚的词汇量,首先将涉及惊悚概念的词汇整理成类目表,然后将小说的内容进行测量编入类目表中,每个类目表都能够计算篇数的加总数字,并能与其他类目进行比例上的对照。

7. 评判记录

内容分析的评判记录工作,就是按照预先制定的类目表格,按分析单位顺序,系统地判断并记录各类目出现的客观事实和频数。有些书中,将分析单位规划到类目的工作称为"编码"(coding),其所做工作与"评判记录"是相同的。评判的注意事项如下:

(1) 评判的记录方式只能采用二元对立项的表述方式以表达明显的客观事实,如记录某类项目的有或无、长或短、大或小等,必须避免使用主观的、价值性的词语,如好或坏、善或恶等来对内容进行判断;

(2) 对于相同内容类目的评判,必须有两个以上的评判员进行评判记录;

(3) 对于分析类目事实的出现频数,只需按分析单位,依顺序在有关类目栏中以"√"做记号进行记录;

(4) 对于具有评论成分的内容分析,通常对含赞扬性、肯定性的内容用(+)符号记录,对含批评性、否定性的内容用(-)符号记录。

8. 信度分析

评判时常常需要由评判员主观判断某个分析单位归入哪一类,这个过程中会产生误差。较大的评判员误差无疑会影响测量的信度与效度。因此,为了控制误差,需要对评判员进行系统的培训。通过培训使评判员准确理解操作定义、明确各个类别的界定、熟练掌握研究技巧。一般来说,培训会花费较长时间,培训的详细内容、评判须知、评判实例也应以书面文字提供给评判员。

内容分析的信度分析指两个或两个以上的研究者按照相同的分析类目,对同一材料进行评判所得结果的一致性程度。一致性越高,内容分析的可信度也愈高;一致性愈低,内容分析的可信度愈低。多次测量同样的资料而能得到类似的结论,就表示这项内容分析具有一定的信度。分析评判员信度一方面是为了找出分歧太大的评判员,另一方面是找出定义不清楚的分类。因此,信度是保障内容分析结果可靠性、客观性的重要指标。进行信度分析的基本过程如下:

① 对评判者进行培训;

② 由两个或两个以上的评判者,按照相同的分析类目,对同一材料独立进行评判分析;

③ 使用信度公式对他们各自的评判结果进行信度计算;

④ 根据评判与计算结果修订分析类目(评判系统)或对评判者进行培训;

⑤ 重复评判过程,直到取得可接受的信度为止。

计算内容分析信度的公式为[①]:

$$R = \frac{n \times \bar{K}}{1 + (n-1) \times \bar{K}}$$

式中,R 为信度,n 为评判人数量,$\bar{K}$ 为平均相互同意度。

相互同意度是指两个评判者之间互相同意的程度,计算公式为[②]:

$$K_{12} = \frac{2M}{N_1 + N_2}$$

上式被称为霍斯提公式。式中,M 为两者都完全同意的栏目数,N_1 为第一评判员所分析的栏目数,N_2 为第二评判员所分析的栏目数。

例如,有一项研究有 10 个类目,两位评判者之间评判一致的类目有 8 个,则

[①] 侯典牧:《社会调查研究方法》,北京:北京大学出版社 2014 年版,第 161 页。

[②] 同上。

其相互同意度与信度分别为：

$$K_{12} = \frac{2 \times 8}{10 + 10} = 0.80$$

$$R = \frac{2 \times 0.80}{1 + (2-1) \times 0.80} = 0.89$$

通常，进行内容分析都是由研究工作者本人作为内容分析的主要评判员，同时安排另外一人以上的其他人做助理评判员，相互同意度是把每个评判员与主研究员之间的评判分析进行比较并确定。

例如，一项研究有 15 个类目，由 3 个评判员 A、B、C 进行评判，其中 A 是主要评判员，B、C 是辅助评判员。评判员 A、C 之间有 3 项不一致，评判员 A、B 之间有 2 项不一致，评判员 C、B 之间有 1 项不一致，其他都一致，则信度计算过程为：

$$K_{AB} = \frac{2 \times 13}{15 + 15} = 0.87$$

$$K_{BC} = \frac{2 \times 14}{15 + 15} = 0.93$$

$$K_{AC} = \frac{2 \times 12}{15 + 15} = 0.80$$

$$\bar{K} = \frac{K_{AB} + K_{AC} + K_{BC}}{n} = \frac{0.87 + 0.80 + 0.93}{3} = 0.87$$

$$R = \frac{3 \times 0.87}{1 + (3-1) \times 0.87} = 0.95$$

根据经验，如果信度大于 0.90，则可以把主评判员的评价结果作为内容分析的结果。在上例中，我们通过计算得出，3 个评判员（A、B、C）进行评判记录的信度大于 0.90，所以主评判员的评判结果可以作为内容分析的结果。

一项内容分析的信度越高越好，实际中往往无法达到 100% 的一致性。在某些情况下，如果评判者不需要判断将分析单位归入哪个类别中，那么评判具有极强的机械性，研究的信度可以达到很高；如果评判时需要评判员的理解与判断，信度可能就较低。使用霍斯提公式计算时，最小的信度要求一般是≥0.90。对于与他人分歧较大的评判员，研究者要帮助他找到出现偏差的原因，再次向该评判员讲解评判的原则。如果问题仍得不到解决，就要让该评判员退出研究工作。

为了找出定义不清楚的分类，需要根据评判的结果对评判记录上每个问题逐个进行信度分析。对于某个具体问题，如果已经不考虑意见分歧较大的评判员后，评判者两两之间的信度都比较低，对该问题的分类就需要重新调整。

此外,需要注意的是,除了不同评判员的理解力和判断力会导致评判员误差外,同一个评判员在对同一个内容前后两次的评判中,也可能会有出入。评判员的疲劳、粗心会导致误差;分类的界限不明显,使得评判员前后两次都模棱两可的判断也可能导致误差。所以,有的内容分析中除了测量评判员间信度外,还会考察评判员内信度,即让同一个评判员在不同的时间对同一个资料评判两次,然后计算评判—再评判信度,这实际上是属于评价测量稳定性的测验—再测验信度。计算的方法和计算评判员间信度相同。

9. 效度分析

效度与信度都是测量质量的中心议题,研究测量的结果应该既是可信的,又是有效的。在许多内容分析的项目中,效度问题并不成为问题。例如,分析者想要测量"民主"和"共产主义"的词频,计算这些词语及其同义词的发生率。如果同义词没有歧义,那分析的效度也就无可置疑。在对相关类目的定义一致时,获得数据的效度也很高。在具体研究中,研究者一般不会明确说明研究的效度问题,因为内容分析的研究效度往往隐含在概念定义和研究设计的过程当中。许多情况下,效度在内容分析中不像信度那样重要,对类目的准确界定和指标的仔细选择能够提高效度。

效度大体可以分为以下几类:

内在效度(internal validity)用来衡量研究项目的设计不存在或尽可能减少内部错误。它反映了研究设计的严谨程度、研究手段与研究对象的契合度、测量预期与测量结果的吻合度。内容分析中大多数内在效度问题都源于测量问题和定义问题。

外在效度(external validity)测量的是某个研究的结果能否"一般化"(generalizability),即在现实中的适用程度、能否推及更大的人群范围、运用到其他的设置或时间等因素。对于外在效度的主要影响因素是文件保存的完整性,与研究相关的记录会因为各种原因而遗失、销毁,许多报纸、电影、广播节目得不到保存或保存质量差到无法进行分析,同时研究者无法得知遗失文件对研究结果的重要程度,因此需要尽最大努力找回遗失的文档。

表面效度(face validity)是对"编码系统的逻辑一致性程度以及类目定义的清晰程度"的一项评估。[1] 它用来考察一个测量"表面上看"在何种程度上与所研究的概念相联系。实际上,表面效度很大程度上基于常识,即人们对某事物判

---

[1] Folger. J. P., Hewes, D. E., & Poole, M. S., "Coding Social Interaction,"in B. Dervin & M. J. Voigt(Eds.), *Progress in Communication Sciences*, Volume IV, Norwood, NJ: Ablex, 1984, p.137.

断的共同认知。"所见即所得"是检验表面效度的指导原则,研究者可以通过测试不清楚研究目的的人对测量目的的猜测来检验表面效度。例如,在媒介议程设置研究中,经常会通过考察大众传媒上对某类议题提及的次数来测量公众对该议题的关注;在政治研究中,通过谈论中包含的各种理由的数量来测量政治商议性。

校标效度(criterion validity,又称工具效度,instrumental validity)用来考察一个测量与测量外部的现有标准或重要行为的相关程度。所谓校标,是检验测量有效性的一种参照标准,校标常用公认的权威的测量结果表示。例如,我国高中给学生出的高考模拟试题,就是将高考作为模拟考试的校标。研究者要获得较高的校标效度,就需要在研究涉及阶段注意四点:理论构思符合逻辑、结构谨严、层次分明,构思内容有内在联系;对研究的环境条件和变量界定明晰;对研究变量拥有明确的操作定义,拥有对应、客观的观测指标;尽可能采用多种指标、多种方法从不同角度分析相同的理论构思。

内容效度(content validity)指测量能反映被测量概念的全部领域的程度,[1]也就是说,测量在多大程度上包含了概念定义的所有特征。该指标主要涉及对所检测内容或行为范围取样的适当程度,也被称为逻辑效度。内容效度包含两个方面:一是内容范围要定义完好,有一个有限、明确的题目总体;二是测量的样本对于所要测定的内容总体具有代表性,代表性越好内容效度越高。

构念效度(construct validity)指一种测量与其他测量(构念)相关联的程度,或与原子理论的假设相一致的程度。[2] 由于社会科学领域中许多概念极其抽象而无法直接观察(如孤立、歧视、敌意等),只能通过详细说明能观察得到的具体行为和言语反应来与假设的测量目的相关联。例如,在一项对美国参议员首次进行选举活动的新闻报道的内容分析中,分析者对意识形态测量进行了一系列构念效度测试,发现国家、宗教、党派意识形态都与参议员的表决相关,并可通过这些指标对其行为进行预测。[3] 经研究表明,构念效度的检验往往需要通过一系列研究来测试需要被检验的指标与其他指标间的关系。

具体到操作上,内容分析研究效度的建立有以下两大步骤:

(1) 建立效度的第一步需要发展出一套切合研究问题的编码方案,以引导

---

[1] Carmines,E. G., & Zeller, R. A., Reliability and Validity Assessment, Beverly Hills, CA: Sage,1979.

[2] Ibid.

[3] Hill,K. Q. ,Hanna,S. , & Shafqat,S. ,"The Liberal-Conservative Ideology of U. S. Senators: A New Measure,"*American Journal of Political Science*,1997,41,1395-1413.

编码员分析内容。有效的编码方案能够很好地帮助编码员理解核心概念,或定位研究的主要问题。普勒和佛格认为,编码方案是一种"让调查者将话语置入理论类目中"的"翻译手段"①。为了使得编码方案有效,普勒和佛格以人际互动研究为例,按照编码员的不同视角提出三种不同的策略:① 在有经验(experienced)方式中,编码员站在一个外在观察者的立场分析互动;作为外在观察者,编码员具有直接的机会接触对解释互动起重要作用的变量,此时表面效度与构念效度对编码方案必不可少。② 在体验的(experiencing)方式中,编码员重点理解互动参与者所讲述的内容,此时除了表面效度和构念效度外,还需要有再现效度(representational validity)。再现效度是构念效度的一种特殊类型,构念效度是编码方案能够忠实地达到研究所运用的某种理论,而再现效度是编码方案契合"社会定义的社会情境现实"。③ 在经历者的(experiencer)方式中,编码员试图理解参与互动的每个人的视角,并对他们的个人参照框架加以解码,此时要求表面效度、构念效度和意识图像效度(idiographic validity)。②

(2) 第二步按一定标准对编码员的编码决定加以评估。如果编出的代码与所定标准吻合,编码员的编码就被认为是有效数据。参考标准的设定需要依据具体的类型而定。对于明显的内容,可以采用客观标准,也就是说标准是客观实在的,如编码员记录某一次人际交谈中的眨眼次数时,有一个实际发生的唯一的眨眼次数,只要注意谈话现场就可以确定下来。对于模式化的内容,通常由专家设定标准,专家最能判断编码规则的正确运用与否,他们的参与能有效减少编码员操作中对编码过多的诠释。对于投射性的内容,可以用社会规范作为标准,即一个社会文化背景下为一般人所接受的基本概念定义。

效度的高低在很大程度上取决于定义的好坏,当基本定义不清或未被广泛接受时,要取得高效度很难。学者简妮丝提出用"产出性"(productivity)作为效度的标准③,它是指内容分析的分类在实证命题时有用的程度,用来考量内容的分类在建构与意向因素、效果因素或其他内容因素的关系时是否有效。因此,我们需要考虑到不同类型的效度对内容分析结果的影响。

10. 数据录入,统计分析,得出结论

由懂得统计分析软件或数据库技术的人员将评判记录的结果录入电脑,利

---

① Poole,M. S. , & Folger,J. P. ,"Modes of Observation and the Validation of Interaction Analysis Schemes," *Small Group Behavior*, 1981, 12, 477-493. p. 477.
② Ibid.
③ Janis, I. , "The Problems of Validating Content Analysis," in Lasswell & Leites(Eds.), *Language of Politics*. , 1949, pp. 55-82. Stewart. p. 72.

用统计分析软件对数据进行分析。录入数据时,难免会出现差错,需要对数据进行查错。然后运用统计方法对经过信度分析的评判结果(所获得数据)进行数据分析,描述各分析类目的特征并进行比较,得出关于研究对象的趋势、特征、异同点等方面的结论。可采用的统计方法包括描述性的和推断性的。前者诸如百分比、众数、中间数、平均值等指标,后者如卡方检验等。内容分析中涉及等距尺度和等比尺度的测量,t 检定、变异数分析(Anova)或皮尔逊(Person)的 r 检定是适用的方法。除了以上方法外,判别分析、聚类分析和结构分析也是应用较广的统计分析方法。

计算机技术的不断发展为内容分析法提供了技术支持,利用电脑能够轻易实现对大量信息材料的处理与分析。同时,电脑也能避免人工操作中的误差,保障了操作结果的可重复性,保证了信息材料的可靠性。电脑为研究者提供了对收集到的全部数据进行概况性研究的工具。[①] 例如,研究者可以利用电脑从信息材料中找出某些分析单位,如某些单词、词组,统计其出现的频率等。同时可以运用统计分析软件,如社会科学统计软件包(SPSS),模拟、复制或展示数据的社会背景的某些方面,以扩展内容分析法的运用范围,增加其解释力度和描述的生动性。其他可选择的软件有:统计分析系统(SAS)、Minitab 统计软件、电子表格(如微软的 EXCEL 软件)、DIMAP、Atlas-ti 等。

我们应该看到,并不是所有的内容分析都需要通过计算才能显示出分析结果的客观。"有时对于资料进行定性的评估,反而是最恰当的。"[②]奥斯古德《意义的测量》一书中指出,"在不同的文化环境里,人们对字词的外延意义是比较容易在一定范围内达成共识的,但在价值判断(内蕴意义)上则常常发生较大分歧。"[③]因此,面对特定的研究对象具体采用定性或定量分析,需要研究者在研究实践中具体加以选择。

在明晰了以上研究设计的关键步骤后,我们对于一项内容分析研究的设计可以从六个方面的标准加以总体评估[④]:

(1) 研究假设:是否有明确的问题或假设? 如果有推论,推论是否合乎逻辑?

(2) 抽样样本:样本是否有很好的代表性? 样本的推导对于结论是否合理?

(3) 分析单位:分析单位是否明确? 是否与分析内容吻合并一以贯之? 分

---

① Rosengren, K. E., Advances in Content Analysis, Beverly Hills, California, Sage, 1981.
② 〔美〕艾尔·巴比:《社会研究方法(第 11 版)》,邱泽奇译,北京:华夏出版社 2009 年版,第 325 页。
③ 邵培仁:《传播学》,北京:高等教育出版社 2000 年版,第 126 页。
④ 参见卜卫:《试论内容分析方法》,载《国际新闻界》1997 年第 4 期,第 59 页。

析单位与结论推导在分析层面上是否一致?

（4）内容类目建构:分类标准是否由理论导出？分类标准是否统一？所划分的种类之间是否穷尽与互斥？分类是否详尽或有遗漏？

（5）信度:研究报告里是否有信度检验？不同的评分者是否能得出同样的结论？

（6）效度:研究者建立的分析单位和类目是否能测出所要测量的内容（一致性）？

作为现代社会中最具有影响力的信息系统，大众传媒对客观事物的呈现，对于符号内涵的赋予、变换、固定以及受众对符号的接受，起着越来越重要的作用，对媒体内容分析的重要性也随之加深。内容分析法是所有社会科学研究方法中少有的不受时空限制的方法，同时该方法可以将非结构性问题作为数据加以处理，换句话说，内容分析的研究者通常是对已经生成的数据进行分析，能够处理由于不同目的而生成的各类文本，而这些非结构性数据具有保留数据来源的概念构想的优点，这正好弥补了其他结构性方法（如问卷调查、结构性访谈）的不足。因此，作为传播学中经典的研究方法，内容分析法也应成为研究者必备的研究方法。

第五章
定量研究的资料分析

在《不列颠百科全书》中,统计学被界定为"收集和分析数据的科学与艺术"。统计学的科学性并不难理解,因为它有一套成体系的概念、原则和方法。为何又说统计学是"艺术"呢?这是因为统计方法需要灵活使用,很依赖研究者的判断乃至灵感。所以,统计学的艺术性也意味着,研究者不能教条式地看待统计学方法,认为只要记住具体的公式和方法,遇到问题简单套用就行。

当前,统计学越来越多地应用于社会科学各学科的研究中,甚至出现了过分追求新颖、高级统计学方法的倾向。**但是,统计方法并无高低层级之分,而只有是否有效(valid)之别。** 分析方法的有效性首先取决于具体的研究问题。其次,从统计学角度看,有效性包含了精度的提高与信度的增加。然而,要想有效地在具体研究中使用统计学方法,必须明白几个非统计学前提。第一,所分析的数据应当是通过概率抽样收集得到的。因为统计学所揭示的规律是概率性的而非确定性的,所以,如果是普查数据,就没有统计学问题,而如果是非概率抽样数据,就不适宜以统计方法进行分析。第二,统计方法只是从形式上揭示变量之间的数量关系,所得结论不可混同于实质上的因果关系。一个经典的例子就是吸烟与肺癌的关系研究。自20世纪50年代以来,不断有资料表明吸烟和肺癌这两者之间存在很强的相关性,即吸烟人群中患肺癌的比率更高,但并没有确实的证据表明是吸烟增加了患肺癌的可能性,因为缺乏排除可能存在的干扰因素(比如基因构成)的有说服力的统计分析结果。因果关系的确立更多地依赖于实质理论(substantial theory)而非依靠统计分析。

一、定量分析中的重要概念

(一)区分总体(population)与样本(sample)

严格区分样本和总体是传播学乃至社会科学定量研究(quantitative studies)需要首先树立的观念。

所谓总体,指的是所研究事物或现象的整体。总体具有清晰且明确的时间和空间界限,是一个封闭的系统。界定总体,需要从内容、单位、时间和空间范围等数个方面做出具体规定。比如,《第六次全国人口普查方案》规定的总体为:"普查标准时点在中华人民共和国境内的自然人以及在中华人民共和国境外但未定居的中国公民,不包括在中华人民共和国境内短期停留的境外人员"①。如果针对总体进行调查,那么就称作普查。

但是,很多情况下,比如民意调查,不可能对如上述第六次人口普查所界定的总体中的每个人进行调查。一个可行且有效的办法就是以恰当的概率抽样方法从该总体抽取一定数量的个体(比如 2000)人,得到总体的一个代表性样本。可见,样本是总体的一个子集。在传播学研究中,出于时效性和经济成本的考虑,研究者就需要从大规模的总体中按照一定方式抽取少量个体进行调查。这里所抽取出来的少部分个体就是总体的一个样本,作为总体的一个代表。比如,某位研究人员对我国东部沿海某一省会城市 18—60 岁人群的互联网使用情况感兴趣,因此从中随机抽取出 600 名被调查者进行问卷调查。这 600 名被调查者即构成了该城市 18—60 岁人群这一总体的一个代表性样本。显然,理论上,这位研究者可以从该总体中抽取出若干个不同的代表性样本。

对于描述性统计而言,总体与样本的区分并不是那么重要,因为基本上可以用相同的方式加以处理。但是,对于后面讲到的推断性统计而言,这一区分将变得十分重要。因为统计推断所要完成的任务就是以样本统计量(sample statistic)来推断未知的总体参数(population parameter),其中,样本统计量是根据样本数据计算得到的概括性特征,而总体参数则是总体的概括性特征。统计量指向样本,而参数指向总体,这是基本的统计学常识。这也是为什么特别强调传播学定量研究中要严格区分样本和总体的原因所在。

(二) 确保样本的代表性和随机性

进行统计推断的前提是有一个能够代表总体的随机样本(random sample)。所以,研究者在决定进行抽样调查之前,必须首先明确是否需要推论总体特征。如果需要,则务必确保所得到的样本是能够代表总体的随机样本。

所谓代表性,并没有一个严格的科学定义。一般来说,只要确保样本和总体

---

① 第六次全国人口普查的"标准时点"为 2010 年 11 月 1 日零时。

在主要变量的结构上大体相似即可。例如,根据2010年第六次全国人口普查结果①,我国居住在城镇的人口占49.68%、居住在农村的人口占50.32%,如果同一年某项全国性的抽样调查得到的城镇人口和农村人口比例分别为54%和46%,那么,该调查所得的样本就没能代表总体。一旦样本没有代表性,基于样本数据得到的统计分析结果推论总体的情况必定是有偏的。但如果得到的城镇人口和农村人口比例分别为49.2%和51.8%,与总体中人口的城乡分布大体接近,那么,就可以认为样本对总体具有代表性。当然,样本无需在每一个方面都具有对总体的代表性,只需局限于与研究所关注的变量密切相关的那些方面②。例如,如果研究节目收视偏好,那么样本在性别、年龄、城乡居住地、受教育程度等方面的分布特征与总体接近就是评价其代表性的关键方面。

所谓随机样本,指的是以概率抽样方式得到的样本。一方面,随机可以排除研究者在抽样过程中出现有意的选择性(selectivity)。例如,收视率研究中,如果研究者有意识地选择那些年龄偏大的、无工作的人进入样本,得到的收视率很可能就有偏。这种选择性会导致样本代表性的丧失。另一方面,随机抽样使得可以借助概率理论来估计总体参数及其抽样误差,从而使得可以根据样本结果推论总体特征。

虽然随机可以避免抽样过程中出现有意识的选择性,但这并不等于概率抽样就一定能确保样本具有代表性。一些情况下,概率抽样所得的样本也可能并不满足代表性。例如,总体中有20名男性、2名女性,如果采用简单随机抽样方式从中抽取5人,那么,就有可能得到一个不包含女性的样本。

另外,标准的统计学理论都建立在样本是通过简单随机抽样方式得到的这一假设基础上的。因为简单随机抽样能够确保每个元素具有相等的被抽中的概率,即等概率抽样,这时,不论是总体参数的估计值还是其抽样方差都最容易计算。换言之,如果没有专门指定或说明,后面的内容都假定样本是由简单随机抽样方式得到的。有关不同概率抽样方法下总体参数估计值及其抽样误差的估计量计算的具体介绍可参考抽样调查方面的教材。

(三) 分清变量的测量层次(measurement level)

收集上来的数百份乃至数千份问卷数据经过录入阶段后,呈现在统计软件(比如 SPSS)的数据窗口表现为如表1所示的格式。

---

① 见国家统计局网站:http://www.stats.gov.cn/tjgb/rkpcgb/qgrkpcgb/t20110428_402722232.htm。
② 〔美〕艾尔·巴比:《社会研究方法(第11版)》,邱泽奇译,北京:华夏出版社2009年版,第190页。

表 1　统计软件中常见数据形式示意

问卷编号	性别	学历	职业	年龄	每天收看电视新闻节目的时间	对所看电视新闻节目的评价
1.00	1.00	1.00	1.00	34.0	20.00	2.00
2.00	1.00	2.00	2.00	32.0	30.00	2.00
3.00	2.00	3.00	1.00	45.0	15.00	3.00
4.00	2.00	4.00	2.00	50.0	10.00	2.00
5.00	1.00	1.00	3.00	27.0	20.00	3.00
6.00	1.00	1.00	4.00	28.0	.00	3.00
7.00	1.00	1.00	3.00	26.0	30.00	2.00
8.00	2.00	2.00	4.00	22.0	30.00	4.00
9.00	2.00	2.00	3.00	38.0	45.00	3.00

在这份截取的关于电视新闻节目收看状况的调查数据中，每一横行都代表着一份问卷或者说对应着一名被调查者，每一纵列代表着一个变量或者说对应着一个变量中所有案例的观测数据点。因此，横向看，可以知道个体在每个调查变量上的取值；纵向看，可以知道所有案例在某个变量上的取值。表 1 中，处在最左侧的是问卷编号变量，它通常直接采用问卷编码作为取值，或者是以 1、2、3、……n 这样的连续数字进行编码。这样就可以唯一地将表中的每一行与对应的被调查者（及其调查问卷）联系起来。表中还有其他 6 个变量，包括性别、学历、职业、年龄、每天收看电视新闻节目的时间、对所看电视新闻节目的评价等。

对于选择有效的统计分析而言，仅仅知道数据中包含了哪些具体的变量是远远不够的，更关键的是需要知道各个变量的测量层次。因为变量的测量层次决定了该选择何种统计方法。通常，测量层次被区分为四种：定类尺度（nominal scale）、定序尺度（ordinal scale）、定距尺度（interval scale）和定比尺度（ratio scale），与四种测量层次相对应的有四种类型的变量：定类变量、定序变量、定距变量和定比变量。

定类变量是最低测量层次的变量，其取值本质上就是一种分类体系，即根据研究对象的属性或特征，赋以不同的名称或符号，从而将研究对象或者说总体中的个案按照类别区分开来。比如，表 1 中的性别变量即属于定类变量，其中，取值 1 表示男性，2 表示女性。请注意，这里的 1、2 没有数字意义，只代表不同的类别。一般地，定类变量的不同取值只能区分出类别的异同，而并没有其他数量上的意义。因此，定类变量的一个显著特征就是其取值只具有等于与不等于（或属于与不属于）的数学特征，而并不能提供其他更多的信息。请注意，既然是起着分类体系的作用,就要求定类变量的取值既具有完备性又具有互斥性,即每一研究对象在该变量上能且只能有一个特定取值或属于一个特定类别。比如,一般地,就生理性别而言,一个人不是男性,就是女性,或者相反,而不会既是男性又是女性。

与定类变量的取值只标示所属类别不同,**定序变量**的取值不仅可以将研究对象按照不同类别区分开来,还能据其将研究对象按照某种逻辑顺序排列出先后、高低、大小或强弱,从而确定相应的等级或序次。因此,在测量层次上,定序变量比定类变量更高一个层次。比如,表1中的学历变量即属于定序变量,其取值1、2、3、4分别表示小学及以下、初中、高中、大学。首先,可以根据学历变量的不同取值将个体区分成不同的类别。但同时,不同的类别还具有序次高低之分,这里,显然是大学＞高中＞初中＞小学及以下。换言之,可以根据学历变量的取值1、2、3、4来将个体区分成不同的类别,同时还可以据其对个体进行排序。但是,同样地,学历变量的取值1、2、3、4并不具有实际的数值含义,即4减1所得的差值并不等价于大学学历与初中学历之间的差别,这些数值只代表类别的不同及顺序的先后。一般地,代数学上,定序变量的取值不但具有等于与不等于(或属于与不属于)的属性,还具有大于或小于的属性。因此,定序变量属于比定类变量更高一测量层次的变量,这种层次上的更高主要体现为提供了有关研究对象的属性或特征的更多可用信息。

定距变量的取值不仅能够将研究对象区分为不同的类别、排列成等级序次,而且可以确定不同等级的间隔距离或数量差别。比如,人的智商和天气温度都是非常典型的定距变量。对于定距变量,根据其取值,不但可以看出哪个类别处于更高序次,还可以说明某个类别比另一个类别相差多少个单位。换言之,定距变量的取值具有可以进行加减运算的数学特征。比如,在某项针对小学生科学探索节目收视习惯的研究中,研究者以量表对抽中学生的智力进行了测量,其中张三、李四、王五3名同学的得分依次为125分、110分、115分。由此,不仅可以看到,3人中,张三的智力测试得分最高,为125分;李四的得分最低,为110;还可以知道,张三的智力测试得分比李四高15分(125－110＝15)。但是,请注意,定距变量虽然可以取0值,但该0值并不具有数学上通常所熟悉的"0"值的意义(绝对的无或没有),它只是一个人为定义的。比如,某个人的智力测试得分为0,并不意味着此人"没有智商",这时的0不过是一个特定的数字而已,是根据所选定的智力量表得到的一个随意指定。倘若换用其他量表,此人的智力得分可能变成50或其他结果。不具有绝对0点是对定距变量进行乘除运算没有意义的原因所在。

定比变量是最高测量层次的变量类型。它除了具有前述三类变量的属性之外，其 0 值也是具有实际意义的。换言之，定比变量与定距变量的差别在于：前者的取值 0 是绝对的，具有实际意义；而后者的取值 0 则是任意指定的，并不具有实际意义。正因为具有绝对 0 值，才使得定比变量的取值不但能进行加减，还能进行乘除运算。表 1 中的年龄属于定距变量。从中，可以看到，表 1 中显示的 9 名被调查者中，年龄最大的 50 岁，年龄最小的 22 岁，年长者的年龄大约是年幼者的 2.3 倍（50/22≈2.72）。注意，取值 0 是否具有实际含义或是否存在绝对零点是区分定距变量和定比变量的关键。

可见，从定类变量到定序变量，到定距变量，再到定比变量，测量层次逐渐升高，且它们之间的次序是不可逆的。这句话的含义是：凡是低层次变量所包含的信息的特征，高层次变量也具备；但反之则不成立，如表 2 所示。更直观地讲，高层次的变量可被当作低层次变量来处理，比如，把定比变量当成定距变量甚至定序变量或定类变量来处理，但低层次变量并不能被当作高层次变量进行处理。在实际的统计分析中，定距变量和定比变量的统计技术基本相同，对这两种类型的数据基本不做区分，道理就在于可将定比变量降级为定距变量处理。

表 2　不同测量层次变量的特性

实质特性	数学特性	定类变量	定序变量	定距变量	定比变量
分类	=、≠	具备	具备	具备	具备
排序	>、<		具备	具备	具备
间距	+、-			具备	具备
真实零点	×、÷				具备

不同测量层次变量之间区别的实质在于所包含信息的不同，信息量的差别也决定了可应用的代数学运算也不一样。这就决定了在对数据资料进行统计分析时，需要根据变量所属的测量层次选用恰当的统计方法。如果将高层次变量作为低层次变量进行处理，就意味着信息的损失或遗漏；如果将低层次变量作为高层次变量进行处理，就意味着需要施加额外的假定[①]。明确这一点非常重要。

---

① 比如，实际应用中，不少研究会将 5 点或 7 点计分的定序变量（如，1＝非常不满意，2＝比较不满意，3＝无所谓，4＝比较满意，5＝非常满意）升级成定距变量进行处理。可是，我们已经知道，定序变量包含了取值类别间序次的信息（1＜2＜3＜4＜5 或非常不满意＜比较不满意＜无所谓＜比较满意＜非常满意），但并没有指示出数字之间差异的大小（2 与 1 或比较不满意与非常不满意相差的量有多大并不清楚）。而如果被处理成定距变量，就意味着数字之间差异是确切的（2－1＝1 就意味着非常不满意与比较不满意之间相差 1）。显然，将本属于定序测量层次的变量处理成定距变量的做法需要强行假定数字之间具有确切的差异。

(四) 明确统计学的功能

当研究人员决定以定类、定序、定距或定比这些不同测量层次的变量将调查对象的特征或属性加以量化时,统计学可当作描述或决策工具来使用。实际上,这分别对应统计学中的描述性统计(descriptive statistics)和推断性统计(inferential statistics)。

1. 统计描述

定量研究中,经常使用大样本调查数据对有关的社会现象进行考察与分析,很多时候,样本都是由成百上千乃至更多的单元(个体或者群体)构成。比如,我国多数全国性的社会、人口抽样调查的样本规模(sample size)都在 1 万甚至数万人或家庭户。面对大量数据,首先需要做的工作是对其进行描述和总结。

年龄是与个体的诸多行为、态度密切相关的变量,几乎是每项社会、人口调查必定收集的信息,表 3 示例给出了 100 名被调查者的年龄。虽然此数据是虚拟的,但这里要关心的是:如何描述这 100 个年龄的分布特征?

表 3 100 名被调查者的年龄

73	34	25	47	58	52	65	58	69	30
75	29	47	63	30	53	39	28	48	48
35	64	66	72	44	64	41	25	41	34
35	55	37	87	56	45	68	29	33	31
20	39	38	25	46	68	27	37	65	51
42	38	25	21	43	67	24	22	56	44
44	38	27	61	61	38	32	55	70	31
73	39	46	63	19	37	48	43	51	43
22	49	46	57	39	62	89	60	18	29
42	67	41	61	41	27	23	78	43	69

显然,逐一描述不但是没有效率也是不可行的,当样本规模更大时更是如此。但是,至少有三种描述性统计方法可用来概括表 3 中年龄变量的分布特征。

第一种方法是先将 100 个年龄进行排序,并划分成较少的几个类别,形成分组数据频数表,如表 4 所示。此分组频数表(将在第二章中讨论)通过将年龄取值重新分为 10 岁一组的年龄组,展示了每一年龄组的被调查者人数。分组频数表明显比表 3 中原始数据更容易揭示此 100 人的年龄分布特征。比如,频数一列清楚地表明,年龄在 30—39 岁的有 21 人、40—49 岁的有 23 人;低龄(20 岁以下)和高龄(79 岁以上)的人比较少,均只有 2 人。所以,这 100 名被调查者的年龄分布呈中间多、两头少的特征,以中青年人为主。

表 4 100 名被调查者年龄的分组频数分布表

年龄组	频数(f)	百分比(%)	累计百分比
10—19	2	2	2
20—29	17	17	19
30—39	21	21	40
40—49	23	23	63
50—59	11	11	74
60—69	18	18	92
70—79	6	6	98
80—89	2	2	100
总计	100	100	

分组频数表通过对原始数据做一定程度的简化、浓缩,从而有助于更清楚地描述变量的分布特性,从中既可以看到整体的趋势,也能发现群体的特征性。对此,也可以用图形的方式进行展示。所以,第二种方式就是通过图形方式描述数据。这种方式的优势在于结果更直观。图1以条形图(在第二章介绍)的形式展示了100名被调查者年龄的分布,横轴为年龄组的类别,纵轴为频数。与表4相比,该图以更加直观的方式呈现了年龄变量的分布特征,比如,低龄、高龄人数很少,但20至69岁的人数较多且主要集中在40—49岁组,中间多、两头少的分布特征很明显;另外,还可以清楚地看到此分布在50—59岁组出现下凹。

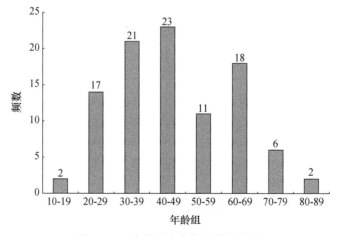

图 1 100 名被调查者年龄的条形图

除了表格和图形的方法之外,也可以用一个或几个数字这种更加简洁的方式来概括变量的分布信息,即集中趋势和离散趋势统计量的应用(见第二章)。比如,对于表3中的100名被调查者的年龄数据,可以将各个年龄取值进行加总然后除以样本规模100,得到其算术平均值为46.13,这意味着他们的平均年龄为46.13岁。

借助表格、图形以及统计量等描述性统计方法,研究者可以探测和描述变量分布的模式,达到简化或浓缩信息的目的。换言之,描述性统计的作用在于用统计指标、统计表、统计图等方法,对资料的数量特征及其分布规律进行测定和描述,进而达到浓缩信息、揭示分布模式的目的。后面会讲到,除了可以描述单变量的分布之外,也可以描述两个或多个变量之间的关联或相关程度。在这个意义上,统计学被作为一套将定量资料简化成少量更便于理解的描述性指标的工具。

2. 统计推断

描述性统计通常是描述样本中变量的分布特征或变量之间的关系模式。但是,前面曾提到,样本应当是总体的一个代表。这句话的意思是说,花费大量人力、物力和财力进行随机抽样调查的目的是要通过从更大规模的总体中抽取一个规模小得多的样本来做到"以小见大"。因此,对样本数据的分析就不能仅仅停留在就样本说样本的状态,而需要在统计描述的基础上,判断基于样本数据得到的变量分布特征或变量关系模式是否能够更一般地推论至更大规模的总体中。

但是,样本并非总体本身,它与总体之间总是存在一定的差距。由于这种差距源于从大规模总体中获取小规模样本的随机抽样过程,所以统计学上将其归为抽样误差(sampling error)[①]。换言之,即使被设计和执行得非常完美,抽样也必定会导致误差。这是定量研究中依据样本推断总体时的问题和难题所在。为此,研究者就需要超出统计描述的范畴,进行统计推论(statistical inference),从而判断基于样本得到的发现在总体中的确也成立,还是仅仅因为随机抽样所导致的偶然结果。推断性统计技术是从样本推论总体必须使用的工具。

总之,统计推断是指通过随机样本估计总体特征的过程,包括参数估计和假

---

① 这是一种随机波动。如果使用概率抽样(也叫作随机抽样)且设计和执行得好的话,抽样误差可以正确地估计得到。由于得到抽样误差的估计是进行统计推论的基础,而非概率抽样无法估计抽样误差,因此,当抽样调查的目的是推论总体时,应当采用概率或随机抽样。

设检验两项内容,所要做的就是帮助研究者从样本推断总体,并以此检验有关社会事实的实质或规律的假设。在这个意义上,统计学其实就是一套决策技术。

(五) 本节小结

本节对定量传播学研究中涉及的前提性观念进行了扼要的说明。这些知识更多的属于研究方法论的范畴,而不属于统计学知识的范畴,但它们构成了统计学知识得以有效和可行的基础。这些往往是定量研究过程中隐含着的基本要求但又很容易被人们所忽视。

二、变量的描述性统计

数据收集只是统计分析的基础性工作,它为研究者对社会现象进行定量研究提供了原始材料。面对着成百数千的个案以及十几个甚至几十个的变量所组成的庞大的数据集(dataset),最先要做的就是对这些数据中的每个变量进行简化描述,为发现和认识变量之间的规律特征做准备。因此,定量研究中,单变量描述性统计很重要,它是进行统计分析的第一步。

本章将选择性地介绍进行统计描述的主要方法。这些方法可用来考察变量取值的分布、测量分布的集中趋势和离散趋势,以及揭示变量之间的关系。

(一) 考察变量取值的分布

分布在统计学上是一个既具体又抽象的概念。先来看一个例子,比如,研究者常常将文化程度这个抽象的概念操作为学历进行测量,那么学历就是所要考察的变量 X。其可能取值包括:x_1=文盲、x_2=小学、x_3=初中、x_4=高中、x_5=中专或技校、x_6=大专、x_7=本科及以上。如果将被调查者的回答根据这些可能取值进行归类,就可以得到以下形式的数据:(x_1, n_1)、(x_2, n_2)、(x_3, n_3)、(x_4, n_4)、(x_5, n_5)、(x_6, n_6)、(x_7, n_7)。括号中前一项为被调查者的回答,后一项为给出相应回答的被调查者的数量。可见,通过以上这些数据对,被调查者的回答就与给出相同回答的被调查者数量联系在一起。

因此,统计学上,分布指的就是上述数据对所构成的集合。更一般地,一个变量的分布可表达为以下形式:

$$(x_1, n_1)$$
$$(x_2, n_2)$$
$$\vdots$$
$$(x_i, n_i)$$

这里,$x_i(i=1,2,\cdots,n)$ 为变量 X 的所有可能取值,$n_i(i=1,2,\cdots,n)$ 为可能取值所对应的出现数量。注意,n_i 的含义不同时,就得到不同的分布。若 n_i 表示 x_i 出现的频次,就是频次分布(frequency distribution),也被称作绝对频次分布;若 n_i 表示 x_i 出现的比例或百分比,就为比例或百分比分布,两者统称为频率或相对频次分布;若 n_i 表示 x_i 出现的概率,就为概率分布(probability distribution)。另外,构建频数分布时,变量 X 的取值应当是完备且互斥的。

1. 定类变量的频数分布

上一章提到,收集上来的数百份乃至数千份问卷数据经过录入阶段后,呈现在统计软件(比如 SPSS)的数据窗口表现为如表 1 所示的形式,其中每一行对应着一个案例(case)(被调查者),每一列对应着一个变量(案例的某一特征或属性)。想象一下:一方面,案例数(或样本量)增加到 100、1000、5000 乃至更多时,数据表会变得越来越长;另一方面,变量个数也增加到 10、50、200 乃至更多时,数据表会变得越来越宽。实际上,研究者经常要面对规模庞大而又看似杂乱无章的原始数据表。那么,首先需要面对的难题就是:如何将一大堆原始数据转换成一种易于解读、说明的简要形式呢?对于定类变量,可以直接针对各取值类别用表格的形式呈现其分布(distribution)情况。

假设对大众喜爱收看的节目类型感兴趣,研究者将节目区分为三类:新闻、影视剧及综艺、纪录片及其他,然后就此随机抽取 1000 人进行问卷调查。据此,表 5 给出了此变量数据的频数表(frequency table),它展示了该变量取值的分布情况。

表 5　喜爱看的节目类型的频数分布

喜爱看的节目类型	频数(f)
新闻	350
影视剧及综艺	450
纪录片及其他	200
总计(N)	1000

首先,此表包含了表号和表标题,以清楚地展示表中的内容。一个内容清楚

的标题是形成定类变量的频数表时必不可少的要素。其次,此表包括两列,左侧呈现的是定类变量名("喜爱看的节目类型")及其取值类别(新闻、影视剧及综艺、纪录片及其他);右侧一列给出了选择每一取值类别频数[①](案例数)以及样本量(总案例数)。通过查看表5,可以清楚地看出,表示喜欢看新闻、影视剧及综艺、纪录片及其他的人数分别为350、450和200,因此,大多数人喜欢看影视剧及综艺类节目。

每一取值类别的案例数在统计学中被称作绝对频数(absolute frequency)(简称为频数),相应地,表5也被称作绝对频数表。更一般地,研究者经常会将定类变量每一取值类别的案例数与总案例数进行比较,所得结果被称作比例(proportion)。对于表5,可以将喜欢每类节目的案例数 f 除以总案例数(样本量) N,从而把相应的绝对频数转换成比例 P,即

$$P = \frac{f}{N}$$

因此,1000名被调查者中,喜欢新闻类节目的比例为:

$$P = \frac{f}{N} = \frac{350}{1000} = 0.35$$

尽管用比例来反映相对大小很有用,但是,为了便于解释,往往进一步将比例乘以100%,得到百分比(percentage)。比如,将上述喜欢新闻类节目的比例乘以100%,得到其百分比为:$0.35 \times 100\% = 35\%$,这意味着1000个案例中有350个案例选择了喜欢新闻类节目,或者说35%的人喜欢新闻类节目。表6给出了以百分比形式呈现的喜爱看的节目类型的分布,注意,对于相对频数表,应当在表格合适的位置处表明总案例数或总样本量,通常如表6那样在表标题处标明总案例数。

表6 喜爱看的节目类型的分布($N=1000$)

喜爱看的节目类型	百分比(%)
新闻	35
影视剧及综艺	45
纪录片及其他	20
总计	100

比例和百分比都是相对频数(relative frequency)(也称作频率),两者都相

---

① 有些统计学教科书上也称作频次。

当于针对总案例数或样本规模进行标准化的结果。由于消除了总案例数或样本规模的影响,因此比例和百分比可用于对不同群体在相同变量上的分布情形加以比较,而绝对频数并不适于用来进行分组比较。

比如,研究者可能对男性和女性在喜爱看的节目类型上的差别感兴趣,因此构建了表7。从频数来看,有同样多的男性和女性喜欢看纪录片及其他,但是,请注意,男性与女性两个群体在总案例数上相差200。因此,两个100之间所反映的"程度"是不一样的。因此,如果不消除男性和女性在分布上的规模影响,100这两个绝对频数之间并不具有可比性,而百分比体现了这一考虑。我们看到,消除总规模影响或对分布标准化以后,25%的男性喜欢看纪录片及其他类型的节目,而只有15%的女性喜欢看相同类型的节目。消除群体总规模的影响或对分布的标准化在后面要提到的交互表中体现得更为明显。所以,实际应用中,研究者往往报告总案例数和每个取值类别的百分比。

表7 喜爱看的节目类型的性别比较

喜爱看的节目类型	性别			
	男性		女性	
	频数(f)	百分比(%)	频数(f)	百分比(%)
新闻	250	63	100	17
影视剧及综艺	50	13	400	67
纪录片及其他	100	25	100	17
总计	400	101	600	99

另外,对于比例和百分比,还需要说明两点。第一,当样本规模较小时(如$N<100$),不适合计算此类指标,因为它们都属于相对数,而相对数在分母较小的情况下波动很大,容易夸大事实,导致轻信统计结果的问题。第二,因为计算过程中四舍五入的问题,可能出现变量完备且互斥的各取值类别上的比例或百分比加总所得结果并不恰好等于1或100%的情况。如表7中,男性群体的三个百分比相加等于101%,而女性群体三个百分比之和为99%。

2. 定序变量的频数分布

与定类变量相比,定序变量的取值不但可以体现类别的不同,而且反映包含某种序次模式。因此,也可以采用类似的(绝对或相对)频数表的形式来描述定序变量的分布情况。不过,不同之处在于,定类变量的取值类别在表格中可以随意排列,但定序变量的取值类别必须反映其顺序。对于定序变量,打乱其取值类别的排列顺序会导致表格可读性的下降。

比如,研究者感兴趣大众对某款电影海报设计图的评价,随机抽取了1000

人进行问卷调查,要求被调查者从"很好""较好""一般""较差"和"很差"5个选项中选择一项给出自己对海报设计图的评价。表8给出两种不同排列形式的分布表,左侧按照从好到差的顺序排列取值类别,右侧则取值类别散乱地排列着,其他完全相同。

表8 对某款电影海报设计图评价的分布($N=1000$)

对电影海报的评价	百分比(%)	对电影海报的评价	百分比(%)
很好	18	一般	25
较好	31	较好	31
一般	25	较差	16
较差	16	很好	18
很差	11	很差	11
总计	100	总计	100

显然,左侧的结果看起来更方便。当同时给出后面将要讲到的累计百分比时,更应按顺序呈现定序变量的取值类别。

3. 定距变量的频数分布

首先区分离散型(discrete)定距变量和连续型(continuous)定距变量。前者的取值为整数,比如,家庭人口数、妇女生育子女数、青年人拥有的数码产品数等;后者的取值则可以是任意数值,比如收入的取值可以是1001.23元。对离散型定距变量构建分布的办法与定序变量相同。下面介绍针对连续型定距变量的处理。

连续型定距变量的取值可能跨一个较大的取值范围,如上一节表3提到的100名被调查者的年龄,最小的为18岁,最大为89岁,两者相差71岁。考虑到定距变量的取值比较分散,那么,仍然如定类和定序变量那样直接针对取值形成频数分布可能不适当。因为,第一,表格会变得很大,不容易处理;第二,更重要的是,分布中的案例太过分散会使得数据中的整体模式变得不清楚。

为了更好地揭示定距变量的分布模式,可以首先对原始取值进行分组,即把相邻的若干个取值合并为一组。比如,对于年龄,通常按照5岁或10岁间隔进行分组,这里的5岁和10岁被称作组距。这种对初始连续的取值进行重新分组的方法在统计学上被称作连续变量的离散化。通过离散化处理,可以得到少数几个类别或组别。然后根据这些类别或分组得到频数表。

表9呈现了一个虚拟的学生成绩分组频数分布,初始的成绩被区分成10个分组或区间,每个分组的组距均为5,最低一组为50—54分,具体分值为50、51、

52、53、54 的均被归入本组。更有意义的是表中的百分比一列,它反映了这群学生的成绩分布情况,我们看到,处于 70—74 分段的学生最多,而低分段(50—54)和高分段(97—99)学生都少。如果有这群学生其他学期的期末考试成绩,或相同学期其他学生群体的期末考试成绩,还可用百分比一列进行学习成绩的跨时间或跨组比较。

表 9　某校某年级学生某学期期末成绩的分组频数分布

成绩分组	频数(f)	百分比(%)
50—54	42	5.68
55—59	55	7.43
60—64	55	7.43
65—69	123	16.62
70—74	175	23.65
75—79	122	16.49
80—84	73	9.86
85—89	41	5.54
90—94	23	3.11
95—99	31	4.19
总计	740	100.00

实际应用中,构建定距变量的分组频数分布需要注意以下几个问题:

(1) 分组数目的选择。分的组数太少会掩盖变量取值上的变异(variability),从而掩盖分布上的特征。而分的组数太多又会导致案例分布太过分散,增加偶然因素,结果波动大,难以看出分布上的规律。所以,构建分组频数分布时需要记住,分组的目的是揭示或强调一种分组的模式,过多或过少的分组很可能使得模式变得模糊不清甚至被掩盖。通常建议分 3 到 4 个组,最多不超 20 个组。但是,在分组数目的选择上,并没有放之四海而皆准的定律,需要视具体的数据情况和研究目的来决定。记住两点或许对分组有帮助。第一,最好使得组距为整数而非小数。第二,使每一组的最小值正好是组距的倍数,如表 9 中,50、55 和 60 等都是 5 的倍数。

(2) 等距分组与非等距分组的选择。研究者通常都会选择采用等距分组,因为这在操作上非常方便。但是,在某些情况下,可能需要采用非等距分组,以更有利于揭示或说明社会事实或社会现象的本质。比如,张三月收入 1000 元,李四月收入 3000 元,他们之间的收入差距为 2000 元,但反映到生活水平上,张三和李四两人之间会出现很明显的差别;王五月收入 20000 元,丁六月收入

40000元,两人的收入差距高达20000元,但反映到生活水平上,王五和丁六两人之间差别很小。同时,一个社会中拥有极高收入的人属于少数。因此,对收入数据进行分组时,需要考虑到这些,高收入端分组的组距应大些,即分组要粗些,而更低收入端则应分得细些,组距要小些。

(3) 组间分界点精确度的确定。表9中,成绩的分组采用50—54、55—59……95—99这样的形式,这是因为原始成绩精确到个位。但是,如果原始成绩的精确度提高到十分位(小数点后1位),那么就会出现一个问题,54.5分该归入50—54组还是55—59组。所以,随着原始数据精确度的提高,分界点的精确度也应相应地提高。一般地,分界点的精确度至少要比原始数据高一位。据此,表9中的真实组界(real limit)应依次为:49.5—54.5、54.5—59.5……94.5—99.5。而50—54、55—59……95—99则被称作标明组界(apparent limit)。表10呈现了真实组界和标明组界之间的差别。

表10 表9的标明组界与真实组界

标明组界	真实组界
50—54	49.5—54.5
55—59	54.5—59.5
60—64	59.5—64.5
65—69	64.5—69.5
70—74	69.5—74.5
75—79	74.5—79.5
80—84	79.5—84.5
85—89	84.5—89.5
90—94	89.5—94.5
95—99	94.5—99.5

显然,真实组界是相邻两个分组的标明组界的中点,它的精确度通常比标明组界要高一位。以标明组界形式所给出的分组之间是离散的,而以真实组界形式给出的分组之间则是连续的。注意,标明组界只是分组资料的简化表示,在基于分组资料计算有关的指标时,应当使用真实组界。比如,经常用组中值(分组的中点)b_i 作为每一组的代表,它等于分组 i 的真实下组界值与真实上组界值之和除以2,据此表9中各组的组中值分别为:52、57……97;再比如,组距是分组的上组界值与下组界值之差,计算时也应该使用真实组界进行计算,所以,标明组界为50—54这组的组距为54.5−49.5=5,而不是54−50=4。

构建分组频数表一般包括以下步骤：

第一步，找出数据中的最大值 L 和最小值 S，得到此列数据的全距(range)[①] $R=L-S$，相当于确定了变量的取值范围。

第二步，确定恰当的分组数 K。

第三步，计算组距 $h=(L-S)/K$。

第四步，根据组距 h 和分界点精确度比原始数据高一位的原则，得到各分组的上、下组界限，形成各个分组。

第五步，得到各分组的频数、相对频数（比例或百分比）。

4. 以图形呈现分布

前面介绍了如何以表格形式呈现不同测量层次变量的分布。此外，还可以用图形的形式来呈现变量的分布。分布图的优点是更加直观、形象，但具有不及分布表精确的缺点。分布图有诸多的形式，这里只介绍几种常见的。

（1）饼图(pie chart)

饼图是呈现一个变量分布的最简单方式。它以一个圆形代表变量分布的全体，其中的每一扇瓣对应着变量的每一取值类别。整个圆代表 1 或 100%，因此，每一扇瓣的大小代表变量取值类别在总体中所占的比例或百分比。

图1呈现了前述针对1000人样本调查喜爱的节目类型所得的结果，从中可以清楚看到，喜欢新闻的占35%，喜欢影视剧及综艺的占45%，喜欢纪录片及其他的占20%。通过图1，可以一目了然地看出喜爱不同类型节目的观众的分布情况。

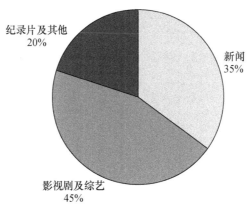

图1　大众喜爱节目类型的分布($N=1000$)

---

① 也称作极差。

有些情况下，出于研究目的的考虑，研究者可能需要突出显示变量分布中的某一特殊类别。这时可以将该类别对应的扇瓣突出显示，如图 2 以此方式突出了新闻类节目。

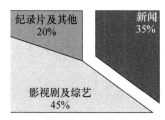

图 2　大众喜爱节目类型的分布（$N=1000$）（突出显示）

注意，饼图只显示各取值类别在变量分布整体中所占的比例或百分比，而且对取值类别的排列顺序也没有要求，因此，多适用于定类变量且变量的取值类别不太多的情况。

（2）条形图（bar chart）

条形图是另一种常用的呈现变量分布的快速而简单的图形。饼图以扇瓣的面积表示变量每一取值类别占整体的比例，而条形图则以长条（bar）的高度表示取值类别的频数、比例或百分比。因此，条形图包括一组等宽但高度不一的长条，每一长条对应变量的一个取值类别，而且长条平行于横轴或纵轴均可。

条形图既适用于定类变量也适用于定序变量。不过，如果针对定类变量，长条的排列次序可以是任意的，且长条之间应有一定的间隔，如图 3 所示；如果针对定序变量，则长条的排列次序应与变量取值的序次相一致，长条之间可以有间隔，如图 4 所示，也可以没有间隔。

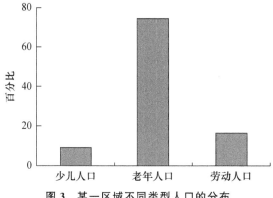

图 3　某一区域不同类型人口的分布

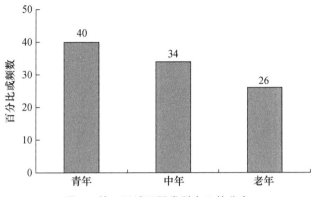

图 4　某一区域不同类型人口的分布

(3) 直方图(histogram)

从图形上，直方图与条形图是一样的，也是由一组沿着横轴排列的长条所组成。但不同的是，直方图中长条的宽度是有意义的。

通常，直方图中以每一长条的面积(长乘以宽所得的积)表示相应取值类别的频数或相对频数(比例或百分比)。因此，长条的高度表示的是每单位宽度所包含的频数或相对频数，故被定义为密度(density)：

$$\text{频数密度} = \frac{\text{频数}}{\text{组距(条宽)}} \quad \text{或者} \quad \text{相对频数密度} = \frac{\text{相对频数(频率)}}{\text{组距(条宽)}}$$

直方图之所以要以密度作为高度，是因为连续型定距变量可能存在非等距分组的情形，这时以频数作为高度就会产生错误。

图 5 和图 6 均呈现的是反映某一群体的年龄分布的直方图，差别在于，图 5 是频数的形式，而图 6 为相对频数的形式。图中，每一长条的宽度等于相应分组的组距，每一分组的中点作为横轴上的刻度。此外，两幅图中都添加了一条曲线，该线反映的是年龄变量若服从正态分布(normal distribution)情况下的分布情况，因此，直方图中添加此曲线有助于反映出变量的观测分布与理论上服从的正态分布之间的差别。

(4) 分布图的形状分析

对于连续型定距变量，如果将组距不断变小，并将每一长条上方的中点连接起来，随着组距越变越小，便可以得到一条趋于平滑的曲线。它直观地展示了变量分布的形状。对此，需要关注以下几点。

1) 峰点

若一个变量的某个取值类别或分组对应的频数或相对频数最大，而前后相

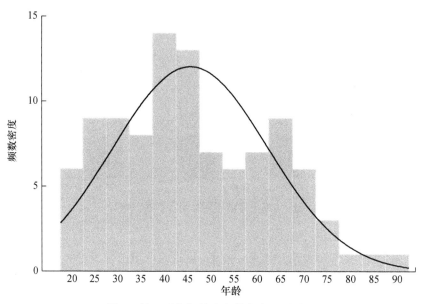

图5 某一群体年龄分布的直方图(频数)

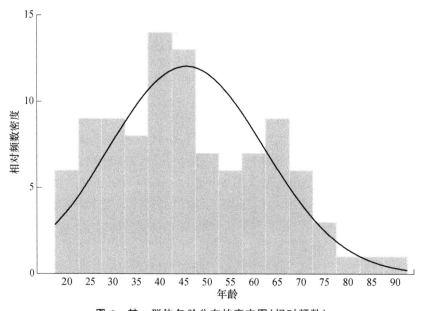

图6 某一群体年龄分布的直方图(相对频数)

邻取值类别或分组对应的频数或相对频数均更小,那么取值类别或分组所对应的极为峰点。如果整个分布中只有一个峰点,则称作单峰分布(如图7);如果存在两个峰点,则称作双峰分布(如图8);如果存在两个以上的峰点,则称作多峰分布。

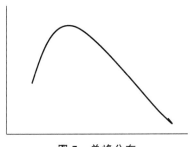

图7　单峰分布

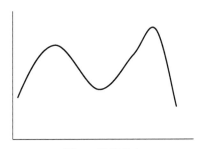

图8　双峰分布

2) 对称性

如果某个变量的分布图中存在一条对称轴,使得轴两侧的分布面积相同,则称其为对称分布,如图9。上面提到的正态分布是典型的对称分布。反之,如果不能找到将分布的面积两等分的对称轴,则称其为非对称分布,或偏态分布。而且,如果偏态分布的左边尾部拖得比较长,则称其为左偏态或负偏态,如图10;如果右侧尾部拖得比较长,则称其为右偏态或正偏态,如图11。

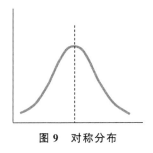

图9　对称分布

图10　左偏态分布

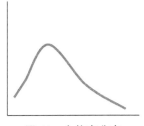

图11　右偏态分布

所谓左偏态,实际上意味着某一变量分布中处于低端取值的人数比较少;相反,右偏态则意味着某一变量分布中处于高端取值的人数比较少,比如一个社会的收入分布是很典型的右偏态分布。

5. 图和表的累计表示与分位数

前面所介绍的展示变量分布的表格和图形只呈现某一个变量取值类别或分组所对应的频数或相对频数(比例或百分比)。然而,某些应用场合下,可能不仅仅需要了解每个取值或分组的频数或相对频数,还想要知道小于或大于某个取值或分组共计的频次或相对频次是多少。这就涉及表格和图形中频数或相对频数的累计表示。所谓累计频数(cumulative frequency)指的是大于或小于某一变量取值的频数;类似地,所谓累计比例或百分比(cumulative proportion/percentage)指的是大于或小于某一变量取值的比例或百分比。

表11展示了对740名学生的期末考试成绩分组而得到的累计频数分布和累计百分比分布。对于频数,给出了低于和高于某一成绩分组的累计频数,对于百分比只给出了低于某一成绩分组的累计百分比。据此,可以直观地看到,60.81%(465名)的学生期末成绩低于75分。图12以累计百分比的形式更加直观地展示了表11中的结果。

表11 某校某年级学生某学期期末成绩的分布和累计分布

成绩分组	频数 f	累计频数 $cf\uparrow$	累计频数 $cf\downarrow$	百分比%	累计百分比 $c\%\uparrow$
50—54	42	42	740	5.68	5.68
55—59	55	97	698	7.43	13.11
60—64	55	152	643	7.43	20.54
65—69	123	275	588	16.62	37.16
70—74	175	450	465	23.65	60.81
75—79	122	572	290	16.49	77.30
80—84	73	645	168	9.86	87.16
85—89	41	686	95	5.54	92.70
90—94	23	709	54	3.11	95.81
95—99	31	740	31	4.19	100.00
总计	740		740	100.00	

注:$cf\uparrow$表示低于某一分组的累计频数,$cf\downarrow$则表示高于某一分组的累计频数。

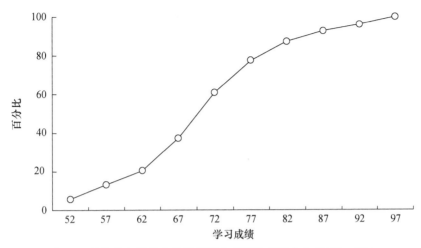

图 12　某校某年级学生某学期期末成绩的累计分布图（$N=470$）

注意,由于揭示的是小于或大于变量某一取值的累计频数或相对频数分布,为了使结果有实际意义,故要求变量至少为定序变量。对定类变量,通常不大适宜构建累计分布。

另外,对定序变量或定距变量构建累计百分比分布时,相当于对数据序列的每个数值进行了排序。如表 11 的累计百分比分布可以想象成将 740 名学生的成绩按照从低到高的顺序排列,并给出了每一分数段所处的百分比等级。但是,实际上,可以得到每个分数所对应的百分比等级,如图 13 所示。

图 13　百分比等级示意图

百分比累计分布中有些百分比等级在实际应用中被特别关注,故具有特定的统计学定义。比如,10%、20%、30%、40%、50%、60%、70%、80%、90%,这些百分比等级将整个分布十等分,因此也被称作十分位数(deciles);45%、50%、75% 则将整个分布四等分,因此被称作四分位数(quartiles),其中,45%、50%、75% 被称作第一、二、三分位数,分别记为 Q_1、Q_2、Q_3,而 50% 正好将分布两等分,故又被称作中位数(median)。类似地,五分位数(quintile)将整个分布 5 等分,对应的分位数点为 20%、40%、60%、80%。

同理,将一组数据由小到大(或由大到小)排序后分割为 100 等份,与 99 个分割点位置上相对应的数值称为百分位数,分别记为 P_1,P_2……P_{99},表示 1% 的数据落在 P_1 下,2% 的数据落在 P_2 下,……99% 的数据落在 P_{99} 下。借助四分位数、五分位数、十分位数和百分位数,可以大体看出一列数据集中分布于哪个区间内,因此它们可被用来反映数据的分布情况。

(二) 变量分布的集中趋势

定量资料分析中,通过掌握大量个体的资料,逐个排除那些个体的变异,最后经常致力于得到一个"平均人"。实际应用中的很多问题本身就是从"平均"的角度上提出来的,比如:大学毕业生的平均收入是多少? 平均而言,有多少交通事故是由酒后驾车直接造成的?

统计学中的众数、中位数和均值正是符合上述思路的量,它们经常被研究者用来将群体作为一个整体加以描述。在社会研究中,这些统计量被称为集中趋势测量(measurement of centrality)。它实际上是用一个单独的数值刻画出某一群体在某一变量分布上的典型特征(typical character)或中心位置(central location)。常用的集中趋势测量指标主要有三个:众数、中位数和均值。

1. 众数、中位数和均值的概念

众数(Mode,简记为 Mo)指的是一个变量的分布中出现频次最多的那个取值或类别。例如,在我国,汉族的人数要大大超过其他任何一个民族,因此汉族就是民族变量的众数。显然,要想得到众数,只需要找到一个变量的取值分布中出现次数最多的那个取值或类别即可。因此,众数只需简单地通过肉眼查看变量取值分布即可得到,而无须计算。但需要注意以下几点:(1) 众数并不是频数本身,而是分布中最大频数所对应的取值或类别;(2) 一个变量的频数分布可能包括多个众数,众数的数量是判断某个分布属于单峰、双峰还是多峰分布的依据;(3) 不管是定类、定序还是定距变量,众数都可以被用作反映其分布集中趋势的测量指标。

中位数(median,简记为 Md),前面介绍分位数时已经提到过,指的是将一个变量的一组取值按从小到大(或从大到小)的顺序依次排列后分布的中点处所对应的那个取值。换言之,中位数将一个变量的分布均分为两等分。因此,中位数总是上下各有 50% 案例的取值点。当样本规模不大时,例如 $N=20$,中位数也可以通过查看变量的累积分布直接得到。但更一般地,当样本规模 N 为奇数时,分布中间位置 $(N+1)/2$ 对应的那个变量取值即为中位数;当样本规模 N 为偶数时,最中间两个取值的平均数即是中位数。需要注意的是:(1) 获取中位数之前必须对变量的取值进行排序,从大到小或从小到大均可,或者构建累计分布;(2) 区分样本规模为奇数还是偶数,两种情况下中位数在分布中所在的位置是不同的;(3) 有时候可能会遇到从几个居中的相同取值中计算出中位数的情形,例如,10位同学每天用于上网的时间(小时)依次为2、3、4、5、6、6、7、8、8、9,因为N为偶数,故中位数所在的位置为第5和第6位同学中间,而他们的上网时间均为6小时,所以这10位同学上网时间分布的中位数为(6+6)/2=6;(4)和众数不同,中位数不一定存在于变量的实际取值中,例如,如果上面10位同学每天用于上网的时间(小时)依次为2、3、4、5、6、7、7、8、8、9,那么每天上网时间分布的中位数将变为(6+7)/2=6.5,可是并没有哪位同学的每天上网时间恰好是6.5小时;(5)对于定类变量,中位数不适于被用来作为反映其分布集中趋势的测量指标。

均值[①](mean)指的是一个变量在每一观测案例上的取值之和除以对应的观测案例数。或者说,一组数字的总和除以该组数字的总个数。一般地,若一个包含N名个体的样本在变量X上的取值为$x_1, x_2 \cdots x_i \cdots x_N$,那么变量X的均值为

$$\bar{X} = \frac{\sum_{i=1}^{N} x_i}{N}$$

其中,符号$\sum$表示求和。值得注意的是:(1)不同于众数,均值并不一定是出现次数最多的那个取值;(2)不同于中位数,均值也并非一定是取值分布的中点;(3)均值是一个分布的"重心",即分布的平衡点,因为均值左侧案例的取值与均值之间的差为正,而均值右侧案例的取值与均值之间的差为负,且左侧各个正的差值之和与右侧各个负的差值之和大小恰好相等[②];(4)均值的计算必须针对定距或以上测量尺度的变量进行,定类变量和定序变量不适宜计算均值。

明确了众数、中位数和均值的概念,接下来介绍不同数据形式下如何得到众数、中位数和均值。

2. 简单频数分布情况下众数、中位数和均值的计算

以下为某次调查中对25个成年人进行访问得到的初婚年龄的原始数据:

18　18　19　19　19　19　20　20　20　21　21　22　22
23　23　24　25　26　26　26　27　27　29　30　31

将这组数加以整理,得到下表12。

---

① 注意,均值有好多种,比如几何均值、调和均值等,这里说的是最简单的一种,即算术均值。
② 这就好比挑夫挑重担,如果他把肩上的扁担调整到不用手去扶住也能让扁担保持平衡而不晃动,这时即找到了重心,而均值就好比此刻扁担与肩膀的接触点。

表 12　25 个成年初婚年龄的频数分布

X	频数 f	累计频数 cf↑
18	2	2
19	4	6
20	3	9
21	2	11
22	2	13
23	2	15
24	1	16
25	1	17
26	3	20
27	2	22
28	0	22
29	1	23
30	1	24
31	1	25

根据表 12，通过"频数"一列不难看到，更多的调查者在 19 岁时初次结婚，故众数为 19 岁。对此，也可以直接从上面未经整理的原始数据中看出。

为了得到这 25 人的初婚年龄的中位数（或称"中位初婚年龄"），需要借助表 12 中"累积频数 cf↑"一列的信息。从中可见，总观测案例数为 N＝25，即样本规模为奇数，那么，中位数所处的位置为：(25＋1)/2＝13。查看累积频数一列，第 13 位置处对应的数值为 22，故，这 25 名成年人初婚年龄的中位数为 22 岁。这意味着，25 人中有一半的人在 25 岁之前初次结婚，而另一半人在 25 岁之后初次结婚。

因为表 12 给出的是经过整理之后的频数分布表，故为了计算这 25 人的初婚年龄的平均值，需要采用以下公式：

$$\bar{X} = \frac{\sum_{i=1}^{N}(f_i \times x_i)}{N}$$

其中，x_i 为每个成年人的初婚年龄（X）取值，f_i 为对应的 X 每一取值 x_i 的频数，N 为总的观测案例数。此式的上方为初婚年龄每一取值与取得该数值的观测案例数乘积之和，下方为初婚年龄上的有效观测案例总数。注意：这里的 $\bar{X}$ 为加权平均（weighted mean），其中权重为 X 每一取值的频数。据此得到的平均初婚年龄为：

$$\overline{X} = \frac{\sum_{i=1}^{N}(f_i \times x_i)}{N} = \frac{575}{25} = 23$$

表13给出了具体的计算过程。

表13　25个成年初婚年龄平均值的计算

X	频数 f	$f_i \times x_i$
18	2	36
19	4	76
20	3	60
21	2	42
22	2	44
23	2	46
24	1	24
25	1	25
26	3	78
27	2	54
28	0	0
29	1	29
30	1	30
31	1	31
总计	25	575

3. 分组数据频数分布情况下众数、中位数和均值的计算

上面是基于原始数据得到的观测频数表进行计算的情况，在这种情况下，分别针对每一取值进行计算即可，相对比较简单。但是，对于分组数据，上述计算过程需要略加调整。接下来介绍分组数据情况下的众数、中位数和均值计算。

出于说明问题的目的，但不失一般性，将前面25名成年人的初婚年龄数据进行分组[1]，并构建了一个新的分组数据的频数分布，如表14所示。

---

[1] 在实际研究中，经常会针对连续变量重新分组，这也称作连续变量的离散化。

表14　25个成年人初婚年龄分组数据频数表

组距	组中值 m	频数 f
18—20	19	9
21—23	22	6
24—26	25	5
27—29	28	3
30—32	31	2

根据表14,通过"频数"一列不难看到,更多被调查者的初次结婚年龄处在18—20岁这一年龄组,那么可以近似地以该组的组中值作为众数,从而得到本例中25名成年人初婚年龄分布的众数近似为19岁。

分组数据情况下,可以通过以下公式得到中位数(Md):

$$Md = L + \left(\frac{N/2 - cf_b}{f}\right)i$$

其中,N为总的观测案例数;cf_b为临界组的真实下组限之下的累积频数;L为临界组的真实下限,f为临界组的频数,i为临界组组距的大小。为了应用此公式:

第一步,构建一个累计频数分布。表15给出了累计频数分布表。

表15　25个成年人初婚年龄分组数据的累计频数表

组距	组中值 m	频数 f	累计频数 $cf\uparrow$
18—20	19	9	9
21—23	22	6	15
24—26	25	5	20
27—29	28	3	23
30—32	31	2	25

第二步,定位临界组,即找到包含中位数的组距。这里一共有25个观测案例,因此,第12.5(25/2=12.5)个观测案例将所有案例区分为相等的两部分。显然,它被包含在21—23岁这一组距中。故21—23为临界组。

第三步,计算中位数。据表15,总的观测案例数 N 为25,临界组之下的累计频数 cf_b 为9,临界组自身的频数 f 为6,组距 i 为23.5−20.5=3,而临界组的真实下限 L 为20.5。因此,这25名成年人初婚年龄分布的中位数为:

$$Md = L + \left(\frac{N/2 - cf_b}{f}\right)i$$

$$= 20.5 + \left(\frac{12.5-9}{6}\right) \times 3 = 20.5 + 1.75 = 22.25$$

这与前面以原始数据计算所得结果 22 岁非常接近。

分组数据情况下,仍然可以参照标准的平均值计算公式:

$$\bar{X} = \frac{\sum_{i=1}^{N}(f_i * X_i)}{N}$$

只是需要将公式汇总的 X_i 换成组 k 的组中值(m_k)、f_i 换成组 k 的频数 f_k,此时式中右侧分子的求和也应是针对分组数 K 进行,即

$$\bar{X} = \frac{\sum_{k=1}^{K}(f_k \times m_k)}{N}$$

表 16 以 25 名成年人初婚年龄分组数据为例示范了如何计算其平均初婚年龄,故平均值为:

$$\bar{X} = \frac{\sum_{k=1}^{K}(f_k \times m_k)}{N} = \frac{574}{25} = 22.96 \approx 23$$

这一结果大于前面基于原始数据的计算结果。

表 16　25 个成年人初婚年龄分组数据情况下的平均值计算

组距	组中值 m	频数 f	$f \times m$
18—20	19	9	171
21—23	22	6	132
24—26	25	5	125
27—29	28	3	84
30—32	31	2	62
总计		**25**	**574**

4. 集中趋势测量指标的选择

那么,实际研究中,研究者是应该选用众数、中位数还是均值来对某一变量的集中趋势进行测量呢?这至少需要考虑变量的**测量层次**、**分布形状**和**研究目的**三个因素。

选用何种集中趋势测量指标,首先需要考虑的就是变量的测量等级或变量类型。众数只考虑频数的多少,所以它同时适用于定类、定序和定距三种类型的变量。中位数是将整个案例分布均分为两等分的分界线,要求事先根据变量取

值对所有案例进行排序。而定类变量的取值只有分类的含义,并无排序的价值,故中位数并不适用于定类变量,但适用于定序变量和定距变量。均值要求取值本身具有切实的数量含义,故只适用于定距或以上测量层次的变量。对定类变量和定序变量计算均值并无实际含义,因此用均值来反映它们的集中趋势并不具有任何意义。比如,被调查者的受教育程度变量可以用多种形式进行测量,可以为是否上过大学,也可以是最高的学历(文盲、小学、初中、高中、大学专科、大学本科、研究生),还可以是一共上过多少年学,它们分别是定类、定序和定距三种类型的变量,此三种情形下反映变量取值分布集中趋势应分别采用众数、中位数和均值。

变量取值分布形状是选择恰当的集中趋势测量指标时需要考虑的另一个重要因素。对于一个对称的单众数分布,众数、中位数和均值三者完全相等,如图14所示。这种情形下,只需考虑变量类型和具体研究目的来决定选择众数、中位数还是均值作为分布集中趋势的测量指标。

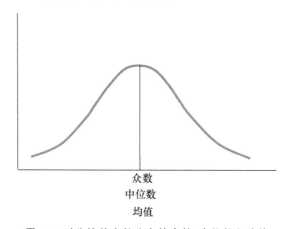

众数
中位数
均值

图14 对称的单众数分布的众数、中位数和均值

但是,如果变量取值分布为偏态分布时,选择恰当的集中趋势测量指标还需要考虑分布本身的形状。从图15和图16可以看到,不同于对称的单众数分布,偏态分布的众数、中位数和均值三者并不重合。对于左偏态分布,均值＜中位数＜众数;对于右偏态分布,众数＜中位数＜均值。可见,左偏态分布的众数处在变量取值高端区域,右偏态分布的众数则处在变量取值低端区域;相反,左偏态分布的均值处在变量取值低端区域,右偏态分布的均值则处在变量取值高端区域;但中位数的位置则始终处在均值和众数之间,相对稳定。可见,均值很容易受到变量取值分布中极端值的影响,而中位数则几乎不受极端值的影响。这一点从这两者的计算中也不能看到:均值的计算需要考虑分布中的每一个取值,但中位数只需考虑取值在分布中的位置。

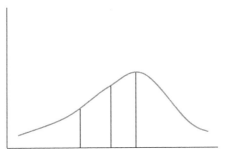

图15 左偏态分布的众数、中位数和均值(图中所示依次为:均值、中位数、众数)

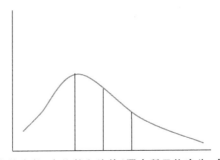

图16 右偏态分布的众数、中位数和均值(图中所示依次为:众数、中位数、均值)

偏态分布中,中位数总是位于众数和均值之间,表现得相对稳健。故中位数是用来测量偏态分布集中趋势最常用的指标。例如,收入变量的取值分布总是右偏态的,因为大多人的收入集中在分布中部靠下端,而极富的人总是少数,因此,对于收入而言,以其中位收入作为集中趋势测量比平均收入更恰当。因为以中位收入反映出来的一个社会的"平均收入情况"更不容易为其中极少数超级富翁的收入所"扭曲"。极端值的存在总是会使得变量取值成偏态分布,为了避免极端值对"平均状况"的扭曲,中位数总是测量偏态分布集中趋势的首选指标。只有对称的单峰分布,用均值来反映集中趋势才是合理的。

在集中趋势测量指标的选择上,另一个需要考虑的因素是研究者的目的是什么,即测量集中趋势是为了说明什么?众数的获得简单、快捷,有些情况下只需要通过粗略查看取值分布即可得到。然而,众数只考虑了变量分布中取值出现的频数,对信息的利用很不充分,只要不同分布众数相同,就很容易认为两个分布没有区别。它是变量分布测量集中趋势最为初级的指标。而中位数则考虑变量取值的顺序和居中位置,因此它也和频数的分布有关。可是它仅考虑居中位置,所以其他取值的大小对中位数并无影响。但是,均值却很不一样,它既考虑到每个取值出现的频数,又考虑到每个取值的大小,因此,它对变量信息的利用是最充分的,同时也是最灵敏的。如果想要更加精确地测量集中趋势,就需要考虑中位数和均值。尤其是均值,它还经常被用于包括统计推断和检验在内的更高级的统计过程。

(三) 变量分布的离散程度

集中趋势测量的目的是以一个简单的数字来概括一个分布的典型特征或平均属性。但是,集中趋势只体现了变量取值分布的中心位置(central location),而并未体现各观测案例之间在变量取值上的差异。例如,《中国民生发展报告2012》指出,"全国家庭的平均住房面积为116.4平方米,人均住房面积为36平方米"。然而,此报告一出,一时间竟引起了社会大众的广泛质疑。但是,稍有统计学知识学的人都能够理解这一结果,并坦然接受。因为均值只是一种集中趋势,它本身会抹杀分布中不同观测案例之间的具体差异。

因此,为了更全面地揭示变量取值的分布特征,除了知道中心位置之外,也需要对分布如何围绕着中心散布的特征有一个把握①。这涉及离散程度的概念。所谓离散程度,指的是分布中的取值是紧密围绕着中心位置还是松散地分布在中心位置的周围,故离散程度实际上也被称作变异性(variability)。如图17所示,集中趋势相同的分布可能在离散程度或变异性上差别明显。常见的离散程度测量指标包括:异众比例(variation ratio)、全距(range)、平均离差(mean deviation)、方差(variance)和标准差(standard deviation)。

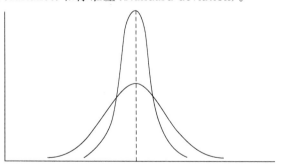

图 17　均值相同但离散程度不同的两个分布

---

① 后面有关统计推论的介绍中会看到,集中趋势测量被用作总体参数估计值(estimates),而离散程度则反映估计值误差的大小,两者互为补充。

1. 异众比例

异众比例（简记为 VR）是衡量变量取值分布离散程度最为简单的测量指标。它指的是变量取值分布中非众数的频数相对于全部观测案例数的比率。若记全部观测案例为 N，众数的频数为 f_{Mo}，那么异众比例可表达为：

$$VR = \frac{N - f_{Mo}}{N} = 1 - \frac{f_{Mo}}{N} = 1 - p_{Mo}$$

这里，p_{Mo} 为众数的频数在整个分布中的比例。

可见，异众比例是众数的补充。极端地，若 $VR=0$，则说明变量只有一个取值，即众数。当然，此时变量也就不成其为变量，而是一个常数。显然，此时众数可以完全代表变量本身，因此其信息量最大。当 VR 趋近于 1 时，表示观测案例在变量上的取值非常分散，此时众数几乎没有代表性。总之，异众比例越小，表明众数的信息量越大，因此以众数体现集中趋势的代表性越好。

表 17 给出了某大学一个学院 2012 级本科新生的年龄分布，此分布中总观测案例 $N=150$，众数为 19 岁且其频数为 60，故异众比例为 $VR=(150-60)/150=0.6$。可见更多学生的年龄在众数之外。

表 17　某大学某学院 2012 级本科生年龄分布

年龄	人数
17	10
18	25
19	60
20	30
21	20
22	5
总计	150

需要注意的是，异众比例主要用于测量定类变量取值分布的离散程度。当然，对于定序变量和定距变量，也可以计算取值分布的异众比例，但却并非最恰当的。

2. 全距

前面提到过，全距指的是变量取值分布中观测中的最大值和最小值之间的差值。显然，全距反映的是不同取值之间的距离（distance），而非诸如中位数、均值等集中趋势测量指标所指示的位置（location）。注意，对于分组数据的情况，全距为最高分组的标明组界的上限减去最低分组的标明组界的下限。例如，对于表 16，全距为：$R=32-18=14$ 岁。

全距的优点在于它比其他的离散程度测量指标更容易计算,且其含义也非常简单明了。但是,全距只依赖于变量分布中的两个特殊取值——最大值和最小值。因此,全距的大小会受到变量取值分布中极端值的巨大影响。例如,某公司邀请了两组各 5 名受众对其产品广告效果进行评估,其中 A 组参与者的年龄分别为:20、25、30、35、40,而 B 组参与者的年龄则分别为 20、25、30、35、50。很明显,如果以全距来看两组人年龄分布的离散程度,那么会认为 B 组参与者的年龄分布更为离散。可是,实际上,除了其中年龄最大的一位参与者之外,其他 4 位的年龄完全相同。可见,全距所揭示的变量分布的离散程度明显受到极端值的左右。

此外,由于仅仅关注变量取值分布中的最大值和最小值而忽视其他取值的分布情况,因此,全距对分布的整体情况也是不敏感的。例如,以下两列数具有相同的全距 10,但其他取值的分布情形却差别明显:2、4、5、6、7、8、9、10、12 和 2、6、6、6、7、8、8、8、12。显然,相比于前一组数,后一组数最大值和最小值之外的其他数据的分布更为紧密。

因此,当对结果的精确度要求不高时,全距是反映变量分布离散程度的一个理想指标;其他情况下,只能作为一种非常粗略的指标加以使用。

3. 平均离差

全距只关注处在变量分布两个端点处的取值而忽略中间部分的分布情形,而平均离差恰好可以克服这一不足。

将变量分布中的每个取值减去均值并取绝对值,然后将这些绝对离差加起来,最后将总和除以总的观测案例数,所得结果即为平均离差。记变量为 X,均值为 $\overline{X}$,而个体 $i(i=1,2,\cdots,N)$ 在其上的取值为 x_i,那么平均离差为:

$$MD = \frac{\sum_{i=1}^{N} |x_i - \overline{X}|}{N}$$

其中 $x_i - \overline{X}$,被称作离差(deviation),即每个观测值 x_i 与均值 $\overline{X}$ 之间的差值。

注意,前面曾提到过,分布中各个观测值与均值之间的离差总和等于 0,因此,计算平均离差时必须取绝对值,否则会因为离差总和等于 0 而得到平均离差为 0 的错误结果。换言之,平均离差计算中之所以要取绝对值是为了避免出现正负离差相互抵消使得总离差等于 0 的问题。

表 18 给出了假设的针对某地三个社区家庭户日收入的分布。三个社区家庭户日收入的均值完全一样,均为 80 元。但是,A 社区的平均离差等于 0,意味

着该社区中家庭户之间没有差别;B 社区和 C 社区的平均离差分别为 3.43 和 17.14,意味着这两个社区中家庭户之间存在差异,而且 C 社区中家庭户之间的差异要明显大于 B 社区中的情况。

表 18　某地三个社区家庭户日收入分布的比较　　　　（单位:元）

A 社区		B 社区		C 社区	
X	$\lvert x_i - \overline{X} \rvert$	X	$\lvert x_i - \overline{X} \rvert$	X	$\lvert x_i - \overline{X} \rvert$
80	0	86	6	110	30
80	0	84	4	100	20
80	0	82	2	90	10
80	0	80	0	80	0
80	0	78	2	70	10
80	0	76	4	60	20
80	0	74	6	50	30
$\sum \lvert x_i - \overline{X} \rvert = 0$		$\sum \lvert x_i - \overline{X} \rvert = 24$		$\sum \lvert x_i - \overline{X} \rvert = 120$	
$\overline{X} = 80$		$\overline{X} = 80$		$\overline{X} = 80$	
$R = 0$		$R = 12$		$R = 60$	
$MD = 0$		$MD = 3.43$		$MD = 17.14$	

虽然离差的和为零,但离差的绝对值之和却会随着分布变异性的增加而增大。故可用平均离差值的大小来反映一个变量取值分布的离散程度或变异性。但是由于下面将要提到的原因,平均离差在实际研究中并不常用,但它提供了构建方差和标准差等常用离散程度测量指标的思路。

4. 方差和标准差

为了更充分地反映变量取值分布上的离散程度或变异性,就需要利用到每一观测案例取值所提供的信息。为此,每一观测案例的取值与均值的离差提供了一个直接但却很有用的思路。然而,所有观测案例的离差和具有等于零的特性。平均离差利用了离差和的思路,同时通过对离差取绝对值然后再求和的方式避免了整个分布上正负离差相互抵消的问题。可是,由于在代数计算上不容易处理,因此取绝对值在更高级的统计分析方法中并不总是有用的。这是平均离差的一个重大不足。

为了克服这个问题,可以将每个观测案例的取值 x_i 与均值 $\overline{X}$ 之间的离差先平方,然后再加总起来,即得到离差平方和(sum of squared deviation) $\sum_{i=1}^{N}(x_i-\overline{X})^2$。和取绝对值一样,平方也能避免正负离差相互抵消的问题;但在代数计算上,平方比取绝对值更容易处理。

(1) 方差

将离差平方和除以总的观测案例数 N 即得到离差平方的均值。统计学上,将该均值称作方差,记为 σ^2。因此,若记变量为 X,均值为 $\overline{X}$,而个体 $i(i=1,2,\cdots,N)$ 在其上的取值为 x_i,方差的基本计算公式为:

$$\sigma^2 = \frac{\sum_{i=1}^{N}(x_i-\overline{X})^2}{N}$$

其中,$x_i-\overline{X}$ 被称作离差(deviation),即每个观测值 x_i 与均值 $\overline{X}$ 之间的差值。不过,请记住,σ^2 指的是总体方差。对于取自总体的某一样本,变量 X 取值分布的方差记为 S^2,且计算公式为:

$$S^2 = \frac{\sum_{i=1}^{n}(x_i-\overline{X})^2}{n-1}$$

其中,n 表示样本规模。所以,总体方差和样本方差的含义是一样的,反映的是分布中案例取值与均值的离散程度。但两者的差别在于,总体方差计算时除的是观测案例总数,而样本方差则除以观测案例总数减去1。其中的道理将在后面有关统计推论的部分加以说明。注意,除非特别说明,否则下面所提及的样本方差都是指修正方差。

相比于平均离差,方差除了具有代数计算上更易于处理的优势之外,更重要的是,方差还给予极端值以更为恰当的重视。或者说,方差对分布中观测案例取值离中心位置的偏离程度更加敏感。表19呈现了均值和平均离差都相同的两个分布。但是,两个分布的离散程度实际上却存在明显差别,如图18所示。分布B更加集中,可是平均离差的计算方法没能揭示这点。但方差通过平方的方式对距离均值更远的观测案例取值赋予更大的权重①。

---

① 离差的平方为 $(x_1-\overline{X})^2$,也就是 $(x_i-\overline{X})\times(x_i-\overline{X})$,故可以理解为离差以其本身作为权重。

表19 均值、平均离差相同但方差不同的两个分布

分布 A			分布 B		
X	$\|x_i-\overline{X}\|$	$(x_i-\overline{X})^2$	X	$\|x_i-\overline{X}\|$	$(x_i-\overline{X})^2$
13	2	4	14	1	1
15	0	0	14	1	1
15	0	0	16	1	1
17	2	4	16	1	1
$\overline{X}=15$			$\overline{X}=15$		
$MD=1$			$MD=1$		
$\sigma^2=2$			$\sigma^2=1$		

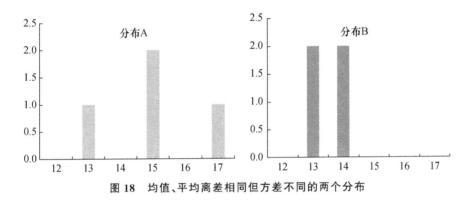

图18 均值、平均离差相同但方差不同的两个分布

方差的确有其优势。但是,作为对离差进行平方的结果,方差的单位也变成了原始数据测量单位的平方。例如,若以元为单位测量收入,那么其分布的方差的单位就是元平方;对于年龄,其分布的方差就是岁平方。测量单位的改变导致方差解释上的不便。

(2) 标准差

为了使得到的离散程度结果具有更加直观的意义,让测量单位回到初始数据所具有的单位是有必要的。最简单的办法就是将方差开平方,并取正的平方根。这就是统计学上的标准差。变量 X 取值分布的标准差计算同样需要总体和样本两种情形。对于总体标准差 σ:

$$\sigma=\sqrt{\sigma^2}=\sqrt{\frac{\sum_{i=1}^{N}(x_i-\overline{X})^2}{N}}$$

而对于样本标准差 S：

$$S = \sqrt{S^2} = \sqrt{\frac{\sum_{i=1}^{n}(x_i - \overline{X})^2}{n-1}}$$

可见，标准差反映的是每一观测案例的取值距离均值的平均距离。观测案例在变量 X 上的取值越离散，它们与均值之间的离差平方和就越大，所以变量 X 取值分布的标准差也就越大。

一方面，方差和标准差需要考虑分布中每一个观测案例的取值与均值之间的离差，因此它对分布信息的利用是最为充分的；另一方面，计算中离差平方的形式相当于是对离差进行了加权处理，实际结果等价于对离差越大的案例赋予了更大的影响。因此，和均值一样，方差和标准差对分布中出现的极端值更加敏感。所以，对于高度偏态分布或当分布中包含极端值时，方差和标准差可能并不是测量离散程度或变异性的最好指标。

（3）方差和标准差的计算

下面介绍如何计算一个变量取值分布的方差和标准差。这里也区分原始数据和分组数据两种不同数据形式。

先来看针对原始数据的情况。仍以前面对 25 个成年人进行访问得到的初婚年龄的原始数据为例，他们每个人的初婚年龄（岁）具体如下：

18　18　19　19　19　19　20　20　20　21　21　22　22
23　23　24　25　26　26　26　27　27　29　30　31

那么，如何计算这些人初婚年龄分布的方差和标准差呢？

第一步，计算均值：$\overline{X} = \frac{\sum_{i=1}^{N} x_i}{N} = \frac{575}{25} = 23$（岁）。

第二步，计算每个观测案例的取值与均值的离差 $x_i - \overline{X}$。

第三步，计算每个离差的平方 $(x_i - \overline{X})^2$，并求得它们的和 $\sum_{i=1}^{N}(x_i - \overline{X})^2 = 364$。

第四步，计算方差：$\sigma^2 = \frac{\sum_{i=1}^{N}(x_i - \overline{X})}{N} = \frac{364}{25} = 14.56$（平方岁）。

第五步，计算标准差：$\sigma = \sqrt{\sigma^2} = \sqrt{14.56} = 3.82$（岁）。

表 20 给出了计算过程的第二、三步的信息。根据上述计算结果可知，这 25

名成年人初婚年龄的标准差为 3.82 岁。换言之,平均而言,每个人的初婚年龄与他们平均初婚年龄相差 3.82 岁。若这 25 人是来自某个总体的样本,第四步计算方差时需要除以 24 而不是 25。

表 20　25 名成年人初婚年龄方差和标准差计算过程

X	$x_i - \overline{X}$	$(x_i - \overline{X})^2$	X	$x_i - \overline{X}$	$(x_i - \overline{X})^2$
18	−5	25	23	0	0
18	−5	25	23	0	0
19	−4	16	24	1	1
19	−4	16	25	2	4
19	−4	16	26	3	9
19	−4	16	26	3	9
20	−3	9	26	3	9
20	−3	9	27	4	16
20	−3	9	27	4	16
21	−2	4	29	6	36
21	−2	4	30	7	49
22	−1	1	31	8	64
22	−1	1			

如果给出的不是原始数据,而是经过整理的分组数据频数分布,如表 21 所示,那么,该如何计算方差和标准差呢?

表 21　25 个成年人初婚年龄分组数据频数表

组距	频数 f
18—20	9
21—23	6
24—26	5
27—29	3
30—32	2

第一步,将各组 k 的组中值 m_k 乘以其频数 f_k 得到 $f_k \times m_k$,并计算出均值:

$$\overline{X} = \frac{\sum_{k=1}^{K}(f_k \times m_k)}{N} = \frac{574}{25} = 22.96(岁)$$

第二步,计算每一组中值 m_k 与均值 $\overline{X}$ 的离差 $m_k - \overline{X}$。

第三步,计算每一组离差的平方 $(m_k - \overline{X})^2$。

第四步,计算每一组离差的平方 $(m_k - \overline{X})^2$ 与本组频数 f_k 的乘积。

第五步,将各组 $f_k \times (m_k - \overline{X})^2$ 的乘积加总,并除以总观测案例数 25,得到方差:

$$\overline{X} = \frac{\sum_{k=1}^{K} f_k \times (m_k - \overline{X})^2}{N} = \frac{372.96}{25} \approx 14.92 (平方岁)。$$

第六步,计算标准差:$\sigma = \sqrt{\sigma^2} = \sqrt{14.92} \approx 3.86 (岁)$。

表 22 给出了计算过程的第一到四步的信息。根据计算结果可知,这 25 名成年人初婚年龄的方差和标准差分别为 14.92 平方岁和 3.86 岁。同样地,若这 25 人是来自某个总体的样本,第五步计算方差时需要除以 24 而不是 25。

表 22　25 个成年人初婚年龄分组数据的方差和标准差计算过程

组距	频数 f_k	组中值 m_k	$f_k \times m_k$	$m_k - \overline{X}$	$(m_k - \overline{X})^2$	$f_k \times (m_k - \overline{X})^2$
18—20	9	19	171	−3.96	15.68	141.13
21—23	6	22	132	−0.96	0.92	5.53
24—26	5	25	125	2.04	4.16	20.81
27—29	3	28	84	5.04	25.40	76.20
30—32	2	31	62	8.04	64.64	129.28
总计	25		574			372.96

可见,基于分组数据频数分布计算的方差和标准差的关键是需要以每一分组的频数对各组中值与均值的离差平方和进行加权。不过,这里所得结果略大于前面基于原始数据所得到的结果。这种误差是由于原始数据重新合并分组所造成的。所以,实际研究中应尽可能使用原始数据计算方差和标准差,以减少数据加工对分析结果所造成的偏差。某些情形下,必须基于分组数据频数分布进行计算时,应当意识到分组数据频数分布只是粗略代表了原始数据,因此,据其得到的方差和标准差只是近似于直接从原始数据计算得到的结果。

(4) 标准差的含义:一个标准差有多大?

实际应用中,研究者经常会提到,变量 X 的某个取值距离分布均值 1 个标准差、2 个标准差或多少个标准差。那么,这 1 个标准差、2 个标准差或多少个标准差意味着什么?换言之,1 个标准差到底有多大?由于不同变量取值分布的形状(shape)各异,故此问题并没有一个适用于各种分布形状的答案。但是,可以用正态分布来示例性地加以说明。这里,只需知道正态分布曲线在外形上呈钟形(bell-shaped),即正态分布是单众数对称分布。对于任何一个正态分布,有:

$\mu \pm 1\sigma$　包含68%的观测案例,即正态分布曲线下面积的68%。

$\mu \pm 2\sigma$　包含95%的观测案例,即正态分布曲线下面积的95%。

$\mu \pm 3\sigma$　包含99.7%的观测案例,即正态分布曲线下面积的99.7%。

图19直观地呈现了这些关系。

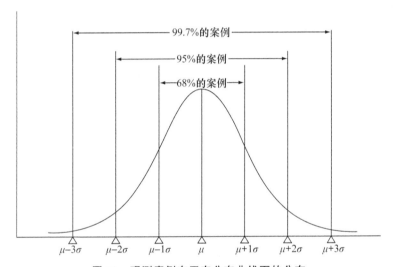

图19　观测案例在正态分布曲线下的分布

由图19可知,尽管数字2或3并不大,但是2个标准差或3个标准差却是一个相当的距离。

5. 离散程度测量指标的选择

异众比例仅考虑变量取值的频数,因此,它最适于用来测量定类变量分布的离散程度。当然也可以用于定序和定距变量。对于定距变量,全距、平均离差以及方差与标准差都适于用来测量取值分布的离散程度。对于定序变量,可以考虑用异众比例和全距来测量分布的离散程度。

全距常被当作是测量一个定距变量分布的离散趋势的粗略指标。全距计算简单,但它仅仅考虑了一个分布两端的极值,因此对整个分布的离散程度很不敏感[①]。平均离差和标准差都将整个分布中的每个取值纳入考虑,但除了其相对稳定之外,平均离差已不再被社会研究者所广泛使用,因为代数计算上的不便利,它并不能应用于许多高级统计分析中。而方差和标准差是对平均离差的一种改进,且成为许多高级统计方法中获取某些统计指标的初始步骤,尤其是在统计决策的过程中。但是,相比于方差,标准差的单位与原始数据的测量单位相一致,因此它更便于理解。

(四) 双变量关系的图表描述

实际研究所关注的往往是变量之间是否存在关系,例如,个体的收入水平与电视节目的收视偏好是否有关,教育程度的高低与网络依赖程度是否相关。因此,如何揭示或刻画两个变量之间的关系也是传播学定量研究的重要内容。取决于变量的类型,统计学中有不同的技术和方法可用来简化双变量的关联性。一般地,直观地描述两个变量之间的关联性有两种方法。一种是采用交互表(cross-tabulation),另一种是散点图(scatter plot)。

1. 以交互表描述定类或定序变量之间的关系

对于定类和定序测量层次变量,前面我们介绍过可以用频数表来直观地呈现取值分布。但是,如果涉及两个定类或定序变量,又该如何直观地揭示它们之间的关联性呢?统计学中,当想要对两个或多个定类或定序变量之间的关系进行描述时,一个恰当的办法就是构建变量之间的交互表[②]。所谓交互表,指的是两个或多个变量的联合频数分布(joint frequency distribution)。它实际上就是根据两个或多个变量可能取值(或类别)进行交叉分类,然后得到每个交叉类别所对应单元中的观测频数。根据所涉及变量的个数,交互表可以区分为两维表、三维表……以此类推,理论上,涉及 K 个变量,所构建的就是 K 维交互表,简称 K 维表。

表 23 是基于某次调查得到的某电视节目目标受众满意度和学历的交互表,单元格中的数字为频数。虽然该表是基于某次调查的受众满意度和学历两个变量得到的,但它具备一般的交互表的所有基本要素。首先,满意度被称作行变量(row variable),而学历被称作列变量(column variable)。有时会以行变量和列

[①] 当然,全距对于标准差的计算有一个很具实用价值的作用。通常,当数据包含大量案例时(大样本数据),标准差的大小约等于全距大小的六分之一。因此,有些情形下,可以根据全距的大小来大致估算标准差的大小。

[②] 交互表也被称作列联表(contingency table)或交叉分类表(cross-classification table)。

变量的取值类别数乘积的形式来指称一个交互表,且行变量的取值类别数在前,比如,表23中,学历有3个取值类别,满意度有3个取值类别,故也可以称作学历和满意度的3×3表。其次,表中包含三个分布。一是被调查者学历的分布,体现在列的"合计"上,一般性地被称作行分布。据此可以看到这1000名被调查者在"初中及以下""高中"和"大学及以上"三个学历类别中的分布情况。它表明了这群人在学历上的结构性特征。二是被调查者满意度的分布,体现在行的"合计"上,一般性地被称作列分布。据此可以看到这1000名被调查者在"满意""一般"和"不满意"三个满意度类别中的分布情况。它表明了这群人在满意度上的结构性特征。行分布和列分布均属于交互表的边缘分布(marginal distribution),它其实就是单变量的频数分布。除了两个边缘分布,还有一个分布,它是由行和列合计之外的各单元格中的频数构成的,是行变量和列变量共同作用的结果,因此被称作联合分布,即表23中阴影部分的所有频数构成的分布。

表23　某电视节目目标受众的满意度和学历的交互表　　（单位:人）

学历	满意度			合计
	满意	一般	不满意	
初中及以下	90	80	30	200
高中	160	300	40	500
大学及以上	90	180	70	300
合计	300	560	140	1000

将表23表达成更加抽象的形式,以展示交互表中所用的基本标识符号,如表24所示。注意,符号＋表示求和。因此,记行变量 R 的取值类别为 $i(i=1, 2\cdots I)$、列变量 C 的取值类别为 $j(j=1, 2\cdots J)$,那么,各行的边缘合计为 $f_{i+}=\sum_{j=1}^{J}f_{ij}$,各列的边缘合计为 $f_{+j}=\sum_{i=1}^{I}f_{ij}$,总的合计为 $f_{++}=\sum_{j=1}^{J}\sum_{i=1}^{I}f_{ij}$。显然,总的合计其实就是总的观测案例数。

表24　交互表中的符号表达

学历	满意度			合计
	满意	一般	不满意	
初中及以下	f_{11}	f_{12}	f_{13}	f_{1+}
高中	f_{21}	f_{22}	f_{23}	f_{2+}
大学及以上	f_{31}	f_{32}	f_{33}	f_{3+}
合计	f_{+1}	f_{+2}	f_{+3}	f_{++}

交互表之所以能用来揭示定类或定序变量之间的关系,原因就在于其中包含变量之间的联合分布,它是行变量和列变量相互作用得到的结果。表 25 给出了基于一项针对某校大学生校外兼职情况调查数据得到的学生性别和工作状态的交互表,单元格中的数字为频数。乍一看,有工作的情况在男生和女生之间似乎是一样的,因为有工作的男生和女生都为 130 人。但是,前面提到,频数本身并不具有可比性。如果仔细观察的话,不难发现,这个数据中的男生(230 人)少于女生(340 人)。为此,需要将样本数据本身的这种性别分布结构纳入考虑,所得到的结果才是可比的。为此,单元格中的数字通常是百分比或比例而非频数,如表 26 所示。

表 25　学生性别和兼职情况　　　　　　　　　（单位:人）

性别	兼职情况		合计
	有	无	
男生	130	100	230
女生	130	210	340
合计	260	310	570

表 26　学生性别和兼职情况($N=570$,%)

性别	兼职情况		合计
	有	有	
男生	57	43	100
女生	38	62	100
合计	46	54	100

表 26 反映出,男生中 57% 的人有工作,而女生中的相应百分比仅为 38%,这意味着男生比女生更可能处于兼职状态。也就是说,学生的性别和工作状态之间是有关联的。

请注意,基于某一行合计或某一列合计得到的单元格百分比被称作行或列条件百分比(conditional percentage)。表 26 中给出的是行条件百分比。据此,表中第一列第一行处的数字 57 的含义应为:同为男生的情况下,有 57% 的学生从事兼职;而表中第一列第二行处的数字 38 的含义应为:同为女生的情况下,有 38% 的学生从事兼职。显然,行条件百分比或列条件百分比之所以可比,是因为它们分别控制或消除了行边缘分布或列边缘分布的影响①。另外,当行变量和列变量之间的关系不存在方向性时,基于行或列条件比例进行解读均可;当存在方向性时,例如一个是因变量,另一个是自变量时,此时习惯上将自变量作为行变量,并计算行条件比例,即沿着对每一行以该行的合计频数作为分母计算百分比,与表26相同。

当然,对于变量取值类别较少、涉及变量不多的情形,通过查看变量之间的交互表可以大致发现它们之间是否存在关联性。但是,对于变量取值类别较多且涉及变量又多的情形,交互表会变得不容易直接解读。这就需要用到随后将会介绍的一些关联性测量指标。而且,如果交互表是基于样本数据得到的,那么通过查看交互表得到的是否存在关联性的粗略结论只是反映了样本自身的情况,那么此结论在相应总体中是否成立呢?这个问题需要通过假设检验中交互表的卡方检验(chi-square test)进行回答。

2. 以散点图描述定距变量之间的关系

对两个定距变量,可以用散点图来直观地展示它们之间的潜在的关系情形。如果两个变量之间存在因果关系,通常,自变量作为 x 轴,因变量作为 y 轴。下面以某一针对57名大学生校外兼职情况的调查数据为例来说明如何以散点图来描述定距变量之间的关系。

每名学生都报告了他们的身高(单位:cm)和体重(单位:kg)。图20中,沿着 x 轴为学生身高的分布,沿着 y 轴则为学生体重的分布,坐标轴所围成平面内分布的每个散点对应着一名学生,其所在的位置由该学生在身高和体重两个变量上的取值共同决定。图20清楚地表明,身高越高的学生,其体重也越大,所以,散点从左下方向右上方形成一条狭长的分布带。若一个变量的取值随着另一个变量取值的增大而增大的话,则称此两个变量之间存在正相关(positive correlation)。因此,本例中的散点图清楚地表明,学生的身高和体重之间存在正相关。

图21给出了学生报告的每周学习时间与其学习成绩GPA之间的散点图。此图与图20不同,图中散点并没有呈现出明显的分布模式,换言之,这些点几乎是散乱地随机分布在平面内。就是说,GPA与学习时间之间几乎不存在相关关系。统计学上将这种情形定义为零相关。

---

① 这种统计控制的思路在多元分析中体现得更加明显。因为实际研究大都基于抽样调查数据而非实验数据进行,因此数据分析中进行统计控制才能确保所得到的结果具有更高的效度。

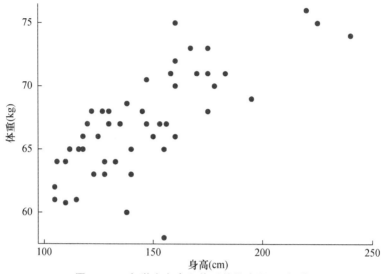

图 20　57 名学生身高和体重的散点图：正相关

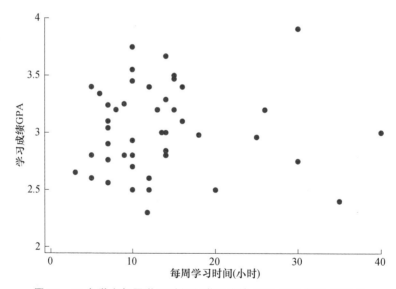

图 21　57 名学生每周学习时间和学习成绩 GPA 的散点图：零相关

图 22 呈现了学生报告的每周学习时间与平均每天睡眠时间之间的散点图。与图 20 中散点从左下方向右上方形成一条狭长的分布带不同，此图散点分布的走向恰好相反，是从左上方向右下方分布着。换言之，每周学习时间越长的学生，其每天平均睡眠时间则越短。统计学上，若一个变量的取值随着另一个变量

取值的增大而减小的话,则称此两个变量之间存在负相关(negative correlation)。

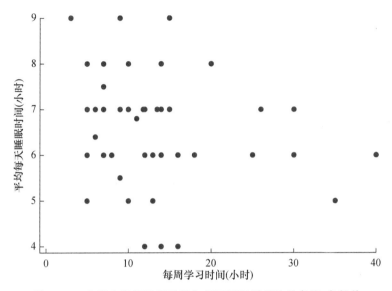

图 22　57 名学生每周学习时间和每天睡眠时间的散点图:负相关

散点图只是以直观的形式粗略地揭示两个定距变量之间是否存在某种关系。这种图在数据分析的起始阶段比较有用,它有助于后续更高级分析模型的设定。但是,若想精确测量两个定距变量之间的相关关系,一种常用的方法就是计算两者之间的相关系数(correlation coefficient),具体内容待下文介绍。

(五) 本节小结

本节扼要地对单变量统计描述的常用方法、统计指标进行了介绍,最后还简要说明了如何以图、表的形式直观地描述两个变量之间的关系。

统计描述是数据分析的基础性工作,其中非常重要的一点就是搞清楚变量的分布特征和变量之间的关系特征。绘制统计图、统计表是反映变量分布或联合分布的重要工具,但是只能得到粗略的认识。为此,统计学还发展出一套以某个数值来更为精确地反映变量分布的集中趋势和离散程度的测量指标。两类指标相互补充,可以完整地反映变量取值的分布特征。然而,每一指标都有其优势和不足,实际应用中需要认真考虑变量的测量层次、仔细分辨数据的类型以及密切结合具体研究目的来选择使用。

三、从统计描述到统计推断

第二节介绍了如何对变量取值分布进行概括,以描述所关注的传播学现象或行为的一般性特征。然而,这种统计描述很可能是基于抽样调查数据来进行的。那么,如何根据基于样本数据得到的结果来一般性地认识相应总体的特征呢?统计推断正是要解决这一问题。基于样本数据得到的结果会受到抽样误差(sampling error)的影响,因此,样本数据结果不能直接当作总体特征。而统计推断所要做的就是在排除抽样误差的情况下根据样本统计量(sample statistic)推断总体参数(population parameter)。本节将扼要介绍统计推断的基本思想。

(一) 总体参数与样本统计量

传播学定量研究所感兴趣的研究问题通常是建立在总体层面上的,例如,受教育程度是否会影响受众的电视节目类型偏好。但是,对此,实际研究中却往往只是以概率抽样调查获取样本数据进行回答。由于概率抽样调查只是从更大规模的总体中选取规模小得多的样本来收集信息,因此样本与总体之间会因抽样这一选择过程而出现不一致。统计学上,将这种使用抽样技术所导致的样本与总体之间的不一致称为抽样误差。统计推断所要做的事情就是排除抽样误差以样本统计量来推论总体参数。

总体参数,也简称为参数,专指由所有个体所组成的总体在某一测量特征上的数值特征。换言之,参数是对总体特征的概括性描述。例如总体均值 μ 和总体标准差 σ。习惯上,通常以希腊字母表示。对应地,样本统计量,也简称为统计量,专指由从某一总体中抽取的部分个体所组成的样本在某一测量特征上的数值特征。换言之,统计量是对样本特征的概括性描述。例如样本均值 $\bar{X}$ 和样本标准差 S。习惯上,通常以英文字母表示。

可见,参数与统计量尽管在形式上都表现为一个数值,但是却存在本质上的区别。有几点需要注意。第一,参数是一个常数,但统计量却是一个随机变量。因为总体是固定的,但是,从一个固定总体中可以获取的相同规模的样本可不止一个[①]。且由于抽样误差的存在,每个样本在同一统计量(例如,均值 $\bar{X}$)上的数值往往并不相同,后面将会讲到,同一统计量的这些取值构成了一个非常重要的

---

① 如果总体的规模为 N,样本的规模为 n,那么,对于此总体,理论上可以得到的概率样本的数量为: N 中取 n 的组合数 C_N^n。当然,实际抽样调查中,出于成本和效率上的考虑,通常只做一次抽样。

分布。第二，参数通常是未知的，而统计量却可以通过样本数据计算得到。不过，由于样本是总体的一个代表，所以，借助统计学中的抽样理论，可以用样本统计量来估计和推断总体参数。第三，不是任何统计量都可以被用来作为总体参数的估计值，它需要满足一定的统计学特征，即需要满足无偏性（biasedness）、有效性（efficiency）和一致性（consistency）。对此，后面会有更详细的介绍。再次强调，参数是与总体对应的，统计量是与样本对应的。

（二）概率和概率分布

1. 概率的定义

概率（probability）是统计推断尤其是假设检验的基础[①]。其实日常生活中经常用到"有相当大的可能""有很大的把握"等表述也涉及概率的概念。那么何谓概率呢？

为了说明概率这一概念的含义，先要理解什么是随机现象和随机事件。现实生活中的客观现象大体上可被区分成确定性的和非确定性的两类。例如，由于重力的作用，水流必然向低处走；一个标准大气压下，水必定在100℃时沸腾。这种结果确定无疑的现象属于确定性现象，常见于自然科学研究领域。但是，在社会科学研究中，经常无法做出诸如"水流必然向低处走""水必定在100℃时沸腾"这种确定无疑的判断。比如，研究者无法预言某天有多少人会到天安门广场观看升国旗仪式、某个区域在一年之内会发生多少车祸、某天晚上八点钟会有多少人收看综艺类电视节目。之所以无法预言，是因为从个体层面上看，一定条件下，每个人都有可能去观看升国旗仪式、遭遇车祸和收看综艺类节目，但并不具有必然性。这种一定条件下可能但又不必然出现的现象被称作非确定性现象。因此，非确定性现象的发生具有随机性，它在一定条件下具有多种可能的结果。例如，张三在10月1日晚八点可能收看综艺类节目，可能收看影视剧，也可能收看时政新闻节目，但到底看哪类节目无法预先预言。社会研究领域之所以总是遇到随机现象，是因为个体层次的变异（variation）无处不在、无时不有，故研究者无法准确地掌握社会现象或社会行为发生的全部条件。

由于非确定性现象具有随机性，故也被称为随机现象。但是，这并不意味着随机现象的发生就是毫无规律的、无法预言的。相反，基于大量的观察，随机现象也会呈现某种统计学规律性。大量观察会消除单次观察的偶然性，从而发现

[①] 有些教材为了区分总体和样本，以大写字母 P 表示总体中的概率、小写字母 p 表示样本中的概率。

内部隐含的统计学规律或概率性规律①。出生性别比(出生男孩数与女孩数之比)是一个很好的例子。每名妇女生的是男孩还是女孩在出生之前并不确定,各有50%的可能性。就局部地区(例如社区或村庄)而言,有的地方男孩多,出生性别比大于1;有地方女孩多,出生性别比小于1。但是,对于更大地域范围(例如省乃至国家)而言,出生性别比的值大体稳定在1.05,即男孩略多于女孩②。

随机现象的结果以及结果的集合被称作随机事件,常简称为事件(event)。例如,妇女生育的是男孩、张三收看的是综艺类节目。所谓概率,指的就是随机事件发生可能性的数量表示。理论上,可能性处在不可能和一定之间,因此,概率的取值范围在0到1之间,即 $0 \leq P \leq 1$。其中概率为0表示一个事件不可能发生,而1则表示事件必然发生。③

2. 概率的计算

作为刻划随机事件发生可能性大小的数量指标,概率是事件本身所固有的,不随人的主观意志而改变。那么,如何计算出随机事件的概率属性呢?有两种不同的计算方法,一种被称作统计学方法,另一种被称作古典试验方法。

(1) 统计学方法

随机事件具有双重特性:随机性和统计规律性。随机性表明事件在某次观察或试验中是否发生具有偶然性,统计规律性表明事件发生的可能性在相同条件下的大量重复观察或试验中是一定的。

在相同条件下进行 N 次观察或试验,如果随机事件 E 发生的次数为 n,那么随机事件 E 发生的频率为 n/N。随着观察或试验次数 n 增大,随机事件 E 发生的频率越来越稳定地接近某一数值 p,那么就将 p 称为随机事件 E 的概率 $P(E)$:

$$P(E) = \lim_{N \to \infty} \frac{n}{N}$$

由于现实生活中进行无穷多次重复观察或试验是不可能的,因此,统计学上把 N 足够大时(例如,当样本规模不小于1000)得到的频率作为概率的近似值。这就是计算概率的统计学方法。

一个著名的例子就是抛硬币试验。为了确定抛掷一枚硬币发生正面朝上这个事件的概率,曾有多位著名统计学家做过千万次抛掷硬币的试验,具体情形如

---

① 所谓统计学规律或概率性规律指的是:如果进行大量观察或试验,那么随机现象的发生会呈现出一定规律性,换言之,这种规律是概率性的而非确定性的。

② 当然,这是在不存在性别偏好的情况下。

③ 前者被称作不可能事件,后者被称作必然事件。

表27所示。可见,随着实验次数的增多,正面朝上这个事件发生的频率越来越稳定地接近0.5,因此就把0.5作为该事件发生的概率。

表27 投掷一枚硬币发生正面朝上的试验记录

试验者	投掷次数 n	发生正面朝上的次数 m	频率(m/n)
蒲丰	4040	2048	0.5069
K. Pearson	12000	6019	0.5016
K. Pearson	24000	12012	0.5005

资料来源:卢淑华:《社会统计学》,北京大学出版社1989年版,第78页。

以统计学方法计算得到的事件发生概率被称为统计概率(statistical probability),它一方面只是对事件发生真实概率的一种近似。实际上,概率是一个理论值,它由事件自身的本质决定。虽然频率在无穷多次观察或试验中会趋于稳定,但还是具有一定的随机性。另一方面,统计学方法以频率估计概率的方式是在事件发生之后的,所得到的概率属于后验概率(posterior probability)。因此,统计学方法不可能准确地得到随机事件的概率 p,而只能得到概率 p 的近似值或估计值。

(2)古典试验方法

与统计学方法通过事件发生后的频率估计其概率不同,古典试验方法是根据随机事件本身的特性直接计算其概率。换言之,古典试验方法是事先得到事件发生的概率,因此这种方法得到的概率也被称作先验概率(prior probability)。它建立在古典随机试验的基础上。

若随机试验具有以下特征:第一,试验只有有限个可能结果,若将每一结果视为一个基本事件、所有可能结果视为样本空间,即样本空间中只有有限个基本事件;第二,每一可能结果出现的可能性相同,即所有基本事件的发生具有相同的可能性;第三,所有可能结果之间互不相同,即不同结果之间满足互斥性。那么该随机试验被称作古典随机试验,简称为古典概型(classical probability model)。对于古典概型,若样本空间由 n 个等可能的基本事件所构成,其中事件 E 包含有 m 个基本事件,则发生事件 E 的概率为

$$P(E) = \frac{m}{n}$$

这就是计算概率的古典试验方法。以此方法得到的概率是反映事件发生可能性大小的精确数值。

【例 3.1】 投掷一枚硬币,此随机试验的基本事件数为 $n=2$;E_1 为正面朝上,E_2 为正面朝下,即样本空间为 $\{E_1, E_2\}$。那么,正面朝下的概率为:

$$P(E_2) = \frac{m}{n} = \frac{1}{2} = 0.5$$

如果投掷两枚硬币,那么出现"一枚正面朝上、一枚正面朝下"的概率为:$P(A)=0.5$。因为这时基本事件数为 $n=4$;E_1 为两枚均正面朝上,E_2 为两枚均正面朝下,E_3 为第一枚正面朝上、第二枚正面朝下,E_4 为第一枚正面朝下、第二枚正面朝上,即样本空间为 $\{E_1, E_2, E_3, E_4\}$,随机事件 A "一枚正面朝上、一枚正面朝下"包含 E_3 和 E_4 两个样本点,故

$$P(A) = \frac{m}{n} = \frac{2}{4} = 0.5$$

3. 概率分布

若将随机现象作为随机变量,那么随机事件就是变量的某个或某几个取值。概率分布正是要明确随机变量的每一个可能取值及其对应的概率。概率分布中每个取值对应的概率表明其发生的可能性,这类似于前面频数分布中每一取值的相对频数(比例或百分比)。所不同的是,频数分布属于经验分布(empirical distribution)或统计分布(statistical distribution),是可变的;但概率分布属于理论分布(theoretical distribution)。当观察次数或样本规模 N 足够大时,随机变量的取值的频率接近其概率,此时,随机变量的经验分布才会与理论分布大体一致。

根据其取值是否连续,随机变量可被区分成离散型和连续型两种。它们概率分布的表示并不相同。

(1) 离散型随机变量的概率分布

若随机变量只有有限个可能取值,那么它就属于离散型随机变量。注意,从测量层次上讲,离散型随机变量可以是定类变量、定序变量乃至定距或定比变量。

对于离散型随机变量,由于其取值为有限个整数,故其概率分布比较简单。假设随机变量 X 属于离散型的,那么其概率分布就是该变量的可能取值 x 及每个可能取值出现的概率 $P(X=x)$。例如,表 28 给出了某小区家庭户周末收看电视节目类型 X 的概率分布,从中可以看到 X 的可能取值有三个,即分别表示新闻时政、影视剧及综艺、纪录片及其他的 1、2、3,同时还给出了三类取值出现的相应概率。图 23 是表 28 的图形表示。

表28　某小区家庭户周末收看电视节目类型的累计分布

$X=x$	$P(X=x)$
1＝新闻时政	0.35
2＝影视剧及综艺	0.45
3＝纪录片及其他	0.20

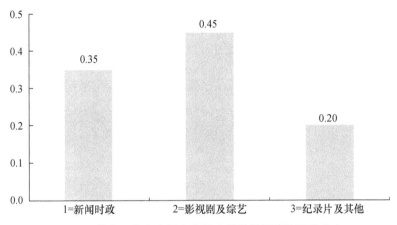

图23　某小区家庭户周末收看电视节目类型的概率分布

可见,对于离散型随机变量,概率分布实际上包含两部分:可能取值和相应取值出现的概率。不过,需要说明的是,可能取值必须满足完备性和互斥性。因此,我们看到,表28中,各取值出现概率之和等于1。更重要的是,据此还可以得到收看新闻时政与纪录片及其他的概率为 0.35＋0.20＝0.55[①]。在取值满足互斥性和完备性的情况下,对于某一随机变量 X,其概率分布 $P(X=x_j)=p_j(j=1,2,\cdots,J)$ 具有以下性质: $p_j \geqslant 0$,且 $\sum_{j=1}^{J} p_j = 1$。

(2) 连续型随机变量的概率分布

对于连续型随机变量,由于其可能取值连续不间断地分布在整个区间,故给出每一可能取值出现的概率是没有意义的,实际上也不可能以表28的形式一一列出。统计学上,用概率密度函数(probability density function) $f(x)$ 来描述连续型随机变量 X 的概率分布:

[①] 这是概率的加法法则,即互斥事件的概率是可加的。

$$f(x) = \lim_{\Delta x \to 0} \frac{P\left(x - \frac{\Delta x}{2} \leqslant X \leqslant x + \frac{\Delta x}{2}\right)}{\Delta x}$$

这里 Δx 表示一个很小的量。也就是说,对于连续型随机变量,不是讨论某个取值上的概率,而是讨论其在某一很小的取值范围内的概率。

连续型随机变量 X 的概率密度函数具有以下性质:

(1) 某一取值上的概率等于零,即 $p(X=0)=0$;

(2) 区间 $(-\infty, +\infty)$ 上的概率为 1,即 $\int_{-\infty}^{+\infty} f(x) \mathrm{d}x = 1$;

(3) 任意区间 $(a, b]$ 上的概率等于密度函数在该区间上的积分,即

$$P(a < X \leqslant b) = \int_a^b f(x) \mathrm{d}x = F(b) - F(a)$$

对应到概率分布曲线图中,如图 24 所示,(2)表示分布曲线与横轴所围成的面积等于 1,(3)则为曲线与 a、b 两点之间阴影部分的面积,即 b 左侧的面积减去 a 左侧的面积。

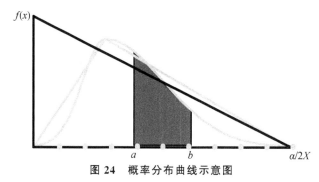

图 24 概率分布曲线示意图

注意,连续型随机变量至少属于定距测量变量。

(3) 累计概率分布

除了概率分布和概率密度函数之外,随机变量也有其累计概率分布(cumulative probability distribution)。

对于离散型随机变量 X,若其概率分布已知,则根据概率的加法原理,其累计概率分布就是所有小于或等于某一取值 x 的累计概率:

$$F(x) = P(X \leqslant x) = \sum_{x_j \leqslant x} p(X = x_j)$$

实际上就是对所有小于或等于 x 的所有 x_j 的概率求和。针对表 28,相应的累计概率分布如表 29 所示。

表29　某小区家庭户周末收看电视节目类型的累计概率分布

$X=x$	$P(X=x)$	$P(X\leqslant x)$
1＝新闻时政	0.35	0.35
2＝影视剧及综艺	0.45	0.80
3＝纪录片及其他	0.20	0.80

对于连续型随机变量 X，由于其取值是连续且有无限个，故无法像离散型随机变量那样直接将每一取值的概率进行累加得到，但可以通过对其概率密度函数求积分得到其累计概率分布，即：

$$F(x) = P(X \leqslant x) = \int_{-\infty}^{x} f(x) \mathrm{d}x$$

图25给出了连续型随机变量 X 的概率密度函数与对应的累计概率分布的示意图，从中可以直观地看到两者之间的关系：$F(x)$ 是概率，而 $f(x)$ 则是单位面积下的概率。

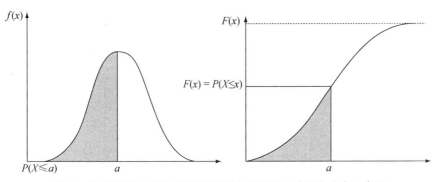

图25　连续型随机变量 X 的概率密度函数和累计概率分布示意图

（4）概率分布的数学特征

第二章专门介绍了如何以单个数值来概括变量取值分布的特征。类似地，对于随机变量的概率分布，也可以从集中趋势和离散程度两个方面概括性地揭示其特征。其中，数学期望反映随机变量取值分布的集中趋势，而方差和标准差则揭示随机变量取值分布的离散程度。

数学期望（mathematical expectation），简称期望，也称作总体均值，就是随机变量各取值分别乘以相应取值的概率。实际上也就是以各取值的概率作为权重计算得到的随机变量取值的加权平均值。对于离散型随机变量 X，其期望为：

$$E(X) = \sum_{j=1}^{J} x_j P(X = x_j) = \sum_{j=1}^{J} x_j p_j$$

而对于连续型随机变量 X,其期望为:

$$E(X) = \int_{-\infty}^{+\infty} x f(x) \mathrm{d}x$$

期望其实就是均值,都是一个平均数。但均值是根据变量的已知取值构成的经验分布求得的,是一个经验值,故被用来特指样本的集中趋势特征;而期望则是基于理论上的概率分布计算得到的,是一个理论值且经常未知,故被用来特指总体的集中趋势特征。

期望有以下几个性质:

(1) 对于常数 c,有 $E(c)=c$;

(2) 对于随机变量 X 与常数 c 之和,有 $E(X+c)=E(X)+c$;

(3) 对于随机变量 X 与常数 c 之积,有 $E(cX)=cE(X)$;

(4) 对于有限个随机变量 X_1、$X_2 \cdots X_K$,有 $E(X_1 + X_2 + \cdots + X_K) = \sum_{k=1}^{K} E(X_K)$;

(5) 对于有限个独立随机变量 X_1、$X_2 \cdots X_K$,有 $E(X_1 X_2 \cdots X_K) = \prod_{k=1}^{K} E(X_k)$[①]。

对于全面反映随机变量的分布特征而言,仅仅知道期望或总体均值是不够的,还应该知道每个取值是如何围绕期望或总体均值而分布的,即与总体均值的离散程度[②]。方差和标准差就是用于反映随机变量分布此特征的。对于离散型随机变量 X,其方差为:

$$V(X) = \sigma^2 = E[x_j - E(X)]^2 = \sum_{j=1}^{J} [x_j - E(X)]^2 p_j,$$

或 $\quad V(X) = \sigma^2 = E[x_j - E(X)]^2 = E(x_j^2) - [E(X)]^2$

而对于连续型随机变量 X,其方差为:

$$V(X) = \sigma^2 = \int_{-\infty}^{+\infty} [x - E(X)]^2 f(x) \mathrm{d}x$$

由于方差的单位为变量原始单位的平方,因此,为了便于解释,经常将方差开平方并取正值,得到随机变量的标准差。可见,不管是方差还是标准差,都永远为正值。它们都反映着随机变量的可能取值围绕其期望分布的离散程度,数值越大,表明取值的分布越分散。

---

① 符号 $\prod$ 表示连续相乘。
② 离散程度也称作变异性(variability)。

方差有以下几个性质：

(1) 对于常数 c，有 $V(c)=0$；

(2) 对于随机变量 X 与常数 c 之和，有 $V(X+c)=V(X)$；

(3) 对于随机变量 X 与常数 c 之积，有 $V(cX)=c^2V(x)$；

(4) 对于任意两个随机变量 X_1 和 X_2，有 $V(X_1+X_2)=V(X_1)+V(X_2)+2\mathrm{Cov}(X_1,X_2)$[①]；

(5) 对于有限个独立随机变量 X_1、$X_2\cdots X_K$，有 $V(X_1+X_2+\cdots+X_K)=\sum_{k=1}^{K}V(X_K)$。

(三) 正态分布与标准正态分布

对分布的考察是研究随机变量的重要方式。从形状上看，随机变量的分布可以是单峰的、双峰的或多峰的，可以是对称的或非对称的。但是，社会科学研究包括传播学研究中，诸多社会的、心理的和物理的现象都服从正态分布。例如，成年人的身高大都处于 152—183 厘米之间，低于 152 厘米和高于 183 厘米的人是少数。人的智商同样服从正态分布，大部分人的智商得分都处在 85—115 之间，少数人的智商得分低于 55，同样也只有少数人的智商得分高于 145。同样地，甚至公共入口门槛的磨损程度也服从正态分布——中间部分磨损程度最严重、而向两侧则逐渐减少。正是因为诸多现象具有正态分布的特性[②]，所以许多领域的研究者都将正态分布广泛应用到对随机变量的研究与分析中。此外，根据中心极限定理，不论总体分布如何，若从中随机抽取规模为 n 的样本，当 n 足够大时，样本平均数的抽样分布将趋近于正态分布。因此，正态分布在抽样和统计推论中具有重要作用。总之，正态分布在统计学中具有非常重要的地位。

1. 正态分布

正态分布，也称为高斯分布(Gaussian distribution)，最初是由德国数学家 Carl Friedrich Gauss 在研究测量误差时发现的[③]。后来，比利时统计学家 Adolphe Quetelet 将其扩展至对人类行为的研究中。

若随机变量 X 具有如下概率密度函数，

[①] 符号 Cov 表示协方差(covariance)，后面将会详细介绍。

[②] 当然，也有一些现象并不符合正态分布，比如财富的分布就是一个典型的高度正偏态的分布，因为少部分人占有绝大部分的财富。

[③] 因此，正态分布曲线最早是作为"误差的正态律"(normal law of error)为人们所认识的。

$$f(X) = \frac{1}{\sqrt{2\pi}\sigma} e^{-\frac{1}{2}\left(\frac{X-\mu}{\sigma}\right)^2},$$

其中，$-\infty < X < +\infty$，π 和 e 为常数①，则称变量 X 服从正态分布。显然，它是连续型随机变量的概率密度函数。该式表明，正态分布由两个参数决定：μ 和 σ^2。故如果某个随机变量 X 服从正态分布，通常记为 $X \sim N(\mu, \sigma^2)$。

正态分布的概率密度函数比较复杂，不过实际研究中很少直接用到它。但是需要记住正态分布具有以下特征：

(1) 正态分布密度曲线是单峰、对称的钟形曲线，对称轴为 $X = \mu$，如图 26 所示。

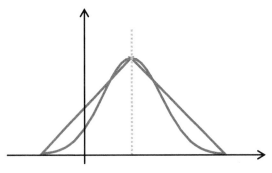

图 26　正态分布曲线示意图

(2) 概率密度函数 $f(x)$ 为非负函数，以横轴为渐近线，值域分布在 $(-\infty, +\infty)$ 上。

(3) $f(x)$ 在 $X = \mu$ 处取得最大值 $\dfrac{1}{\sqrt{2\pi}\sigma}$，并在 $X = \mu \pm \sigma$ 处有拐点。

(4) 包含一族曲线，其中参数 μ 表明了曲线的位置，μ 值越大，则曲线越靠右，如图 27(a)；σ 参数反映着曲线的形状，σ 值越大，则曲线越矮胖，反之则越高瘦，如图 27(b)。因此，μ 和 σ 被分别称作位置参数(location parameter)和尺度参数(scale parameter)，同时，它们分别为分布的均值和标准差。

(5) 对于正态分布，任意两点 a 和 b 之间的概率为

$$P(a \leqslant X \leqslant b) = \int_a^b f(x)\mathrm{d}x = F(b) - F(a)$$

代入概率密度函数计算，得到以下几个典型取值区间的概率：

$$P(\mu - \sigma \leqslant X \leqslant \mu + \sigma) = \int_{\mu-\sigma}^{\mu+\sigma} f(x)\mathrm{d}x = 0.6827,$$

---

① $\pi = 3.1416, e = 2.7183$。

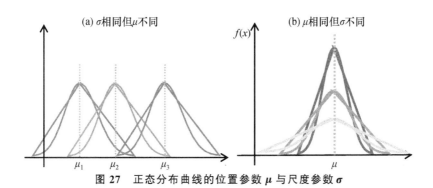

图 27 正态分布曲线的位置参数 μ 与尺度参数 σ

即约 68.27% 的数据落在 $[\mu-\sigma, \mu+\sigma]$;

$$P(\mu-2\sigma \leqslant X \leqslant \mu+2\sigma) = \int_{\mu-2\sigma}^{\mu+2\sigma} f(x)\mathrm{d}x = 0.9545,$$

即约 95.45% 的数据落在 $[\mu-2\sigma, \mu+2\sigma]$;

$$P(\mu-3\sigma \leqslant X \leqslant \mu+3\sigma) = \int_{\mu-2\sigma}^{\mu+2\sigma} f(x)\mathrm{d}x = 0.9973,$$

即约 99.73% 的数据落在 $[\mu-3\sigma, \mu+3\sigma]$。

故,根据正态分布的对称性,若以均值 μ 为中心、标准差 σ 作为度量单位,那么,正态分布曲线下的概率将如图 28 分布。

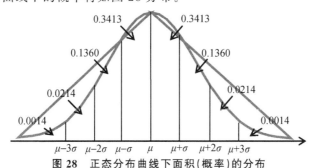

图 28 正态分布曲线下面积(概率)的分布

根据前面介绍的随机变量概率分布期望和方差的性质,如果 $X \sim N(\mu, \sigma^2)$ 而 $Y=aX+b$,其中 a、b 为常数且 $a \neq 0$,那么就有 $Y \sim N(a\mu+b, a^2\sigma^2)$。这意味着,对服从正态分布的变量进行线性转换后,所得新变量的分布仍服从正态分布。类似地,对于两个相互独立的变量,$X \sim N(\mu_1, \sigma_1^2)$ 而 $Y \sim N(\mu_2, \sigma_2^2)$,那么就有 $X \pm Y \sim N(\mu_1 \pm \mu_2, \sigma_1^2 + \sigma_2^2)$。

2. 标准正态分布

(1) 标准化随机变量

若随机变量 X 服从均值为 μ、标准差为 σ 的正态分布,那么,

$$Z = \frac{X - \mu}{\sigma}$$

被称作随机变量 X 的标准化(standardization),标准化变量 Z 的具体取值 z 被称作标准分(standard scores)。标准化随机变量的实际含义是以标准差为单位来测量观测值偏离均值的平均距离。

注意,标准分变成了一个无量纲的数值,换言之,标准分不受测量单位的影响。因此,标准化经常用于比较研究中消除所涉及随机变量测量单位的影响,以解决因数据测量单位不同而导致的结果不具有可比性的问题。

(2) 标准正态分布

随机变量 X 经标准化处理后,所得新变量 Z 变成了一个服从均值为 0、标准差为 1 的正态分布的变量,记为 $Z \sim N(0,1)$。统计学上,将这一分布称作标准正态分布(standard normal distribution)。因此,它只不过是一般正态分布 $N(\mu, \sigma^2)$ 在 $\mu=0$、$\sigma=1$ 情况下的一个特例而已。对于具有不同位置参数 μ 和尺度参数 σ 的正态分布,通过 $Z = \frac{X-\mu}{\sigma}$ 进行标准化转换后,都将成为共同的标准正态分布。图 29 示意性地说明了不同 μ 和 σ 参数的正态分布通过标准化转换之后都变成了标准正态分布。

根据前面对正态分布特征的介绍,标准正态分布有以下几个典型取值区间的概率值:

$$P(\mu - \sigma \leqslant Z \leqslant \mu + \sigma) = P(-1 \leqslant Z \leqslant 1) = 0.6827,$$

即约 68.27% 的数据落在 $[-1, +1]$;

$$P(\mu - 2\sigma \leqslant Z \leqslant \mu + 2\sigma) = P(-2 \leqslant Z \leqslant +2) = 0.9545,$$

即约 95.45% 的数据落在 $[-2, +2]$;

$$P(\mu - 3\sigma \leqslant Z \leqslant \mu + 3\sigma) = P(-3 \leqslant Z \leqslant +3) = 0.9973,$$

即约 99.73% 的数据落在 $[-3, +3]$。

类似地,根据正态分布的对称性,可以得到标准正态分布曲线下概率的分布区域将如图 30 所示。

标准分 z 可被视为距离均值 0 相差多少个标准差。而标准正态分布曲线又是唯一的,如图 30 所示,且统计学中专门提供了如本章附表所示的标准正态分布表。所以只要知道 Z 的具体取值 z,通过查对标准正态分布表即可得到相应取值范围内的概率。反过来,若已知标准正态变量在某一取值范围的概率,可以求解得到相应的 z 值。

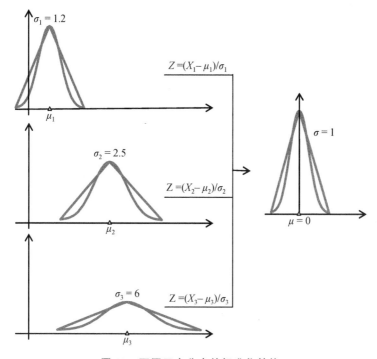

图 29　不同正态分布的标准化转换

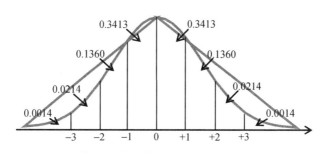

图 30　标准正态分布曲线下面积(概率)的分布

【例 3.2】　若变量 X 服从标准正态分布,那么,$0.5 \leqslant X \leqslant 1.2$ 的概率是多少? 由于

$P(0.5 \leqslant X \leqslant 1.2) = P(X \leqslant 1.2) - P(X \leqslant 0.5) = \Phi(1.2) - \Phi(0.5)$,

查表得 $\Phi(1.2) = 0.8849$、$\Phi(0.5) = 0.6915$,故 $P(0.5 \leqslant X \leqslant 1.2) = 0.1975$。

【例 3.3】　若已知变量 $X \sim N(0,1)$,且 $P(|X| \geqslant z) = 0.05$,那么 z 值是多少? 对此,已知

$P(|X| \geqslant z) = P(X \leqslant -z) + P(X \geqslant z) = 0.05$,

根据正态分布的对称性,$P(X\leqslant -z)=P(X\geqslant z)$,故有
$$2P(X\geqslant z)=2[2-P(X\leqslant z)]=0.05,$$
即 $P(X\leqslant z)=\Phi(z)=1-0.025=0.975$
查表得到对应的 $z=1.96$。

由于不同的正态分布通过标准化转换都将得到统一的标准正态分布,因此,对于任意正态分布,在已知均值 μ 和标准差 σ 的情况下,通过将具体取值转换为对应的标准分(如图 31 所示),也可以计算出具体取值范围所对应的概率。

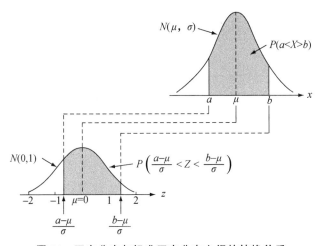

图 31 正态分布与标准正态分布之间的转换关系

【例 3.4】 研究表明,某省会城市 18—35 岁人群每天上网时间 X 近似服从正态分布,均值 μ 为 240 分钟,标准差 σ 为 30 分钟。那么,在该城市随机地抽取一名 18—35 岁的市民,其每天上网时间处在 180—270 分钟之间的概率是多少?

首先,将原始取值 180、270 转换为标准分:
$$z_1=\frac{180-240}{30}=-2 \quad \text{和} \quad z_1=\frac{270-240}{30}=1$$

其次,查标准正态分布表,得到
$$P(Z\leqslant -2)=\Phi(-2)=1-\Phi(2)=1-0.9772=0.0228,$$
$$P(Z\leqslant 1)=\Phi(1)=0.8413,$$
故 $P(-2\leqslant Z\leqslant 1)=\Phi(1)-\Phi(-2)=0.8413-0.0228=0.8185$

所以,在该城市随机地抽取一名 18—35 岁的市民,其每天上网时间处在 180—270 分钟之间的概率是 0.8185。或者说,本市年龄在 18—35 岁的市民中有 81.85% 的人每天上网时间都在 180—270 分钟之间。

(四) 总体分布、样本分布与抽样分布

1. 总体分布与样本分布

根据规模为 N 的总体中所有个体 i 在变量 X 上的取值 xi 可以得到一个总体分布。出于时效性和(或)经济性的考虑,传播学研究中经常进行抽样调查,即从总体抽取部分个体,构成一个规模为 n 的样本。相应地,也可以得到变量 X 取值的样本分布。

假设某一总体由 3000 名个体组成,图 32 给出了此虚拟总体中所有个体每天上网时间 X 的总体分布[①]。图 33 则分别呈现了从中抽取规模为 100 和 2000 的两个样本得到的个体每天上网时间的分布,可见,样本规模越大,样本分布与总体分布之间的差异越小。

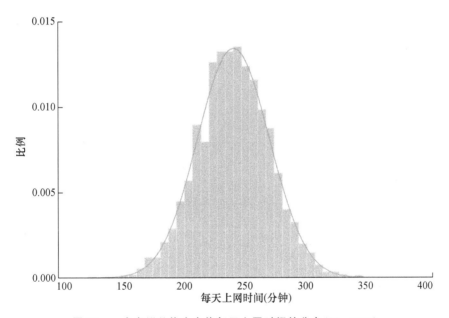

图 32 一个虚拟总体中个体每天上网时间的分布($N=3000$)

对比图 33 中左侧和右侧两幅样本分布图,如果每次所抽取的规模不同,那么不同样本之间就会存在差异。实际上,即使每次从同一总体中抽取相同规模的样本,所得到的样本分布也会有所不同。由于抽样本身内在地包含随机波动,导致每次抽取样本会有所不同,因此,样本统计量并不会恰好等于总体参数。那

---

① $X \sim N(240, 900)$.

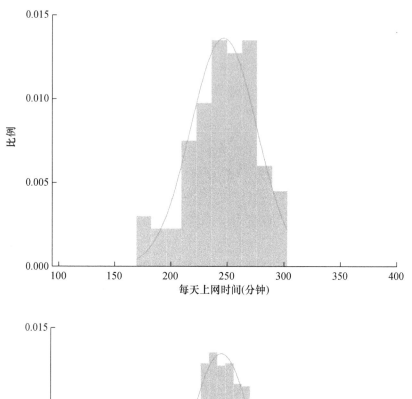

图 33 上网时间在规模为 $n=100$（上图）和 $n=2000$（下图）样本中的分布

么,对于以样本统计量推论总体参数而言,关键的问题就是:样本统计量的变化是否存在一定的规律性? 根据样本推断总体是如何可能的? 问题的答案在于抽样分布。

2. 抽样分布

假设总体的规模为 N，若从中抽取规模为 n 的样本，则理论上可以得到规模同为 n 的可能样本的数量为从 N 中取 n 的组合数[①]。对于每一样本，以相同的公式计算变量 X 的样本统计量（例如样本均值 $\bar{X} = \sum_{i=1}^{n} x_i$），那么，就可以得到 C_N^n 个样本统计量的数值，所有这些样本统计量的数值就构成了一个分布。该分布既不同于总体中 X 的分布，也不同于每个可能样本中 X 的分布。它不是变量取值的分布，而是所有可能样本的统计量的数值所构成的分布。统计学中将其称作抽样分布（sampling distribution）。

实际上，抽样分布只是一种理论上存在的概率分布。因为实际上，由于总体规模 N 很大，所以无法得到规模同为 n 的所有可能样本，也就无从以同样的公式计算出每一可能样本的统计量的数值。故抽样分布通常只存在于概念中。但是，抽样分布是将单个样本（统计量）与总体（参数）连接起来的桥梁。因为通过抽样分布，可以将实际观测到的样本结果与其他所有可能的样本结果进行比较。

具体而言，根据中心极限定理（central limit theorem），对于总体中均值为 μ、标准差为 σ 的变量 X，不管其服从何种分布，如果从中随机抽取规模 n 的样本，当 n 足够大时，样本均值的抽样分布就趋近于正态分布，并且有 $E(\bar{X}) = \mu$、$\sigma_{\bar{X}} = \dfrac{\sigma}{\sqrt{n}}$，即 $\bar{X} \sim N\left(\mu, \dfrac{\sigma^2}{n}\right)$。因此，只要样本规模足够大（通常以 $n \geqslant 50$ 为标准），就可以借助正态分布的性质，将样本统计量通过其抽样分布与总体参数联系起来。这就是统计推断的理论依据。

对于样本均值 $\bar{X}$ 的抽样分布，有均值 $E(\bar{X}) = \mu$ 和标准差 $\sigma_{\bar{X}} = \dfrac{\sigma}{\sqrt{n}}$。其中，$E(\bar{X}) = \mu$ 表明抽样分布的均值等于总体分布的均值，这是下面将要讲到的无偏估计的概念。而根据定义，抽样分布的标准差 $\sigma_{\bar{X}}$ 反映了每个样本均值 $\bar{X}$ 偏离总体均值 μ 的程度。这种偏离是由于抽样本身造成的，因此，抽样理论中将其定义为抽样误差（sampling error）。由于当样本规模足够大时，样本均值 $\bar{X}$ 的抽样服从正态分布，因此，通过标准化转换就能计算出随机抽取一个样本所得到均值 $\bar{X}$

---

① 如果 N、n 已知，可在 Excel 的单元格中键入 =COMBIN(N,n)，回车即得到从 N 中取 n 的组合数。比如，如果 $N=10$，$n=5$，在 Excel 的单元格中输入 =COMBIN(10,5)，然后回车，即得到所有可能样本数为 252 个。

落入总体均值 μ 两侧 z 个标准差 $\sigma_{\bar{X}}$ 范围内的概率①。实际上,统计推断中正是以 $\sigma_{\bar{X}}$ 作为单位来测量误差的。所以,为了与常规分布中的标准差区别开来,统计学中将抽样分布的标准差专门称作标准误(standard error)。换言之,不论是标准误差还是标准误,只不过是不同的名称而已,实质上指的都是抽样分布的标准差。

(五)统计推断:参数估计和假设检验

中心极限定理至关重要,它奠定了以具体样本结果推断总体特征的理论基础。统计推断包括两部分内容:一是用样本数据估计总体参数,称作参数估计(parameter estimation);二是用样本数据检验有关总体参数的假设,称作假设检验(hypothesis testing)。需要特别说明的是,不论是参数估计还是假设检验,一个共同的前提条件是:样本数据是通过随机抽样调查得到的,或者说它们都要求基于随机样本进行的统计分析。

1. 参数估计

通俗地讲,参数估计就是根据从总体中随机获取的某个样本,以样本统计量 $\hat{\theta}$(比如,比例、均值、方差等)推算相应的总体参数 θ②。参数估计又可以细分为点估计(point estimation)和区间估计(interval estimation)两类。

(1) 点估计

点估计就是以某一样本数据计算得到的统计量数值来估计相应的总体参数。显然,点估计简单易行,只需要基于样本数据计算出统计量的具体数值,然后将其作为总体参数的点估计。因为它是一个具体数值,故被称作点估计。

具体而言,通常以样本均值 $\bar{X} = \frac{1}{n}\sum_{i=1}^{n} x_i$ 作为总体均值 μ 的点估计 $\hat{\mu}$。以样本比例 $p = \frac{m}{n}$ 作为总体比例 P 的点估计 $\hat{P}$。以样本方差

$$S^2 = \frac{1}{n-1}\sum_{i=1}^{n}(x_i - \bar{X})^2$$

作为总体方差 σ^2 的点估计值 $\hat{\sigma}^2$,样本方差的正平方根 S 作为总体标准差 σ 的点估计值 $\hat{\sigma}$。

例如,某电视台在试播会上对自己新推出的大型电视栏目进行满意度调查,

---

① 即 $Z = (\bar{X} - \mu)/\sigma_{\bar{X}}$。
② 习惯上,在希腊字母上方加尖括号表示总体参数的估计值。

随机抽取了一个包含1000个人的简单随机样本。这些人中有570位表示满意这个栏目。那么,据此可以估计总体中满意此栏目的比例为57%。

点估计虽然简单易行,但是,有些总体参数可能会有多个样本统计量得到的点估计。那么,这就存在一个问题:哪种点估计更好?一个好的点估计应具备三个属性:无偏性、有效性和一致性。

所谓无偏性,指的是所有可能样本的统计量$\hat{\theta}$的平均值恰好等于总体参数θ,即$E(\hat{\theta})=\theta$。样本均值和比例都分别是总体均值和比例的无偏估计。但样本方差不是总体方差的无偏估计。这是因为,在计算样本方差时需要首先以样本均值$\overline{X}$估计总体均值μ,一旦均值确定下来,样本中就只能有$n-1$个数据点可以自由取值。因此在以样本方差估计总体方差时需要失去一个自由度(degree of freedom),故

$$S^2 = \frac{1}{n-1}\sum_{i=1}^{n}(x_i-\overline{X})^2$$

才是总体方差的无偏估计[1]。

若仅仅根据无偏性来选择好的点估计,可能得到不止一个符合条件的点估计。例如,极端地,也可以从总体中抽取某一个体i,以其在变量X上的取值x_i作为总体均值的点估计,因为它也满足$E(x_i)=\mu$,即具有无偏性。这就涉及好的点估计的第二个属性:有效性。

所谓有效性,就是要求得到估计值的统计量的抽样分布具有更小的标准差。也就是,若$\sigma_{\hat{\theta}_1} \leqslant \sigma_{\hat{\theta}_2}$,则称$\hat{\theta}_1$比$\hat{\theta}_2$更有效。因为对应抽样分布的标准差越小,才能确保估计值的分布越是集中在被估计参数的周围,因此点估计就将以更高的概率接近总体参数。例如,对于正态分布,众数、中位数和均值在数值上是相等的,那么为什么不以中位数作为总体均值的点估计呢?原因就在于样本中位数的抽样分布的标准差比样本均值的更大[2]。

除了满足无偏性和有效性之外,对于大样本而言,一个好的点估计还应具有一致性。也就是说,随着样本规模n的增大,点估计应以更大的概率接近总体参数。

点估计以样本统计量估计总体参数的数值。虽然可以结合无偏性、有效性和一致性三个属性来判断点估计的好坏,以确保得到一个误差尽可能小的总体

---

[1] 有关的详细说明可参见卢淑华(1989:230)。
[2] 样本均值的抽样分布的标准差为$\sigma/\sqrt{n}$,而中位数的抽样分布的标准差为$1.253\sigma/\sqrt{n}$。

参数估计值,但是,点估计有一个非常明显的不足:没有考虑到以样本统计量估计总体参数的误差有多大。而区间估计则恰好可以弥补这一不足。

(2) 区间估计

顾名思义,与点估计只得到一个确切的数值点不同,区间估计将以样本统计量估计总体参数的误差通过置信度(confidence level)和置信区间(confidence interval)的形式表示出来,从而得到参数估计的一个取值区间,而不只是一个确切的数值。

区间估计可一般性地表达为 $P(\hat{\theta}_1<\theta<\hat{\theta}_2)=1-\alpha$。其中,$(\hat{\theta}_1-\varepsilon,\hat{\theta}_2+\varepsilon)$ 被称作总体参数 θ 的置信区间,且 $\hat{\theta}_1$ 和 $\hat{\theta}_2$ 分别为置信区间的下限和上限。α 为显著性水平(significance level),而 $1-\alpha$ 则被称作置信度,表示总体参数 θ 落于置信区间 $(\hat{\theta}_1,\hat{\theta}_2)$ 的概率的大小。可见,区间估计可以告诉人们有多大的把握推断总体参数落入所建立的置信区间。

有几点需要注意。第一,置信度表明了置信区间的可靠性,即置信区间包含待估总体参数的概率有多少。但实际研究中这通常是事先给定的,习惯上被设定为 0.95 或 0.99,相应的显著性水平分别为 0.05 和 0.01①。第二,置信区间的大小反映了区间估计的精确性。第三,在样本规模一定的情况下,点估计的可靠性与精确性是相互制约的,可靠性越高(置信度越高),则精确性越低(置信区间越大)②。因此,实际研究中,降低推断中犯错误风险的一个策略是提高置信度。不过,这将以降低估计的精确性为代价。下面分别给出一些常见的情形下的区间估计。

1) 总体均值的区间估计

如果总体分布满足 $X \sim N(\mu,\sigma^2)$,且 σ^2 已知,则以下统计量服从标准正态分布

$$z = \frac{\overline{X}-\mu}{\sigma/\sqrt{n}} \sim N(0,1)$$

对于总体均值 μ 的双侧置信区间有:

$$P(|z|<z_{\alpha/2}) = P(-z_{\alpha/2}<z<z_{\alpha/2}) = 1-\alpha$$

那么有,

---

① 如果置信度为 0.95,它表示:如果独立地多次重复抽取规模同为 n 的很多样本,那么,平均而言,每 100 个样本中有 95 个样本计算得到的区间都包含待估总体参数 θ。

② 例如,想要估计某个班数学期末考试的平均成绩,若置信区间为(0,100),则这样的区间估计肯定是可靠的,因为平均成绩不可能超出这个范围。但是,这样的区间估计毫无精确性可言。

$$P\left(-z_{\alpha/2}<\frac{\overline{X}-\mu}{\sigma/\sqrt{n}}<z_{\alpha/2}\right)=P\left(\overline{X}-z_{\alpha/2}\frac{\sigma}{\sqrt{n}}<\mu<\overline{X}+z_{\alpha/2}\frac{\sigma}{\sqrt{n}}\right)=1-\alpha$$

当置信度设定为 0.95 时,正态分布对应此概率值的 z 为 1.96,即 $z_{\alpha/2}=1.96$;当置信度设定为 0.99 时,正态分布对应此概率值的 z 为 2.58,即 $z_{\alpha/2}=2.58$。如果总体分布未知,但属于以大样本($n \geqslant 50$)数据建构总体均值的置信区间,公式同正态总体且方差已知的情形。

如果总体分布满足 $X \sim N(\mu,\sigma^2)$,但 σ^2 未知,则以下统计量服从自由度为 $n-1$ 的 t 分布:

$$t=\frac{\overline{X}-\mu}{S/\sqrt{n}} \sim t(n-1)$$

对于总体均值 μ 的双侧置信区间有:

$$P(|t|<t_{\alpha/2})=P(-t_{\alpha/2}<t<t_{\alpha/2})=1-\alpha$$

那么有,

$$P\left(-t_{\alpha/2}<\frac{\overline{X}-\mu}{S/\sqrt{n}}<t_{\alpha/2}\right)=P\left(\overline{X}-t_{\alpha/2}\frac{S}{\sqrt{n}}<\mu<\overline{X}+t_{\alpha/2}\frac{S}{\sqrt{n}}\right)=1-\alpha$$

【例 3.5】 为了解某大型集团公司职员业余阅读报纸情况,随机抽取 900 人作为样本进行调查,得到每周读报平均时间为 186 分钟、标准差为 42 分钟。那么,集团职员的每周读报平均时间的 95% 置信区间是多少?

对于此例,虽然职员每周读报时间的总体分布未知,但样本规模 n 为 900,为大样本。所以其区间估计可用以下公式:

$$P\left(-z_{\alpha/2}<\frac{\overline{X}-\mu}{\sigma/\sqrt{n}}<z_{\alpha/2}\right)=P\left(\overline{X}-z_{\alpha/2}\frac{\sigma}{\sqrt{n}}<\mu<\overline{X}+z_{\alpha/2}\frac{\sigma}{\sqrt{n}}\right)=1-\alpha$$

根据已知信息,$z_{\alpha/2}=1.96$,$\sigma=42$,$n=900$,将它们代入上式,得到 95% 置信区间为:

$$\left(186-1.96 \times \frac{42}{\sqrt{900}}, 186+1.96 \times \frac{42}{\sqrt{900}}\right)=(183,189)$$

这意味着,有 95% 的把握认为该集团职员每周读报时间的均值在 183—189 分钟之间。

2) 总体比例的区间估计

总体比例可以看成是特殊的均值。那么,根据中心极限定理,在大样本情况下,样本比例 p 的分布可近似看作是正态分布。故以下服从标准正态分布的统计量:

$$z = \frac{p-P}{\sigma_p/\sqrt{n}} \sim N(0,1)$$

对于总体比例 P 的双侧置信区间有:

$$P(|z|<z_{\alpha/2}) = P(-z_{\alpha/2}<z<z_{\alpha/2}) = 1-\alpha$$

那么有,

$$P\left(-z_{\alpha/2}<\frac{p-P}{\sigma_p/\sqrt{n}}<z_{\alpha/2}\right) = P\left(p-z_{\alpha/2}\frac{\sigma_p}{\sqrt{n}}<P<p+z_{\alpha/2}\frac{\sigma_p}{\sqrt{n}}\right) = 1-\alpha$$

又 $\sigma_p = \sqrt{\frac{p(1-p)}{p}}$,故有总体比例的区间估计公式为:

$$P\left(p-z_{\alpha/2}\sqrt{\frac{p(1-p)}{n}}<P<p+z_{\alpha/2}\sqrt{\frac{p(1-p)}{n}}\right) = 1-\alpha$$

【例 3.6】 为了解某社区住户的宽带接入情况,随机抽取了 100 户进行入户调查,其中有 60 户接入了宽带。那么,本社区接入宽带住户所占比例的 95% 置信区间是多少?

对于此例,虽然本社区接入宽带住户所占比例 P 的分布未知,但样本规模 n 为 100,为大样本。所以其区间估计可用以下公式:

$$P\left(p-z_{\alpha/2}\sqrt{\frac{p(1-p)}{n}}<P<p+z_{\alpha/2}\sqrt{\frac{p(1-p)}{n}}\right) = 1-\alpha$$

根据已知信息,$z_{\alpha/2}=1.96$,$p=60/100=0.6$,$n=100$,将它们代入上式,得到 95% 置信区间为:

$$\left(0.6-1.96\times\sqrt{\frac{0.6\times(1-0.6)}{100}}, 0.6+1.96\times\sqrt{\frac{0.6\times(1-0.6)}{100}}\right)$$
$$= (0.504, 0.696)$$

这意味着,有 95% 的把握认为该社区接入宽带住户所占的比例在 0.504—0.696 之间。

3) 总体方差的区间估计

对于均值为 μ、方差为 σ^2 的正态总体,有以下服从自由度为 $n-1$ 的 χ^2 分布的统计量:

$$\chi^2 = \frac{(n-1)}{\sigma^2}S^2 \sim \chi^2(n-1)$$

对于给定的置信度 $1-\alpha$,有

$$P(\chi^2 \geqslant \chi^2_{\alpha/2}) = \alpha/2$$

$$P(\chi^2 \leqslant \chi^2_{1-\alpha/2}) = \alpha/2 \quad (或等价地, P(\chi^2 \geqslant \chi^2_{1-\alpha/2}) = 1 - \alpha/2)$$

$$P(\chi^2_{1-\alpha/2} < \chi^2 < \chi^2_{\alpha/2}) = 1 - \alpha$$

那么就有

$$P\left(\chi^2_{1-\alpha/2} < \frac{(n-1)}{\sigma^2}S^2 < \chi^2_{\alpha/2}\right) = 1 - \alpha$$

进一步整理可得到总体方差的区间估计公式为：

$$P\left(\frac{(n-1)S^2}{\chi^2_{\alpha/2}} < \sigma^2 < \frac{(n-1)S^2}{\chi^2_{1-\alpha/2}}\right) = 1 - \alpha$$

【例 3.7】 倘若大众对某档娱乐节目内容的打分服从正态分布，某研究者对取自总体的规模为 20 人的随机样本进行了调查，进一步的数据分析表明，这 20 人对该节目内容打分的方差 S^2 为 15。那么，总体方差的 95% 置信区间是什么？

既然总体服从正态分布，因此总体方差的置信区间可据下式进行估计：

$$P\left(\frac{(n-1)S^2}{\chi^2_{\alpha/2}} < \sigma^2 < \frac{(n-1)S^2}{\chi^2_{1-\alpha/2}}\right) = 1 - \alpha$$

其中，已知 $\alpha/2 = (1-0.95)/2 = 0.025$，自由度为 $n-1 = 20-1 = 19$，那么，根据：

$$P(\chi^2 \geqslant \chi^2_{\alpha/2}) = \frac{0.05}{2} \quad 和 \quad P(\chi^2 \geqslant \chi^2_{1-\alpha/2}) = 1 - \frac{0.05}{2} = 0.975$$

并查 χ^2 分布得：

$$\chi^2_{\alpha/2} = \chi^2_{0.025} = 32.852 \quad 和 \quad \chi^2_{1-\alpha/2} = \chi^2_{0.975} = 8.907$$

故有，

$$\frac{(n-1)S^2}{\chi^2_{\alpha/2}} = \frac{(20-1) \times 15}{32.852} = 8.675$$

$$\frac{(n-1)S^2}{\chi^2_{1-\alpha/2}} = \frac{(20-1) \times 15}{8.907} = 31.997$$

因此，置信度为 0.95 的总体方差置信区间为 (8.675, 31.997)，即有 95% 的把握认为大众对某档娱乐节目内容打分的方差处在 8.675—31.997 之间。

2. 假设检验

参数估计的基本思路是：在总体均值、比例、方差等参数未知的情况下，如何以样本数据信息合理地估计出这些总体参数的确切数值或取值区间。但假设检验的基本思路则是:基于已有认识①提出关于总体均值、比例、方差等未知参数的"猜想",然后利用样本数据来判断所提出的"猜想"是否成立。

(1) 统计假设

假设检验是以样本数据对有关总体特征所做"猜想"是否正确进行检验。这里的"猜想"在统计学上被称作假设②。不过,假设可以有不同的层次,最抽象的是理论假设,但这种假设通常无法直接进行验证,因为它是由抽象概念所组成的。假设检验中所谓的假设是经验层次的,而且与抽样手段联系在一起,依靠抽样调查数据进行检验,故被称作统计假设③。当然,表面上看似是对统计假设进行检验,但由于统计假设往往是建立在某一理论的基础上,因此实际上是对理论是否与经验事实相一致的检验。所以假设检验在本质上不同于前面介绍的参数估计。

进行假设检验时涉及两个假设。一个是虚无假设(null hypothesis)(记为H_0),也称作零假设,它通常表达的是总体中各组之间无差异或变量之间不相关,形式上是一种包含相等条件的表述。例如,$H_0: \mu = 60$ 或 $\rho = 0$④。另一个是备择假设(alternative hypothesis)(记为H_1),也称作替代假设,它通常表达的是总体中各组之间有差异或变量之间相关,形式上是一种包含不等条件的表述。例如,$H_1: \mu \neq 60$ 或 $\rho \neq 0$。实际研究中,备择假设往往就是研究假设(research hypothesis),因为研究总是希望发现总体中各组之间有差异或变量之间相关。需要说明的是,虚无假设和备择假设总是成对出现的,而且假设检验中并非直接检验备择假设,而是通过检验对立的虚无假设是否成立,从而间接判断是否接受备择假设。

(2) 假设检验的基本思想

假设检验的基本思想可扼要表达如下:基于某种理论、已有经验研究结果或生活经验,研究者首先提出关于所研究现象总体特征的假设,需以虚无假设和备择假设成对出现的形式建立;然后假定虚无假设成立,在给定显著性水平α下,以总体特征的假设值为中心构建置信度为$1-\alpha$的置信区间;接着从总体中获取一个随机样本进行数据收集,基于样本信息计算与总体特征相应的样本统计量,

---

① 这种认识或者基于有关的理论,或者基于已有的经验研究结果,或者甚至基于经验直觉。
② 请注意区分假定和假设,这是两个完全不同的概念。英文文献中,假定对应的单词是 assumption,而假设对应的单词是 hypothesis。
③ 卢淑华:《社会统计学》,北京:北京大学出版社 1989 年版,第 270 页。
④ 后面会提到,ρ表示总体变量之间的相关系数。

如果该实测值落入了所构建的信度为 $1-\alpha$ 的置信区间,那么,就接受虚无假设,反之则应接受备择假设。注意,其中所设定的显著性水平 α 是一个非常小的正数,常用的数值为 0.05、0.01 和 0.001。

前面讲到,随机事件的发生具有统计规律性。在大量观察或试验中,随机事件将以一定的概率发生,概率越大意味着事件发生越是频繁,反之则越是稀少。所谓小概率原理其实是说,小概率事件在一次观察或试验中是不可能出现的;但是,如果某次观察或试验中原本认为的小概率事件发生了,则应当否认原有事件是小概率事件。可见,假设检验只不过是统计学中小概率事件原理的具体运用而已,只不过它把小概率以显著性水平 α 的形式设定为一个具体的数值很小的正数而已。

下面以一个假设的例子将上述假设检验的基本思想具体化。设想,以往多项研究表明,某社区居民每天收看电视的平均时间为 120 分钟,因此,有研究者以其作为研究假设,在该社区随机抽取 100 位居民进行调查,得到每天收看电视的平均时间为 96 分钟、标准差为 15 分钟。那么,该假设在 0.05 显著性水平下是否成立呢?

按照假设检验的基本思想,首先应建立如下研究假设:

$$H_0: \mu = 120$$
$$H_1: \mu \neq 120$$

这里需要说明的是,根据备择假设的形式,假设检验有双侧检验(two-tailed test)和单侧检验(one-tailed test)之分。若 H_1 以不等于的形式表达,则属于双侧检验;若 H_1 以大于等于或小于等于的形式表达,则属于单侧检验。本例属于双侧检验[①]。

然后,姑且认为本社区居民总体每天收看电视的平均时间确实是 120 分钟,那么需要以该假设值作为中心,构建 95% 的置信区间。这里需要说明几点。第一,置信区间的构建需要与每天收看电视平均时间的抽样分布联系起来。如果是大样本,可以认为其抽样分布服从正态分布;如果是小样本,但总体中收看电视时间服从正态分布,且方差已知,则也可以认为其抽样分布服从正态分布;如果是小样本,总体中收看电视时间服从正态分布,但方差未知,则认为其抽样分布服从 t 分布。另外,如果是针对总体方差进行检验,则大样本情况下,总体方

---

① 对于本例,单侧检验可以有两种情形:一种是 $H_1: \mu \geqslant 120$,被称作右单侧检验;另一种是 $H_1: \mu \leqslant 120$,被称作左单侧检验。

差服从卡方分布。第二,置信区间所对应的分布曲线下面积被称作接受域,其余部分的面积被称作拒绝域,如图34所示。如果是双侧检验,则拒绝域分布在接受域左右两侧,且各面积相等,各为 $\alpha/2$;如果是单侧检验,则拒绝域只分布在接受域的一侧,面积为 α。

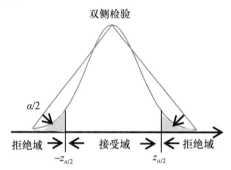

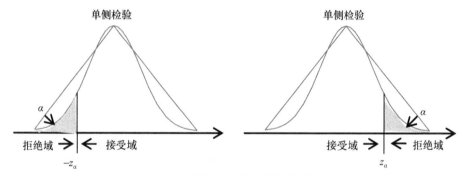

图34　接受域、拒绝域与检验类型

根据前面的介绍,大样本情况下,总体均值的95%置信区间(接受域)可据下式得到:

$$P\left(\overline{X} - z_{0.05/2}\frac{\sigma}{\sqrt{n}} < \mu < \overline{X} + z_{0.05/2}\frac{\sigma}{\sqrt{n}}\right) = 1 - 0.05$$

其中,$\overline{X} = 120$[①],$\sigma = S = 15$,$n = 100$,另 $\pm z_{0.025} = \pm 1.96$,代入上式,得到接受域为:(117.06,122.94)。

然而,该研究者基于一次随机抽样调查得到的该社区居民每天看电视时间

[①] 这里不能用样本均值96,否则就变成前面介绍的区间估计了。因为接受域是假如虚无假设 H_0 成立情况下置信度为 $1-\alpha$ 的置信区间。换言之,区间估计和假设检验虽然同样都涉及置信区间,但两者存在实质性区别,区间估计的置信区间是以样本观测值 $\overline{X}$ 为中心的,而假设检验中作为接受域的置信区间是以假设值 H_0 为中心的。

均值的样本观测值为96分钟。显然,此样本观测值在H_0成立情况下落入接受域之外,或者说落在了拒绝域。接受域对应的概率为0.95,而拒绝域对应的概率仅为0.05,换言之,落入拒绝域意味着小概率事件发生了。根据前面提到的小概率原理,一旦小概率事件发生了,就应当否认事件属于小概率事件。因此,在0.05显著性水平下,此研究者应当拒绝虚无假设H_0而接受备择假设H_1,即认为该社区居民总体每天看电视的平均时间不是120分钟。

假设检验也可以不用通过计算接受域的方式进行,而只需计算出相应检验统计量的数值。读者也许已经注意到图34中,接受域和拒绝域是紧挨着的,它们之间存在分界点,双边检验有两个分界点$-z_{a/2}$和$z_{a/2}$,单边检验只有一个分界点$-z_{a/2}$或$z_{a/2}$。假设检验中,这些分界点被称作临界值(critical value)。对于双侧检验而言,接受域处在临界值$-z_{a/2}$和$z_{a/2}$之间,大于$z_{a/2}$或小于$-z_{a/2}$则属于拒绝域;对于左单侧检验,大于$-z_{a/2}$属于接受域,小于$-z_{a/2}$则属于拒绝域;对于右单侧检验,小于$z_{a/2}$属于接受域,大于$z_{a/2}$则属于拒绝域。这些拒绝域都属于小概率,也就是显著性水平α。因此,如果检验统计量的绝对值大于$z_{a/2}$或z_a,则落入了拒绝域,也就是意味着应该拒绝虚无假设H_0;反之,如果检验统计量的绝对值小于$z_{a/2}$或z_a,则意味着应该接受虚无假设H_0。所以,也可以通过计算检验统计量的数值,然后将其与显著性水平α下的临界值$z_{a/2}$或z_a进行大小比较,从而完成假设检验。

例如,本例是针对总体均值的假设检验,而根据中心极限定理,样本均值在大样本情况下服从均值为μ、标准误差为$\sigma/\sqrt{n}$的正态分布,因此,相应的检验统计量为:

$$z = \frac{\overline{X} - \mu}{\sigma/\sqrt{n}}$$

其中,$\overline{X}=120$,$\mu=120$,$\sigma=S=15$,$n=100$,故

$$z = \frac{|96-120|}{15/\sqrt{100}} = 16$$

对于显著性水平$\alpha=0.05$,$z_{0.05/2}=1.96$,显然,$z=16$远大于$z_{0.05/2}=1.96$,所以,0.05显著性水平下应拒绝虚无假设$\mu=120$。

实际研究中,往往广泛采用计算检验统计量的数值的方式进行假设检验,因为这种方式更加简单易行。

(3) 显著性水平

显著性水平α在假设检验中很关键,虽然它在具体研究中都是事先给定的。

从图 34 中不难看出,显著性水平实际上是拒绝域在统计量的整个抽样分布中所占的比例,反映着样本统计量的数值落在拒绝域中的可能性大小。显然,显著性水平 α 的值越小,则越难以否定虚无假设。一旦确定了显著性水平的具体值,即可计算出拒绝域的临界值。

不过,实际研究中,往往给出概率 p 值(p-value)。它指的是:倘若虚无假设是正确的,那么,根据样本数据就可得到与虚无假设相吻合的结果的概率。例如,就上面关于电视收看时间的例子而言,虚无假设是平均看电视时间为 120 分钟,那么研究者基于 100 位居民的随机样本所得到的平均看电视时间与 120 分钟这个假设值相吻合的概率就是 p 值。大多数研究者习惯以此实际计算得到的 p 值与设定的显著性水平 α(例如,0.05、0.01 或 0.001)进行比较,然后做出统计决策。如果 p 值小于 α,则拒绝虚无假设,换言之,认为统计分析结果是统计显著的;反之,则接受虚无假设,认为统计分析结果不显著。

可是,p 值本身实际上是一个在 [0,1] 区间上连续取值的变量,随着它的减小,拒绝虚无假设的把握越来越大[①]。所以,虽然习惯上可根据 p 值与设定的显著性水平的大小关系,做出拒绝或者接受虚无假设的统计决策,但是不论是做出何种决策,都不可能是完全正确的,相反总伴随有犯错误的可能性。因为社会科学包括传播学所研究的现象具有随机性,而样本数据所包含的信息相对于总体而言总是有限的、局部的,所以基于具体样本的数据信息进行的假设检验就有可能提供错误的答案。

(4)两类错误

假设检验主要围绕着虚无假设 H_0 来进行。这涉及两个维度上的问题:事实维度上,H_0 要么是真实的(true),要么是虚假的(false);决策维度上,接受或拒绝 H_0。因此,将事实和决策两个维度结合起来的话,就有四种可能性,如表 30 所示。若虚无假设本来是真实的且被接受了,或者虚无假设本来就是虚假的且被拒绝了,那么就做出了正确决策。否则,就意味着做出了错误的决策。由表 30 可知,假设检验中存在两类错误,分别被称作 I 类错误(Type I error)和 II 类错误(Type II error)。

[①] 正是因为如此,有些研究者认为"显著"与"不显著"之间并没有简单明确的分界,例如,0.049、0.050 和 0.051 之间并不存在实质性的差别,因此主张仅报告 p 值,具体的统计决策则交由读者自己去做。

表 30　假设检验中的两类错误

事实维度		决策维度	
		接受 H_0	拒绝 H_0
	H_0 为真	正确决策 $P=1-\alpha$	Ⅰ类错误 $P=\alpha$
	H_0 为假	Ⅱ类错误 $P=\beta$	正确决策 $P=1-\beta$

如果拒绝了 H_0 可事实上它却是真实的,那么就犯了Ⅰ类错误。由于 H_0 本来是真实的,只是检验中被错误地拒绝了,因此,这也被称作弃真错误。犯此类错误的概率就是显著性水平 α,通常取 0.05 和 0.01。因为如此小的 α 值往往能够合理地确保事实上真实的 H_0 不会被拒绝,同时又不会严格到必然导致增大接受事实上虚假的 H_0 的可能性。

如果接受了 H_0 可事实上它却是虚假的,那么就犯了Ⅱ类错误。由于 H_0 本来是虚假的,只是检验中被错误地接受了,因此,这也被称作纳伪错误,且经常被忽略。统计学上,将Ⅱ类错误的概率记为 β。注意,和 H_0 为真的状态是确定的不同,H_0 为假的状态是不确定的,换言之,真实状态是唯一的而虚假状态并不唯一,因此,犯Ⅱ类错误的概率 β 的数据也得视具体情况而定。它会受到总体参数真实值与假设值之间差值的大小、样本规模、显著性水平 α 以及检验类别（双侧检验还是单侧检验）等诸多因素的共同影响[①]。一般而言,在其他情形相同的情况下,总体参数的假设值与真实值之间的差值越小,β 的值就越大;样本规模越大,β 的值就越小;α 的值越小,β 的值就越大[②];单侧检验比双侧检验时 β 的值更小。

另外,β 是错误地接受了事实上虚假的 H_0 的概率,那么,$1-\beta$ 就是正确地拒绝了事实上虚假的 H_0 的概率。因此,$1-\beta$ 被称作检验功效（power of the test）,也就是正确地拒绝应当被拒绝的或原本错误的 H_0 的能力。由于检验功效是Ⅱ类错误的反面,故它同样受到总体参数真实值与假设值之间差值的大小、样本规模、显著性水平 α 以及检验类别（双侧检验还是单侧检验）等诸多因素的共同影响。

[①] 详细说明可参见：Bruce M. King, Patrick J. Rosopa, and Edward W. Minium, *Statistical Reasoning in the Behavioral Sciences*(6th edition), John Wiley & Sons, Inc., 2010, chapter 12。

[②] 这意味着,假设检验中,其他条件相同的情况下,犯弃真错误概率的减小意味着犯纳伪错误概率的增大。不过,若想同时减少犯两类错误的概率,最简单的办法就是增大样本规模。

（5）假设检验的步骤

综上，一般来说，假设检验可以按照以下几个步骤进行：

第一步，建立虚无假设 H_0 和备择假设 H_1。

第二步，设定显著性水平 α 的值。

第三步，依据抽样分布，确定恰当的检验统计量。

第四步，针对具体的检验类型（双侧或者单侧），计算出 p 值。

第五步，比较 p 值和 α 值并作出统计决策：若 $p > \alpha$，则拒绝 H_0；若 $p < \alpha$，则接受 H_0。

本节小结

本节对统计推断涉及的基本概念和理论进行了扼要的介绍。抽样调查的目的多半在于以样本信息来探究总体的特征和属性。但是，由于样本属于更大规模的总体的一个部分，甚至是一小部分，那么如何以"小"见"大"、以"部分"窥"总体"就成了传播学定量研究所面对的难题。而统计学中有关推断统计的知识恰好为此奠定了理论基础。

统计推断有不同的形式，从比较基础的参数估计（包括点估计和区间估计），再到更为高级的假设检验。不论是何种形式，都有一个共同的前提：样本数据必须来自随机抽样，并确保样本对总体具有代表性。这是统计学本身无法解决的问题，严谨的研究者总是会在进行数据分析前对此进行必要的确认。另外，抽样本身具有随机性，统计推断所做的是在考虑抽样误差的情况下讨论以样本统计量与总体参数值相吻合的程度，而程度的大小始终是以概率的形式反映出来的。因此，统计推断所得到的并非确定性结论。

附表：标准正态分布表

$$P(Z \leqslant z) = \Phi(z) = \int_{-\infty}^{z} \frac{1}{\sqrt{2\pi}} e^{-\frac{z^2}{2}} dz$$

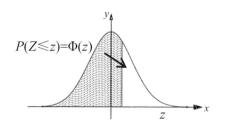

z \ $\Phi(z)$	0.00	0.01	0.02	0.03	0.04	0.05	0.06	0.07	0.08	0.09
0.0	0.5000	0.5040	0.5080	0.5120	0.5160	0.5199	0.5239	0.5279	0.5319	0.5359
0.1	0.5398	0.5438	0.5478	0.5517	0.5557	0.5596	0.5636	0.5675	0.5714	0.5753
0.2	0.5793	0.5832	0.5871	0.5910	0.5948	0.5987	0.6026	0.6064	0.6103	0.6141
0.3	0.6179	0.6217	0.6255	0.6293	0.6331	0.6368	0.6406	0.6443	0.6480	0.6517
0.4	0.6554	0.6591	0.6628	0.6664	0.6700	0.6736	0.6772	0.6808	0.6844	0.6879
0.5	0.6915	0.6950	0.6985	0.7019	0.7054	0.7088	0.7123	0.7157	0.7190	0.7224
0.6	0.7257	0.7291	0.7324	0.7357	0.7389	0.7422	0.7454	0.7486	0.7517	0.7549
0.7	0.7580	0.7611	0.7642	0.7673	0.7703	0.7734	0.7764	0.7794	0.7823	0.7852
0.8	0.7881	0.7910	0.7939	0.7967	0.7995	0.8023	0.8051	0.8078	0.8106	0.8133
0.9	0.8159	0.8186	0.8212	0.8238	0.8264	0.8289	0.8315	0.8340	0.8365	0.8389
1.0	0.8413	0.8438	0.8461	0.8485	0.8508	0.8531	0.8554	0.8577	0.8599	0.8621
1.1	0.8643	0.8665	0.8686	0.8708	0.8729	0.8749	0.8770	0.8790	0.8810	0.8830
1.2	0.8849	0.8869	0.8888	0.8907	0.8925	0.8944	0.8962	0.8980	0.8997	0.9015
1.3	0.9032	0.9049	0.9066	0.9082	0.9099	0.9115	0.9131	0.9147	0.9162	0.9177
1.4	0.9192	0.9207	0.9222	0.9236	0.9251	0.9265	0.9278	0.9292	0.9306	0.9319
1.5	0.9332	0.9345	0.9357	0.9370	0.9382	0.9394	0.9406	0.9418	0.9430	0.9441
1.6	0.9452	0.9463	0.9474	0.9484	0.9495	0.9505	0.9515	0.9525	0.9535	0.9545
1.7	0.9554	0.9564	0.9573	0.9582	0.9591	0.9599	0.9608	0.9616	0.9625	0.9633
1.8	0.9641	0.9648	0.9656	0.9664	0.9671	0.9678	0.9686	0.9693	0.9700	0.9706
1.9	0.9713	0.9719	0.9726	0.9732	0.9738	0.9744	0.9750	0.9756	0.9762	0.9767
2.0	0.9772	0.9778	0.9783	0.9788	0.9793	0.9798	0.9803	0.9808	0.9812	0.9817
2.1	0.9821	0.9826	0.9830	0.9834	0.9838	0.9842	0.9846	0.9850	0.9854	0.9857
2.2	0.9861	0.9864	0.9868	0.9871	0.9874	0.9878	0.9881	0.9884	0.9887	0.9890
2.3	0.9893	0.9896	0.9898	0.9901	0.9904	0.9906	0.9909	0.9911	0.9913	0.9916
2.4	0.9918	0.9920	0.9922	0.9925	0.9927	0.9929	0.9931	0.9932	0.9934	0.9936
2.5	0.9938	0.9940	0.9941	0.9943	0.9945	0.9946	0.9948	0.9949	0.9951	0.9952
2.6	0.9953	0.9955	0.9956	0.9957	0.9959	0.9960	0.9961	0.9962	0.9963	0.9964
2.7	0.9965	0.9966	0.9967	0.9968	0.9969	0.9970	0.9971	0.9972	0.9973	0.9974
2.8	0.9974	0.9975	0.9976	0.9977	0.9977	0.9978	0.9979	0.9979	0.9980	0.9981
2.9	0.9981	0.9982	0.9982	0.9983	0.9984	0.9984	0.9985	0.9985	0.9986	0.9986
3.0	0.9987	0.9990	0.9993	0.9995	0.9997	0.9998	0.9998	0.9999	0.9999	1.0000

注：本表最后一行自左至右依次是 $\Phi(3.0) \cdots \Phi(3.9)$ 的值。

四、统计决策:从单一总体到多个总体的假设检验

科学研究起于猜想,然后对猜想进行检验,由此推动科学知识的更新、积累与发展。社会科学包括传播学研究也往往涉及对关于总体特征的假设进行检验。上一节扼要介绍了假设检验的基本原理和主要步骤,它们是有关假设检验的一般性知识。但是,对于实际研究而言,具体问题不同,涉及的假定、假设和所选择的检验统计量也会有所差别。本节将简要介绍常见的假设检验类型。

(一) 单一总体假设检验

顾名思义,单一总体假设检验只涉及一个总体。此类检验的关键在于依据假设检验所针对的具体总体参数而选择恰当的检验统计量。

1. 总体均值检验

对于此种情形,一般需要首选区分是大样本还是小样本。如果样本规模 $n \geq 50$,则视为大样本;反之,若样本规模 $n < 50$,则视为小样本。

(1) 大样本的情形

根据中心极限定理,不管总体中变量 X 服从何种分布,如果其分布的均值和方差分别为 μ 和 σ^2,那么,当样本规模 n 足够大时,样本均值 $\overline{X}$ 的抽样分布将近似服从均值为 μ、方差为 $\frac{\sigma^2}{n}$ 的正态分布。进一步将 $\overline{X}$ 标准化,即可得到总体均值的 Z 检验统计量:

$$z = \frac{\overline{X} - \mu}{\sigma / \sqrt{n}} \sim N(0, 1)$$

其中,当总体方差 σ^2 未知时,可用样本方差 S^2 作为对其的估计。另外,$\sigma/\sqrt{n}$ 实际上是样本 $\overline{X}$ 的标准误,即 $\sigma_{\overline{X}} = \sigma/\sqrt{n}$。得到了 Z 检验统计量的值 z,再确定给定显著性水平 α 所对应的临界值,然后比较 z 与临界值的大小,即可做出拒绝或接受虚无假设 H_0 的决策。

大样本总体均值检验的具体步骤可归纳如下:

第一步,提出虚无假设和备择假设。

$H_0: \mu = \mu_0$

$H_1: \mu \neq \mu_0$,或 $H_1: \mu > \mu_0$,或 $H_1: \mu > \mu_0$,视具体情况而定。

第二步,计算假设 H_0 成立情况下 Z 检验统计量的值:

$$z = \frac{\overline{X} - \mu_0}{\sigma_{\overline{X}}} = \frac{\overline{X} - \mu_0}{\sigma/\sqrt{n}}$$

第三步,查标准正态分布表,得到临界值 $z_{\alpha/2}$(双侧检验)或 z_α(单侧检验)。

第四步,比较 Z 检验统计量的值 z 与临界值 $z_{\alpha/2}$ 或 z_α 的大小:

对于双侧检验,若 $z > z_{\alpha/2}$ 或 $z < -z_{\alpha/2}$,则拒绝 H_0,否则应接受 H_0;

对于右单侧检验,若 $z > z_\alpha$,则拒绝 H_0,否则应接受 H_0;

对于左单侧检验,若 $z < -z_\alpha$,则拒绝 H_0,否则应接受 H_0。

表 31 给出了常用的显著性水平 σ 值及相应的临界值,研究者应当对这些值较为熟悉。

表 31 常用的 σ 值及相应的临界值

σ	单侧检验时的 $\|z_\alpha\|$	双侧检验时的 $\|z_{\alpha/2}\|$
0.05	1.65	1.96
0.01	2.33	2.58
0.001	3.09	3.30

【例 4.1】 从某所大学中抽 900 人的随机样本,计算出他们每周上网的平均时间为 10.5 小时,标准差为 7.75 小时,可总体均值及标准差都未知,那么,是否有充分的理由相信该校学生每周上网的平均时间是 9 小时($\alpha = 0.05$)?

首先建立虚无假设和备择假设:

$$H_0: \mu = 9 \quad \text{和} \quad H_1: \mu \neq 9$$

其次,依据题意,$\overline{X} = 10.5, n = 900$;尽管总体方差未知,但本例属于大样本,故可用样本标准差替代总体标准差得到,即 $\hat{\sigma} = 7.75$。由此,Z 检验统计量为:

$$z = \frac{\overline{X} - \mu_0}{\sigma_{\overline{X}}} = \frac{10.5 - 9}{7.75/\sqrt{900}} = \frac{1.5}{0.258} \approx 5.81$$

查标准正态分布表,可知 $z_{0.05/2} = 1.96$,显然,$z = 5.81 > z_{0.05/2} = 1.96$,所以拒绝虚无假设,认为在显著性水平 0.05 下,该校学生每周上网的平均时间不是 9 个小时。

(2) 小样本的情形

对于小样本,假设随机样本来自服从正态分布的总体。此时,样本均值 $\overline{X}$ 的抽样分布也服从正态分布。若总体方差 σ^2 已知,则对总体均值进行检验的统计量为:

$$z = \frac{\overline{X} - \mu}{\sigma/\sqrt{n}} \sim N(0,1)$$

不过,实际研究中,总体均值未知而方差已知的情形并不多见,更普遍的情形是总体均值和方差都未知。

若总体方差 σ^2 未知,需要以样本方差 S^2 作为总体方差 σ^2 的估计,即以样本方差代替总体方差。前面曾提到过,以样本方差 S^2 估计总体方差 σ^2 时导致损失一个自由取值的数据点。因此,这时对总体均值进行检验的统计量服从自由度为 $n-1$ 的 t 分布,具体为:

$$t = \frac{\overline{X} - \mu}{S/\sqrt{n}} \sim t(n-1)$$

由此,通过比较该 t 值与给定显著性水平 α 下自由度为 $n-1$ 的 t 分布临界值来进行统计决策,而 t 分布的临界值可通过查看 t 分布表得到。

小样本、总体方差已知的正态总体均值检验具体步骤可归纳如下:

第一步,提出虚无假设和备择假设。

$H_0: \mu = \mu_0$

$H_1: \mu \neq \mu_0$,或 $H_1: \mu > \mu_0$,或 $H_1: \mu < \mu_0$,视具体情况而定。

第二步,计算假设 H_0 成立情况下 Z 检验统计量的值:

$$z = \frac{\overline{X} - \mu_0}{\sigma_{\overline{X}}} = \frac{\overline{X} - \mu_0}{\sigma/\sqrt{n}}$$

第三步,查标准正态分布表,得到临界值 $z_{\alpha/2}$(双侧检验)或 z_α(单侧检验)。

第四步,比较 Z 检验统计量的值 z 与临界值 $z_{\alpha/2}$ 或 z_α 的大小:

对于双侧检验,若 $z > z_{\alpha/2}$ 或 $z < -z_{\alpha/2}$,则拒绝 H_0,否则应接受 H_0;

对于右单侧检验,若 $z > z_\alpha$,则拒绝 H_0,否则应接受 H_0;

对于左单侧检验,若 $z < -z_\alpha$,则拒绝 H_0,否则应接受 H_0。

而对于小样本、总体方差未知的正态总体均值检验具体步骤可归纳如下:

第一步,提出虚无假设和备择假设。

$H_0: \mu = \mu_0$

$H_1: \mu \neq \mu_0$,或 $H_1: \mu < \mu_0$,或 $H_1: \mu > \mu_0$,视具体情况而定。

第二步,计算假设 H_0 成立情况下 t 检验统计量的值:

$$t = \frac{\overline{X} - \mu_0}{\sigma_{\overline{X}}} = \frac{\overline{X} - \mu_0}{\sigma/\sqrt{n}} = \frac{\overline{X} - \mu_0}{S/\sqrt{n}}$$

第三步,根据自由度 $n-1$,查 t 分布表,得到自由度为 $n-1$ 时临界值 $t_{\alpha/2}$(双侧检验)或 t_α(单侧检验)。

第四步,比较 t 检验统计量的值 t 与临界值 $t_{\alpha/2}$ 或 t_α 的大小:

对于双侧检验,若 $t > t_{\alpha/2}$ 或 $t < -t_{\alpha/2}$,则拒绝 H_0,否则应接受 H_0;

对于右单侧检验,若 $t > t_a$,则拒绝 H_0,否则应接受 H_0;

对于左单侧检验,若 $t < -t_a$,则拒绝 H_0,否则应接受 H_0。

可见,若基于来自正态总体的随机样本进行均值检验,需要区分总体方差是否已知。若总体方差已知,则采用 Z 检验统计量进行关于总体均值的假设检验,此检验统计量服从标准正态分布;若总体方差未知,则采用 t 检验统计量进行关于总体均值的假设检验,此检验统计量服从自由度为 $n-1$ 的 t 分布。

【例 4.2】 从某所大学中抽 10 人的随机样本,计算出他们每周上网的平均时间为 10.5 小时,标准差为 7.75 小时,可总体均值及标准差都未知,那么,是否有充分的理由相信该校学生每周上网的平均时间是 9 小时($\alpha = 0.05$)?

首先建立虚无假设和备择假设:
$$H_0: \mu = 9 \quad 和 \quad H_1: \mu \neq 9$$

其次,依据题意,$\overline{X} = 10.5, n = 10$。但是,与例 4.1 不同,本例属于小样本且总体方差未知,故需要以样本标准差作为总体标准差的估计,即 $\hat{\sigma} = 7.75$。并且此时检验统计量服从自由度为 $n-1$ 的 t 分布:

$$t = \frac{\overline{X} - \mu_0}{\sigma_{\overline{X}}} = \frac{\overline{X} - \mu_0}{S/\sqrt{n}} = \frac{10.5 - 9}{7.75/\sqrt{10}} = \frac{1.5}{2.451} \approx 0.612$$

根据自由度 $n-1 = 9$,查 t 分布表,可知 $t_{0.05/2}(9) = 2.262$,显然,$t = 0.612 < t_{0.05/2}(9) = 2.262$,所以接受虚无假设,即认为在显著性水平 0.05 下,有理由认为该校学生每周上网的平均时间是 9 个小时。换言之,样本得到 10.5 小时的平均上网时间是由于抽样本身的随机波动造成的。

2. 总体比例检验

当观测案例很少时,计算得到的比例波动很大。所以总体比例检验通常只针对大样本进行。

比例其实是一种特殊的均值。例如,性别变量 W 只有两类取值:男性和女性,若以 0 表示男性,1 表示女性,若总体规模为 N 且有 m 名女性,那么 W 的均值为:$\overline{W} = \frac{1}{N}\sum_{i=1}^{N} w_i = \frac{m}{N}$。可见,比例实际上就是 0-1 取值的变量的均值。

根据中心极限定理,当样本规模 n 足够大时,样本均值的抽样分布将近似服从正态分布。因此,对于比例,在大样本情况下($n \geqslant 50$,其中 n 为样本规模),样本比例 p 的抽样分布近似服从正态分布:$p \sim N(P, \sigma_p^2)$,这里 P 表示总体比例,抽样分布的方差 $\sigma_p^2 = \frac{P(1-P)}{n}$。进一步将 p 标准化,即可得到总体比例的 Z 检验统计量:

$$z = \frac{p-P}{\sigma_p} = \frac{p-P}{\sqrt{\frac{P(1-P)}{n}}} \sim N(0,1)$$

得到了 Z 检验统计量的值 z，在确定给定显著性水平 α 所对应的临界值，然后比较 z 与临界值的大小，即可做出拒绝或接受虚无假设 H_0 的决策。

大样本总体比例检验的具体步骤可归纳如下：

第一步，提出虚无假设和备择假设。

$H_0: P = P_0$

$H_1: P \neq P_0$，或 $H_1: P > P_0$，或 $H_1: P < P_0$，视具体情况而定。

第二步，计算假设 H_0 成立情况下 Z 检验统计量的值：

$$z = \frac{p-P}{\sigma_p} = \frac{p-P}{\sqrt{\frac{P(1-P)}{n}}}$$

第三步，查标准正态分布表，得到临界值 $z_{\alpha/2}$（双侧检验）或 z_α（单侧检验）。

第四步，比较 Z 检验统计量的值 z 与临界值 $z_{\alpha/2}$ 或 z_α 的大小：

对于双侧检验，若 $z > z_{\alpha/2}$ 或 $z < -z_{\alpha/2}$，则拒绝 H_0，否则应接受 H_0；

对于右单侧检验，若 $z > z_\alpha$，则拒绝 H_0，否则应接受 H_0；

对于左单侧检验，若 $z < -z_\alpha$，则拒绝 H_0，否则应接受 H_0。

【例 4.3】[①] 某地区 75% 的成年人吸烟。为降低吸烟的流行程度，当地有关部门进行了吸烟有害健康的广泛宣传。一段时间之后，某独立研究机构从该地区随机抽取了 100 名成年人作为样本进行了调查，发现仍有 63 人吸烟。请问戒烟宣传是否有成效（显著性水平 α 为 0.05）？

由于本例的问题为宣传是否降低了当地成年人的吸烟比例，即属于总体比例单侧检验，故提出如下假设：

$$H_0: P = 0.75 \quad \text{和} \quad H_1: P < 0.75$$

那么，相应的 Z 检验统计量为：

$$z = \frac{p-P}{\sigma_p} = \frac{p-P}{\sqrt{\frac{P(1-P)}{n}}} = \frac{\frac{63}{100} - 0.75}{\sqrt{\frac{0.75 \times (1-0.75)}{100}}} = -\frac{0.12}{0.0433} = -2.77$$

查标准正态分布表，可知 $-z_{0.05} = -1.96$，显然，$z = -2.77 < -z_{0.05} = -1.96$，所以拒绝虚无假设而接受备择假设，认为在显著性水平 0.05 下，该部门的戒烟

[①] 本例改编自卢淑华：《社会统计学》，北京：北京大学出版社 1989 年版，第 294 页。

宣传起到了降低吸烟流行程度的显著效果。

3. 总体方差检验

方差是实际研究中可能涉及的另一种常见参数,有时需要对关于总体参数的假设进行检验。与均值和比例不同的是,不管基于大样本还是小样本,总体方差检验都要求总体服从正态分布。

总体方差检验采用服从自由度为 $n-1$ 的分布的 χ^2 统计量,即

$$\chi^2 = \frac{n-1}{\sigma^2}S^2 \sim \chi^2(n-1)$$

其中,S^2 为样本方差,n 为样本规模。

正态总体方差检验具体步骤可归纳如下:

第一步,提出虚无假设和备择假设。

$H_0: \sigma^2 = \sigma_0^2$

$H_1: \sigma^2 \neq \sigma_0^2$,或 $H_1: \sigma^2 > \sigma_0^2$,或 $H_1: \sigma^2 < \sigma_0^2$,视具体情况而定。

第二步,计算假设 H_0 成立情况下 χ^2 检验统计量的值:

$$\chi^2 = \frac{n-1}{\sigma^2}S^2$$

第三步,根据自由度 $n-1$,查 χ^2 分布表,得到双侧检验下的临界值 $\chi^2_{\alpha/2}$(或 $\chi^2_{1-\alpha/2}$)或者单侧检验下的 χ^2_{α}(或 $\chi^2_{1-\alpha}$)。

第四步,比较 χ^2 检验统计量的值 z 与临界值的大小:

对于双侧检验,若 $\chi^2 > \chi^2_{\alpha/2}$ 或 $\chi^2 < \chi^2_{1-\alpha/2}$,则拒绝 H_0,否则应接受 H_0;

对于右单侧检验,若 $\chi^2 > \chi^2_{\alpha}$,则拒绝 H_0,否则应接受 H_0;

对于左单侧检验,若 $\chi^2 < -\chi^2_{1-\alpha}$,则拒绝 H_0,否则应接受 H_0。

实际应用中,为了搞清楚总体不确定程度的上限,总体方差检验往往采用右单侧检验的情况更为常见。

(二) 两个总体假设检验

除了针对单一总体的某个参数进行假设检验之外,不少研究也可能涉及对不同总体在某参数上的差异进行检验,这就是所谓的两个总体假设检验的情形。与单一总体的情形不同,两个总体假设检验除了需要考虑样本规模的大小之外,还需要考虑随机样本获取方式的差别。

若随机样本是分别从两个总体中独立抽取得到的,那么,这样得到的两个随机样本被称作独立样本(independent samples)。对于独立样本,两个样本中对个体的测量是相互独立的,即对第一个样本中个体的测量并不会受到第二个样本

中个体的影响。但是,某些研究中,对不同样本中个体的测量不但不是独立的,反而还是有关的。例如,重复测量研究(repeated-measurement study)中,同一样本中的 n 个个体在不同时点被观测两次,换言之,最终得到的是 n 对观测结果,显然这种情况下个体 i 在变量 X 上的前测值与后测值是有关的,甚至前测值在一定程度上决定了后测值。例如,为了消除其他因素的影响,实验研究经常会基于一些变量将来自不同样本的个体事先进行一一匹配,形成匹配对(matched-pairs),此时某一样本中个体 i 在变量 X 上的取值同它在另一样本中的匹配者 i' 在变量 Y 上的取值就有关。再比如,有些研究同时选取父亲与儿子作为对象,与实验研究中的人为匹配不同,这类研究使用日常生活中自然而然形成的匹配对作为对象,显然,针对父亲的观测结果与针对儿子的观测结果两者之间是有关的。类似地,还包括以母亲与女儿、丈夫与妻子、双胞胎作为对象的研究。不同于独立样本,重复测量研究、匹配对实验(matched-pairs experiments)和匹配对调查(matched-pairs investigation)中的样本被称作相倚样本(dependent samples)。

1. 两个总体均值差检验

(1) 独立大样本的情形

设想有两个总体,均值分别为 μ_1 和 μ_2、方差分别为 σ_1^2 和 σ_2^2,从中分别独立地各抽取一个规模为 n_1 和 n_2 的随机样本。若样本量都足够大($n_1 \geqslant 50$ 且 $n_2 \geqslant 50$),那么,根据中心极限定理,变量 X 的两个样本均值 $\bar{X}_1$ 和 $\bar{X}_2$ 的抽样分布都服从正态分布,即

$$\bar{X}_1 \sim N\left(\mu_1, \frac{\sigma_1^2}{n_1}\right) \quad \text{和} \quad \bar{X}_2 \sim N\left(\mu_2, \frac{\sigma_2^2}{n_2}\right)$$

前面提到,对服从正态分布的变量进行线性转换后,所得新变量的分布仍服从正态分布。因此,两个样本均值差 $\bar{X}_1 - \bar{X}_2$ 的抽样分布服从均值为 $\mu_1 - \mu_2$、方差为 $\frac{\sigma_1^2}{n_1} + \frac{\sigma_2^2}{n_2}$ 的正态分布。进一步标准化即得到对总体均值差进行检验的 Z 统计量:

$$z = \frac{(\bar{X}_1 - \bar{X}_2) - (\mu_1 - \mu_2)}{\sqrt{\frac{\sigma_1^2}{n_1} + \frac{\sigma_2^2}{n_2}}} \sim N(0, 1)$$

这里,如果总体方差 σ_1^2 和 σ_2^2 未知,可分别以样本方差 S_1^2 和 S_2^2 代替。

独立样本情况下,大样本总体均值差检验的具体步骤为:

第一步,提出虚无假设和备择假设。

$H_0: \mu_1 - \mu_2 = D$①

$H_1: \mu_1 - \mu_2 \neq D$,或 $H_1: \mu_1 - \mu_2 > D$,或 $H_1: \mu_1 - \mu_2 < D$,视具体情况而定。

第二步,计算假设 H_0 成立情况下 Z 检验统计量的值:

$$z = \frac{(\bar{X}_1 - \bar{X}_2) - D}{\sigma_{(\bar{X}_1 - \bar{X}_2)}} = \frac{(\bar{X}_1 - \bar{X}_2) - D}{\sqrt{\frac{\sigma_1^2}{n_1} + \frac{\sigma_2^2}{n_2}}}$$

第三步,查标准正态分布表,得到临界值 $z_{\alpha/2}$(双侧检验)或 z_α(单侧检验)。

第四步,比较 Z 检验统计量的值 z 与临界值 $z_{\alpha/2}$ 或 z_α 的大小:

对于双侧检验,若 $z > z_{\alpha/2}$ 或 $z < -z_{\alpha/2}$,则拒绝 H_0,否则应接受 H_0;

对于右单侧检验,若 $z > z_\alpha$,则拒绝 H_0,否则应接受 H_0;

对于左单侧检验,若 $z < -z_\alpha$,则拒绝 H_0,否则应接受 H_0。

【例 4.4】 某次关于新闻节目的收视情况调查中,总体为某市 14 岁以上的居民,考虑到男性和女性之间存在明显差异,故抽样时以性别进行分层,然后分别在两个群体中各选取一个随机样本进行调查。其中,男性样本规模为 400 人,平均每天收看新闻的时间为 31.5 分钟,标准差为 12 分钟;女性样本规模为 225 人,平均每天收看新闻的时间为 26.3 分钟,标准差为 19 分钟。那么总体中男性和女性居民收看新闻节目时间有无差异(设显著性水平 α 为 0.05)。

首先建立虚无假设和备择假设:

$H_0: \mu_1 - \mu_2 = D = 0$,即男性和女性收看新闻节目平均时间无差异

$H_1: \mu_1 - \mu_2 = D \neq 0$,即男性和女性收看新闻节目平均时间有差异

其次,依据题意,$n_1 = 400$,$n_2 = 225$,$\bar{X}_1 = 31.5$,$\bar{X}_2 = 26.3$,$S_1 = 12$,$S_2 = 19$;尽管总体方差未知,但本例属于大样本,故可用样本标准差替代总体标准差得到,即 $\hat{\sigma}_1 = 12$ 和 $\hat{\sigma}_2 = 19$。根据总体均值差检验的 Z 统计量,有:

$$z = \frac{(\bar{X}_1 - \bar{X}_2) - D}{\sigma_{(\bar{X}_1 - \bar{X}_2)}} = \frac{(31.5 - 26.3) - 0}{\sqrt{\frac{12^2}{400} + \frac{19^2}{225}}} = 3.71$$

查标准正态分布表,可知 $z_{0.05/2} = 1.96$,显然,$z = 3.71 > z_{0.05/2} = 1.96$,所以拒绝虚无假设,认为在显著性水平 0.05 下,总体中男性和女性居民收看新闻节目的时间有差异。

(2)独立小样本的情形

如果随机样本仍然独立地来自均值分别为 μ_1 和 μ_2、方差分别为 σ_1^2 和 σ_2^2 的

---

① 这里 D 为常数,很多情况下经常为 0,即总体均值差检验经常意在检验不同总体之间在平均水平上是否存在显著差异。

两个总体,但其中有一个样本的规模不够大(例如,$n_2 < 50$),那么,这就涉及独立小样本总体均值差检验。对此,一方面需要假定小样本来自正态总体,另一方面还得根据总体方差信息已知程度分别采用不同检验统计量。

若两个总体的方差都已知,那么就适用前述独立大样本总体均值差检验的方式,即采用 Z 检验统计量:

$$z = \frac{(\bar{X}_1 - \bar{X}_2) - (\mu_1 - \mu_2)}{\sqrt{\frac{\sigma_1^2}{n_1} + \frac{\sigma_2^2}{n_2}}} \sim N(0,1)$$

但是,实际研究中,这种情形很少见。

若两个总体的方差未知,但已知两者相等,那么,由于两个总体方差相等,故通常的做法是将两个样本加以合并,变成一个规模为 $(n_1 + n_2)$ 的大样本。然后,基于合并数据(pooled data)得到原来两个样本的联合方差:

$$S^2 = \frac{(n_1 - 1)S_1^2 + (n_2 - 1)S_2^2}{n_1 + n_2 - 2}$$

其中,S_1^2 和 S_2^2 分别为原来两个样本的方差。以此联合方差作为样本均值之差抽样分布的方差的估计值,并将样本均值之差标准化,得到以下服从自由度为 $n_1 + n_2 - 2$ 的 t 分布的检验统计量:

$$t = \frac{(\bar{X}_1 - \bar{X}_2) - (\mu_1 - \mu_2)}{S^2 \sqrt{\frac{1}{n_1} + \frac{1}{n_2}}} \sim t(n_1 + n_2 - 1)$$

这就是此情形下进行总体均值差检验的 t 统计量。

若两个总体的方差未知,但已知两者不相等,可以用下述 t 检验统计量作为近似方法完成总体均值差检验[①]:

$$t = \frac{(\bar{X}_1 - \bar{X}_2) - (\mu_1 - \mu_2)}{\sqrt{\frac{S_1^2}{n_1} + \frac{S_2^2}{n_2}}}$$

注意,该 t 检验的自由度由下式计算得到:

$$df = \frac{\left(\frac{S_1^2}{n_1} + \frac{S_2^2}{n_2}\right)^2}{\frac{\left(\frac{S_1^2}{n_1}\right)^2}{n_1 - 1} + \frac{\left(\frac{S_2^2}{n_2}\right)^2}{n_2 - 1}}$$

可见,独立总体小样本情况下进行两个总体均值差检验的关键在于理清总

---

① 谢宇:《回归分析》,北京:社会科学文献出版社 2010 年版,第 43 页。

体方差信息的详细程度。实际研究中应仔细区分不同情形,选择恰当的检验统计量。检验的具体操作步骤与前述大样本情况下两总体均值差检验完全相同。

(3) 相倚样本的情形

这时需要区分大样本和小样本两种情形。

大样本情况下,采用 Z 检验统计量:

$$z = \frac{\bar{d} - \mu_d}{\sigma_{\bar{d}}} = \frac{\bar{d} - \mu_d}{\frac{\sigma_d}{\sqrt{n}}} \sim N(0,1)$$

这里,d 表示每一配对在变量 X 上取值之差,μ_d 表示总体中每一配对在变量 X 上取值之差的均值,$\bar{d}$ 表示样本中每一配对在变量 X 上取值之差的均值,σ_d 表示总体中每一配对的差值 d 的标准差,n 表示配对的数量。注意,当 σ_d 未知时,可用 S_d 估计得到。小样本情况下,采用 t 检验统计量:

$$t = \frac{\bar{d} - \mu_d}{\sigma_{\bar{d}}} = \frac{\bar{d} - \mu_d}{\frac{S_d}{\sqrt{n}}} \sim t(n-1)$$

与独立样本时不同,相倚样本检验涉及先计算配对在变量 X 上的差值 d,同时样本量 n 也相应地变成了配对的数目。具体检验步骤与独立样本时完全相同。

【例 4.5】[①] 为了研究新、旧两种教学方法的效果,研究者随机选取了 6 对智商、年龄、阅读能力和家庭背景都相同的学生进行实验,实验后对他们进行测试,表 32 给出了每一配对的测验成绩。

表 32 每一配对测验成绩

配对	新教学方法	旧教学方法
1	83	78
2	69	65
3	87	88
4	93	91
5	78	72
6	59	59

那么,据此能否认为新教学方法优于旧教学方法(设显著性水平 α 为 0.05)。

---

① 改编自卢淑华:《社会统计学》,北京:北京大学出版社 1989 年版,第 322—323 页。

首先建立虚无假设和备择假设：

$H_0: \mu_1 - \mu_2 = \mu_d = 0$，即新教学方法与旧教学方法无差异

$H_1: \mu_1 - \mu_2 = \mu_d > 0$，即新教学方法要比旧教学方法更优

其次，依据表 4.2，可以得到 6 个配对学习成绩的差值 d 依次为：5、4、-1、2、6、0。

那么，差值 d 的均值为 $\bar{d} = \dfrac{(5+4-1+2+6+0)}{6} = 2.667$，因此

$$S_d = \sqrt{\dfrac{(5-2.667)^2+(4-2.667)^2+(-1-2.667)^2+(2-2.667)^2+(6-2.667)^2+(0-2.667)^2}{6-1}}$$

$$= \sqrt{\dfrac{39.333}{5}}$$

$$= 2.805$$

由于 $n=6$，非常小，故需采用 t 统计量完成此检验，即

$$t = \dfrac{\bar{d} - \mu_d}{\sigma_{\bar{d}}} = \dfrac{2.667 - 0}{\dfrac{2.805}{\sqrt{6}}} = \dfrac{2.667}{1.145} = 2.329$$

根据自由度 5，查 t 分布表，可知 $t_{0.05}(5) = 2.015$，显然，$t = 2.329 > t_{0.05} = 2.015$，所以拒绝虚无假设，认为在显著性水平 0.05 下，新教学方法优于旧教学方法。

2. 两个总体比例差检验

与单一总体比例检验时相同，由于比例只在观测案例足够多的情况下进行才能得到稳定的结果，因此，两个总体比例差检验也只考虑两个大样本的情况。

如前所述，比例是一种特殊的均值。那么，对于比例分别为 P_1 和 P_2 的两个总体，若从中分别独立抽取两个随机样本，且样本规模 n_1 和 n_2 都足够大，则对于样本比例 p_1 和 p_2，依据中心极限定理有：

$$p_1 \sim N\left(P_1, \dfrac{P_1(1-P_1)}{n_1}\right) \quad \text{和} \quad p_2 \sim N\left(P_2, \dfrac{P_2(1-P_2)}{n_2}\right)$$

同时，对服从正态分布的变量进行线性转换后，所得新变量的分布仍服从正态分布。因此，两个样本比例差 $p_1 - p_2$ 的抽样分布服从均值为 $P_1 - P_2$、方差为 $\dfrac{P_1(1-P_1)}{n_1} + \dfrac{P_2(1-P_2)}{n_2}$ 的正态分布。进一步标准化即得到对总体比例差进行检验的 Z 统计量：

$$z = \frac{(p_1 - p_2) - (P_1 - P_2)}{\sqrt{\dfrac{P_1(1-P_1)}{n_1} + \dfrac{P_2(1-P_2)}{n_2}}} \sim N(0,1)$$

其中,若总体比例 P_1 和 P_2 未知,则可分别以样本比例 p_1 和 p_2 进行估计。

独立样本情况下,大样本总体比例差检验的具体步骤为:

第一步,提出虚无假设和备择假设。

$H_0: P_1 - P_2 = D$ [①]

$H_1: P_1 - P_2 \neq D$,或 $H_1: P_1 - P_2 > D$,或 $H_1: P_1 - P_2 < D$,视具体情况而定。

第二步,计算假设 H_0 成立情况下 Z 检验统计量的值:

$$z = \frac{(p_1 - p_2) - D}{\sigma_{(p_1 - p_2)}} = \frac{(p_1 - p_2) - D}{\sqrt{\dfrac{P_1(1-P_1)}{n_1} + \dfrac{P_2(1-P_2)}{n_2}}}$$

第三步,查标准正态分布表,得到临界值 $z_{\alpha/2}$(双侧检验)或 z_α(单侧检验)。

第四步,比较 Z 检验统计量的值 z 与临界值 $z_{\alpha/2}$ 或 z_α 的大小:

对于双侧检验,若 $z > z_{\alpha/2}$ 或 $z < -z_{\alpha/2}$,则拒绝 H_0,否则应接受 H_0;

对于右单侧检验,若 $z > z_\alpha$,则拒绝 H_0,否则应接受 H_0;

对于左单侧检验,若 $z < -z_\alpha$,则拒绝 H_0,否则应接受 H_0。

【例 4.6】 从两个受众总体中分别独立地抽取规模为 500 和 600 的随机样本,针对他们喜欢某款广告的比例进行调查,结果发现两个样本中的相应比例分别为 0.82 和 0.76。请问这两个受众群体对某款广告的态度有无差异(设显著性水平 α 为 0.01)。

首先建立虚无假设和备择假设:

$H_0: P_1 - P_2 = D = 0$,即两个受众群体对某款广告的态度无差异

$H_1: P_1 - P_2 = D \neq 0$,即两个受众群体对某款广告的态度有差异

其次,依据题意,样本规模为 $n_1 = 500$、$n_2 = 600$,样本比例为 $p_1 = 0.82$、$p_2 = 0.76$;尽管总体比例未知,但大样本情况下,可用样本比例来估计总体比例,即 $\hat{P}_1 = 0.82$ 和 $\hat{P}_2 = 0.76$。根据总体比例差检验的 Z 统计量,有:

$$z = \frac{(p_1 - p_2) - D}{\sigma_{(p_1 - p_2)}} = \frac{(0.82 - 0.76) - 0}{\sqrt{\dfrac{0.82 \times (1 - 0.82)}{500} + \dfrac{0.76 \times (1 - 0.76)}{600}}} = 2.45$$

查标准正态分布表,可知 $z_{0.01/2} = 2.33$,显然,$z = 2.45 > z_{0.01/2} = 2.33$,所以

---

① 这里 D 为常数,很多情况下经常为 0,即总体均值差检验经常意在检验不同总体之间在平均水平上是否存在显著差异。

拒绝虚无假设,认为在显著性水平 0.01 下,总体中两个受众群对某款广告的态度有差异。

3. 两个总体方差比检验

除了均值和比例之外,某些情况下可能涉及对两个总体的方差进行比较的情形。比如,为了评价两个班级的教学质量,除了比较平均成绩的高低之外,还应比较两个班级学生成绩离散程度的大小,这就涉及方差的比较。再比如,前面有关小样本总体均值检验的介绍中,总体方差未知时,需要区分方差相等和不相等两种情况,这意味着如果只知道总体方差未知,那么进行均值差检验之前还需要检验总体方差是否相等。

至此已经知道,对于正态总体,单一总体方差检验采用服从自由度为 $n-1$ 的分布的 χ^2 统计量,即

$$\chi^2 = \frac{n-1}{\sigma^2}S^2 \sim \chi^2(n-1)$$

其中,S^2 为样本方差,n 为样本规模。那么,如果有两个总体,均值分别为 μ_1 和 μ_2,方差分别为 σ_1^2 和 σ_2^2,从中分别独立地各抽取一个规模为 n_1 和 n_2 的随机样本。那么,就有,

$$\chi_1^2 = \frac{n_1-1}{\sigma_1^2}S_1^2 \sim \chi^2(n_1-1) \quad 和 \quad \chi_2^2 = \frac{n_2-1}{\sigma_2^2}S_2^2 \sim \chi^2(n_2-1)$$

若将 χ_1^2 除以其自由度 n_1-1、χ_2^2 除以其自由度 n_2-1,并且两者所得商之比,即得到进行两个总体方差比检验的统计量:

$$\frac{\frac{\chi_1^2}{n_1-1}}{\frac{\chi_2^2}{n_2-1}} = \frac{\frac{n_1-1}{\sigma_1^2}S_1^2}{\frac{n_2-1}{\sigma_2^2}S_2^2} = \frac{\frac{S_1^2}{\sigma_1^2}}{\frac{S_2^2}{\sigma_2^2}} \sim F(n_1-1, n_2-1)$$

统计学上可以证明,此统计量服从第一自由度为 n_1-1、第二自由度为 n_2-1 的 F 分布。

正态总体方差比检验具体步骤可归纳如下:

第一步,提出虚无假设和备择假设。

$H_0: \sigma_1^2 = \sigma_2^2$

$H_1: \sigma_1^2 \neq \sigma_2^2$,或 $H_1: \sigma_1^2 > \sigma_2^2$,或 $H_1: \sigma_1^2 < \sigma_2^2$,视具体情况而定。

第二步，计算假设 H_0 成立情况下 F 检验统计量的值[①]：

当 $S_1^2 > S_2^2$，$F = \dfrac{S_1^2}{S_2^2}$

当 $S_1^2 < S_2^2$，$F = \dfrac{S_2^2}{S_1^2}$

第三步，根据第一自由度、第二自由度，查 F 分布表，得到双侧检验下的临界值 $F_{\alpha/2}$ 或者单侧检验下的临界值 F_α。

第四步，比较 F 检验统计量的值 F 与临界值的大小：

对于双侧检验，若 $F > F_{\alpha/2}$，则拒绝 H_0，否则应接受 H_0；

对于单侧检验，若 $F > F_\alpha$，则拒绝 H_0，否则应接受 H_0。

【例 4.7】[②] 为了研究两个正态总体的方差是否相等，分别独立地从中抽取一个随机样本，以下给出了样本统计信息：

样本 1：$S_1^2 = 7.14$，$n_1 = 10$

样本 2：$S_2^2 = 3.21$，$n_2 = 8$

那么，两总体方差有无差别（设显著性水平 α 为 0.01）。

首先建立虚无假设和备择假设：

$H_0 : \sigma_1^2 = \sigma_1^2$，即两总体方差无差别

$H_1 : \sigma_1^2 \neq \sigma_1^2$，即两总体方差有差别

其次，依据题意，样本规模为 $n_1 = 10$、$n_2 = 8$，样本方差为 $S_1^2 = 7.14$、$S_2^2 = 3.21$。根据总体方差比检验的 F 统计量，有：

$$F = \frac{S_1^2}{S_2^2} = \frac{7.14}{3.21} = 2.22$$

根据第一自由度 9、第二自由度 7，查 F 分布表，可知临界值 $F_{0.05/2}(9,8) = 4.82$，显然，$F = 2.22 < F_{0.05/2} = 4.82$，所以接受虚无假设，认为在显著性水平 0.01 下，两总体方差无差别。

（三）多个总体均值差检验：方差分析（ANOVA）

前面介绍了针对两个总体均值差的假设检验，这种情况下其实涉及一个定类变量和一个定距变量，而且定类变量只能包含两个取值类别，它们分别对应同一更大总体中的两个子总体，例如举例中提到的男性和女性居民收看新闻节目

[①] 计算 F 检验统计量时始终把样本方差中的较大者作为分子，这是因为 F 分布的临界值始终只在右侧。

[②] 转引自卢淑华：《社会统计学》，北京：北京大学出版社 1989 年版，第 317 页。

平均时间上的差异。但是,实际研究中不会总是在某两个总体中进行比较,换言之,不可能总是遇到只有两类取值的定类变量。反而,更普遍的情形是比较三个、四个、五个甚至更多的总体或分组在某一定距变量均值上是否存在差异,即定类变量可能包含多个类别,它们分别对应同一更大总体中的多个子总体。例如,研究者可能对受教育程度(小学、中学、大学)在报刊阅读时间上的差异感兴趣,也可能对社会阶层(下层、中下层、中层、中上层、上层)在幸福感上的差异感兴趣。

对于涉及两个以上类别之间的均值比较,前面的两个总体均值差检验已不再胜任。首先,如果想继续使用两个总体均值差检验,就势必涉及要在所有可能的两两类别中进行均值差检验,那么,就需要重复进行一系列的 z 检验或 t 检验,工作量大大增加。例如,若定类变量包含 3 个取值类别,就需要进行 3 次 z 检验或 t 检验,若增加到 4 个类别,则均值差检验次数增加到 8 次。检验次数将随着取值类别数的增多而迅速增加。其次,更为重要的是,重复进行一系列的 z 检验或 t 检验的方式将会导致犯 I 类错误的概率变大。为此,需要采用一种更具一般性的均值差检验方法,而方差分析(Analysis of Variance,简称 ANOVA)正是处理这种对一个定类变量多个取值类别之间在一个定距变量上的均值是否有差异进行检验的一般性方法。

1. 方差分析的基本原理

方差分析中,定类变量往往被称作 X,定距变量被称作 Y,这实际上意味着变量 Y 上的变异部分地是源于 X 取值不同,换言之,X 会影响 Y。但是,与前面提到的各种假设检验一样,方差分析也内在地包含一些假定条件,它要求总体中自变量 X 每一取值 $x_j(j=1,2\cdots J$,即共 J 个取值类别)处因变量 Y 的取值应满足正态分布 $N(\mu_j, \sigma^2)$。图 4.1 以示意图的形式直观地说明了方差分析假定条件的含义。图中,定类自变量 X 每一取值 x_j 上都有因变量 Y 一组取值 y_i,它们构成了一个分布,故图中有四个分布。进行方差分析时,要求图中的四个分布属于正态分布,而且它们都具有相同的方差 σ^2,但 σ^2 的具体值不必是已知的。

满足了基本假定条件的基础上,如果可以进一步验证图 35 中四个分布的均值相等,即 $\mu_1=\mu_2=\mu_3=\mu_4$,那么,就可以将四个总体视为同属一个更大的均值为 μ、方差 σ^2 的正态总体,换言之,可以将 X 每一取值 x_j 时的各个样本看成是来自一个总体进行分析。

设想总体中自变量 X 包含 J 个取值类别 $x_j:x_1,x_2\cdots x_j\cdots x_{J-1},x_J$。为了研究因变量 Y 在不同取值类别 x_j 之间是否存在差异,根据自变量 X 的取值类别 x_j 分别随机地抽取 $n_1,n_2\cdots n_j\cdots n_{J-1},n_J$ 个样本进行调查,得到如表 33 所示的

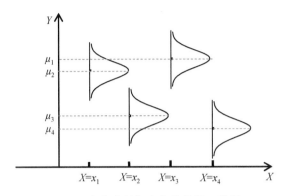

图35 方差分析假定条件的图示说明

数据资料。

方差分析的目的是要通过比较自变量 X 的每一取值类别 x_j 的因变量 Y 的样本均值：

$$\overline{Y}_1, \overline{Y}_2 \cdots \overline{Y}_j \cdots \overline{Y}_{J-1}, \overline{Y}_J$$

在排除抽样误差的情况下来推断总体中各组的均值 $\mu_1, \mu_2 \cdots \mu_j \cdots \mu_{J-1}, \mu_J$ 是否存在差异。所以，方差分析的虚无假设和备择假设为：

$H_0: \mu_1 = \mu_2 = \cdots = \mu_j = \cdots = \mu_{J-1} = \mu_J$，即总体中各组的均值都相等；

$H_1:$ 总体中至少有一个组的均值不相等。

表33 因变量 Y 在自变量 X 不同取值类别 x_j 中的分布

$X=x_1$	$X=x_2$	$\cdots$	$X=x_J$
y_{11}	y_{21}	$\cdots$	y_{J1}
y_{12}	y_{22}	$\cdots$	y_{J2}
$\cdots$	$\cdots$	$\cdots$	$\cdots$
y_{1n_1}	$\cdots$	$\cdots$	y_{Jn_J}
	y_{2n_2}		

但是，方差分析并不是直接通过比较样本中各组的平均值 $\overline{Y}_j$ 来完成假设检验的，而是通过方差来进行比较。为此，方差分析首先将因变量 Y 的总方差分解为两个部分：每一组的观测值 y_i 相对于本组的平均值 $\overline{Y}_j$ 的偏差，这被称作组内方差（within-group variance）；以及各组的平均值 $\overline{Y}_j$ 相对于所有观测 y_i 的总平均值 $\overline{Y}$ 的偏差，这被称作组间方差（between-group variance）。但是，这里所谓总方差、组内方差和组间方差并非严格意义上的方差概念，而是离差平方和

(sum of squared deviation)的概念①。换言之,方差分析中分别以总离差平方和、组内离差平方和与组间离差平方和作为对因变量的总方差、组内方差和组间方差的测量。

基于样本数据得到的组平均值 $\bar{Y}_j$ 和总平均值 $\bar{Y}$ 分别为:

$$\bar{Y}_j = \frac{1}{n_j}\sum_{i=1}^{n_j} y_{ij}$$

$$\bar{Y} = \frac{\sum_{j=1}^{J}\sum_{i=1}^{n_j} y_{ij}}{\sum_{j=1}^{J} n_j} = \frac{1}{n}\sum_{j=1}^{J} n_j \bar{Y}_j$$

那么,总离差平方和、组内离差平方和与组间离差平方和依次为:

$$SST = \sum_{j=1}^{J}\sum_{i=1}^{n_j}(y_{ij}-\bar{Y})^2,$$

即全部观测值 y_{ij} 对总平均值 $\bar{Y}$ 的离差平方和;

$$SSW = \sum_{j=1}^{J}\sum_{i=1}^{n_j}(y_{ij}-\bar{Y}_j)^2,$$

即全部观测值 y_{ij} 对本组平均值 $\bar{Y}_j$ 的离差平方和;

$$SSB = \sum_{j=1}^{J}\sum_{i=1}^{n_j}(\bar{Y}_j-\bar{Y})^2 = \sum_{j=1}^{J} n_j(\bar{Y}_j-\bar{Y})^2,$$

即各组平均值 $\bar{Y}_j$ 对总平均值 $\bar{Y}$ 的离差平方。

并且,可以证明三个离差平方和具有以下关系:

$$SST = SSW + SSB$$

其中组间离差平方和 SSB 反映了自变量 X 各取值类别 x_j 所对应样本之间的差异程度,它是因自变量 X 的取值不同而导致的,故也被称作被解释的变异,是系统性的影响;而组内离差平方和 SSW 则是由于其他未知因素所引起的,故也被称作未被解释的变异,代表着随机波动的影响。

如果总体中各组均值 μ_j 不存在差异的话,即 $\mu_1 = \mu_2 = \cdots = \mu_j = \cdots = \mu_{J-1} = \mu_J$,那么,从此总体中所抽取随机样本的组均值 $\bar{Y}_j$ 大幅度偏离总均值 $\bar{Y}$ 的可能性就很小。统计学上可以证明,在虚无假设 $H_0: \mu_1 = \mu_2 = \cdots = \mu_j = \cdots = \mu_{J-1} = \mu_J$ 成立的条件下,以下统计量满足第一自由度为 $J-1$、第二自由度为 $n-J$ 的 F 分布:

---

① 离差平方和的概念在前面有关离散程度测量指标的介绍中曾提到过。

$$F = \frac{\frac{BSS}{J-1}}{\frac{SSW}{n-J}} \sim F(J-1, n-J)$$

这就是方差分析用来进行假设检验的 F 统计量。

如果根据样本信息计算得到的 F 值大于显著性水平 α 下给定自由度 $(J-1, n-J)$ 下的临界值 $F_\alpha(J-1, n-J)$，则应拒绝虚无假设；反之，则应接受虚无假设。

2. 方差分析举例

下面以一个虚构的例子来示范方差分析的具体应用。

【例 4.8】 为了研究以报纸、广播、电视和互联网这四种不同媒体作为信息获取主要途径的人群对同一新闻事件了解程度的差异，某研究者专门进行了一次随机抽样调查，表 4.3 给出了具体数据信息。那么，对新闻事件的了解程度在不同人群中是否存在差别呢？

这个例子其实包含两个变量，媒体类型和了解新闻事件的程度，其中前者为定类变量，包含四个类别（$g=1,2,3,4$），后者是研究者根据被访者 i 对新闻事件的描述给出的了解程度打分，为定距变量，且分值越高表示越了解。本例就相当于检验新闻事件了解程度（Y）是否受媒介类型（X）的影响。

表 34　以不同媒体作为主要信息获取途径的人对同一新闻事件的了解程度得分

案例号	报纸	广播	电视	互联网
1	65	32	81	81
2	47	45	63	62
3	60	54	42	45
4	43	35	76	54
5	55	48	69	73
6	32	50	51	51
7	78	55	47	36
8	51	30	72	43
$\sum y_i$	431	349	501	445
n_g	8	8	8	8
$\bar{Y}_g$	53.875	43.625	62.625	55.625

首先基于表 34 给出的观测数据，可以计算得到不同媒体类型 g 下个体 i 新

闻事件了解程度得分的均值,即

$$\bar{Y}_g = \frac{1}{n_g}\sum_{i=1}^{n_g} y_i$$

这被称作组平均值(group mean),基于各组样本得到。组平均值的结果见表4.3。然后,基于全部个体 i 计算得到整个样本的总平均值(grand mean):

$$\bar{Y} = \frac{\sum_{g=1}^{G}\sum_{i=1}^{n_g} y_{ig}}{\sum_{g=1}^{G} n_g}$$

这里,G 表示组的数目,即定类变量 X 的取值类别数;n_g 表示每组的观测案例数。本例中,总平均值为:

$$\bar{Y} = \frac{1}{24}(431 + 349 + 501 + 445) = 53.938$$

由此可见,四种媒体类型的新闻事件了解程度得分的组平均值 $\bar{Y}_g$ 之间存在差别:电视一组的组平均值最高为 62.625 分,最低的是广播一组,为 43.625 分。但是,这些组平均值基于随机样本得到,故问题的关键在于:这些组平均值之间的差异是源于抽样误差,还是总体中这四种媒体类别之间在新闻媒体了解程度上确实存在差别?对此,需要通过假设检验来回答。

因此,虚无假设和备择假设为:

$H_0: \mu_1 = \mu_2 = \cdots = \mu_j = \cdots = \mu_{J-1} = \mu_J$,即总体中各组的均值都相等;

$H_1:$ 总体中至少有一个组的均值不相等。

为此,需要计算出 SSW 和 SSB,下面分别计算这两者:

$$\begin{aligned}SSB &= \sum_{j=1}^{J} n_j (\bar{Y}_j - \bar{Y})^2 \\ &= 8 \times [(53.875 - 53.938)^2 + (43.625 - 53.938)^2 \\ &\quad + (62.625 - 53.938)^2 + (55.625 - 53.938)^2] \\ &= 1477.375\end{aligned}$$

$$SSW = \sum_{j=1}^{J}\sum_{i=1}^{n_j}(y_{ij} - \bar{Y}_j)^2 = 6685.875$$

那么,F 检验统计量的值为

$$F = \frac{\dfrac{1477.375}{4-1}}{\dfrac{6685.875}{4 \times 8 - 4}} = \frac{492.458}{238.781} = 2.062$$

根据自由度(3,28)、$\alpha=0.05$，查 F 分布表，可知 $F_{0.05}(3,28)=2.95$，显然 $F=2.062<F_{0.05}(3,28)=2.95$，故应接受虚无假设，换言之，在 0.05 显著性水平下，不能认为不同媒介类型的人群对同一新闻事件的了解程度存在显著差异。

(四) 本节小结

本节对实际研究中常见的假设检验类型做了简要介绍，涉及的总体参数包括均值、比例和方差三类。假设检验的关键是选择恰当的检验统计量。

每一类型的假设检验都内在地包含一定的假定条件，对检验结果的解释需要考虑到采用方法所要求的假定条件是否满足，若不满足则需要更加谨慎地做出研究结论。另外，实际研究中要区分统计显著与实质显著之间的差别，一个统计上显著的结论可能并不具有任何实质意义。比如，基于两个总体均值差检验的结果，得到了北京居民和上海居民的收入在 0.01 水平存在显著差异，可是，事实上，北京居民的平均收入为 3000 元，而上海居民的平均收入为 3005 元，两者的差距仅 5 元，显然实际才 5 元的差距并没有统计学意义上的差别那么要紧。尤其是当使用大样本进行检验时，尤其需要谨慎对待统计显著和实质显著两者之间的差别，因为大样本就像一面放大镜，它会导致假设检验中将任何细微的差别不切实际地加以放大。

五、从统计决策到变量关系分析

不论是针对单一总体、两个总体还是多个总体的均值检验都在说明如何根据样本信息来推断总体中是否存在差异。这种差异或者是总体均值的真实值与假设值之间的差异，或者是不同总体之间在均值上的差异。然而，正如前面曾提及的，实际研究所关注的往往是变量之间是否存在关系，例如，个体的收入水平与电视节目的收视偏好是否有关，教育程度的高低与网络依赖程度是否相关。当然，仅从统计描述的目的而言，可以直观地以交互表或散点图来简单地揭示变量之间是否存在某种关系。然而，传播学定量研究的目的在很多情况下并不仅限于对样本信息加以描述，更多的是旨在以小见大、以部分窥全体。因此，本节将对分析变量关系的一些统计学方法做一个扼要介绍。

根据所涉及变量的类别的差别，主要介绍卡方检验、相关和回归。其中，卡方检验可用来检验定类变量之间、定序变量之间或者定类变量与定序变量之间是否存在关联，相关和回归都是用于分析定距变量之间的关系。

(一) 卡方检验与关联程度的度量

1. 卡方检验:变量之间是否存在关联

如果交互表是基于样本数据得到的,那么通过查看交互表可以粗略发现两个定类变量之间是否存在关联,但这只是反映了样本数据自身的情况,那么此结论在相应总体中是否成立呢?这个问题需要通过假设检验中交互表的 χ^2 检验进行回答。

χ^2 检验的原理及所用计算公式的证明较复杂,这里直接以具体例子来加以说明。表 35 是基于某次收视调查得到的交互表,其中,行变量为性别,分为男性和女性两类;列变量为节目类型偏好,分为新闻、影视剧及综艺、纪录片及其他三类,样本规模为 1000。那么,能够据此认为性别和节目类型偏好之间存在关联吗?

表 35 性别与节目类型偏好的交互表

	节目类型偏好			合计
	新闻	影视剧及综艺	纪录片及其他	
男性	250	50	100	400
女性	100	400	100	600
合计	350	450	200	1000

与前面提到的 z 检验、t 检验和 F 检验一样,针对定类变量之间是否存在关联的 χ^2 检验也需要首先建立虚无假设,故首先提出以下虚无假设:

H_0:总体中性别与节目类型偏好无关

那么,如果虚无假设成立,单元格中的频数将完全由对应的行边缘 f_{+j} 和列边缘 f_{i+} 频数决定,这被称作期望频数(expected frequency),即

$$F_{ij} = \frac{f_{i+} \times f_{+j}}{f_{++}}$$

同时,基于随机抽样得到的样本观测频数 f_{ij} 与对应的期望频数 F_{ij} 之间的差异不应该很大。将每一单元格的样本观测频数 f_{ij} 标准化,并将标准分进行加总。可以证明,所得总和在样本规模足够大时近似服从 χ^2 分布。因此,可以通过比较统计量的实际值与 χ^2 分布中对应一定自由度和显著性水平下的 χ^2 分布临界值的大小,从而做出是否接受虚无假设的决策。

所以,接下来,计算表 35 中每一单元格的期望频数 F_{ij},结果如表 36 所示。

表36　性别与节目类型偏好的期望频数表

	节目类型偏好			合计
	新闻	影视剧及综艺	纪录片及其他	
男性	$F_{11}=\dfrac{350\times400}{1000}=140$	$F_{12}=\dfrac{450\times400}{1000}=180$	$F_{13}=\dfrac{200\times400}{1000}=80$	400
女性	$F_{21}=\dfrac{350\times600}{1000}=210$	$F_{22}=\dfrac{450\times600}{1000}=270$	$F_{23}=\dfrac{200\times600}{1000}=120$	600
合计	350	450	200	1000

然后计算 χ^2 值：

$$\chi^2=\sum_{j=1}^{J}\sum_{i=1}^{I}\frac{(f_{ij}-F_{ij})^2}{F_{ij}}$$

本例中，每一单元格对 χ^2 值的贡献如表37所示，加总每一单元格中的数值，得到 $\chi^2=308.862$。

表37　性别与节目类型偏好交互表每一单元格对 χ^2 值的贡献

	节目类型偏好		
	新闻	影视剧及综艺	纪录片及其他
男性	$\dfrac{(250-140)^2}{140}=86.429$	$\dfrac{(50-180)^2}{180}=93.889$	$\dfrac{(100-80)^2}{80}=5.000$
女性	$\dfrac{(100-210)^2}{210}=57.619$	$\dfrac{(400-270)^2}{270}=62.593$	$\dfrac{(100-120)^2}{120}=3.333$

由于不同自由度下的 χ^2 分布曲线形状各异，因此还需要确定 χ^2 统计量的自由度。若行变量包含 I 个类别、列变量包含 J 个类别，则 χ^2 统计量的自由度为：$df=(I-1)(J-1)$。所以，本例中 χ^2 统计量自由度为 $df=(2-1)(3-1)=2$。

若以 0.05 作为显著性水平，那么，自由度为 2 时，查 χ^2 分布表可知，$\chi^2_{0.05}(2)=5.99$。而实际计算得到的 χ^2 值为 308.862，远大于临界值 5.99。故应拒绝虚无假设，而认为在 0.05 显著性水平下，总体中性别与节目类型偏好有关。

χ^2 检验的目的在于对两个定类变量之间是否存在关联进行正式的统计检验，如果检验结果表明变量间不存在关联，则意味着它们之间是相互独立的，因此，这种检验也被称作独立性检验。当然，它同样适用于对定序变量之间、定类变量与定序变量之间是否存在关联进行检验。

值得注意的是，χ^2 检验要求样本规模比较大，如此才能确保每个单元格具有足够的观测频数。一般地,要求每个单元格的观测频数不低于10。另外,χ^2检验结果显著只能表明变量之间存在关联,但是,并不能说明变量之间关联程度的强弱,即它只能回答**是否存在关联**的问题,而不能回答**关联程度强弱**的问题。因为,χ^2检验结果是否统计显著固然由变量之间关联强度的强弱所决定,但同时也会受到样本规模的影响。前面曾提到,样本规模具有放大镜的效果,一个很大的样本规模可能把变量间一个微不足道的关联程度变得统计显著。

既然χ^2检验表明性别与节目类型偏好之间存在关联,那么,接下来的一个有意思的问题就是两者之间的关联程度有多强? 这涉及变量之间关联程度的度量。

2. 关联程度的度量

对于定类变量与定类变量之间关联的测量,常采用 λ 系数。因为它具有消减误差比例的性质。

传播学定量研究的主要目的在于解释或预测有关现象的变化,显然其中肯定会有误差。那么,对于两个存在关联的变量 X 和 Y 而言,知道 X 取值的情况下对变量 Y 的取值进行预测会包含一定的误差 E_2,不知道 X 取值的情况下对变量 Y 的取值进行预测也会包含一定的误差 E_1,但是,E_2 显然会小于 E_1。所谓的消减误差比例(proportionate reduction in error),简称 PRE,指的就是知道变量 X 的取值时预测变量 Y 的值可以减少的误差占总预测误差的比例,即

$$PRE = \frac{E_1 - E_2}{E_1}$$

可见,PRE 的值越大,表明以 X 预测 Y 是能够减少的误差所占比例越大。反过来,越大的 PRE 值就表明变量 X 和 Y 之间的关联越强。

上表 5.1 中的两个变量分别为性别(自变量)和节目类型偏好(因变量),两变量都属于定类层次的变量。根据 PRE 的逻辑,在不知道 X 的情况下估测 Y,在本例中将 X 属性下的中间两列遮挡住,那么剩下的就是 Y 的分布状况,这时根据前面介绍过的单变量的集中描述指标可知,对于定类变量用众数做集中描述指标为最佳。在这里,若要估计 Y,我们也是根据众数来进行的,这样,非众数的属性就是犯错误的总数,若用 M_y 表示 Y 变量的边缘分布中众数的频数,那么没有根据的情况下估测 Y,所犯错误的总数 $E_1 = n - M_y$。现在根据自变量 X 来估测 Y,也是根据定类变量的众数来进行估测,题中若为男性,则估测其喜欢的节目类型即为"新闻",若为女性,则估测其喜欢的节目类型为"影视剧及综艺",若用 m_y 表示 X 变量的每个属性下 Y 变量的众数的频数,那么 $\sum m_y$ 就是根据 X 来估测 Y 所能估测正确的频数,那么根据 X 来估测 Y,所犯的错误总数 $E_2 = $

$n - \sum m_y$。所以有

$$PRE = \frac{E_1 - E_2}{E_1} = \frac{(n - M_y) - (n - \sum m_y)}{n - M_y} = \frac{\sum m_y - M_y}{n - M_y}$$

这被称作 λ 系数。

在该例题中，

$$\lambda = \frac{\sum m_y - M_y}{n - M_y} = \frac{(250 + 400) - 450}{1000 - 450} = 0.364,$$

该值表示"性别"和"节目类型偏好"两者之间的关联强度为 0.364。换言之，若用"性别"来解释（估测）"偏好的节目类型"可以消减掉 36.4% 的误差。也可以解释成，观众"偏好的节目类型"的变异中有 36.4% 是由于"性别"差异造成的。

Goodman 和 Kruskal 的 τ 系数也常被用来测量两个定类变量的关联强度，它也具有 PRE 性质。同样以表 35 为例来说明其基本原理。

根据 PRE 的逻辑，没有任何依据的情况下来估测 Y，以 Y 的每个边缘频数作为依据来分别估测，如以"新闻"的边缘频数 350 来估测，则所犯错误为 $\frac{(1000-350) \times 350}{1000}$，以"影视剧及综艺"的边缘频数 450 来估测，则所犯错误为 $\frac{(1000-450) \times 450}{1000}$，以"纪录片及其他"的边缘频数"200"来估测，则所犯错误为 $\frac{(1000-200) \times 200}{1000}$。那么，若以 F_y 来表示 Y 的边缘频数，则为根据变量 X 的取值来估测 Y 所犯的错误总数 $E_1 = \sum \frac{(n - F_y) \times F_y}{n}$。若已知 X，并且用 F_x 表示 X 的边缘频数，那么以 X 的每一个条件频数 f 作为估测，则所犯的错误总数为 $E_2 = \sum \frac{(F_x - f) \times f}{F_x}$。因此有

$$PRE = \frac{E_1 - E_2}{E_1} = \frac{\sum \frac{(n - F_y) \times F_y}{n} - \sum \frac{(F_x - f) \times f}{F_x}}{\sum \frac{(n - F_y) \times F_y}{n}}$$

这个被称作 Goodman 和 Kruskal 的 τ 系数。

对于表 35，

$$E_1 = \sum \frac{(n - F_y) \times F_y}{n}$$

$$= \frac{(1000 - 350) \times 350}{1000} + \frac{(1000 - 450) \times 450}{1000} + \frac{(1000 - 200) \times 200}{1000}$$

$$= 635.000$$

$$E_2 = \sum \frac{(F_x - f) \times f}{F_x}$$

$$= \frac{(400-250) \times 250}{400} + \frac{(400-50) \times 50}{400} + \frac{(400-100) \times 100}{400}$$

$$+ \frac{(600-100) \times 100}{600} + \frac{(600-400) \times 400}{600} + \frac{(600-100) \times 100}{600}$$

$$= 512.500$$

那么,

$$\tau = \frac{E_1 - E_2}{E_1} = \frac{635.000 - 512.500}{635.000} = 0.193$$

该系数表明自变量"性别"和"节目类型偏好"之间的相关强度为 0.193。换言之,用观众的"性别"可以解释其"偏好节目类型"中变异的 19.3%。

对照之前算得的此两变量的系数 λ=0.364,可见 λ 系数在"推测"中只用到了边缘频数,而 τ 系数则不仅用到了边缘频数也用到了条件频数,所以 τ 系数要比 λ 系数更为敏感。当然两者的取值范围都在[0,1]之间,都具有消减错误比例的性质,也都更好地用在测量两个定类变量的关联强度。

对于测量两个定类变量的关联强度,除了上面详述介绍的两个系数外,还可以使用 ϕ 系数、克拉默的 V 关联系数(Cramer's V Coefficient of Association)以及 C 系数(Contingency Coefficient of Association)等,但这三项系数没有消减错误比例的性质,而且,除 V 系数的取值范围在[0,1]之间以外,其他两系数的取值范围都是随着表格的大小而变化的,范围并不确定。

(二) 相关关系的测量与假设检验

传播学中针对两个变量之间关联的研究会经常涉及定距变量。请注意,统计学中,通常将定距变量与定距变量之间的关系专门称作相关,英文单词为 correlation。它是前面提到的变量之间关联(association)的一种特殊类型。换言之,只有定距变量之间的关联才被称作相关。

1. 相关关系的测量

前面已经介绍过如何通过散点图的方式来探究两个定距变量之间的关系,但是,这种方式只能粗略地显示变量之间是否存在相关关系,但无法知道相关的程度具体有多大。比如,对于智商 Y_1 和学习成绩 Y_2 两个变量,研究者可能不仅想知道学习成绩是否与智商之间存在相关,可能更想知道这**两变量之间的相关有多大**?

统计学中,通常采用协方差(covariance)和相关系数(coefficient of correlation)来测量两个定距变量之间的相关程度。图36给出了假想的从某个班级总体抽取的各10名同学构成的两个样本中智商和学习成绩之间的散点图。显然,图36(a)中智商和学习成绩之间密切相关,但图36(b)中两者之间并无依赖关系。

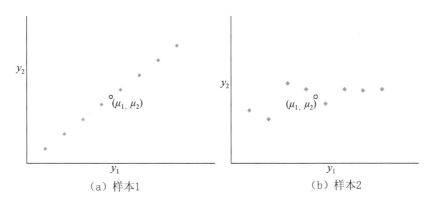

图36 两个样本中智商和学习成绩的关系

假设实际上知道总体中智商 Y_1 和学习成绩 Y_2 两者的均值分别为 μ_1 和 μ_2,如图36中所示。此时,对于图36(a)中的某个点,还可以得到两个离差值:$(Y_1-\mu_1)$ 和 $(Y_2-\mu_2)$;而且,对于同一个点,这两个离差的符号是相同的,因此它们的乘积就是正的。那么,$(Y_1-\mu_1)$ 与 $(Y_2-\mu_2)$ 乘积的平均值将会是一个较大的正值。但是,对于图36(b),情况有所不同,对于某些点,$(Y_1-\mu_1)$ 与 $(Y_2-\mu_2)$ 的乘积为正,而另一些点则为负,因此,$(Y_1-\mu_1)$ 与 $(Y_2-\mu_2)$ 乘积的平均值将是一个接近于零的值。

所以,$(Y_1-\mu_1)$ 与 $(Y_2-\mu_2)$ 乘积的期望值(均值)提供了 Y_1 和 Y_2 之间关系强度的一种测量。这个量被定义为 Y_1 和 Y_2 的协方差,即

$$\mathrm{COV}(Y_1,Y_2) = \mathrm{E}[(Y_1-\mu_1)(Y_2-\mu_2)] = \mathrm{E}(Y_1Y_2) - \mu_1\mu_2$$

Y_1 和 Y_2 协方差的绝对值越大,它们之间的线性依赖越强。正值表明 Y_1 会随着 Y_2 的增大而增大,负值则表明 Y_1 会随着 Y_2 的增大而减小。协方差为0则意味着 Y_1 和 Y_2 之间不存在线性依赖。注意:数量表明线性依赖的强度,正负表明线性依赖的方向。

不幸的是,协方差很难作为一个绝对的依赖测量指标,因为它的值取决于变量的测量单位。因此,很难根据协方差就一眼看出某个协方差更大。通过将协方差标准化,得到线性相关系数,上述问题便迎刃而解,即

$$\rho = \frac{\text{COV}(Y_1, Y_2)}{\sigma_{Y_1} \sigma_{Y_2}}$$

这里，σ_{Y_1} 和 σ_{Y_2} 分别是 Y_1 和 Y_2 的标准差，且 $-1 \leqslant \rho \leqslant 1$。显然，相关系数是没有量纲的纯数，因此相关系数之间可以直接比较。

注意，由以上方式得到的相关系数 ρ 被称作简单相关系数并可进一步推出

$$r = \frac{\sum_{i=1}^{n}(x_i - \overline{X})(y_i - \overline{Y})}{\sqrt{\sum_{i=1}^{n}(x_i - \overline{X})^2 \sum_{i=1}^{n}(y_i - \overline{Y})^2}}$$

，因为最早是由统计学家 Karl Pearson 提出来的，因此也被称作皮尔逊相关系数；而且皮尔逊相关系数反映的是线性相关的程度。但是，实际研究中可能遇到曲线相关的情形。

2. 相关系数 ρ 的假设检验

实际研究中，定距变量之间的相关系数往往并不知道，由此可能涉及以样本信息对总体中相关系数 ρ 进行假设检验的问题。

对相关系数 ρ 进行检验的具体步骤如下：

第一步，提出虚无假设和备择假设。即

$H_0: \rho = 0$，即总体相关系数为 0

$H_1: \rho \neq 0$

第二步，计算假设 H_0 成立情况下 t 检验统计量的值：

$$t = r\sqrt{\frac{n-1}{1-r^2}}$$

其中，r 为样本的相关系数。可证明，该统计量服从自由度为 $n-2$ 的 t 分布。

第三步，根据自由度 $n-2$，查 t 分布表，得到自由度为 $n-1$ 时临界值 $t_{\alpha/2}$（双侧检验）。

第四步，比较 t 检验统计量的值 t 与临界值 $t_{\alpha/2}$ 的大小，若 $t > t_{\alpha/2}$ 或 $t < -t_{\alpha/2}$，则拒绝 H_0，否则应接受 H_0。

【例 5.1】 在有关受众对媒体的信任度的研究中，一个重要的关注点是媒介机构所提供新闻信息的深刻性与信任度之间的关系，表 38 给出随机挑选的 10 个传媒机构的新闻深刻性与受众的信赖程度两个方面的得分。那么，总体中媒介机构新闻信息的深刻性与被信任度之间是否相关（$\alpha = 0.05$）？

表 38　媒介机构新闻的深刻性与被信任程度得分

传媒机构	新闻的深刻性(X)	信赖程度(Y)
1	80	83
2	76	78
3	70	63
4	85	88
5	67	63
6	77	83
7	92	88
8	66	73
9	62	58
10	80	78

首先提出如下虚无假设和备择假设：

$H_0: \rho = 0$，即总体相关系数为 0

$H_1: \rho \neq 0$

然后，根据表 38 中的数据计算样本相关系数 r，即

$$r = \frac{\sum_{i=1}^{n}(x_i - \overline{X})(y_i - \overline{Y})}{\sqrt{\sum_{i=1}^{n}(x_i - \overline{X})^2 \sum_{i=1}^{n}(y_i - \overline{Y})^2}}$$

$$= \frac{\sum_{i=1}^{n}(x_i y_i) - \frac{\left(\sum_{i=1}^{n} x_i\right)\left(\sum_{i=1}^{n} y_i\right)}{n}}{\sqrt{\left[\sum_{i=1}^{n}(x_i^2) - \frac{\left(\sum_{i=1}^{n} x_i\right)^2}{n}\right]\left[\sum_{i=1}^{n}(y_i^2) - \frac{\left(\sum_{i=1}^{n} y_i\right)^2}{n}\right]}}$$

$$= \frac{57820 - \frac{(755 \times 755)}{10}}{\sqrt{\left[57783 - \frac{(755)^2}{10}\right]\left[58065 - \frac{(755)^2}{10}\right]}} = \frac{817.500}{910.649} = 0.898$$

那么，t 检验统计量为

$$t = r\sqrt{\frac{n-2}{1-r^2}} = 0.898 \times \sqrt{\frac{10-2}{1-0.898^2}} = 5.773$$

表 39　计算媒介机构新闻的深刻性与被信任程度得分相关系数的过程信息

X	Y	X^2	XY	Y^2
80	83	6400	6640	6889
76	78	5776	5928	6084
70	63	4900	4410	3969
85	88	7225	7480	7744
67	63	4489	4221	3969
77	83	5929	6391	6889
92	88	8464	8096	7744
66	73	4356	4818	5329
62	58	3844	3596	3364
80	78	6400	6240	6084
$\sum X = 755$	$\sum Y = 755$	$\sum X^2 = 57783$	$\sum XY = 57820$	$\sum Y^2 = 58065$

根据自由度 $10-2=8$、$\alpha=0.05$，查 t 分布表可知，$t_{0.05/2}(8)=2.306$，显然，5.773 大于 2.306，故拒绝虚无假设。因此，在 0.05 显著性水平下，可认为总体中媒介机构新闻的深刻性与被信任程度得分之间存在相关。

(三) 回归分析

皮尔逊相关系数 ρ 可以定量地揭示两个定距变量 X 和 Y 之间相关关系的强度，虽然这里分别以 X 和 Y 标识两个变量，但是，ρ 所表明的关系是双向的。但是，实际研究中，经常遇到如下的问题：电视剧的艺术性对受众对其的满意度的影响有多大？网络接触时间在多大程度上决定了一个人的知识量？显然这些问题所涉及变量的关系是具有明确的方向性的，或者说是因果性的。传播学定量研究很重要的一个作用就是探究传播学现象的因果关系，从而得以把握传播学现象的规律性。对于这样的研究问题，需要采用回归分析进行研究（regression analysis）。在这种分析中，总是认为变量 X 影响了变量 Y，其中 X 被称作自变量，Y 被称作因变量。

1. 从总体回归模型到经验回归方程

一般地，借助回归模型，可以将总体中自变量与因变量之间的关系表达为：

$$y_i = \beta_0 + \beta_1 x_i + \varepsilon_i \tag{5-1}$$

这里，y_i 表示个体 i 在因变量 Y 上的取值，x_i 表示个体 i 在自变量 X 上的取值；β_0 和 β_1 是模型的参数，且通常是未知的，需要以样本数据加以估计；ε_i 被称作随机误差项，代表自变量 X 之外的其他因素对因变量 Y 的影响，它服从均值为 0、

方差为 σ^2 的分布,且要求它在不同个体之间不相关,即 $COV(\varepsilon_i, \varepsilon_{i'})=0$。注意,由于只涉及一个自变量,且自变量 X 及模型参数 β_0 和 β_1 与因变量 Y 之间的关系都是线性的,故式(5-1)所定义的模型被称作简单线性回归模型。

进一步,如果对式(5-1)左右两边求期望,则有
$$E(y_i) = \mu_i = \beta_0 + \beta_1 x_i \tag{5-2}$$
此式为总体回归方程。它表明:变量 X 的具体取值 x_i 处都包含一系列因变量 Y 的具体取值 y_i,且它们服从均值为 μ_i、方差为 σ^2 的正态分布,而回归方程(5-2)所对应的回归线恰好穿过该分布的中心点 (x_i, μ_i),如图37所示。

同时,如果令 $x_i=0$ 并代入式(5-2),则有 $E(y_i|X=x_i=0)=\mu_i=\beta_0$。这意味着参数 β_0 是 $x_i=0$ 时因变量 Y 的期望值,反映到图37中,它就是回归直线的截距。而参数 β_1 则反映着 X 的取值变化对 Y 的期望值的影响,也就是图37中回归直线的斜率。若 $\beta_1>0$ 时,意味着 X 对 Y 具有正向影响;若 $\beta_1=0$ 时,意味着 X 对 Y 具没有影响;若 $\beta_1<0$ 时,意味着 X 对 Y 具有负向影响。

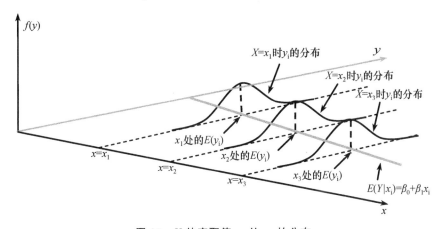

图37 X 特定取值 x_i 处 y_i 的分布

作为总体参数,回归截距 β_0 和斜率 β_1 经常是未知的。因此只能通过样本数据来估计它们。然后借助统计推断程序来形成对总体特征的认识。若以样本统计量 b_0 和 b_1 分别代替总体回归方程中的 β_0 和 β_1,则得到以下经验回归方程:
$$\hat{y}_i = b_0 + b_1 x_i \tag{5-3}$$
注意,经验回归方程对应着一条估计得到的回归直线,它由估计值 $\hat{y}_i$ 连接而成,但是因变量的具体观测值 y_i 并不一定落在该直线上。因此观测值和估计值之间就存在一个差值,回归分析中将其定义为残差(residual),记为 e_i,即 $e_i = y_i - \hat{y}_i$,如图38所示。

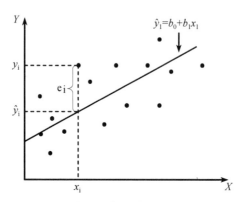

图 38　观测值、回归估计值与残差的关系

2. 回归方程系数的估计

为了得到回归参数 β_0 和 β_1 的估计值，从总体中抽取一个规模为 n 的随机样本，并将散点 (x_i, y_i) 标注在平面坐标系中，然后找到一条直线 $\hat{y}_i = b_0 + b_1 x_i$，使得到每个散点与该直线之间的铅直距离最短，也就是观测值 y_i 与估计值 $\hat{y}_i$ 之间残差的平方和最小。这个方法被称作常规最小二乘法（ordinary least square method），简称 OLS。

按照上述 OLS 的思路，估计回归参数的过程就是求使得下述残差平方和最小的实现条件：

$$D = \sum_{i=1}^{n}(y_i - \hat{y})^2 = \sum_{i=1}^{n}(y_i - b_0 - b_1 x_i)^2 \tag{5-3}$$

根据微积分的知识，只要满足以下两个条件，即可使得 D 最小：

$$\frac{\partial D}{\partial b_0} = -2\sum_{i=1}^{n}(y_i - b_0 - b_1 x_i) = 0 \tag{5-4a}$$

$$\frac{\partial D}{\partial b_1} = -2\sum_{i=1}^{n}x_i(y_i - b_0 - b_1 x_i) = 0 \tag{5-4b}$$

进一步整理得到，

$$nb_0 + b_1\sum_{i=1}^{n}x_i = \sum_{i=1}^{n}y_i \tag{5-5a}$$

$$b_0\sum_{i=1}^{n}x_i + b_1\sum_{i=1}^{n}x_i^2 = \sum_{i=1}^{n}(x_i y_i) \tag{5-5b}$$

求解式(5-5a)和式(5-5b)得到，

$$b_0 = \frac{\sum_{i=1}^{n} x_i^2 \sum_{i=1}^{n} y_i - \sum_{i=1}^{n} x_i \sum_{i=1}^{n}(x_i y_i)}{n\sum_{i=1}^{n} x_i^2 - \left(\sum_{i=1}^{n} x_i\right)^2} \quad (5\text{-}6a)$$

$$b_1 = \frac{n\sum_{i=1}^{n}(x_i y_i) - \sum_{i=1}^{n} x_i \sum_{i=1}^{n} y_i}{n\sum_{i=1}^{n} x_i^2 - \left(\sum_{i=1}^{n} x_i\right)^2} = \frac{\sum_{i=1}^{n}(x_i - \overline{X})(y_i - \overline{Y})}{\sum_{i=1}^{n}(x_i - \overline{X})^2} \quad (5\text{-}6b)\text{[①]}$$

至此,就得到了回归参数的 OLS 估计。另外,根据式(5-5a),如果求得了 b_1,那么 b_0 也可由下式得到:

$$b_0 = \frac{\sum_{i=1}^{n} y_i - b_1 \sum_{i=1}^{n} x_i}{n} = \overline{Y} - b_1 \overline{X} \quad (5\text{-}7)$$

这便于手工求解截距系数。

以 OLS 得到的回归参数估计值 b_0 和 b_1 往往具有很好的统计学性质,被称作最佳线性无偏估计(Best, Linear, Unbiased Estimates),简称 BLUE。但是这是建立在满足一定的假定条件基础上的。

3. 回归模型的假定条件

为了能够唯一地求解得到回归参数的估计值并进行有关的统计检验,回归模型式(5-1)包含以下假定[②]。

第一,线性假定。即因变量 Y 的条件均值是自变量 X 的线性函数,即 $E(Y|X=x_i) = \mu_i = \beta_0 + \beta_1 x_i$。

第二,正交假定。就是说误差项 ε 与自变量 X 不相关,且误差项的期望值为 0,即 $E(\varepsilon) = 0$。

第三,独立同分布假定。就是任何两个误差项 ε_i 和 $\varepsilon_j (i \neq j)$ 之间的协方差等于 0,且所有误差项 ε_i 的方差都等于 σ^2。后者也被称作等方差假定,这一点与方差分析的假定条件相同。

第四,正态分布假定。就是假定误差项 ε 服从正态分布。这一假定是为了解决小样本情况下对回归参数进行检验的问题。但对于大样本数据而言是不必要的,因为根据中心极限定理即可认为 β 对应的统计量服从正态分布。

[①] 这意味着斜率参数的估计值实际上等于自变量与因变量之间的样本协方差与自变量的样本方差之比。

[②] 参见谢宇:《回归分析》,北京:社会科学文献出版社 2010 年版,第 56—58 页。

上述四个假定条件中,只要满足前两个即可得到回归参数的无偏估计,若同时满足前三个将得到最佳线性无偏估计。正态分布假定是为了小样本情况下能够采用 t 检验完成对回归参数的检验而加入的。

4. 回归直线的拟合优度评价

在满足回归模型基本假定条件的情况下,采用常规最小二乘法可得到一条估计的回归直线 $\hat{y}_i = b_0 + b_1 x_i$。接下来的问题是:如何来判断此条拟合所得直线的好坏呢?对此问题的回答涉及回归直线或回归方程的拟合优度评价。通常采用确定系数作为线性回归中进行拟合优度评价的指标。

与前面方差分析的情况类似,可以将因变量 Y 的总变异分解为两部分:被回归方程解释的部分和未被解释的部分。同样地,以因变量观测值与样本均值之间的离差平方和,即总平方和,来衡量因变量 Y 的总变异,即

$$SST = \sum_{i=1}^{n}(y_i - \bar{Y}) \tag{5-8}$$

对此,可进一步变形为:

$$\begin{aligned}
SST &= \sum_{i=1}^{n}(y_i - \bar{Y})^2 = \sum_{i=1}^{n}(y_i - \hat{y}_i + \hat{y}_i - \bar{Y})^2 \\
&= \sum_{i=1}^{n}[(y_i - \hat{y}_i) + (\hat{y}_i - \bar{Y})]^2 \\
&= \sum_{i=1}^{n}[(y_i - \hat{y}_i)^2 + (\hat{y}_i - \bar{Y})^2 + 2(y_i - \hat{y}_i)(\hat{y}_i - \bar{Y})]^2 \\
&= \sum_{i=1}^{n}(y_i - \hat{y}_i)^2 + \sum_{i=1}^{n}(\hat{y}_i - \bar{Y})^2 + 2\sum_{i=1}^{n}(y_i - \hat{y}_i)(\hat{y}_i - \bar{Y}) \\
&= \sum_{i=1}^{n}(y_i - \hat{y}_i)^2 + \sum_{i=1}^{n}(\hat{y}_i - \bar{Y})^2
\end{aligned} \tag{5-9}$$

这里,$\sum_{i=1}^{n}(y_i - \hat{y}_i)^2$ 被称作残差平方和,记为 SSE,表示因变量总变异中仍未被解释的部分;而 $\sum_{i=1}^{n}(\hat{y}_i - \bar{Y})^2$ 被称作回归平方和,记为 SSR,表示因变量总变异中被回归方程解释的部分。那么,如果将回归平方和除以总平方和,所得结果就表明被回归方程解释的变异占总变异的比例,统计学上将其定义为确定系数(coefficient of determinant),即

$$R^2 = \frac{SSR}{SST} = \frac{\sum_{i=1}^{n}(\hat{y}_i - \overline{Y})^2}{\sum_{i=1}^{n}(y_i - \overline{Y})^2} \quad (5\text{-}10)$$

显然，R^2 的取值范围为$[0,1]$。确定系数 R^2 的值越大，表明因变量总变异中被解释的部分所占的比例越大，意味着回归方程的解释能力越大，同时散点也越是靠近回归直线。

对于确定系数 R^2，还可以从其他角度进行理解。可以将式(5-10)稍作处理，得到：

$$R^2 = \frac{\sum_{i=1}^{n}(\hat{y}_i - \overline{Y})^2}{\sum_{i=1}^{n}(y_i - \overline{Y})^2} = \frac{\left[\sum_{i=1}^{n}(y_i - \overline{Y})(x_i - \overline{X})\right]^2}{\sum_{i=1}^{n}(x_i - \overline{X})^2 \sum_{i=1}^{n}(y_i - \overline{Y})^2} \quad (5\text{-}11)$$

对比相关系数一节提到的样本皮尔逊相关系数 r 的计算公式：

$$r = \frac{\sum_{i=1}^{n}(x_i - \overline{X})(y_i - \overline{Y})}{\sqrt{\sum_{i=1}^{n}(x_i - \overline{X})^2 \sum_{i=1}^{n}(y_i - \overline{Y})^2}}$$

不难发现，确定系数 R^2 其实就是样本皮尔逊相关系数的平方。确切地讲，确定系数 R^2 就是观测值 y_i 与拟合值 $\hat{y}_i$ 之间皮尔逊相关系数的平方。

5. 回归分析中的假设检验

回归分析中，通常以样本数据估计得到经验回归方程 $\hat{y}_i = b_0 + b_1 x_i$。但是，研究目的在于对总体中自变量 X 与因变量 Y 之间的关系加以解释。为了将基于样本数据得到的回归关系推论至总体，就需要借助统计推断中的假设检验来完成。

(1) 模型整体检验

首先关注的是通过样本数据建立的自变量与因变量之间的线性关系是否在总体中也成立，或者回归方程 $\hat{y}_i = b_0 + b_1 x_i$ 是否在总体同样具有解释力。这属于模型整体检验问题。由于回归方程的解释力是以确定系数 R^2 来衡量的，故模型整体检验也是通过对 R^2 的检验来完成。

可是，无法直接对 R^2 进行，因为其抽样分布是未知的。但是，因变量的总变异可分解为被解释的和未被解释的两个部分，其中被解释的变异反映着因变量 Y 和自变量 X 之间的系统性关系，而未被解释的变异则体现了自变量 X 之外的其他因素的影响。据此，将回归平方和 SSR 与残差平方和 SSE 分别除以

各自的自由度，并求两者之比，就得到了对模型进行整体检验的统计量，即

$$F = \frac{\frac{SSR}{1}}{\frac{SSE}{n-2}} \sim F(1, n-2) \quad (5\text{-}12)$$

它服从第一自由度为 1、第二自由度为 $n-2$ 的 F 分布。如果根据样本信息计算得到的 F 值大于显著性水平 α 下给定自由度 $(1, n-2)$ 下的临界值 $F_\alpha(1, n-2)$，则表明两个变量之间的线性关系在总体也成立；反之，则表明两个变量之间的线性关系在总体不成立[①]。

另外，式(5-12)中的分子被称作均方误差(Mean Squared Error)，即 $MSE = \frac{SSE}{n-2}$，它可用作总体误差方差 σ_ε^2 的无偏估计。

（2）回归系数检验

所谓回归系数检验实际上就是检验自变量对因变量的影响在总体是否等于零，即 $H_0: \beta_1 = 0$。若该虚无假设成立，那么，简单回归中就意味着总体中自变量与因变量之间没有线性关系。

表 40 给出了检验统计量及相应的标准误。需要说明的是，由于总体误差项的方差 σ_ε 经常是未知的，需要采用均方误差 MSE 作为无偏估计。在虚无假设成立的情况下，统计量 b_0 和 b_1 均服从自由度为 $n-2$ 的 t 分布。换言之，可以通过 t 检验统计量来对回归参数进行假设检验。

表 40 回归系数估计的统计量与标准误

检验值	统计量	标准误
截距 $b_0, \hat{\beta}_0$	$b_0 = \bar{Y} - b_1 \bar{X}$	$S_{b_0} = \sigma_\varepsilon \sqrt{\frac{1}{n} + \frac{\bar{X}^2}{\sum_{i=1}^n (x_i - \bar{X})^2}}$
斜率 $b_1, \hat{\beta}_1$	$b_1 = \dfrac{\sum_{i=1}^n (x_i - \bar{X})(y_i - \bar{Y})}{\sum_{i=1}^n (x_i - \bar{X})^2}$	$S_{b_1} = \sigma_\varepsilon \Big/ \sqrt{\sum_{i=1}^n (x_i - \bar{X})^2}$

资料来源：谢宇：《回归分析》，北京：社会科学文献出版社 2010 年版，第 64 页。

---

① 注意：线性关系不成立并不意味着变量之间没有关系，因为它们之间仍可能存在非线性关系。

6. 回归分析举例

本节继续沿用上面例 5.1 中有关新媒介机构新闻深刻性与被信任程度得分一例,与前面不同的是,这里以被信任程度作为因变量 Y、新闻深刻性作为自变量 X。换言之,从上一节中的相关关系变成了因果关系。注意,两个变量之间确实存在相关关系是两者之间具有因果关系的基本条件之一。

首先,基于表 38 中的样本数据拟合出线性回归方程:$\hat{y}_i = b_0 + b_1 x_i$。根据式(5-6b),有

$$b_1 = \frac{\sum_{i=1}^{n}(x_i - \bar{X})(y_i - \bar{Y})}{\sum_{i=1}^{n}(x_i - \bar{X})^2} = \frac{817.5}{780.5} = 1.047$$

根据式(5-7),有

$$b_0 = \bar{Y} - b_1 \bar{X} = 75.5 - 1.045 \times 75.5 = -3.579$$

故得到的经验回归方程为:$\hat{y}_i = -3.578 + 1.047 x_i$。回归斜率系数为 1.047,它表明平均而言,媒介机构新闻深刻性得分每增加 1 分,将导致其被信任程度得分增加 1.047 分。图 39 呈现了该方程所对应的回归直线,其斜率为 1.047。

表 41　求解回归斜率 b_1 的过程信息

	x_i	y_i	$x_i - \bar{X}$	$y_i - \bar{Y}$	$(x_i - \bar{X})(y_i - \bar{Y})$	$(x_i - \bar{X})^2$
	80	83	4.5	7.5	33.75	20.25
	76	78	0.5	2.5	1.25	0.25
	70	63	-5.5	-12.5	68.75	30.25
	85	88	9.5	12.5	118.75	90.25
	67	63	-8.5	-12.5	106.25	72.25
	77	83	1.5	7.5	11.25	2.25
	92	88	16.5	12.5	206.25	272.25
	66	73	-9.5	-2.5	23.75	90.25
	62	58	-13.5	-17.5	236.25	182.25
	80	78	4.5	2.5	11.25	20.25
总和	755	755			817.5	780.5
均值	75.5	75.5				

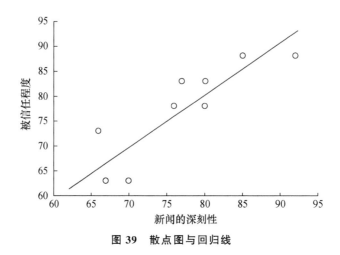

图 39 散点图与回归线

采用统计软件可以更加便捷地得到上述回归参数估计值,具体结果如下。

Source(变异源)	SS	df	MS	
Model(模型)	856.254004	1	856.254004	
Residual(残差)	206.245996	8	25.7807495	
Total(总计)	1062.5	9	118.055556	

Number of obs(观察样本量)=10
F(1, 8)=33.21
Prob>F(概率)=0.0004
R-squared=0.8059
Adj R-squared=0.7816
Root MSE(残差平方根)=5.0775

y	Coef.(系数)	Std. Err.(标准误差)	t	P>|t|	[95% Conf. (95%置信区间)	Interval]
x	1.047406	.1817445	5.76	0.000	.6283019	1.466509
cons(常量)	−3.579116	13.81533	−0.26	0.802	−35.43733	28.2791

此外,根据上述结果,可以看到对模型进行整体检验的统计量 F=856.254004/25.7807495=33.21,同时还给出了对应的 p 值为 0.004,远远小于 0.01,故可以认为媒介机构新闻深刻性与其被信任程度之间的线性关系在总体中也存在。

那么,回归方程 $\hat{y}_i=-3.578+1.047x_i$ 的解释力有多大呢? 回归输出结果中给出的确定系数 R^2 为 0.8059,这意味着,媒介机构新闻的深刻性解释了其被信任程度总变异中的 80.59%。此外,针对斜率系数的 t 检验表明,新闻深刻性的回归系数在 0.001 水平上显著地不等于 0,故也说明媒介机构新闻深刻性与其被信任程度之间的线性关系在总体中也成立。

(四) 本节小结

本节介绍了对变量间关系进行分析的几种常见方法。其中,χ^2 检验适用于检验两个定类变量之间是否存在关联,但 χ^2 检验结果显著并不意味着两个变量之间关联就强,要想反映定类变量之间的关联强度,可用 λ 系数和 τ 系数等。

与关联相区别,定距变量之间的线性依赖关系被称作相关。而皮尔逊相关系数是常用来测量两个定距变量之间的相关程度的指标。不过,基于样本数据得到的皮尔逊相关系数需要借助 t 检验才能推断总体中的情况。

关联和相关都是无方向的,但是传播学研究经常涉及确定某些现象的影响因素。回归分析是进行此类分析的常用工具。需要注意的是,它要求因变量属于定距变量。

第三篇

诠释取向的研究方法

第一章
现象学研究方法

一、现象学方法概述

自从1900年胡塞尔开始发表《逻辑研究》以来,现象学便贯穿于欧洲学术思潮的整个发展历史之中,并且成为诸多重要思想学术流派的基础。在一个多世纪的历史中,现象学运动对于西方哲学、人文科学、社会科学乃至自然科学的进展都产生了巨大的影响。

(一) 现象学运动及其效应

胡塞尔之后,海德格尔、马克斯·舍勒、保罗·萨特、梅洛·庞蒂、勒维那斯、德里达、伽达默尔、保罗·利科等人,在哲学上分别因其创造性工作和贡献而载入史册,他们的思想基础和方法在很大程度上就源自胡塞尔的工作,因此他们以及他们所开创的事业被人们纳入到"现象学运动"的范畴。

在社会科学研究领域,阿尔弗雷德·许茨将胡塞尔的现象学基本原理与马克斯·韦伯等人的社会研究结合起来,奠定了现象学从先验的哲学领域到经验的日常生活世界转化的基础,随后彼得·伯格和尼古拉斯·卢克曼等人将许茨开创的工作转化为具体的社会学理论,突破了实证主义社会学一统天下的局面,为社会科学的研究开出了新的天地,他们的现象学之路在加芬克尔、戈夫曼等人那里得到了延续,这些富有创造性的研究成果最终形成了社会学的现象学传统。

在艺术和美学领域,除了海德格尔、萨特等哲学家的艺术美学理论之外,茵嘉登和杜夫海纳等人也因现象学而受益。在心理学领域,格式塔心理学从现象学那里获得了关键性的启发,布伦塔诺作为现象学的先驱本身就是一位卓有成效的心理学家,而斯顿夫赞、惠特海默等"意动"心理学家和格式塔心理学家都被人们视为是现象学家。现象学对于心理学更重要和直接的影响则是对于人本主义心理学的影响,以马斯洛和罗杰斯为代表的人本主义心理学被视为是在行为主义和精神分析两大阵营之外异军突起的第三势力的心理学,现象学的方法和原则无疑为这一流派的兴起提供了最为关键的学术资源。

事实上,我们以上提到的仅是现象学运动对于当代人文社会科学所产生的直接效应,作为已有百年历史的一种思潮,现象学的观念与方法已经为人们所熟悉,虽然每个借助于现象学来构建自家学说的学者会根据自己的需要阐发完全不同的学说,以至于他们不再探讨传统的现象学问题,然而在他们学说的根基上,却时常隐现着现象学的身影,很多时候我们甚至都难以察觉到这一根基的实际存在。看上去现象学似乎已经成为过往的学术思潮,然而正如许多当代学者所指出的,现象学仍然在当下的学术研究中扮演理论创新策源地的角色。一方面,现象学已经渗透到人文社会科学的广泛领域中,成为隐藏在学术创新的地基部分。另一方面,经典现象学的遗产其实还没有被完整地吸收,它所潜藏的能量也远未被耗尽。由于现象学一开始就以"严格的科学"作为自身追求目标,因此它开创了极富创造性的原则和方法,一改传统思维对于人们思想的束缚,但也正是由于这一点,人们在学习和接收现象学的基本原理和方法时需要克服自身的日常思维,换一种不同寻常的思维方式思考问题。

(二) 现象学应用中的方法论导向

广义现象学作为一个学术领域,包含了存在主义和诠释学等多种学派的学说,这些学说芜杂纷呈,各执己见,却又都宣称自己的方法直接或间接受益于现象学,这种复杂性增加了人们把握和学习现象学原理与方法的难度。因此,在一些较为新兴的学术领域,现象学的引入以及产生的实际影响仍然比较有限。

在传播与媒介文化研究领域,尽管学者们都倾向于认为现象学是一种激活传播研究的锐利工具,但对于这种工具应该如何被运用于传播与媒介研究中,却不能提供更多的实例。从国外学术界的研究实践来看,运用现象学的原理与方法进行传播与文化研究的成功案例,大多见于哲学、社会学、心理学这一类传统学术领域的学者,新兴的传播学领域的学者则建树较少。造成这种状况的原因很多,粗略地归纳一下,不外以下几个方面。

首先,新兴的传播学领域存在强调专业化的倾向,为了与其他学科的关注点相区别,传播学更多地将关注的焦点限制在组织传播和大众传播问题上,而不是人内传播和人际传播方面,而现象学运动中的那些典范学者更多地涉及的传播问题是人内传播和人际传播的问题。比如几乎所有的现象学家都会对自我与他人之间的关系问题进行深入的研究,胡塞尔的主体间性研究、海德格尔的"在世存在与他人共在"、萨特的"自我与他人"、列维纳斯的"他者的伦理学"等,都是围绕着自我与他人之间的沟通交流及伦理关系而展开的研究,由于这样的主题是思想家们普遍关注的焦点,因此,传播学者将其作为非专业问题而加以排除,但这种排除法导致的结果往往使他们所进行的专业性的研究失去立论的基石,并且难以触及所研究问题的根本之所在。

其次,传播学研究长期以美国实证主义传统为主流,倾向于量化、简明、经济、客观地处理和理解人类传播活动,而现象学则是对于思维简单化和经济化原则的反抗,其理论出发点之一正是对实证主义所谓客观原则进行严格的反思和批判。现象学的一个重要特征就是通过"悬搁""还原""构造"等方法为思想者打开一扇思想的窗户,让人们克服已有思维模式的定式,从而面对现象和意识的复杂性,进行无预设、无前提的艰苦研究工作。这种还原性、反思性、人文性的研究路径与实证主义强调统一、普遍、简化、客观、精确的研究路径相去甚远,以至于习惯实证思维的传播学者很难适应现象学研究对思维的要求。

再次,当传播学者开始意识到现象学的重要性,并着手借鉴现象学的原理和方法时,却又容易陷入实际运用上的误区,即将现象学仅仅作为一种操作性、技巧性的方法,而不是首先将它作为一种哲学和方法论加以把握。以"权宜之计"的态度对待现象学方法者,倾向于将现象学的概念术语简单地嫁接到自然态度和传统理论的思维框架下,在实证主义或其他学说的哲学与方法论基础之上,生硬地嵌入现象学的概念和术语。事实上,现象学方法的运用,首先应该发生在哲学和方法论层面,而不是操作性和技巧性层面,如果我们希望将既定的思维框架与现象学方法进行嫁接,那么必须在这一工作开展之前,充分尊重现象学最基本的态度,尝试着思考这种嫁接和嵌入方案何以可能?即这样的一种嫁接或者嵌入研究是否具有哲学和方法论上的基础,如果研究方案具有可行性,那么采取怎样的具体研究路径才能实现这样的研究? 在思考并回答了这些康德式提问之后,我们便可以借助现象学丰富和改造传播与媒介文化的研究了。

(三)现象学与传播及媒介文化研究

尽管存在许多应用上的困难,不过可以肯定地说:在几乎所有的现象学家或者以使用现象学方法而闻名于世的思想家那里,对人类传播或者媒介问题的探讨都是随处可见的,只是这些资源还没有引起传播与媒介领域的学者足够的重视。现象学所探讨的人类认知问题,本身就与传播有着莫大的关系。在现象学奠基人胡塞尔来看,真理是能和他人共享的,如果一个命题只属于某个个人,其他人都不认同它,那么这个命题就是主观主义的,不成为客观真理。所以,主体间的互动与交流成为客观真理存在的一个必要条件,主体间性的概念就这样被凸现出来,成为现象学与传播研究共同关注的论域。差别仅仅在于,在胡塞尔这样的现象学家眼中,传统上的传播与媒介领域的学者大都是在"自然态度"下进行工作的,在"自然态度"中,人们对于自己所使用的理论与方法均不加严格审视和反思,而是随意加以运用。比如在研究新闻报道的客观性时,并不会对客观性之可能性条件加以反思,而是从各种预设的理论出发,提出有关客观性的各种判断和主张。而现象学家主张对自身所拥有的理论预设进行严格反思的哲学态度,对于他们来说,新闻反映事实这一新闻学原理存在的问题并不是新闻要如何反映事实,而是"新闻反映事实"这件事情是如何可能的,也就是说,使得这一命题能够成立、能够站得住脚的依据是什么,在何种情况下,新闻可以反映事实,在何种情况下,新闻不能反映事实,如果新闻能够反映事实,那么这种反映是如何实现的。很明显的一点,新闻是一种媒介表述,是记者意识的外显,而事实则是一种原初的存在。如果我们主张意识和事实相符合,那么必须对这一符合的可能性条件加以质疑,如果经过质疑,意识和事实并不是同一件事情,也不能在经验中达到融合,那么新闻学的这一命题就无法成立。反之,意识与事实能在某种条件下相符合,则这一命题可以成立。可见,现象学和传媒研究的根本差别并不仅仅是研究对象和领域的差别,而是研究态度与研究方法上的差别。

另一方面,现象学为人们获得真理提供了一系列的概念和方法。这些概念与方法,诸如意向性、内时间意识、还原、本质直观、生活世界等,不仅在一般的意义上适用于传播研究,还与传播研究的路径相类似。众所周知,传播按照其范围可以被分为体内传播、人际传播、组织传播和大众传播,其中体内传播和人际传播最为重要,它们是组织传播和大众传播的基础。因而,传播究其根本还是个体内部产生信息并与人交流的过程,而现象学的研究正是沿着真理产生的个体—他人路径论证的。现象学因此被克瑞格(Robert Craig)、李特约翰等人视为传播理论的传统之一。

属于现象学传统的理论具有以下的基本假设:人们积极主动地阐释自身的体验,并且通过个人的体验理解外部世界。[1] 现象学认为,我们的意识总是本能地意向着外部对象,在这个过程中,人们在主体内部解释意识到的现象,并在单个对象之间建立联系,形成知识,从而理解世界。根据生活世界的观念,我们的科学应该建立在体验的、现实的基础上,否则科学就会被一种理想化的抽象知识范式误导,成为脱离生活世界的知识游戏。对于传播媒介的研究者来说,人们为了更好地传播而发明了媒介,但媒介却反过来成为约束和限制我们行为及研究

---

[1] 〔美〕斯蒂芬·李特约翰、凯伦·福斯:《人类传播理论》,史安斌译,北京:清华大学出版社2009年版,第43页。

的异化之物。对于信息渠道和效果的痴迷其实就是媒介技术逻辑的强势表现,在这一逻辑下,传媒学者更倾向于客观而冷漠地谈论大众传播媒介效果,却对个体在信息传播与接收过程中的感受及意义机制缺乏探讨,现象学的视角能够更加关注到传播活动中的主体价值。

当然,现象学的启发远不止于此,对于媒介研究而言,近年兴起的技术现象学似乎已经足以说明,现象学的方法对于人们关于媒介的深入理解与研究会产生重要的影响。对于不同背景、不同经历和不同气质的学者而言,现象学的态度和基本观念可能激发的是一种创新性的思维,这种思维并不是对既存研究方法的标准化运用,而是从哲学到方法论,再从方法论到具体操作方法的整体性突破,正如我们从胡塞尔、海德格尔、萨特、勒维那斯以及许茨或者茵嘉登等现象学家的著作中所看到的那种彼此之间存在的巨大差异性。

二、现象学的基本观念

现象学作为一种思潮,具有百年历史,要想从其全部历史的复杂性中抽离出单一明了的方法完全是不可能做到的,但既然这些纷繁芜杂的学说都被称为现象学,自然也有其共通之处。这种共通之处在于:它们都延续了对胡塞尔所阐发的那些最为基本的问题的思考,无论是赞成还是反对胡塞尔本人的观点,现象学运动所波及的哲学家和社会科学家都会无一例外地以对胡塞尔思想的介绍或讨论为起点,并对他所提出的那些最为经典的概念和术语做出新的理解与解释,在此基础上建构起自己的思想理论体系;因此,面对复杂的现象学领域,要想掌握它的原理与方法,从胡塞尔入手不失为一种最为可行的路径,尽管在胡塞尔与现象学之间并不能简单地画上等号。据此,我们将在接下来的部分以胡塞尔的思想为基础,介绍现象学的一些最基本观念,这些观念本身也正是现象学的基本方法。此后,我们将重点介绍现象学作为一种思维方法对于传播学研究所产生的具体影响,以及在这种影响之下出现的一些典范性研究成果。

(一)现象与现象学

对于现象学而言,第一个需要说明的问题就是:究竟什么是现象学所谓的"现象"?

从传统上看,人们所理解的"现象"是相对于客观存在物的"本体"或"本质"而言的,是某种表征性质的东西。比如在传统的认识论看来,现象是客观事物在我们头脑中的一种反映,这种反映可能是切中本质的,也可能正好相反。柏拉图在可见的世界与不可见的世界之间做出了明确划界,可见世界是现象的世界,而不可见世界则是理念的世界,是本质和真理的世界。换句话说,在现实存在物的背后存在着真实的、本源的理念,而现实事物只是理念的具体表象而已,相比于理念的完美而言,现象只是理念的不完美的显现而已,因而通常也是不真实的。康德对现象和物自体的区分在哲学史上具有重大的影响,他对"现象"的解释颠覆了人们的传统观念,即我们对于外界事物的认识总是由外部投射到心灵内部而形成的。与此不同,康德创造性地提出"人为自然界立法"的观念,即千变万化的自然其实是围绕着理性世界旋转的。康德因此而区分了现象和物自体这两个概念,在面对一个事物复杂的属性时,我们的心灵赋予它两种东西:一个就是"先天感性形式",如时间、空间;而另一个就叫作"先验知性范畴",像原因和结果,必然与偶然,等等,通过将这些范畴赋予事物,我们才能感受并认识各种现象。例如,一本书,它的颜色、厚度和空间感觉、时间存在性都是无法仅仅通过感官感受到的,是我们把主体的东西放进去,才赋予了它空间和时间,这就是康德所谓的"先天感性形式";而如太阳晒,石头热,通过推理和主观分析因果而揭示出石头热是因为太阳晒的原因,这里主体向对象投放的东西,就是"先验知性范畴"。当然,康德认为,在现象背后,也还存在着一个东西,他把它叫作"物自体"。人们所能够认识的是物自体的现象,而物自体本身则由于事物在显现上受制于人的认识条件的局限性,因而是难以把握的。

　　胡塞尔继承了康德关于认知需要受限于人的先验条件的观点,但他并不主张在现象与物自体之间做出区分,而是将其间所蕴含的主客观之间的界限抹平。从现象学的角度上看,现象就是存在本身,也就是事实本身,在现象与本质、现象与存在之间并不另外地隔着一条鸿沟。人的意识活动与客观事物的显现其实是两个不可割裂的方面,是真实存在的认知活动的两个不可或缺的组成部分。现象学所说的"现象",是一个"实际存在"这种意义上的概念,而不是只存在于心灵内部的心理学意义上的表征概念。

　　这里需要特别注意,现象学所说的"现象"与事物是否以物质或实体形式存在没有关系,它更加关注的是意识的绝对所予性。现象学认为现象"即显现的事物的真理和实在性"[①],它并不在"物"和"心灵"之间进行区分,更不会由于所有的认知活动都发生于意识和心灵,就主张现象是心理学意义上的东西。相反,现象学所说的现象并不拘泥于可用感官观察到的事物,凡属意识所意向的事物,无

[①] 〔美〕罗伯特·索科拉夫斯基:《现象学导论》,高秉江、张建华译,武汉:武汉大学出版社2009年版,第14页。

论是观念物还是实存物,都是现象学中的"现象"。不同的现象之所以以不同的方式向我们显现,主要是因为它们的存在方式本身不同。寺庙中的佛像与我观念中的佛像,以及画面上的佛像都是现象,它们都是佛像这一事物可能的存在方式,因此它们以各不相同的方式向我们显现。正如索科拉夫斯基所说:"事物显现的方式是事物存在方式的一部分;事物如其所是地表现它们自己。动物有它们不同于植物的显现方式,因为动物和植物的存在方式不同。图像显现方式不同于被回忆的对象的显现方式,也是因为它们的存在方式不同。一幅图像在那儿,在画布或者画板上;行礼在那儿,在行礼者和受礼者之间移动的手臂上。一个事实存在于该事实的各个组成部分:'草地是湿的'这个事实实存于湿草地,而非存在于我在说出这些语词之时的心灵里。我的心灵活动就是把'草地是湿的'呈现给我自己和他人。在做出判断的时候,我们把世界的诸多部分的呈现加以联结;我们并非只是在排列我们心灵之中的观念和概念。"①由此,我们可以看出,现象是一种存在论意义上的概念,没有显现的东西是脱离其存在的单纯显现,显象都是实在的;它们属于存在。而现象学则"意指这种活动,即对各种现象以及事物的各种显现方式给出说明,给出其逻各斯。"②

由上可知,现象学所谓的现象,超越了主客观的二元对立思维,这使得现象学既能将自己的研究建立在对意识的关注上,同时又可以超越个体意识活动的主观性和随意性,专注于描述人的意向性结构,这种结构既有意识的主观性质,同时又具有超越主观性质的客观性。可以说,正是这种看起来有点悖论性质的折中,才真正建构了胡塞尔学术研究的基石。早期胡塞尔将哲学的目标设定为比自然科学还要具有客观性的科学,目的是要以现象学的哲学态度取代自然科学的和历史主义的态度,从而为包括自然科学在内的一切客观科学奠定基础,因为自然科学也是主观意识活动的产物,在自然态度下工作的科学家其实并不能够避免个人意识的主观性,因此科学研究的客观性是缺乏基础的。然而,在胡塞尔引入了意向性概念,并将它作为现象学描述的一个关键术语后,这种难题就具有了解决的可能,因为意向性的结果即是现象,它是外在于人的心灵的,虽然每个个体的意向活动会有不同,但是在这些杂多的个体之间,存在着具有普遍性的意向性结构,这种结构因为意向的外在超越性而变得能够加以描述。

---

① 〔美〕罗伯特·索科拉夫斯基:《现象学导论》,高秉江、张建华译,武汉:武汉大学出版社2009年版,第15页。
② 同上书,第13页。

（二）意向性

意向性（intentionality）是现象学中最重要的概念，也是西方思想中源远流长的一个概念。它的源头可以追溯到早期的经院哲学，后来一度沉寂，甚至从哲学著作中彻底消失，直到19世纪被胡塞尔的老师布伦塔诺使用，才重新得到哲学界的重视。胡塞尔将这个概念进一步发展后引入现象学研究，意向性从此成为现象学研究的重要概念。

胡塞尔意向性理论的建立和他的第一部著作《算术哲学》有关。在这本书中，他曾试图将数学的概念和逻辑同布伦塔诺的描述心理学联系起来，用心理学的方式去阐发数学原理。但是，他的观点受到了学界的批评。弗雷格"在《算术哲学》一书的书评中指出胡塞尔把客观的数学内涵加以心理学化"[1]。这使胡塞尔认识到数学逻辑的客观性和意义的客观性无法用心理学方法进行解释，从而摆脱了心理主义的倾向，将认识的活动和对象严格区分开。

正是对意向结构的分析使得人们意识到，意向对象是超越个体而外在的，并以不同的方式对我们显现，是实际存在而且公开的，并非纯粹是我们心灵的产物。不光世界是如此，我们彼此之间也是公开的，人与人能够相互认识，并且同时认识某些事物，主体间客观存在着交往与互动。但这究竟有什么意义呢？对于整个西方现代哲学领域来说，意向结构的厘清解决了长期困扰哲学家的心灵如何与外界相联系的问题，这是以笛卡儿、洛克为代表的哲学认识论阶段的主要问题。在笛卡儿和洛克看来，意识是发生在心灵的密室中的，外部世界更像是心灵世界的主观投射，心灵世界和外部世界并不直接产生联系，只有通过推理我们才能到达外部世界。显然，这种观点既反对心灵的公开性，也反对事物具有的实在性。而意向性的概念则明确指出：意向性是人类本能，人的内心世界与人所生活的外部世界直接关联。事物因为意向性而向我们显现，而这种显现之所以是差异化的和有角度的，正因为事物是实际存在的，其显现方式就是其存在方式的一部分。既然事物是实在的，我们又都具有意向性，那么共同的认识，即主体间的认识就是存在的，人们对知识和真理的探讨才成为可能。对于意向性的探讨，有助于我们重新承担真理执行者的身份。同时，对于现象学来说，意向性是整个理论的起点，它揭示了主体内部向外部敞开的机理，是"面向事实本身"的重要依据——正是以意向性为线索，反思、本质直观、还原等其他现象学术语被发展起来。

---

[1] 倪梁康：《现象学及其效应：胡塞尔与当代德国哲学》，北京：商务印书馆2014年版，第12页。

意向性，顾名思义，指的就是意识的指向性。现象学认为，无论是回忆、幻想、知觉、思考，还是其他形式的意识活动，意识总是指向某处的，也就是说，人们的爱、害怕、判断、观察都必然有其对象。因此，在对意向性的分析中，意识经验活动和其指向的对象是两个重要的组成要素，是意向性概念中不可忽视的两个子概念，即意向活动(noesis)和意向对象(noema)。

1. 意向活动和意向对象

意向活动指的是我们意向事物的行为，而意向对象则指的是我们意识指向的对象相关项。在进行意向性分析时，必须区分开这两个概念。意向活动是内在于主体的，是心灵上的，可以被理解为一种心智活动；而意向对象却是超越主体，外在于心灵的，即便是在幻想、幻觉等特殊意识形式中也是如此。如果认为意向对象也包含在意向活动中，是心理上的，那么就会导致主观主义的错误，忽略客观实在，把一切都归结于主体内，陷入封闭的自我中心的漩涡。人们的意识被孤立起来，就不可能有对外在世界的认识以及与他人共享的观念，这无疑有违现象学"面向事实本身"的号召。而认为主体的意向活动和意向对象都是客观存在的这种想法也不正确。举例来说，当我们幻想一个对象时，比如一座金山，虽然意向对象仍然是外在于心灵的，但它在这个世界上并不存在。因此，意向性还具有一个特点，就是存在独立性，它不预设两个相关项的存在。比如我们坐在家中，计划乘坐游轮去旅游，在此刻我们脑海中的游轮是不存在的，但这并不影响我们的意向活动。换言之，外部刺激并不是意向性的发生条件，意向性是意识的内在特征，是意识的属性，意向是"存在因其自身的本性而指向超越的对象的意识活动"[1]。

对于意向性的分析表明，我们的意识不仅可以指向外在对象，而且本能地会指向外在对象。这就解开了人类主体如何与外部世界相联系的难题，对于考察知识何以成为可能的现象学来说，这无疑是个基础性的成就。

2. 特质和质料

当我们在不同情况下意向某一个对象，比如说在仔细阅读一本书或视线匆匆扫过一本书时，对这个对象，也就是这本书的意向多少是有区别的，但我们意向的对象仍然是这本书。这是因为，意向内容由两部分组成：一部分被称为特质，另一部分被称为质料。所谓的特质，也就是意向行为的具体类别，比如前面提到的认真阅读或匆匆扫过，或者是思考、想象、回忆、怀疑等；而所谓的质料则是指不同类别的意识的确定内容，比如被以不同心情对待的这本书。意向性特

---

[1] 〔丹〕丹·扎哈维：《胡塞尔现象学》，李忠伟译，上海：上海译文出版社2007年版，第16页。

质和材料是不能分开的,每当我们意向着什么,便一定会带有一种态度,一定有一个指向。胡塞尔说:"在意义中构成了和对象的关系。有意义地用一个表达,和明确地指向一个对象(形成关于它的表象),是同一回事。"① 胡塞尔的这种观点反映出他将意向和意义等同起来的倾向。具体来说,就是在意向活动中,质料不仅规定了哪个对象被意向,而且还规定了这个对象作为什么被意向,人总是在特定的概念和描述下通过某个角度来意向,需要通过一个意义才能到达对象。

3. "多中的一"

意向性使主体与世界相联系,但是对外部对象的认识并不是一蹴而就的。因为意向对象并不是全面地向人们展现,它总是有角度地被人们意向着,这就是现象学中说的对象有角度的被给予性。比如,当人们在观看一个立方体时,往往只能看到其中一个侧面,而不是这个立方体的全貌。不过,通过转动、感知、观看这个立方体的侧面,不断进行知觉,人们可以获得对这个立方体的整体性认识,知道它是一个有着六个面八个角的立方体。事物从各个角度向我们呈现,必然会达到某种同一。不过需要注意的是,此时我们只是认识到这个立方体是什么样子,却不知道它的用途、历史、意义等。这种认识并不是穷尽关于这个立方体的总体的知识,只是在认识它许多个侧面并把它们综合起来的意义上认识了它。换言之,在进行意识活动时,人们不是认识到了事物的总体,而只是意向到对象多样性的同一。

4. 范畴意向

意向经验的形式是多样的。知觉是一种最为基本的意向性形式,在此基础上,还存在着回忆、想象以及对未来的预期。现象学认为,我们的回忆就是对曾经的知觉的重新唤起,而想象和预期则是向前投射经验,回忆和预期可以被看作两种方向相反的自我移置。在更为理性的基础上,还存在着范畴意向这一特殊的意向形式。范畴(categorial)一词看似让人摸不着头脑,但追溯到它的词源就好理解多了。这个词来源于希腊语,指的是对某事物的说明,在现象学中的应用也取这一层意思,范畴意向就是指那种把某个对象加以联结、把句法引入我们所经验到的东西之中的意向活动②。举例来说,当我们说"立方体""魔方"这类词的时候,我们的意向是简单的,而范畴意向就是将这些单词用句法联结起来,把"这个立方体是魔方"这一事态描述出来。进而,如果这个事态(作为魔方的立方

---

① 〔丹〕丹·扎哈维:《胡塞尔现象学》,李忠伟译,上海:上海译文出版社 2007 年版,第 19 页。
② 〔美〕罗伯特·索科拉夫斯基:《现象学导论》,高秉江、张建华译,武汉:武汉大学出版社 2009 年版,第 87 页。

体)变成对我们实际在场的,就达成了范畴直观,即我们直接看到了这一事态(作为魔方的立方体)。可以看出,范畴意向是语言性的,句法在其中起着重要的作用,而被联结起来的词项是否在一个范畴中也是必须考虑的问题。如果有一个事态被描述为"我的书是烤的"或者"猫是法官",那显然是荒谬的,没有意义。

5. 构造

要完成范畴意向,需要经过三个阶段,第一个阶段是没有特殊思考的感知,第二个阶段是将注意力转移到某一部分上,第三个阶段则是回到对象的整体上并且考察之前注意到的这一部分。还以魔方为例,我们首先是从多个角度的同一中认识到这是一个立方体,之后这个立方体上的小色块吸引了我们的注意,成为我们思考的中心,再之后我们把前两个阶段综合起来,确定"这个立方体是魔方"。这个被联结起来的语句就是范畴对象,而这种对范畴对象的确立就被称为构造。当我们构造一个范畴对象时,实际上就是让它呈现出来,表明它的真理,描述它的存在方式。因此,构造就是设定,它既是一种对象被意义所赋予,又是一种主体给予意义,即意义赋予。① 我们通过句法来构造对象,这使得我们讨论的东西不拘泥于眼前的事物,还可以延伸到缺席的东西。在构造的作用下,我们进入到思考的新层面,更加理性化,思考的对象也更加复杂和多线,我们不光能够领会某一件事物,而且可以将它们联系起来或者说更为完整地看待,过去我们只能认识这是一个立方体,而现在我们认识到这个立方体是一个魔方,对立方体的认识更完善了。一种新的多样性和同一性被给予我们,单个事物在范畴内被串联起来,命题的基础形成,对形而上学的讨论因此成为可能。所以说,当我们构造这个世界的时候,同时也被这种构造活动所规定着,进行着自我的展开,而且这种活动显然不会是只限于单个人的,往往还伴随着主体间性的建立。现象学既不主张无主体的世界,也不主张无世界的主体,就是这个意思。

(三) 明见性

胡塞尔强调"任何明见性都是对一个存在者或如此存在者以'它自身'这一样式在其存在的完全的,因而排除了任何怀疑的确然性中的自身把握"。② 胡塞尔非常重视明见性(或明证性),因为其能否得到根本的澄清直接关系到胡塞尔现象学能否获得坚实的基础。

胡塞尔一方面认为"明见"这个词指被意向对象的本原的,也就是本源的和

---

① 洪汉鼎:《现象学十四讲》,北京:人民出版社 2008 年版,第 235 页。
② 〔德〕胡塞尔:《笛卡尔式的沉思》,张廷国译,北京:中国城市出版社 2002 年版,第 19 页。

最大的被给予性;另一方面指存在重合的实际的综合:当一个命题和前一种明证重合的时候,它才能得到明证的辩护。明见性并不是某种不确定的感受性的东西,而是具有绝对的确实性。胡塞尔的明见性具有两个特点:直接的直观性和直接的自身被给予性。直接的直观性是指利用实际感受到的直接知觉来说明明见性,如看到的桌子、椅子包括确定的数学定律;关于直接的自身被给予性,他在《现象学的观念》中讲到:"根本性的东西在于,不要忽视,明见性实际上就是这个直观的、直接和相应地自身把握的意识,它无非意味着相应的自身被给予性"。[①]这与经验自我的感觉无关,是一种"现象学的绝对被给予性",事物只有在纯粹直观中才能指明自己。一切认识尤其包含一切间接认识所依赖的最终原则只能是一种直接的明察,也就是绝对真理的自身被给予。

胡塞尔有时也会用"意向充实"来解释明见性,即意向得到充实的状况。严格意义上的明见性指的是充实的完美综合理念,当充实越来越丰富,以致真理和事物变得显明,明见性也就达成了[②],明见指对一个事件或者陈述的确认,一种感知的明白性,即"对于命题的证实"和"获得真理"[③]。例如,我想象春天的柳树应该是绿色的,于是我走到柳树旁确认了我的看法,当另一个人同样告诉我春天的柳树是绿色的时候,我就更加确认了自己的看法并形成了较强的明见性,这个过程就是两个意向之间的符合,而不是两个分离本体论领域的符合。因而,明见性不仅仅是个人的感受和私人意见,而是蕴含着主体间有效性的,正因为如此才能通过人与人之间的沟通交流而得到对事物确定性的主张。

明见性并不是一种能让我们辨认真伪摆脱错误的神秘能力,而是一种体验,在体验中对象是像它被认为的那样直接被给予我们。明见性是一种断言,不同的人从不同的角度感受同一事物而获得的明见性是不同的,这使得一个明见性失效的是一个更强的明见性。因而胡塞尔区分了不同种类的明证:确认的明证、充分的明证和不充分的明证,主张没有一个绝对标准可以判定对象什么时候可以明证地、最佳地和本源地被给予,因为对不同的对象而言总有不同的本原的显现方式,所以会存在不同程度的充实。因此,胡塞尔对于明见性即对象的被给予性的最佳方式的界定是,能够带来更多的信息,并尽可能以多样化的方式提供出来的被给予性。

---

① 〔德〕胡塞尔:《现象学的观念》,倪梁康译,上海:上海译文出版社1986年版,第51页。
② 〔德〕胡塞尔:《逻辑研究》,倪梁康译,上海:上海译文出版社2002年版,第4页。
③ 〔美〕罗伯特·索科拉夫斯基:《现象学导论》,高秉江、张建华译,武汉大学出版社2009年版,第158页。

(四) 悬搁与还原

现象学作为严格的科学,它的一个重要任务就在于对我们的自然态度加以克服,使我们转向现象学态度,以现象学的方式对待世界。胡塞尔认为,我们在日常生活中所接受的关于世界的各种假说,通常都是在未经严格审视的情况下接受的,这些自然态度会妨碍我们按照事物本身的样子来认识事物。现象学态度要求研究者在无前提的状态下按照事物本身是其所是的样子把握它们,换言之,"我们应该将研究的注意力转向实在的被给予性或现象,也就是说,应该集中关注实在在经验中被给予的方式。"①因此现象学可被视作是"理性在可理解的对象面前的自我发现"②。也正是在这一层面上,无论是胡塞尔还是海德格尔,都强调现象学要面向事情本身,并将之视为现象学的根本方法。从认识论的角度来看,面向事情本身要求悬置"我认识对象"的态度,转而用"对象被给予我"的态度进行思考和分析,即实现一种视角的转变,最大程度上排除自然态度的影响。换言之,现象学不主张用已有的理论来塑造经验,而提倡用实际的经验来决定理论。"让原初给予的直观作为所有知识的来源,这个来源不容许任何权威(甚至现代科学)的质疑。"③这就是所谓"现象学诸原则之原则"的根本主张。海德格尔在《存在与时间》中将面向事情本身阐释为"反对一切漂浮无据的虚构与偶发之见,反对采纳不过貌似经过证明的概念,反对任何伪问题"④的方法。

1. 悬搁

悬搁是现象学最重要的方法之一,也被称为"悬置""中止判断",或是"加括号"的方法。简单地说,悬搁就是对各种自然态度加上括号,以中止其在认识过程中发挥作用,从而使我们回到无前提、无预设的纯粹意识状态。悬搁意味着一种基本态度的转变,是对朴素的形而上学态度的突然悬置,是先验反思的重要元素与前提。悬搁的目的并不是要否认、怀疑、忽视、抛弃或排除任何实在,而是实现认识的无前提性。胡塞尔认为"通过这种悬搁,一种新的经验、思考以及理论化的方式向哲学家敞开了:这里,置于他自身的自然存在和自然世界之上,他丝毫没有丢失它们的存在和它们的客观真理……"⑤悬搁也可以被理解为实现本

---

① 〔丹〕丹·扎哈维:《胡塞尔现象学》,李忠伟译,上海:上海译文出版社2007年版,第43页。
② 〔美〕罗伯特·索科拉夫斯基:《现象学导论》,高秉江、张建华译,武汉:武汉大学出版社2009年版,第4页。
③ 〔丹〕丹·扎哈维:《胡塞尔现象学》,李忠伟译,上海:上海译文出版社2007年版,第43页。
④ 〔德〕马丁·海德格尔:《存在与时间》,陈嘉映、王庆节译,北京:三联书店2006年版,第28页。
⑤ 〔丹〕丹·扎哈维:《胡塞尔现象学》,李忠伟译,上海:上海译文出版社2007年版,第44页。

质还原和先验还原的前提,唯有在对自然态度加上括号进行悬搁之后,事物的本质和先验主体的构成性特征才有可能被揭示。一个从小接受主客观二元对立哲学熏陶的人,在意识之中已经潜移默化地接受了将世界一分为二加以对待的方式,在学习胡塞尔现象学的过程中难免会因此而产生理解上的困难,此时如果我们将之前所有的知识的合法性加上括号悬搁起来,回到无前提和预设的状态下重新认识现象学的方法,就能更容易地走进这扇新敞开的大门。

2. 还原

还原是与悬搁紧密联系并组成功能性整体的方法,胡塞尔时常会将悬搁作为还原的可能性条件来谈论。从两者的区别性上看,悬搁主要表示对朴素的自然态度的悬置,以此而转向哲学的态度。而"还原是一个表示我们对主体和世界之间的相关进行主题化的术语。这是一个引领我们从自然领域回到(还原到)其先验基础的漫长而困难的分析过程。悬搁和还原都可以最终被看做先验反思的元素。其目的是将我们从一种自然(主义)的教条中解放出来,并使我们意识到我们自身构成性的(认知的、赋予意义的)作用。"[①] 谈及还原的重要性,胡塞尔在《纯粹现象学通论》中写道:"按照这种还原法,我们将能排除属于每一种自然研究方式本质的认识障碍,并转变它们固有的片面注意方向,直到我们最终获得被'先验'纯化的现象的自由视野,从而达到在我们所说的特殊意义上的现象学领域"[②]。

基于所包含范畴大小和还原目的的不同,胡塞尔将现象学的还原分为两种:本质还原和先验还原。前者是广义的,指排除事实以达到对本质的把握的方法;后者则是狭义的,指把握先验的纯粹的自我的方法。从本质还原到先验还原转变的过程,也是胡塞尔本人从早期的意向现象学向中期先验现象学转向的一个过程。

(1) 本质还原

本质就是普遍的和一般性的、超出经验的东西,不以个体的理解以及对个体的现实假定为基础,是不含任何此在前提而存在之物。所谓本质还原,其实是一个由事实的(或经验的)一般性到本质一般性的过程,是现象学剥除事实和表象的外衣而转向对象本身的直观被给予性的过程。在这里,现象学所强调的并不是自然科学式的寻根问底的方法,并不是要将事物进行分解剖析,而是试图通过本质还原的方法来把握存在者,我们可以通过想象的变更来逼近事物的本质。

---

① 〔丹〕丹·扎哈维:《胡塞尔现象学》,李忠伟译,上海:上海译文出版社2007年版,第45页。
② 转引自洪汉鼎:《现象学十四讲》,北京:人民出版社2008年版,第154页。

例如,如果对水这种物质进行本质还原,现象学所关注的并不是水由水分子构成、化学式是 H_2O,而是水在何种边界和条件下能够保持其本质属性依然为水。本质还原的方法主要是想象变更(或称为本质变更)的方法,就是一种通过想象摆脱事实之物来把握本质的方法。我们既可以从经验的,也可以直接从非经验的开始,通过任意想象产生许多可变项,在变更的过程中找到这些可变项之中的常项,也就是排除这之后使该物变更为其他物的项,就完成了本质还原。洪汉鼎将本质还原概括为两种还原,即"排除事物的存在,而完全专注于对象是什么"及"从所是中排除一切非本质的东西,进而分析它的本质"[1]。索科拉夫斯基用三个层次来追溯本质还原的过程,应用在水的例子中。第一个层次是我们经历过一些事物并发现它们之间的相似之处,如我们看见江河中的水是流动的液体,雨水也是流动的液体,就能获得将几个个例联系起来的较为偶然的典型性;第二个层次是我们逐渐认识到一种同一的综合,在我们经验所及的范围之内,水是液体已经形成了一个经验的共相;第三个层次则是要超出经验的共相而达到本质的共相,从知觉领域进入想象领域,通过想象的变更认识到水是液体这一属性的确为水的本质属性之一,不依赖于地域和容器的限制,且抛弃这一特征之后无法保留。当然,本质还原要求具有高度的想象力以达到对本质的洞见。

(2)先验还原

与本质还原不同,先验还原是从实在的世界到非实在的世界,它要求排除实体,而还原到先验现象中去,即胡塞尔所言"将现象学目光从沉溺于事物以及人格世界的人之自然态度引回超越论的意识生活及其行思—所思体验在这种体验中,客体被构成为意识相关项"[2]。先验是现象学中的一个重要概念,直观地理解,先验即先于经验,具有无前提性和纯粹性。如果说本质还原的结果是得到事物的一种本质,先验还原所得到的则是一种纯粹意识或先验意识。从经验还原到先验的过程包括两个部分:从经验现象到先验现象,以及从经验主体到先验主体。先验主体并不是经验主体之外的另一个主体,先验现象也不是经验现象之外的另一个现象,而是两种不同的理解,以及在构成之中两种不同的起作用的方式。正是为了避免胡塞尔的先验观点出现唯我和内在化的危险倾向,他的学生海德格尔在发展现象学的时候更强调从实在的、具体的人出发,从某个具体的存在即此在出发来进行分析和考虑。尽管如此,他们在学术理论判断上仍然是一脉相承的。先验来自人的理性和意识,但是在日常生活之中我们却常常被自

---

[1] 洪汉鼎:《现象学十四讲》,北京:人民出版社 2008 年版,第 176 页。
[2] 〔德〕马丁·海德格尔:《现象学之基本问题》,丁耘译,上海:上海译文出版社 2008 年版,第 25 页。

然态度所带来的前理解结构所影响,在现象学看来,这种态度的合法性是不可接受的,应当被批判的。先验还原所要达到的目的就是去除这种独立于心灵、经验和理论的实在之存在的暗含信念,重新回到纯粹的主体并对现象进行审视,探索知识和有效认识的形成是如何可能的。

(五) 生活世界

"生活世界"这个概念并不是胡塞尔现象学的专利,维特根斯坦在其后期理论中也对该词有所阐发,现在,"生活世界"已经成为哲学领域里一个并不鲜见的词。在胡塞尔那里,对这个概念最系统的论述是在其最后的著作《欧洲科学的危机和先验现象学》中出现的,这个概念的分析提出了对当今受到广泛认可和追捧的客观主义和理性主义的质疑,并最终成为进入先验现象学的一种方式。①

与常识性认知不同,胡塞尔认为,20世纪实证科学的发展带给世界的不仅仅是所谓的进步,还有严重的危机,丹·扎哈维以一种悖论式的叙述来表示这个危机:"实证科学,或者更具体地说,科学的客观主义范式,一直以来太过于成功了。"②这个解释乍一听上去似乎有些悖谬,但这的确是胡塞尔识人之所未识之处。实证科学的成功无疑是巨大的,它以自身精湛的技术和客观主义的理性思维几乎征服了世界上所有的人,于是,先进技术逐渐成为社会进步的衡量标准,实证科学只把目光投向技术的进步,而不去反思基础和最终的界限,推动科学运作的根本性话题——如真理、知识、有意义的生活等——反而被忽略了。

根据胡塞尔,这个危机的起源可以追溯到文艺复兴期间、开端于伽利略的科学革命,从那之后,客观主义逐渐蔓延开来,在人们的思维领域取得了统治性地位。胡塞尔是这样描述的:"现在我们必须指出早在伽利略那里就已发生的一种最重要的事情,即以用数学方式奠定的理念东西的世界暗中代替唯一现实的世界,现实地由感性给予的世界,总是被体验到的和可以体验到的世界——我们日常生活的世界。"③在科学革命的影响下,以数学方式为基础的客观主义兴起,替代了古老的以感性和直观为基础的与世界交往的方式。在这里,存在两种世界。一种是具体地、感性地和直观地被给予的世界,是包含颜色、声音、气味的感知世界;另一种与之相对,是客观主义和科学主义统治下的世界,它企图脱离第一人

---

① 〔德〕马丁·海德格尔:《现象学之基本问题》,丁耘译,上海:上海译文出版社2008年版,第135页。
② 同上。
③ 〔德〕胡塞尔:《欧洲科学的危机与超越论的现象学》,王炳文译,北京:商务印书馆2001年版,第64页。

称视角,超越现实的、可感知的世界,达到绝对严格的客观。前者所追寻的是这个世界对于我们来说是如何的认识,而后者则集中于世界独立于心灵,或说世界"自身"是如何的认识。①

举个例子来说,在我们的日常经验中,世界是具有颜色、声音、气味等的物理世界,是可感知的,并且每个人的经验是不同的,如对于同一温度的知觉,可能有些人感觉冷,有些人感觉热,而在科学世界里,使用仪器测量我们可以得到一个数据,一个固定不变的值,来代表这个温度。在现实世界中,为了完成某些任务,我们常常需要使用这样的测量技术,如测量床的尺寸、一袋花生的重量等,但伽利略没有停止于此,他的理论建构起一种高度发展的纯粹几何学,即在一个理想的领域里,一条绝对的直线、一个绝对光滑的平面或一个纯粹的圆都成为可能。由是,他认为这个几何世界是"真正的""客观的"世界,而我们通过日常测量所经验的世界只是对"实在的"世界的接近。② 这样一种思维逐渐形成,那些可以被科学所精确量化和计算的东西被称为客观,而其颜色、味道、气味等具有个人经验和判断的东西则被看作是主观的。当这种思维走向极端化之后,客观世界就被看作是真实世界,现象被看作是对真正实在的主观上的扭曲,或被看作是对真实物理对象的纯粹表象。

基于此,胡塞尔提出了对科学主义和客观主义的批判。胡塞尔认为,生活世界构成了科学的历史性和系统性基础,然而,在科学主义和客观主义充分发展之后,这个作为其基础的生活世界却被遗忘和压制了。也就是说,科学主义是建立在对世界的前科学的经验之上的,如果没有经验,科学也无从建立,"一切正当的理论主张都应该直接或者间接地被经验所支持"③。胡塞尔试图通过以上阐释分析得出这样的结论,即科学理论是树立于生活世界的基础之上,植根于生活世界之中的。然而,究竟什么是生活世界,胡塞尔并没有给出一个明确而清晰的概念,扎哈维认为,这个术语的准确意思取决于语境,本体论的和先验的生活世界概念是首先应当区分开的。本体论的生活世界的概念指前科学地被给予的经验世界,我们生活于其中而将其视为理所当然,从未产生怀疑;但同时,这个概念也在不断得到修正,科学理论逐渐被生活世界所吸收,成为生活世界的一部分,例如我们理所当然地认为太阳系存在,尽管我们不曾真正看到,这个修正后的生活世界的概念并非静态的。

---

① 〔丹〕丹·扎哈维:《胡塞尔现象学》,李忠伟译,上海:上海译文出版社2007年版,第137页。
② 洪汉鼎:《现象学十四讲》,北京:人民出版社2008年版,第252页。
③ 〔丹〕丹·扎哈维:《胡塞尔现象学》,李忠伟译,上海:上海译文出版社2007年版,第138页。

最后，需要澄清的一点是，胡塞尔对科学主义的批判并不意味着他将科学看作是错误的或者多余的，他承认科学理论的价值，并且认为科学理论在客观性上比我们的日常观察走得更远。但是，如果在这样的基础上推导出我们今天很多人所理所当然地认为是正确的两个结论，一是唯有科学能够真正地把握实在，二是科学独立于我们的经验性视角，那就将是错误的。自然科学所呈现的对象和我们日常生活中所经验的对象是同一个，但自然科学以一种更加精确的方式进行呈现，这是二者的不同之处，但并不能因此认为自然科学所呈现的就比日常生活的更加接近真实的实在。相反，自然科学也是植根于被直观给予的生活世界的。正像扎哈维总结的，"尽管科学最初是以要将世界从怀疑主义的冲击下拯救出来为开始，但这显然是通过换给我们几乎无法辨认的世界而完成的"①，也就是说科学以消除人们的怀疑和困惑，帮助人们更好地解决生存问题为初衷，但科学技术所取得的空前成功却使它不再专注于此一初衷，它形成了自己的一套体系及其运转逻辑，在这个庞大的现代科学技术的体系中，处于生活世界中的人的基本问题，正在被科学技术体系自身的需求所取代。

三、现象学进入传播与媒介文化研究的哲学途径

美国学者李特约翰认为，现象学运动至今，大体发展出三个哲学分支：经典现象学、诠释现象学与知觉现象学。② 其中经典现象学主要表现为埃蒙德·胡塞尔的主张，诠释现象学的主要人物较多，其中以马丁·海德格尔、汉斯—格奥尔格·伽达默尔最为重要，而认知现象学则以毛瑞斯·梅洛—庞蒂为代表。几乎所有现象学家都会在他们的哲学理论中涉及自我、他人以及社会传播方面的问题，也会就符号、媒介及其文化做出精辟的论述。不过由于这些论述都是在哲学研究的诉求下展开的，一般并不会以专题研究的形式出现，而是作为哲学问题的一部分加以论述，所使用的语言及论述方式也是哲学式的。哲学家们对于传播与媒介研究所展现出来的以上这些特征，与专业化的传播和媒介研究大为不同，尽管没有人怀疑哲学家们的论述具有极其重要的学术思想价值，但由于要把这些嵌入到哲学问题内部的有关传播和媒介研究的论述整理出来，是一件极为费力且备受怀疑的工作，因此，在专业化的学术领域中，这些极有价值的思想就

---

① 〔丹〕丹·扎哈维：《胡塞尔现象学》，李忠伟译，上海：上海译文出版社2007年版，第138页。
② 参见〔美〕斯蒂芬·李特约翰、凯伦·福斯：《人类传播理论》，史安斌译，北京：清华大学出版社2009年版，第44、45页。

倾向于被忽略掉了。直到现在,如何处理这些广泛散布于哲学家著作中的传播和媒介文化思想,仍然是令专业研究领域中的学者们感到困扰的问题。有鉴于此,这里仅对现象学家的分支及其所蕴含的传媒研究潜能加以简单地介绍,如果想要在这方面获得更多的启发,就需要对这些现象学家留存的文本加以深入地阅读。

(一) 经典现象学及其方法

胡塞尔的经典现象学前文已经提到,所以这里不再赘述其内容。对于传播研究来说,经典现象学的思路主要是通过适用现象学反思、本质直观等方法来研究传播问题。

所谓的现象学反思,实际上就是对我们的自然态度,诸如偏见、习惯、流行思维模式的突然悬搁,在思考命题时用括号把影响我们思维的这些因素括起来,以一种反思的、无前提、无预设的态度来看待命题。需要注意的是,现象学所说的反思概念并不是否定影响我们认识事物的前理解结构,而是希望在我们进行认识活动时更加独立。在现象学态度下对传播学概念,比如"传播模式""传播效果""新媒体"等名词进行反思,有助于人们更全面地认识传播现象。以"传播效果"一词为例,当我们将自己作为传、受中的一方来看待的时候,也就是在自然态度下思考命题的时候,实际上总是偏颇的,经常会导致某些极端的结论,比如"魔弹论"或者"受众中心论",而如果跳脱出我们的固定位置,反思整个传播行为及其造成的影响,就会发现传者和受者在传播过程中都各自扮演着重要的角色。

另一个适用于传播研究的经典现象学方法就是本质直观。本质直观是通过本质还原探究事物本质的一种方法。举例来说,如果我们对"新闻"这个概念进行本质直观,就会发现,无论新闻内容是真是假,它都可以成为新闻,只不过就其后果而言,可以区分出"真新闻"和"假新闻"而已;然而主体间共享意义却是新闻的一个必要条件,传受双方缺一不可,如果没有人充当传者或者受者的角色,那么新闻作为一种信息就无法存在,因此主体间性就是新闻不可或缺的东西,即它的一种本质。

(二) 诠释现象学及其方法

所谓诠释学,又称阐释学、解释学,顾名思义,就是对现象(包括语言和行为)的理解、诠释、演绎和阐释,它涉及人与人的沟通和对言行的意义的解读。[1] 诠

---

[1] 风笑天:《社会研究方法》,北京:高等教育出版社2006年版,第33页。

释学最早被用来解释古典文献,特别是解释《圣经》,这时候的诠释学与文本联系较为紧密;19世纪由施莱尔马赫、狄尔泰引入人文科学,狄尔泰将诠释的方法应用于研究历史问题;经过李凯尔特、海德格尔、伽达默尔等人的发展,诠释学逐渐成为20世纪以来西方哲学的重要思潮之一。

与之前的施莱尔马赫、狄尔泰不同,海德格尔从现象学的角度来说明诠释。他认为事物的意义不是主体解释出来的,相反,他将理解看作是此在本身的存在方式,认为理解就是让事物自身表现它的意义,即让事物的意义在自身运作中被揭示出来,这具有鲜明的"面对事物本身"的特点。但这种揭示意义的方式何以成为可能呢?海德格尔的答案是,因为此在本身具有"意蕴性"(Bedeutsamheit)。"意蕴性是某种比语言的逻辑系统更深层次的东西,是先于语词并与语言同样原始的东西。意蕴性不是人们给客体所赋予的东西,而是客体通过供给词语和语言存在论的可能性而给予人的东西。"[①]主体能够与这种意蕴发生照面,则是依赖于因缘。海德格尔还认为,人们在做诠释时,前理解结构(包括对因缘的先行占有、看待事物的立场和在最终理解得出前被假定的概念)不可避免地会发生作用。因此海德格尔的"此在诠释学"(Hermeneutic of Dasein)不光揭示了被诠释对象的存在方式,还将视点落在了日常生活中,人们正是在日常生活中获得了前理解结构,从而有机会面向此在的意蕴。

伽达默尔在很大程度上继承了海德格尔的思想,但他的诠释学研究更为完整。伽达默尔认为,我们总是从预设的角度出发来理解体验。这种前理解结构是受历史、主体间性等因素左右的,完全客观的诠释不可能存在。伽达默尔还认为,我们的思维是具有语言性的,语言不仅仅是社会互动的工具和产物,还是我们思考这个世界的方式。因此对于伽达默尔而言,体验和语言在阐释的过程中具有同等的重要性。[②]

总的来说,诠释现象学根据对象可以分为文本诠释学和社会(文化)诠释学。

在文本诠释学的语境中,文本(text)是指任何一种可供考察和读解的人造物。[③]这也就是说,不光是文字书籍,图像、声音甚至多媒体形式都可以作为文本看待。文本诠释的核心问题在于找出其意义。对于文本与意义的关系,学界有着不同的看法。著名学者保罗·瑞柯认为,意义确实存在于文本之中,当诠释者观看文本时,往往会将意义从作者的情景中疏离出来,移用到诠释者身上;而

[①] 洪汉鼎:《当代西方哲学两大思潮》(下),北京:商务印书馆2010年版,第498页。
[②] 〔美〕斯蒂芬·李特约翰、凯伦·福斯:《人类传播理论》,史安斌译,北京:清华大学出版社2009年版,第161页。
[③] 同上书,第156页。

费什却认为,意义根本不能从文本中找到,是读者赋予了文本不同的意义,因而当我们解读一个文本时,是没有对错之分的,意义不是客观存在着的。

比起文本诠释,社会(文化)诠释学注重对某一类文化群体,比如对印第安部落、女高中生等的研究,并解读其文化的深层意义。社会(文化)的诠释方法被称为人种志研究,比起主流文化,它更关注亚文化的意义。多娜尔·卡堡和萨莉·海斯廷斯把人种志研究归纳为四个阶段:第一个阶段是确立主题及其基本取向;第二个阶段是确定所观察的行为的层次和种类;第三个阶段是对其研究的具体文化现象进行理论化;最后,研究者回头再看看他所运用的整体性的理论框架,用具体个案来检验它。[①]

(三) 知觉现象学

相较于前面的诠释现象学,梅洛—庞蒂发展出的知觉现象学更强调"从知觉现象着手,采用胡塞尔的描述的方法,而不是诠释的方法,说明人是如何认识实在事物的"。[②] 虽然运用了胡塞尔的描述方法,但梅洛—庞蒂的现象学更具有主观主义的色彩。他认为人在认识对象的时候不应该受客观世界的限制,因为不存在某一种纯粹的印象可以拿来定义事物,事物总包含着未确定的、模糊不清又错综复杂的因素,所以当我们知觉一个事物的时候,本身就成了意义的创造者,事物的整体性意义就呈现在我们的感知中。所以,依知觉现象学来看,我们通过与对象的关系来理解它。在这个过程中,我们受到外部世界的影响,同时我们的活动也影响着外部世界。作为阐释者的"人类"与他们所阐释的"事物"之间应当是一种对话的关系。[③]

四、现象学进入传播与媒介文化研究的其他途径

现象学作为一种创新思维,在他的奠基人那里集中于哲学层面的探讨,这些探讨或者专注于意识的稳定结构,或者专注于人的存在问题,与具体的社会世界中的经验性问题联系并不密切。不过近期,现象学通过着陆于心理学、社会学的方式获得了自身在经验性研究中的延展。在心理学领域,现象学,尤其是海德格

---

① 〔美〕斯蒂芬·李特约翰、凯伦·福斯:《人类传播理论》,史安斌译,北京:清华大学出版社2009年版,第379页。
② 〔法〕莫里斯·梅洛—庞蒂:《知觉现象学》,姜志辉译,北京:商务印书馆2001年版,第573页。
③ 〔美〕斯蒂芬·李特约翰、凯伦·福斯:《人类传播理论》,史安斌译,北京:清华大学出版社2009年版,第45页。

尔、萨特等人倡导的存在主义分支为人本主义心理学打下了基础;在社会学领域,以许茨为首的社会学家将其发展为以注重社会互动为特征的现象学社会学。

(一) 人本主义心理学与传播研究

人本主义心理学无疑来自现象学和存在主义的影响。在胡塞尔的晚期作品中,曾经论述欧洲科学的危机——无论是哲学、科学还是其他任何学科,都受到自然主义和客观主义的冲击,将人的意识自然化,使这种来源于人的意识反而限制人的活动。这样的科学危机反映在诸多方面,其中重要的一点就在于各类学者开始以研究自然科学的方式来看待人的活动,从而忽略了人的主观性和能动性。这一思想成为人本主义心理学的来源。在胡塞尔之后,海德格尔提出了"此在现象学",他认为"此在"展现于时间当中,"此在"是综合着过去与未来的"此在"。人意识到自己存在于时间之中,就必然会意识到它将要走向死亡,这时某种焦虑就存在于此在之中,人们正是因为这种焦虑而进行着日常的活动,这就是所谓的"向死而生"。海德格尔认为,他的"此在现象学"的意义就在于显示在亲在(此在)的生活中起作用的这种焦虑,并为"此在"开启过一种本真生活的可能性。

海德格尔的这种思想在萨特身上得到了延续,他在自己的著作中大量援引前者的观点。萨特进一步强调了人的意义,认为人的问题才是哲学的根本问题,并且声称存在主义就是一种人道主义。他提出的最著名观点莫过于"存在先于本质",在他看来,人可以自由地选择自己的本质,而非被动接受上帝的赋予,正是在人的活动、人的主观努力中本质得到了确立,人之所以为人。

美国学者罗伯特·D.奈认为,迄今以来,除了弗洛伊德的精神分析理论、斯金纳的激进行为主义之外,另一种具有强大生命力的心理学潮流即以卡尔·罗杰斯为代表的人本主义心理学。其中,弗洛伊德的理论以无意识的作用为焦点,斯金纳则过于强调外部环境的刺激因素,而罗杰斯似乎正处于两人的中间地带,他主张在理解人类的时候既要考虑到主观认识又要考虑到客观现实。

罗杰斯认为,我们生来就是向善的,是积极主动、寻求上进的,我们总是有着实现什么的倾向。这种实现的倾向帮助我们完成自我,是一种人类根本性的动因,只有当这种倾向作用于自我,人类才会有所行动。而自我的发展与生命早期的价值过程有关:早在婴儿时期,我们就知道什么对我们有利而什么对我们不利,对事物有着最初的衡量。人本主义学者认为,如果这样的衡量过程能够持续生效的话,我们就会得到发展。但是,在通往成年的过程中,这种衡量的本能被阻碍了。这是因为,在我们成长的过程中,有许多来自他人的价值观介入了我们的价值过程,告诉我们什么是好的什么是不好的,我们因此从个体变成了社会他人。所以,要想维持这种价值衡量过程的自发运行,就需要他人的接受或奖励,也就是无条件的尊重。如果某个人获得了无条件的尊重,那么他的自我概念和体验就会呈现出一种和谐状态,这个人也就可以成为"功能完备的人"。以这种思想为指导,罗杰斯创立了"来访者中心",用倾听和理解的方式帮助被治疗者发现自己的内在体验和价值,消除对于不和谐的焦虑不安,开创性地对海德格尔等存在主义学者的主张同实践进行了对接。

就人本主义心理学中的传播问题与研究来说,侧重于个人心理层面上的需求和满足,"使用与满足""知识沟"等理论都可以在这个层面上进行理解。虽然这种现象学的变奏也和主体间性有关,但它显然更适合用来进行有关传者或受者的微观层面分析。

(二) 现象学社会学与传播研究

20世纪60年代后,现象学社会学在美国兴起。在将现象学引入社会学的过程中,阿尔弗雷德·许茨、托马斯·卢克曼、哈罗德·加芬克尔起着重要的作用。其中,许茨通过对"社会学何以成为可能"这一问题做出了现象学解释而被认定为现象学社会学的开创者和奠基人。

许茨的思想与胡塞尔现象学联系十分紧密。胡塞尔在学术生涯后期,十分注重生活世界这一概念,而这正是许茨阐述社会学基本问题的出发点。许茨认为,我们都住在生活世界之中,把这样的世界当做是理所当然的,同时我们也意识到,他人也和我们分享着这个世界和对这个世界的解释,对这个世界的解释是主体间的,是客观的。当我们去理解这个世界中的种种现象时,总是在与他人联系着:一方面,我们的解释总是被社会左右之后沉淀下来的某种思考类型,比如曾经与长辈进行的一次交谈、和同窗的一次争吵,都会或多或少地改变我们的思维方式;另一方面,在直接的日常互动中,我们通过将自己投射到他人之中,也就是从自己的情境出发对他人的情境进行一种推测,而获得对方的观念,这种互为主体性的方式也会影响我们的想法。在这两方面的作用下,我们的世界必然是共享的,是社会的。这样,生活世界就变成了社会世界。如果以自然科学的研究方法来对这个世界进行研究,只追逐客观性而忽视主观性的意义,那么这种研究必然会是僵化而浅薄的,甚至会遗留下不良的后果,就像是科学主义对生活世界所做的那样。正是在这个意义上,许茨论证了社会现象对社会研究的重要性,深入地研究了"现象"所具有的意义,在社会学领域和现象学领域都产生了巨大的影响。

以许茨为原点，产生出了两种广泛联系着的社会学研究方向，其一即是以彼得·伯格和托马斯·卢克曼为代表的社会建构理论，其二则是以加芬克尔为代表的常人方法学。

伯格和卢克曼关注现实的社会建构，他们所说的现实建构，指的是人们通过他们的行动与互动不断地创造一种共同现实的过程。① 在互动中，人们从个体的意义赋予中走出，将这种意义在主体间进行传播，使其成为客观的现实，比如制度、风俗、社会秩序等，从而将社会学研究的微观（个人）层面与宏观（整个社会）层面联系起来。总而言之，社会构建理论的核心问题就是，主观意义是如何客体化的。伯格和卢克曼将社会建构分为三个阶段，即外化（externalization）、客观化（objection）和内化（internalization）。师从许茨，伯格和卢克曼同样注重主体间性和生活世界。在互动过程中，人采取行动，将自己的内在现实表现出来，立足内在现实开始一种社会关系或事业，这就是外化，个体在这里是积极主动的，可以通过自己的行动创造社会。但是另一方面，日常生活对于个体来说往往意味着某种规则，社会在我们进入它之前就仿佛被建构了起来，存在着秩序，这是因为我们在进行互动时将内在于我们的意义客观化了，内在现实变成客观现实，并反作用于这种现实的创造者。不过，即使各种客观的秩序、规范或制度得以产生，却无法在社会成员的心中占有一席之地，那么这种客观化也是毫无意义的，因此，社会建构的最后一个环节必然是客观化的社会现实被主体所接受，即内化过程。总的来说，社会就是这样被建构的：社会产生于其成员的活动，是由人的主观意义客观化产生的，但同时社会成员也必须遵循这个社会的规范。值得一提的是，伯格提到了"物化（reification）"这一概念。这个概念指的是人们将自己创造出来的东西理解为一种与人类活动无关的事物，比如宇宙真理等，这时人们就会忘记他们对于世界的主宰权。宗教就是通过强化"物化"来保持信徒信仰的。

作为许茨的学生，加芬克尔同前者的思想一脉相承，他创立了常人方法学（Ethnomethodology）。常人方法学顾名思义，是一门研究常人的方法的学问，与众不同的是，常人方法学研究的对象并非社会结构、社会过程或社会行为，而是使人们理解社会并进行社会活动的方法。也就是说，常人方法学实际上就是要研究：人们怎样为日常生活赋予意义？那么，加芬克尔为何要研究这个问题呢？加芬克尔认为，我们的社会从根本上来说是反思的，离不开主观理解的作

---

① 〔美〕鲁斯·华莱士、〔英〕艾莉森·沃尔夫：《当代社会学理论》，刘少杰等译，北京：中国人民大学出版社2008年版，第252页。

用。以自杀现象为例,研究者可能会根据"有无留下遗书""死者死前是否有轻生暗示""死亡的方式是如何的"等标准来判断一个死亡是否是自杀,但是,这种判断的标准实际上来自人们对日常生活事件的归纳总结,之后才逐渐形成一种模式。模式和特例实际上是相互强化、相互证明的,是"自反"的。通过这样的自反,我们构建关于这个社会的概念,解释社会现象并且将新的社会现象纳入我们的解释模式。当我们判断一个人是自杀还是他杀的时候,往往根据的正是这种反思,从而解读这个事件,构建这个事件的意义,即他是如何死的全来自我的判断。以此推论,整个社会都是如此被人们构建出来的。那么,人们到底是怎样为社会实在赋予意义的呢?加芬克尔提出了指称性表达(indexical expressions)和客观表达(objective expressions)两种方式。指称性表达与对话双方、对话情境有着密切的联系,话语的意思是独特的,常常含有言外之意;而客观表达则指的是较为一般、通用的话语形式,正是因为它的存在,知识、真理等才能被广泛理解。

在许茨和加芬克尔之后,萨克、西科雷尔、齐默曼、波尔纳、威德等社会学家继续沿着现象学社会学的路径前进,著述颇丰。这些研究大多涉及社会互动及意义建构,对传播学研究有着启迪作用。

案 例

《做新闻》

第二章
诠释的民族志

一、民族志的基础

作为一种社会研究方法的民族志,有着悠久的历史,独特的价值取向和特点。在学习这种方法之前,我们可以思考这样一个问题:在传播学的电视受众研究中,如果想获得受众对电视节目的喜好倾向、对节目内容的意见或者态度,可以采用什么样的方法?一些研究者以问卷做工具进行抽样调查,一些专业的调查机构也通过设置收视率调查器的方法,记录下受众的节目选择。但是,也有一些研究者以自身作为研究工具,在获得受众信任的基础上,走入受众的客厅,定期地或者长时间地与他们一起收看节目,倾听他们对于节目的看法和意见,和他们一起讨论节目的内容,并对以上过程进行录音或者书面记录。通过前一种方法,我们可以对节目的受众范围、受欢迎程度进行数据的测量,并利用统计方法分析数据中的关系,得出某种结论。而通过后一种方法,我们能够描述出受众的切身感受,记录下他们收视的情境、他们讨论的内容细节,并在这些描述性资料的基础上发现问题并予以研究,通过归纳材料内容得出结论。

在传播受众研究中,这两种方法都是可行的,但这两种方法又存在着很大的不同,学界一般把第一种方法称为调查统计的方法,这在前面的章节中已经有了详细的介绍,而把第二种方法称为民族志的方法。通过上面的举例,每个人对民族志方法都有了一点直观的了解,下面将结合传播学对民族志方法的使用情况,对该方法做出系统的介绍。

(一) 民族志的起源

民族志最早起源于人类学,甚至可以说"先有民族志,后有人类学"。民族志(ethnography),其词根 ethno 来自希腊文中的 ethnos,指的是一个民族,一群人,或一个文化群体;graphy 来自希腊文中的 graphein,指的是记述①,因此民族志可以理解为对异文化的描写、记录。虽然"正规的"民族志诞生于人类学的田野工作中,但早在人类学诞生以前,人们就开始了类似民族志的探索,比如希罗多德的《历史》、中国的《山海经》等,均是对各种文化进行记述的典范。

在民族志方法尚未形成体系化以前,关于文化的考察和记录长期处于一种随意业余的状态。直到英国的人类学家马林诺夫斯基以自己的田野工作为民族志建立起法则,为其发展奠定了基础。

布罗尼斯拉夫·马林诺夫斯基是第一位真正长时间在非西方国家的村庄进行研究的文化人类学家,他也是第一位描述自己如何获取数据以及描述自己田野研究经历的专业人类学家。1914年,他前往新几内亚进行田野工作,由于第一次世界大战爆发,他被迫留在作为英国属地的新几内亚,但这也使他因祸得福,得以在1914—1918年间对新几内亚进行长期的考察,并在此基础上撰写出了多部著作,其中,最著名的当数《西太平洋上的航海者》。

《西太平洋上的航海者》主要描写了新几内亚东部和北部诸岛的一种非常特殊的交换形态,即"库拉圈",各岛的男子按照顺时针或者逆时针的方向交换礼物,并伴随着特别的仪式和巫术。这部著作虽然是以考察"库拉"现象为主要内容,却是马林诺夫斯基第一次在一部民族志作品中,详细归纳和介绍自己所使用的方法,提出了民族志的目标和实现途径。

在该书的第一章中马林诺夫斯基特别强调"调查的方法"问题,并认为自己通过长期的探索,发现了有效田野工作的秘诀所在。② 马林诺夫斯基认为民族志方法的原则主要有三点:"第一,学者必须怀有真正的科学目标,并且知道现代人类文化学的价值和标准。第二,他应当将自己置于良好的工作条件之中,最主要的就是不要和其他白人居住在一起,而直接居住在土著人中间。第三,他还得使用若干特殊方法以搜集、操作、确定他的证据。"这三点构成了民族志方法的基石。而他所强调的第二点,正是现在一般称之为民族志方法核心的"参与观察法"。

马林诺夫斯基认为,如果想要成功地搜集到土著文化的资料,获得土著人的观点和看法,那么民族志作者必须待在土著村庄一年或者更长的时间,学习土著人的语言,与他们一起生活、交流,即参与到土著人生活中去,观察土著人的劳

---

① 〔美〕卢克·拉斯特:《人类学的邀请》,王媛、徐默译,北京:北京大学出版社2008年版,第106页。
② 〔英〕布罗尼斯拉夫·马林诺夫斯基:《西太平洋上的航海者》,张云江译,北京:中国社会科学出版社2009年版,第5页。

作、典礼、习俗、仪式等方方面面的内容,并予以详细的记录。这种走出书斋、迈向田野的研究方法,我们现在称之为"参与观察法",而这种方法首先是在马林诺夫斯基这里得到了比较彻底的说明。

经过马林诺夫斯基的解释和归纳,民族志得以从一种随意的、业余的状态走向专业化领域,并成为人类学研究方法的一个独特标志。

民族志方法除了拥有人类学的起源以外,一些社会学者在进行研究时也采用了相似的模式,他们走出大学校园,走向他们所要研究的社会对象本身(人类学主要关注的是异族文化,而社会学关注的则是现代社会的种种问题)。比如,由帕克带领的芝加哥学派,在20世纪20年代开展了一系列对于芝加哥具体社会问题的研究,这些研究者也使用参与观察的形式走入城市生活,接近游民、乞丐,走入各种社区,做长时间的研究,以研究对象的视角来思考问题,并据此撰写著作。但是人类学所使用的民族志方法与社会学者采用的参与观察还是有一定区别的。本节所说的民族志,是以人类学的参与观察为基础的。

(二) 民族志的特点

民族志强调将研究者本身作为研究工具,跳出实验室与书斋,走向田野,融入研究对象的生活和文化,以此来获取第一手资料,并以局内人的视角理解所要研究的生活或者文化,最后以适当的形式表现出来。这种方法经过马林诺夫斯基的总结后,并不是一成不变的,而是随着人类学、社会学思潮的转变而变化,但不管如何改变,民族志与其他研究方法相比,主要有以下几个特点。

1. 情境性。在民族志研究中,研究者本人要走入被研究者的生活,而不是采取远观的态度。研究者认为情境才是最重要的,只有走入了这样的情境,才能理解问题是怎样产生的,被研究者为什么会以各种不同的方式来回应问题。在媒介民族志研究中,研究者走入研究对象的所在地,走进他们的客厅,与他们一起分享使用媒介的过程,或者对于媒介使用进行深度的对话,在此基础上获得研究材料,解决研究问题。比如,中国的传播学者郭建斌所著的《独乡电视》一书就是他运用民族志方法考察特定电视受众的结果。为了获得第一手的研究素材,他亲身来到了位于云南怒江傈僳族自治州贡山独龙族怒族自治县,在一个独龙族的村落中,观察电视对于一个少数民族乡村意味着什么。经过半年的田野工作,他提出的研究问题是"电视机从哪里来?""在哪里看?""观众是谁?""看什么?""怎么看?"这些有关电视收看的问题看似很简单,没有什么重大意义,但正因为有了独龙乡这样一个独特的社会文化情境,有了郭建斌本人在这种情境下的长期生活,提出这样的问题才有独特的价值,电视在这种特殊情境下的文化意义才得以彰显,才能有效地阐明电视对于一个独龙乡的人意味着什么。①

2. 整体性与细节性相结合的视角。民族志研究关注的是具体的情境,而这样的情境并不是互相割裂、没有联系的散乱画面,而是整体与细节并重的立体图景。当研究者走向田野之前,必须要对所考察地区的政治经济文化等整体状况有一个宏观的把握,对于研究对象的大致情况要有一个初步的了解。因为,研究者所要处理的任何一个问题都是发生在这样的一个整体性条件下。研究者必须首先具备一种整体性视角,才不会在田野当中误打误撞,漏洞百出。而情境既是宏观的,也是微观的、具体的。民族志研究聚焦于具体、细节的情境,而不是抽象、空洞的全景画面。在研究场景中,被研究者的一个小小的动作也许就会有深刻的意味,在谈话中的咿呀语句,一个停顿、一个手势或许都会对研究者予以启示,所以不管是对于重要的场合还是对于习以为常的活动,研究人员都要一视同仁,做出详细的记录。同时细节又往往与整体性视角相联系,细节又需要通过情境来解释,这样整体和局部才可以恰当地组合,才有助于研究者更全面地理解被研究者的意义世界。

3. 描述性数据的使用。统计调查研究通过问卷的发放和整理,一般都会把所获得的资料转化成各种确定的数据。而民族志研究所获得的数据一般都是"软"的。他们一般会携带一些记录设备,比如录音笔、摄像机或者只是简单的笔记本,尽可能地描绘研究的场景,用细腻的文字、生动的笔触记录下自己的所见所闻,所思所想。通过长期的田野工作,搜集到包括访谈记录、田野笔记、照片、录像带、个人文档、备忘录和其他官方资料的数据。但是不同于统计调查的是,研究者不会把叙述记录和其他数据简化为数字符号,而是试着用他们尽可能丰富的资源,去分析这些数据,使这些数据得到重新建构。

由于民族志研究采用了描述性数据,就需要研究者特别注意在第二点所提到的微观视角。当我们进入研究情境中后,很容易会忽视我们周围的细节,但民族志研究要求我们接受这样一个假定:没有什么事情是微不足道的,每件事情都有成为线索的可能,当每一个细节都被考虑到的时候,描述就作为一种数据搜集的方法取得了成功。②

4. 开放性与动态性的结合。民族志研究者必须对研究对象保持开放的胸襟,因为不管事前的研究设计有多么的完整和细致,在到达研究现场以后,总是

---

① 具体请参见郭建斌:《独乡电视:大众传媒与少数民族乡村日常生活》,济南:山东人民出版社 2005 年版。
② 〔美〕罗伯特·C.博格丹、萨利·诺普·比克伦:《教育研究方法:定性研究的视角》,北京:中国人民大学出版社 2006 年版,第 5 页。

会发现这样那样的不足,出现一些从没有考虑到的问题。因此,保持一种开放的研究态度是格外重要的,需要研究者尽可能不遗漏任何数据,也不在乎花上几个小时与采访对象东拉西扯,因为所获得的资料将作为采访对象的文化证据,而分析被研究者所使用的话语,哪怕只是"呀""哦"这样的语气词,往往也能追溯到它们背后的社会权力因素。由于生活情境总是具体而又多变的,研究者必须随时做好参与到各种情境中的准备,并根据其在环境中所不断感知到的变化来调整研究的内容与进程。但这并不表示研究可以毫无准备、漫无目的,而是所有问题的建构、理论或模式的根据、研究设计、资料搜集技术、分析工具,甚至特别的书写体例都必须在事前详尽规划,所以这样的工作要求的是开放的心胸,而非空洞的大脑。

(三) 民族志的类型

民族志作为社会科学中一种常用的研究方法,与不同的社会理论、思潮相结合,形成了各具特色的类型,主要的有描述性民族志、解释性民族志以及批判性民族志。这里所说的"类型"是就民族志研究和写作中所采用的理论范式、所采取的价值立场及所追求的目标而言的。

表 1 民族志的类型[①]

	描述民族志	解释民族志	批判民族志
理论基础	实证主义、科学主义	解释学	马克思主义等社会历史批判理论
民族志书写	文化的浅描	作为理解的深描	文化的批判书写
目标	预测和控制	理解和重建	批评和转型的恢复和解放
研究者身份	公正无私的社会科学家	理解者、参与者	变革知识分子

1. 描述性民族志

描述性民族志诞生于马林诺夫斯基所建构的科学的民族志的工作方法中,正如上文中在介绍民族志的起源时所讲到的,民族志就是人类学家"到过那里"的证明。他们到一个田野点上进行调查,把观察到的地方人民的生活方式记录下来,透过对当地生活细部的刻画,如经济交换关系、家族制度、宗教制度等来说明社会整体和文化全貌。这样的民族志书写虽然生动全面地展示了地方文化,

---

① 该图表的制作参考了〔美〕诺曼·邓津、伊冯娜·林肯主编:《定性研究:方法论基础》,风笑天等译,重庆:重庆大学出版社2007年版,第177—178页。

却被后来的学者认为是一种"浅描"。

这种传统与马林诺夫斯基所持的实证主义态度和结构功能理论是分不开的。实证主义认为存在着一个客观的、可以观察的外部世界,而一个科学研究者则要通过种种科学方法去发现这个客观世界的规律,这就要求研究者在研究中要做到客观、公正,对自己的研究对象要做到价值无涉。马林诺夫斯基在确立科学的民族志的原则之时,强调研究者要走入田野,与研究对象长期接触,学习他们的语言,了解他们的文化,尽可能地融入研究对象。但这样的研究并不是站在本地人的立场上,而是要得出某种科学客观的结论和预测,民族志研究不仅要记录所见、所闻,还必须对其功能进行分析,进而构建一门"文化科学"。通过对科学性、客观性、理论性的强调,马林诺夫斯基虽然为民族志打下了坚实的基础,也使得这一类型的民族志封闭了"他者"的声音,在生动的描绘背后其实潜藏着冰冷的理论。

2. 诠释(解释)民族志

由于描述性民族志在研究立场和方法上的种种缺陷,在对这种不足的反思中,诠释(解释)民族志这种独特的研究范式得以出现。解释理论的大师克利福德·格尔兹从欧洲的文化理论传统中吸取营养,以现象学、诠释学作为理论依托。他认为并不存在着一个不容置疑的客观世界,现实是由人类自己创造的意义世界,是多元的、复数的,而研究者的研究目标既不是寻找什么规律,也不是去试图做出预测,而是去试图"理解他人的理解",从而去重建地方文化的意义世界,扩大人类交流的话语空间。研究者并不是所谓价值无涉、客观中立的"科学家",他们只是尝试去成为文化的理解者和参与者。用来评判一个民族志好还是不好的标准,并不是它发现了什么规律或是成功地预测了什么,而是它在多大程度上解读了当地文化的"文本"。

格尔兹认为,能够界定民族志的,并不是那些技术和公认的程序,比如建立关系、选择调查合作人、做笔录、记录谱系等,而应该是对"深描"的追寻。如果民族志仅仅去追求这些公认的程序,这样的民族志只是一般的描述,达成的不过是"浅描",并没有达到理解和解释当地文化与意义的目的。真正的民族志所追求的是"深描",如同去区别"眨眼"和"对眨眼的模仿"。在浅描之下,"眨眼"和"对眨眼的模仿"都是简单的抽动眼皮,但只有以理解和解释为目的的深描,才会致力于去解读这种细微的差别。文化并不存在着什么规律,也没有什么可预测之物,文化是"人类自己编织的意义之网",时而神秘莫测,时而漏洞百出,但人类学家的任务就是去追寻对"意义之网"的理解。

3. 批判性民族志

批判性民族志与描述民族志和诠释民族志有着很大的不同,它既反对追求一般性的规律和预测,也没有致力于去寻求解释性的"深描"。批判性民族志所采取的是批判性立场,它所追求的是通过民族志的写作而达到对现状的揭露和批判,从而改变弱势人群受到种种压迫的现状。批判性民族志往往以批判理论为依托,例如马克思主义、女性主义、种族理论等。批判理论认为,现实既不是客观的,但也不是完全由意义之网所编织而成,现实是被社会的、政治的、经济的、伦理的和性别的价值所塑形,随时间的发展而逐渐形成的。

因此,研究者采用民族志这种方法,从而解读和分析当代生活的多元结构,发现其中的压迫性因素或是展示受压迫者是如何用自己的方式去"抵抗"种种宰制性因素,建构自身的意义空间。"批判理论家力求生产出实际的、注重实效的知识,这些知识是文化的、有结构的,对它的判断标准是它被历史情境限定的程度以及它产生实践和行动的能力。"①

批判性民族志在传播研究中的影响较大,文化研究学者莫利等人较早地采用了民族志方法研究电视受众,一改实证研究中受众的言说被化约为简单数据的倾向,展示了受众在电视收视时的多元话语和复杂的意义形态,为传播受众研究开辟出了新的空间。下一节将简要介绍文化研究对民族志方法的使用。

二、诠释民族志与受众研究

1980年,以文化研究学者莫利开展的"全国观众"研究为代表,民族志方法正式进入传播学领域。当年有三篇关于受众的研究,都有摆脱传统的实证主义方法而走向民族志方法的倾向,莫利(Morley)的《全国观众》(*The Nationwide' Audience*),是英国伯明翰大学当代文化研究中心(CCCS)"全国"计划中的一环,其目的在于检验受众对电视信息的特定诠释和其社会阶级位置间的封闭关系。卢尔(Lull)的《电视的社会使用》(*The Social Uses of Television*),第一个研究了家庭中媒介的消费行为。作者用三年的时间拜访了超过 200 个家庭,与他们一起吃住、收看电视,这是少数使用长期的参与观察法的民族志受众研究。霍布森的《家庭主妇和大众媒介》(*Housewive and the Mass Media*)的重要意义在于陈述了在处理家务的情况中,媒介的性别意义,是第一个针对女性受众所做的民族

---

① 〔美〕诺曼·邓津、伊冯娜·林肯主编:《定性研究:方法论基础》,风笑天等译,重庆:重庆大学出版社 2007 年版,第 172 页。

志研究。

(一) 受众研究中的方法转向

在受众领域中之所以会出现民族志的转向，与受众研究领域的两种主要研究范式的衰落是分不开的。

1. 实证主义研究范式的动摇。莫利在《数字带来的麻烦》一文中详细分析了传统实证主义范式对受众研究造成的障碍：具有实证主义倾向的研究者总是试图将传播过程中那些看上去有效——或是对不同环境下不同人群有效——的因素分离出来。通常认为，多年以来大量的实证研究充其量只是就媒介影响力的基本问题给出了一些差强人意的解答。受众的构成似乎经得起某种临床式经验主义的检验，但实际上却导致了方法论上的孤立和抽象。[1] 实证主义的研究传统往往把研究对象与研究环境相分离，这样媒介的接受活动往往成了一个单面的过程，依靠量化统计去搜集接受活动的相关数据，而完全无视其研究对象与接受环境的相互作用。

同时，实证主义的研究往往容易成为商业主义的助手，从事相关的市场服务。这样，受众的行为偏好、兴趣往往成为商家的关注点，而在这些行为背后的深层意义却不能得到有效的挖掘。比如电视的收视率，仅仅使用一些概括的和标准化的收视行为变量来描述不同类型的观众以及他们之间的差异，但是其他的认同和差别却被忽略。从收视率的角度看，看电视就是每个人坐在电视前选择自己想要收看的节目，但不能理解人们怎么看，为什么看。

实证主义的受众研究传统只能在测量受众的接受行为之中原地打转，除了获得一大堆统计学意义上的数据之外，这种研究方法很难解决深层次的意义问题。民族志方法由于其整体性的研究视角，对实际研究情境的参与，以及对研究对象行为背后的意义结构的重视，可以到达传统实证研究所无法参与的微观领域，从而得到传播学者的青睐。

2. 对结构主义分析法的质疑。随着欧洲符号学的介入，传播研究方法也逐渐走向多元化。结构主义符号学开创了对文本的符号学研究，产生了极大的影响。托尼·本内特曾经这样总结这种结构分析：由于各种形式的(列维·斯特劳斯、阿尔都塞、索绪尔的符号学和拉康的心理分析)结构主义的影响，人类经验更多地被视为(人的心灵的无意识的规律和神话逻辑的、意识形态国际机构的、语言的、婴儿时期的镜像阶段的)"结果"。从这种观点看，人类作为主体只是历史

---

[1] 〔美〕戴维·莫利：《电视、受众与文化研究》，史安斌译，北京：新华出版社2005年版，第200页。

和意识形态的"载体",是通过"结构"被讲出来或者"被质问的"……在结构主义看来,经验不是文化的基础,而是其结果,是特定生产方式的产物……①

在这样的一种结构主义模式看来,受众的具体接受经验是微不足道的,因为文本的巨大力量已经在建构受众及其体验,文本的意识形态结构正在"召唤"着受众,而这种深埋于文本内部的结构性力量,受众是很难察觉到的。通常情况下,受众只能在不知不觉中接受文本的预设,从而完成了意识形态或者霸权的收编过程。

但是这样的研究往往偏重于文本的决定作用,过分强调社会结构性地位对于受众的宰制,而忽略了受众自身的能动性以及获取不同解读话语的能力。文本与受众的力量在结构主义的研究中是极为不对等的,按照结构主义的视野,极容易造成文本高高在上,而受众处处受制于文本的研究结果。事实上,受众对文本意义的解读受到多种因素的制约,必须通过深入接触才能把握。媒介接受活动与家庭、社会生活环境往往密不可分,也只有在这样的综合环境中我们才可能理解收视活动的意义,而能对这一活动进行详尽的描述分析的,自然是强调田野工作与整体研究取向的"民族志"方法。

3. 诠释性范式的出现。莫利在对受众研究历史的总结当中,提出了一种全新的诠释性范式,并认为自己的研究或多或少偏向于这样的一种范式。此范式认为"一个特定行动对所涉及的行动者的意义不能被视为理所应当的,而是悬而未决的。因此,互动被定义为在一个特定环境中行动者的诠释和互相典型化的过程。"②这种研究倾向,往往不会预设行动对于行动者的意义,而是强调通过对行动的深层次的理解而达到对行动的诠释,因而是一个互动的过程。在这一范式中,语言和符号、日常的传播过程、对行动的理解、对意义的生产过程居于中心位置。

这样的研究倾向与文化研究注重对日常生活文化、普通人生活的考察的旨趣十分接近。他们寻求"亲身经历",以便使自己的专业视角能够转向局部生活和历史之外的更为广泛的视野。民族志在传播学受众研究方法论的诠释主义转向中,自然获得了一席之地。民族志对参与观察的重视,对亲身体验的强调,对生活意义诠释的注重,与诠释性范式以及文化研究中对互动的理解、对日常生活的探究有着同样的旨趣。所以我们说传播学受众研究中的民族志转向,是传播

---

① Bennett, Culture, Ideology and Social Process, London: Batsford, 转引自〔英〕约翰·塔洛克:《电视受众与文化研究——文化理论与方法》,严忠志译,北京:商务印书馆 2005 年版,第 14 页。
② 〔美〕戴维·莫利:《电视、受众与文化研究》,史安斌译,北京:新华出版社 2005 年版,第 58 页。

研究范式转变的结果,也是民族志的研究取向与这种转变相契合的结果。

在本节的第二、三部分,将以莫利的两个代表性的受众民族志研究为案例,对民族志方法与传播受众研究的具体结合情况做简要的介绍和分析。

(二) 戴维·莫利与"全国观众"研究

"全国观众"是由莫利参与的,伯明翰大学当代文化研究中心在1975—1979年间进行的一项研究。为了探讨传播的意义,莫利从两种影响意义生成的制约因素入手。一个是文本的内在结构和机制,它们导致了某些确定的解读的出现,也可能阻碍某些解读的发生,另一因素是读者的文化背景。这种既考虑文本又考虑受众社会因素的分析就避免了单纯的文本决定论或者受众可以产生无数种解读方式的"使用与满足"方法的弊端。第一步,莫利详尽地研究了"全国观众"的特定的形式设计、受众特定的说话方式,以及文本组织的特定形式。研究项目的第二部分是探究特定节目内容是如何被具有不同社会背景的个体解读的,同时试图了解其文化架构在影响个体解读节目中的作用。

在研究的第二阶段,莫利采用了焦点小组访谈的手法,按照受教育程度、职业等级、地域等,把受众分为29个小组,这些小组又被莫利分成4个基本类型,分别是经理、学生、学徒工和工会成员。这些小组分组收看同一个节目,并对节目内容进行讨论。

通过焦点小组的讨论,莫利获得了观众对节目解读的原始素材,接下来,莫利采用了文化研究学者霍尔的编码/解码模式,对受众的观点进行分析。其中解码部分有三种解读方式:一是优先性解读,即按照媒介赋予的意义来理解讯息;二是妥协性解读,即部分基于媒介提示的意义,部分基于自己的社会背景来理解讯息;三是对抗性解读,即对媒介提示的讯息意义作出完全相反的理解。[①]

经过以上分析,莫利认为阶级位置与解码框架没有直接的联系,重要的是社会位置加上特定的话语位置如何产生特定的解读,这些解读是有一定结构的,因为通向不同话语渠道的结构是由社会位置所决定的。

凡此种种努力都使得莫利的"全国新闻"在民族志受众研究史上具有开创性的意义。但是,也正因为这是首次尝试而难免会有粗糙之处,一些学者对莫利的研究提出了责难,问题包括:研究者一开始就持有预先的期望,认定意义的生产和社会深层结构间的关系;受访者是在非自然的情况下,被安排与自己同阶级的

---

① 郭庆光:《传播学教程》,北京:中国人民大学出版社2011年版,第258页。

人一起收视。因此,很多人认为该项研究并不是真正意义上的民族志受众研究。①

(三) 莫利与"家庭电视研究"

"家庭电视研究"是莫利继"全国新闻"的受众研究之后,又一个电视受众的研究项目。"家庭电视"研究选取了来自伦敦南部地区的18个家庭,这些家庭都拥有一部录像机,有两个成年双亲,以及两个或两个以上未满18岁的儿童,其家庭成员都是白种人。研究关注的是这些家庭成员如何收看电视,其具体的分析框架如下②:

1. 对节目选择的权利和控制
2. 收看电视的风格
3. 有计划和无计划地收看电视
4. 与电视相关的谈话
5. 技术:录像机的使用
6. 独自收看以及负罪的快感
7. 节目类型的偏好
8. 全国性与地方性电视节目

总的说来,家庭电视研究有以下几个特点:

1. 注重研究环境的整体性与情境性

如果说莫利的《全国新闻》的研究因为采用了焦点小组的访谈方法,而缺乏民族志方法深入研究环境的特点的话,那么家庭电视,则完全是情境化的。莫利走入每一个家庭,首先听男女主人讲述他们自己对于看电视的看法,然后再请他们的小孩加入其中,对家庭中的电视收看问题进行深入的探讨。

莫利认为应该把家庭当作电视消费的基本单位,电视是一个家庭的内部媒介,而且"看电视"不是一个简单的无差异的行为,不同收看者在收看不同的节目的时候会有不同的关注层面,在不同的时段里,存在着权力、责任和控制的差别。因此应该把家庭当作收看电视的重要语境,而且收看电视的相关种种问题,比如家庭成员对电视的控制权、对电视的谈论是怎样的、客厅的空间是怎样组织的……都必须在家庭收视语境中得到分析。

传统的受众研究主要关注电视收视的原因和结果,但是"如何收看"的问题

---

① 谢莹:《论受众研究的"质化"传统》,湖南师范大学2005年硕士学位论文,第40页。
② 〔美〕戴维·莫利:《电视、受众与文化研究》,史安斌译,北京:新华出版社2005年版,第166页。

却一直没有得到重视,莫利想要探究的是"收看电视的行为还带来了什么",而这样的探究必须在真实的家庭收视环境中得到解答。

2. 采用深度访谈的方法

由于莫利期望在家庭的环境下研究电视的收看问题,这样的研究目的与强调融入研究环境的民族志方法是不谋而合的。莫利对每一个研究家庭进行深度访谈,通过深度访谈,让每一位采访对象在更加充分的时间和空间中解释其在收看电视中的角色、感受以及对电视的看法。莫利对讨论话题不断引导,同时,任何非真实的或者是虚构的表述都要受到他人的监督,因为访谈是在接受调查的夫妻之间,或者一家三口之间进行,所以任何不符合真实的收看电视情况的回答都有可能遭到其他研究对象的拆穿或是反对。通过这样的深度访谈,可以在一定程度上保证所获信息的真实性。

3. 性别与权力的视角

家庭电视的研究关注了在收看电视时家庭权利的分配以及权利结构的变动问题,同时还引入了社会性别因素。男女间收看电视的习惯、风格之间的差别不仅仅因为生理性别的不同,更在于家庭或社会地位的差异,即权力结构不同。男性通常在社会上工作,以供养家人,因而回家之后看电视是他的休闲方式,理所应当地得到保证,于是遥控器始终是掌握在男性受众手中。然而,男性一旦失业,他便失去了对电视的掌控权,由于有较多的空闲时间,他应该保证其他家庭成员的电视收看。相反,女性作为家庭主妇,家庭属于她们的工作空间,因而妇女往往在收看电视的同时还不忘工作,或是对收看电视感到内疚。

对于莫利从"全国新闻"到"家庭电视"的研究转向,一些评论家有自己的看法,他们认为莫利的"家庭电视"缺乏对意识形态的关注,也有人认为研究的中心从文本分析转变到在家庭语境中对电视消费的理解,这就磨损了研究中的政治因素,等等。

虽然批评的意见很多,但不可否认的是,从家庭语境中研究"收看电视"无疑为电视受众研究开辟了新的研究视角,其对研究情境以及研究对象的个体表达的尊重,对民族志方法中深度访谈的采用,对于传播受众研究具有重要的理论和实践意义。

三、诠释民族志与詹姆斯·凯瑞的传播观

民族志不仅在传播受众领域有极为重要的影响,对于传播观念也有很大的启发。美国学者克利福德·格尔兹的诠释人类学、民族志的"深描"观念,影响了

传播学者詹姆斯·凯瑞。凯瑞的代表作品《作为文化的传播》,提出了传播的"传递观"和"仪式观"的分别,并呼吁以文化的观念来理解传播,在主流的传播实证研究外另辟蹊径,代表了传播研究的另外一种范式。

(一) 克利福德·格尔兹的诠释人类学

在前面我们介绍了民族志方法的奠基人马林诺夫斯基对创立规范化的民族志所作出的贡献,但是民族志的内涵却不仅仅停留在马林诺夫斯基所确立的那几条原则,而是随着人类学理论的发展而变得多元。克利福德·格尔兹的诠释人类学与"深描"民族志从诠释学的角度重新定义了人类学以及民族志,其思想不仅影响了人类学本身,对文学、社会学以及传播学等诸多学科均有启发。

诠释人类学是 20 世纪 70 年代以后在美国人类学界最具有影响力的理论思潮之一。就诠释学本身而言,它渊源于雅典,在中世纪及宗教改革以后的文献学家中间得到初步地,后来德国哲学家狄尔泰(W. Dilthey)丰富并深化了这一学术传统的内涵。这一传统在方法论上的特征是通过技巧了解由文字所记载的意义,这种技巧凭借诠释者的天资和诠释者与被诠释者之间的某种关系。它也使用概括性推理和类推性推理,由于它要求作者具备高超的对文本或他人进行理解的规则(途径),发现这种理解的规则便成了诠释学的基本命题。然而,格尔兹的诠释学并不是以寻求一种具有普遍意义的逻辑规则去对照具体的事实为目的的诠释学,而是在著述文化的过程中不断地充实和调整其诠释厚度的过程。

我们可以从以下几个方面来理解格尔兹的诠释人类学。

1. 民族志的"深描"书写

格尔兹借用"操作主义"的做法,试图重新定义人类学,界定民族志。按照这样的思路,想要了解人类学,就要去看看人类学家在从事什么。人类学家在从事民族志,但是格尔兹认为,能够界定民族志的,并不是那些技术和程序,比如建立关系、选择调查合作人、做笔录、记录谱系等,而是对"深描"的追寻。他借用了吉尔伯特·赖尔的例子来说明什么是"深描"。大意是,有三个少年,他们三人都在抽动自己的右眼皮,只不过一个人是在眨眼示意,另一个只是无意识的抽动,还有一个少年想要恶作剧,因而模仿第一个少年,也在眨眼。那么,以浅描的角度来看的话,这三个少年仅仅是在眨眼,除了抽动眼皮之外,没有别的东西,不过若是追求深描的话,就要尝试去理解这三种眨眼的意义,去"理解他人的理解",去解读一份"陌生、字迹模糊、充满省略、前后不一致,可疑的更改和带偏见的评语"①的手稿,从而达到对意义的理解。

2. 文化的符号性诠释

民族志是一种对"深描"的追求,那么这种"深描"的可能性何在呢? 人类学家凭借什么可以去理解他人的理解呢? 格尔兹认为,人类学家对他人的理解不是要钻到别人的头脑里面,看看里面有什么,而是通过观察、解读文化来达成理解。他认为,文化不是如某些学者所主张的那样,是一种认知的过程,是造成某件事情的原因或者结果。他提倡一种文化的符号学观念(semiotic concept of culture),把文化看作是一种可诠释性符号的交融体系,是社会显现可以在其中得到清晰描述即深描的脉络②。格尔兹引用韦伯的话说,"人是悬挂在由他们自己编织的意义之网上的动物"③。他把文化看作是这些网,认为文化的分析不是一种探索规律的实验科学,而是一种探索意义的诠释性科学。

因此,在面对眨眼这样的文化现象之时,确定眨眼的本体地位或是模式是没有意义的,因为眨眼确实是存在于世界上的事物,所以人类学家在面对这样的情况时所能做的应该是去确定眨眼的含义。同时,文化的符号体系是公开的,格尔兹说:"文化是表演的文件(acted document)……具有公共的性质。"④他认为文化是一场公开进行的表演,因而可以通过公开的观察予以解读。文化是符号性的,文化是公共的,因而文化分析是一种诠释性的研究,是一种对深描的追寻。

3. 地方性视角

人类学家总是不远万里前往异域,探索另外一种生活方式,究竟是为了什么? 是通过这种以小见大式的方法来推论人类文化的一般模式吗? 格尔兹反对把人类学的研究地点看成是"沙粒中的天地"或者是"天然实验室",他认为如果"地域性微观研究真的因为这样一种以小见大的预设而具有重要性的话,那么这种研究就没有任何重要性"⑤,实验室的说法更不能成立,因为并没有可以分析的变量和可以推导的函数。那么民族志的地方性研究的价值到底何在呢?

格尔兹认为"人类学研究成果的重要性在于它们复杂的特殊性及其'具体情况具体分析'"⑥。人类学长期梳理文化脉络所得到的微观材料,为研究困扰当代社会科学研究的那些宏大命题提供了现实性。通过从一去不复返的场合里抢

---

① 〔美〕格尔兹:《文化的解释》,纳日碧力戈等译,上海:上海人民出版社1999年版,第11页。
② 同上书,第16页。
③ 同上书,第5页。
④ 同上书,第11页。
⑤ 同上书,第25页。
⑥ 同上书,第26页。

救出日常生活的话语,通过一种地方性和微观性的视角,人类学的文化解释扩大了人类的意义空间,扩充了人类交流的话语。这才是人类学研究坚持地方性视角的意义所在。

(二) 詹姆斯·凯瑞的传播观与格尔兹的诠释人类学

詹姆斯·凯瑞作为著名的美国传播学者,对仪式化传播的建构,对传播与文化、传播与技术关系的思考,对新闻发展、新闻教育的独到见解,在传播学界产生了较大的影响。而这种影响力的根源,跟凯瑞把美国的实用主义传播学传统与欧洲大陆文化研究(culture studies)的批判路线有机结合不无关系。

"传播学之父"施拉姆阐发了传播学"四大奠基人"的说法,进而把传播学的理论基础建立在实证主义这一研究范式之下,拉斯韦尔建立的传播线性模式,拉扎斯菲尔德、勒温以及霍夫兰等人所进行的有关民意调查、说服与态度转变问题的研究已经成为传播学不可动摇之起源与基础。且这种实证主义传播研究已经由美国传遍世界各地,成为传播学的主流范式。在美国的主流传播研究中,一般把传播视为信息传递的过程,因而与"传播"这一概念相关的研究取向往往都集中在如何能使传递更有效、更快捷等提高传递效率的范畴,实证主义的研究方法往往把传播的具体过程和内容表征为一系列数据和变量。长期以来,美国传播学以及世界范围的实证传播研究就是围绕着"传递"的传播观念打转。

虽然凯瑞是一位美国传播学者,但他本人并不采用实证主义方法进行传播研究,他从美国传播学的另一起源——芝加哥学派的大师杜威那里吸取理论资源,并结合欧洲传播研究中对"文化"观念的关注,在考察了社会学、文学、人类学等跨学科传统中的"传播""文化"观念的基础上,提出了传播的"仪式观",把传播视为一种文化现象。

他在《传播的文化研究取向》一文的开篇就引用了杜威的话来说明传播的"传递观"与"仪式观"。"社会不仅因传递(transmission)与传播(communication)而存在,更确切地说,它就存在于传递与传播中"。① 凯瑞认为杜威在两种意义上使用传播一词,一种是传递,另一种是传播。据此,凯瑞把传播的定义分为两类:传播的仪式观和传播的传递观。在传递观中,"传播是一个讯息得以在空间传递和发布的过程,以达到对距离和人的控制。"② 仪式观"并非指讯息在空中的扩散,而是指时间上对一个社会的维系;不是指信息的分享行为,而是共享

---

① 转引自〔美〕詹姆斯·凯瑞:《作为文化的传播》,丁未译,北京:华夏出版社2005年版,第3页。
② 〔美〕詹姆斯·凯瑞:《作为文化的传播》,丁未译,北京:华夏出版社2005年版,第5页。

信仰的表征。"以仪式观的角度来考察传播,"传播的起源及最高境界,并不是指治理信息的传递,而是建构并维持一个有秩序、有意义、能够用来支配和容纳人类行为的文化世界。"①

凯瑞之所以提出传播的仪式观,与他对人类学家格尔兹的推崇有关。正是格尔兹的《文化的解释》使凯瑞把传播研究和文化研究连接了起来;也正是凯瑞,在英国文化研究的传统和格尔兹的著作之间建立了联系。

1. 从宗教的仪式观到传播的仪式观

格尔兹本人对宗教研究寄予极大的热情,他关注的核心是宗教中的"仪式"。他认为,从文化的角度来看,宗教是"一个象征体系,其目的是确立人类强有力的、普遍的、恒久的情绪与动机,其建立方式是系统阐述关于一般存在秩序的观念……"②宗教不仅仅如涂尔干、弗洛伊德、马林诺夫斯基所言,是支持长老的道德义务和权威、确立社会性别和成人地位的手段,又或用以反映政治对立,更是代表了一种生活方式,从而为人们的生活确定意义。而宗教的这种文化内涵的体现,集中展示于各种仪式中。正是在特定仪式形式中,"宗教象征符号所引发的情绪和动机,与象征符号为人们系统表述的有关存在秩序的一般观念相遇,互相强化"③。格尔兹认为宗教仪式是富于建构性的,它为人们构造了一个想象世界的"模型",为我们的行为寻找秩序和意义。这种模型不仅是对现有世界的描述,它在描述的同时也以自己的方式为我们建造了一个世界。格尔兹指出,"模型"一词有两个含义,"归属"含义和"目的"含义(an "of" sense and a "for" sense)④,模型在一方面以现实为对象(a model for reality),是对现实的描绘,另一方面却引导着人们对现实的再造过程,即归属现实的模型(a model of reality)。

格尔兹笔下的文化、宗教、仪式等概念都是一个充满意义的符号体系,"带有天然的双重性,既按照现实来塑造自身,也按照自身塑造现实,它们以此把意义及客观的观念形式,赋予社会和心理的现实"。⑤

凯瑞在对传播的两种意义进行划分时,一方面受到了美国实用主义传播研究的影响,通过追溯杜威对传播的分析,进而概括出传播意义的两种范畴。另一方面,他之所以提出传播的"仪式观",这种理念与命名方式,与格尔兹对文化与仪式的界定也有很大关联。上文中我们看到了格尔兹以文化的方式对仪式的独

---

① 〔美〕詹姆斯·凯瑞:《作为文化的传播》,丁未译,北京:华夏出版社2005年版,第7页。
② 〔美〕格尔兹:《文化的解释》,纳日碧力戈等译,上海:上海人民出版社1999年版,第105页。
③ 同上书,第129页。
④ 同上书,第107页。
⑤ 同上书,第108页。

特分析,这种观念也影响到了凯瑞,他吸取了格尔兹对文化、对象征以及符号的理念,并且把格尔兹的仪式观融入传播中,从而在"传递观"外缔造出文化意义浓郁的"仪式观"概念。

凯瑞认为传播是一种现实得以生产、维系、修正和转变的符号过程,符号作为文化的结构,既是现实的表征,又为现实提供表征。这种表达,即是由格尔兹所提出的符号的双重属性而来。正是借由格尔兹所提出的这种双重属性,凯瑞建构了仪式观的理论基础。格尔兹认为文化为我们创造了行动的舞台,界定了行为的意义和秩序,凯瑞把这种文化观融合到传播的仪式观中,认为传播"是一种对现实的呈现,它为生活提供了整体的形式、秩序和调子"①。在凯瑞的理论中,文化与传播,符号与意义,是一体两面、不可分离的整体。凯瑞把传播对现实的构建层面称为"仪式观",正是从文化的意义上重构传播。他注重传播的符号形式对人类生活的塑造,注重对传播作文化层面上的理解,从而突破实证主义、行为主义传播研究原地打转的尴尬局面,为传播研究与人类学、艺术、宗教等人文学科的衔接开辟出空间。

2. 从作为文化的意识形态到作为文化的传播学科

凯瑞在《大众传播与文化研究》一文中重点分析了格尔兹《文化的解释》一书的思想,他以"曼海姆悖论"作为切入口引入格尔兹的分析,探讨传播学作为一门社会科学如何处理意识形态问题,即"意识形态在何处终止而科学又从何处登场的问题"。

《大众传播与文化研究》一文,其重点并不是探讨意识形态问题,而是借用格尔兹对意识形态的讨论来对传播研究进行重新理解和定位。凯瑞认为,对待意识形态问题,传播学有三种策略,"第一,是把传播学视为行为科学,其目的在于阐明规律;第二,把传播学看作是一种正规科学,其目的在于阐明结构;第三,把传播看作是一种文化科学,其目的在于阐明意义。"②

作为行为学科的传播学,也就是现在大众传播研究的主流,面对意识形态采取的是格尔兹所说的利益理论和紧张理论,凯瑞称之为因果解释和功能解释。在批判了这两种解释的不足的同时,以这两种解释作为当代大众传播效果研究的两种倾向。在因果解释中,传播效果被视为一种权利模式,其重点被放在环境的作用力中,以及被设想为相对被动的接受者。研究者试图去确定和分析大量的环境变量,诸如信源的可信度、信息的吸引力,并试图与受众的结构性情境相

---

① 〔美〕詹姆斯·凯瑞:《作为文化的传播》,丁未译,北京:华夏出版社2005年版,第9页。
② 同上书,第31页。

对应,如阶级、地位、宗教与收入等。这也是传播学的四大奠基人所开启的工作,其中最为著名的莫过于由拉扎斯菲尔德进行的"伊里选举"研究,但是基于种种变量所得到的预测并不准确。由于因果解释的预测能力不足,传播学效果研究转入到功能解释中,"从把传播当作一种权力,转化为把传播当做释放焦虑的一种方式、从信源利益转化为受众利益……这不是从原因论而是从目的论上解释社会现象。"同样的,功能主义也没能解决实质的问题,"功能主义也只为我们留下了模棱两可的概念,大众传播可能会颠覆或加强社会共识,监视环境或欺骗受众,有足够的论据可以证明这些论点,却没有办法具体说出什么时候或在什么情形下,大众传播具有某些或所有这些功能。"①

凯瑞认为,没有一种正规的传播科学曾活跃于美国学术界,但是现代语言学、系统论还有控制论都在建构社会现象的正规理论上做出努力,它们通过摒弃行为研究来处理意识形态问题,它们的技巧是"从日常行为易变的材料中建构大脑或文化的深层结构"②,正如现代语言学家不再研究语句的具体内容而转为关注人们说出语句的语言能力。但造一栋房子和为造一栋房子所画的设计图,弹奏贝多芬的四重奏与贝多芬的四重奏的乐谱,了解符号的意义和知道符号的社会心理起源是有很大不同的。

作为文化科学的传播学是以一种什么样的方式来处理意识形态问题呢?凯瑞说:"文化研究的目标远比其他研究传统来得平实,它不是以支配人类行为的法则来寻求关于人类行为的解释,也不是把人类行为消解为其所基于的结构中,而是寻求对人类行为的理解。文化研究不是试图预测人的行为,而是试图诊断人的意义。"③通过格尔兹的著作,他转引了韦伯关于"人类是一种悬置在由他自己编织的意义之网上的动物"的观点,并以三种死亡的场景来说明去探寻这种意义的重要性。

凯瑞继承了格尔兹的符号观和象征观,赞同文化就是由种种符号和象征组成的意义之网,而文化研究,用格尔兹的话来说就是一种"虚构"和"制造",如同小说一样,去创造和理解我们的现实。而不是像行为主义一样把"特定的仪式、祈祷、电影、新闻报道消解为某种前逻辑或原逻辑的东西,而不曾把经验本身看做是某种有意义的符号之有序系统加以考察。"④

---

① 〔美〕詹姆斯·凯瑞:《作为文化的传播》,丁未译,北京:华夏出版社 2005 年版,第 36—37 页。
② 同上书,第 33 页。
③ 同上书,第 38 页。
④ 同上书,第 38 页。

3. 走向"深描",扩大人类的话语空间

凯瑞把传播研究推向了文化领域,并且把格尔兹的深描作为传播研究的任务,去理解他人的理解。"传播的文化学把人类行为看作是一种文本,我们的任务是建构这一文本的解读。"①传播学就是去理解这些文化符号的意义,这与格尔兹的诠释人类学确实是一脉相承,均寻求一种对人类行动的解读,而这种解读,都是从可以公开观察到的人类"仪式化"的行动入手,不管是巴厘岛人的斗鸡还是城市居民的读报看电视,他们均处于一种文化的意义脉络之中,同为人类建构一种行为的指导和秩序。传播的文化视角的引入,可以避免传播研究在实证主义的传统里面打转,避免把"人类的需要和动机置于历史与文化之外",把历史、艺术、宗教、人类学等人文学科的观点与视角与传播学相融合,扩大传播研究的视域。

凯瑞认为,通过解读人类行为的意义,我们可以扩大人类话语的空间,"理解他人加诸其经验之上的意义,建立起一个在其他时期、其他方面以其他方式已经得到陈述的诚实的记录,通过领会他人在说些什么以扩大人类的交流。"②

通过格尔兹的诠释人类学,凯瑞以文化的视域看待传播,建构出传播的"仪式观",提出了传播研究的新命题,对整个传播研究的影响极大。但是我们也要注意,凯瑞虽然吸收了格尔兹的人类学思想与深描民族志的理论,但他本人并没有从事这种诠释民族志的研究,这也不能不说是这一理论的小小遗憾。

四、民族志的研究路径

前面几节介绍了民族志的基础理论,以及民族志方法与传播研究的结合与使用情况,在接下来的内容里,将围绕"怎么做"民族志这样一个操作性较强的内容来展开。民族志研究非常强调"走向田野",即研究者亲自走向被研究对象的文化环境,注重描述性内容的搜集,但在研究者踏入这样的研究环境之前,还有大量的准备工作需要准备和考虑,即对研究的初步设想、选择田野地点、考虑进入田野的方式等。准备好这些问题,对成功地进行一项民族志研究是至关重要的。

---

① 〔美〕詹姆斯·凯瑞:《作为文化的传播》,丁未译,北京:华夏出版社2005年版,第42页。
② 同上书,第43页。

（一）研究前的准备工作

1. 制订初步的研究计划

民族志研究有着"开放性"的特点,强调根据研究环境的实际情况和内容不断修改自己的研究方向,调整研究焦点,但这并不意味着民族志研究不讲究计划性,研究者不能带着"空洞的大脑"进入研究场景,只有做到"心中有数",有完整的研究计划,才能在纷繁复杂的研究场景中找到自己的目标。

民族志方法在传播研究中一般集中于受众领域和媒介组织研究,而选择哪一个领域跟研究者自身的兴趣和可以获得的机会是分不开的。比如,柯克·约翰逊所做的《电视与乡村变迁——对印度两村庄的民族志调查》,就与他童年在印度农村的经历分不开,童年时期在印度农村的媒体使用经验,与他在读博士学位期间回到印度所经历的媒介使用,有了天差地别的变化,激发他就这一问题做出研究,同时他童年在印度乡村的经历也为自己的研究提供了机会,让他可以走进这些印度乡村开展自己的研究。研究者在选择自己的研究对象时要注意研究的可行性,比如想要对某媒体的内部运作情况做一次民族志调查,中央电视台或者《人民日报》这样的国家级媒体自然会有很大的吸引力,国家级媒体的代表性强,说服力大。但到底有没有机会走进这样的媒体就是一个很大的问题,与此相比,省级报纸或者地方都市报的人员流动性较强,招收实习生的机会较多,因此进入的可能性较大。

在选择了初步的研究方向后,还需要进一步聚焦到自己想要研究的问题上,这时候充分搜集和阅读文献材料就显得十分重要。通过阅读相关文献,我们可以了解前人在这一领域的收获以及不足,从而发现自己的研究点。民族志研究强调从"局外人"向"局内人"的身份转变过程,因此多从被研究者的角度来思考问题,能够令研究者注意到自己也许忽视的角落,制定出更完善的研究设计。

当研究者把以上种种问题都思考清楚后,自己应该尝试建立一个研究提纲,包括研究对象、研究目的、具体的研究方法,以及所要研究的核心问题等,有了这样的一个计划,才能形成比较清晰的思路,方便研究的进行。

2. 预计困难

当研究者制订好自己的研究计划之后,不是马上进入到田野中,展开研究,许多客观的问题和自身的问题仍然会困扰研究者。这些问题包括住在哪里、吃什么、如何适应生活习惯等。因此,研究者必须事先了解研究地点的背景资料,准备一些必需品并对困难有充分的准备。比如,学者郭建斌选择到云南的独龙江乡进行调查,由于该地地处偏远,山高路远,当时该地区还没有安装电话,冬季还有半年的封山时间,邮路也不通,联系不便,当地的医疗卫生条件也较为简陋,如果没有充足的准备,无疑增加了研究的风险性和不确定性。因此在开展研究前,一定要带上一些必需品,特别是进入乡村进行研究之时,一些简单的药品和医疗常识能够给研究带来不少安全保障。同时,笔记本、圆珠笔或者录音录像设备对于记录研究过程也是必不可少的。总之,在研究之前,一定要做好各方面的准备工作,研究才能顺利开展。

(二)进入研究场所

1. 进入方式

当传播学者决定进入某个场所进行民族志研究时,他首先面临的问题就是怎样获准进入。能够自然、融洽地进入环境,无疑能为研究的进行打下好的基础,如果进入的方式不恰当,不仅会给研究带来各种困难,甚至会导致研究无法进行。

如果研究者选择媒介组织作为研究对象,一般可通过自上而下的行政手段获得支持,因为媒体机构自身是一个层级较为严密的机构,各种媒体也因层级、类型不同,可进入研究的机会也不同。上文就讲了,与中央电视台、《人民日报》等国家级媒体相比,地方都市报的可进入性就强得多,有更多的实习机会。陈阳认为,进入田野之前,做好与"把关人"的沟通工作十分重要,即获得被研究所认可的上级或者领导的支持。因为"把关人"会决定研究者进入田野后能够获得资料的丰富性。比如研究者想观察只有报社中层领导才有资格参与的编前会,那么他必须获得总编或社长的批准,而一般的实习生即使进入报社,也很难获得这样的机会,就是因为总编级"把关人"把实习生拦在了外面。

如果研究者选择做受众研究,那么一般可以采取非正式的渠道,可以通过老师、同学、朋友、亲戚、熟人等个人关系进入田野,采用此种进入方式能够比较容易得到研究对象的信任和合作,建立起亲密的人际关系。如果选择就在自己的家乡做受众研究的话,研究就更为方便,因为研究者与当地有着千丝万缕的自然联系,在了解不为外人所知的事物、深入理解当地社会方面有着得天独厚的优势。

研究者进入研究场所并没有固定的格式,要根据所研究的具体问题而具体分析,只要不兴师动众,过于打扰他人,自然而然地进入都是可取的方式。更重要的是,在进入研究场所后同各方面建立和保持良好的关系,获得他们的信任和支持,这对研究工作能否成功是至关重要的。

2. 研究中的关系:"局外人"与"局内人"

民族志的目的是获得对地方文化意义的理解,如果研究者能够深入地理解被研究者的思维习惯、生活方式和行为方式,那么就能够获得更为深入的"局内人"的解释。但是跟被研究者距离过近又可能导致研究者对某些现象太过于熟悉而失去敏感性。如果跳出被研究者的角色,保持"局外人"的身份,那么研究者能够更容易地看到时间的整体结构和发展脉络。

在实际的操作中,绝对的"局内人"或者"局外人"都很少见,大量的研究者是以"局外人"的身份来获得"局内人"的看法。因此研究者与研究对象保持适当的距离,在"局外人"和"局内人"之间找到一个合适的身份。过于疏远,则被研究者可能不信任研究者,过于熟悉,有时候碍于朋友间的情面反而不能畅所欲言,从而对研究不利。所以研究者要在研究的进程中在"局内人"和"局外人"的身份中进行合理转换,顺利地推进研究的进行。

(三) 资料的搜集和分析

想要获得可靠的民族志的研究素材,必然要依靠一定的民族志的材料搜集方法。民族志的目标是获得一种地方性视角,去理解他人的理解,那么在具体的操作中怎样才能达成这一目标呢?马林诺夫斯基以自己的实际行动为我们展示了操作的具体过程:长时间地居住在调查对象中间,学习他们的语言,观察他们的行动,参与他们的日常生活,与他们交谈,做好记录……参与观察法、访谈法以及对其中重要内容的记录都是具体的民族志操作中必不可少的方法。当然,获得了可靠的资料,如何在纷繁复杂的线索中理出个头绪也是一个难题,因此本节对民族志采用的主要方法,即参与观察法和访谈法做一个简单的介绍,并就资料的分析技术予以说明。

1. 参与观察法

民族志研究最常用的方法就是"参与观察法",这种方法,不仅仅强调"观察",即从旁观看,更强调"参与"。研究者应该长时段地参与研究对象的日常活动和非日常活动,参与观察者应该全身心地投入研究对象的生活中,以当事人的角度观察并理解各种活动及其意义,诠释其行动。比如我们用民族志方法研究某一家庭的电视收看情况,我们的参与观察就不仅仅包括其收看电视的情况,也应该尽可能地搜集家庭一般生活的情况,因为电视收视活动的意义应该放在整个家庭收看的环境中去解读,观察任何孤立的"文本"都有可能导致断章取义。

(1) 建立观察提纲

在走入研究场景进行观察之前,研究者应该针对所要研究的问题,建立一份观察提纲,提纲应该遵循可观察和相关原则,针对那些可观察得到的、对回答观察问题具有实质意义的事情进行观察,分别列入提纲。通常,观察提纲至少应该要回答以下几个方面的问题。[1]

- 谁?(有谁在场?他们是什么人?他们的角色、地位和身份是什么?……)
- 什么?(发生了什么事情?在场的人又有什么行为表现?他们做了什么,说了什么?哪些是常规,哪些是特殊表现……)
- 何时?(有关的行为或事件是什么时候发生的?这些行为或事件持续了多久?……)
- 何地?(这个行为或事件是在哪里发生的?这个地方有什么特点?……)
- 如何?(这件事是如何发生的?事情的各个方面相互之间存在什么样的关系?有什么明显的规范或规则?)
- 为什么?(为什么这些事情会发生?促使这些事情发生的原因是什么?人们的目的、动机和态度是什么?)

观察提纲提供的只是一个大致的框架,为观察活动提供了一个方向,研究者到实地进行观察时,应当根据当时的具体情况对提纲进行修改,同时,也要根据提纲的框架在观察时和观察后做好笔记,保存资料。

(2) 进行观察

在进行观察的时候,一般都有一个从开放到集中的过程,陈向明总结出了一个"开放式观察、逐步聚焦、回应式互动"的观察模式[2],非常值得大家在进行研究的时候参考。

在研究中,观察的方式在不同的阶段通常会呈现出不同的风格。在观察的初期,研究者通常采取比较开放的方式,用一种开放的心态对研究的现场进行全方位的、整体的、感受性的观察。研究者尽量打开自己所有的感觉器官,包括视觉、听觉、嗅觉、味觉、触觉以及所有这些感觉的综合运用,用自己身体的所有部分去体会现场所发生的一切。还是用上文所举的例子,比如你采用民族志方法研究某家庭或者几个家庭的电视收看情况,那么在走进每个家庭的时候,就一定要树立起一种整体性的视角,多方面、全角度地考察家庭生活的方方面面,在对

---

[1] Gotez, J & Le Compte, M. *Ethnography and Qualitative Design in Educational Research* 转引自陈向明:《质的研究方法与社会科学研究》,北京:教育科学出版社 2009 年版,第 238 页。

[2] 陈向明:《质的研究方法与社会科学研究》,北京:教育科学出版社 2009 年版,第 239 页。

整个家庭的大环境有了比较完整的了解之后,便可以开始聚焦到他们的电视收看,以及收看时彼此之间的关系等问题。比如,你的研究问题是女性在家庭中收看电视的状况,那么你的聚焦视野应该集中于女性的电视收看,但这种聚焦也是开放的,而不是狭窄的。就是说在观察时,研究对象的一举一动都要纳入观察范围,并跟随研究的深入而做出动态的调整。

在观察的过程中,研究者应该尽量自然地将自己融入研究环境中,陈向明认为,为了达到这个目的,研究者可以采取一些策略,比如与他们一起做事、保持谦逊友好的态度、不公开表示自己与研究对象不一致的意见等。研究者最好采取"回应式"反应,即对被研究者发起的行为做出相应的反应,而不是自己采取主动的行动。

2. 访谈法

在民族志研究中,除了参与观察法之外,最重要的就是访谈法了。通过访谈,研究者与被研究者之间可以架起一座沟通的桥梁,意义可以得到交流和解释,从而可以达到访谈双方的理解与融合,构建出新的意义和现实。

访谈的种类有很多种,就研究者对访谈结构的控制程度而言,可分为三种类型:封闭型、开放型和半开放型。在封闭型访谈中,研究者对访谈的走向起着主要的控制作用,一般都是按照某个统一的提纲进行提问,所提的问题、提问和记录的方式都比较统一。而开放型访谈没有固定的访谈题目,研究者鼓励受访者用自己的语言发表观点,研究者只是从旁起一个辅助作用,更多的是倾听受访者的话语,了解他们看待问题的角度以及意义建构的方式。而在半开放型访谈中,研究者对访谈的结构有着一定的控制作用,但受访者也积极参与其中。研究者按照访谈提纲进行访谈,但提纲主要是作为一种提示,受访者可以发挥自己的主动性,提出自己的问题。

民族志研究在进行研究的初期往往采用开放型访谈的形式,了解被访者关心的问题和思考问题的方式。然后,随着研究重点的深入,逐步转向半开放型访谈,重点就前面访谈中出现的重要问题以及尚存的疑问进行追问。在前几章的内容中已经有对"访谈法"的专题介绍,因此就访谈的具体操作问题在这里就不赘述了,但在访谈时有几点注意事项,需要引起大家注意:

- 让被访者知道你的来意,并征得他的同意。
- 访谈有一个明确的目的和计划,同时保持一定的灵活性。
- 访谈可以从简入难,由浅到深。
- 访谈中尽量鼓励被访者使用自己的语言和概念。
- 访谈者在访谈中尽量少说多听。

- 注意访谈时间,一次访谈不宜过长。

3. 民族志资料的分析

资料分析的基本思路是按照一定的标准将原始资料进行浓缩,通过各种不同的分析手段,将资料整理为一个有一定结构、条理和内在联系的意义系统。陈向明将资料分析的具体步骤总结为"阅读原始材料、登录、寻找本土概念、建立编码和归档"这几个步骤,现在向大家简单地介绍一下。[①]

(1) 阅读原始材料

分析资料的第一步就是阅读原始材料,只有吃透了各种原始材料,研究者才会心中有底,对研究的总体情况有一个全面的掌握。而在阅读原始材料的过程中,要有一种"投降"的态度,研究者应该把自己的研究预设和价值判断暂时悬置起来,让资料自己说话。研究者只有敞开自己的胸怀,腾出一定的空间,才能让资料进到自己的心中。

(2) 登录

登录是资料分析中最基本的一项工作,是一个将收集的资料打散、赋予概念和意义,然后以新的方式重新组合在一起的操作化过程。登录要从不同的思考单位入手,有以下几类思考单位可提供给大家作为参考:

- 被研究者的个人意识形态和世界观、他们定义自己生活世界的方式。
- 被研究者的行为规范、规则以及意义建构等。
- 被研究者的社会角色、人格特征、角色策略等。
- 人际交往、社会系统中的人际关系等。

在我们对资料登录时,就按照以上所说的这些分析单位,把资料编上号码,登录到不同的单位中去,从而建立起一个较为清晰的资料脉络。

(3) 寻找"本土概念"

陈向明认为,"本土概念"应该是被研究者经常使用的,用来表达他们自己看世界的方式的概念。这些概念通常有自己的个性特色,比学术界或者社会上通常使用的概念来得真切、有内涵。寻找本土概念没有一定的程序可寻,主要依靠研究者的直觉和经验。一般来说,那些被研究者经常使用的概念,在使用时带有强烈情感的概念往往都有可能成为"本土概念"。研究者应该抓住这些核心概念,加以研究和细化,分析出概念背后的意义和情感,从而理解被研究者的意义

[①] 参见陈向明:《质的研究方法与社会科学研究》,北京:教育科学出版社 2009 年版,第 277—288 页。

世界。

(4) 建立编码系统和归档

在登录的工作进行完毕之后,可以将按照不同的分析单位建立起来的编码资料都汇集起来,组成一个编码本,从而反映出资料浓缩以后的意义分布和相互关系。编码本主要有两个作用:① 将码号系统地排列出来使我们了解现有码号的数量、类型以及码号所代表的意义之间的联系,由此决定现有的码号是否合理,是否需要改进码号系统的整体结构。② 为我们今后查找码号,特别是码号所代表的具体意义提供方便。而档案系统是对资料归类的具体体现,一般分为三大类:① 一般的档案(记录有关人员地点、组织、文件等资料),② 分析档案(收集在分析中已经出现的码号和主题),③ 实地工作档案(记载研究者从事研究的方法和个人的反思)。

第三章
历史研究方法

在传播与媒介文化研究中,经常需借助具体的历史材料来发现、辨析、论证问题,也会经由历史的视角来重新审视问题并得出相应的结论。因此,"传播与媒介文化史"的研究就显得尤为重要。从广泛意义上来说,报刊史、舆论史、新闻史、传播史、媒介史、广告史都可包括在我们所讲的"传播与媒介文化史"的范围内。对于历史的研究,需要借助一定的研究方法,才能够得出有效的结论。"传播与媒介文化史"研究与史学研究有着密切的联系,它既是传播与媒介文化研究的重要内容,也是史学的分支学科。因此,对于"传播与媒介文化史"的研究既需要遵循传播和媒介文化研究中的相应理论,也需要不断从博大精深的史学理论和方法中汲取营养。总的来说,"传播与媒介文化史"研究方法与史学研究方法呈现大致相同的特征,即分为注重史料研究的方法、新史学方法以及史论研究的方法。

一、史学发展及历史研究方法概述

历史学源于人类的自身活动,具有比一般学科更为古老的历史。不管是中国史学还是西方史学,都具有源远流长、纷繁复杂的特征。众若繁星的史学家,浩如烟海的史学著作,繁芜博杂的史学思想,令人目迷五色,皓首难穷。西方史学自古希腊发端至今,经历了漫长的发展过程,在其发展嬗变中,各种史学思潮交替出现,诸多史学流派此消彼长,历史研究方法也随着史学家对历史认识以及对前人的继承不断地变革更新。中国史学同样源远流长,自有人类起,就产生了最初的历史意识,通过口耳相传以及象形文字记载发生过的大事,形成关于远古的传说。历史著作的出现,如《尚书》《春秋》等成为中国史学起源的最高成就。从汉代起,中国史学延绵不绝,形成独具一格的传统。

从宽泛的意义上,即从史学观念及其研究的内容、范围和方法等方面,可以把西方史学大致分为两大史学范式:传统史学范式与新史学范式。古典史学、中世纪史学及近代史学即属于传统史学范式,19世纪的兰克史学是其典型的代表。在研究方法上,兰克史学强调对原始史料的搜集、校勘以及批判、考证的重要性,认为可通过对可靠资料的批评考证,不偏不倚的理解,客观的叙述,再现历史真相。这与我国传统史学所运用的方法如出一辙。19世纪末20世纪初,随着现代自然科学和世界政治形势的进步和剧变,传统史学中所笃信的史料即史学的观念和方法开始被新史学潮流不断冲击,其中美国新史学在这股潮流中扮演了重要角色,而法国年鉴学派则为新史学开辟出了新的天地,其后新史学继续演进和发展,并开辟出了更多新的领域和方法。新史学要求扩大历史学的题材范围,认为历史研究题材不仅包括政治、军事,更应该包括经济、思想、文化、宗教和人类生活的各个方面的内容。在研究方法上,新史学追求跨学科研究方法的运用,如计量法、比较法、口述历史法、心理史学方法等,这使得传统史学从封闭、狭隘的圈子中走了出来。

此外,历史哲学的发展变化也使人们的历史观念和研究方法发生了重大转变。20世纪以前,西方历史注重对人类社会发展过程本身的反思,即试图把历史过程本身作为整体来把握并阐明其整体的意义,我们将其称为思辨的历史哲学;19世纪末20世纪初,批判的(分析的)历史哲学开始产生,批判的(分析的)历史哲学强调对历史认识性质和方法以及对认识历史能力的批判,经由狄尔泰、李凯尔特、克罗齐、科林伍德等人的努力,批判的历史哲学得到了长足的发展;第二次世界大战后,西方历史哲学还先后出现了存在主义历史哲学、结构主义历史哲学和叙述主义历史哲学等。不同的哲学视角产生了不同的历史观念,也带来了历史研究方法论上的不同,这些历史研究方法不同于前面所说的注重史料的研究和新史学的研究方法,而是强调研究者的主观解释和分析,根据研究者不同的理论诉求和哲学视角对社会文化历史进行不同角度的梳理和解读,我们将其称为史论研究的方法。

传播与媒介文化史的研究既属于历史学领域,又属于传播学、媒介与文化研究的范畴,其交叉身份特征决定了传播与媒介文化史研究一方面要凸显传播学、媒介与文化研究的特殊形态和独特个性,另一方面,也要遵循历史学研究的一般规律和方法。在报刊史、舆论史、新闻史、传播史以及媒介与文化史的研究中,诸多学者不断运用史学理论和方法来推进和完善自身体系,借鉴史学研究成果为自身发展注入新的理念和活力。总体来看,传播与媒介文化史研究虽然并没有与史学同步前进,但也在尝试紧随其后,并出现了一大批优秀的"传播与媒介文化史"著作。同时,传播与媒介文化史研究直接运用和借鉴史学研究方法,与史学研究方法呈现大致相同的特征,即分为传统史料研究方法、史学研究新方法以及史论研究的方法,下面对其分别进行阐述。

二、传统史料研究方法

在"传播与媒介文化史"的研究中,相关史料的搜集整理是学界与业界共同努力的一项基础性工作。诸多学者本着严谨的治学态度,采用搜集、辑佚、校勘、考证史料的研究方法,在传播与媒介文化史研究中做出了许多重要贡献。传播与媒介文化史料的研究方法同其他史学史料研究方法大致相同,传统的史料研究有辑佚法、校勘法和考证法等。

(一) 辑佚法

历史学中辑佚法的产生与古代文献、典籍的大量遗失有着密不可分的关系。在古籍流传过程中,天灾人祸、社会动乱、书籍质量等原因都会导致大量古籍文献的散失,以致年代越久,散佚现象就越严重。辑佚法就是从现存的文献中搜集整理出已经散佚的文献资料,以求完全或部分恢复原书面貌的一种重要整理方法。这种方法在对古代文献的整理中广泛使用。这是因为中国古代书籍本就有摘录、引用、抄辑其他文献的习惯,所以一些已遗失的书籍中的全本或片段得以保存在其他文献之中。辑佚的工作就是把这些只言片语搜集、整理出来,让那些已遗失的书籍资料得以重见天日。

辑佚按照文献的存世情况进行划分,大体可分为三类:第一类是原书基本尚存,但有部分内容短缺,通过辑佚,从其他的记载中辑录出相关内容补全完整。第二类是全书已完全亡佚,但是还有前人的辑本存世,通过辑佚,把前人辑本中有所疏漏的部分进行补足,让辑本更加完善。这两类辑佚都属于广义的辑佚范畴,其实质是补遗。第三类则是全书已经完全亡佚,通过辑佚,让失传的文献全本得以复原。

辑佚是一种颇为烦琐而艰辛的研究方法,需要在科学的方法论指导下来实现预期效果。它不仅可以辑补书籍材料的遗失短缺,使之完善;更能经由辑佚之学,系统地梳理、总结前人研究的成功之处和不足,为新的研究活动提供借鉴;通过辑佚还可以实现知识体系的交叉、扩展和完善,对相关的学科增强了解,并为建立完整、科学的知识结构提供支持;也可以在对辑佚这种文化现象深入了解、把握的同时,重新审视中国学术甚至中国文化的特点,使研究工作在前人的基础上向纵深发展。

（二）校勘法

在历史研究中使用的基本方法之一就是校勘法。书籍史料在流传的过程中，由于错简、误抄、改易原文等讹误现象的存在，影响了史料的真实可靠性，故需要对搜集起来的史料进行"去粗取精，去伪存真"的工作，这对历史研究来说非常重要。不管是中国史学还是西方史学，在史学发展最初阶段，校勘法都是历史研究极其重要的方法。

校勘，古称"校雠"，是校对勘误的意思，指对同一书籍用不同的版本和有关的文献资料加以比较核对，以考订古书文字上的异同和语句上的讹误。古代的校勘学，通常与目录学、文献学合而为一。它包括了版本、校勘、目录、考证、辑佚等内容，即今天所说的文献学。西汉刘向曾经说过："校雠：一人读书，校其上下，得谬误为校。一人持本，一人读书，若怨家相对，故曰雠也"[①]但随着近代学科的日益分化，古义的校勘因界定不明，已成为历史名词。现代意义上的校勘学，即狭义校勘学，指专门研究古籍整理文字比勘的科学方法和理论知识。校勘的源头可追溯到春秋时期，至宋代发展成熟，于清代达到了顶峰。

西方文献校勘的方法起源于古典史学时期的古希腊，"亚里士多德对《伊利亚特》的修订是西方校勘史上最早的活动"[②]，但当时的校勘方法还处于经验积累的阶段，校勘理论也并不系统。随着西方史学的发展演进，校勘法也不断发展变化，17世纪科学方法论发展到高峰时期，严格的校勘方法被运用到史学研究之中，当时以博兰德学派的校勘法最为著名。博兰德学派重视对希腊文和拉丁文等史料的搜集、整理和出版，强调在对文献进行校勘时，使用语言学的手段，利用古文书学的鉴定技术，识别史料的真伪，并且注重细节。18世纪末19世纪初，德国学者拉尔夫等人完善了对古希腊、罗马文献的校勘方法，提出了著名的谱系法，使西方文献整理理论进入到科学化、系统化阶段。[③] 19世纪，学者们借助版本形式、文本和制作方式的分析对古文献加以鉴别，促进了目录学的产生和发展，使西方文献校勘体系进一步完善起来。

（三）考据法

对史料进行校勘之后，还需对史料的内容进行考证。考据，又称"考证"，它

[①] 《昭明文选·魏都赋》，李善注引《风俗通》，转引自姜义华、瞿林东、赵吉惠：《史学导论》，上海：复旦大学出版社2003年版，第123页。

[②] 刘怡君：《中西文献校勘比较研究》，郑州大学图书馆学硕士学位论文，2013年。

[③] 何朝晖、李萍：《西方文献学的概念和理论体系及其启示》，载《大学图书馆学报》2012年第3期。

是指研究文献或历史问题时,根据资料来进行考核、证实和说明的研究方法,考据法一直深受传统史学研究的重视。

考据的方法林林总总,不一而足。归纳起来大致有本证、理证、旁证三种。本证法,又称"内证",它是指利用本书内的资料,发现问题,求得证据,以达到考订史料的目的。理证法,是指在前代找不到记载、没有任何资料的情况下,据当时社会认可的情理推断出史事的真伪,以学理作为判定是非标准的研究方法。梁启超称之为"高度的推论法",其主要运用逻辑推理,来实现考证史实真伪的目的。但在采用理证法时务必小心谨慎,这是一种难度极大的考据方法,除了要求研究者具备一定的基本功外,还要有卓越的识别与判断能力,方能运用好它。否则,很容易犯主观臆断的错误,影响了对史实的判断。

相对来说,在考据方法中运用最多的是旁证法。旁证法,也称为"他证"或"补证",它是指利用本书以外的资料作为依据,来达到考订史实的目的。值得说明的是,在考据中有"孤证不立"的原则,就是说如果一个历史论断只有一个证据来提供支持,那这项论断是不能成立的,因为它缺乏旁证的支持。在旁证法中,根据取证来源与证据形态的不同,又可细分为"书证"与"物证"两种。书证,是指利用各类图书档案资料以及各种书籍为依据,来考证史料正误的一种考据方法。而物证法,是指以实物、遗迹作为依据,尤其以出土的龟甲、金石以及其他考古器物为依据,考证史料的考据方法。因为刻在甲骨上的爻辞、青银器上的文字、石碑上的铭文等,比竹帛、写卷,雕版书籍等更耐久不腐,所以成了考据工作中不可多得的证据。物证法早在南北朝时期便已出现,颜之推曾提倡用金石文字来考订文献,这也可视为物证法的源头。而近代以来,随着科技和考古事业的发展,发掘出来的历史资料越来越多,如何运用处理新发现的"地下史料"也日益得到了人们的重视。王国维曾提倡,以新发现的"地下史料"与固有的"纸上材料"相互印证,这样既可考证史料的真伪是非,又可以据此清晰地见到作者修史时的主观动机,并将这种方法总结为"二重证据"法,这种方法也越来越受到研究者的青睐和认可。

考据学对后世影响甚大。清代的乾嘉年间,因考据的兴盛,而被誉为"考据的时代"。乾嘉年间的学者赵翼、钱大昕、王念孙等人不仅在考据方面积累了丰富的经验,更将其总结为系统性的学理知识,取得了极大的成就。而西方以提倡"批判史料"(考证史料)著称的兰克史学,也以严谨的治学方法和辉煌成就雄踞19世纪史坛,被称为"实证主义史学",并开拓了欧洲"科学的"历史观。可见,对历史资料进行翔实的考据、深入的分析,并以此揭示出历史发展的本质与规律,对我们今天的研究工作来说也有切实可行的意义。

在传播与媒介文化研究中,辑佚、校勘、考证等传统史料研究方法的使用历来深受重视。我国新闻传播史研究中,有关新闻传播史料的搜集整理是学界与业界共同努力的一项基础性工作。我国著名新闻学家戈公振先生在我国新闻史研究中具有广泛而深远的影响,他所使用的新闻史研究方法就是典型的传统史料研究方法。戈公振1927年发表的《中国报学史》被誉为我国新闻史系统研究的开山之作。《中国报学史》汇集了大量的第一手资料,基本勾勒出了我国新闻事业产生和发展的大致脉络,记载了我国近代各类重要报刊出版沿革的历史,辑录了不少有关报刊历史的重要文献资料,是一部资料丰富、考证翔实的力作。戈公振对报纸的搜集非常感兴趣,并在多年的教学过程中积累了大量历史材料,在此基础上,他广泛搜集新闻报刊史料并积极考证史料的真实性,较为翔实、系统地论述了我国新闻事业的整体面貌,开辟了我国新闻史研究的道路。但由于当时研究条件的种种限制,加之戈公振仅在上海一地搜集材料,因而此书不可避免地在史实上还存在一些差错之处,后来经过海内外诸多学者的考证,对书中存在的差错进行了订正。如书中在记述《东西洋考每月统记传》时写道,"《东西洋考每月统记传》自道光十三年起至十七年止(1833—1837),凡四卷。……后由郭实猎主持,迁至新加坡。至道光十七年,又让与在华传播实用知识会。"[①]后经学者考订,"《东西洋考每月统记传》停刊于道光十八年,即1838年。该刊创刊时即由郭实猎(现通译为郭士立)主持。1835年7月休刊后让与在华传播实用知识会(现通译为'在华实用知识传播会'),但一时未能出版。直至1837年2月才迁新加坡复刊。'传播会'任中文秘书郭实猎和英文秘书马儒翰为编样。后来新加坡的麦都思也任编辑。稿子由郭实猎、马儒翰自广州寄新加坡,再由麦都思编好付印。"[②]

此后,我国现代著名报刊学者方汉奇先生在1981年出版的《中国近代报刊史》被公认为是自戈著之后"五十多年来第一部有影响的新闻史著作"。为了编写这本著作,方汉奇利用公私出访的机会,先后到美国华盛顿的国会图书馆、哈佛大学的哈佛燕京图书馆、普林斯顿大学的东方图书馆、日本东京的国会图书馆、英国伦敦的大英博物馆东亚部、新加坡的国家图书馆等查阅报刊历史资料。书中对中国近代报刊进行了全面考证,阐述了自唐代以来我国新闻事业的发展状况,并对1815—1915年间我国新闻事业发展进行了整体描述。方著力图弥补

[①] 戈公振:《中国报学史》,北京:三联书店1955年版,第68页。
[②] 杨瑾琤、宁树藩、方汉奇、王凤超:《〈中国报学史〉史实订误》,载《新闻研究资料》1985年第4期。

戈公振《中国报学史》一书的不足和局限,"这次他在实践中补正戈著多至二百余处"①。有关中国报纸起源的问题,不少中外新闻史学家都做过研究,并提出报纸起源"周朝说""汉朝说"以及"东晋说"三种说法,其中以"汉朝说"的影响力最大。中国学者中最早提出报纸起源于汉朝的是戈公振先生。戈公振在《中国报学史》中"汉有邸报乎?"一节认为中国古代报纸起源于汉朝,并且在此后的学术文章和演讲中,越来越趋向于肯定中国古代报纸汉朝起源说。受戈公振影响,不少中国新闻学著作也支持这一说法。方汉奇先生认为,根据戈公振所引用的汉朝相关文献资料,以及其他汉朝文献,我国汉代虽然具备一定发抄报纸的客观条件,史传中也多次提到了邸,但不曾有过关于"邸报自然应运而生的记载"②,因此没有足够的材料证明汉朝已经有了邸报。此外,也没有充分的材料证明中国报纸起源于周朝或魏晋南北朝。方汉奇先生根据现有历史材料认为,比较可靠的说法是:中国的报纸开始出现于唐朝。根据方汉奇先生的研究,唐代报纸的孕育和发展是与唐代邸务和藩镇制度发展紧密联系的。唐代中期,开始在一些边疆地区建立藩镇,设立节度使,随着藩镇势力扩大,各节度使纷纷在京都设邸,这些邸就是藩镇们派驻朝廷的办事机构,后称为进奏院。进奏院的负责人即进奏官(邸吏)搜集朝廷政事动态和各项消息,发给各藩镇的报告就是"进奏院状报"。方汉奇认为,虽然最初唐代各进奏院对"进奏院状报"的称呼不同,但指的都是同一事物,即由进奏官传发至地方的原始状态的报纸,其性质接近于后来的邸报。此外,方汉奇先后走访了伦敦不列颠图书馆和大英图书馆,对我国敦煌石窟文物中发现的唐归义军"进奏院状"的抄件和原件进行了仔细研究和考证,对这份"进奏院状"的大小、质地、字体进行了考察,并对原文进行了逐一疏证,还为其加注了标点。唐归义军"进奏院状"的发现和考证,不仅为学者提供了进一步研究唐代进奏院状的珍贵实物,也证实了唐代已经有了邸报的说法。

方汉奇的新闻史研究是在明确的马列主义主流意识形态的历史观框架内进行的:对新闻史及报刊史的书写以时间为经,按照官方历史分期方法依次进行陈述;充分占有真实的历史材料,以辩证唯物主义实事求是的原则去探讨新闻史发展的特殊规律。方著与戈公振新闻史研究使用的方法大致是相同的,都是通过大量网罗新闻史料,并在此基础上对史料进行认真的整理、校勘和考订,用史料来说话,分析和论证历史的真实面目。

---

① 方汉奇:《中国近代报刊史》,太原:山西教育出版社2012年版,第1页。
② 方汉奇:《中国报纸始于唐代考》,选自《方汉奇自选集》,北京:中国人民大学出版社2007年版,第36页。

新加坡学者卓南生教授同样以新闻史研究专家的身份蜚声于海内外。其在1990年出版的日文版《中国近代新闻发展史》(1998年改题为《中国近代报刊发展史》，在台湾翻译出版中文繁体版)一书可谓是报刊史研究领域内的又一座高峰，也是采用传统史料方法对新闻报刊史研究的典型案例。《中国近代报刊发展史》追溯了中文近代报刊的起源和发展轨迹，挖掘出大量散佚于英、美、日和中国香港等地珍贵的报刊原件、翻版和抄本，去伪存真，纠正了戈公振《中国报学史》问世以来，报史研究中的不少错误记载和"定论"。如，"中国历史上并不曾有过一份戈公振在《中国报学史》中称为《香港新闻》的报纸；香港《中外新报》创刊的年份是1857年的11月3日，而不是戈公振《中国报学史》中所说的1858年；创刊时的报名是《香港船头货价纸》，而不是《中外新报》，若干年后才改称《香港中外新报》；香港《华字日报》创刊于1872年4月17日，其前身是1871年3月11日创刊的《中外新闻七日报》，而不是戈公振在《中国报学史》中所说的1894年。"[①]

为了掌握第一手材料，卓南生从早期日本翻刻的中文报纸入手，并走访了英、美等国和港台地区图书馆、大学、藏书家和旧书坊，翻阅大量的近代早期中文报刊的原件，并对这些原件进行深入细致的分析和研究。除了大量开掘和利用第一手资料，卓南生还对其提出的每一个观点进行深入推敲和论证，考订精详，确实做到言必有证，并在各章正文后附上详细注释和报刊原刊原件照片。卓南生《中国近代报刊发展史》内容涉及1815—1874年间中文报刊的发展变化，清晰地勾勒出了中国近代报业萌芽与成长期的特征，并弥补了这一领域的研究空白。卓南生的研究成果对于中国新闻史研究的影响不言而喻，并引起学界的普遍关注和强烈反响。方汉奇称该书具有"十分独到的研究"，具有很高的学术价值和研究使用价值，体现了学者在治学问题上的两个突出特点：重视第一手材料的开掘和利用；坚持严谨求实的学风。卓南生对于新闻史研究的方法和治学态度值得后辈学习。

三、史学研究新方法

(一) 计量法

计量方法，是指运用数学方法特别是数理统计方法来对历史资料进行定量

[①] 方汉奇：《境外中国新闻史研究的新高峰》，选自《方汉奇文集》，汕头：汕头大学出版社2003年版，第689页。

分析的一种方法。其中,定量分析主要是研究事物的数量关系,定性分析主要是研究事物的性质,而传统史学基本上就是在运用定性的方法。因此,计量史学的出现本身就是对传统史学的一场革命。计量史学要求研究者掌握一定的数学技能和数理统计能力,也使研究者在阐释方法、表达方式等方面发生了变化。计量史学的出现发掘了新的史料,并借此形成了新的史学观念,这一系列变化被西方学者称为"计量化革命"。

计量史学诞生于20世纪50年代。在欧洲,法国年鉴学派于1955年通过第十届国际历史科学大会发布的一系列研究成果,使"新史学"的主张在世界范围内产生了影响,他们的结构分析和模式归纳都运用了数学工具和计量分析的方法,所以其研究纲领本身就昭示着计量史学方法的诞生;同时期,在法国诞生了必须依靠数学工具和计量方法的历史人口学新学科;而在美国,康拉德和迈耶于1958年合作发表的《南北战争前的奴隶制经济》一文,被认为是美国计量史学的第一部代表作,它宣告美国"新经济史学"的出世,"新经济史学"又称为"计量经济史学",并在很长一段时间内被认为是"计量史学"的另一个名称。20世纪50年代以来,电子计算机的推广和普及为计量史学提供了有力的工具支持,美国的计量史学在60年代末,就已采用计算机来收集和整理历史资料与数据。1963年,美国历史协会成立了"历史计量资料委员会",系统收集了美国、欧洲、亚洲、拉丁美洲等国家和地区的计量资料。80年代以后计量史学的国际合作日益加强,美国、苏联、法国等国的研究学者在80年代初联合成立了"历史学应用计量方法国际委员会",并定期召开国际研讨会。国际范围内的讨论研究和计算机技术的普及使计量史学的理论得到了进一步的发展。总体来说,计量史学是一种静态的研究方式,它的出现是历史学科学化的一个步骤,为我们的研究工作提供了切实的便利,也是当前历史研究的新趋势。

(二) 比较法

历史比较研究是现代历史学用来分析、阐释历史问题的常用方法。历史比较方法,是指对历史上的事物或概念包括事件、人物、思潮和学派等,通过多种方法进行比较对照,判明其异同,分析其缘由,从而寻求共同规律和特殊规律的一种方法。①

现代意义上的历史比较研究法产生于19世纪中叶的欧洲。马克思、恩格斯在研究人类社会的发展时,就具体比较过不同社会历史时期生产方式的差异,并

---

① 范达人:《略论历史的比较研究》,载《北京大学学报》1982年第3期,第55页。

由此揭示了历史发展的规律。可以说，是马克思为历史比较研究提供了科学的理论和方法论框架。法国历史学家马克·布洛克于1928年完整地提出了历史比较研究的具体方法和相关理论，使历史比较研究成为一套系统性的科学研究方法，布洛克也因此被称为"比较史学之父"。第二次世界大战后，随着世界范围内各国经济、文化、政治往来的密切，"双赢"或"多赢"逐渐成为国际关系的主体，各国间需要更好地了解彼此，历史比较研究也就愈发凸现出了自身的价值。

历史比较方法作为一种技术性的研究方法，在运用时要遵循一些既定的使用条件，这样才能使比较研究严谨而规范。其中最重要的一点，就是要符合可比较性原则。可比较性原则，是指在具体的比较研究中，将两个或两个以上的历史现象进行比较时，所比较的内容之间要具备共同的因素。也就是说，不同类型的事物之间是不能进行比较的，用于比较的历史事物，必须是同类的，具有共同的基础或条件。在遵循可比性原则的前提条件下，还需对比较的材料进行逻辑分类，使其概括为几种类型，然后再对其进行比较。按照逻辑的简单分类，常用的类型有：横向比较、纵向比较、宏观比较和微观比较。

著名学者钱存训先生是研究中国书史和印刷史的专家之一，他在这方面的研究成果斐然，对海内外中国书史和印刷史研究产生了很大的作用和深远的影响。钱存训曾任南京金陵女子大学图书馆代理馆长、上海交通大学图书馆副馆长、国立北平图书馆南京及上海办事处主任、美国芝加哥大学东亚语言文明学系及图书馆学研究院教授、东亚图书馆馆长。其主要著作包括《书于竹帛——中国古代文字记录》《纸和印刷》《中国印刷史书目》《关于东亚的图书馆资料》《中美书缘》《中国书目解题汇编》《古代中国论文集》等。海内外学者对钱存训的著作及其治学方法和态度给予很高的评价。"钱著（《纸和印刷》）是继1925年卡特《中国印刷术的发明和它的西传》之后的又一部力作。其内容范围广泛，所参证的考古和文献资料弥补和更新了卡特之作的不足。《纸和印刷》是钱氏早期专著《书于竹帛》的延续，依据考古发现、文献记录、科研报告以及手工实物等资料探讨了纸和印刷的演进过程，所参考引用的资料达两千多种，涉及多种语言，近两百幅黑白插图以及丰富脚注和引文增强了正文的说服力，在技术、艺术、经济以及文化等方面给予读者以大量必备的信息。"[①]

钱存训先生在其治学和研究过程中，不仅利用校勘、考证等传统史料研究方法，还采用计量法、比较法等新史学研究方法，以原始、完备的第一手资料以及新

[①] D. E. Perushek 对钱著《纸和印刷》的评介，参见钱存训著：《中国纸和印刷文化史》，郑如斯编订，桂林：广西师范大学出版社2004年版，第439页。

颖、独到的观点给人们留下深刻印象。我国台湾大学中国文学系教授张宝三于2002年11月至2003年1月间在芝加哥大学对钱存训教授就中国书籍史之研究与治学方法为题进行了访问,现将部分内容摘录如下:

问:到芝加哥大学来,对您的治学有何影响?

答:在国内时,虽然我也曾经发表过几篇论文和译述,但大都是在大学时代的课程作业,谈不上真正的研究。到美国芝加哥大学以后,在写作方面,对选题、搜寻资料和研究方法等都有新的收获;加上多年来教学的经验,对于治学和研究,也自觉有一些进步。譬如选题、观点比较新颖而深入,多找前人所未言,填补空白或小题大做;在参考数据方面,则注重原始和完备;在研究方法上,则从领悟和创新等多方面着手。譬如:我的硕士论文《近代译书对中国现代化的影响》是采用计量的方法,在译书目录中收集到16—20世纪的译书约万种,从题材类别、原著来源、译述数量及出版年代等方面加以分析,反映出西方文化对中国现代社会产生的影响。这一方法实受英国学者休谟《统计目录学》一书的启示。此书采用统计方法对欧洲在印刷发明后的摇篮本约两万种的内容加以分析,以见印刷术对西方文明所产生的影响。中国学者对目录学的观念,一向注重著录的内容,所谓"辨章学术,考镜源流",实际是一种内容分析,即从分析书目内容,进而追溯文化的长成,我的论文以计量方法研究中国现代史尚属首创,因此获得《远东季刊》主编的赏识,将摘要在该刊发表,成为我以英文写作发表的开端。

另一篇论文《中国图书分类史》曾论及中西分类思想的异同,也是采用所谓比较法的。我在文中提出英国哲学家培根(Francis Bacon,1560—1626年)的三分法,将人类知识分为哲学、历史和文学,是西方图书分类法的基础,这和中国的经、史、子、集四部分类法,除经部以外完全相同。培根再将哲学分为神道、自然、人类,这和中国思想中的天、地、人三才的说法更为符合。培根的著作中引用中国的发明和事物甚多,因此我认为培根的三分法可能是受到中国分类思想的影响。

另有一篇讨论印刷术的论文也是采用比较法的。即印刷术为什么在中国而非在西方发明?一般学者都认为印刷术发明的技术基础之一是印章的使用,但是印章在西方文明中的使用早于中国,可能在文字发明以前就盛行于美索不达米亚和埃及,为什么西方的印章没有导致印刷术的发明呢?经过详细比较,说明中西印章不仅材料相同,用途也大致一样;可是西方的印章主要是圆柱形,在黏土、胶泥、蜡的平面上滚动而作出印文;埃及的印章虽是平面,但大都是图案而无文字。而中国的印章多半是正方形或长方形、平底、雕刻反体字、在纸上盖印,有时刻有100多字。这些特征就和印刷非常接近,因此成为印刷技术的前驱,就不难加以解释。

问:在先生治学的经验中,觉得最应注意的原则及方式为何?

答:我的治学方法,主要是在研究院写作论文时所累积的一些经验,因为在写作之前,必须阅读大量有关的参考资料,因此,写作时多少受到这些资料的观点、方法以及内容的提示和影响。至于写作的文体,大概是从每日读报的新闻体裁中所得到的一些启发和领悟。因为新闻报道的文体,一般是简洁明了、文字通俗、叙述清楚,尤其是开头的主题和摘要,提纲挈领,继之是详细的事实说明,最后作出结论或批评,这种三段式的体裁,也是一般写作论文所采取的方法。因此,无意中学到了字句简洁、行文流畅、避免重复,使文字的组织有层次、有条理和有系统等,因此成为写作的习惯。

至于我的写作内容和体例,有读者认为:"资料丰富,结构谨严,章与章之间像有机体般的凝成一体。……古籍资料……用自己的文字再表达出来。"我想这一批评是准确和恰当的。对于资料,凡与主题有关的著述,我都全部收集,再加选择,编成参考书目,以供阅读。关于结构,我通常在写作之前,对全书的分章、分节、分段都预作通盘的筹划;初稿写成后,再对每个章节加以修饰和调整,使各部的长短适中。在每章的前后,也都互相照顾和关联。至于每章内容,大都根据资料的多寡和性质加以配合。譬如,在写作《书于竹帛》时,金石文字本应属于一章,但两者数据过多而与其他各章的分量不能平衡,因此我将金石分开,金文与陶文结合成一章,石刻加玉辞成一章。虽然陶泥和青铜的性质不同,放在一起似不合理;但我对二者的渊源和关联,在章首加以解释,就不觉得牵强。至于引用古籍,以英文叙述,必须对原文十分了解,才能逐字逐句翻译,再用自己的文字加以叙述。不若以中文写作,如引用古文,即使不全部了解,也可插入,因此以外文写作的难度就大不相同。

总之,我认为治学的原则是独创园地,避免与他人重复。因此,利用目录是作任何研究的第一步。从选题、拟定大纲、搜集数据、写作,以致编制参考书目,都必须首先检查目录,确定前人有无做过相同或相似的著作,如此可避免重复,并据以改定主题或调整范围。在拟定大纲时,目录可以提供相近的著述,丰富内容。至于搜集资料,更必须依靠各种目录的帮助,否则就无法求其完备。目录的利用首先应该检查"目录之目录",因为目录是治学的基础,研究的指南,对检查任何有关目录,当然要先求教于目录的提示,才不致有所偏失,我在编制《中国目录学》讲义时,曾搜集各种文献有关中国的

"目录之目录"2500余种,后来将这一部分特别提出,由郑炯文同学逐一检阅,写作提要,编成一部《中国书目解题汇编》,成为研究中国问题的学者必须首先搜索的一部重要参考工具书。因此,我的写作资料能够比较完备,充分利用目录,可能是一个主要的原因。①

可见,钱存训不仅治学态度端正严谨,还拥有独到的治学原则、研究方法和写作经验。其独创园地、避免与他人重复的治学原则,综合传统史料和新史学的研究方法,以及简洁明了、文字通俗的写作风格使其研究以资料丰富、结构严谨、选题和观点新颖深入而令人称道,并常常填补相关研究空白。钱老端正严谨的治学态度及其对治学、研究方法的领悟和创新值得我们参考和借鉴。

(三) 口述历史方法

所谓口述历史方法,就是以访谈的方式搜集口传记忆以及具有历史意义的个人观点的方法。通过有准备的、以录音机为工具的采访,记述人们口述所得的具有保存价值和迄今尚未得到的原始资料。② 口述史学既可以被视为史学家搜集和记录口述史料的途径,即口述史料;又可被视为史学家部分或全部依据史料来写作历史论著的方法,即口述历史。在此基础上,又可将口头史料分为两种:一种是指口述回忆,即指人们回忆自己的亲身经历和见闻的口述材料;另一种是指口头传说,即以口口相传的形式流传下来的对以往人物、事件,尤其是英雄人物和传奇事件的叙述。

在文字出现之前,历史一直是以口头传说的形式代代相传。祭神巫祝、诗人与行吟歌手,以歌谣、谣曲的形式记录下了先民的活动情况,并在不同程度上反映了当时的社会历史状况。其中,默默无闻的像流传下来的半历史、半传说;举世闻名的如古希腊的《荷马史诗》。在上古时期,历史学者的书写多是对自己亲身经历的历史事件的描述,除此之外,同代人的口述和目击者的讲说也是重要的史料来源。《伯罗奔尼撒战争史》是修昔底德根据自己的所见所闻记录而成;11世纪的《末日审判书》是搜集口述材料整理而成;司马迁的《史记》中也大量运用了口述史料和实地采访调查的材料。可见,在很长一段时间内,口述史是史学家们搜集材料的基本方法和约定俗成的著述模式。这种情况直到17世纪,随着印

---

① 钱存训:《中国纸和印刷文化史》,郑如斯编订,桂林:广西师范大学出版社2004年版,第431—433页。
② 左玉河:《热点透视与学科建设:近年来的中国口述历史研究》,载《中华文化论坛》2011年第1期,第39页。

刷术的普及才有所转变。当时的一些研究者开始转向,从文献档案和既有的历史著作中搜集材料,而不再依存于以往的口述史料。到19世纪中叶以后,史学的发展走向了专业化,书面文献逐渐获得了比口述资料更高的地位。

现代意义上的口述史学诞生于美国。20世纪40年代,在美国分别成立了两个口述史学的研究中心:哥伦比亚大学口述史研究中心和森林史协会。它们的工作主要是用口述史学的研究方法完成对企业史和个人传记的研究。除美国之外,口述史学在其他国家也取得了长足的发展。英国的口述史学研究多集中在社会史范畴,从日常生活的角度研究一个区域或一个阶层人们的生活情况,因此涌现了许多城市史、农村史、妇女史、家庭史、儿童史等著作。加拿大的研究者采用口述史学方法来研究移民的生活状况,北欧的学者用其来研究民歌、民俗等内容。非洲的一些研究者则采用这一方法来研究当地的口头传说,使其著述摆脱了殖民主义和帝国主义的影响,从而成为真正意义上的非洲历史研究。在华语范围内,60年代唐德刚的胡适口述、李宗仁口述非常成功。我国台湾地区研究机构所做的口述史多涉及一些国民党的重要的军、政、文教人员,产生了很大影响。近年来,口述历史在大陆也日益引起了人们的重视,知青口述史、抗战口述史以及一批口述自传的出版都丰富了我国口述历史的内容。

在传播与媒介文化研究领域,也常常运用口述历史的方法。改革开放初期,我国新闻史研究工作中,不少新闻史刊物与著述都是通过对老一辈新闻工作者的采访或依据他们回忆自己的亲身经历和见闻完成的。例如重庆出版社于1984年开始陆续出版的《新闻丛书》,其中包括《世界日报兴衰史》(张友渔、贺逸文、陈云阁等著)、《报人生涯三十年》(张友渔著)、《白头记者话当年》(夏衍著)、《印象深刻的一次采访》(王淮冰、王文彬等著)等。这套丛书的作者多半是我国新闻界老前辈,丛书内容的很大一部分就是新闻界老前辈写的当年的回忆或追述。此外,四川人民出版社于1979年出版的《〈新华日报〉的回忆》也是典型的历史回忆录。

四、史论研究方法

在历史哲学从思辨走向批判和诠释之后,很多史学家开始重视历史研究中的主体解释和理解,并由此产生了诸多不同的史论研究著作和方法。与传统的"如实直书"的史料研究方法以及新史学研究方法不同,史论研究法强调对历史的主观解释和分析,根据研究者不同的理论诉求和哲学视角对历史进行不同角度的梳理和解读。也就是说,以研究者自身的学术理念、哲学视野或理论诉求为主导,对历史进行新的建构,或进行跨学科、综合性的历史研究,或从不同视野对历史进行新的分期等。在传播与媒介文化传播研究领域,许多具有开创性视野的学者正是利用了史论研究的方法,重新诠释人类传播史,才让我们对该领域有了全新的认识和思考。例如,美国传播学者罗杰斯认为传播学史本质上是社会科学的历史,所以他在编写《传播学史》时,从19世纪的三个欧洲大师入手,分析了美国传播学的思想起源,并论证了传播学与当时兴起的经济学、社会学、心理学、政治学和人类学五大社会科学学科领域的密切关系,由此表明传播学史本质上是社会科学的历史,并论述了传播学从其他社会科学学科领域中孕育、分离和建立的历史。但其实,罗杰斯的《传播学史》只是"美国版"的传播研究历史,也可以说是"罗杰斯版"的传播学史,它是根据罗杰斯自身的哲学视角和理论框架"构建"出来的,而不是欧洲的或中国的传播学史。由此可见,史论研究是学者结合其自身的哲学视野和理论背景对人类传播与媒介文化史进行的主观的解释和分析。下面我们将通过三个具体的案例来阐释不同的学者在不同的理论和哲学视野下如何理解和解读传播与媒介文化史。哈贝马斯的《公共领域的结构转型》在批判理论的指导下对18世纪到19世纪欧洲大众传播媒介和公共舆论的演变史进行了梳理;媒介环境学派的芒福德则在其技术阐释的哲学和理论视野下提出了一套建立在机器之上的历史分期;德国媒介思想家基特勒在福柯理论的启发下对18世纪到19世纪的"话语网络"进行了研究和分析。

(一) 哈贝马斯的《公共领域的结构转型》——批判视野下的公共领域演变史研究

德国社会学家哈贝马斯是法兰克福学派第二代批判理论的代表人物,也是当今西方知识界最具影响力的思想家之一。他的思想极具综合性和复杂性。一方面,他继续前辈的批判和主题,如对作为意识形态的技术的批判、对工具理性的批判,以及对西方民主制度失去实质而成为伪民主的批判等。另一方面,他推进了批判,发展了批判,丰富了批判的武库,如从对工具理性的消极面批判(工具理性),到对理性积极面的阐发(交往理性),并发展为社会批判的规范基础。[①]总的来说,哈贝马斯的学术旨趣一是启蒙问题:启蒙许诺了理性和进步给予人类以解放的前景,但在霍克海默、阿多诺的笔下,理性成为残害人们和让大众顺从资本主义秩序的最有效的工具,而哈贝马斯却试图作启蒙思想的捍卫者和阐发者。二是世界的理性化问题:韦伯提出了理性的两种形式,即工具理性和价值理

---

① 于海:《西方社会思想史》,上海:复旦大学出版社2010年版,第366页。

性。韦伯认为世界的理性化主要讲的是工具理性对世界的理性化,它带来了效率和权力,但另一方面,工具理性却使价值理性失去了魅力,并侵蚀了自由。哈贝马斯对韦伯的理性化进行了批判,认为韦伯的理性概念过于狭隘,他只讨论了工具理性(又称为目的理性),却没有注意到以达成共识为目的的交往理性。哈贝马斯的工作代表了一种范式的转换,即从目的行为向交往行为的转变,确切地说,哈贝马斯将交往行为作为合理性研究的核心。其1962年所著的作为其教授资格的论文《公共领域的结构转型》则是"他进入学术公共天地,建立自己学术空间和理论立场的开山之作,更是其交往行为理论的萌芽。"①

哈贝马斯在《公共领域的结构转型》中,"追溯了被他称为公共领域的演变和解体的过程"②。公共领域是哈贝马斯认识资本主义发展的一个批判性工具,也是其交往行动理论的"入口"。在书中,公共领域是一个社会生活的领域,是允许市民之间通过公开合理的辩论以形成公众舆论的社会机制。哈贝马斯认为,公共领域的出现发生在18世纪,以"市民社会"的形成为前提,当时各种公众讨论场所(如俱乐部、咖啡馆、杂志和报纸等)出现在欧洲社会之中,并以讨论文学领域的话题为主,这些场所有助于瓦解以宗教和传统习俗来维持其合法性的封建主义的基础结构,随着文学公共领域批评范围逐渐扩大到经济和政治方面,公共领域具有了政治功能。这时的资产阶级公共领域由于具有公共性、平等性、开放性和批判性,显示出了理性交往的引力和威力,并成为资产阶级摆脱封建统治、建立民主法治统治的关键。其后,由于市场经济的扩张,公共领域在19世纪后期因国家和社会的逐渐融合出现了结构转型。市场经济关系在19世纪迅猛扩张,国家和社会由泾渭分明的关系逐渐变为相互渗透融合的关系,国家干预主义极度增强,公共权力介入私人交往过程,另外,私人交往也呈现出公共权力的运用,其后果就是社会的国家化和国家的社会化同步进行,并最终导致两者的相互融合及公共领域的转型。

与此同时,哈贝马斯也注重对作为公共领域机制之一的大众传播媒介的思考,他认为欧洲资产阶级公共领域的转型体现在大众传播媒介的转变上,他对公共领域的结构转型的描述很大程度上也集中在对大众传播媒介转型的描述上。哈氏认为,大众传媒是资产阶级公共领域机制化的重要平台,并且是公共舆论的重要载体。随着大众传播媒介的转变和市场经济的发展,资产阶级公共领域也

---

① 曹卫东:《从"公私分明"到"大公无私"》,载《读书》1998年第6期。
② 〔美〕乔纳森·H.特纳:《社会学理论的结构》,邱泽奇、张茂元等译,北京:华夏出版社2006年版,第196页。

不断发生变化。"文学公共领域消失了,取而代之的是文化消费的伪公共领域或伪私人领域"①,公共批判在文学领域已经不复存在,受众本身从文化批判者变成了文化消费者。此外,哈贝马斯对大众传播媒介的转变所引起的新闻写作形式的变化、商业广告的兴起以及公共舆论的变化都进行了描述和分析。

通过对《公共领域的结构转型》的梳理和分析,可以看出,这本书是一本历史性著作。哈贝马斯追溯了欧洲资产阶级公共领域的演变和解体过程,描述和分析了欧洲资产阶级公共领域的历史演变,而他所描述的公共领域又与18世纪欧洲大众传播媒介以及公共舆论密切相关,从某种程度上讲,公共领域的转型是在欧洲大众传播媒介转变的基础上发生的。所以,从广泛意义上来说,《公共领域的结构转型》不仅是资产阶级公共领域的演变史,也是18世纪到19世纪欧洲大众传播媒介和公共舆论的演变史,还是一部社会史。

就具体的研究方法而言,哈贝马斯明确指出,由于"资产阶级公共领域"这个研究对象十分复杂,难以把握,所以使用某个单一学科的方法难以奏效,因此,必须打破社会科学各学科之间的界限,把公共领域范畴放到一个比较开阔的视野里加以探讨。此外,哈贝马斯从社会学和历史学的角度对"资产阶级公共领域"加以研究。他写道:"我们认为'资产阶级公共领域'是一个具有划时代意义的范畴,不能把它和源自欧洲中世纪的'市民社会'的独特发展历史隔离开来,使之成为一种理想类型,随意应用到具有相似形态的历史语境当中。"②因此,要把"公共领域"当作一个历史范畴加以讨论。由此可见,哈贝马斯的《公共领域的结构转型》一书在研究方法上打破了社会科学各学科之间的界限,强调跨学科、综合性的研究方法,以及强调历史语境,结合欧洲"市民社会"和大众传播媒介的发展演变分析探讨"资产阶级公共领域"。这与美国以结构功能主义理论为代表的形式主义社会学之间的研究有着显著的不同,哈贝马斯的《公共领域的结构转型》是一种典型的以问题为导向、具有明确的理论诉求的史论性研究。

(二) 芒福德技术阐释理论下的历史分期——勾勒人类历史的新视角

刘易斯·芒福德被视为媒介环境学大厦的奠基人,同时也被人们称为人文主义技术哲学的开山鼻祖。他对技术哲学进行了全面的反思,相关著作丰富、观点新颖。芒福德的技术哲学研究建立在其对技术史的研究上,他的名著《技术与文明》除了讨论技术哲学外,更多的篇幅是讨论技术史的相关内容,并由此赢得

---

① 〔德〕哈贝马斯:《公共领域的结构转型》,曹卫东等译,上海:学林出版社1999年版,第187页。
② 同上书,第1页。

了文化史家和技术史家的名声。

芒福德提出了一套建立在机器之上的历史分期。他把技术发展史划分为三个"互相重叠和渗透的阶段":前技术阶段(约公元1000年至公元1750年)、旧技术阶段(1750年之后)和新技术阶段(20世纪发轫)。划分这三个阶段的标准之一,就是它们特有的能量、原材料、生产方式在多大程度上改变了自然环境(和人类生态)。[①]"前技术阶段"又称水木复合体阶段,在这个阶段,经济活动经常集中在水力和风力便利且效益最好的地区,比如天然水路边或能够人工开凿水道的地区。"旧技术阶段"又称为煤铁复合体阶段,因为这一阶段主要以煤和铁等不可再生的资源为主要生产原料,煤铁的开采会造成严重的生态破坏。"新技术阶段"被称为电力与合金的复合体,芒福德对新技术阶段潜在的发展势头表示审慎的乐观,因为电能虽然是相对便宜和清洁的能源,并促进了非集中化的活动,但新技术仍然支持权力的集中,并且化石燃料和核电厂的环境不容乐观。

芒福德除了将技术发展的历史分为三个阶段,还从人类学的角度将历史上的技术分为两类:多元技术和单一技术。多元技术或生物技术是技术制造活动的原始形式,最初(从逻辑上说,但在某种程度上也是从历史上说),技术大体上是以生活发展为方向,而不是以工作或权力为中心的,还是一种与生活的多种需要和愿望一致的技术,而且它以一种民主方式为了实现人的多种多样的潜能而起作用。相反,单一技术或权力主义的技术则是基于科学智力和大量生产,目的主要在于经济扩张、物质丰盈和军事优势。[②]现代技术是单一技术的主要实例,并来源于"巨型机器"之物,巨型机器可以带来惊人的物质利益,却限定人的活动和愿望,使人失去人性,如庞大的军队、建造埃及金字塔和中国万里长城而组织起来的劳动集体等。随着现代科学技术的突飞猛进,单一技术无孔不入,已经渗透到政治、经济、军事、文化和日常生活中,机械化和自动化取得了空前的胜利,在"巨型机器"的淫威之下,人类背离了原来的生活目标,逐渐成为巨型机器的一部分。

芒福德的技术史观成为学者们勾勒人类历史的新视角,并影响和启发了媒介环境学派等诸多学者对人类社会历史研究的思考。受到芒福德的影响,伊尼斯在《帝国与传播》和《传播的偏向》这两本书中,将重点放在传播媒介而不是能源和原材料上,并构建了自己的历史分期。麦克卢汉将传播时代划分为口语时

---

① 林文刚:《媒介环境学:思想沿革与多维视野》,何道宽译,北京:北京大学出版社2007年版,第58页。
② 黄欣荣:《论芒福德的技术哲学》,载《自然辩证法研究》2003年第2期。

代或前文字时代、书面语时代或机械时代、电力时代。波兹曼在《技术垄断》一书中,提出了三个技术时代:工具使用时代、技术统治时代和技术垄断时代,大体上相当于芒福德的前技术阶段、旧技术阶段和新技术阶段。美国作家伊丽莎白·爱森斯坦历时15年撰写的《作为变革动因的印刷机》更是直接将印刷机作为欧洲中世纪向新时代过渡的变革动因,该书通过对媒介史当中15世纪中叶兴起于欧洲的印刷文化的翔实介绍和论证,深入思考和论述了印刷术作为一种新媒介对欧洲社会发展和社会结构所产生的不可估量的影响。可见,芒福德的技术史观为我们开启了一扇思考人类社会历史的全新窗口。

(三) 基特勒的"话语网络"分析——福柯式的史学研究

米歇尔·福柯是法国现代最为光彩夺目的思想大师之一,他出版了一系列辉煌的巨著,对所有学科和领域都发起了挑战,并使现代思想发生了一次真正的剧变。

福柯是一个多产的作家,尽管福柯的学术生涯至少可以分成三个不同的阶段,但有几个主题在他的作品中自始至终都存在着。这三个主要的福柯"主题"分别是:知识(knowledge)、权力(power)和主体性(subjectivity)。从《癫狂与文明》(1961)到《知识考古学》(1969)可以看作福柯思想的第一阶段,在这一阶段福柯主要进行对知识的质疑和思考知识的类型,福柯提出了"知识型"的概念,并在《知识考古学》中试图通过"话语理论"来展示"知识型"是如何运作和"表达自己"的。福柯在1971年发表《尼采、谱系、历史》之后,进入了思想发展的第二个阶段,他从尼采《论道德的谱系》中得到启发,并在《尼采、谱系学、历史》中开始了对权力类型的谱系学分析,并主要思考现代主体性是怎样被权力的谱系一点点生产出来的。1976年福柯发表了《性经验史》的第一卷"认知的意志"后有一个思想转向,可以看作福柯思想第三个时期的开始,福柯此时转向了古希腊罗马和早期基督教研究,他这时思考的问题是"关怀自身"和"认识你自己"的主体之思的关系。

福柯是通过一系列社会文化史研究来阐述和表达他的哲学思考的。然而,福柯的史学研究不同于一般的历史研究。这不仅体现在福柯史学研究的主题是一系列"文化边界"研究,也体现在他所使用的史学研究方法批判和超越了以往的历史研究。在研究主题上,福柯所关注的是一系列传统历史研究未曾关注的领域,如疯癫史、疾病史、惩罚史、性史等传统史学中的边缘化主题。在史学研究方法上,福柯所使用的是被他称作考古学和谱系学的方法,这两种方法不同于以往的历史学研究方法。福柯的考古学和谱系学关注的是历史中的断裂和不连续,反对历史统一性和连续性,强调偶然;解构普遍真理神话,关注认识中的偏执与阴暗。

福柯对理性、知识、真理、主体、历史等问题提出的挑战,起初受到许多领域学者的批评,然而,近二十年中,福柯的作品和理论几乎对人文科学与社会科学的每一个领域都产生了深远的影响。同样,在媒介与文化研究领域,学者们也纷纷关注并研究福柯的理论和思想。福柯的知识考古学和谱系学及其话语分析方法为人们重新认识历史提供了一个全新的思路,也启发了诸多学者对媒介史与文化史的重新思考。德国当代著名媒介文化研究者基特勒的媒介史就是其中的典型。基特勒的早期思想"话语网络"理论受到了福柯的极大影响。"话语网络"一词出自基特勒的早期代表作《话语网络1800/1900》(1800大致指18世纪后期到19世纪中期,1900指19世纪后期到20世纪初),在这本书中,基特勒借鉴了福柯的话语理论和知识型分期概念,运用话语分析的方法,对德国18世纪末到20世纪初的传播系统进行了详细分析,从话语的物质性出发,凸显了技术与媒介在不同话语体系中的重要性,提出了一种重新认识这两个时期的文学、哲学、社会的认知方式[①]。

弗里德里希·基特勒(Fredirch A. Kittler,1943—2011)生前是柏林洪堡大学美学和媒介史教授,主要从事文化与媒介理论研究,也是当代德国重要的媒介思想家之一。他的研究领域和主题广泛而复杂,但在其所有的研究中最令人称道的还是对媒介的深刻观察和思考。他的著作致力于将技术、话语和权力等问题结合起来进行理论思考,其理论和思想对过去三十年来的学术界产生了巨大影响。基特勒在其学术生涯中,一共撰写和编辑了20多本书及140余篇论文[②]。其中最重要的两部著作分别是《话语网络1800/1900》《留声机、电影、打字机》,此外还有《光学媒介》等。其媒介研究可分为三个阶段:早期阶段的研究主要以"话语网络"理论作为研究重点,并以此为之后的研究奠定了基础和方向;第二阶段的研究则关注到具体的媒介,特别是留声机、电影、打字机(书写的机械化)以及计算机对文学书写的解构性意义,强调了媒介及其技术的物质性对于文学书写和文本生成的决定性意义;接下来是第三阶段,基特勒将研究范围扩大到文化技术,研究中心是一个大型的、本体论导向的数学和音乐符号系统的系谱。

"话语分析"理论是基特勒早期思想的核心概念,也是其媒介思想的"入口"。"话语网络"理论确定了基特勒媒介思想的方向。在"话语网络"的理论体系中,

---

① 陈静:《走向媒体本体论》,选自《文化研究》,北京:社会科学文献出版社2013年版,第293页。
② Geoffrey Winthrop-Young. *Kittler and Media*, Malden: Polity Press, 2011, p.10.

基特勒的主要"关键词"——历史、技术、媒介、文本、主体等——被充分地讨论，基特勒的媒介思想也得以展现。基特勒的"话语网络"理论受到了福柯的话语分析理论，特别是"知识型"概念的深刻影响和启发，其采用的"话语分析"的方法，也深受福柯话语分析方法的影响。在分析"话语网络"时，基特勒对历史维度的强调，使人们将他对媒介史的研究归结为"媒介考古学"，可以看出基特勒对福柯历史考古学的借鉴和超越。

基特勒笔下的"话语网络"是指一种信息机器编制的文化网络。在基特勒看来，从媒介史的角度看，1800 与 1900 是两个迥然不同的时代，而造成这两个话语网络不同的根本原因正是技术的变革。基特勒将话语网络定义为，一种"技术和机制的网络"，"允许一个特定文化选择、存储和处理相关数据的科技和机构的网络"。基特勒认为，文化是一个大型的信息机器，基于数据输入、传输和输出被连接的方式，产生出关于这个机器为什么发挥作用和发挥到何种程度的概念。基特勒在《话语网络 1800/1900》中对"话语网络"进行了分期，并重点分析了 1800 和 1900 两个话语网络的各自特点以及其得以形成、运转的技术条件，展现了两个时代截然不同的文化面貌。

1. 相同的理论前提——文化的深层断裂。基特勒对话语网络的分期，是基于一个重要前提：历史受尖锐文化断裂的支配。在基特勒看来，这种断裂是如此深刻尖锐以至于阻止了通常的文化延续：没有传统，没有可辨的文化轨迹，没有贯穿这些断裂的红线或者宏大的叙事线（无论是进步和解放，或者是衰落和下降）[1]。基特勒的这种文化断裂思想实际上是深受福柯"知识型"及其深层断裂的影响。

福柯坚称各个时期的知识型之间存在着深层断裂，在他看来，焦点不在于不同的价值体系，而在于潜在的知识排序原则。一旦话语的基本顺序改变，即使是历史上最庄严的红线或者永恒的支柱也会瓦解[2]。"欧洲自文艺复兴以来几乎没有受到干扰的发展速率只是一个表象，"福柯评论道："在考古学的层面我们看到在 18 世纪末和 19 世纪初实证性（positivity）系统在整体上发生转变"[3]。这种对断裂或非连续性的强调使得他的考古学研究迥异于传统历史或思想史研究。传统历史，尤其是思想史，深深扎根于对连续性和因果律的信仰，而福柯的考古学并不寻求发现历史连续性和细微的过渡（这种过渡将当下的实践与以往

---

[1] Geoffrey Winthrop-Young，*Kittler and Media*，Polity，2011，p. 45.
[2] Ibid.，p. 44.
[3] Foucault，M.，*The Order of Thing: An Archaeology of the Human Science*，New York: Vintage，1994.

和将来的实践相连接),而是从特殊性和非连续性角度界定它们,承认它们各自的差异与分化。

福柯和基特勒的研究都摆脱了传统上对叙述的线性依赖,而坚持历史受尖锐文化断裂支配的主张。在他们看来,历史并非扎根于连续性,不同历史分期下的"话语网络"或"知识型"不具有继承或亲缘关系,前后相邻的"话语网络"或"知识型"也并非起源或累积的关系。正如同基特勒所言:"言语的历史冒险没有形成一个连续体,思想的历史也没有"。[①] "话语网络"或"知识型"是成系统的,不同系统间的不同使其得以显现。

2. 相近的历史分期。基于文化深层断裂的理论前提,福柯和基特勒都对文艺复兴以来的历史进行了分段式的研究,二人对历史时期的划分是极为类似的。在《词与物》中,福柯分别讨论了文艺复兴时期、古典时期(17世纪中期—18世纪末期)和现代时期(19世纪初—20世纪中期)的三种"知识型"。在现代知识型之后,福柯预测了人的消失。然而福柯没有指出人消失之后,也就是现代知识型配置坍毁后,取而代之的是怎样的新的知识型。

基特勒认同福柯基于话语概念所进行的历史分期研究。基特勒也将文艺复兴以降的欧洲历史划分为不同的阶段,并对应不同的话语网络:学者共和国(Republic of Scholars)、1800浪漫主义的话语网络(大致从18世纪后期到19世纪中期)、1900现代主义[②]的话语网络等。其中,"学者共和国"大致对应福柯所说的文艺复兴和古典知识型;"1800话语网络"对应福柯所说的"现代";"1900话语网络"则对应福柯做出预测却未能详细描述的"后现代主义"[③]。

3. 相似的研究方法。基特勒和福柯在呈现不同时期话语系统的特点时也采用了同样的研究方法——话语分析。例如,在福柯的著作《词与物》中,福柯以对 Las Meninas(《宫女》,委拉士开兹的画作)的讨论作为开篇。他用这幅画作为一种范例场景,据此来勾勒古典知识型的不同的参数。就像委拉士开兹的杰作浓缩了所有的元素和关系,福柯对古典呈现的细致入微的分析后来铺展开几百页。同样,基特勒也以一个类似的主要情景来开始他对浪漫主义时期(1800话语网络)的讨论,这一场景即"学者的悲剧",它是歌德的《浮士德》的开篇。在基特勒的解释下,戏剧上演出的浮士德的一系列阅读和写作场景——诺查丹玛斯手稿、地球精神的唤起、来自约翰福音的翻译和最后浮士德与魔鬼化身靡非斯

[①] Kittler, F., *Discourse Networks* 1800/1900, Trans. M. Metteer and C. Cullen, intro. D. Wellbery, Stanford, CA: Stanford University Press 1990, p. 177.

[②] 需要注意的是,这里的"现代主义"与福柯的"现代知识型"完全是不同的概念。

[③] 这里的"后现代主义"是紧跟福柯"现代知识型"而来,并非其常用义。

特签订条约——都只是演绎出"学者共和国"这一废旧体系的崩塌和浪漫主义话语网络的兴起[1]。

尽管都采取了话语分析的研究方法,但基特勒和福柯的话语分析还有是明显的不同。作为批判的话语分析的鼻祖,福柯的话语分析在多数时候忽视对具体文本的解读,更关注话语背后意义的争夺,试图揭示话语与权力的关系、社会主体和知识的话语建构、话语在社会变化中的功能等问题。而基特勒则更加注重对话语文本,特别是文学文本的解读,希望通过对它们的细致分析全面展示不同话语网络的特征并分析媒介技术因素在其中的位置和功能。

4. 相同的对社会背景的摒弃和反人本主义。福柯在对不同的知识型进行分析时,不仅忽略了现代历史中心的关键参与者(先验主体、中产阶级、资本主义、启蒙运动的传播、社会的完善、单一民族国家等),而且否定了这样一个观点:任何给定时代的理论、意识形态、价值体系或美学产品都可以通过参考当时的社会环境和载体而被完全充分地解释。在福柯看来,不能通过对群体成员所在的系统进行社会学分析而得出其思想观念的由来。于是,福柯在不参考社会中正在发生的事情的情况下去强调 18 世纪末 19 世纪初的知识型的转变,他宣称知识型之间的差异如此之大以至于妨碍了所有文明上的延续和进步。与这种对社会背景和文化连续性的背离相一致的,是福柯的反人本主义。福柯试图打破以往知识研究中的人类学认同模式和主体身份,认为知识或社会现实的形成并非起源于某种不变的笛卡儿式的"人",也不是经由某个中介性主体建构而来[2]。福柯认为,作为主体的人类是一个话语的建构,最早出现在 18 世纪末期作为现代知识整合的结果。一系列科学的出现将人放置在所有的智力活动的中心。但是"人既不是人类知识面临的最古老的也不是最永恒的问题",福柯提醒读者"人类是最近年代的产物"[3]。人类不仅年轻,而且已经接近他的终点,正如福柯在其文化理论预言中所指出的,该预言是尼采的"上帝已死"预言以来最著名的相似说法:人类将被抹去,如一个在海边的沙滩上画的脸。[4]

同样,基特勒继承了福柯对社会分析或背景诠释的轻蔑,其关注的焦点不再是社会学意义上的决定精神结构的社会基础,而是引发话语系统更替的媒介技

---

[1] Kittler, F., *Discourse Networks 1800/1900*, Trans. M. Metteer and C. Cullen, intro. D. Wellbery, Stanford, CA: Stanford University Press 1990, p.7.
[2] 赵万里、穆滢潭:《福柯与知识社会学的话语分析转向》,载《天津社会科学》2012 年第 5 期。
[3] Foucault, M., *The Order of Thing: An Archaeology of the Human Science*, New York: Vintage, 1994.
[4] Foucault, M., *The Order of Thing: An Archaeology of the Human Science*, New York: Vintage, 1994, p.387.

术的变革。不同于意识形态分析对社会概念的强调,基特勒借鉴了尼克拉斯·卢曼的社会学理论,试图用一个控制论模式取代传统的社会学解释的因果关系模式。基特勒的学术思想中也蕴含着反人本主义,而且比福柯更为激进彻底,他将人在某种程度上视为媒介的产物。在他看来,人是作为书写系统的客体而存在。媒介限定了人的存在和经验,从而书写和刻画出人的具体形态和意识。

尽管基特勒的研究深受福柯话语思想的影响,并在很多方面与福柯展现出一致性,但基特勒并没有止步于福柯,在更多方面(如他突破了福柯对话语概念的媒介局限、打破了福柯意义上的话语同一性以及解释了话语网络变迁的原因)他与福柯有着明显的不同,并在一定程度上超越了福柯话语理论的局限。然而,基特勒对18世纪末到20世纪"话语网络"的观察与思考很大程度上借鉴了福柯话语分析及知识型的理论和方法,因此,基特勒的"话语网络"分析在某种程度上可以看作是福柯式的历史研究。基特勒在福柯的影响下,强调对文本话语的分析及对媒介技术进行历史维度的观察与思考,这种"媒介考古"式话语分析的研究方法,为我们对历史演进过程中的媒介技术要素所扮演的角色的分析视角提供了思路,我们不妨引入媒介考古的方法,以全新的视角重新审视过去以及当下的文化发展轨迹。

第四章
叙事学研究方法

叙事学理论,是20世纪重要的文学理论之一,也是文学理论研究的一次"向内转"。它不只是一门理论,还是一种研究方法,只不过这种研究方法最初只把民间故事、童话、神话、小说等作为研究对象,也就是说它只是对以语言为载体的叙事具有解释的有效性。但是,叙事又无处不在,从这个名称来讲,"叙"有叙述、陈述、讲述的意思,"事"有故事、事件、事情的意思。而在现实生活中,"讲述"和"事情"是无所不在而又包罗万象的,米歇尔·德·塞托在《日常生活实践》一书中认为,"我们的社会在三层意义上变成了一个叙述的社会:故事(由广告和信息媒体组成的寓言),对故事的引用以及无休无止的故事叙述定义了我们的社会"[①]。也就是说,哪怕是一首童谣、一首歌曲或者一次广告、一篇新闻报道甚至是一条短信、一则微博,都可能是一次"叙事";承载着叙事内容的媒介也不仅有口头语言、书面语言,也包括各种传统电子媒介和新媒体,其形式也不仅限于语言文字,也包括图像、动作、声音等;而"叙事"就会涉及叙述者、叙述的方法、叙述的结构以及叙述的模式和接受者等。这样看来,对于各种媒介文本叙事的研究显然是一个系统且庞大的工程,而方法的有效性会使这项工作更加得心应手、游刃有余。

一、叙事学研究方法概述

(一) 叙事学方法概说

几乎世界上所有的民族中,都有一些古老的故事,故事是传承一个民族文化的重要形式。为了让故事更生动、鲜活、富有悬念和吸引力,讲故事的人总是会

[①] 转引自〔美〕阿瑟·阿萨·伯格:《通俗文化、媒介和日常生活叙事》,姚媛译,南京:南京大学出版社2006年版,第1页。

想出更好的修辞和叙事逻辑,运用不同的叙事方式和方法。尽管叙事的历史很古老,但是叙事学理论及其研究方法却是一门年轻的学问。如果以俄国文艺理论家弗拉基米尔·普罗普在1928年发表的《民间故事形态学》为发轫的话,叙事学的历史还不到一百年的时间;如果以托多罗夫在1969年正式为"叙事学"命名作为开端的话,叙事学发展到现在也不过是四十多年的时间。

那么,什么是叙事学呢?简单来说,就是研究表述方式的学问。按照托多罗夫的定义,这门学问研究的是叙述的本质、表现、功能等叙述的普遍特征,而不考虑叙事的媒介,即不管它是用文字、图像还是声音来表达。叙事一般涉及两个方面的内容,一是故事,一是话语。故事,关心的是"说了什么""描述了什么"的问题,涉及人物、情节、事件等;话语,也就是"怎么说"的问题,涉及叙述视点、叙述模式、叙述情境以及叙述者与故事的关系等。这两个方面如果用传统的"内容"和"形式"来概括的话,故事是"内容",话语则是"形式"。但是,在20世纪以前,人们对于故事或者小说的研究都停留在主题、社会影响和教育意义上,批评的方法也是以印象式或者传记式的批评为主,重内容意义轻形式技巧。特别是到了20世纪30年代,甚至形成一种庸俗的社会学批评的潮流,很少关注作品本身的"文学性"。差不多在同一时期,一个叫作普罗普的俄国人,出版了《民间故事形态学》一书,用了迥异于以往的研究方法分析了俄罗斯民间故事。普罗普没有从主题分类、内容意义和历史起源入手,他认为这样的分析很难得到严谨科学的解释,必须找到一种"使读者能够将故事的主要组成部分独立出来,看它们相互之间如何联系,即必须有一种把故事分解成其组成部分的方法"[1]。他开始从作品结构和形式入手进行研究,考察某种体系的组成部分,看各个部分之间如何关联。他找到了"功能"这一概念,认为故事中的基本单位不是人物而是人物在故事中的"功能"。通过分析,他从100个俄国民间故事中找出了31种功能,在不同的人物、事件、情节中,都有类似的功能出现。他通过研究一组俄国童话故事发现,虽然不同故事里的人物不同,但是能够从其中找到一些共有的模式和类型,每个(俄罗斯童话)故事都是由一个或更多的步骤组成的,并可以根据其可能承担的基本角色对故事的参与者进行分类。普罗普将其分成七种人物类型:英雄、恶棍、施主、遣送者、伪英雄、帮助者、公主和她的父亲。虽然在不同的故事中,这些人物类型形态各异,但是在故事的进程中,都实现了相同的目的并起到了类似的作用。正如普罗普所言,"在一个故事中,人物的功能就是作为稳固和

---

[1] 转引自〔美〕阿瑟·阿萨·伯格:《通俗文化、媒介和日常生活叙事》,姚媛译,南京:南京大学出版社2006年版,第21页。

持恒的元素，无论这些人物是由谁或者如何扮演的"①。普罗普找到的叙事"形式"，仿佛是一个巨大的结构和"套子"，我们可以将故事按照这样的一个"模式"或者"套子"进行分析，可以超越甚至可以脱离故事的社会意义等现实主义表述。尽管后来的美国文化批评家弗雷德里克·杰姆逊认为这仍是一个历史性的分析，而且不是后来结构主义的共时性分析，但普罗普的研究依然是一个了不起的发现，特别是在庸俗的社会学批评占据主流的时候。当然，普罗普《民间故事形态学》一书的理论资源离不开俄国形式主义，俄国形式主义批评致力于寻找作品的"文学性"，而不关注作品非文学性的内容。虽然这种封闭式的研究也遭到诟病，但是，关注文本、文学系统自身的价值和规律，将文学作品视为独立自主、自成一体的艺术品却是非常重要的。

　　这本著作被翻译到欧美之后，普罗普顿时名声大噪，很多西方的符号学家和结构主义学者都受到了普罗普的影响，比如罗兰·巴特、格雷马斯、热奈特、托多罗夫、布雷蒙等叙事学家。罗兰·巴特的《叙事作品结构分析导论》、格雷马斯的《结构主义语义学》、热奈特的《叙事话语》和《新叙事话语》、托多罗夫的《〈十日谈〉语法》以及布雷蒙的《叙事作品的逻辑》、米克·巴尔的《叙事学：叙事理论导论》、西蒙·查特曼的《故事和话语》等著作形成了欧美蔚为壮观的叙事学潮流。巴黎1966年第8期出版的《交际》杂志，以"符号叙述学基本理论——叙事作品结构分析"为主题，通过一系列文章将叙述学的研究方法和理论公之于众。对于叙事学，不同的理论家关注点不一样，比如，法国学者罗兰·巴特认为叙事作品分为三个层次："功能层""行动层"和"叙事层"。"功能层"包括依据功能而定的种种叙述单位，"行动层"依据人物行动范围来对人物进行分层，这两个层次属于"故事"范畴，最后一个层次"叙事层"属于"话语层"。而结构主义叙事学家热奈特注重叙述话语层次与所叙故事层次之间的关系，指出故事、叙事话语和叙事行为的差别，认为故事就是被叙述的内容，叙事话语则是用于叙述的口头或笔头的话语，也就是读者读到的文本，而叙述行为则是产生话语的行为过程。美国学者西蒙·查特曼在《故事和话语》中讨论了叙事的基本元素，即故事和话语，还对"核心"和"卫星"事件做了区分："核心是在事件发展的方向中导致难题的叙事时刻，是结构中的节点或枢纽，是迫使动作进入两条（或更多）可能的道路中的一条分支点……要删除核心，就一定会破坏叙事逻辑。"②而"卫星"事件是用来修饰

---

①　转引自〔美〕罗伯特·艾伦：《重组话语频道——电视与当代批评理论》，牟岭译，北京：北京大学出版社2008年版，第62页。

②　转引自〔美〕阿瑟·阿萨·伯格：《通俗文化、媒介和日常生活叙事》，姚媛译，南京：南京大学出版社2006年版。

核心的,补充细节的,增删并不会影响情节,在此之前罗兰·巴特巴曾对二者做过分析。立陶宛学者格雷马斯则以语义学为模式,力求找出故事内部基本的二元对立关系,再据此推演出整个叙事模式,为此他提出了"角色模式和语义方阵"理论。他给出了叙事文本中的三组角色,分别是"主角和对象、支使者和承受者以及助手和对头"。亨利·詹姆斯在《小说的艺术》中阐述了叙述视点和叙述者的概念。布斯则对隐含作者的问题做过论述,认为隐含作者存在于叙述者和真实作者之间,是虚拟的,它的形象是读者在阅读过程中根据文本建立起来的,它是文本中作者的形象,它没有任何与读者直接交流的方式,它通过作品的整体构思以及各种叙事策略、文本的意识形态和价值观标准来显示自己的存在。

法国批评家托多罗夫第一次使用了"叙事学"这个术语。他在《〈十日谈〉语法》中说:"这部著作属于一门尚未存在的科学,我们暂且将这门科学取名为叙事学,即关于叙事作品的科学。"①在他看来,叙事学应对"叙述的本质和叙述分析的几条原则,提出几点一般性的结论。"②在对《十日谈》的分析中,托多罗夫把每个故事都简化为纯粹的句法结构,得出"命题"和"序列"两个基本单位,他试图建立起一套叙事结构模式。他对叙事时间、叙事体态和叙事语式等方面的内容也做了重点的考察。第一,叙事时间:包括作品讲述时间的压缩和延伸,还包括"连贯、交替和插入";第二,叙事体态:是表达故事中的"他"和叙事话语中"我"的关系,即作品人物和叙事者的关系;第三,叙事语式:涉及叙述者向我们陈述、描写的方式、话语或故事。一个是故事层面的,聚焦于事件、人物和结构;还有一个是话语层面的,关注的是叙述者与故事的关系、时间的安排、观察故事和生成角度等。此外,托多罗夫认为,最基本的叙述,就是由平衡开始,经过冲突,引发不平衡,最后又达到平衡。只不过在这个初始平衡与最终平衡实现的过程中,包含着丰富的内容。托多罗夫的叙事理论指出,叙事学的研究对象是叙事文本的本质、表现、功能等一般性的特征,而不考虑媒介因素,即不考虑文本是用文字、图像还是声音来叙事的。法国学者热奈特面对大众媒介的多样性,将叙事学划定在叙事文学这个领域,不涉及影视等部门,这是经典叙事学划分研究领域的方式。

从这些叙事理论中,我们可以看出,叙事学研究涉及叙事功能、文本、时间、视角、声音、模式和结构等若干问题。但有一点需要指出的是,叙事理论基本上都把叙事研究局限在文学叙事作品上,和媒介并无多大关系,若同一个故事可由

---

① 〔法〕托多罗夫:《〈十日谈〉语法》,海牙:穆通出版社1969年版,第10页。
② 〔法〕托多罗夫:《叙述的结构分析》,选自《最新西方文论选》,王逢振、盛宁、李自修编,桂林:漓江出版社1991年版,第123页。

不同的媒介表达出来,它不随话语形式的变化而变化则证明故事具有相对的独立性。当然,这属于经典叙事学的范畴。

(二)叙事学研究转向:从狭义叙事学向广义叙事学的转向

结构主义叙事学转向文本内部研究,探讨叙事作品的内部结构和规律,这也使叙事研究走向一个相对封闭的境地。为了顺应读者反映批评和文化批评的潮流,叙事学的研究发生了一些转向,比如,从关注作品本身转向关注读者,为共时研究引入历史的维度,并对意识形态有较多关注等。可以说,再次盛行的叙事学研究方法已经超越了经典叙事学研究的领域,即从文学内部转向与其他学科的交互性研究,关注作者、文本、读者与社会历史语境的交互作用。叙事学的领域也不断扩大,形成新的叙事学分支,比如"语境叙事学""女性主义叙事学""认知叙事学""跨媒介叙事学"等,这也被称为后经典叙事学。

经典(狭义)叙事学的研究对象必须有连续性的"故事"作为分析对象。叙述学家普林斯在《叙述学辞典》中将叙述定义为"由一个或数个叙述人,对一个或数个叙述接受者,重述一个或数个真实或虚构的事件"[①]。叙事至少应包含一个真实或虚构的事件,并且有头有尾、有始有终,这也使经典的叙事学把叙事研究的对象划定在文学文本内。实际上,叙事学的发展并没有完全遵循这种设想,即把它的研究对象局限于神话、民间故事,尤其是小说这些以书面语言为载体的叙事作品中。正如罗兰·巴特认为任何材料都适宜于叙事,除了文学作品以外,叙事作品还包括绘画、电影、连环画、社会杂闻、会话等,叙事承载物可以是口头或书面的有声语言、固定或活动的画面、手势,以及所有这些材料的有机混合。叙事学的方法也被广泛地使用在电影、电视、新闻杂志甚至是新媒体的文本分析上,已经超越了小说和民间故事这样的传统叙事文本,进入到一个更广泛的领域中。学者赵毅衡曾对叙述学的扩容和转向做出深入的分析,将这种转向与对叙事的本质理解关联起来,赵毅衡认为:"只要满足以下两个条件的思维或言语行为,都是叙述:第一,叙述主体把人物参与的事件组织进一个符号链;第二,这个符号链可以被接受主体理解为具有内在的时间和意义向度。"[②]这丰富了叙事的基本内涵,而且他还将叙事按照"虚构性和事实性""文本媒介"以及"语态"进行分类。比如他认为,小说属于虚构的文字文本,指向过去;广播新闻属于非虚构、以语言

[①] 〔美〕杰拉德·普林斯:《叙述学词典(修订版)》,乔国强、李孝弟译,上海:上海译文出版社2011年版,第136页。
[②] 赵毅衡:《"叙述转向"之后:广义叙述学的可能性与必要性》,载《江西社会科学》2008年第9期,第35页。

为主渠道的复合文本,指向现在;电视广告属于拟非虚构、以画面为主渠道的复合文本,指向未来;欲望之梦属于拟虚构、以心像为主渠道的潜文本,也是未来向度。

叙述本质的转向迫使对叙述学研究对象的扩容,广义叙述学必须能够涵盖所有被认为是叙述的新类型。这种厘定研究范围、确定研究分类以及给定研究对象的做法无疑表明这样的一种态度:传统或者经典的叙事学必须走出已有的论域才能够对现实和各种媒介文本作出理论阐释。从某种意义上讲,这种对叙事学的扩容实际上是把它置于一种无所不包的范围,而这种扩容能否保证理论的有效性也是值得思考的。

二、叙事学研究关键词

叙事学的研究术语和关键词不可谓不多,比如,普林斯的《叙述学辞典》中就有200多个,此外还有艾布拉姆斯的《文学术语汇编》以及西尔万·巴尼特、莫顿·伯曼和威廉·伯托的《文学术语辞典》当中的一些叙事学术语的解释,以及阿萨·伯格对叙事学术语的汇编等。因此,试图从中选出一些在媒介研究中经常使用的术语也并不容易。我们选择了一些叙事学理论的关键词,可以帮助我们理解一些叙事学研究的方式和方法,以及相应的技巧。

(一)叙述

"叙述"这个核心概念确认了叙事学研究方法的前提:叙述者——受叙者,连接二者的事实或者虚构性事件,以及完成"叙述"的表现方式(内容)和媒介(使用的载体)。普林斯的《叙述学辞典》中关于"叙述"的概念是:由一个、两个或数个(或多或少显性的)叙述者向一个、两个或数个(或多或少显性的)受叙者传达一个或更多真实或虚构的事件(作为产品和过程、对象和行为、结构和结构化)的表述。

简单地说,构成叙述的前提是描述一个事件。这个事件可以是真实的也可以是虚构的,这不是一个事实说明或者概念阐释,比如"冬天很冷,夏天很热""电子是由原子构成的"等,而是"国王死了,随后,王后也死了"这样的叙述,不仅叙述一个事件而且涉及事件的原因和结果。不同的叙述学家对于这个关键概念的解释不尽相同,比如前面提到的热奈特,就认为叙述是一种言辞的叙述,不包括舞台上的表演,当然也不包括诸如电影中的镜头语言、肢体语言以及推进剧情叙述的音乐和声效等。

在托多罗夫那里,叙事学的研究对象是叙事文本的本质、表现、功能等一般性的特征,不考虑媒介等因素,无论是用文字、图像还是声音来叙事都无所谓。但在普林斯收录的"叙述"词条中,则涉及叙述媒介,认为叙述媒介是多种多样的,"如口头的、书面的以及符号语言,普通照片或动画片,手指或上述几种的任意有序的组合"①。显然,普林斯关于"叙述"的界定更适用于大众媒介叙事研究。

(二) 话语

一个叙事文本一般都包括两个层面的内容:故事层面和话语层面。故事层面讲的是发生了什么和如何发生的,而话语层面则是指怎么把这些发生的故事"讲出来"。詹姆斯·费伦认为,话语是指"用来讲故事的一套手法,包括视觉(谁在看),声音(谁在说),持续时间(讲述某事所需的时间),频率(只有一次讲述还是重复讲述),速度(一段话语涵盖多少故事时间)。在结构主义叙事学中,话语被视作叙事的方法,以区别于内容——人物、事件和背景"②。普林斯在总结"话语"时,认为话语包括材料和形式两个方面的内容。所谓材料,是指表现媒介,即使用文字语言还是口头语言,是用画面还是用声音等。所谓形式,涉及叙述的顺序,包括顺叙、倒叙、插叙等方式;也涉及叙事的角度,即从什么样的切入点进入;还涉及叙事的节奏,什么时候加快、什么时候放慢等。比如,对于电影或者电视剧而言,利用蒙太奇和长镜头等可以很直观地看到这些形式的变化。

(三) 故事

托多罗夫用话语和故事两个概念来区分叙事作品素材和表达方式。热奈特认为,故事即被叙述的内容,叙述话语即口头或者笔头话语,在文学中指的是文本;米克·巴尔认为,素材和故事是有区别的,故事是"对素材的特定的组合方式",它与素材属于形式和内容的区分。这里还应该区分故事和情节的不同,情节是强调因果关系的事件叙述(福斯特),"国王死了,随后,王后也死了"是故事,而"国王死了,随后,王后因伤心而死"则是情节。

普林斯在其《叙述学辞典》中认为:叙述世界/叙事内容层面,与表达层面或对话相对;被叙与叙述行为相对;虚构作品与叙述相对;出现在叙述中的存在体

---

① 〔美〕杰拉德·普林斯:《叙述学词典(修订版)》,乔国强、李孝弟译,上海:上海译文出版社 2011 年版,第 146 页。
② 〔美〕詹姆斯·费伦:《作为修辞的叙事》,陈永国译,北京:北京大学出版社 2002 年版,第 170 页。

和事件相对,可见普林斯已经充分考虑到了其他叙事学家对于故事的定义。托多罗夫认为,最基本的故事就是由平衡开始,经过不平衡最后又达到平衡。罗兰·巴特认为,并不是所有的故事都是重要的,这些故事存在等级的差别,有些事件是积极推动了故事的发展(也被称为"核心"事件),但是有的故事可能平淡无奇(也称"卫星"事件),甚至只是一些动作而已,即便如此,也有其存在的意义。

以电影《楚门的世界》为例,楚门在"桃源岛"上生活,每天周而复始,没有变化,这是一种平衡的状态。直到他发现他"死去"的父亲又出现了,并且接连发生一系列奇怪的事情,比如转播的失误和妻子逃离时的种种假象,让他感觉到自己处于被"监控"中。在这个叙事中,有一些核心事件,比如死去"父亲"的出现、"妻子"逃离"桃源岛"的过程以及对他自己渐进明了真相之后逃出"桃源岛"的努力。还有一些细节构成叙事逻辑的真实,比如楚门虽然想离开"桃源岛",但是总有一些事情阻碍他,妻子不断提醒楚门房贷(现实的压力)、楚门的晕水(生理的困难)、楚门拼贴一个女子头像(目标的不清晰)、楚门去旅行社订机票时(飞机惨剧的提示),这些都在提示楚门不能改变现在既定的生活,就应稳稳当当地在"桃源岛"生活。

(四) 叙述者

普林斯《叙述学辞典》中关于"叙述者"的解释是这样的:文本中所刻画的那个讲述者。每一叙述中至少有一个叙述者,与受叙者处于相同的故事层面。当然,在某一个特定的叙述中,也可能有数个不同的叙述者,每一个叙述者轮流向不同或相同的受叙者讲述。简言之,叙述的故事中存在一个讲述者,叙述者可以是"公开的、有知识的、无处不在的、有自我意识的、可靠的,并且与被叙情境与事件、人物或/和受叙者存在或远或近的距离"[①]。这是在确认一个叙述视点的问题,也就是叙述人在以何种角度用什么样的方式展开叙述,是全知全能式的叙述还是限制性的叙述。莎拉·考兹洛夫在《叙事理论与电视》一文中提到了电视叙述当中涉及的叙述者和叙事之间的六种关系[②]:

第一,叙述者是他/她所讲故事中的人物呢,还是置身于故事世界之外的叙述者呢?

[①] 〔美〕杰拉德·普林斯:《叙述学词典(修订版)》,乔国强、李孝弟译,上海:上海译文出版社2011年版,第153页。
[②] 〔美〕罗伯特·艾伦:《重组话语频道——电视与当代批评理论》,牟岭译,北京:北京大学出版社2008年版,第73—75页。

分清这两种类型的叙述者很重要,这是因为,按照常规,人们认为故事中的人物叙述者类型不如故事外的叙述者类型来得客观,来得更有权威性。前一类叙述者自身就与他们所叙述的故事密不可分,而后者多少是从奥林匹斯山的有利位置通观故事的。

第二,叙述人讲述的是整个故事还是他／她的故事是被嵌套在一个大故事"架构"内的小故事呢?

第三,就时间和空间来看,故事中的事件与叙述者讲述中的时间和空间究竟存在多大的距离?

第四,就透明度、反讽和自我意识而言,叙述者到底表现出多大的距离?

第五,叙述者可靠吗?如果不可靠,叙述者是否会由于他／她自己的局限(叙述者是容易出错的)或由于故意误导我们而使所传达的事实真相大打折扣?

第六,叙述者究竟全知全能到何种程度?

全知全能大概可以包括如下一种或者几种特点:知道故事的结局,有能力纵深到人物的心灵世界,而且/或者有能力不受时空的限制而任意移动。

比如电影《我的父亲母亲》,讲述者是一个"儿子","我的父亲母亲"浪漫唯美的爱情故事的细节,都是以"儿子"的视角展开叙述的。在"父亲"病重去世之后,"母亲"执着地要把"父亲"抬回来葬在山村,"儿子"看着"父亲母亲"的照片,讲述了"父亲"的身份以及"父亲母亲"的爱情故事,包括"母亲"四十年一直坚持到教室听"父亲"念书的习惯,动用了少女心思的"邂逅",走遍几十里山路找丢失的"发卡",以及教室房顶横梁上挂的那块"母亲"织的红布,还有"母亲"拖着带病的身体去县城找"父亲"晕倒在路上和"父亲"知道了这件事情私自跑回来看"母亲"。这里的讲述者"儿子"仿佛于故事之外,却是整个故事展开的"全知"叙述者。受叙者在观看电影的过程中有了自然而然的情境进入,尽管与叙事情境、人物、事件保持着真实且可靠的关系,却是有距离的。

(五) 隐含作者

布斯认为,隐含作者就是通过文本重构的作者的第二自我。"我们必须说各种替身,因为不管一位作者怎样试图一贯真诚,他的不同作品都将含有不同的替身,即由不同思想规范组成的理想。正如一个人的私人信件,根据与每个通信人的不同关系和每封信的不同目的,含有他的自我的不同替身。因此,作家也根据具体作品的需要,用不同的态度表明自己。"①站在场景的背后,对文本构思及文本所遵循的价值观和文化规范负责的就是一隐含作者形象。

实际上作者虚构出来的叙述者在文本中主导了叙述的过程,成为讲故事的人,是按照文本自身的叙事逻辑不断构建的一个讲述者,是读者所能够感觉到的文本背后的一双"看不见的手"。真实作者可能不止一个,但是隐含作者一般只有一个,成为文本背后左右一切的力量。批评家曾经宣称"作者的死亡",但是作者的创作意图与读者如何阅读之间确实存在着重要的关联。批评家可以说作者在文本之外所表达的意图,可能会与作品所最终实现的意图大相径庭,这种差异恰恰生动地说明了必须区分隐含作者和有血有肉的作者。隐含作者和真实作者的区别在于同一个真实作者可以写两部或者更多部作品,每一部作品都包含着一个隐含作者。在现实中,一部作品可以由几个作者共同创作,但一个文本的隐含作者却永远只能有一个。

文学叙述通常涉及的六种参与者②

一般文学叙述往往涉及上面六种参与者。但是对于电影和电视剧而言,这种情况也会有所不同,想在一部电影和电视剧中找到一个创作者,是很难的。

麦茨认为:"作为电影,肯定有一个人在叙述。这个无形叙述者的存在不一定必须是一个人,它可以是一个机构,是这个机构选择、组织并展现了这些画面,而且把叙述推到了我们面前。"③对于电影而言,画外音的叙述者存在两种类型,一种是置身于所述故事之外的叙述者,一种则是肩负故事角色的叙述者。

(六) 功能

叙事学中的"功能"一词,来自普罗普分析俄国民间文学时使用的概念。普林斯认为:"功能是根据其出现在行动过程中的意义而加以界定的行为;根据

---

① 〔美〕W.C.布斯:《小说修辞学》,华明等译,北京:北京大学出版社1987年版,第81页。
② 〔美〕罗伯特·艾伦:《重组话语频道——电视与当代批评理论》,牟岭译,北京:北京大学出版社2008年版,第68页。
③ 同上书,第70页。

其在行动层面所扮演的角色来加以考虑的行为。"①功能在这里具有结构的意义,普罗普试图超越对每一个单体的文本故事的研究,从每一个具体的故事中看到普遍存在的结构。因此,故事的主题并不重要,重要的是叙事中某种成分的功能。功能构成了俄国童话潜在结构的基本成分;不同的故事中可能由不同的角色来实现同一个功能,即便是在一个简单的故事中,也会出现很多功能。

普罗普的角色功能分类表②

序号	定义	角色情境	代码
0	初始状况	列举家庭成员或引入未来主人公	I
1	外出	一位家庭成员离家外出	e
2	禁止	对主人公下一道禁令	б
3	破禁	打破禁令	b
4	刺探	对头试图刺探消息	B
5	获悉	对头获知其受害者的消息	w
6	设圈套	对头企图欺骗其受害者,以掌握他或她的财物	r
7	协同	受害者上当并无意中帮助了敌人	g
8	加害	对头给一个家庭成员带来危害或损失	A
8	缺失	家庭成员之一缺少某种东西,他想得到某种东西	a
9	调停	灾难或缺失被告知,向主人公提出请求或发出命令,派遣他或允许他出发	B
10	最初的反抗	寻找者应允或决定反抗	C
11	出发	主人公离家	↑
12	赠予者的第一项功能	主人公经受考验,遭到盘问,遭受攻击等,以此为他获得魔法或相助者做铺垫	Д
13	主人公的反应	主人公对未来赠予者的行动做出反应	Г
14	宝物的提供、获得	宝物落入主人公的掌握之中	Z
15	在两国之间的空间移动,引路	主人公转移,他被送到或被引领到所寻之物的所在之处	R
16	交锋	主人公与对头正面交锋	Б
17	打印记	给主人公做标记	K
18	战胜	对头被打败	П

---

① 〔美〕杰拉德·普林斯:《叙述学辞典(修订版)》,齐国强、李孝弟译,上海:上海译文出版社 2011 年版,第 84 页。
② 〔俄〕弗拉基米尔·雅可夫列维奇·普罗普:《故事形态学》,贾放译,北京:中华书局 2006 年版,第 24—50 页。

(续表)

序号	定义	角色情境	代码
19	灾难或缺失的消除	最初的灾难或缺失被消除	Л
20	归来	主人公归来	↓
21	追捕	主人公遭受追捕	Пp
22	获救	主人公从追捕中获救	C_{II}
23	不被察觉的抵达	主人公以让人认不出的面貌回到家中或到达另一个国度	X
24	非分要求	假冒主人公提出非分要求	Ф
25	难题	给主人公出难题	3
26	解答	难题被解答	P
27	认出	主人公被认出	y
28	揭露	假冒主人公或对头被揭露	O
29	摇身一变	主人公改头换面	T
30	惩罚	敌人受到惩罚	H
31	举行婚礼	主人公成婚并加冕为王	C^*_*

（七）深层结构

深层结构是文本情节叙述背后决定该叙述的内在结构。

普林斯对深层结构的解释是这样的：深层结构包括所有决定叙述意义的句法—语义表述，它通过一组运转方式或转换行为转变为表层结构。比如，在格雷马斯的叙述模式中，行动者和行动者关系是深层结构，而参与者和参与者关系则建立在表层结构层面之上。在其他叙述模式中，深层结构可以说是与故事相对应，表层结构则与话语相对应。

以格雷马斯的"符号矩阵"为例。亚里士多德的逻辑学中存在着两类命题，一类是矛盾，一类是对立，格雷马斯以此来探讨叙事文本中的结构。首先设立 X 项，它的对立一方是反 X，还有与 X 矛盾但不一定对立的非 X，又有与反 X 矛盾但是未必对立的非反 X（如下图）。在格雷马斯看来，文学故事起源于 X 与反 X 之间的对立，故事的发展过程中，又有了新的矛盾因素出现，从而又有了非 X 和非反 X，当这些因素都得以展开，故事也就随之完成。

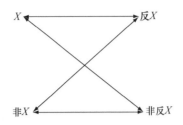

(八) 人物塑造

对叙事文本进行分析的一个重要环节就是分析作品中的人物特性,人物特性是通过人物一系列显而易见和潜藏不见的动作、行为、语言来完成的。因此,文本细读非常重要,通过对细节的捕捉找到人物行动的意义和目的,这些细节往往是基于人物的特点和个性被精心设计的。普林斯认为,构建人物特性所使用的技巧组合,可以使用直接或间接的描述方式,比如叙述者或其他人的描述,也可以是间接的,诸如从人物的行为、反应、思想、语言、情感等方面推演出来。

以《我的父亲母亲》为例,其中"母亲"招娣的人物形象,是通过一系列的动作、行为、语言等细节呈现出来的。比如,"母亲"知道"父亲"经常送一些路途远的孩子回家,就在山路的一隅看着"父亲",还制造一次"邂逅";当"母亲"第一次正面见到"父亲"时,通过背影的忸怩不安呈现出一个少女情怀的羞涩,还把箩筐落在了"父亲"和学生们中间,更显现出"母亲"在爱慕的人面前的紧张。"母亲"派送"公饭",特意选择了一个"青花瓷"的碗,做了好吃的饭,希望"父亲"能够吃到,当她得知"头一个"碗的位置通常留给"父亲",她特意把"青花瓷"每次都摆放在第一个。为了能见到"父亲"一面,她特意到前井挑水,当看到"父亲"也来打水,她把满满的水又倒进了井里,磨蹭时间好与"父亲"有相见的机会;当"父亲"到家里吃"派饭",她早早起来做了丰盛的饭菜,穿着粉色的棉袄站在门口等着"父亲"的到来;当她把"父亲"送给她的发卡遗失在山路上,她反反复复几次走了几十里的山路寻找丢失的发卡。这些细节和行为无一不将"母亲"情窦初开少女情怀的形象刻画得生动、真实,"母亲"的善良、朴实、真挚、深切的情感在细节中令人动容,人物性格和形象也呼之欲出。

三、叙事学研究方法如何进入媒介文本分析

叙事学研究方法被广泛地使用在除了文学作品以外的叙事文本的分析上,有两个原因不能忽略。

首先,叙事学研究方法从最开始就不认为媒介是一个问题,并认为用文学承载的叙事和使用其他媒介进行的叙事没有什么根本的不同。因此叙事学的研究方法被广泛地用于媒介文本的分析中,并形成若干门类,比如电影叙事、电视叙事、广告叙事等。法国叙事学家布雷蒙说:"一部小说的内容可通过舞台或银幕重现出来;电影的内容,可用文字转述给未看到电影的人。通过读到的文字、看到的影像或舞蹈的动作,我们得出一个故事——是可以同样的故事。"① 显然,不同的媒介并不影响叙事学研究方法的使用,只不过针对不同媒介的叙事作品,会有一些差异。"电视是绝妙的叙述媒体,可以把电视晚间新闻看做是叙事(或包含大量叙事元素),尽管制作新闻广播的人也许会认为这样的观点未免牵强附会。"②

其次,后经典叙事学强调跨学科的研究,以叙事学为主的研究方法兼容地使用了意识形态批评、读者反映批评、解构主义、精神分析批评等方法。广义的叙事学不断强调叙事学的研究扩容,不仅仅局限在文学文本的研究,通俗文化、日常生活还有其他媒介文本都进入了叙事学研究的范畴。"将叙事和所有类型的文本都放入上下文之中,这样你们就可以看到文本在一个更大的事物格局中的位置。文本由个人(在协作性的传媒,例如电影和电视中,是由集体)创作,为这种或者那种类型的观众所撰写,通过某种媒介,如口语、广播、印刷、电视、电影、因特网等,传达给他人,这一切都在某个特定的社会中发生。"③

在这样的前提之下,人们开始关注叙事媒介对于叙事的意义。如果我们稍微细心一下,就会发现,现在的电视节目越来越重视"叙事"功能。各种"栏目剧"以及"××讲故事"的电视节目越来越多,如中央电视台的《讲述》和《财富故事会》、江苏卫视的《人间》、湖南卫视的《背后的故事》和《真情》、江西卫视的《传奇故事》、湖北卫视的《经视故事会》、辽宁卫视的《王刚讲故事》等,甚至是一些科普节目也开始叙事探索,比如中央电视台科教频道的《走进科学》,"事件故事化"

---

① 申丹:《叙述学与小说文体学研究》,北京:北京大学出版社2001年版,第19页。
② 〔美〕阿瑟·阿萨·伯格:《通俗文化、媒介和日常生活中的叙事》,姚媛译,南京:南京大学出版社2006年版,第2页。
③ 同上书,第14页。

"戏剧性和冲突"以及"悬念设置"等种种故事性因素逐渐凸显。洛朗·理查森认为:"叙事是人们将各种经验组织成现实意义的事件的基本方式……叙事既是一种推理模式,也是一种表达模式。人们可以通过叙事'理解'世界,也可以通过叙事'讲述'世界。按照杰罗姆·布鲁纳的观点,叙事推理是两个基本的、普遍的人类认知模式之一。另一个是逻辑—科学模式。"[①]虽然不同媒介可以同时完成对于一个故事的讲述,但是媒介的属性不同,其讲述的方法、手段、方式、修辞等方面也都是不一样的,比如影视叙事声像统一的叙事形式呈现出比文学叙事更为丰富和复杂的内容。

此外,从叙事学角度对媒介文本展开分析,大都从这样一些方面进入,比如:从叙事文本入手,着重分析叙事文本中的语言,例如隐喻、转喻和象征等;或者从叙事功能入手,一般以普罗普的研究范型为基础;或者从叙事的"事件"入手,考察"核心"事件和"卫星"事件;或者从叙事语法入手,分析叙事逻辑、角色模式和语义方阵;或者从叙事情境入手,考察叙事角度和人称等;当然还可以从叙事声音入手,考察叙述者、作者和隐含作者等。

实际上,不同的叙事理论家给我们提供了文本分析的若干范型,比如普罗普的功能模式、列维-斯特劳斯的"二元对立法"(关注虚构故事和其所反映的社会之间的关系)、托多罗夫的叙事的"平衡模式"、格雷马斯的角色模式和语义矩阵等。

(一) 一个分析的范型——托多罗夫的"平衡模式"

托多罗夫的"平衡模式"实际上是强调一种线性的叙事:叙事以某种形式的平衡状态开始,接着平衡被打破,最后重新恢复到平衡的状态。

平衡/完满的状态——→
平衡的打破/不平衡的状态——→
寻求新的平衡(正反力量势均力敌)——→
不平衡的状态——→
新的平衡

在这样的一个"平衡模式"中,我们以电影《楚门的世界》为例就会得到这样的一个模型:

[①] 〔美〕阿瑟·阿萨·伯格:《通俗文化、媒介和日常生活中的叙事》,姚媛译,南京:南京大学出版社2006年版,第9页。

平衡/完满的状态(桃源岛,一个"世外桃源"的世界,楚门每天周而复始的生活。)

平衡的打破/不平衡的状态(楚门在一次上班的途中,发现了他曾经"死去"的父亲,在追逐的过程中,碰到了各种"奇怪"的事情,比如总有一些小障碍拦住他,阻止他追赶"父亲",甚至在电梯间还碰到了一群正在"直播"的人)。

反面的力量(楚门想弄清楚这一切,可是他的母亲、妻子和朋友都认为楚门是胡闹甚至是胡思乱想,不断阻止楚门寻求真相。楚门感觉到受人监视,也发现周围的世界非常的奇怪,好像一些人总是周而复始地做同一件事情,甚至自己的妻子也在欺骗自己。楚门想逃离桃源岛,但是他所有的努力都失败了,有人在阻止他想逃走的想法)。

平衡的实现(基斯督"导演"了楚门和"父亲"相见的一幕,楚门的心底算是"释怀"了。楚门之所以如此的晕水且没有勇气离开"桃源岛",很大程度上来自于"父亲"的溺水事件,让楚门觉得自己害死了父亲。楚门又恢复了原来的生活状态,这让导演基斯督非常满意)。

不平衡的状态(正当基斯督面向全球来阐释他的伟大杰作,一个面对全球直播30年的"Trueman Show"的时候,被认为已经心安理得地接受现实的楚门——真人秀的主角突然之间不见了。所有参与直播的人,包括那些群众演员对楚门进行地毯式的搜寻,也不得见。楚门逃走了,准备坐船离开桃源岛。导演基斯督和楚门之间产生了强烈的冲突,他用最猛烈的海浪试图掀翻小船阻止楚门离开桃源岛。但是楚门毫不畏惧,并且最终战胜了风浪。那些守在镜头前看这场真人秀的观众,竟然无一例外地期待楚门能够胜利,尽管他们是如此爱这个真人秀的主角)。

新的平衡(风平浪静,基斯督向楚门喊话,告诉他外面的世界如何的凶险,他应该留在桃源岛。楚门最后说"如果再也看不到你,那么祝你早、午、晚安",然后优雅地鞠躬,走向那个黑洞洞的门,一个未知的世界,但却是一个自由的世界。那些收看真人秀的观众为他鼓掌)。

在这样的一个叙事模式中,矛盾如何在平衡和不平衡之间穿插和转换、文本的细节如何为悬念提供解释、矛盾和冲突如何得到解决以及结果如何是研究的重点。这种叙事结构是单一线性结构,比较容易使用这样的一种分析模式。如果是环状结构,有不同的叙事线索引导故事的前进,在每条故事单线上都有不同的矛盾冲突,那么如何在单一的叙事和复杂的叙事中把握潜在的规则和结构就显得很重要了。除了影视作品,很多广告也采取叙事模式,即平衡的状态、平衡被打破以及重新建立这种平衡。

(二) 另一个分析范型——格雷马斯的"角色模式和语义矩阵"

格雷马斯是结构主义叙事学的主要代表人物,格雷马斯的矩阵模式作为叙事结构分析是一种深层结构分析。格雷马斯认为角色一定与作品中的功能性事件有关,在故事进行中起到一定的作用。他根据作品中主要事件的不同功能关系,区分出叙事作品的六种角色:主角和对象、支使者与承受者、助手和对头。简单地说,主角是故事的主要人物,追求某种目标或完成某项任务;对象是所追求的目的;支使者可能并不是一个人,而是引发主角行动的抽象力量;而获得对象的则称为承受者;助手在主角追求对象的过程中起促进作用;而对头起阻碍作用。格雷马斯将文本分析分成两个层次,即表层结构和深层结构,从深层结构来讲,格雷马斯的分析,首先力求找出故事内部基本的二元对立关系,再据此推演出整个叙事模式。

以电影《肖申克的救赎》为例,我们用格雷马斯的分析模式进行分析:

> 电影《肖申克的救赎》讲述了银行家安迪因为被指认谋杀妻子及其情人而不得不接受终身监禁的指控,将在肖申克监狱度过余生,实际上他并不是凶手。
>
> 在监狱里,不可能有"希望"两个字存在,从他入狱的开始,就得到一本《圣经》,救赎自己,唯有此途。在监狱中,他认识了"权威人物"瑞德,并结下了友谊,也搞到一些他需要的东西,比如一张海报、一个铁锤,这两样看似毫无关系的东西,成了安迪救赎之道的全部道具。在监狱里,他用他的智慧和专业知识为囚犯赢得了由肖申克监狱最狠的狱卒请客的黑标啤酒;他坚持写信上访最终建立了全美最好的监狱图书馆;他冒着被禁闭的代价让监狱的囚犯听到了美妙的音乐《今夜无法入眠》。这一切都在呈现一个与众不同的囚犯——安迪,他和别人不一样的地方是因为他的心中存有"希望"。改变他命运的是一个叫做汤米的年轻人,他知道真正的凶手,但是,安迪的申诉不但遭到了监狱长关禁闭的处分,而且还谋杀了汤米,因为他不想安迪出狱而让他洗钱的罪行暴露,这最终让安迪决定越狱。这条成为安迪的自由和希望的路,是安迪二十年来每天用那把石锤挖出来的,海报则是掩饰。安迪成功越狱后,告发了监狱长贪污受贿的真相,监狱长饮弹自尽。安迪将监狱长的黑钱全部寄放在他虚构出来的人物斯蒂文名下,一个有明确身份的虚构人物,而他则成了斯蒂文。安迪以斯蒂文的身份领走了部分监狱长存的黑钱。瑞德假释了,他们在芝华塔内欧的海滩重逢。

在这部电影中,主角是安迪,对象则是希望以及重获自由;支使者并不是某一个确定的人,而是安迪头脑中对自由的渴望和不曾失落的希望;获得对象的不仅是安迪一个人还有瑞德,而那个老布鲁斯,虽然他也出狱获得自由,只不过已被监狱体制化,这种自由对他来讲是另一种桎梏,他最终选择自杀;这里的助手包括给安迪找来各种玩意的瑞德,瑞德不仅给他弄来各种东西,而且能够懂得安迪,他说:"我得经常同自己说,有些鸟儿是关不住的。他们的羽毛太鲜亮了。当它们飞走的时候,你心底里知道把他们关起来是一种罪恶,你会因此而振奋。不过,他们一走,你住的地方也就更加灰暗空虚。我觉得我真是怀念我的朋友。"助手也包括那些给他找来石头的囚犯以及那个知晓真相的年轻人汤米;而对头则是监狱长、凶狠的狱警以及安迪刚入狱时老是欺负他的博格斯。

如果从语义矩阵的模型来分析:

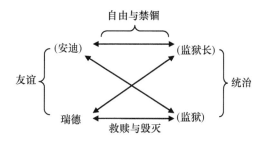

这里的 X 就是主角安迪,代表着自由、希望、智慧、勇气和执着。

瑞德是非 X,他与安迪是有矛盾的,作为在监狱里待得太久已成"权威人物"的人,当安迪入狱之后,他告诉安迪:"听我说,朋友,希望是件危险的事。希望能叫人发疯。"他的提醒显然是善意的,在黑暗的肖申克监狱,没有希望可言。他说如果用一把小锤子企图逃离肖申克,得用 600 年,在这一点上,他和安迪是不同的。当安迪为因犯赢得黑标啤酒时,"我们坐在太阳下,感觉就像自由人。见鬼,我好像就是在修自己家的房顶。我们是创造的主人。而安迪——他在这间歇中蹲在绿荫下,一丝奇特的微笑挂在脸上,看着我们喝他的啤酒"。瑞德的画外音正是他对安迪的相信,安迪的与众不同,也使他和瑞德成为真正的朋友,他们的友谊也让瑞德因为希望而最终实现自由。

反 X 则是监狱长,代表着残酷、堕落、腐败、罪恶;整个肖申克监狱的黑暗、堕落、残暴和污秽在监狱长身上深刻地体现出来。

非反 X 则是肖申克监狱。监狱是一种社会体制中惩罚罪恶的场所,这些司法者却藏污纳垢,诸如狱警的凶暴,监狱长的贪婪和卑鄙。各种罪恶的勾当在这里发生着,诸如洗黑钱甚至是谋杀。监狱给了监狱长一个腐败、堕落以及从事罪恶的场所,本该是实现救赎的地方却反过来成为罪恶的滋生地。

美国司法制度的黑暗与人性的光芒之间,成就了个人英雄主义的伟大。人性之中最美好的内容,诸如希望、自由、友谊能让人在绝望、禁锢、孤独中仍然有尊严地活着。监狱长说的"把信仰交给上帝,把身体交给我"这里面涉及对自由的两种限制:一方面来自监狱本身,这是对身体自由的限制;一方面是监狱的体制化,这是对精神自由的限制。在被禁锢的时候,保持对自由的向往和希望以及能力所及范围之内对自由的实现,都显得弥足珍贵。肖申克的救赎,是信念对麻木的救赎,是希望对绝望的救赎,是尊严对自由的救赎,也是人之正义和清白对司法制度之腐败和黑暗的救赎。安迪用他的坚韧证明了"强者自救,圣者渡人",作为一个人的情感、权利、价值的顽强的自我意识和肯定,也是美国精神中一再被歌颂的个人英雄主义的胜利。

此外,二元对立模式在电影《肖申克的救赎》中也是非常明确的。

1	囚犯	狱警
2	自由	监禁
3	清白	污秽
4	正义	邪恶
5	反抗	压制
6	希望	困厄
7	救赎	堕落

二元对立涉及人物的基本类型、场景环境和表演之间的关系。吉姆·基齐斯在《西方地平线》①一书中,对西部片运用二元对立模式进行分析。在他看来,可以把西部片的社区看作一种积极的力量,"一个让高雅、有序和地方性的民主进入荒僻地区的运动,或者是一个以威胁到边疆地区的生活方式的东部价值观念的形式存在的腐败的预言者……"②为此可以通过一系列二律背反的描述来分析:荒野/文明;个人/群体;自由/限制;荣誉/体制;对自我的了解/幻想;正直/妥协;对自我的兴趣/社会责任;唯我论/民主;自然/文化;纯洁/腐败;经验/知识;经验主义/教条主义;实用主义/理想主义;粗野/高雅;野蛮/人性;西部/东部;美国/欧洲;边疆/美国;平等/阶级;平均地权论/工业主义;传统/变化;过去/未来……

---

① 吉姆·基齐斯:《西方地平线》,转引自阿瑟·阿萨·伯格:《通俗文化、媒介和日常生活中的叙事》,姚媛译,南京:南京大学出版社 2006 年版,第 126 页。

② 同上书,第 125 页。

(三) 不能忽略的媒介文本的其他要素

这些模式和范型在进入以视觉影像为主的媒介文本的时候,还有一些特殊性需要考虑。因为影视文本是视听合一的,是声像统一的语言系统,很多技术手段都具有叙事的意义。技术和象征元素的运用服务于叙事的结构和叙事发展的需要。电影技术的新颖性和复杂性使人们开始注意到媒介对于叙事表现的作用。比如认为画外音"并非来自故事世界,而是来自话语世界,它的交流对象是受述者,这个受述者可以是起着框架作用的话语里的另一个人物,也可以是电影观众"[1]。通常这些技术因素将话语和故事、叙述者与被叙述的内容、叙述的节奏和频率以及叙述情境勾勒出来,深化我们对作品的理解。

镜头	定义	含义
特写	身体的一小部分	密切
大特写	身体非常小的部分	审视
中景	大部分身体	私人关系
全景	全部身体	社会关系
远景	背景和人物	背景、范围
Z轴	朝向观众的垂直动作	卷入
划变	画面从屏幕上很快地划出	强加的结束
叠化	一个画面叠化进另一个画面	较弱的结束
长镜头	单镜头超过30秒以上	纪实,逼真性
广角镜头	远景中使用,提供比较大的调焦范围	透视效果增强画面感染力
鱼眼镜头	更为极度的广角镜头	紧张或戏剧效果,体现慌乱或失常
望远镜头	从一定距离之外进行拍摄	不破坏周围环境
摄影技巧		
镜头下摇	摄像机俯视X	观众的力量
镜头上摇	摄像机仰视X	观众的弱势
推摄	摄像机向里推进	观察
淡入	画面出现在屏幕上	开始
淡出	画面从屏幕上逐渐地消失	结束
切换	从一个画面变换到下一个画面	兴奋

作为声画统一的语言系统,影视文本的声音包括了音乐、声效等,比如阐释性音乐用来解释剧情,情节性音乐用来推进剧情,主题曲贯穿剧情,片头片尾曲

---

[1] 〔美〕戴卫·赫尔曼主编:《新叙事学》,马海良译,北京:北京大学出版社2002年版,第210页。

用来回味剧情等;此外还涉及声效,比如表达紧张、恐怖、诡异、怀旧等。西蒙·查特曼在《用声音叙述的电影的新动向》一文中认为,电影媒介,尤其是人声叙事与故事视像的同时性,可以产生商业电影所不能达到的叙事的丰富性和复杂性。此外,不同的媒介有不同的叙事样式。同样一个叙事文本,以文学作品、电影或者电视等不同媒介表现出来,其表现形式、样态、叙事结构和逻辑都有所不同。比如通俗小说《山楂树之恋》和电影《山楂树之恋》以及电视剧《山楂树之恋》都是叙事文本,但是小说、电影和电视剧的叙事样式则不同,媒介实际上成为叙事如何呈现的关键。

(四)新媒体的微叙事模式

新媒体的流行实际上也让叙事模式更为多样和复杂。传统叙事理论并不关心媒介的问题,但是面对媒介化的现实社会,后经典叙事已经充分考虑到媒介对于叙事的意义。比如新媒体中的微博叙事,其技术的特点在叙事时间和空间、交流模式、叙述的可靠性、虚构和真实性上都发生了很大的变化。

首先,微博的即时性特征,使"随时随地分享新鲜事"成为可能。每一个人都成为麦克风,对公众喊话,这就使面对同一事件的人都可能成为一个公共叙述者,构成对已知(粉丝)和未知受述者(不可计数的转发者)的叙述。这种开放式的叙述主体使对一个事件的叙述呈现出不同的意义生成内容。叙述者的身份、立场、判断力以及对事件的熟悉程度等都会影响一个叙述者的叙述角度、叙事层次以及可靠性的不同,与以往的单一和权威叙述主体相比,意义向度呈现出多维性的特点。这就呈现出面对同一事件,受述者的不同反应:(1)"围观",人数众多构成现实压力促使事件发生改变;(2)"引导",试图影响事件的发展走向,多是权威机构和当事相关人以及意见领袖的"发声";(3)"行动",围绕事件的系列活动,促使事件"落定",多是以某种改变作为结果。这就改变了以往叙述交流的模式,对于微博叙述而言,受叙者不是被动的接受者而是积极的行动者,因此构成一种意义的逆流,而且这种逆流不需要太长的延时,甚至几分钟内就能开始互动式交流。

其次,微博的转发特征使传统文本中话语和事件的叙述频率变得开放和不确定。微博转发者实际上是另一个叙述者,这是一个无声的叙述者,在转发的过程中,文本不断强化同一个叙述事件的话语和事件,当一个叙事已经有数万条甚至十几万、几十万条的转发,这构成对文本意义的堆积和强化。"微博的转发功能使叙述接收者自愿复制无数信息文本,以无视自然时间的方式侵占各自叙事时间,以达到高频率和广范围传播的效果。"[①]当一个叙述文本在非常有限且集

---

① 赵晶、冉志敏:《微博转发功能的叙事特征分析》,载《青年记者》2011年第32期,第62页。

中的时间内被大规模地转发,这会使叙述内容意义在瞬间内发生聚合反应,甚至超出第一叙述者原本的叙述意图。

最后,微博140字数的限制导致对叙述话语的要求非常苛刻。对叙述者来讲,一方面会促使叙述者创新叙述模式,使叙述内容能够在狭小的叙述空间中实现意义的高度释放,比如注意修辞的凝练、内容的微言大义以及如何在简单的叙事结构中制造出人意表的叙事效果;另一方面则容易造成叙述的浅白、单薄和碎片化,在短短140个字中很难体现叙述者对叙述对象的了解和洞察,或者过于个人的沉湎和情绪化使叙述的权威性减弱,增加受叙者对叙述的不信任。为了弥补微博文字限定性的不足,在文字叙述之外,可以通过图片、音乐、视频和相关链接等形式共同增加叙述的完整和全面,这也呈现出叙述的多层次性。

四、叙事学研究方法的局限

无处不在的叙事给了叙事学研究方法广阔的天地。无论是文学叙事,还是通俗文化、影视媒介以及日常生活中的叙事,叙事学研究方法都显示出了巨大的理论活力,但是叙事学研究方法的局限也显而易见。其中最明显的,也是叙事学研究方法的根本局限所在,就是理论的封闭性。叙事学研究方法要还给文学作品一个纯粹的"文学性",其分析理路、研究对象以及研究范围都集中于作品内在的结构、语言、形式、功能等方面,这的确让文学作品回到文学自身,也为文学作品找到了一个存在的根本,即用文字、修辞、语言和句法结构等构成的系统,如果缺失这方面的研究,也就失去了"文学性"。但这种批评过于聚焦文本本身,缺乏从更广阔的社会、文化、历史、哲学角度对文本加以理解和诠释,也缺少对其产生影响的分析,使"文本"成为一座意义的"孤岛"。叙事学研究方法自身的理论特点也成了它的理论局限。从20世纪60年代开始,叙事学研究由繁盛转而走下坡路,这也正是其自身的理路特点使然。和其他研究方法相比,叙事学研究方法更有公式化的意味,仿佛掌握了这种研究方法就可以像"套子"一样,将叙事作品中的内容"套"进来,过于模式化,割裂了叙事作品与社会、历史以及其他与作品有关的要素。即便如此,叙事学仍旧是充满活力的,在面对自身理论困境的时候,它适时吸收读者反映的批评,从共时兼顾历时,从文学内部兼顾文学外部,适时吸收其他研究方法。后经典叙事学不但关心媒介的差异,也将叙事研究放大到通俗文化、日常生活等方面,这在一定程度上扩大了叙事学的研究领域和范围,也使叙事学的研究不再封闭在一个系统之内。

第五章
话语分析研究方法

话语分析是当下人文和社会科学研究领域的一种重要研究方法，它发轫于语言学，并从人类学、符号学、社会学、心理学等学科中汲取理论养分发展壮大。多学科背景决定了话语分析这一研究方法在学术界的广泛应用，但与此同时，也为其含糊的概念界定、复杂的流派分支、多重的应用原则埋下了伏笔。

尽管话语分析的研究方法仍然存在不少争议，但它所具有的较强的客观性、逻辑性和实践性，能从微观入手、于细节分析中窥见宏观的特点，对于媒介研究来说具有重要的意义。

一、话语分析概述

（一）话语和话语分析的概念

大多数人都不会对"话语"这个词感到陌生，通常意义上，我们将其理解成言语，包括书面语（如新闻报刊、法律文本、商务函件等）、口语（如医患对话、电话交谈、课堂互动、政治演讲、电视访谈等），同时也包括新兴的网络语言（如网络实时聊天、博客/微博语言、电子邮件语言等）。

但在学术研究的不同学科范式中，"话语"则有着更为精确、专门化的含义。从语言学的意义上理解，话语通常是指大于句子的语言单位，或指实际运用的语言。而社会学家或批评学家则认为，话语是特定历史阶段产生的与社会实践关系密切的陈述，是社会生活的重要组成部分。即使在语言学内部，由于研究层面的不同，对"话语"也有着不同的定义，有学者将话语定义为"作为过程的语言"以强调其动态本质，也有学者从社会语言学的角度把话语定义为讲话方式、阅读方式和写作方式。[①]

[①] 李悦娥、范宏雅：《话语分析》，上海：上海外语教育出版社2002年版，第4页。

话语分析,顾名思义,是对话语进行阐释和解读。"话语分析"这一术语最早出现在美国语言学家哈里斯 1952 年在美国《语言》(Language) 杂志上发表的《话语分析》一文中,此后,它作为现代语言学的专门术语被广泛使用。经过六十多年的发展,随着"话语"概念外延的不断扩大,话语分析的研究范围也越来越大。米尔斯(Mills)将话语分析划分为语言学基础上的话语分析、(社会)心理学意义上的话语分析和批评话语分析[①]。这种划分并不精确,但对于初步把握话语分析的整体状况有所裨益。

随着"话语"概念的不断延伸以及话语分析研究方法的广泛应用,"话语"的概念正越来越多地被政治学、社会学、经济学、人类学等诸多学科加以利用,形成了两性话语、道德话语、政治话语等诸多研究课题,频繁出现在当下的学术研究中,话语分析的研究方法也在诸多研究领域发挥着举足轻重的作用。在媒介研究领域也是如此,争夺"话语权""新闻话语"框架分析、传播秩序等议题都离不开对话语概念的解析和对话语分析研究方法的运用。话语分析自身所具备的客观性、逻辑性和实践性强等优势为媒介研究提供了极佳的切入角度和分析框架,对媒介研究大有裨益。

本章我们就将一道来探究话语分析这一研究方法在媒介研究领域的运用。在此之前,有必要对发轫于语言学的话语分析研究方法进行一个系统的梳理。

(二) 话语分析的历史脉络

"话语分析"(discourse analysis)这一术语起源于语言学。1952 年,美国解构主义语言学家哈里斯(Z. Harris)发表在《语言》杂志上的题为《话语分析》(*Discourse Analysis*)的文章中首次使用该术语。在《话语分析》一文中,哈里斯写道:

> 语言不是在零散的词或句子中发生的,而是在连贯的话语中。

这种基于对"话语"的敏感度而做出的判断是令人赞赏的,但他只注重了音节和形态变化,对于意义、内容、句子层次都未曾涉及。

1957 年,米切尔(T. F. Mitchell)也在他的文章中尝试结合语境用语义来分析语言模式。此后,也有少数语言学家在此范畴内进行研究。直到 20 世纪 60 年代,有关话语分析的著作开始大量出现,出现了以韩礼德(M. A. K. Halliday)为代表的众多杰出语言学家。

---

① 刘立华:《传播学研究的话语分析视野》,载《国际新闻界》2011 年第 2 期,第 32 页。

而话语研究走出语言学范畴,与各学科交叉融合则是在70年代以后(这与传播学兴起发展的时间相差无几),标志性事件是1985年由荷兰语言学家梵·迪克主编的《话语分析手册》(Handbook of Discourse Analysis)的出版,表明这门新的跨学科独立和自我体系形成。此时的研究对象主要是实际交际行为中的话语,例如诗歌、故事、买卖、课堂师生对话等(到对话,与传播学的研究范围就开始相关了)。

如今,话语分析已经成为一门吸收了符号学、心理学、人类学、哲学、传播学等多种学科研究成果并具有其独有研究特色的交叉学科。与之相类似,兼具理论性和实践性特色的媒介研究从其发端时起就集众家之所长,在充分吸收了文学、社会学、心理学、人类学等多学科的理论精髓的基础上,将其研究触角深入社会生活的诸多领域。需要注意的是,虽然同为交叉学科,但话语分析与媒介研究有所不同的一点是,话语分析同时也是一种研究方法,其可塑性和延展性强,可以与不同研究领域相融合,形成适应该学科领域的话语分析方法。

由此看来,媒介研究本身的跨学科性、包容性加之话语分析的延展性、可塑性,话语分析完全可以与媒介研究相结合,成为媒介研究的一个重要研究方法,而事实也的确如此。

用话语分析的相关理论和方法来诠释媒介研究的有关问题已不是新鲜事,尤其在新闻研究领域。不管是从遣词造句等细微之处窥见作者潜在的意图,还是从谋篇布局等框架设计分析新闻套用的特定图示,媒介研究者总可以通过话语分析的研究方法在分析具体的语言形式和当时的社会历史背景的基础上发现话语文本(新闻文本)背后的内容。

自20世纪七八十年代以来,一大批学者就曾以新闻话语为研究对象,揭示话语背后的历史、社会变迁。

二、话语分析的流派及其研究方法

20世纪80年代以后,话语分析的研究领域进一步扩大,话语分析在与其他众多学科的交织、借鉴的过程中,不断扩展其内涵、外延。在这个过程中形成了各具特色、各有千秋的话语分析方法,产生了多种流派分支。总体来说,话语分析可以分为三大分支:(1)英美学派,(2)以法国哲学家福柯的理论为基础的学派,(3)批评话语学派。

(一) 英美学派

这个学派主要活跃在应用语言学和语言教学领域,理论基础和根据主要是广义的功能语言学(包括系统功能语言学、社会语言学、语用学等),其研究重点是语言和语言的使用。虽然世界各地都有从事此类话语分析研究的学者,但由于这一研究传统是从英国和美国开始的,所以这一学派被称为"英美学派"。这一学派的学者很多,著述颇丰。

英美学派研究的主要内容包括:衔接与连贯、语篇、话语结构、信息结构、语篇/话语类型、篇章语法、图式理论、体裁理论、会话分析、言语行为理论、互动社会语言学、交际文化学、语用学、变异分析等。从历史发展的角度看,这一学派的研究重点从语言结构的使用(如上下文语境和情景语境)逐渐向图式、体裁(如文化语境)转移。

(二) 福柯学派

福柯学派是以法国哲学家福柯的理论为基础进行话语分析的学派。福柯认为话语是一切形式的社会规范。他关心的不是具体的言语或是语篇,而是能够产生特定语篇或是言语的规则和结构,也就是话语背后的话语,即话语背后所蕴含的制约话语的具体语言实现的文化模型和意识形态[①]。这一定义的前提是话语由规则所制约。福柯认为话语是建构性的,也就是说,不是人选择规则去组织话语,而是话语事先以某种方式塑造着主体的位置。话语分析并不追求绝对真理和绝对正确的话语,而是揭示话语中的权力关系。基于这种不同于英美学派的话语观,福柯学派更感兴趣的是话语秩序、意识形态、社会关系等问题。

(三) 批评话语分析学派

批评话语分析学派的学者关心的是话语中语言的选择是如何反映了对话双方的"权势关系"。人们是怎样通过使用话语操纵社会活动,来保持、创造社会的不平等和不合理结构。语言、篇章如何在意识形态和文化环境中生成,再现并产生了权力和权势,社会中权力、权势支配的不平等结构是怎样被合法化与合理化的,其目的在于揭露并改变现实社会中的不平等现象[②]。

批评的话语分析首先是建立在语言学的分析基础上的。以福勒为代表的英

---

① 参见沈恺:《论福柯〈知识考古学〉中的知识问题》,上海:复旦大学硕士学位论文,2006年。
② 黄国文、徐珺:《语篇分析与话语分析》,载《外语与外语教学》2006年第10期,第2页。

国批评语言学派既采用了来自诸如"言语行为"和"转换"等其他理论的概念,也在很大程度上利用了哈利迪在系统语法方面的工作①。他们十分重视对文本的语法和词汇问题进行分析,认为特定的文本体现着特定的意识形态或理论。费尔克拉夫也主张要以文本分析为基础,结合社会理论形成系统的理论模式和方法论。批评的语言学家关注文本的语法和词汇,其中,及物性和转换,就是批评的话语分析常用到的分析文本的方法。

近年来,批评的话语分析已经成为话语分析领域中最为重要的一个流派,国外出版了很多这方面的研究成果。这个领域比较活跃的学者有福勒(Fowler)、梵·迪克(van Dijk)、费尔克拉夫(Fairclough)、Wodak、Kress(1991)等;也有学者专门从系统功能语言学角度进行批评话语研究(Young & Harrison)。国外批评话语分析的研究领域和层面极其广泛,已经推广到政治话语、意识形态研究、种族研究以及与种族有关的移民话语研究、经济话语研究、广告话语与推销文化、媒介语言、性别研究、机构话语、社会工作话语、官僚话语、教育话语等各个方面。②

三、话语分析在媒介研究中的应用

(一) 话语分析的媒介研究应用概况

话语分析在媒介研究中的最早应用,可以追溯到以语言学视角进行的媒介文本研究(主要是新闻文本)。新闻人或读者根据个人经验对新闻语言进行直观感性的评论或总结,多是对新闻标题、导语、新闻正文语法、句长、句型、词汇等进行归纳,总结出新闻语言的特征。随着计算机技术的发展,对大批量语料的处理速度更快、精确度更高、统计更可靠,这种应用方法对语言的描述也为更客观、全面。但技术上的进步只能使得论据更加完善,并不能突破这种方法的局限,其研究内容并未得到扩展,研究结论仍很局限。不过这毕竟是话语分析方法在媒介研究上的一次勇敢尝试。

此后,随着理论界对于"话语"概念的进一步拓展,话语分析也进入到新的研究阶段。虽然分析的材料仍然是新闻报道,但是研究方向已经发生转变:由单纯的语言形式分析过渡到既分析语言形式,也试图从形式中找到新闻发生背后的

---

① 〔英〕费尔克拉夫:《话语与社会变迁》,殷晓蓉译,北京:华夏出版社2003年版,第26页。
② 蓝希君、汪远琦:《近5年国内批评话语分析研究现状分析》,载《西南农业大学学报(社会科学版)》2010年第8卷第1期,第121页。

社会历史渊源(后者更为重要)。前文中所提及的费尔克拉夫、梵·迪克等人都在此领域颇有建树。梵·迪克在1985年出版的四卷本《话语分析手册》中,分别探讨了"话语分析的各个学科领域""话语分析的各个方面""话语和对话""社会中的话语分析"等四个方面的内容,表达了他对于话语分析的目标、对象和方法的认识。特别是他对话语和语境关系的探索和对话语分析与种族歧视、意识形态等政治问题的关注,对学界产生巨大影响。我们也可以看到,此时的话语分析方法已经明显带有社会文化学的特点,从语言的表层分析拓展到了文化的深层研究。费尔克拉夫则将语言学原理与社会学理论相结合,贯穿了话语的文本分析和社会学分析。一方面,他继承了福柯对话语秩序的理解。福柯认为,在每一个社会中,话语的生产是根据一定数量的程序而被控制、选择、组织和再分配的。费尔克拉夫也明确提出,话语秩序正是社会秩序在话语层面的体现,也是在具体社会领域使用的所有话语的集合。话语秩序既是结构又是实践,它控制交际中话语的使用,设定什么样的话语可用。另一方面,费尔克拉夫把福柯的主张具体化了,他认为福柯的分析停留在抽象的理论层面,缺乏对具体文本的分析。于是,费尔克拉夫在福柯的话语观的指导下,形成了自己以文本分析为基础的系统的理论模式和方法论工具。他将任何"话语事件"都看作是一个文本、一个话语实践(文本生产和消费)的例子、一个社会实践的实例,相应的,话语分析也在文本、话语实践、社会实践这三个向度上展开。通过具体的文本分析,费尔克拉夫揭示了话语和社会文化实践之间的关系。

作为语言学家的梵·迪克和费尔克拉夫都形成了一套自己独有的话语分析方法,并将媒介文本(主要是新闻文本)作为其考察研究的主要对象,通过对媒介文本进行共时性的话语分析,发掘出文本背后的意识形态因素。可以说,媒介文本为话语分析提供了极佳的研究素材和案例,梵·迪克和费尔克拉夫的话语分析方法都在对媒介文本的分析中得到丰富和发展。但反过来讲,话语分析也为媒介研究提供了切实可行的研究方法,其较强的客观性、逻辑性和实践性有助于媒介研究深入到文本内部细节,更清晰、系统、有趣地研究媒介话语背后的意识形态和社会文化结构,深层剖析媒介话语与社会秩序、文化霸权之间的关系,拓展媒介研究的宽度和深度。在这方面,德国媒介哲学家弗里德里希·基特勒的研究堪称典范。

下面详细介绍一下这三位学者是如何将话语分析与媒介研究相结合的。

(二) 梵·迪克的话语分析理论及对新闻话语的分析

荷兰语言学家梵·迪克在话语分析领域颇有建树。他的突出贡献在于在对话语进行语法研究的基础上,认识到社会认知因素对话语分析的重要意义,将认知心理学引入到话语分析的研究中。对于进行媒介研究的学者而言,梵·迪克更是不可忽视的重要人物,他在20世纪80年代主要研究的两大领域——关于报界的新闻报道的结构、制作、理解方面的研究和对各类话语类型中所带有的民族偏见的研究,为媒介研究提供了方法上的借鉴。

1. 话语的结构分析

梵·迪克有关话语结构的理论是其进行新闻话语分析的基础。梵·迪克认为话语的三个主要方面是句子形式、意义和言语行为,它们可以用语言学中用以分析独立句子的句法学、语义学或语用学方法来描述。但还有些话语的其他方面,难以用上述方法进行分析。这时,就需要运用描写语音、词汇、句型及其意义的微观结构学或对整个话语进行描述的宏观层面上的方法。

在宏观层面,梵·迪克提出,用宏观语义学来分析话语的总体意义,用宏观句法(图式或超结构)来阐述话语的总体形式特征。同样,也可以用类似的宏观成分来对话语进行语用描写,解释更大的言语行为顺序或者解释整个文本话语所完成的全局性宏观言语行为,如承诺、谴责、祝贺、断言等①。

梵·迪克提出,语义学的宏观结构是研究话语总体意义的基础。宏观结构具有命题的特征,命题则是语言和思想最小的、独立的意义组成单位,一般由谓语和至少一个指明事物、人物或事件的中间项组成。宏观结构中的命题被梵·迪克称为"宏观命题",而每一个主题(话语的主旨)则被假定可用这样一个宏观命题表述出来。篇幅长的话语通常包含几个主题,对应着几个宏观命题。宏观结构就由这些宏观命题组成。这些宏观命题有等级之分,低一级的宏观命题归属于更高一层次的宏观命题,宏观规则就是对这些等级关系进行规范界定,从而概括得出文本意义。②

在梵·迪克看来,宏观规则是语义组织规则或语义转换规则。他列举了三条主要的宏观规则:删略、概括、组构。③

所谓删略,就是删除那些无关紧要的信息,比如一些细节信息。所谓概括,即是将一系列的命题用笼统的语言进行概括。比如:(1)布娃娃在地上;(2)积木在地上;(3)拨浪鼓在地上。这些命题我们用一个新命题来代替:玩具在地上。所谓组构,即是用宏观命题来替代表示一系列具体的命题。比如:(1)我去

---

① 〔荷〕梵·迪克:《作为话语的新闻》,曾庆香译,北京:华夏出版社2003年版,第29页。
② 同上书,第33—34页。
③ 同上书,第35页。

了机场;(2)我通过了安检;(3)我走向了登机口。我们可以组构为:我乘坐飞机去某地。因为常识告诉我们,(1)—(3)都是"乘坐飞机"这个框架的组成部分。

由此可以看出,宏观规则的意义在于话语主题的推导,反过来,也可以通过宏观规则的反向运用——详述规则来实现主题。梵·迪克将这一发现运用到对新闻话语的分析中:读者阅读、理解新闻时,需要运用宏观规则从标题、导语和相关句子表达的细节信息中概括出新闻的主旨要义,而记者在制作新闻时,则运用详述规则表达主题、补充细节。但新闻话语有其特殊性,体现在相关性上,新闻话语中最重要或最相关的信息必须放在整个文本和句子最显著的位置。

正是由于宏观结构的存在,才确保了话语制作与理解的连贯一致。但有时候人们运用宏观规则却得出了话语的不同的宏观结构,这是因为话语生产者和接收者在宏观结构的表现和推导中表现出主观性。梵·迪克强调,新闻话语的宏观结构只是我们对新闻话语进行单纯的形式分析时的一种简约化处理,具有明显的假想性质。实际的新闻话语不仅包括新闻的文本结构,还包括其在传播和社会文化语境中的生产和理解过程。

在阐述话语的总体形式特征时,梵·迪克提出了"图式"的概念。图式可以用来界定话语的总体形式,它有一系列按等级排列的不同范畴,在不同话语类型中特点也各不相同。梵·迪克举例说,故事具有叙事图式,传统上由总括、场景、冲突、结局和尾声构成;学术文章也有自己的论证图式,即提出许多假设而后得出结论。梵·迪克将图式应用到对新闻的分析中,指出新闻也有固定的、约定俗成的图式,通常情况下包括概述(标题和导语)、情节(语境中的主要事件和背景)、后果、口头反映、评论。这些新闻的主要图式范畴一起限定了新闻话语采用的各种形式,图式规则或策略决定其线性和等级顺序。

在微观层面上,梵·迪克阐述了关于新闻话语的风格和修辞的问题,他建议分析每一个要素的时候都需要注意它的语言风格和修辞手段,这也体现了新闻话语的立场和态度,比如是使用主动还是被动句法,是使用"恐怖分子"还是使用"激进分子"来表示本·拉登领导的"基地"组织等。在他看来,报章选择"恐怖主义分子"还是"自由斗士"来报道同一个人与其说是个语义问题,毋宁说是间接地表达了这个词隐含并包含其中的与之相关的价值观念[①]。另外,新闻的句法结构也可以表达隐含的意识形态观点,通过使用被动语态结构或删除主语从而消解精英阶层或权利群体的反面行为。

梵·迪克还注意到,新闻中会有许多隐含在字里行间的意义。这些意义要

---

① 〔荷〕梵·迪克:《作为话语的新闻》,曾庆香译,北京:华夏出版社2003年版,第84页。

么必须推导出来以完全理解全文,要么通常被事先认定为读者当然知道的一般或具体的信息,主要包括语义上隐而不述的隐含、预设、暗示和联想这几个类型。梵·迪克选取《泰晤士报》一篇对当时美国总统候选人杰西·杰克逊的报道对此进行分析。

《泰晤士报》驻华盛顿记者尼古拉斯在这篇新闻报道中写道:"尊敬的杰西·杰克逊,名副其实的大嘴一张,大肆贬斥犹太人、白人妇女、新闻媒体和他的竞选对手沃尔特·蒙代尔先生"。梵·迪克认为,尼古拉斯在头脑中事先就有了杰克逊夸夸其谈的印象,这种事先假定隐含在"名副其实"这一词的选择和使用上。类似的,"贬斥"一词也比"批评"之类的措辞更具贬义,语气更强烈。这篇报道中描述杰克逊的其他动词的使用也可以看出作者的措辞倾向性并不是偶然:

> 贬斥、夸夸其谈、攻击、宣称全国大会决不会是平安无事的大会、再三警告、恼怒、指责犹太领导人、鄙视妇女、攻击新闻媒体……①

梵·迪克认为,从这些描写用词中可以得出这样的结论:这则新闻没有正面地报道杰克逊。

2. 话语的社会认知分析

梵·迪克认为,要对新闻话语进行全面研究,就应该把新闻工作者生产话语和受众接受话语的活动都包括进来,并从社会认知的角度对其进行分析。

社会话语,如重要人物的讲话、报告、会议、新闻发布会、法律卷宗等处处渗透进新闻话语,成为新闻源。记者在加工认知这些源文本时,既要遵循认知的一般规律,如解码、解释、建构、选择记忆、超结构组成、情景再现等,还会受到他所属团体的观念、态度、视角和意识形态等社会认知的影响,这个过程会把各种图式,如民族偏见、城乡偏见图式、我与他者的图式带进来。记者的理解与制作既受这些因素的影响,又实践着这些图式、价值体系、利益以及权力关系等。例如:跟随美国军队进行"嵌入式报道"的记者与追随伊拉克军民动态的记者写出的伊拉克战事报道主题会截然不同。这些因素在读者进行理解时同样发生作用,读者的话语理解行为受到个人模式及目标、社会共享的目标、框架、意识形态等因素的影响。②

在更广泛的话语类型中,也处处体现着社会认知的作用。在我国最早引进的梵·迪克的著作《话语、心理、社会》一书中,他详细讨论了话语与社会权势的

---

① 〔荷〕梵·迪克:《作为话语的新闻》,曾庆香译,北京:华夏出版社2003年版,第72页。
② 〔荷〕梵·迪克:《话语、心理、社会》,施旭、冯冰编译,北京:中华书局1993年版,第170、151页。

关系。他认为,权势群体及其成员拥有或控制着越来越大范围的、越来越多种类的话语功能、话语体裁、话语机会和话语问题。权势通过对上述内容的不同控制程度而直接体现出来,根据话语的不同产生和再生形式,可以对这种控制做系统分析。① 他列举了话语行使权势的几种方式:具有指令性语用功能的话语,如命令、要求、法规等,在这种情况下,法律上或其他机构中的制裁行动可以确保人们服从他们的话语;劝诱性的话语,如广告、宣传,其权势基础在于经济资本;对将来或可能事件、行动、情景的描写,如预言、计划、情况介绍等,这里的权势群体通常是专家,其权势基础是对知识和技术的掌握;还有就是各种广为流传的、影响深远的故事,如小说、电影,这类话语的一种特殊形式就是传播媒介中的新闻报道,报道不仅描述目前的事件及其可能的后果,而且从根本上表现政治、经济、军事、社会权势名流的行动和看法。②

梵·迪克分析了很多个案,清楚显示了新闻媒体重要的再现功能。梵·迪克认为新闻媒体在文化再生产的过程中部分地具有自主性,部分地依赖和受更具包容性的社会结构和意识形态的监控,新闻媒体正是在新闻制作的日常规程(如选择和关注精英行为人或新闻来源以及可理解的或意识形态上一致的新闻事件)和新闻报道约定俗成的结构模式中体现了这些结构和意识形态。③

(三) 费尔克拉夫话语分析理论及在媒介文本中的运用

前文提到,费尔克拉夫是批判性话语分析的代表。他走的是一条跨学科的研究道路,是批判性地吸收语言学理论和社会理论的精华杂糅创新而成。费尔克拉夫提供了以文本分析为基础的系统的理论模式和方法论工具,通过具体的文本分析来揭示话语和社会文化实践之间的关系,将语言学理论和社会理论有机地结合了起来。④

在费尔克拉夫话语分析理论的成熟期,他运用三维分析法着重分析话语与社会变化的关系。他把任何"话语事件"看作是一个文本、一个话语实践(文本生产和消费)的例子、一个社会实践的实例。话语分析也相应地在这三个向度上展开:文本、话语实践、社会实践。文本向度是对文本内容和形式的语言学分析,主要分析词汇、语法、语义以及语篇组织中的连贯性和话语转换。话语实践分析注重文本生产者如何利用已有的话语和体裁来创作文本,以及文本接受者如何运

---

① 〔荷〕梵·迪克:《话语、心理、社会》,施旭、冯冰编译,北京:中华书局1993年版,第170—171页。
② 同上书,第177—178页。
③ 〔荷〕梵·迪克:《作为话语的新闻》,曾庆香译,北京:华夏出版社2003年版,第187页。
④ 纪卫宁、辛斌:《费尔克劳夫的批评话语分析思想论略》,载《外国语文》2009年第6期,第22页。

用已有的话语和体裁知识来消费、解读文本,它关系到对文本生产和解释的社会认知。社会实践向度关注社会分析,将话语置于意识形态关系中,分析话语实践是否再生产或重新建构了已有的话语秩序,及其对于社会实践产生了什么后果,揭示意识形态和霸权以各种方式对介入话语和话语对意识形态和霸权的维护、批判和重构作用。费尔克拉夫将三个向度的话语概念图示如下①:

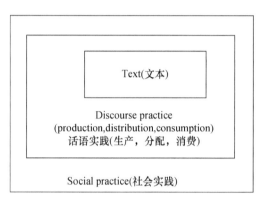

费尔克拉夫在《话语与社会变迁》一书中,列出了详细的分析清单,对每一向度有哪些主要的分析工具和方法都进行了"教科书式"的解释。这些分析工具和方法对于媒介文本研究颇有借鉴意义,其中很多案例都选取了媒介文本,如新闻报道、广告文案等。

1. 文本分析层面

费尔克拉夫的文本分析能够被组织在以下四个主要标题之下:"词汇""语法""连贯性"和"文本结构"。在词汇分析方面,可以根据文本的具体特征有选择地分析词语意义和表达以及隐喻等;在语法方面,可以分析及物性、语态、名词化以及主题等;在连贯性方面,可以对关联词与论证等进行分析。②

下面文章选取部分关键词,解释进行文本分析的几个工具和方法。

(1) 及物性

及物性强调语法方面,是一个子句或句子描述现实的方式。费尔克拉夫认为,分析及物性的一个社会动机是试图发现什么样的社会、文化、意识形态、政治或理论因素决定了下述问题:某个过程在特定的话语类型(以及在不同话语)或特定的文本中是如何得到表示的。③

---

① 〔英〕费尔克拉夫:《话语与社会变迁》,殷晓蓉译,北京:华夏出版社 2003 年版,第 68 页。
② 同上书,第 69 页。
③ 同上书,第 167 页。

费尔克拉夫认为分句(或"简单句")的主要过程类型是:"行为""事件""关系"和"心理"过程。行为过程中,一个行为者按照某一目标行动。行为过程分为定向行为和非定向行为。定向行为指行为者按照某个目标行事,通常被表示为一个及物分句——主语—动词—宾语,例如:"警方枪杀了100名示威者"(例句1)。非定向行为涉及一个行为者和一个行为,但是没有明确的目标,通常被表示为非及物分句——主语—动词,例如:"警方在开枪射击"(例句2)。事件过程包括一个事件和一个目标,通常也被表示为非及物分句,如:"100名示威者丧生"(例句3)。关系过程中,动词表明参与者之间的关系("是""有""成为"等),例如"100名示威者丧生"。最后,心理过程包括认知(诸如"知道""认为"等动词)、感知("听到""注意到")和感情("喜欢""害怕"),它们通常被实现为及物从句,例如"示威者害怕警察"(例句4)。①

以上例句显示了有关警察与示威者发生冲突的事件的解释性类型。例句1将行动者置于句首,将行动者的目标置于动作之后,清楚地点明了整个事件的挑起者或责任者——警察;例句2表示某事的物质过程,省略了动作执行者;例句3描述的仅仅是一种状态,即示威者处于死亡的状态,至于死亡的原因和责任并没有提。这种情况下可以看出,用及物性系统中不同类型的过程来叙述同一现实过程在很大程度上取决于意识形态。

我们可以从很多新闻报道中找出费尔克拉夫所说的这种及物性系统,类似的类型选择模式往往出现在战争、失业、矿难以及其他重大社会事故的报道中。这些事故有时表述为只是发生了一件事情,有时则是按照责任明确归因的行为来表述。正如费尔克拉夫所言,这些都表明过程类型选择可能具有的政治性和意识形态性,即在对重要事件的媒介描述中,因果关系、责任归属是清楚还是模糊,表现出新闻报道者各自不同的报道意图和动机。②

与及物性相关的另一个变量是"语态":选择被动语态还是主动语态包含的动机多种多样,其中之一就是模糊行为者,从而模糊因果关系和责任。可以比较上文中的例句1和例句3。例句1中指明了行为的施动者,即事件的责任人,陈述了警察枪杀示威者的事实,而例句3则使用被动语态,只呈现事件的结果。

(2) 名词化

一个决定性的及物性特征是文本中的名词化的程度。所谓的名词化,是具体情境中的过程向名词性的词语的转变。"它将过程和行为转化为状态和对象,

---

① 〔英〕费尔克拉夫:《话语与社会变迁》,殷晓蓉译,北京:华夏出版社2003年版,第167—168页。
② 同上。

并将具体转化为抽象……将局部的、短暂的条件实体化为一种固有的状态或特征。"①很多时候，它使动作或过程物化为实体，模糊时间、条件、情态和参与者以遮掩权力的根源，回避责任的归因。名词化还能创造新的词条，"将经验领域的特定视野带入更为广阔的理论、科学、文化或意识形态的范围之中"②。

对经济全球现象的名词化表达——"全球化"一词的出现和大量应用就是一个显著的案例。例如：在1999—2000年度的《世界银行发展报告》中，"全球化"的描述几乎没有行动者，绝大部分行动者是由名词化表达充当。③ 例句：

① Globalization is gathering the world's countries together.（全球化正把世界各国聚集在一起。）

② Globalization has circumscribed the ability of many central governments to raise revenues by taxing corporation.（全球化已限制了许多中央政府通过向公司征税来提高税收的能力。）

在这里，全球化的过程及其推动者与被推动者全部隐去（如：实际上是由强势政府和跨国公司所推动），暗示全球化是一种自然演进的过程而非人为建立的过程。费尔克拉夫指出，新自由主义经济话语的一个普遍特征就是把全球化描述为一种既定的不可避免、无法更改的事实，是个人、政府和其他社会组织必须去顺应的。于是，这样的名词化可能成为文化关注和控制的焦点。

费尔克拉夫对名词化的分析可以用在媒介文化研究中。当今，媒体语言中的名词化程度非常高，越来越多的媒介文本习惯性地或有目的地把一种个别的、偶然的、个人的观察夸张地构造成一个惊世骇俗的名词。这种名词化不仅涉及意识形态的因素，也与利益分布的干预关联甚密。比如"恐怖主义""中产阶级""跨媒介集团"等表达都是一种名词化，它们直接扮演行动者，或成为既存的实体。因此，在进行媒介文本分析时，不妨对那些可能由意识形态动机促动的，将行为者、因果关系和责任有意混淆的做法保持高度的敏感。还需要注意的一点是，除了意识形态和利益分布，媒介发展也为名词化提供了便利。网络传播加快了信息的传递和共享，共识更容易达成，缩短了名词化的过程，在媒介话语的重复和扩散中，名词化得以快速沉淀下来。

（3）隐喻

费尔克拉夫认为，隐喻普遍存在于所有种类的话语中。隐喻不仅仅是话语

---

① 〔英〕费尔克拉夫：《话语与社会变迁》，殷晓蓉译，北京：华夏出版社2003年版，第170页。
② 同上书，第178页。
③ 转引自胡春阳：《话语分析：传播研究的新路径》，上海：上海人民出版社2007年版，第204页。

的表面文体装饰。当我们通过一个特定的隐喻来表示事物时,我们是以一种特定的方式建构我们的现实。隐喻通过一种普遍的和根本的途径,构建起了我们的思维方式和行为方式,以及我们的知识体系和信仰体系。[①]

费尔克拉夫在《话语与社会变迁》一书中,引用了加顿、蒙哥马利与托尔森(以下简称作者们)对1987年英国大选的分析,展示了媒体如何处理防御问题,说明了隐喻在以某种特定方式构建现实时的有效性。

作者们指出,在竞选活动中,防御问题本身和媒体对它的表述之间,存在着一种"一致";竞选活动本身的占统治地位的隐喻是战争的隐喻。这可以通过以下电视和新闻报道的例子说明:

① 防御是她对工党与尼尔·金诺克的进攻中心。(BBC1,5月26日)
② 今晚,在南威尔士,撒切尔的反击开始了。(BBC1,5月26日)
③ 撒切尔夫人的进攻是保守党阻止工党的钳形进攻的努力的一部分。(BBC2,5月26日)
④ 工党昨天发起了一次坚决的、无望取胜的战斗。(《财经泰晤士报》,5月27日)
⑤ 保守党与同盟党反对工党的钳形运动包括由戴维·欧文发起的一次激烈的攻击。(《独立人报》,5月26日)

费尔克拉夫就此分析道,选举活动事实上不是作为直接的、面对面的冲突或辩论而进行的,这正是媒体建构它们的方式。媒体通过它们选择、整理和表述材料的方式,将一个竞选活动的复杂和混乱化归为一次事先精心部署、进攻之后便是反攻的辩论或斗争。然后,这又被描绘为一种媒介只不过是在反映事件的现实,因而掩盖了媒介本身已加诸这个现实的那种建构性效果。例如,我们可以在一个政党的"进攻"和另一个政党的"反攻"之间找到一种日复一日的交替模式。而政党则会调整它们的竞选活动,以适合媒体为之描绘的"现实"。如果其对手被描述为在某一天发起了一次重大"进攻",那么,某个政党就需要在新闻发布会和演讲中制作材料——这样的材料在发布会和演讲的媒介广告商看来,非常容易转化成一次"反攻"。概言之,隐喻对于竞选活动的报道、对于竞选活动本身都具有影响作用。

费尔克拉夫还在书中介绍了桑塔格所阐述的艾滋病的隐喻化。她提出,与艾滋病相关的首要隐喻为"瘟疫"的隐喻。如同瘟疫一样,艾滋病有一个异国发

---

① 〔英〕费尔克拉夫:《话语与社会变迁》,殷晓蓉译,北京:华夏出版社2003年版,第194—195页。

源地,并与外来性相联系。它通常被看做是起源于非洲,并有着种族主义的隐喻。瘟疫隐喻还与一个军事隐喻相连:将艾滋病比作一种"入侵",更为具体的是,比作第三世界对于欧洲和美国的入侵。由此一来,艾滋病被建构为"他者"的疾病:是威胁"我们"的"他们"的疾病。①

2. 话语实践分析层面

费尔克拉夫所说的话语实践牵涉到文本生产、分配和消费的过程。这其中涉及最重要的两个关键词是话语秩序和互文性。

(1) 话语秩序

话语秩序这一概念来自福柯。福柯在 1970 年的《话语的秩序》一文的演讲中强调了话语系统的约束力,证实话语生产总是按照一定方式受到控制、选择、组织和分配。借用福柯的观点,费尔克拉夫把话语秩序看作是以具体方式交织在一起的社会实践所构成的社会秩序在话语层面的体现,也是在具体社会领域使用的所有体裁和话语的集合。话语秩序既是结构又是实践。它控制交际中体裁和话语的使用,设定什么样的体裁和话语可用,规定什么可说、什么不可说。费尔克拉夫利用话语秩序的概念来考察话语实践。社会机构或社会领域的话语秩序由所有在该领域内使用的话语类型构成(如学校这一机构领域可包括教室话语类型和操场中所使用的话语类型)。②

(2) 互文性

在费尔克拉夫看来,互文性是文本的一个基本特征,任何文本都不同程度地与其他文本或话语发生联系。一些文本充满着其他一些文本的片段,它们可以被明确地区分或融合,而文本也可以对它们加以吸收,与之发生矛盾,讥讽性地回应它们,等等。费尔克拉夫区分了"明确的互文性"和"互为话语性"("构建的互文性"),这里我们着重介绍明确的互文性的含义及作用。

所谓明确的互文性,即特定的其他文本公开地被利用到一个文本之中,包括话语描述、预设等。

话语描述是将被描述的话语置于上下文中,有许多形式。一是直接的话语,描述的语词被置于引号之中,时态和指示词是原始句子中的内容,例如:撒切尔夫人警告内阁同僚:"我现在不会支持任何倒退";二是间接的话语,没有引号,采用分句形式,转换时态和指示词,例如:撒切尔警告内阁同僚那个时候不会支持

---

① 〔英〕费尔克拉夫:《话语与社会变迁》,殷晓蓉译,北京:华夏出版社 2003 年版,第 185 页。
② 纪卫宁、辛斌:《费尔克劳夫的批评话语分析思想论略》,载《外国语文》2009 年第 6 期,第 22 页。

任何倒退;三是直接话语的亚类,被描述的话语的部分置于引号中,例如:撒切尔夫人警告内阁说她"不会支持任何倒退";四是转述,常常被媒介用在标题中,不明显地出现被描述的话语:撒切尔不会支持任何倒退。对比第四种转述和第一种直接的话语描述,可以明显地发现在转述情况下,声音表达变得模棱两可,官方或其他的声音被转化为媒介自己的声音,或是两种声音混同。而且由于媒介是面向大众的,最终往往会向大众语言转化。

费尔克拉夫认为,这种做法很容易使强势者的声音变得神秘。原本来自权势阶层的声音被描述为大众化的语言,这时,有关谁的声音、谁的立场得到了描述的问题被一定程度隐藏起来。而且,报纸在迎合大众需求的同时,也在培植习惯于自己话语特色的受众,建构读者的消费需求。这种情况下,如果有权势的集团的声音以新闻语言的形式得到了描述,而读者认为本该使用这种语言,那么有权势者的声音就很容易被接受。这时,新闻媒介就成为发挥着意识形态工作效应的工具,它以一种伪装的、隐蔽的形式传递着权力的声音。费尔克拉夫曾经选取 1985 年 5 月 24 日英国 5 家报纸关于药物滥用的"报道"作为样本,发现间接话语和转述的数量远远多于直接话语及其亚类,并分析了直接话语与间接话语出现时的特征,以揭示上述观点。[1]

预设就是由文本的生产者作为业已确立的或"给定的"东西而加以采纳的主张,而在文本的表层结构上存在着各种符合规范的暗示,以表明这一点。[2] 预设的作用是将传播者和接收者之间的非共知的信息冒充为共知信息,以对接收者进行诱导和强加。例如,"他又偷东西了"预设了谈话对象之前偷过东西;"你继续坚持的话只能被你的傲慢再害一次"预设了接收者很傲慢,而且之前曾因为傲慢误事。费尔克拉夫认为,预设既可能是纯净的,也可能是操纵性的。操纵性的预设以特定的、从前的文本经验和假想来要求解释性主体,通过这样的做法,它们就进入到主体的意识形态的结构之中去了。[3]

费尔克拉夫还列举了下面这个例子来显示操纵性的预设是怎么发挥作用的。案例选自 1997 年 12 月 5 日英国《每日电讯报》刊登的一则英国白人读者的来信。这则来信是对此前两天这家报纸的一篇新闻报道的反馈。那则新闻讲述了一位英国穆斯林妇女乘车时司机要求其脱下面罩露出脸以便司机确认她和乘车证的照片是一个人。这位妇女拒绝了,司机把她赶下了车。

---

[1] 转引自胡春阳:《话语分析:传播研究的新路径》,上海:上海人民出版社 2007 年版,第 225 页。
[2] 〔英〕费尔克拉夫:《话语与社会变迁》,殷晓蓉译,北京:华夏出版社 2003 年版,第 110 页。
[3] 同上书,第 112 页。

If immigrants will not adapt to our ways in public life——as Christians readily do in Muslim countries——the future looks grim. （如果移民不去适应我们的公共生活方式——正如基督徒在伊斯兰国家所乐意做的那样,那么未来看上去一片暗淡。）

这句话的预设部分是"as Christian readily do in Muslim countries",这是一种典型的劝诱性预设。它首先掩盖了英国主流文化对少数民族文化的歧视态度。一位白人司机让穆斯林妇女当众摘下面罩本身就是对伊斯兰国家文化习俗的轻蔑,但这个预设却劝诱人们相信生活在英国的穆斯林缺乏适应新环境的能力,将事件中原本司机对穆斯林妇女的歧视转换成对穆斯林的批评。

话语秩序和互文性这两个概念勾勒出了话语分析思想的核心内容:概括地说,话语是有秩序的,话语可以再生产原有的话语秩序,也可以创造性地使用话语来改变原有的话语秩序。话语秩序的变化是由社会权力关系的变化决定的,也是社会变化的标记。对话语秩序的变化的分析可以通过互文性的视角实现。互文性的分析把话语秩序的变化和社会文化的变化连接了起来。[①]

3. 作为社会实践的话语

将话语作为一种社会实践加以分析研究,是费尔克拉夫话语分析的第三个向度。费尔克拉夫在与意识形态和权力的关系中讨论话语,将话语置于一种作为霸权的权力观中,置于一种作为霸权斗争的权力关系演化观中。在这个分析向度,费尔克拉夫吸收了葛兰西、阿尔都塞关于霸权和意识形态的观点,强调话语背后的深层结构性因素。

费尔克拉夫认为,意识形态在各个层次以各种方式介入到语言之中,但意识形态不可能从文本中被"逐字逐句地读出",因为意义是通过对文本的解释而产生出来的,文本对于各种解释都是开放的。意识形态的确能够通过语词意义和文本形式特征等介入到话语或文本中,但"消费者"(读者、观众)有时候似乎完全不受意识形态的作用影响,这是因为存在使意识形态"自然化"的"意识形态—话语形式"[②],它有时以非意识形态的"共识"形态赢得接受。这种自然化的意识形态命题可以介入到话语的三个维度中:(1) 介入语言的概念功能,如警察在与投诉遭强暴的妇女对话时说:"You're female and you've probably got a hell of a temper."(你是女人而你可能脾气太躁);(2) 又表现在人际关系功能上,如师生之间对话中存在的话语权力与责任框架(包括主题控制、提问权力与回答义务的

[①] 纪卫宁、辛斌:《费尔克劳夫的批评话语分析思想论略》,载《外国语文》2009 年第 6 期,第 23 页。
[②] 转引自胡春阳:《话语分析:传播研究的新路径》,上海:上海人民出版社 2007 年版,第 180 页。

固定等)无一不依靠自然化了的意识形态;(3)在词汇、语法、预设、礼貌原则、风格及物性、隐喻等语法形式中也可能有意识形态的介入。①

对于霸权,费尔克拉夫认为文本的话语实践以及文本的生产、分配和消费是霸权斗争的一个方面,它不仅致力于现存话语秩序的再造或改变,也通过现存的社会和权力关系达到这种再造和改变。

(四)基特勒的话语分析与媒介技术研究

前面介绍了梵·迪克和费尔克拉夫的话语分析理论及其在媒介研究中的应用。二人的共同点是均将媒介文本作为其自身话语分析方法的素材和来源。接下来要介绍的这位学者则不同,他本身是媒介研究者,他在媒介研究中虽然采用了话语分析的方法,但其立足点还是探究媒介自身发展与社会文化变迁之间的关系,话语分析是其媒介史研究的手段。而且不同于前述二人对媒介文本展开细致深入的语言学意义上的分析和解读,基特勒继承了福柯的话语概念,用历史的眼光梳理了不同时代、不同媒介技术环境下的话语总体特征。

基特勒是当代德国享有盛誉的媒介思想家,他提出了"话语网络"的概念,认为"话语网络"是"技术和机制的网络,使得一种既定的文化可以去选择、储存和生产相应的数据"②。通俗地讲,话语网络是由技术及其机制编织而成的控制系统,决定着文化生产和输入的过程。在基特勒看来,不同历史时期对应着不同的"话语网络",导致了人类在书写形式、认知方式、哲学理论等领域的巨大差异,而划分不同话语网络的决定性因素则是媒介技术。

为了展示不同"话语网络"下截然不同的文化特征以及媒介技术在"话语网络"变迁中发挥的作用,基特勒运用了话语分析的方法,试图通过对特定"话语网络"下富有代表性的话语文本进行分析,呈现出话语文本背后的时代特征并挖掘其文本意义生成的媒介技术背景。由此,话语分析成为基特勒进行"媒介考古"的重要方法之一。

在基特勒的经典著作《话语网络 1800/1900》中,他对不少德国经典文学作品进行了具有浓重个人色彩的、后解释主义的解读。这些对典型文本的分析,使基特勒的话语分析研究方法的独特魅力得以展现。他的这种研究方法还被学者评价为一种新的文学批评方法和媒介研究方法——后解释学批评(Post-Her-

---

① 转引自胡春阳:《话语分析:传播研究的新路径》,上海:上海人民出版社 2007 年版,第 180 页。
② Kittler,F.,*Discourse Networks* 1800/1900,Trans. M. Metteer and C. Cullen. Intro. D. Wellbery, Stanford,CA: Stanford University Press,1990,p. 369.

meneutic Criticism)。

不妨一起来看一下基特勒是怎样运用话语分析的研究方法以文学文本作为一个有效的突破口,帮助我们理解媒介技术决定话语网络特征这一主张的。

1. 针对 1800 话语网络的话语分析

在基特勒看来,1800 话语网络(大致从 18 世纪后期到 19 世纪中期)的特征与之前的话语网络(基特勒称之为"学者共和国")截然不同。1800 话语网络是由"印刷术"这种媒介所主宰的时代,除了"文字"之外,几乎没有其他的媒介能够储存大量的记忆,这一时代代表着一个集书写、主观性、官僚秩序、严格的性别分化等特性为一体的文化的高点。芝加哥大学教授 David E. Wellbery 在《话语网络 1800/1900》英译本的序言中用"浪漫主义"来标签这一话语网络。

在基特勒看来,1800 年代浪漫主义话语生产的主要特征是"母亲作为话语生产的来源"。所谓"母亲作为话语生产的来源",是指母亲成为文化口语化的媒介、成为话语生产的信源和读者。在基特勒看来,正是母亲之口,将孩子从书本中解放出来,使孩子具有读写能力,从而使他们能够表达自己。而使得母亲成为话语生产的来源的重要基础则是 18 世纪末以来的语言习得实践、书写课程等文化技术的变革。

18 世纪后期,教育改革者给语言教学实践带来了重大变革。例如,巴伐利亚学校长官 Heinrich Stephani(1761—1850)实践了通过教孩子字母所标识的声音以教他们阅读和书写的方法,这种变革产生了口头形态。由此,让孩子们通过听复杂的圣经名字或字符串或音素来学习语言已经成为过去的事情,取而代之的是母亲们被指导说出所谓的"最小所指"(minimal signified),比如 du mu be ma am ag ga。这些既不是真实的单词(虽然其中一些确实可以作为单词,例如 am or du),也不是无意义的音节,而是位于中间的某个地方。重要的是它们可以自然地组合成单词:bu 和 be 组成了 Bube(小男孩),ma 的简单重复产生了 Mama(妈妈)。用这种方式,通过最小所指的增加,意义在声音和单词的边界上产生了[①]。这种毫不费力的融合是基于这样的假设:最小所指像 bu,be 或 ma 总是已经蕴含着意义,而不管普遍的语言智慧如何,意义已经呈现在亚词汇层次上。

像新的语言习得实践教会孩子们将最小所指组合成词语一样,新的书写课程则教会他们将基本笔画(垂直线条、半圆圈、半椭圆形)合并成字母,进而组成能够被"自然"地理解和听到的词语。

---

① Geoffrey Winthrop-Young, *Kittler and Media*, Malden: Polity Press, 2011, p.32.

为了证实他的主张,基特勒在《话语网络 1800/1900》中,将歌德的《流浪者夜歌》看作是 1800 话语网络的典型话语代表,对其进行了详细的媒介考古式的话语分析,以展现 1800 话语网络的整体特征及其文本生产背后的媒介技术背景。

基特勒对歌德《流浪者夜歌》的话语分析

Uber allen Gipfeln
Ist Rub,
In allen Wipfeln
Spürest du
Kaum einen Haucb;
Die Vogelein schweigen im Walde.
Warte nur, balde
Rubest du aucb. (Goethe I,1978:142)

Above all mountain tops
Is calm,
In all tree tops
You feel
Hardly a breeze;
The little birds are quiet in the wood.
Just wait, soon
You will rest too.

一切的峰顶
沉静,
一切的树尖
全不见
丝儿风影。
小鸟们在林间无声。
等着吧:俄顷
你也要安静。①

以上是歌德的《流浪者夜歌》的德语、英语、中文版本。

---

① 梁宗岱译。

基特勒在对《流浪者夜歌》展开话语分析之前,先介绍了其他语言学家对它的解读。例如,语言学家威尔金森从诗中所描述物象的逻辑顺序的视角出发,认为这首诗将有机系统的无生命地带和有生命地带无缝连接起来,即这首诗按照众所周知的自然界内在进化的顺序展开,从无生命到有生命,从矿物质经过植物到动物界,最终不可避免地到人类。而20世纪最重要的德语专家之一埃米尔·斯泰格尔则从亚词汇层面(sub-lexical level,例如语音层面)展开分析,他强调这首诗前两行中的长音"u"和它后面的停顿是如何使得这个静谧的黄昏能被听得见的,并强调第四行中的"du"并非表达了极度安静,因为这个句子还未结束,声音还在持续增加,而这正对应着诗歌末尾处树林中微弱的沙沙声。这首诗很平稳顺畅地把对象从自然过渡到人,完美地把山峰、树木、群鸟和流浪者融合在一起;它天衣无缝地从元音 u 转成 du("thou")和 Ruh("rest"),由此来使读者镇定,并将读者包围,进而使读者感到,即便是人迹罕至的高山和森林地带,也乐于安抚那"最躁动不安的生物,人"。

基特勒承认诸如斯泰格尔的分析很好地描述了歌德诗歌的语言技巧和诗歌影响,但他也认为,这些人忽略了使该诗能以如此方式行文的话语前提。意义和格律本身并不能解释它产生的效果。需要怎样组织语言才能使诗歌散发它的魅力? 需要具备什么样的话语顺序、什么样的语言产生机制、什么样的语言习得惯例才能吸引漫游者和他的读者进入到"听得见的黄昏"中? 在这听得见的黄昏中,树木和山峰充满了令人舒缓的信息,即便是没有鸟儿叽叽喳喳的叫声也充满了精神上的意义。与这首诗讲的是什么相比,基特勒对于揭示意义最初的产生机制更感兴趣。[1]

为此,基特勒在1979年发表了一篇关于《流浪者夜歌》的解释读本,这个读本被命名为《鸟园的摇篮曲》。他以一个传统批评主义中最俗套的问题之一开始:谁在讲话? 正如代词"du"(德语里的你)所暗示的,这首诗的"话语事件"实则就是一种质询。有一种声音在与漫游者讲话,更确切地说,一种声音在以大自然对漫游者讲话的方式对他讲话,结果是这个漫游者(以及他的读者)不得不把这种最无意义的噪音理解为一种意味深长的信息。那么,是谁在讲话? 基特勒分析的核心是,这是母亲的声音。

由此,基特勒展开了对浪漫主义话语网络的详细分析。正如上文提到的,在基特勒看来,歌德所代表的浪漫主义话语网络的主要特征之一是母亲作为话语生产的来源。由于教学实践和欧洲字母表等技术变革,母亲们被指导说出所谓

---

[1] Geoffrey Winthrop-Young, *Kittler and Media*, Malden: Polity Press, 2011, pp. 30—31.

的"最小所指",它们自身总是已经蕴含着意义,并且可以自然地组合成单词。用这种方式,通过最小所指的增加,意义在声音和单词的边界上产生了。再加之婴儿抚育方式的变化,母亲作为特殊类型的亲密和情欲化的身份得以建构。由此,母亲成为文化口语化的媒介、话语生产的来源。母亲之口将孩子从书本中解放出来,使孩子具有读写能力,从而使他们能够表达自己,这正是古典诗歌产生的先决条件。在这一条件下,书写不过是源自阅读,而阅读源自倾听,那么所有的一切书写,即话语传播与流动也成了一种翻译。同时,母亲也成了最早的他者,成为诗人诗歌的最早阅读者。诗人形成了对最早的口头形态、对内在声音、对无言的先验言语的浪漫主义迷恋。

这样一来,歌德诗歌所暗示的影响读者的潜在规则和编码得以彰显。在这种母亲作为话语生产的来源的体系下,语言、自然和母亲的声音都是有意义的,不存在所谓的噪音。而歌德的《流浪者夜歌》建立在源于萨克森州的一首古老的摇篮曲基础上,并改造了其中母亲声音的主要特征。这种通过调整(re-mediates)母亲的摇篮曲唤起自然的意义的诗又为何不是充满意义的呢?就像孩子感知母亲的最小所指是蕴含意义一样,歌德的流浪者感知到即使是最无意义的自然声音也充满存在主义意义。于是,诗歌便在漫游者心中扩展开来,也在所有解释学视角下的读者心中,引发了一种反应,使读者能够感知到歌德这 8 行 24 个单词 155 个字母的诗的丰富的解释学意义,这种反应正是像一个婴儿听取"Hush-a-bye-Baby on the Tree Top"这首摇篮曲并感知到来自母亲口中的丰富语义一样。[①]

由此,基特勒认为歌德的诗歌在 1800 浪漫主义的话语网络下被编程、被书写,反过来又将读者编程为话语的主体。歌德的诗歌所代表的浪漫主义是作为话语来源的母亲的话语生产,而诗歌本身更是"关于话语渠道状况的话语"[②]。通过以上对话语文本展开的话语分析,基特勒叙述并例证了自己的媒介研究主张。

2. 对 1900 话语网络的话语分析

类似的,基特勒也通过对特定文本进行富有浓重个人色彩的话语分析展开他对 1900 话语网络的解读。

基特勒在书中描绘了 1900 话语网络的技术变革和文化变迁,他认为从 1800 话语网络到 1900 话语网络经历了一次深刻的断裂,这场断裂由留声机、电

---

① Geoffrey Winthrop-Young, *Kittler and Media*, Malden: Polity Press, 2011, pp. 31—32.
② Ibid., pp. 30—31.

影和打字机等技术的发明引起而非由人类主体引发,它导致了书写、主观性和严格的性别分化逐渐消退。这一时期,印刷复制技术的首要地位受到新的模拟录制和存储技术的挑战。① 19世纪后期的模拟技术带来了数据储存、传输和运算领域的全方位变革,表音文字以及电影、声音和图片都被赋予了它们自己的、再适合不过的通道,导致了一种差异性的数据流,以及对古登堡星丛(印刷技术)的视觉摒弃。语言以往的霸权被分散到媒体之中,特定化为众多媒介所处理的那种类型的信息。书写,作为一种象征性的编码技术,已经被塑造光和声波的物理效果存储的新技术所颠覆。② 1800话语网络中,书写通过象征性框架运作,需要所有数据都"要通过能指的阻碍";然而1900话语网络中的唱机、照片和电影摄影等模拟媒体则处理真实世界的物理效果。例如,歌德诗歌中的树木和鸟都是文字符号,远离真实的事物,但是一棵树的照片和鸟鸣声的录制至少在前数字时代是以在某一时刻树和鸟的存在为先决条件的。这些数据是通过储存由树木和鸟类的发射或反射的光和声波而处理和获得的。

19世纪后期这些媒介技术的变革怎样改变了文化形态,正是基特勒研究的焦点。通过对这一时代的代表性话语文本《吸血鬼伯爵德古拉》进行详细的话语分析,基特勒巧妙地展现了打字机、留声机等媒介技术所带来的巨大变革。

《吸血鬼伯爵德古拉》是布莱姆·斯托克创作的小说,讲述了吸血鬼德古拉试图从东欧罗马尼亚特兰西瓦尼亚地区前往伦敦,将英国变为他不死的封地。伯爵来到伦敦后掀起一场腥风血雨,但终究不敌吸血鬼猎人范海辛教授和他勇敢的朋友们,逃回罗马尼亚,最后被循迹追来的众人消灭。

在基特勒看来,斯托克的小说是真正的科技媒体最终战胜古老欧洲吸血暴君的英雄史诗。尽管德古拉知道他处在危险之中,并能够在某一时刻摧毁所有的手稿和西沃德的留声机唱针,但他并没有意识到存在一个处在安全中的副本,不死的亡灵也不可能对抗机械复制的力量。这其中,最重要的工具是米娜·哈克的打字机,忠实地抄写着日记、信件、日志、留声机卷,它有助于揭露德古拉的计划、运动和隐藏的地方。对于基特勒来说,米娜的秘书技能的使用是斯托克小说中最有趣的特征之一。米娜是曾学过速记和打字的前助理教师,然而她拒绝作为一个新时代的女人将她的可销售的媒体专业技能转化为社会贡献。相反,作为困在1800话语网络中的女性,她乐意寄发和收到来自她未来的丈夫乔纳森

---

① Geoffrey Winthrop-Young, *Kittler and Media*, Malden: Polity Press, 2011, p.58.
② 陈静:《走向媒体本体论》,选自周宪、陶东风:《文化研究》,北京:社会科学文献出版社2013年版,第295页。

从特兰西瓦尼亚寄来的信件。但是要击败吸血鬼德古拉,迫切需要去调动必要的数据处理设施,德古拉计划的敌意接管可以被理解为对19世纪控制危机的一种描述,这一危机只能被信息商品的加速和集成所克服。这一需求呼吁米娜的技能,她变成了一个庞大信息网络的核心中继站。米娜的职业生涯体现了1900话语网络中的女性命运:1800话语网络中的性别上的闭路被打破;那些迄今一直被作为缪斯和读者、限制在输入和输出位置上的女性,各自成为话语生产的不可分割的一部分。她们现在在一个专业水平上,做着米娜曾经想要专门为乔纳森在他们家的私密环境中所做的那些:记下他想说……并且用他的打字机把它写出来"。

基特勒强调,最终,德古拉是被一个充分调动的媒体联合所战胜,其中涉及多个留声机、一台柯达相机、一个现代文学中通过电话进行的首次客串演出表演、大量使用的英国邮政服务、几个信使和一个起源于克里米亚战争中横贯大陆的电报系统。通过对《吸血鬼伯爵德古拉》情节的话语分析,基特勒验证了自己的媒介研究主张,进一步说明了文本生产、文化特征与媒介技术环境之间的微妙关系。

四、国内话语分析研究方法的应用现状及前景

国内的话语分析自古就有,历代诗话不胜枚举,但由于言说方式、体裁等多方面的原因,并没有能够形成完整的理论体系,多是片断式的感性描述和评价。20世纪70年代末,话语分析作为一门系统性的学科被引进国内。80年代末,出现有关话语分析的译文、介绍和研究文章,90年代时才真正开始进入学界的研究视野,相关论文、专著不断出现。到今天,话语分析,特别是意识形态话语分析已经呈现出如火如荼的研究热潮。话语分析已经不再像刚引进到国内时仅仅在语言学范围内被学者讨论,而是四面开花,文化学、人类学、历史学、信息地理学等学科的介入使得话语分析内容更加多元化。

话语分析作为一种研究方法在媒介研究领域逐渐获得重视。不少国内媒介研究学者从语言学角度出发,通过分析新闻文本的词汇、语法、句型、篇章结构等,发现新闻传播中的权力斗争、刻板成见等问题。这些研究有助于理解媒介话语与意识形态、社会实践的关系,有助于深层剖析传播秩序、社会秩序的形成和固化。但话语分析的作用远不止如此。在网络媒体、数字媒体不断发展的今天,新兴话语现象层出不穷,从媒介研究领域所特有的现象出发,利用话语分析的研究方法,势必会得出具有极强研究价值和实践价值的结论。话语分析将会为我们的媒介现象解读提供一个全新、宽广的窗口,值得我们投入更多的关注。

第六章
技术—文化诠释方法

自从西方工业革命以来,技术在人类社会中的地位不断提升,达到了前所未有的高度。在技术及其所带来的物质生活成为人们竞相追逐、趋之若鹜的对象时,人文社会领域中的一些学者也将其纳入思考之中,不过他们更关注的是技术带给社会尤其是文化的影响,技术与文化的关系因而成为人文社会研究中的重要议题。围绕这一议题,刘易斯·芒福德、哈罗德·伊尼斯、马歇尔·麦克卢汉、尼尔·波兹曼、詹姆斯·凯瑞等一众学者都进行了卓著的阐发。这些人学术背景不同,兴趣多样,但是他们探讨技术和文化关系的旨趣相近。他们有一套相似的理论基础、视野和问题,用这一套构想去理解文化、技术和传播的互动。随着这些学者的著作在学术界得到广泛传播,他们共同涉及的技术—文化议题开始受到普遍重视。下面我们将从几个关键人物的方法论入手考察技术—文化诠释学的基本方法要义。

一、技术—文化诠释方法概述

一般认为,社会人文领域的研究中存在三大基本研究范式:经验的研究范式、批判的研究范式和诠释的研究范式。技术—文化诠释学属于诠释研究范式的一个分支。简单地说,技术—文化诠释学得以命名的原因主要在于这一研究范式着眼于技术与文化的互动关系,并且其方法论区别于实证主义和批判主义。我们可以从技术—文化诠释学产生的背景和基本理论命题中进一步了解这一研究范式。

(一) 技术—文化诠释学产生的背景

在技术—文化诠释学登上历史舞台之前,学术界存在着持续不断的两派之争,即管理(经验)学派与批判学派之争。从方法论的角度来讲,那就是定量研究和质性研究之争。管理学派即经验学派对技术的主要关注点一般是所谓媒介影响研究,特点是定量经验主义、功能主义和实证主义。这样的影响研究主要关注媒介内容对使用者或消费者的影响,用经验主义的方法去验证媒介对人的短期行为的影响。批判学派也关注大众媒介内容对社会的影响,然而它的政治意识形态视野和理论视野,始终和管理学派的主导范式决然对立。批判学派的源头之一是法兰克福学派,也就是后来所谓的新马克思主义。批判学派着重研究的是大众媒介的政治经济学,尤其是媒介的所有权,另一个重点是政治权力和公司对媒介的控制,以及它们如何在媒介内容的生产、销售与获取上扮演重要的角色。

从文化诠释学的角度去理解媒介和技术的研究已经在许多学科领域里兴起,新兴的技术—文化诠释学也破土而出。这个研究路子关注的是,在形式上和根本问题上媒介和技术对文化和社会的冲击。在《后工业时代的先知:对技术的诠释》一书中,威廉·昆斯对七位重要思想家的跨学科研究做了很好的综合,他们的著作为技术—文化诠释学奠定了理论基础。这七位学者是:芒福德、西格弗里德·吉迪恩、诺伯特·维纳、伊尼斯、麦克卢汉、艾吕尔、巴克敏斯特·富勒。[1] 昆斯所谓"后工业时代的先知"以多学科的取向写作,其他思想类似的知识分子也用同样的取向思考问题,他们开展了一场公开的讨论,思考社会上迅猛的技术革新对传播构成的挑战和机遇。他们有相同的关注点:技术如何并在多大程度上对社会和文化产生大规模的影响,或者说技术产生哪些形式的、环境的和结构性的影响。

20 世纪 60 年代后期,继伊尼斯、麦克卢汉之后,波兹曼成为扛起技术—文化诠释学大旗的另一位学术健将。他吸收了麦克卢汉的部分思想,并对其进行了阐发,但他的关注点始终集中于技术对文化和社会的影响。波兹曼还促成了"媒介环境学派"的兴起。这个学派逐渐壮大,已经成为技术—文化诠释学的重要理论阵地。

技术—文化诠释学是一个广阔的跨学科领域,其方法论多为定性研究,即理论建构而不是理论检测。这些学者感兴趣的是技术形式,而不是内容。媒介对文化的影响表现在形式上和环境上,而人们的思维方式和社会组织则是由业已内化的主导性的传播模式塑造的。对于媒介技术及其变革,他们具有相似的关切,这些变革的背景是 20 世纪初宏观的社会、经济、政治和思想变革。这个学派及其理论视角的出现可以看成是对主流的(大众媒介内容的)效果研究传统的一

---

[1] 转引自林文刚:《媒介环境学:思想沿革与多维视野》,何道宽译,北京:北京大学出版社 2007 年版,第 14 页。

种回应。

(二) 技术—文化诠释学的基本命题

在技术发展初期,人们往往将其看作中性的工具。同样地,一切媒介都被认为是中性的容器,传播者只不过把内容装进去,并且把内容传递给受众,然而技术—文化诠释学并未止步于此。麦克卢汉给媒介的定义是:我们适应环境时产生的无意识效应。每一种媒介承载的感知或意识偏向——我们最意识不到的方面——正是对我们影响最大的东西,比媒介"内容"产生的影响要大得多。因此,"媒介即讯息",媒介的内容各有不同,甚至互相矛盾,但媒介的影响维持不变,无论内容是什么。哈罗德·伊尼斯把这种媒介的效应叫做传播媒介的偏向,并从时间和空间的角度来考量媒介的偏向。波兹曼受到麦克卢汉的箴言"媒介即讯息"的影响,试图从生态学的角度去理解媒介和文化。这个视角认为,媒介对文化的影响表现在形式上和环境上,而人们的思维方式和社会组织则是由业已内化的主导性传播模式塑造的,由此提出"媒介即环境"的论题。

从以上三位主要传播学者的理论中,我们可以概括出技术—文化诠释学的三个基本理论命题。

1. 传播媒介不是中性的、透明的和无价值标准的渠道,只管把数据从一个地方传到另一个地方。实际上,媒介固有的物质结构和符号形式发挥着规定性的作用,塑造着什么信息被编码和传输,如何被编码和传输,又如何被解码。界定信息性质的是媒介的形式与结构。

2. 每一种媒介独特的物质特征和符号特征都带有某种偏向:思想和情感偏向、时间空间和感知偏向、政治偏向、形而上的偏向、认识论的偏向。

3. 传播技术所促成的各种心理或感觉的、社会的、经济的、政治的、文化的结果,往往和传播技术固有的偏向有关,这是技术—文化诠释学范式内容的一个关键理论问题,即技术和文化的问题,尤其是传播技术如何影响文化的问题。

关于文化与技术的关系,存在着三种基本立场:软决定论、文化技术共生论、硬决定论。一端是所谓"软决定论",其假设是:虽然媒介使事件发生,但事件的形态和媒介的冲击却是其他因素的结果,而不是正在使用之中的信息技术的结果。也就是说,在媒介的发展、传播和使用的过程中,人的能动性是决定性的因素之一。所谓"硬决定论",其主张是:技术是社会变革的首要决定因素,或者更加广义地说,技术是必然的历史变化的首要决定因素。在软决定论和硬决定论之间的是文化技术共生论,这个视角认为人类文化是人与技术或媒介不间断的、互相依存互相影响的互动关系。

在对待技术的态度上,技术—文化诠释学的学者们呈现出对比性的差异。在这一学术队伍中,昆斯总结了三个主要的立场或"学派":"机器的蚕食"是一派(如芒福德、吉迪恩、艾吕尔、维纳),"媒介决定文化"是一派(如伊尼斯、麦克卢汉),"技术繁育乌托邦"又是一派(如富勒)。实际上,任何两个技术—文化诠释学者在对待技术的态度上都可能存在明显差异。比如波兹曼虽然受到麦克卢汉媒介思想的影响,但是相比于麦克卢汉的客观中立的立场,波兹曼对于技术则持有更多的道德批判立场。

(三) 技术—文化诠释学的媒介史观

技术—文化诠释学所关注的核心议题是传媒技术变化如何改变人类整体生活方式和文化形态。在一定程度上,技术—文化诠释学受到芒福德的技术历史分期的影响,将"媒介的历史分期"划分为口语时代、文字时代、印刷术时代和电子时代。

关于口语时代的研究中,"口语—文字研究"是技术—文化诠释学的一个分支,其灵感来自许多学科的著作,如考古学、古典研究、民俗学、普通语义学、语言学、语言人类学和媒介研究。这一领域的学者有杰克·谷迪、哈弗洛克、早川一会、罗伯特·洛根、沃尔特·翁、波兹曼、爱德华·萨丕尔和沃尔夫。"口语—文字研究"考察口头文化各种各样的特征,包括心理、社会、经济、政治、文化和认识论的特征。在这个语境下,口语文化研究的焦点是所谓原生的口语文化。

在关于文字时代的研究中,文字的启用如何重新界定一个社会里的权力结构成为重要议题。原生口语的民族接触到文字以后,他们的思维方式(翁称为"心理动态")会发生什么样的变化?这样的变化又如何改变他们对周围世界的理解?技术—文化诠释学用什么研究方法去理解媒介在文化变迁里的作用,可以用下面这个例子来说明。口语文化主导的社会里,长者往往是社会精英,因为他们是这些文化里最重要的信息媒介,他们生活阅历丰富并且积累了很多知识和技能。但是书面文化的普及逐渐夺走了长者在社会里扮演的特权者的角色,因为在书面文化里,他们不能像在口语文化里那样控制信息。从口语文化向书面文化过渡时发生的媒介转换,产生了深刻的社会影响:一个社会阶级被取代。伊尼斯的观点就是,随着一个传播媒介时代转向另一个传播媒介时代。"知识垄断"的宝座从一个阶级转向另一个阶级。

在关于印刷术时代的研究中。印刷术被认为是信息民主化的一个手段,它复制信息供大众消费,此前信息是由社会里的宗教政治精英控制的,他们的传播手段有限。如果此说正确,那么信息民主化如何重新界定现存社会、经济、政治秩序或体制呢？

在关于电子媒介时代的研究中,主要的议题有:线性和理性的思维方式作为书面文化和印刷文化的界定性特征之一,如今受到了电子媒介的挑战,形成了多媒体、直觉的思维方式,这体现了怎样的文化特征？这些都是技术—文化诠释学主要探究的问题。

二、伊尼斯与技术—文化诠释

尼尔·波兹曼曾经断言,伊尼斯是"现代传播学"之父,从伊尼斯对技术—文化诠释学的开创性贡献来看,这种评价并不过分。伊尼斯的主要理论贡献有以下三个方面:第一,他勾勒了现代所谓传播史或媒介史的轮廓;第二,他详细阐述了传播和文化研究里的几个理论概念,比如媒介、时间偏向、空间偏向、口语传统和知识垄断。第三,他表明,历史的研究方法和视野可以给当代世界的文化批评和技术批评提供启示。伊尼斯对传播媒介的历史记述,被认为是一个提纲挈领的基础,为研究传播与文化的关系提供了创新的研究路子。

(一) 伊尼斯与芝加哥学派

伊尼斯在芝加哥求学期间,正值芝加哥学派的鼎盛时期,当时整个芝加哥都对传播保持着密切的关注,伊尼斯与芝加哥学派之间自然有一种承继关系。

凯瑞概括了芝加哥学派的特征:(1) 热衷于社会有机论,认为传播与运输之间的关系是社会的神经与动脉之间的关系。他们看到了传播技术在发展中的改造能力。杜威认为传播可以将一个工业创造的大社会改造成一个大共同体。(2) 在方法论上,他们反对形式主义,用默顿·怀特的话说他们试图使社会研究回归为历史学的分支,强调社会知识的跨学科特性。(3) 迷恋边疆理论。边疆理论的意义并不在于英勇的个体历经千难万险进入荒原,他们强调过程。也就是这些新来乍到的人如何在西部小镇重新创建各种社会生活机制。他们将传播视为文化在一定时间得以存在、维系并积淀为各种机制的整个过程。他们认为,这一社会重建和机构设立过程就是美国民主的成形发展过程。(4) 传播是一种比传递信息更为重要的事物,他们把传播视为文化在一定时间得以存在、维系并积淀为各种机制的整个过程。因此他们对公众生活的性质格外关注。他们设法找到公共空间产生理性、批判性话语和行为的条件。[①]

---

① 参见〔美〕詹姆斯·凯瑞:《作为文化的传播》,丁未译,北京:华夏出版社2005年版,第112页。

伊尼斯继承了芝加哥学派所关注的问题,并对这些问题进行了修正和完善,极大地拓宽了这些问题的范畴,创立了传播的概念和基于历史的传播理论,这些概念和理论剔除了芝加哥学派的浪漫主义传统,形成了更为恰当的关于传播与传播技术在文化生活中的角色观。

(二) 从政治经济学到传播学转向

伊尼斯早期的学术兴趣和成就都发生在政治经济学领域。伊尼斯的第一部重要著述是关于加拿大太平洋铁路史的博士论文。在研究中他发现,这条铁路与过去的皮货贸易线路大部分是重合的,于是他对一直作为加拿大经济基础的原料产品(鱼、皮货、木材、木浆)产生了兴趣。通过研究大宗产品比如鳕鱼和皮毛的运输,伊尼斯得出这样的结论:最重要的大宗产品的运输是一个传播问题。以这个意识为起点,他看到,传播赖以进行的媒介是社会政治偏向的关键因素。如果一种媒介有时间偏向(便于信息保存),权力精英就围绕传统和集中化的意识形态组织社会,法老时期的埃及、中世纪的欧洲和帝国时期的中国都是例证。如果一种媒介有空间偏向(便于信息运输),权力精英就拓宽控制的范围,而不太顾及传统。

如果说大宗产品的研究使伊尼斯触及商品和交通运输的重要性,那么对大宗产品之一的纸浆和纸张的深入研究则为他敞开了一扇大门,这扇门通向新兴的传播研究领域。他从纸浆和纸张入手,延伸到后继的各个阶段——报纸和新闻、书籍和广告。换句话说,起初他考察以工业为基础的一种自然资源,然后他把注意力转向文化产业;在文化产业里,信息和终极的知识变成了商品,这个商品进入流通领域,有了自己的价值,使控制它的人拥有权力。

另一个影响伊尼斯传播学转向的因素是古典学术。受到多伦多古典学领军人物查尔斯·诺里斯·柯克雷因的影响,英尼斯在他的著作《帝国与传播》中加上了论证古代文明和古典文明的材料,以比较和系统的方式加以组织,表现出旁征博引的风格。支撑他广泛的历史研究的是一系列与传播和文化相关的概念,这些概念构成他蓄势待发的思想。

在研究加拿大原料贸易及欧洲与北美的关系时,伊尼斯创建了一个历史性的理论体系,展现了传播历史的主要层面、传播理论的批判性假设及其所存在的问题,并在最大程度上与北美的社会环境结合在一起。对历史与细节的尊重,使伊尼斯以跨学科的方法研究传播。伊尼斯身兼地理学家、历史学家、经济学家和政治学家,他把传播研究定位在这些领域的交会点上。与芝加哥学派一样,他反对专业主义,在不同学科中四处求索。最关键的是,他将传播学从社会心理学的一个分支中解放出来,并使之摆脱了对自然科学模式的依赖。他坚持学术多元论是文化稳定的根本所在。出于这一目的,他试图将经济学与传播学回归为历史的分析模式。

（三）伊尼斯的技术—文化方法论

从《帝国与传播》(1950)、《传播的偏向》(1951)和《变化中的时间概念》(1952)等作品中,我们可以总结出伊尼斯的基本思想及方法论。在他看来,文明的兴衰和内部变化基本上可以理解为占支配地位的传播媒介的变迁所致。由于所有文明都是依靠对时空的控制而存在的,因此就可以通过对时空控制方式的分析来理解、评价不同的文明形态。换言之,通过认识传播技术及其发展,就能够理解、认识不同的文明形态以及文明的历史演化。需要特别指出的是,尽管伊尼斯非常强调传播技术的重要性,但是,他绝不是后来人们所理解的技术决定论者,因为受马克思主义的影响,他始终主张在由经济、政治、文化和技术等构成的社会整体中来理解传播技术的形成、发展及其社会影响。具体来说,他的主要研究方法如下：

首先是概念运作与轮廓勾勒。《帝国与传播》用一套典型的伊尼斯概念来探索新近出现的媒介史研究领域,同样在《传播的偏向》中,占据舞台中心的也是这些概念而不是历史个案。这使得他的作品的风格有些晦涩难懂。伊尼斯为传播学引入了重要术语——技术的局限、技术所固有的空间和时间偏向、技术可能产生的知识垄断与技术对知识垄断的维护。包括他对社会变迁、优胜劣汰、文化的稳定和衰弱的分析,都是通过对特定的概念的运思实现的。伊尼斯后期的传播学著作体现出提纲挈领的性质,对他来说,粗线条地勾勒概念所涉领域的轮廓与范围比详细的研究更为重要。

其次是注重形式与时空偏向。伊尼斯把偏向和传播联系起来是一种创新性的用法。他不太关心内容的问题,他比较关心的是传播形式可能会对传播内容产生的影响。《传播的偏向》里有一篇文章用了与书名相同的标题。文章的宗旨是说明如何用这个概念去评估媒介与文化的关系,他考察的媒介包括从泥版到台式收音机等各种媒介。其中两个重要的概念是时间偏向和空间偏向。在伊尼斯看来,一个文明里的主导传播媒介"偏爱"某些形式的空间取向和时间取向,比如耐久的媒介难以运输,它们透露出的是时间偏向而不是空间偏向。石头、泥版和羊皮纸就是这样耐久的媒介,它们"促成"社会去倚重风俗和血缘的传承及神圣的传统。"时间偏向"的文明通常以社会等级制度为特色,比如,在一些等级制度中,精英群体、巴比伦祭司和中世纪的天主教教士组成强大的社会阶级,他们有知识垄断的特权。

最后是关注知识垄断和文化批评。"知识垄断"成为伊尼斯后期著作里一个重要的术语,他没有给这个术语下一个正式的定义,他只是说,这是经济学术语在知识领域里的延伸,是经济学概念尤其是垄断概念的延伸。伊尼斯认为,任何传播形式都有偏向,以传播的本性,它最擅长缩短发送信息的时间并控制时间,或强化集体的记忆与意识并控制时间,当有些团体开始控制传播形式并在政治上将他们的利益与传播性能联系在一起时,这种偏向就固定为一种垄断。比如,希腊的拼音文字容易学会,不容易形成知识垄断,但是初期的这种平衡被打断了,复杂成文法的兴起导致令人压抑的司法控制和沉重赋税。中世纪的抄书人不仅控制着知识的获取和羊皮纸的生产,还控制着书籍的抄写。纸张最终对羊皮纸传播形式下的教会知识垄断提出挑战。印刷术又带来了新的垄断。由此,伊尼斯认为口语偏爱对话,抵抗知识垄断,使用耐久媒介的文明采用国家的高压手段才压垮了口语的抵抗。伊尼斯的观点看上去有点极端,但他绝不是砸机器的勒德分子,并不会损毁书籍和机器。他的目标是平衡,他的答案或许有些含糊,然而他提出具有启发性的问题:如何才能在充分利用技术好处的同时,把损失减少到最低限度呢?

詹姆斯·凯瑞将伊尼斯的方法论总结为"一种历史的、经验的、阐释的和批判的学术型研究模式。"[①]这一高屋建瓴的总结可以成为我们理解伊尼斯方法论的一把钥匙。

伊尼斯的研究准确说来是历史的、经验的,他试图发掘真实的历史记录,检验理论研究的局限,展现时间与空间真正的变迁,以揭示普通理论不可靠的一面,他以历史的想象摒弃了理论想象的偏颇。在伊尼斯后期的著作中,他肯定不是那种典型的史学家。他的概念框架回避详细的分析,偏向于做涵盖整个历史时期的技术文化特征的概括。他的出发点不是为历史而历史,他的目的是用历史来衡量当前。他的背景始终是政治经济学,他确信大宗资源、交通运输技术之类的物质材料在历史转变中一定会被赋予主体的地位。

伊尼斯的研究是阐释的,他探讨人们加诸技术、法律、宗教及政治经验之上的形形色色的定义,对其意义加以诠释。在历史研究中,他引进辩证思想去了解变革;在历史变革中,新媒介挑战旧媒介;他用辩证思想去研究传播与文化的碰撞,研究社会构成的起伏,有时研究整个文明的兴衰。在这一过程中,他采用了一套给人启迪的概念:时间偏向、空间偏向、口头传统、知识垄断和文化的机械化。

---

① 〔美〕詹姆斯·凯瑞:《作为文化的传播》,丁未译,北京:华夏出版社2005年版,第118页。

从当代的意义看,他的研究是批判的,他不提倡"中立"的,没什么价值判断的研究,而是提供一个批判社会的立足点,这一立足点的理论依据正是人文主义与文明的价值观。

伊尼斯的思想和著作深深影响了麦克卢汉,两人被称为"多伦多双子星座",但是他们的差异也是显著的。麦克卢汉的研究无论是方式方法还是风格都与伊尼斯有着巨大的差别。伊尼斯认为传播技术主要影响社会组织和文化,麦克卢汉则认为传播技术主要影响感知系统的组织和人的思想。在对印刷术的评价上,两者也存在差异。麦克卢汉认为印刷术催生了我们和现代性联系在一起的几乎一切历史现象——民族主义、个人主义、科学方法、文化逻辑里的视觉取向等。相反,伊尼斯认为,印刷术只是使这些现代性要素得到延伸。他认为这些要素在 14 世纪就已经出现,因为纸张已经在大批量生产。并且,他认为印刷术并非导致现代空间偏向的唯一媒介,现代性是多种媒介作用的结果。

三、麦克卢汉与技术—文化诠释

麦克卢汉被认为是最富有争议的技术—文化学者,以"媒介教师爷""预言家""先师""先知"等身份而闻名。他提出的"媒介即讯息""地球村"等理论,以及他的非实证的、文学化的晦涩风格,成功地把公众的目光聚焦于技术—文化诠释学,推动了主流学术研究的重要转向。为了考察麦克卢汉与技术—文化诠释学的关系,有必要追溯他的思想源头、研究方法和基本定理。

(一)麦克卢汉与新批评主义

在提出"媒介即讯息"之前,麦克卢汉所受的学术训练主要集中在文学批评领域。因此,我们在反思其思想来源的时候,无法绕开文学批评尤其是新批评对他的影响。他在剑桥求学时,受业于该学派奠基人理查兹和利维斯。新批评对他的影响如此之大,以至于他转向媒介研究以后,研究方法的底色依旧是新批评式的。

新批评是一种关注文本主体的形式主义批评,认为文学研究应以作品为中心,对作品的语言、构成、意象等进行细致的分析。它认为,语言艺术作品通过语言的形式来传达意义,语言的形式潜移默化地改变我们的意识。语言艺术的作用在于,作者的语言风格使读者做出心理回应,而且读者的心理回应要反映或强化作品的意义。读者参与完成媒介的宗旨,与媒介和讯息结成不可分割的一个整体。学者胡翼青认为麦克卢汉所有看上去天马行空的理论,在逻辑框架上都仅仅是一种类比:将新批评对文学的分析类比到对媒介的分析中来。麦克卢汉"超越"的只是新批评的研究对象而并不是新批评的研究视角和方法。具体而言,麦克卢汉在以下三个方面受到新批评的影响和启发。

首先,新批评认为作家或诗人并不是完全自由和充满个性的主体,而艺术作品本身的结构会制约作家和诗人的创作。新批评的重要思想先驱T.S.艾略特认为,艺术作品应当被看作是一个有机体,它充满了自身的活力,而并非个人的艺术。他指出诗人有的并不是有待表现的"个性",而是一种特殊的媒介,通过这个媒介,许多印象和经验被通过奇特和出人意料的方式结合起来。艾略特希望通过这种表述来说明,传统文艺评论研究诗人个性的浪漫主义取向是有问题的,想对文学进行科学的研究,就必须强调文本本身的独立性与内在规律。对于诗人而言,写什么内容不重要,重要的是形式——如何组合各种诗歌的内容要素,形式就是诗歌独特性的全部。到了科林斯·布鲁克斯那里,这种看法就被发展为这样一种观点:诗的价值不在于内容而在于它的结构,意义只是结构的一个方面,阅读的任务是要考察结构。新批评普遍认为,到诗中寻求内容,对文本进行概括和解释,是一种错误的原则。如果把这种观点移植到媒介研究领域进行类比,那么为什么麦克卢汉要强调媒介的形式比内容更重要就变得易于理解了。而"媒介即讯息"这一观点的最初含义也就一目了然了。也就是说,麦克卢汉认为,媒介传递的内容不重要,重要的是它以何种方式传递这些内容,传递方式本身是更重要的信息。

其次,新批评关注语言对文学作品的决定性作用。理查兹将语言分为"提供资料的"科学语言以及"表达感情的"诗的语言。他认为这两种语言都是真实的,前者的真实性体现在语言符合现实的性质,而后者的真实在于"它向我们叙述的事情的可接受性"。在理查兹看来,不能对语言的"内在必然性"做出科学的分析,就不能了解文学作品的深刻内涵。对麦克卢汉产生极大影响的利维斯,也把语言看作是研究文学的起点。不过,利维斯比理查兹走得更远的地方在于,他启发麦克卢汉把基于语言分析的文学批评方法,运用于研究社会、研究大众文化。麦克卢汉深受两位导师的影响。他先是把新批评的这一方法运用于大众文化研究,于是便有了《机器新娘》。然后他风格陡变,用媒介技术替换了新批评中的媒介——语言,并在《谷登堡星系》中讨论作为媒介的印刷术是如何影响人的思维与社会的历史进程的。在《理解媒介》他以更为极端的方式展现媒介技术对于受众与社会的决定性影响,这也就是他后来备受诟病的"媒介决定论"思想的由来。

最后,新批评的学者尤其是理查兹和燕卜荪高度关注文学语言和语境的关系。就在麦克卢汉在剑桥读书之际,理查兹和燕卜荪开始从语义分析的角度来研究文本,并意识到在文学语言中"含混"的合法性:"旧的修辞学认为含混是语言的错误,希望限制它、消除它;新的修辞学认为它是语言力量的必然后果,是我们大多数重要话语的必不可少的方式——在诗和宗教里尤其如此。"① 既然"含混"具有如此的意义,就不能无视它的存在,并且需要发展出一整套方法去研究它。理查兹发现,含混不是绝对的,与之相联系、相伴随的是语境,稳定的语境产生稳定的意义,所以要理解文本的意义,首先需要研究语境,研究词语相互之间的关系,研究多种语境相互作用的结果。需要强调的是理查兹所说的"语境"与语用学的"语境"是有差别的,前者仅指上下文,而后者则可以包括更广泛的社会语境。麦克卢汉一生都高度关注不同的媒介所构成的环境,人与媒介环境的关系以及如何在不同媒介环境中理解人类行为的意义,这并不是偶然的。波兹曼在麦克卢汉的启发下提出"媒介环境学"也是受这一思想的影响的结果。

在文艺理论领域,新批评标志着文学研究从作者的思想、社会背景、社会效果等传统领域转向了作品分析,也就是说从文学的内容研究转向了文学的形式研究。在传播学领域,麦克卢汉开辟了从传播内容到媒介形式的转向。这两者之间的承继关系是不言而喻的。

(二) 麦克卢汉的方法论

新批评派为麦克卢汉植入了形式主义的思想种子,让他迷上了文艺思维的模式,塑造了麦克卢汉式的表达风格,也为他提供了丰富的思想资源。麦克卢汉承袭了新批评的有机整体论立场,强调技术的自主性和独立性,从而把技术看作是影响媒介、文化乃至社会主要的,甚至是决定性的力量。在方法论上,麦克卢汉也受到新批评的影响。

首先,麦克卢汉非常推崇象征主义,认为感觉和官能是把握事物本质的钥匙,主张通过直接的参与和体悟"探索"媒介发展的本质,这被称为麦克卢汉的"探针";麦克卢汉多次声称,艺术家是具有整体意识的人,是社会变革的先知先觉者;文艺思维最能够把握社会剧变的真相。他高度认可"模式识别"方法并将之付诸实践。在麦克卢汉看来,"模式识别"是并置而不用连接成分的意合法。这是聊天或对话的自然形态,而不是书面话语的自然形态。写作往往有一种倾向,就是从题材中分离出一个方面,将注意力死死地指向它。对话还有一种自然的倾向,那就是任何题材的多方面的相互作用。这种相互作用能够产生洞见和发现。与此相对,观点仅仅是看问题的一种方式,相反,洞见却是在相互作用的

---

① 转引自郭宏安等:《二十世纪西方文论研究》,北京:中国社会科学出版社 1997 年版,第 358 页。

复杂过程中突然得到的顿悟。麦克卢汉探索的目标不是演绎推理产生的逻辑。他认为,演绎方法纯粹是为了满足令人愉快的纯视觉的观念,即由构造成分组成的令人愉悦的视觉形象。"模式识别"是艺术家的专长,他们能抢在意识麻木之前去矫正感知的比率,以预计和避免技术创伤所产生的后果。

其次,麦克卢汉擅长另类的表达偏好和修辞运用。基于长期从事文学批评的惯性,他一贯反对逻辑证明,喜欢在不同的意向之间建立类比或暗喻关系来"呈现"自己的媒介思想。如果把技术看成是"说出来的话",技术就是修辞格,我们可以阅读技术,可以分析技术的认知、社会和文化效应。为此目的,麦克卢汉故意用格言警句式的风格来传达他的思想,他有意识地用这种风格来表达一个观点:媒介即讯息。其目的不是追随连续、线性、连绵的思路,而是创造一种棋盘格子式的思维模式,其中镶嵌的每一块思想马赛克都反映总体模式里的某一个侧面。格言警句言犹未尽,需要读者深入地参与其间。

洛根在《理解新媒介:延伸麦克卢汉》中系统地总结麦克卢汉的方法论。[①]《理解媒介》的一个核心思想是:媒介与技术是等价词;它们是人的延伸;增加或延伸人的力量;于是,媒介成为活生生的力的旋涡,由此造成的隐蔽环境(或影响)可能会对旧的文化形式产生腐蚀和破坏的作用,并创造新的社会模式。由于媒介是"活生生的力的旋涡",又创造新的社会模式,媒介的影响或冲击本身就胜过其承载的内容。所以,麦克卢汉说"媒介即讯息。"从生理上说,人在正常使用技术的情况下,总是永远不断受到技术的修改。反过来,人又不断寻找新的方式去修改自己的技术。旧技术成为创造新技术的认知框架,所以,一种新媒介的内容都是另一种旧媒介,而且几乎一切技术都是杂交体。杂交体代表着许多叠加的技术,其启动机制是人的某种延伸。技术对人的修改是阈下或令人麻木的,也是反直觉的。由于持续不断使用技术,而技术又是人的延伸,逆转随之产生。人成为技术的延伸,结果,社会就效仿其技术。

《理解媒介》的第二个核心思想是:电力技术的社会完成了一个转换,从分割肢解的机械时代过渡到一个新时代,在新时代里,以电速运动的信息消除了时空差异。有了电力技术以后,我们的"中枢神经系统去拥抱全球",我们体会到"深度的卷入"。所以我们如今生活在"地球村"里。我们回归到过去的口语传统。麦克卢汉把后视镜和历史当作实验室,他提出三个传播时代:口语时代或前文字时代,书面语时代或机械时代,电力时代。

---

① 详见〔加〕罗伯特·洛根:《理解新媒介:延伸麦克卢汉》,何道宽译,上海:复旦大学出版社2012年版,第15—17页。

麦克卢汉认为,口语传统、书面文化时代和电力时代之间存在断裂边界。口语传统与书面文化时代的特征分别是感知的声觉传播偏向和视觉传播偏向。另一方面,新的电力时代/电子时代是声觉空间和视觉空间的混合体,其特征可以表述为赛博空间。书面文化时代或者说前电力时代的特征是字母表文化,这一特征导致分割肢解化、集中化和专门化,倚重的是硬件。由于电力和电子的加速度作用,这种趋势和倚重就发生逆转。电力时代专门化的逆转导致整合与多学科性,这一逆转也构成麦克卢汉探索方法论的关键要素之一。麦克卢汉将电视和电影进行对比,这就引出了热媒介对冷媒介、光照射对光透射媒介的概念。

(三) 麦克卢汉的四元律

为了研究媒介或者技术的影响,麦克卢汉父子提出一门新科学,以取代旧科学,这实际上是麦克卢汉分析媒介问题的新方法,被称为四元律(参见示意图)。他们提出的新方法包含四个问题,这四个问题可以用来拷问任何人工制造物,以探索其社会文化效应。即每一种媒介或技术都提升某种人的功能;如此,它使以前的某种媒介或技术过时,那过时的媒介或技术曾被用来完成某种功能;在完成其功能时,新的媒介或技术再现以前的某种旧的形式;推进到足够的程度时,新的媒介或技术就逆转为一种补足的形式。

我们可以以货币这种媒介为例,说明这一套媒介定律。货币促进贸易和商业,使以物换物过时,再现了狩猎—采集社会里的炫耀性消费,逆转为信用卡。再比如汽车技术,它促进运输,使马车过时,再现了装甲骑士,逆转为交通拥堵。

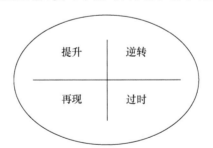

麦克卢汉父子四元律示意图①

说明:麦克卢汉父子借此表现的是产生媒介效果的四重因果关系的同步作用。按顺时针方向从左上角开始依次展开的是提升(enhancements)、逆转(reversals)、过时(obsolescences)和再现(retrirvals)。(注:并非线性因果关系或顺序)

---

① 转引自林文刚:《媒介环境学:思想沿革与多维视野》,何道宽译,北京:北京大学出版社 2007 年版,第 145 页。

需要注意的是,"媒介定律"并不是严格意义上的定律,不会做出具体的预测,不会说明再现的媒介形式究竟是什么,也不会说明逆转而成的媒介形式究竟是什么。"媒介定律"是一种概括或规律:一切媒介都要服从一个共同的总体模式:提升、过时、再现和逆转。更准确地说,"媒介定律"是一种探索仪器,提供洞见,使人了解媒介或技术的影响及可能的演化,但它并不做出独特的预测。

四、波兹曼与媒介环境学

继伊尼斯、麦克卢汉之后,波兹曼成为技术—文化诠释学的领军人物。这一方面是由于他勤于耕耘,先后撰写了《娱乐至死》《童年的消逝》《技术垄断》等流传甚广的传播学经典著作,另一方面是由于他发起并创建了一个无形的学苑——媒介环境学派。

(一) 波兹曼与麦克卢汉

1955年,作为哥伦比亚大学师范学院的一名研究生,波兹曼第一次聆听了麦克卢汉的讲座。在这次演讲中,波兹曼从麦克卢汉那里学到了开启他的学术生涯的重要方法,即彻底改变思维方式,进行大胆假设,看看情况会怎么样?这种方法也是马克思、弗洛伊德和尼采等思想家们采用的方法,尼采曾在其一部著作中提出这样的假设:如果妇女是对的,那又怎么样?而麦克卢汉的假设则是:"假定我们的确是如何表现世界的产物,那又怎么样?或者说,表达形式比任何内容都重要得多,那又怎么样?"[①]这样奇特的假设深深地吸引了波兹曼的兴趣,他回顾道:"用这样的宏大假设武装起来之后,我就踏上了自己的路子,我走了四十年,努力作出自己的解答。这就是麦克卢汉对我的启迪——把我送上一辈子从事的事业,去寻求我自己的答案,无论这些答案是好是坏。"[②]麦克卢汉给了波兹曼最重要的学术启蒙,奠定了他日后的研究方向和基础。沿着麦克卢汉的足迹,波兹曼将多伦多学派的媒介环境研究发扬光大,并在麦克卢汉的建议和鼓励下创建了纽约大学的媒介环境学教学点,成为开宗立派的大师。

麦克卢汉给波兹曼提出问题和假设将他的学术研究的焦点定格在对于语言、文字、印刷、报纸、广播、电视、电脑等媒介/技术形式的研究上,因为它们是社

---

① 〔加〕菲利普·马尔尚:《麦克卢汉:媒介及信使》,何道宽译,北京:中国人民大学出版社2003年版,第2页。
② 同上。

会结构和文化得以在其中形成的媒介环境。在麦克卢汉那里,由这个假设衍生出来的理论是"媒介即讯息",波兹曼深得麦克卢汉思想的精髓,他用"媒介即隐喻""媒介即认识论""媒介即意识形态"等概念来表达与"媒介即讯息"相似的观点,而这些著名的隽语中都隐含了媒介环境学的一条基本原理:"传媒技术本身的影响要远远大于其内容的影响……媒介技术不仅对个人,而且对社会结构与文化具有主导性的影响"。也就是说,媒介环境学的阿基米德支点就是媒介/技术的性质及其文化影响。

然而,对于麦克卢汉当年提出的假设,波兹曼做出的回答却并不会让麦克卢汉感到满意,因为波兹曼给出的答案具有太过强烈的道德关怀色彩,而麦克卢汉担心过于强烈的道德关怀和人文主义倾向会影响研究的客观性,因此,他经常提醒波兹曼和其他学者注意,在对待现代媒介和技术影响的时候应该站在一个价值中立的立场上,"它们既不是上帝的恩赐,也不应该受到诅咒,它们只不过是在这里而已"。但波兹曼并不是一个很听话的学生,他虽然承认麦克卢汉避免思考媒介善恶问题的价值中立立场对于媒介研究来说具有很大的优点,但是他更愿意从奥威尔、赫胥黎、伊尼斯、芒福德等人那里继承人文主义精神的传统,使自己的学术研究始终贯注着对人类命运的关怀。为此,波兹曼强调,媒介环境学派是一群强调道德关怀的人,并认为应该在道德伦理的语境中去研究媒介。采用这种近乎激进的立场,波兹曼将伊尼斯、麦克卢汉等人的理论发展成为美国传播与媒介研究领域中最具人文色彩的学派,突破了美国人长期以来将该学术领域定位为"行为科学"与"社会科学"的窠臼,从而将人类悠久的人文主义文化传统重新引入了该学术领域。

(二) 媒介环境学派的方法论

1968年,继麦克卢汉在前一年首次提出媒介生态一词之后,波兹曼在其演讲中进一步论述媒介生态,并将媒介生态学定义为把媒介作为环境的研究。同麦克卢汉一样,波兹曼在一定程度上以互相替换的方式使用媒介和技术这两个术语。毋庸赘言,一切媒介都是技术。反过来说,一切技术都可以看作是媒介,两者都是我们自己的延伸,是我们和外部世界及其事物的中介。除了伊尼斯、麦克卢汉、波兹曼之外,林文刚还将芒福德、凯瑞、哈弗洛克等人纳入媒介环境学的版图。从这些学者的研究方法入手,我们可以总结出媒介环境学派的方法论。

1. 将媒介作为环境来研究

媒介环境学研究作为符号环境的媒介、作为感知环境的媒介和作为社会环境的媒介。首先,媒介环境学把每一种传播媒介设想为一种符号环境,试图探究媒介固有的符号结构在人的感知、意识或心灵活动过程中究竟扮演着什么样的角色。其次,在生理—感知层面上,媒介环境学把每一种传播媒介设想为一种感知环境。媒介环境学感兴趣的是,人们感觉、感知、体会、思考、认识理解和再现周围世界的方式,如何受传播媒介固有的符号性质和感知性质的塑造。这里的理论预设是:不同的媒介形式会产生不同的方式,以不同的方式影响人如何感知、认识、思考、理解和表征外在于人的世界。在这个层次上,媒介环境学者研究媒介与意识的关系,或者说媒介与思维过程的关系。最后,在"媒介即环境"的基础上,媒介环境学设想"环境即媒介"的命题。也就是说媒介环境学既关注传播设备,又审视环境(比如社会环境)的符号结构如何界定人的互动或文化的生产。

2. 以媒介作为划分历史的依据

波兹曼根据技术与文化之间的相互关系,将人类文化史划分为三个阶段,即工具使用阶段、技术统治阶段和技术垄断阶段。这一观点脱胎于芒福德的技术历史分期。芒福德将历史划分为"前技术阶段""旧技术阶段""新技术阶段"。每一个阶段都有特定的生产方式。划分这三个阶段的标准是,它们特有的能量、原材料、生产方式在多大程度上改变了自然环境和人类生态(包括对人类生活和文化的影响)。[①]

波兹曼所谓的"技术"事实上就是指新技术及其所代表的意识形态,而"文化"则是指旧技术及其所代表的文化。三个文化阶段的演进过程其实就是新技术如何增强其自主性和排他性,逐渐由从属于文化传统到凌驾于文化传统之上,再到完全消除文化传统的过程,也是新旧技术所代表的文化和意识形态如何由和谐平衡的关系走向尖锐对立直至你死我活的斗争历程。通过这三种文化区分,我们可以清晰地看到我们现时代的文化中存在的危机:技术垄断破坏了媒介环境的平衡性,传统的文化和价值观念已经向技术垄断文化缴械投降,并在先进技术和媒介创造的"美丽新世界"中逐渐走向消亡。

3. 口语—文字定理

关注口语向文字转化所产生的社会、心理和文化影响,是技术—文化诠释学的重要议题之一。众多著名的学者哈罗德·伊尼斯、马歇尔·麦克卢汉、埃里克·哈弗洛克、尼尔·波兹曼、沃尔特·翁、保罗·莱文森无不在这个领域倾注了大量的心血。虽然他们的研究重点略有不同,但他们的典型主张是一样的:前

[①] 参见林文刚:《媒介环境学:思想沿革与多维视野》,何道宽译,北京:北京大学出版社2007年版,第58页。

文字的口语文化在特定的意识框架里运作,书面文化的到来使古人的思维方式发生重大的变革,电子时代和数字时代的来临使口语文化以新的形态得到复活。

在宏观理论方面,媒介环境学集中关注人的经验变化,这样的探讨往往既在社会广度上展开,又在自我意识和自我反思的层次上展开,这样的变革往往紧随着社群里的主导媒介的变革而来临,或者是和主导媒介的变革同时发生。如印刷术强有力地使西方社会发生了革命性的变化,创造条件使宗教改革爆发、富有竞争力的城邦兴起,推动了民主和科学的发展。

在微观理论方面,如果我们审视口语—文字定理时,不是看它们对社会总体情况的论述,而是看它们就获取和加工外部世界的信息的各种认识—情感渠道所发表的意见,我们就看到相互联系但迥然殊异的很多思考方式。

哈弗洛克对口语文化运作做出了最精当的记述。他认为,演讲尤其是诗歌是口语社会里管理生活的钥匙,传统被理解为历史的产物和未来的向导。习惯法是一些把握祖先智慧的谚语和格言,民俗是被普遍接受的日常通用的办事方式——涉及如何与人相处,如何构想周围环境,如何完成日常任务。而书面文化里的社会组织和集体意识状态却截然不同。波兹曼分析了"印刷文化的美国"[①],美国的建国基础是一系列作为书面材料的文件。其社会背景是公共学校体制建立、识字率的提高、文化的普及,以及报刊业的发达,还有以"印刷语词为基础"的公共演讲。"印刷机不仅是机器,而且是一种话语结构,既排除某些内容,又坚持另外一些内容,比如形成特定形式的读者群。"而美国人"印刷文化的头脑"——全国统一的集体心理,也是经过训练形成的以散文为基础的思维,即使演讲也要用这样的思维方式。

沃尔特翁在《口语文化与书面文化:语词的技术化》一书中梳理了最近100多年来史诗学者的研究成果,提出了口语文化与书面文化的两极性理论,以及原生口语文化、次生口语文化这两个新概念,从而细化了人类文化从口语文化、手稿文化、印刷文化到电子文化的文化史分期。该书论证了口头文化和书面文化在各个时代的此消彼长。其中"次生口语文化"[②]这个概念,得以解读电子文化和数字文化,进一步阐释麦克卢汉的"地球村"和"重新部落化"思想。

罗伯特·洛根在《字母表的效应》中纵览西方思想史,从5000年前苏美尔字母表的发明到最新近的计算机技术,追溯了字母表在西方文明进程中直接和间

---

① 参见〔美〕波兹曼:《娱乐至死》,章艳译,桂林:广西师范大学出版社2004年版,第三章。
② 参见〔美〕沃尔特·翁:《口语文化与书面文化:语词的技术化》,何道宽译,北京:北京大学出版社2008年版。

接(通过科学、逻辑、法典和一神教)发挥的作用。洛根对字母表的考察围绕着这样一个核心主题:传播媒介不是纯粹被动的信息传输管道,而是一种活跃的力量,是"活生生的力的旋涡",产生新的社会模式和新的感知现实。① 这一核心主题早已在伊尼斯、麦克卢汉等人的著作中站住脚跟,成为媒介环境学的核心主题。《字母表的效应》是对媒介环境学核心主旨的深入阐释和建构。

五、技术—文化诠释的方法论特征

技术—文化诠释学认为,从技术与文化互动关系的角度研究传播的长远社会效果,可以帮助我们理解宏观的社会现象和历史变革。这是短期效果研究和内容分析所不能奏效的。从魔弹论到二级传播,从议程设置、涵化理论到知沟理论,我们可以发现,经验学派越来越倾向于在更广泛更深远的层次上研究传播效果。因为,对研究结论之广泛有效性的追求使他们逐渐认识到,传播效果不仅有可观察到的态度或行为的改变,还有更深层次的不可见的社会影响。但是,局限于具体内容的量化分析从根本上限制了经验学派的学术视野和研究范围。研究人员不可能调查和测量上百年或者更长时间内的传播内容。所以,传统经验学派从魔弹论到知沟理论的一路修正,仍然是只见树木不见森林。

基于这一原因,技术—文化诠释学的研究视野非常广阔。每位学者的研究都至少覆盖了一种媒介主导的整个历史时期。伊丽莎白·爱森斯坦重点考察了印刷媒介在 16—19 世纪这三百年间的社会影响②。其他大部分学者则贯通了原始社会至今的人类历史长河。不仅纵贯很长的历史时期,媒介本身的影响还横贯社会的各个方面。社会结构、心理认知、角色身份、生产生活,无不依赖传播而存在,深受媒介之影响。这些因素决定了技术—文化诠释学必须借由不同的研究方法。可以借用梅罗维茨对媒介环境学的阐述来总结技术—文化诠释学:"不像内容研究,媒介环境学派考察的效果一般很难通过社会科学方法加以证实……因为媒介环境学派往往是考察结构变化的类型和影响因素……大部分媒介理论,特别是宏观层次的,深深地依赖思辨、历史分析和宏大模式的识别。"③具体来说,技术—文化诠释学的研究方法主要有以下五点。

---

① 参见〔加〕罗伯特·洛根:《字母表效应》,何道宽译,上海:复旦大学出版社 2012 年版。
② 参见〔美〕伊丽莎白·爱森斯坦:《作为变革动因的印刷机》,何道宽译,北京:北京大学出版社 2010 年版。
③ 转引自李明伟:《作为一个研究范式的媒介环境学派》,载《国际新闻界》2008 年第 1 期,第 54 页。

1. 对形式的关注重于内容。伊尼斯强调媒介/技术的物质性。麦克卢汉强调媒介即讯息,波兹曼在此基础上发展为媒介即隐喻、媒介即认识论、媒介即意识形态。凯瑞则结合杜威的观点,强调了作为仪式的传播。这些都确立了媒介/技术在人类历史发展过程中的重要地位,换句话说,媒介/技术成为技术—文化诠释学理论的阿基米德支点。

2. 宏观的模式识别。技术—文化诠释学的研究方法是宏观层次上的"模式识别",这种方法与传统的以严谨细密的逻辑推演为特征的思辨研究有很大不同。伊尼斯很早在批评西方社会科学的自然科学倾向时提出了"模式识别"这一研究方法。他说,社会科学的任务是去发现和解释模式和趋势,以便能够预测未来,而不是靠精细计算为政府和工商业提供短期的预测。麦克卢汉在为伊尼斯的两本传播学著作写的序言中,对这种方法大加赞赏,并做出了自己的解释。他们所谓的"模式识别"就是深入观察复杂交错的动态关系,以发现其中隐藏的关联机制。这种方法虽然也以思辨为主,却背离了思辨研究的一些重要原则。首先,他们提出的一些概念像"地球村""内爆",都未曾给出严格的定义。他们提出的理论命题也大多是或明或暗的比喻,而不是严谨的判断。其次,他们的"模式"主要不是靠逻辑推演而是靠观察得来。他们把诸多社会历史现象和事实放置在一起,从这些看似毫不相关的事物中洞察它们之间的关系和作用方式。最后,他们进行模式识别不是为了建设严整统一的理论或提出铁定的结论,而是重在指明媒介本身与社会历史变化之间的关联机制。

3. 历史的、比较的分析。技术—文化诠释学的主要内容是考察技术/媒介的深远社会影响。按照他们的假设,不同类型的社会主导媒介支持不同的社会结构和力量。占主导地位的技术/媒介发生了变化,社会领域就会出现相应的变革。比如,靠言传身教生产生活经验而位高权重的老年人,到了经验和知识以书籍传承为主的印刷时代,被读书人阶层夺去了部分权威,再到今天信息接触门槛大大降低的电子社会,几乎快要被年轻一代完全淹没。社会主导媒介的变革必然引发利益的冲突和权力的重组,社会也会因之发生深刻的结构性变化。技术—文化诠释学的研究无一例外地指向了对媒介史和社会史的历史比较分析。其中,印刷媒介和电子媒介、印刷社会和电子社会的比较是他们投入最多的。麦克卢汉从媒介演化的角度去概括人类的历史,提出"部落化—非部落化—重新部落化"的公式。

4. 矛盾的辩证分析。伊尼斯从媒介的时空偏向性这对矛盾出发,探讨政治组织与宗教组织、中心与边缘之间的利益冲突。麦克卢汉从媒介是偏重于视觉还是偏重于听觉、是卷入局部感官还是卷入整个中枢神经系统、是支持左脑活动还是支持右脑活动等角度,预测社会结构是封闭还是开放,心理认知是整体的、直觉的,还是局部的、分裂的。梅罗维茨则聚焦于社会场景是融合还是分离,男女角色、成人与儿童的社会行为是趋同还是趋异。沃尔特·翁感兴趣的是,口语和书写在神性与科学、听觉依赖与视觉依赖、世界的联合与分离这些对立矛盾上的偏向。时间与空间、中心与边缘、集中化(向心)与非集中化(离心)这几对矛盾,则是他们共同关注的问题。

5. 跨学科的文化关怀。技术—文化诠释学把文化界定为一种生活方式,而不是一个品位高低的等级系统。他们采用最广义的历史研究方法,认为事件和趋势都内嵌在政治/社会/文化的母体之内,预先就排除了分割、孤立和概括的研究方法。提醒我们不要局限于传播效果这一棵树,而要注意那一大片树林,也就是广阔的时空维度。波兹曼这样定义"媒介环境学家":"媒介环境学家在一定程度上是科学哲学家,因为他必须首创一套术语和一套研究方法。他是道德哲学家,因为他必须发现或重申人们在技术现实里生活时需要的爱的伦理原则。在一定程度上,他又是语义学家、艺术批评家、文学批评家、社会心理学家和历史学家。媒介环境学是反学科分割的学科,是脱离讴歌技术、剥离技术神秘面纱的运动。换句话说,媒介环境学者不是专攻一门的人,他们是通识教育的提倡者和联结各门学科的桥梁。"[①]

[①] Joshua Meyrowitz: "Medium Theory", *Communication Theory Today*, Edited by David Crowley and David Mitchell, Polity Press, 1994. p.70. 转引自林文刚:《媒介环境学:思想沿革与多维视野》,何道宽译,北京:北京大学出版社 2007 年版,第 299 页。

第七章
精神分析研究方法

精神分析学派是19世纪末出现在欧洲的一个重要的哲学、心理学流派,它的创始人是20世纪重要的思想家、奥地利心理学家西格蒙德·弗洛伊德。有人曾把他与马克思、爱因斯坦并称为20世纪最伟大的三个思想家,马克思改造了人类对于社会的看法,爱因斯坦改变了人类对于自然的看法,弗洛伊德则改变了人类对于自身的看法。精神分析研究方法作为心理疾病临床治疗的方法,后来也被广泛地运用在美学、文学以及文化研究等诸多领域,并显示出了它非凡和独特的阐释能力,使人能在文本分析和研究的过程中看到与众不同的甚至是令人惊异的文本景观和创作奥秘,精神分析这种独具特色和魅力的研究方法,如今也被广泛地使用在媒介分析和研究当中。美国著名媒介分析学者阿瑟·伯格教授认为,要将精神分析的概念用于媒介分析,实在是问题重重。即便如此,他也把精神分析研究方法作为分析媒介的方法之一,就是因为"媒介批评家所要做的,是一种不宜进行统计分析和数据收集的创意工作。实证工作对于一些问题的研究是有效的,但是一般来说,我们评估批评是基于它揭示了多少文本意义,它对文本孕育其中的社会意指为何,以及媒介如何影响了文本。"[①]从这个角度讲,精神分析方法的确是有效的。在他看来,掌握了这样的一种研究方法,再加上诸如符号学、马克思主义以及社会学的研究方法,就可以研究任何问题了。

在本章中,我们需要掌握的问题有两个,一个是了解精神分析方法的基本内容以及分析具体问题时使用的关键概念;另一个是了解如何在媒介研究中使用这种方法。当然,如果能够清楚这种方法的局限,我们就能在使用时扬长避短。对于精神分析学来讲,方法和理论具有同一性。精神分析理论实际上既包括了弗洛伊德的基本理论,也包括其继承者和发展者荣格和拉康的若干理论内容。本书是关于媒介研究方法的,因此,我们在介绍精神分析研究方法的时候,也是有所偏向的,和哲学研究方法以及文学研究方法的重点是不同的。

[①] 王君超、〔美〕阿瑟·伯格:《解码当代媒介的理论与方法——对话美国著名媒介分析家阿瑟·伯格教授》,载《现代传播》2009年第5期。

一、精神分析研究方法的理论来源

没有一种理论是凭空产生的,这些理论一般都是基于以往的学说、理论、思想进行的创造性的革新。弗洛伊德的精神分析理论也是如此。目前学界一般认为弗洛伊德的精神分析研究理论来源于三个方面。

第一个就是社会现实基础。西方工业革命之后,社会逐步进入到垄断资本主义时期,社会矛盾日益突出。人与自然分裂,并在机械技术面前感受到了前所未有的恐惧,在尖锐的社会矛盾和阶级斗争中越来越无法实现内心的平静和镇定。病态社会中的人也越来越多地患了心理和精神方面的疾病。有学者认为,犹太人的家长制和维多利亚式(指当时陈腐伪善的道德标准和华丽辞藻的文艺风格)性道德的压抑,促使当时社会出现越来越多的精神癔症患者,精神分析应时而生。"维多利亚式中间的奥地利—犹太人文化不仅形成了弗洛伊德患者的人格,也成就了弗洛伊德本人。"[1]这种在谈话中找到人的被压抑的心理创伤和记忆的疗法是对疾病的重大缓解,弗洛伊德也据此发现了人的精神世界的隐秘结构。

第二个就是自然科学。19世纪,自然科学和技术迅猛发展。细胞的发现、能量守恒定律以及进化论被认为是19世纪的三大发现。其中达尔文从生物进化的角度给出了生命优胜劣汰的自然规律,这对弗洛伊德从生物学的角度去研究和理解人,起到了很重要的作用。因为以往的哲学家往往都将人看成是"理性"的人,将理性看作是人的规定性。弗洛伊德同时也受当时著名的生理学家布吕克的影响,他曾经在布吕克的实验室工作过。布吕克提出生物是一个动力系统的理论,对后来弗洛伊德创建人格动力学起到了重要的作用。弗洛伊德还曾跟随法国精神科医师学习催眠疗法,通过谈话过程发掘病人致病的因素,发现这些因素几乎都和性有关:性饥渴或者令人恐惧的性经历,病人潜藏于心底的精神内容也和性有关,他遂提出性因素是在精神病症中的关键甚至是决定性的因素。

第三个就是哲学方面的影响。弗洛伊德并不认为是自己发现了潜意识,因为早在古希腊时期的亚里士多德就对潜意识有所涉及。但是学界认为,近代德国哲学注重精神能动性的传统很大程度上影响了弗洛伊德,虽然德国近代哲学是理性哲学,但里面涉及非理性内容。特别是后来的叔本华、尼采以及法国哲学家柏格森的思想,对弗洛伊德的影响都很大。其中叔本华的非理性哲学,把意志

---

[1] 〔奥〕弗洛伊德:《弗洛伊德文集》(第1卷),车文博主编,长春:长春出版社2004年版,第5页。

看做是无意识的,是一种"盲目的,不可抑制的冲动",被弗洛伊德所接受。弗洛伊德曾说:"首先,伟大的思想家叔本华提出了无意识的'意志',相当于精神分析学说中的本能。"① 弗洛伊德的无意识理论也成为他精神分析学大厦的根基。

当然,精神分析方法已经超越了弗洛伊德理论本身,后来法国精神分析学派的拉康还为精神分析引入了结构主义的分析方法。这些发展是精神分析方法能够保持生命活力并且成为哲学、美学、艺术学、人类学以及媒介研究中重要的研究方法的原因。

二、精神分析方法代表人物及其核心观点

精神分析一般是指基于临床对精神病人和心理疾病患者进行治疗的过程中所使用的一套科学的理论和技术,是对人的精神隐秘结构细致而深入的揭示和考察。如果仅是如此,精神分析研究方法还不能有如此广泛的影响,弗洛伊德还把这种研究方法用于对文学和艺术作品的阐释和分析中,经常得出令人惊异的结论,尤其以他对莎士比亚的作品《哈姆雷特》的分析以及对达·芬奇的绘画《蒙娜丽莎》的分析最为著名,其中"俄狄浦斯情结"也成为探索作品中的人物以及作家隐秘心理和创作动机的独特的阐释。后来弗洛伊德的学生荣格以"吾爱吾师,吾更爱真理"的气魄背离了弗洛伊德的理论,尤其反对弗洛伊德将所有的问题都归因于性本能的"泛性论"观点,他提出了"集体无意识"的理论,用"集体无意识"代替个体无意识,以此来解释个体以及集体的行为。荣格认为,个人无意识通常是被遗忘或压抑的意识,个体无意识的内容大部分是情结,比如"俄狄浦斯情结""厄勒克特拉情结"等。而集体无意识的内容没有在意识里出现过,不是经由个体习得的,而是通过遗传而存在的,集体无意识的内容则主要是原型,比如神话中普遍存在的英雄形象。以荣格集体无意识理论为基础的"原型批评"也是20世纪非常重要的一种文学批评方法。后来的法国学者雅克·拉康的精神分析理论对媒介批评产生了重要的影响,拉康从语言学出发重新解释弗洛伊德的学说,他认为无意识是他人的话语,使无意识成为语言可说的内容。他的结构主义精神分析理论试图修正弗洛伊德理论的主观性和神秘性,经由拉康的重新解释,精神分析理论具有了结构主义的内容和模样,这就使文本分析变得"有理可循",使看起来具有主观"随意性"的精神分析变得"有理可循"。

---

① 〔奥〕弗洛伊德:《弗洛伊德论创造力与无意识》,孙凯祥译,北京:中国展望出版社1987年版,第9页。

(一) 弗洛伊德精神分析理论的核心内容和简要观点

精神分析研究方法本来是弗洛伊德学派用于心理疾病的临床治疗的,但是其中所涉及的内容,比如无意识理论、性欲理论、梦的理论以及人格理论等内容无疑是探索人类精神隐秘的重要途径。其中,弗洛伊德对无意识的发现,甚或可以说颠覆了自笛卡儿以来的"我思故我在"的理性传统,把人类未知的精神和心理世界呈现出来。弗洛伊德本人亦认为其学说乃是继哥白尼和达尔文之后对人类自恋错觉的又一次打击,是科学思想史的第三次革命。

弗洛伊德的精神分析理论是建立在这两大基石之上的,一个是无意识,另一个是性欲。其中,无意识是人格结构中最重要的元素,正如人们所熟知的比喻——人的心理世界就像一座冰山,我们看到的只是露出水面的冰山的一角,而冰山下看不见的那个巨大的存在,就是无意识或者潜意识,是不可知的部分;另一个基石是性欲,它是人格生成与改变中的最根本的能源和动力,是生命最原初的本能,也是人类的社会活动和艺术创造的原动力。弗洛伊德认为,潜意识理论、性欲论及梦论是他精神分析学的三大理论支柱。

弗洛伊德把他的理论和分析方法用于对艺术家和艺术作品的分析中。在弗洛伊德看来,无意识是存在的,但是人们压抑它,不想打扰它,因为无意识的存在对人心理的安全和快乐构成一种威胁,比如创伤性的记忆和童年被压抑的愿望等都成为潜意识的内容,因此可以通过一系列梦、口误、笑话等潜意识症状,来探究艺术家艺术创作的深层心理动因;在艺术作品的创作中这些"压抑的欲望"被移置和升华。他的《作家与白日梦》《俄狄浦斯王与哈姆雷特》《陀思妥耶夫斯基与弑父者》《列奥纳多·达芬奇和他童年的一个记忆》等论文,为文学和艺术的分析另辟蹊径,发掘了创作者的动因以及动因形成的前提。

(二) 荣格精神分析理论的核心内容和简要观点

荣格对他的老师弗洛伊德的理论"叛离",主要体现在关于"力比多"和"无意识"的理解上。荣格认为,"力比多"并非像弗洛伊德所言,是压抑的性欲产生的人格驱动力,也不是构成人类一切行为的根本动力。实际上弗洛伊德赋予了力比多以生命本体的地位,而荣格却认为力比多不过是所有生活本能之一,是生物的一种普遍的生命能量。在对无意识的问题的理解上,弗洛伊德强调个体的无意识的构成作用,认为这种无意识主要是来自人们儿童时期创伤性的记忆或者是一些不愉快的和性有关的经验记忆,是实际存在但因压抑而被遗忘的;荣格反对把无意识仅仅视为"个体无意识",认为这种个体的无意识只是表层的,而深层的无意识则是"集体无意识"。荣格说,"我之所以选择'集体的'这个术语,因为无意识的这一部分不是个体的,而是普遍的;同个人心灵相比较而言,它或多或少地具有在所有个体中所具有的内容和行为模式,换言之,由于它在每一个人身上都是相同的,因此它就构成了一种超个性的共同心理基础,而且普遍存在于我们每个人身上。"[①]集体无意识是超个人的,是普遍的,相对于个体无意识来讲更具有前提和基础性意义。集体无意识理论反映了人类社会行进过程中一些共同经验通过大脑遗传下来,形成的先天的心理模式,使得现代人和远祖保存着相同的记忆。集体无意识的内容就是"原型","原型"也被称为"原始意象"。

在荣格看来,当集体无意识的内容在意识中不被认识时,它们就会通过梦、幻觉、想象和象征表现出来,这些原型往往在神话、宗教以及文学作品中被发现,揭示出人类共同的普遍的深层意识心理结构。荣格说,"幻觉代表了一种比人的情欲更深沉更难忘的经验"[②],伟大的作家往往能借助想象来表达幻觉经验。荣格对艺术文本进行分析时,认为创作者不自觉地被某种暗流裹挟卷走,受制于某种异己的东西,被其支配和驱赶,走向了一条令他自己都惊异的道路,甚至认为"不是歌德创造了《浮士德》,而是《浮士德》创造了歌德,"[③]浮士德就是荣格所说的那种智者原型,而歌德正是受某种集体无意识力量的牵引,将这种原型呈现出来。实际上,很多作家的创作经验谈也都证明了这一点。荣格通常使用释梦、积极想象以及词语联想等方法逐步揭示集体无意识之谜。

(三)拉康精神分析理论的核心内容和简要观点

法国著名精神分析、结构主义学家雅克·拉康,被认为是法国当代最著名的哲学家和思想家。他提出要"回到弗洛伊德",实际上带有向精神分析旧传统挑战的意味。拉康的理论有两个非常重要的方面,一个是我们前面提到的拉康的语言和无意识的理论,还有一个就是拉康的主体理论。

拉康重视无意识理论的研究。他和弗洛伊德的不同之处在于,弗洛伊德认为潜意识是杂乱无章的,是不稳定、非理性的,也是先于语言表述或者是被剥夺了语言表述的。简单地说,无意识是不可说或者不能说的;拉康为无意识的探讨引入了语言的维度,认为无意识具有语言的结构,拉康认为,无意识就是他人的话语,在与他人的对话中,人们实际上是和另一个自己对话,并获得了自我的确

---

① 转引自蒋孔阳、朱立元主编:《西方美学通史》(第6卷),上海:上海文艺出版社1999年版,第287页。
② 〔瑞士〕荣格:《心理学与文学》,冯川、苏克译,北京:三联书店1987年版,第133页。
③ 同上书,第143页。

认。他也认为，意识和无意识的关系并非如弗洛伊德所认为的是理性和非理性的关系，而是能指和所指的关系，能指就是意识，所指就是无意识，拉康为神秘的、杂乱的、非理性的无意识，提供了认知的可能，认为无意识像语言一样有规律和有结构，这样发掘的无意识最后可能是一段话语或者是一篇文本。所以，通往弗洛伊德的神秘的"无意识"世界，不只有梦一个通道，还有另一个可以说明的中介——语言。相较于弗洛伊德的"个体无意识"和荣格的"集体无意识"，拉康对无意识的研究无疑是另辟蹊径的。

拉康的主体理论中还有一个非常重要的概念，就是"镜像阶段"。拉康用这样的一个概念意图说明主体是通过外在的他者逐渐认识自我的。镜像阶段是指人的心理形成过程中的主体分化阶段。婴儿出生后的6—18个月中，从镜子中看到一个形象，特别是他发现自己的活动与镜子中形象的关系时，会非常的兴奋；渐渐地，他发现镜中的形象和自己一样，他能区别自己的镜像与自己；随着婴儿的长大，他逐渐认识到自己与别人是有区别和联系的。这样，婴儿就逐渐变成有情感和观念的人了。婴儿学会说话，逐渐获得语言上"我"的概念。拉康认为，人是需要通过语言的习得不断确立主体的自我以及与周围文化环境建立某种关系的，语言在这里具有了基础的意义。

三、精神分析研究方法关键词

研究方法之于问题，是一把钥匙。之所以说它是一把钥匙，是因为不同的研究方法可以帮助我们开启不同的大门，不但可以推门而入，而且可以走得很远，领略到文本呈现出的不同的风景。任何一把钥匙，都有自己独特的形状和结构，就像任何一种研究方法，都有自己进入对象的方式。研究方法当中涉及的关键概念和学术术语，往往是我们进行文本分析的重要"武器"，而且这些关键概念和学术术语确保了研究方法的独特性。精神分析研究方法涉及的关键概念有很多，在这里，我们仅对一些媒介分析和研究中经常使用的概念作出解释。

（一）无意识

无意识理论被认为是弗洛伊德理论的一个基石。虽然有人认为弗洛伊德是"无意识的发现者"，但是弗洛伊德却认为在他之前的诗人和哲学家们已经发现了无意识，而他发现的是研究无意识的科学方法而已。弗洛伊德对无意识的分析，以及运用无意识理论进行文本分析形成有关文学艺术理论无疑是深刻细致且影响巨大的。虽然后来的精神分析学家背离了弗洛伊德，但无意识概念没有被抛弃,它是精神分析最重要概念之一。

弗洛伊德是伟大的,因为在此之前,没有人将人类精神结构做细致的区分并且发现其中的冲突和关联。弗洛伊德把人的心理结构分成三个层级:第一层是无意识层,第二层是前意识层,第三层是意识层。其中,意识是人有目的有约束的心理活动,既是可说的内容又是能说的内容,符合外部环境的约束和限制,也能够在外接社会环境允许下自由地表达;前意识处于中间的层次,是指那些此刻不在一个人的意识之中但可以通过集中注意力或在没有干扰的情况下回忆起来的过去的经验。前意识的功能主要是在意识和无意识之间设立一道屏障,阻止无意识闯入意识的"领域"。而无意识则是处于心理结构最底层的,这是一个巨大的"领域",无意识和性本能紧密联系,是非理性的,涉及的内容可能是违背社会伦理、道德、宗教等方面的,因此无意识被人们深深压制和隐藏起来,平常不为人们所注意,却能影响人们的行为,甚至决定人的全部意识的生活。无意识的内容在弗洛伊德看来大都和儿童性发育过程中一些创伤性的记忆有关,回忆起这些经验或者观念,会让人产生一种羞耻感或悖德感,因此人们往往不愿意回忆它们。但是,混乱而巨大的无意识内容往往会在前意识"管制"松懈时,进入到意识,比如在梦中或者艺术创作中,以及一些口误和下意识中出现。弗洛伊德形象地描述了人的心理结构,他把大脑比喻成大海里的冰山:意识部分就像冰山露出海面的一小部分;前意识相当于处于海平面的那一部分,随着海水的波动时而露出水面时而沉入水下;而无意识则是海平面下巨大无比的那一部分。弗洛伊德的无意识理论是对西方哲学传统中"人是理性"的观念重要的反驳,它指出人很容易受制于非理性的情绪情感。

(二) 性欲

性欲论是弗洛伊德理论中最具有争议性的部分,因为弗洛伊德赋予了性欲本体的地位,认为在人的一切本能中,最基本也是最核心的就是性本能,这是人与生俱来的一种性冲动,它是一切生活和行为的原始驱动力,是根本动因。不过,需要说明的一点就是,弗洛伊德为性欲或者性本能,即力比多(Libido)赋予了相对较为宽泛的含义,包括各种感官上的满足和愉悦,而不仅仅是性活动。弗洛伊德认为,从人的出生到成人要经历四个阶段,分别是口腔阶段、肛门阶段、阳物崇拜阶段和生殖崇拜阶段。每个阶段都有不同的动情区域和情感带。在口腔阶段,动情区是嘴,婴儿吮吸乳房是最初的性欲冲动,当婴儿长牙齿的时候,就会咬乳头,代表着他性虐待的欲望。在第二阶段,婴儿喜欢上厕所,动情区是肛门,婴儿喜欢排泄的感觉。第三阶段是阳物崇拜阶段,动情区是生殖器,男孩对阳具产生兴趣,女孩则对阴部产生兴趣;但是男孩会有阉割的焦虑,女孩会有表现出对阳具的羡慕。第四阶段是生殖器阶段。男孩的俄狄浦斯情结最终因为被阉割的焦虑而化解,会形成他们正确的性选择。

弗洛伊德在对一些文学艺术作品的探讨中,无论是作家还是作品人物的行为都从性欲的角度进行分析,比如将哈姆雷特迟迟不肯杀害其叔父归因为哈姆雷特的俄狄浦斯情结。所谓俄狄浦斯情结,就是"恋母情结",男孩在童年时期会对母亲产生性欲冲动,但是介怀于父亲而产生的阉割焦虑,会控制自己的性欲。弗洛伊德将一切人的行为和活动都归结为性欲,这种泛性论的主张也深受质疑。

(三) 本我—自我—超我

弗洛伊德在心理结构的基础上,提出了人格结构理论。人格结构理论也分为三个层次,与心理结构有一定的对应关系,但是不完全对应。弗洛伊德的人格理论也分为三个层次:第一层次是本我(id),中间的层次是自我(ego),最上面的是超我(superego)。在弗洛伊德看来,心理结构中最内层的是本我,本我是心理结构最原始,最隐秘,也是与生俱来的部分,本我是储存本能的地方。本我是非理性的,充满着人的欲望和冲动,并且丝毫不顾忌现实法则、社会道德、伦理甚至是宗教的约束,无节制地释放自己的本能欲望满足自身的需求,完全受制于快乐原则,寻求欲望的满足。

构成人格结构中间的部分是自我。自我是按照现实原则来调节和控制本我的活动。自我使人在社会化过程中,已经能够明智判断哪些需要是要压抑的,否则会违背宗教、社会道德和伦理,如果按照本我的意图,很可能会造成"乱伦"和"背德"。弗洛伊德把自我看成是"通过知觉意识的中介而为外部世界的直接影响所改变的本我的一部分"。[①] 也就是说,自我的内容有一部分来自本我,只不过经过知觉并且在现实原则的影响下已经被"规训"了。自我是理性的,不断地驯服本我,对本我未经驯服的冲动状态构成一种压抑,使之不会因为突破自我的"防线"违背现实原则而构成伤害,同时引导本我能够按照符合现实原则的方式适当地释放能量。

人格结构的最高层是超我,超我遵循至善原则。超我是一种人格典范,代表良心和自我理想,为自我设定若干可供依照的完美原则,一旦自我不按照这种原则去做,就会受到良知的谴责。这种人格典范的培养是从儿童时期就开始的,父

---

① 〔奥〕弗洛伊德:《弗洛伊德后期著作选》,林尘等译,上海:上海译文出版社 1986 年版,第 173 页。

母做出是非对错的判断帮助孩子确立道德观念。

这就是弗洛伊德的人格结构理论,从这个理论中可以看出,人的精神世界是一个动态的世界,是动力和阻力不断博弈的过程,在压抑、释放、疏导和构建中帮助人们建立一个平衡的精神世界,如果本我—自我—超我这一人格系统处于不平衡的状态,人的精神就会失常。在弗洛伊德看来,在这三重人格结构中,自我具有非常强的调节作用。当本我处于一种非理性的冲撞的状态时,自我会转移本我的冲动。这就是所谓的防御机制。

在媒介文本分析中,比如电影或者电视中那些坏人表现出的贪婪、邪恶、暴力、血腥、欺骗等可以被视为人的本我的表现,而那些完人表现的正义、勇敢、善良等往往是人的超我的表现。而亦正亦邪之人,就是自我,自我是本我与超我冲突协调的结果,既要疏导本我的杂乱有力的冲突,也要按照理想原则去构造自己。

(四)防御机制

前面我们说到自我要通过一些途径去缓解和释放本我的"横冲直撞"的力量,才能够保持人格系统的动态平衡,长时间的压抑而不能释放会导致精神疾病。这就需要防御机制。防御机制是自我用来对抗本我的,当本我威胁到自我并使人产生焦虑时,自我就采取手段来防御本我的"挑衅"。弗洛伊德给出了很多种防御机制,其中重要的有两种,即移置和升华。所谓移置,是指能量从一个对象改道注入另一个对象,本能的根源和目的都保持不变,发生改变的只是本我冲动的方向。所谓升华,指被移置替代的对象是社会化领域中较为高尚的目标,比如通过艺术创作的方式,去缓解和释放压抑;诸如情感的投射、转移、认同、压抑、逃避等都是防御机制。实际上梦境也是一种释放的方式。

(五)释梦

弗洛伊德《梦的解析》一书是对梦首次系统的论述。

当无意识在人的心理世界蠢蠢欲动,试图突破防御机制进入到意识层,但是受到来自自我的压制的力量时,为了保持人格系统的平衡,就需要对本我欲望进行缓解和释放。正如前面所言,梦境实际上也是一种释放的方式。弗洛伊德在《梦的解析》中认为,梦不是偶然形成的,而是被压抑的欲望的伪装的满足。人的许多愿望,尤其是本能欲望,由于与社会道德准则不相符而被压抑到无意识之中,于是在睡眠中,当检查作用放松时,便以各种伪装的形象偷偷潜入意识层次,因而成梦。梦一方面显现为具体的情境、形象和事件;一方面潜隐的正是人的本能欲望。这就是梦的显相和隐义。

弗洛伊德认为,梦的伪装方式有四种。凝缩,即多种潜在的思想被压缩成一种形象,即几种隐藏的意义用一种象征符号表现出来。移置是指不重要的小事或者观念在梦中可能被放大或者占有重要地位。象征是将梦的思想用具体的形象表现出来。由于梦是表现被压抑的性欲,因此诸多形象都与性有关。二次加工,也称为润饰,就是把梦中乱七八糟的材料加工成近乎连贯的情节,以此来掩盖真相。

做梦的方式,和电影的制作方式有着非常相似的地方。梦在人的大脑中以"蒙太奇"的形式出现。各种场景拼接和重新组合,只不过时而是有逻辑的时而是杂乱无章的,但像是有图像性的。这与电影和电视媒介有类似的地方,我们经常称好莱坞为梦工厂,电影的生产就像造一个梦一样。因此,对电影的分析人们会经常使用梦的理论。

(六) 原型

在介绍荣格精神分析理论的主要观点时,我们曾提到集体无意识。原型的前提是人类集体无意识。原型(archetype),也译作原始意象,是人们在艺术作品、神话故事、宗教以及梦境中经常出现的一些具有普遍性的主题。人在生息繁衍的过程中,不仅从祖先那里继承了身体的基因,也从祖先那里继承了文化心理的基因,也就是说人们在出生之前就已经被预先设定的,"一个人出生后将要进入的那个世界的形式,作为一种心灵意象,以先天地为人所具备"[①]。但是,原型只是人们的一些记忆的表象,只有当原型成为意识,并且被人们所认识,它才是确定性的。原型总是通过一定的形象表现出来,即便是通过幻觉、想象和象征的形式。"每一个原始意象中都有着人类精神和人类命运的一块碎片,都有着在我们祖先的历史中重复了无数次的欢乐和悲哀的残余,并且总的来说是遵循着同样的路线,它就像心理中的一道深深开凿过的河床,生命之流在这条河床中突然奔涌成一条大江,而不是像先前那样在宽阔然而清浅的溪流中向前漫淌。"[②]经常会在梦中或幻想中出现的一些形象,在荣格看来,都是集体无意识的原型的残余。

---

① 〔瑞士〕荣格:《荣格文集》(第 7 卷),冯川、苏克译,北京:三联书店 1987 年版,第 188 页。
② 〔瑞士〕荣格:《荣格文集》(第 15 卷),冯川、苏克译,北京:三联书店 1987 年版,第 81 页。

(七) 镜像说

前面我们对拉康的镜像理论已经做了说明。镜像理论实际上说明了一个有关自我确立的问题。拉康认为,意识的确立发生在婴儿的前语言期的一个阶段,此即为"镜像阶段"。这一时期,自我意识尚未确立,自我意识的确立发生在一个神秘的瞬间,这一瞬间婴儿首次发现自己还有一个自身以外的形象。一般来讲,这个时期发生在婴儿6—18个月的时候,婴儿在镜中认出自己的影像时,虽然还不会说话,但当他照镜子的时候,发现了镜子中还有一个形象。刚开始,婴儿认为镜子里的是他人,后来才认识到镜子里的就是自己,并且当他发现镜子中的形象和自己活动的关系时,特别地高兴。拉康通过人与猿的对比发现,猿也能从镜中发现随自身活动的影像,但是随后就没有任何兴趣。这说明,婴儿在还未说话之前,已经在与他人的交流中获得了一个自我的概念,但是尚未获得"我"的语言上的概念。拉康认为,婴儿在镜子前的自我认识就是"自我"的首次出现。

拉康的镜像阶段从婴儿照镜子出发,将一切混淆了现实与想象的情景都称为镜像体验。这对现代电影的叙事和阐释研究都产生了重要的影响。

四、精神分析方法如何进入媒介文本分析

(一) 一个基本的分析模态

当我们熟悉一种方法的关键概念,实质上就是获得了能够解释和说明一些基本问题的"武器"。对于"精神分析最基本的概念应用于媒介分析的方法——如何了解人类的动机,如何了解我们阅读、观赏与倾听媒介内容的反应"[①],我们大体是认同的。接下来,我们要了解精神分析方法是如何进入文本进行分析的。这将能帮助我们运用精神分析方法进行媒介分析。

精神分析方法如何切入媒介文本,大体上有如下这样一个基本的分析模态。

首先,发掘创作者的创作动因,将社会和文化以及个人经验作为分析内容,去探究创作者被压抑的欲望以及无意识的升华和满足,并进行创作风格研究;

其次,把握欣赏者的心理和情状,以及心理机制和阅读过程,分享创作者本能欲望的满足和升华,揭示作品中的各种情结以及性的暗示和象征,找到创作者转移和升华性本能的路径,同时要注意读者和作者之间的互文。

---

① 〔美〕阿瑟·伯格:《媒介分析技巧》,李德刚等译,北京:清华大学出版社2011年版,第78页。

我们前面介绍的精神分析的关键词,实际上都是探讨人的深层的心理动因和活动特征的,因此无论是涉及作者、观众还是文本的内容,包括特殊媒介所呈现的情境以及生产机制等,精神分析方法始终围绕着人们精神活动的动因、情状、反应等展开。

在这个基本的分析模态中实际上涉及了五个因素:

这里面要对情境和生产机制做一点说明。一般学者多从作者、观者以及文本本身进行分析。事实上,情境和生产机制也是重要的内容。

劳拉·默尔维则在电影文本分析过程中,发现了传统电影情境中观看的快感结构存在着两个相互矛盾的方面。"第一个方面,观看癖,是来自通过视力使另外一个人作为性刺激的对象所获得的快感。第二个方面,是通过自恋和自我的构成发展起来的,它来自对所看到的影像的认同……两者所追求的目标都对知觉现实漠不关心,它们创造了一个形象化、色情化的世界概念,这个概念形成了主体的感知,并嘲弄了经验的客观性。"[①]默尔维的意思是,观影情境提供了两种可能:一种是偷窥欲的释放以及自我的投射,另一种是自我的构建,这来自影像的认同。看电影是需要在电影院看的,因为电影院是提供观影情境的地方,这一点至关重要。黑暗的观影空间——仿佛母亲的子宫,人们蜷缩在椅子上,静静地观赏,搁置掉所有的现实内容,进入到一个梦境的世界,这个世界与现实无关;仿佛一束明亮的光线,投射在大屏幕上——另一个世界开始打开,人们深深地着迷于叙事的快感、视觉的震撼和冲击,肆无忌惮、"明目张胆"地释放自己的"偷窥欲"。观影结束,剧场灯光闪亮,梦醒了。人们的视觉、听觉以及身体的诸多感觉仿佛还不适应瞬间的梦醒,竟然对影片产生一种"失语"的状态,任何发声无疑都是之前的设想或者之后的经过沉淀的苏醒。因为就像做梦一样,很少有人在梦醒了之后,会清晰准确地记住梦境的内容并且愿意真实地描绘出来,也无法描述对于梦境的感受。关于自我的认同,这个观点默尔维显然是运用了拉康

---

① 〔法〕克里斯蒂安·麦茨、吉尔·德勒兹等:《凝视的快感——电影文本的精神分析》,吴琼编,北京:中国人民大学出版社2005年版,第7页。

的镜像理论,观众在看电影的时候的确会通过荧幕上的人物来反观、考量、比较自己,进一步确认自己。

生产机制也是如此。让-路易鲍德利把这个机器称为"电影综合系统",涉及以下若干内容:技术的基础内容(由电影设备的不同组件产生的特种效果);电影放映的条件(黑暗的剧院,固定的座椅,眼前明亮的屏幕,由观众脑后投射的一束光线);电影本身作为文本以及观众"精神上的机器"(有意识知觉和无意识的过程),将观众构造成有欲望的主体。总之,这个电影系统实际上既有技术的成分,也有力比多/情欲的成分。观众是中心,是整个电影综合系统的主体,也是生产机制的核心。麦茨借助精神分析学研究电影作品中符号的产生与感知的过程,揭示电影机制是如何成为一部充满魅力的机器,它诱发观众对形象的欲望,这虽然出于自然的看电影的行为,却包含着我们可能未察觉到的无意识的因素。

在这个生产机制中实际上包括了观影情境中的内容。此外,还应该考虑到的一点就是,整个电影的生产过程,即造梦工厂是如何把这个梦造出来的。成熟的电影制作者(包括生产过程的各个环节),实际上已经能够充分把握观影主体在观看过程中,何时会出现情绪高潮,何时会出现泪点,哪一个环节应该增加情欲的内容以刺激观众的观感等。

这是内容分析和形式分析的一个结合,也是内部分析和外部分析的结合。

(二) 三个基本的分析模式

这三个基本的分析模式,实际上来自精神分析理论三个关键的概念。无意识批评模式重在发掘人们媒介内容生产与欣赏的心理动因;镜像理论分析模式重在分析人们在自我和镜像之间的关系;梦释模式,主要分析人们如何在媒介中释放、转移无意识的内容。

1. 无意识批评模式

无意识作为主体潜藏的心理内容,是构成人们行动的隐匿的巨大的力量,人们在压制、转移的过程中稀释和缓解无意识内容对人们行动的影响。因为无意识涉及的性欲望是不能够在正常社会、伦理和道德的层面上呈现的,人们通过建立防御机制阻止其外显。因此,在进行媒介分析时,可通过查找文本细节——发现无意识行为和一些性暗示——关联的创伤性的记忆或者性记忆——为文本显现提供精神分析的解释——找到创作者的创作动机以及创作风格的形成。

首先,查找和捕捉文本的细节。如果我们对媒介文本做深入的分析,就会从文本的细节当中发现一些无意识的行为,还有一些性象征符号。在弗洛伊德那里,诸如木棍、蛇、塔、枪等这些符号象征着阳具,诸如小河、鞋子、洞穴以及花卉等这些符号象征着女阴。比如在姜文的电影《太阳照常升起》中,对弗洛伊德精神分析理论有一定了解的人,都会从中看出一些端倪。开场是一个女人的裸露的双足和小腿,接着是一个鱼形的鞋,疯妈不断地要爬上树,而且还搭建了一个白宫,母亲的鞋丢了,沿着河边不断地寻找,唐叔拿着枪到处打猎。这些文本细节无疑都暗示和象征了一些内容,通过捕捉文本中的细节,我们可以发现其中的关联性。

其次,进行象征意义的分析。还是以《太阳照常升起》为例。在时代精神压抑中,和性关联的内容通过符号象征出来。在这部涉及性饥渴、性压抑、性无能以及乱伦等含蓄且潜隐的叙述的电影中,疯妈是一个性饥渴、性压抑的代表,对自己的儿子有深深的迷恋,甚至一度被认为两者是"姐弟"的关系。而唐婶与小队长以及唐叔之间又有着恋母、乱伦以及类似于弑子的有关内容。作为生命本能的释放,这与时代构成的压抑形成强烈的对峙模式。此外还有一些具体的象征符号,比如:赤足——性欲的象征,鞋子——女阴,树——阳具,卵石——精子,小河——女阴,白宫——子宫,小号——阳具,枪——阳具等。这部电影通过人物关系、道具、台词等不断还原特定历史时期下人们的生命动机以及潜藏的欲望。

最后,进入创作者、接受者以及文本中人物的心理动因的分析,阐释人物角色背后的隐藏意义。一般来讲,这是无意识分析模式的最重要的内容,可以挖掘出所有关联人物行为的真正的心理动因及其基础。正如弗洛伊德对达·芬奇的《蒙娜丽莎》的分析,这种神秘的微笑中实际上隐藏着达·芬奇作为私生子对于母亲的"俄狄浦斯情结",而他对于《哈姆雷特》的分析表明,哈姆雷特的软弱、怯懦以及在关键时刻的退缩等,也是由于其"俄狄浦斯情结"在作祟。姜文的《太阳照常升起》里面涉及性压抑、性饥渴、性亢进,涉及疯癫、死亡等内容,有的是通过和性有关的符号象征来表现的,有的是通过语言来实现的。比如唐婶的肚子像"天鹅绒一样",并不是通过赤裸的身体展示,而是在语言构成的意义中,撩拨人们的想象。姜文自己也说:"这部影片是很久以前就萦绕在脑海中的一个世界,我一直觉得这不是我拍的电影,因为这个东西原本就存在,我只是把它上面的土撑掉而已。"[①]或许,这原本就是创作者潜意识世界中的内容,被压抑在意识之下,尘封在记忆的深处,有一个契机,电影的契机,可以用合法的方式将之叙述出来,"把它上面的土撑掉而已"。我们从这些细节和导演一些习惯性的表达和相应的处理中,找到了创作者为何要如此表达的原因。

---

① 孙琳琳、柯璐:《姜文:我只是撑掉太阳的土》,载《新京报》2007 年 7 月 16 日。

此外，人们也能在一些广告当中能看到这样的细节，借由女性身体，比如乳房、臀部以及修长的腿部曲线和赤裸的双足，展示性的吸引。这些通过视觉呈现出来的符号，诱发着人们的意淫，舒缓和排解人们无意识当中隐藏的力量。精神分析的目的就是找到人类心理活动的动机以及产生动机的机制，人们作为弱小的生命载体实际上始终纠结于自我和本我的博弈中，自我始终谨防着本我的僭越构成对自我形象的颠覆甚至毁灭。因此，自我建立的防御机制实际上是对本我的一个舒缓。

2. 镜像理论分析模式

把镜像理论模式如此郑重地提出，是因为以图像为主的媒介文本，以某种形象作为自我的参照，不断使主体实现某种认同。镜像理论分析模式，实际上是分析图像和自我的关系。

首先，图像和自我的关系。镜像理论是关于主体的理论，镜像理论分析模式的关键点在于主体如何在媒介文本中实现自我认知。在拉康看来，镜子阶段实际上是人们获得自我认同的过程，这是一个人自我认识的开始。镜像理论实际上给我们一种思考的路径：正如婴孩通过对镜子当中的形象的不同理解达成自我认知，即他者形象（最初以往是一个别的什么形象）——人的映像（一个人的映像）——自我的映像（自己的一个形象）。

镜像阶段的婴儿，"它以一个不完整的身体的镜像为媒介，产生出作为一种想象的'我'的功能结构或者雏形"[①]。因此，我们要分析影像如何帮助我们实现和认同自我，因为自我不是一个给定性的概念而是一个生成性的内容。"从镜子阶段开始，人始终是在追寻某种性状某个形象而将他们视为自我"，"人是通过认同于某个形象而产生自我的功能。人的一生就是持续不断地认同于某个特性的过程，这个持续的认同过程使人的'自我'得以形成并不断变化。"[②]人的自我既然是一个不断被确立和生成的过程，并且总以外在的形象作为自我认同的对象，那么媒介很容易提供人得以确立自我的可参照的形象，无论是影视作品还是报纸、杂志等，实际上人们在欣赏和阅读的过程中，有一个持续认同的过程，自我也在整个过程中不断地变化和生成。比如，时尚女性杂志作为大众传媒中非常重要的纸质媒介，尤以女性作为表征对象，相对于其他媒介而言更容易指导女性对自身的认知和理解，以及对自我的身份判断和价值确认。正如拉康所言"'镜像

---

① 〔法〕克里斯蒂安·麦茨、吉尔·德勒兹等：《凝视的快感——电影文本的精神分析》，吴琼编，北京：中国人民大学出版社2005年版，第29页。
② 〔法〕拉康：《拉康选集》，褚孝泉译，上海：上海三联书店2001年版，第7页。

阶段'并不仅仅限于个体发展的某一个阶段。它还具有一种示范性作用,因为它解释了主体与其自身幻想的某种联系"①。

其次,以影像媒介为主要的分析对象。电影学界普遍认为,拉康的"镜像阶段"理论,开启了第二电影符号学——精神分析电影符号学的研究路径,对后世的电影理论与批评产生了直接而广泛的影响。无论是后来的劳拉·默尔维还是麦茨以及鲍德利等电影理论家,都曾使用过拉康的镜像理论对电影当中涉及的电影观众以及观影情境进行分析。比如,劳拉·默尔维认为:"电影有着强大的魅惑结构,足以造成自我的暂时丧失,而同时又强化了自我。自我接着感觉到的那种忘记了世界的感觉(我忘记了我是谁,我在哪里),让人怀旧地回想起镜像确认的前主体时刻。"②而麦茨清楚地知道,在观影的过程中,正是这种全知全觉的"主体的知识","观众与自己取得了认同,把自己看作发挥着真正的知觉活动的自我:看做使被感知成为可能的状况,因此作为一种超验的主体出现在每一个发生的事件之前。"③正如麦克卢汉说电影是一种冷媒介一样,电影需要观赏者高度参与,视觉需要高度的追随,知觉需要高度的紧张,这样才能进入情境。

看电影和看镜子有一种相似性,就是人们都在一个形象中找到自我的某一个内容,或者是多个内容。看电影的时候,人们的心理会产生一种投射,会将银幕上的形象做自我的投射,或者会产生一种假象,将自我放置于角色的位置,而解释行动的可能性和必然性。看镜子的时候,我们会产生一种心理期待——怎样的我是更好的我,满足——这就是理想的我,或者质疑——这是我吗?这两者的相似之处还在于都处于一种高知觉的状态,心意活动异常丰富,但也是低行动的状态,一动不动地就座或者是静态地自我欣赏。

说到这里,把镜像理论引入对媒介文本的分析中,实际上为我们提供了一种解释自我的方式,即媒介文本影响了主体对自我的认知(无论是肯定的、否定的还是怀疑的),参与了自我的建构(一个可期待的理想的自我)并且也不断"商谈"自我与外界的关系(和谐的、敌对的、分裂的还是异化的)。总之,媒介文本实际上提供了一种可能:自我依照什么去不断生成并且建立了自我和外在世界的关系。这或许可以视为我们理解镜像模式的一种方式。

---

① 转引自〔法〕克里斯蒂安·麦茨、吉尔·德勒兹等:《凝视的快感——电影文本的精神分析》,吴琼编,北京:中国人民大学出版社2005年版,第76页。
② 同上书,第6页。
③ 〔法〕克里斯蒂安·麦茨:《想象的能指》,载克里斯蒂安·麦茨、吉尔·德勒兹等:《凝视的快感——电影文本的精神分析》,吴琼编,北京:中国人民大学出版社2005年版,第39页。

3. 梦释模式

梦是人的潜意识显现的内容,是在人睡眠时的一种精神活动。在意识进入休眠状态时,无意识受到的监管也就宽松了,那些无法在意识层面显现的内容在梦境中呈现了。"无论如何,每一个梦均有一种含义,尽管这是一种隐匿的含义;做梦是用来代替思想的某种其他过程,我们只有正确地揭示出代替物,才能发现梦的潜藏的含义。"① 既然如此,运用梦释模式来分析媒介文本,至少我们得知道媒介文本和梦具备的类似特征,这也是梦释模式的关键点。

第一个特征就是图像性。媒介文本涉及很多内容,比如电影、电视、摄影、绘画、广告、设计、动漫、游戏等。这些作品的一个突出特征就是它们的图像性,弗洛伊德在《梦的解析》中,认为"梦境是一种用于掩饰的象征化安排,它由无意识进行表述,而精神分析的任务就是将其图像学的表达翻译成文字语言,以此对梦的表述进行解读。"② 那么在这些文本的罅隙之处,实际上隐藏着伪装者若干无意识的细节,我们要用语言使之清晰地呈现,表现了什么,为什么要如此表现,这种表现背后的深层动机是什么。这就要求我们关注"媒介内容与做梦者个人的历史加以联系,这就是同时涉及做梦者的经历与社会情况"③。也就是说,我们已经超越文本的自身内容而进入文化人类学和社会学的分析中去。

第二个特征是媒介文本中的图像符号具有象征意义。比如在媒介文本中出现的一些器物和图景,或者表达了菲乐斯崇拜的情结,或者是压抑和禁忌的欲望的转移。正是人们从弗洛伊德那里知道了关于梦的象征的一些具体表现,比如帽子是男人的象征,建筑物、阶梯和井穴代表着生殖器,人代表男性器官,风景代表女性器官等,人们会将图像符号的精神分析象征意义使用在文本中,比如前面提到的电影《太阳照常升起》,其中的道具和一些器物就带有明显性象征的意味。

第三个特征是梦带有一定的叙事结构。即使这个结构经常表现得混乱和毫无逻辑。在日常生活中,有人通俗地表达,"昨晚的梦啊,像电影似的,一幕幕的"。这说明梦的显现方式具有类似于电影的情节、结构以及人物,并且其中的古怪离奇和跳跃式的内容,更有类似于蒙太奇的效果。正是因为媒介文本和梦具有一些类似的特征,人们在进行媒介文本的分析时,很容易使用弗洛伊德梦的理论进行分析。这也是媒介文本分析时关键的切入点。

---

① 〔奥〕弗洛伊德:《梦的解析》,孙名之、顾凯华、冯华英译,北京:国际文化出版公司2007年版,第100页。
② 〔英〕格里塞尔达·波洛克:《精神分析与图像》,赵泉泉译,南京:江苏美术出版社2008年版,第38页。
③ 〔美〕阿瑟·伯格:《媒介分析技巧》,李德刚等译,北京:清华大学出版社2011年版,第73页。

在不同的媒介文本中,影视作品是和梦最有亲缘,通常有具体的内容和形象,并且还有一定的叙事结构。"心理分析主要是根据电影与睡眠的产物——梦境——之间的相同特点而展开的,它追溯了电影本身与做梦之间的关系。所谓做梦即是无意识的转化过程,它能够使我们在睡眠时,用'形象'来对我们自己讲述故事。"①电影学家普遍认为,有三个精神分析学的基本范畴和电影理论与批评关系密切,即梦、镜像阶段和初始情境。梦是隐藏和压抑内容的显现,影视作品会通过艺术的形式将人的深层的欲望和禁忌呈现出来,因此,我们分析媒介文本的时候,很容易从其中呈现的细节,比如口误、下意识以及性象征的内容,甚至是赤裸裸的情欲式表达发现创作者的动机以及创作者和观众无意识转移的途径和通道。米克·巴尔在《梦的艺术》中"将梦视为一部由一种独特的美学构成的小说:主体进入他的观念所进行的变形,尤其是将自己放入由自我塑造的关于恐惧的寓言这一过程"②。"艺术是主体通过美学的方式变形进入他或她自己的观念"③。或者我们可以认为,各种媒介文本都是主体意识通过各种变形方式进入自己的观念之中的渠道。既然如此,从文本的扭结之处,我们是否可以找到变形之前的主体意识呢?这也是在媒介文本分析过程中可以尝试的。

五、精神分析研究方法的局限

精神分析研究方法无疑是人类思想史上一个重大突破,它提供的分析方式和关键概念以及对人类精神世界深层领域的探寻都使这种研究方法与其他的实证研究方法有了显著的区别。通过前面对精神分析研究方法的内容、关键概念以及进入文本分析模式的探讨,可以看出,这种研究方法的本质是切入了人类精神领域当中庞大而神秘的部分,这曾经是被人们所忽略的。运用这种方法进行文本分析,人们一度惊讶于文本世界当中的别样风景,也一点点掘开创作者创作的深层基础,找到其中最具动力的内容。同时,一个巨大的异质的接受群体也在精神分析中裸露出内心最隐秘的部分,这甚至有点令人"恐惧",仿佛人们的心理密码被一点点地解开。媒介实际上有双重的信息,一种是媒介本身,一种是附着在媒介上的人文内容,这两者都是我们着重分析的重点。这是一个内容无比丰

---

① 〔美〕罗伯特·艾伦:《重组话语频道——电视与当代批评理》,牟岭译,北京:北京大学出版社2008年版,第186页。

② 〔英〕格里塞尔达·波洛克:《精神分析与图像》,赵泉泉译,南京:江苏美术出版社2008年版,第39页。

③ 同上书,第40页。

赡的世界,也是一个视觉文化的时代,更是一个充斥着符号象征的世界。因此,精神分析研究方法似乎有了更加广阔的舞台。"弗洛伊德借助于梦的分析使得无意识活动展现出来,他还发现作为精神分析技术的自由联想,这些使得作家和艺术家们不再议论理性主义及其机械的时间的图景。"[①]精神分析方法除了用于文学和艺术文本分析,如何将其更好地运用在媒介分析中也是需要我们思考的。

但是精神分析研究方法也存在着若干局限:

第一,神秘主义色彩浓厚。在科学实证方法畅行的研究方法队伍中,这种偏向于哲学和理论的研究方法由于缺乏科学的实证性,带有强烈的主观阐释者的意图。特别是关于一些性梦的象征解释,也带有一定的附会之嫌。此外,由于过于关注阐释对象的个体性,把文本的分析局限于个人意识和经验而缺乏社会和文化的视野。

第二,理论本身的缺陷。虽然对此很多学者都做过充分的论述,但是我们这里仍旧要强调这一点,特别是弗洛伊德的理论,他将人的一切心理问题归结为性的问题,这种泛性论的主张带有明显的主观偏执;精神分析理论过分强调无意识的作用而忽视了人的能动和调节的作用。此外,他将力比多作为解释人的心理发生机制的根源,将人的生物性本能夸大为人的本质属性,也是存在片面性的。

第三,媒介的种类以及媒介文本的多元和复杂,使精神分析方法很难像进入文学文本那么熟练和自如,另外,有些媒介文本不像文学作品,后者有非常充分的语言描写与叙事结构,可以比较深入细致地进行阐释。如果在分析的过程中,只是流于一些表面的解释,而无法深入到媒介内容和受众反应中,则很难得到令人满意的成果。因此,研究媒介分析方法的学者阿瑟·伯格也认为,将精神分析概念用于媒介研究,实在是问题多多。

---

① 转引自胡经之主编:《西方文艺理论名著教程》,北京:北京大学出版社2003年版,第109页。

第八章
符号互动论研究方法

符号互动论(Symbolic Interaction Theory)是西方社会学的一个重要的理论流派,这一理论主要来源于乔治·赫伯特·米德(George Herbert Mead),并得名于其门生赫伯特·布鲁默(Herbert Blumer)。该理论的研究领域极为广阔,可以说,凡是存在社会组织的地方都能用符号互动论来解读。功能主义视角、冲突论视角及互动论视角,构成了当代社会学家最常使用的三个理论视角,功能主义强调秩序和稳定,冲突论关注社会动乱、不平等、压迫和社会变革,符号互动论则重视人的意义共享和符号互动。前两者主要关注的是社会宏观结构,相比较而言,符号互动论的视角更加关注社会生活的微观层面,将注意力转向社会互动过程和社会关系,深入人际群体和个人内部的复杂关系。以喝咖啡这样一种西方日常行为为例,从宏观的角度来看,我们可以分析国家间复杂的经济社会关系,研究全球化、环境人权、不平等贸易等问题;从微观的角度来看,这是一种社会仪式和社会互动,具有丰富的符号价值,与咖啡相联系的符号含义要比饮品本身更加重要。

人与社会结构等问题在互动论者眼中相较实证论观点更复杂、更不可测。社会是由互动的个人组成的,社会互动是一种积极的创造性活动。人是有活力并不断变化着的行动者,一直处在生成中但永远不会彻底完成。个体不仅被动地接受信息,还能够积极领悟、解释、行动与创造。自我不是一个心理实体,而是社会互动过程的一个方面,并通过社会互动来认识自己。社会环境不是某种外在的、静止的东西,而是互动的产物。"互动的过程首先是一个符号的过程,符号被行动者赋予了意义。这种我们与他人共享的信息,关于社会世界的定义以及对现实的感知和反应,都产生于符号互动之中"。[①]

这一理论开启了微观社会学里关于人际互动的研究,由于自我和社会都是在象征性符号互动过程中产生的,因此在研究个体时要重视理解社会互动中发

---

① 于海:《西方社会思想史》(第3版),上海:复旦大学出版社2010年版,第238页。

生的符号、行为和情境。可以说,符号互动论为我们的研究和观察提供了一个有趣的视角,使得日常生活经验变得富有魅力。研究者们近距离观察人类行为,日常问候、面子功夫、社会标签、越轨行为、街头对话、反应性惊呼、游客凝视……都可以成为他们的关注对象。社会互动存在于每个人的日常生活中,我们每天都会思考自己如何穿衣打扮、如何行事,我们不断根据自己身处的环境和交往对象调整着自己的行为。社会的许多琐碎方面,诸如在街上与陌生人擦肩而过这种问题,正是社会互动论者所关心的。戈夫曼注意到,当我们与陌生人在大街上迎面走过时,会在一定距离外迅速交换一下目光,擦肩而过时眼睛则避免直视对方,这种行为被他称为礼貌性的疏忽(civil inattention)。有礼貌的疏忽几乎是我们无意识中作出的行为表现,但在我们日常生活中是十分重要的。符号互动论关注的内容虽然琐碎,但远非无趣,它在传播研究中拥有十分重要的意义。正是这些互动中持续不变的日常例行活动为我们的行为赋予了一定的结构和形式,通过对它们的研究,我们能够对自身和身处的社会有更加深入的理解。同时,研究日常生活能够使我们知道个人如何进行创造性活动,在互动中塑造现实。此外,大规模的社会系统运作都依赖于社会互动,因此研究社会互动也有利于我们理解宏观的社会制度和社会系统。

符号互动论是美国传播学家的一个重要理论视角和研究中心,鉴于它的理论特点以及其与传播研究的密切关系,我们很难把理论与运用截然分开,因此不再单设一部分来介绍符号互动论如何进入传播研究,而是将这一内容放入不同的理论关键词之下。符号互动论研究体系庞杂,囿于篇幅,我们无法涵盖所有细枝末节的理论发展,而是采取一种比较简洁的历史发展的路线。通过列举在符号互动论发展过程中不可或缺的思想家和主要理论,本文对符号互动论的基本概况作了一个较为清晰的梳理;而在理论解释和引用中,本文也会涉及符号互动一些新的发展和运用,这些内容有助于我们思考如何将符号互动论的相关理论运用到实际研究中,也让我们得以管窥符号互动论在这些奠基人之后的一些新的发展。一般而言,我们认为符号互动论来源于美国实用主义哲学和芝加哥学派,后经过米德提出,通过布鲁默得到总结阐发,到戈夫曼时,符号互动论进一步发展完善。下面我们将按照这个思路,对符号互动论的理论发展进行梳理。

一、符号互动论的理论先驱

符号互动论有着为数众多的先驱和理论贡献者,很多理论对符号互动论的形成产生了影响。这一理论起源或许可以追溯到18世纪苏格兰的一些道德哲学家,他们注意到,个人通过把自己与他人进行比较来评价他自己的行为(Stryker,1990)。① 诺曼·邓辛(Noman Denzin,1992)认为,符号互动论主要源于库利(Cooley,1902)、杜威(Dewey,1896)、詹姆斯(James,1890)、米德(Mead,1910)四人的研究。约翰·彼德拉斯(John Petras,1968)认为,符号互动论受到了鲍德温(J. M. Baldwin)心理学的影响。约翰·林科特(John Lincourt)与比特·黑尔(Peter Hare)认为,约西亚·罗伊斯(Josiah Royce)的意义理论也对符号互动论产生了重要影响。② 高宣扬指出,在19世纪末到20世纪20年代的思想准备和理论形成时期,符号互动论有胡塞尔现象学、索绪尔语言学、实用主义等五个源头。

下面我们主要选取实用主义哲学和芝加哥学派中的詹姆斯、杜威、库利和托马斯为代表,简单介绍一下他们思想中对符号互动论产生重要影响的内容。

(一)实用主义哲学

实用主义哲学作为美国土生土长的哲学理念,对社会思想的各方面都产生着深远影响,符号互动论正是在实用主义这一宏观思想背景下发展起来的一套理论,与实用主义哲学存在着极为密切的关系。实用主义的真理观、经验主义方法论等都与符号互动论存在着理论上的呼应。这里我们选取美国实用主义哲学家詹姆斯(William James)的"自我"概念进行简单介绍,这一理论直接影响了符号互动论的发展。后文即将提到的杜威、库利、米德等人的研究都或多或少与詹姆斯有相承之处。

詹姆斯将自我研究引入现代美国心理学,他将"自我"分为四个部分:"纯粹我"(Pure Ego)、"物质我"(Material Self)、"社会我"(Social Self)和"精神我"(Spiritual Self)。"社会我"这一概念展现了自我与社会之间的密切关系,揭示出"自我"实际上是一种社会性关系的产物。人的品质并非既定的,而是在社会互动过程中获得并得到确认的,个人通过想象和满足他人期待而产生自我认同感。接触的人越多,个人扮演的角色越多,从而产生了多元的社会自我。

……实际上我们可以这样说,一个人有多少个社会自我,这取决于他关心多少个不同群体的看法。通常,面对每个不同的群体,他都会表现出自我

---

① 〔美〕詹姆斯·汉斯林:《社会学入门:一种现实分析方法》,林聚任译,北京:北京大学出版社2007年版,第23页。

② 〔英〕提姆·梅伊、约翰逊·L. 鲍威尔:《社会理论的定位(第2版)》,姚伟、王璐雅等译,北京:中国人民大学出版社2013年版,第86页。

中某个特殊的方面。许多青年人在父母和老师面前显得谦恭拘谨,而在他们"粗鲁"的年轻朋友中,却会像海盗一样咒骂和吹牛。我们在子女面前的形象当然也不同于在俱乐部伙伴面前的形象,我们在顾客面前的形象不同于我们在雇工面前的形象,我们在亲朋好友面前的形象也不同于在我们的上司和老板面前的形象。①

虽然詹姆斯开创了"自我"领域,并展现了自我与社会的关系,但其视角仍然集中于个体范围内,并没有就个人与社会的相关性展开详尽的专门论述,而是将这一问题留待后人解决。库利和米德正是在这一社会性传播观念的基础上阐述了符号互动的理念。可以说,"从詹姆斯到库利和米德的自我理论具有一脉相承的发展线索,这一发展线索事实上也是'自我'传播的社会性理解维度不断得到强调的过程"②。

(二) 芝加哥学派

符号互动论的主要原理和发展都源于芝加哥学派,早期的杜威、库利和托马斯都对符号互动论的创立作出了自己的思想贡献。

杜威提出了心智意识的概念,认为心智意识不是一种实体性的结构和固定不变的概念,而是在个人与社会互动中,通过不断地定义、选择和抑制的深思熟虑的过程。同时,个体只有在与他人的联系中才能发展心智意识。杜威的思想对米德产生了重要影响。

库利关注人的社会化问题,注重人际传播。他提出了两个非常有启发性的概念:一是"初级群体"(primary group),即个人日常所处的基本群体是其社会化的基础;二是"镜中我"(looking-glass self),即社会互动过程中他人对自己的评价是反应"自我"的一面镜子,个人在很大程度上通过这种方式认识自我。这些概念认为"自我"是一种社会化过程的产物,强调社会化过程中人际传播的重要性。

不能忽略的还有托马斯(William Isaac Thomas)的"情景定义"(Definition of the situation)概念。托马斯认为,在刺激和人的反应之间存在一个带有主观性定义的过程,人能够通过对客体和环境进行理解、认识和判断,产生不同的反

---

① 〔美〕威廉·詹姆士:《威廉·詹姆士的哲学》,现代文库编,Random House,出版年月不详,第128—129页。转引自〔美〕欧文·戈夫曼:《日常生活中的自我呈现》,冯钢译,北京:北京大学出版社2008年版,第39—40页。

② 王颖吉:《威廉·詹姆斯与美国传播研究》,北京:北京师范大学出版社2010年版,第21页。

应。情景定义指导着人们的活动,在社会交往中起着重要作用。社会沟通建立在对真实性的一致认同上,"情景定义"影响着我们对真实的看法。"如果人们把情境定义为真实,那么这种'真实'的信念就会支配他们的行为。例如,一旦黑人被称为'黑鬼',犹太人被称为'犹太佬',这类人就会通过社会定义这种奇特的'炼丹术'而完全变成另外一类人,就会成为歧视和偏见、暴力行为甚至杀人者的目标。"[1]托马斯认为理解社会情境对于研究社会互动是非常重要的,只有在关注这些主观意义和情景定义的基础上,我们才能够真正理解人类活动。

关于真实情景的社会建构,有一项由哈斯托夫和坎特里尔完成的经典研究[2]。他们针对普林斯顿大学和达特茅斯大学学生做了一个实验,在研究中将两校篮球比赛的一段影片放给两校学生看,然后每组学生针对影片做报告,指出两队在比赛中犯规的地方。虽然观看的影片是完全相同的,但是普林斯顿大学的学生看到达特茅斯队犯规的次数比达特茅斯大学学生看到的多一倍。阿龙·西库雷尔(Cicourel)在研究青少年犯罪领域的实例时发现,来自下层阶级家庭的青少年被逮捕后,警察倾向于将他们的行为视为管教不当所造成的,并会作出正式拘留的决定。而面对拥有同样行为的、来自上层阶级家庭的青少年时,警察会认为他们能够在家中得到适当的管教,因此他们更可能被释放。这种做法导致来自下层阶级的青少年比来自上层阶级家庭的青少年具有更高的犯罪比例,建构了数据的"真实",并进一步巩固了社会的固有成见[3]。沙德诺夫(Sudnow)针对医院急诊室的一项研究显示了情境判断对我们的影响之广,甚至会波及医生判断病人是否死亡这种事实状态。研究中沙德诺夫发现,对待急诊室中检测不到心跳和呼吸的病人,医生的治疗方式会因病人年龄的不同而有所差别。如果是年轻病人,医生不会立刻宣布其死亡,而是花相当长的时间挽救和检查。而对于年纪较大的患者,医生一般不会实施复杂多样的救助程序就会宣布其死亡。这种情况下医生的情景判断就建构了真正的事实[4]。

符号互动论的产生受到了这些先驱们的深刻影响,但是它的汇总和提炼工作主要是由米德完成的。米德被公认为符号互动理论的创始人,其思想潜存于当代几乎所有的符号互动理论当中。米德提出了符号互动论的多数要素,将各

---

[1] 于海:《西方社会思想史》,上海:复旦大学出版社 2010 年版,第 250 页。
[2] Hastorf A H, Cantril H, They saw a game: a case study [J]. *The Journal of Abnormal and Social Psychology*, 1954, 49(1): 129.
[3] Cicourel A V, Kitsuse J I. *The social organization of the high school and deviant adolescent careers* [J]. Deviance: The Interaction Perspective: Text and Readings in the Sociology and Deviance, London: Macmillan, 1968: 124-36.
[4] Sudnow D. *Passing on: The social organization of dying* [M]. Prentice-Hall, 1967.

个思想先驱阐发的不同侧面综合成了一个连贯的概念框架。

布鲁默和戈夫曼是直接继承和发展米德符号互动论思想的杰出代表。布鲁默是米德思想的集大成者,他将这一之前仅流传于口头的理论进行了文本化的总结和阐发,并创造了"符号互动论"这一术语,发挥了这一理论的重要影响力。由布鲁默所发展的符号互动论进一步将米德的符号互动论纳入到解释社会学的轨道上,突出了语言符号、意义、诠释和互动在整个符号互动论中的地位。戈夫曼在"主我""客我""镜中我"等理论前提下,对社会生活中更加微观的具体细节进行了阐发,集中显示出原有符号互动论中的日常生活分析的倾向。下面我们将按照符号互动论发展的主流,分别介绍米德、布鲁默和戈夫曼的符号互动论思想。

二、米德与符号互动论的奠基

米德在涂尔干(Emile Durkheim)的极端客观主义和库利的极端主观主义之间取中,既承认客观世界的现实性作用,又承认人作为主体的主观解释作用,这两者的互动成为米德讨论的核心议题。米德所发展的符号互动论将人的意识、社会互动、意义的产生等主题,放在人类文化所特有的符号互动结构网络中加以观察分析。下面我们以《心灵,自我与社会》一书中的三个关键概念作为线索,对米德的主要思想做一个简单梳理。这三个关键概念存在着重合和笼统之处,但是能够较为全面地涵盖米德的核心思想,我们可以从多个角度对这些概念进行把握,没有必要截然分开。

(一) 心智

心智(mind)是个非常模糊的东西,米德所认为的心智的特征,是"人这种动物所具有的、可以与低级动物的智力区分开来的反思性智力"[1]。因此我们这里使用"心智"来指代这种有机体的行为能力。与冯特的平行论不同,米德认为心智并非一开始就存在,而是特定社会环境互动的产物。只有这样才能够解释心智起源和心智之间的互动。

米德认为,人类有意义的符号交流使心智得以产生,一个人直到有了初步的语言能力,才会有心智产生。心智的产生涉及个体用有意义的符号指代特定事物、刺激他人反应、解读他人姿态和想象性预演等能力。人与动物的思维机制和

---

[1] 〔美〕米德:《心灵、自我与社会》,霍桂桓译,北京:华夏出版社1999年版,第128页。

行为的根本区别在于,"人类的个体以某种方式向另一个人,并且向他自己标志这种特征;而且,人们利用这种标志姿态使这种特征符号化的过程,便构成了那至少为明智的行为举止提供各种手段的机制"①。因此,心智是一种运用有意义的符号进行对话的行为,并非生而有之。

米德将符号定义为事先给定反应的刺激物。在互动的过程中,符号和意义是不可缺少的。米德以动物和人之间冲突的差异为例,说明人是在有意味的符号意义上进行沟通。他认为,就狗打架而言,观察者虽然能够看到这只狗的态度意味着攻击,但是并不能说这只狗有意识地做出了攻击的决定;然而如果有人在我们面前晃动拳头,那我们就会假定他不仅对我们怀有敌意态度,而且这种态度背后还有某种想法。②

"从某种意义上说,某种动物所居住的地洞也就是这种动物的房子;但是,当一个人在一座房子中居住时,这座房子对于他来说就会呈现出我们所谓的心理特征,而这种特征对于在地洞中居住的鼹鼠来说大概是不存在的。人类个体具有把一座房子的那些与他的反应相对应的成分区分出来的能力,所以他能够控制这些成分。他读到有关一种新式锅炉的广告,然后,他就有可能得到更多的热量、拥有一个更加舒适的梳妆室。"③正是因为能够理解这些意义,所以人能够控制他的反应。心智帮助我们理解各种意义,控制自身反应,心智为我们理解外部社会创造了一个内在环境,从某种意义上可以看做是人对社会的内化。

有意义的符号形成是有条件的,社会共同的意义空间、抽象思想的出现和互动制度的形成等都是必要条件。人类有意义的符号交流,使得人的心智、自我和社会得以产生。符号和象征并非某种确定的、绝对的和完成了的事实,而是处于一种持续的流动过程中。符号和象征一旦脱离互动过程,也就失去了意义。没有意义的符号是一种没有生命的符号形式。符号只有在互动过程中,才能够获得意义和生命,并且随着互动不断改变。例如在老师和学生的互动过程中,老师以词语、面部表情和手势等符号向学生传达一定的意义系统。听课的学生以各种听课姿态、表情、记笔记的动作以及各种提问或怀疑的手势做出反应。在这一互动过程中,老师和学生双方所使用的符号,不仅在内容和形式上呈现多样化,而且在不断改变其意义,不断改变其与互动者之间的关系。在同一课堂上,在互动中所使用的同一符号可以随互动的进展而不断发生变化。例如,老师在讲课

---

① 〔美〕米德:《心灵、自我与社会》,霍桂桓译,北京:华夏出版社1999年版,第129页。
② 同上书,第48页。
③ 同上书,第142—143页。

中向学生伸出手掌并张开五指,既可以表示"阻止",也可以表示"五分",还可以表示各种不同的含义,这些含义随着不同的情境而发生变化。①

心智的产生依靠于社会互动中对有意义符号的解释和运用。米德将指涉特定事物并在互动中具有共同意义的普遍性姿态称为"常规姿态"。当一个有机体能懂得常规姿态的含义,并通过常规姿态来领会和理解他人、想象性地预演可选择的行动方案时,这一有机体就具有了"心智"。②

(二) 自我

"心灵是指明选择对象的能力,而自我是在一个连贯的框架中对选项排序的能力。只有心灵的有机体能够想象可选择的行为,但是不能很容易地进行挑选。自我的能力产生了在可选择的行为中进行的挑选行为。在这之中,自我(self)是一个人的行为获得稳定和一致的源泉,同时把该行为整合到社会结构或社会中。"③如果"心智"指代有机体的行为能力,那么"自我"则是将自己视为环境中的一个客体,将稳定的自我概念用作组织行为的主要刺激的行为能力。④

米德关于自我的观点是符号互动论的核心,他认为自我并非一种来自个人内部的与生俱来的固化存在,而是一个行为有机体,是在社会经验和社会活动过程中不断形成的。"身体本身并不是自我;只有当它在社会经验的脉络中发展了某种心灵的时候,它才会变成自我。"⑤米德以盲人海伦·凯勒为例,"她直到能够运用可以在她自己的内心之中导致在其他人那里所导致的反应的符号、与其他人进行沟通的时候,她才获得了我们所谓的某种心理内容,或者说获得了自我"⑥。在米德看来,自我具有主动性和创造性,而不是被动地接受刺激,作出反应。他强调人有能力通过自我互动机制去构建和指导他们自己的行为。

既然人的自我是在社会行为和人的主体间的互动中形成和发展的,那么任何人的自我都是双重结构的:一方面是人的自我意识所产生的自我,另一方面包含着由社会因素所造就的自我。前者是作为主格的我,后者是作为宾格的我。

---

① 高宣扬:《当代社会理论》,北京:中国人民大学出版社2005年版,第419页。
② 〔美〕乔纳森·H.特纳:《社会学理论的结构》,邱泽奇、张茂元等译,北京:华夏出版社2006年版,第328页。
③ 〔美〕特纳、毕福勒、鲍尔斯:《社会学理论的兴起》,侯钧生等译,天津:天津人民出版社2006年版,第435页。
④ 同上书,第433页。
⑤ 〔美〕米德:《心灵、自我与社会》,霍桂桓译,北京:华夏出版社1999年版,第53页。
⑥ 同上书,第162页。

"主我"(I)是"有机体对其他人的态度作出的反应"①,具有自发性,因而也带来了自由性和创造性;"客我"(Me)是"一个人自己采取的一组有组织的其他人的态度"②,也就是说,是个人从他人那里学来的关于自我的观点。这种从他人那里学来的观点指导着社会化的人的行为,将他人影响带入个体意识之中。这样,"其他人的态度构成了有组织的'客我',然后,一个人就作为'主我'对这种'客我'作出反应"。③ 米德认为,自我在本质上就是主我和客我不断互动的社会过程。"主我"和"客我"是每个统一自我不可分割、相互影响的两个方面,在复杂的社会活动中,它们相互交错、相互影响,并随社会行为的需要而不同程度地呈现不同的角色。

在传媒高度发展的今天,大众媒体在很大程度上呈现了一种他人的态度,我们对自我形象的期待很大程度上来自于媒介潜移默化地影响。大众媒体不厌其烦地告诉我们什么样的身高、体重、三围才是完美身材,一个成功男士应该如何着装,一个年轻女性应该怎样吸引异性,一个家庭妇女应该如何照顾孩子……这些信息帮助我们塑造了我们"应该"是什么样的理想形象,我们总会把自己的形象与我们文化中这些理想的形象相对照。

米德把"自我"的发展分为三个阶段,模仿阶段、玩耍阶段和有组织的游戏阶段。通过这三个阶段,孩子逐渐学会感受他人态度,将自己放置于他人的位置,并将自己与他人角色联系起来。这个角色扮演的过程也是自我形成和发展的过程,他人的态度被一般化、概念化,形成"普遍化的他人"。因此米德认为,一个人要想成为自我,就必须成为团体中的一员。参与一场游戏的儿童必须准备采取这场游戏所涉及的其他每一个人的态度,而且这些角色之间必定存在着某种明确的关系。以九人棒球比赛为例,一个人为了在游戏中发挥自己的作用,必须了解其他每一个人要做什么,并且承担这些角色,这样一个人的态度才能够引起其他人的适当反应。正是人们在长大成熟的过程中获得的这种角色扮演能力,使社会成为可能。这就涉及我们接下来要讨论的概念:"社会"。

(三) 社会

对于米德来说,社会(society)是一种用来表示互动过程可以显示出的稳定和稳定社会关系所形成的模式中的人类行为方式,而理解社会的关键就在于语

---

① 〔美〕米德:《心灵、自我与社会》,霍桂桓译,北京:华夏出版社1999年版,第189页。
② 同上书,第189页。
③ 同上。

言的使用和具有心智的自我的角色扮演。由于人类具有角色扮演和归纳他人观点的能力,社会由此得到产生和维持。①

米德关注人的自我互动过程,重视人类拥有的内在交流能力,认为这是人们思考问题、组织行动的方式。他认为,与母鸡对小鸡的咯咯声、狼对狼群的嗥叫声等不同,人的符号互动不仅针对其他人,还针对个体本人。人们在沟通行为中引进了自我,能够听到自己的话而且对自己做出反应,并能像其他人回答他一样回答自己。在这种情况下,即使一个人在有生之年都处于离群索居状态,这个人仍以自己为伴,并且能够像他与其他人沟通那样,与自己对话和思考。②

按照米德的观点和方法,自我互动就是行动者面对复杂的形势,对各种现有的和可能的因素进行全面考虑和分析,为自身行动的组织形式和模式反复进行估计的过程。所以,自我互动又称为行动者在互动中担当适当角色的自我准备过程,其构成了复杂互动过程的关键程序和机制。也就是说,自我互动对于角色扮演(role taking)具有重要意义,自我互动中的行动者实际是在做角色扮演前的沟通准备,明确界定自身的角色。

角色扮演是米德关于人类行动概念的核心。米德认为交流就是扮演他人角色,将自我放置在想象的他人审视下的过程。在这个过程中,个体需要感受并理解他人角色,设身处地地想象他人的态度。角色扮演能够指导个体的交流过程,对自己的反应进行控制。如果缺乏设身处地地理解他人的能力,互动就不可能发生,而没有互动,社会组织也就不会存在。也就是说,只有通过他人,个人才知道他自己的经验。米德举例说,一只狗会与试图夺走一块骨头的狗争斗,但是它并没有采取另一只狗的态度。而当一个人说"这是我的财产"时,他所采取的是另一个人的态度。这个人之所以诉诸他的各项权利,是因为他能够采取这个群体中其他每一个人关于财产的态度,从而在他自己的内心中导致其他人的态度。③

社会不但在角色扮演中产生,而且在角色扮演中改变。米德将社会去神秘化——社会不是别的,而是拥有心智与自我的个体进行角色扮演的过程。

随着互联网的兴起,新的交流媒介不断产生,网际互动研究也受到了诸多关注。网络社会的构成与社会的构成结构同源,具有同样的机制。上网者具有社会化的"先验条件",但他们在按照既有社会规则互动的同时,还演绎出一些新的

---

① 〔美〕特纳、毕福勒、鲍尔斯:《社会学理论的兴起》,侯钧生等译,天津:天津人民出版社 2006 年版,第 437 页。
② 〔美〕米德:《心灵、自我与社会》,霍桂桓译,北京:华夏出版社 1999 年版,第 152 页。
③ 同上书,第 176 页。

规则。几乎所有网站中都有相关协议和条款,如果违背了相应的规范,违规者甚至可能被威胁剥夺进入某个群体的机会,甚至受到驱逐。网际互动同样建立在共同知晓的前提下,当个体能够领悟符号的意味和关联,融合成信息交流的统合体,网络社会也就形成了。[①]

网际互动已经形成了一个新的社会次文化,它拥有一种全新的社会秩序,包含了新的社会建构和新的文化。不同于传统的社会结构,互联网社会本质上是一个去中心化的社会,具有更强的开放性和自由性。网络上的自我认同、角色扮演、身份识别、行为模式、人际关系、信息来源也与传统社会存在诸多不同,甚至形成了一个网络公共领域。从积极层面来看,这些不同部分补充了传统社会的缺陷,但是新社会模式的形成也引发了人们的许多忧虑。网络互动虽然产生在一个虚拟空间,但是会对现实空间中的互动关系产生深刻影响,相关研究如网络青年亚文化、网络成瘾等,这里就不再赘述。

三、布鲁默与符号互动论的建立

布鲁默是符号互动论的提倡者和捍卫者,他将米德的思想进一步阐发,并创造性地提出了"符号互动论"这一新术语。布鲁默的理论出发点,是作为行动和社会角色的主体对于自身、他人、社会关系和周围环境及其行为的"理解"和"诠释"。在此基础上,他进一步论述了社会互动行为的复杂性。尽管米德的理论还有其他变种,但是布鲁默的符号互动论是最著名的,它本质上是社会的。

(一) 三个前提

符号互动论强调符号和意义在微观社会学层面的重要性,布鲁默对这种本质作出了很好的概括。布鲁默的符号互动论依赖于三个前提,这三个前提以"意义"为中心,分别指出了意义在人类行动中的重要性、意义的来源以及在诠释过程中意义扮演的角色,对互动的过程和结构进行了独到的分析和说明。

第一,人们根据事物对于他们所具有的意义,产生对事物的行动(Human beings act toward things on the basis of the meanings that the things have for them)。

这项基本前提关系到人类行为对象的意义。在未成为行为对象之前,任何事物都无所谓意义;事物在成为行为对象时,才对行动者具有这样或那样的意

[①] 郭玉锦、王欢:《网络社会学》(第2版),北京:中国人民大学出版社2010年版,绪论。

义。作为对象的事物的意义,产生于行动者将其作为行为对象的时刻。[1]

对于行动者来说,其行动对象的事物所隐含的意义,是行动者以自身作为行动主体,并将该事物同其自身及其相关事物联系后产生的。这些事物包括人在他的世界里所能够注意到的一切。布鲁默认为,意识是理解有意义的行动的一个关键要素。人们意识到的任何东西都是能够给自己预示的东西,个体针对自身设计出不同的东西,赋予它们意义,然后根据行动判断这些东西是否合适,即在符号的基础上进行诠释或行动。

第二,事物的意义产生于人与人之间的社会性互动(The meaning of things arises out of the social interaction one has with one's fellow)。

第二项前提强调的是意义的社会性。我们赋予象征符号的意义是社会互动的产物,代表着我们同意把某种意义赋予某个具体的符号。在布鲁默看来,意义既不是事物本身所具有的,也非完全由人所赋予,而是产生于人们之间。

例如我们会把结婚戒指与承诺联系在一起。戒指象征着法律和情感联系,因此大多数人认为这个符号有正面的含义。但是,一些人会把婚姻看成是一种无形的压迫,这些人就会将结婚戒指视作负面意义。戒指本身并无意义,它的意义来自人们的互动以及人们赋予它的重要性。[2]

第三,人们在应对所遇之物的诠释性过程中可以掌握并修订事物的意义(The meanings of things are handled in and modified through an interpretative process used by the person in dealing with the things he encounters)。

布鲁默指出,这一解释过程分为两个阶段。在第一个阶段中,行动者需要确定一个具有意义的事物;第二阶段,行动者选择、检查并在他们所在的语境中进行意义转化。[3]

这里我们借华莱士和沃尔夫的一个研究为例[4],对这三个原则进行一个串联。试想一位顾客在饭店收银台结账的情景,顾客把账单交给收银员,并且掏出钱包,收银员准备收钱并找零。他们对于账单的行动都是基于他们所赋予账单的意义,这种意义是他们所共享的(互动论的第一原理)。他们之所以知道账单的意义,是由于他们通过以前许多类似性互动进行学习的结果(互动论的第二原

---

[1] 高宣扬:《当代社会理论》,北京:中国人民大学出版社 2005 年版,第 428 页。
[2] 〔美〕理查德·韦斯特、林恩·H.特纳:《传播理论导引:分析与应用》,刘海龙译,北京:中国人民大学出版社 2007 年版,第 96—97 页。
[3] 同上书,第 98 页。
[4] Wallace, Ruth A., and A. Wolf. 1986. *Contemporary Sociological Theory*, 2nd ed. Englewood Cliffs, N.J.: Prentice Hall.

理)。现在,假设顾客没有足够的钱结账,他会表现尴尬,说自己会去隔壁银行取钱,马上回来。收银员会对这种新的情景进行阐释,赋予它某种意义,决定怎样行动(互动论的第三原理)。他自问是应当信任这位顾客或是去叫经理。这位顾客看上去诚实吗?她是常客吗?收银员是否遇到过类似的情况?类似的情况遭遇如何?所有这些因素都有助于收银员做出某种阐释。按照布鲁默的观点,理解这一阐释的过程正是互动论分析的重要目标。①

总之,符号互动论的三个基本前提强调人类互动的方式源于个体赋予情景以意义的能力,正是它们将符号互动论与其他理论区分开来。

(二) 结构与过程

符号互动论将人看成是积极的、未完成的存在物,在面对环境时,他们针对自己的情况采取行动,而不是简单地按照结构性模式做出反应。人作为具有自我指示和自我互动能力的行动者,不仅是一切互动行为的中心,也是社会活动和社会组织的基础。社会是由行动着的人构成的。

布鲁默严厉批判结构功能论的社会结构观,因为他们把社会结构当成某种固定的模式或某种实体,甚至是决定行动的社会外在条件。在他看来,自我之外的他人群体和社会结构并不具有某种优先或支配的地位,根本不存在某种脱离行动而独立存在的结构。结构功能论者脱离开行动者的互动,因此他们所说的社会结构概念就变成了模糊的系统概念。布鲁默并不把行动单纯归结为人对刺激和外物的反应,而是将行动看作以符号为基础的一系列由自我所进行的诠释活动的基础。

当然,结构性行动是存在且必要的,这是米德和布鲁默都没有否认的事实。如果没有结构性行动和既定情景,人类行为不仅变得过于复杂,还会付出昂贵的成本。布鲁默认为,单纯地认为社会结构不存在是一种荒谬的立场和看法,但是他是在结构进入了追求其"目的"的社会行动者的理解与界定之中这个限度上,承认社会结构的存在,②将分析核心放在问题情景和需要重新诠释的情景上。布鲁默认为,情景越是非结构性的,符号互动论就能对这种情景的分析发挥越大的作用。

布鲁默用"紧身衣"一词象征性地表示客观存在的外在互动条件对于行动者

---

① 〔美〕戴维·波普诺:《社会学(第 11 版)》,李强等译,北京:中国人民大学出版社 2007 年版,第 131 页。
② 〔英〕提姆·梅伊、詹森·L.鲍威尔:《社会理论的定位(第 2 版)》,姚伟、王璐雅等译,北京:中国人民大学出版社 2013 年版,第 93 页。

的约束性。结构的重要性是它们参与到诠释和定义的过程中,使联合的行动得以形成,而非决定人的行为或作为一个独立运作的社会体系而存在。也就是说,布鲁默并不否认结构的存在,但是他反对夸大结构性要素对人类行为的影响。至于结构参与的方式和程度,则是依据不同的情境,而且依赖于人们如何考虑它们而变化的。布鲁默认为,社会互动是一种人际互动而非角色互动,参与者诠释和处理他们所遇到的一切,而不是对他们的角色予以说明。角色一定程度上能够影响行动,但绝不是决定行动。

(三) 方法论

赫伯特·布鲁默对符号互动论的主要贡献之一就是他对符号互动论方法论的阐述。这里我们主要介绍他的归纳法和"考察""检验"两种调查形式。

布鲁默认为,符号互动论的科学方法是从经验世界问题入手,通过检视客观世界来澄清问题的,他要求研究者从非常熟悉的资料中归纳出对人类行为的理解和解释。与功能主义不同的是,符号互动论并不从一组假设开始理论演绎,而是提倡观察个体从内心深处对世界的定义过程,同时确定他们身外的客观世界。[①]

布鲁默提出"考察"和"检验"两种调查形式,认为可经由这种方式对经验世界进行直接的、自然主义的检视,接近经验世界并深入研究。

考察是检验之前的一个重要步骤,它不受指定性、约束性过程控制,非常灵活,关注范围很大。作为检验之前的一个步骤,考察为近距离、全方位地了解所需研究的社会领域提供了机会,奠定了研究基础。随着研究的进行和对特定领域的了解,研究范围会越来越集中。

考察阶段的研究方法是非常多样的,除了面对面的观察和访谈,研究者还可以通过报纸、电视等媒体以及阅读书信日记等形式获得信息。布鲁默提出了"专家组"的研究方法,希望培养作为研究对象的社会圈子内的、有敏锐观察力并且训练有素的参与者,通过他们获得更多有价值的信息。然而在后期的运作中,这个研究方法也逐渐暴露出一些缺陷。

在考察过程奠定的良好基础上,检验阶段得以展开。布鲁默认为,检验是"对用于分析目的的分析元素进行一种集中的经验式的检查,以及对这种元素之

---

① 〔美〕鲁思·华莱士、〔英〕艾莉森·沃尔夫:《当代社会学理论——对古典理论的拓展(第6版)》,刘少杰等译,北京:中国人民大学出版社2008年版,第199页。

间关系的经验主义的特征进行同样的检查"①。考察与检验的关系就如同描述与分析的关系。

布鲁默提倡直面经验世界,因为这种方式可以直面自然的、进行中的活动,而不是面对抽象的、量化的数据。为了能够对特定生活领域进行全面的、贴近的理解,研究者需要在这个领域内进行自由的考察,与涉及的人群亲密接触,并留心观察,从而产生贴近的、合情合理的、全面的了解。这种立场使得他与那些主张收集"硬性"数据的社会科学家们产生了分歧。②

四、戈夫曼的新发展

欧文·戈夫曼(Erving Goffman)在米德和布鲁默奠定的理论基础上,对符号互动论做了进一步的发展和修正。他提出了拟剧论,开创了一个解释日常生活的新视角,他的仪式理论富有洞见性,其框架理论也产生了巨大影响,并在后期发展中被应用于新闻分析。戈夫曼深入微观的社会互动,在日常人际遭遇中展现社会的力量和逻辑。其思想将符号互动论向前推进的同时,对社会学的各个领域都产生了深远影响。

(一) 拟剧论(Dramaturgical Theory)

戈夫曼观察个体在日常生活中将自己展示给他人的方式,提出了"印象管理"(impression management)、"前台"(front region)、"后台"(back region)等概念,揭示了人们生活中的戏剧性行为。

在《日常生活中的自我呈现》一书中,戈夫曼采用了"角色"(role)一词,把对人类行为的分析放在演出的场景中,他认为这种戏剧性的演出存在于真实生活中各自扮演自己角色的普通人身上。人或多或少地在自觉扮演着一种角色,以符合社会期待的情境定义,维持有效的社会互动。

我们所承担的社会角色在相当程度上依赖于我们的社会地位,作为"学生""子女""朋友"时我们会努力展现出不同的方面。一个人会同时拥有众多地位,随着生命过程的变化我们不断地得到和失去许多地位。我们不仅有"女性""青年""汉族"等先赋地位,还有"大学生""优秀教师"等获致地位,这些因素都深刻

---

① Herbert Blumer, *Symbolic Interactionism: Perspective and Method*, Berkeley: University of California Press, 1986, p.43.
② 〔美〕鲁思·华莱士、〔英〕艾莉森·沃尔夫:《当代社会学理论——对古典理论的拓展(第6版)》,刘少杰等译,北京:中国人民大学出版社2008年版,第203页。

塑造了我们的社会互动。在任何严格的等级制度中，人们只有确认了对方的身份，才能够开始社会互动。

戈夫曼认为，在扮演角色的过程中，个体必须努力使他在情境中传达出来的印象，与实际中他的角色所要求的个人素质一致。"法官应是深思熟虑、头脑清醒的；坐在机舱里的飞行员应是沉着冷静的；而书店老板在做他的工作时则应是娴熟准确的。"①自我在进入某一地位时，就会发现一个宾我已经为他准备好了。"为什么当雇主家的主妇来检查管道维修工作时，近视眼管道工为了维护其所需的粗壮汉子的印象，他会感到有必要立即摘下眼镜塞进口袋，因为在雇主面前，他的工作已经转变成了表演；还有，为什么公关顾问经常告诫电视机修理工：应该把忘记装回电视机原处的螺丝和自己的螺丝一起收藏起来，以免这些遗落的部件给人留下不好的印象。"②甚至街头乞丐的表演也具有相当的戏剧化，过去常出现的场景是"某个半裸的男人被肮脏的面包片噎得透不过气来，虚弱得连吞咽的力气都没有了；或者，一个破衣烂衫的乞丐，驱逐着争吃面包片的麻雀，从鸟嘴里抢出一片面包，在袖子上慢慢地揩干净后仿佛就要往嘴里塞，全然不顾四周的围观者"③。

詹姆斯·汉斯林和梅·比格斯曾经开展了一个非常有趣的研究，分析了妇科病人与男性医生之间的微妙互动。④ 他们从收集到的大量案例中发现，为了将这一行为定义为无性的，骨盆检查就像舞台演出一样展开。就诊的不同阶段可以分为几幕来看，个人所扮演的角色在不同阶段相互区别。在检查的前后，医生会把患者作为一名有人格的完整的人对待，但是进入检查过程中时，患者则会去人格化，从"人"（person）转换为"非人"（non-person）。她的私密部位和身体的其他部分分开，医生除了询问医疗方面的具体问题外，对她视而不见。而病人也会作为一个物体参与合作，在互动中除掉任何可能的性暗示，收回与医生和护士的眼神接触，并避免发起谈话。医生会用专业方式来讨论问题。这种非人化的合作能够保证检查行为与性接触的隔断。

戈夫曼观察个体如何在日常生活中将自己展示给他人，提出了"印象管理"，

---

① 〔美〕欧文·戈夫曼：《日常接触》，徐江敏、丁晖译，北京：华夏出版社1990年版，第74页。
② 〔美〕欧文·戈夫曼：《日常生活中的自我呈现》，冯钢译，北京：北京大学出版社2008年版，第45页。
③ 同上书，第34页。
④ Henslin, J. M., & Biggs, M. A. (1971). *Dramaturgical desexnalization: The sociology of the vaginal examination.* In J. M. Henslin (Ed.), *Studies in the sociology of sex* (pp. 243-274). New York, NY: Appleton-Century-Crofts.

即人们如何引导和控制他人对自己的印象。为了更加生动地表达这个概念,在《日常生活中的自我呈现》一书中,戈夫曼引用了威廉·桑瑟姆(William Sansom)小说中的一段插曲,描写了一个正在度假的英国人普里迪在下榻的西班牙旅馆海滩第一次露面的情形。

> 但是,是时候炫耀一下了,完美的普里迪的炫耀。他巧妙地握着一本书,以便任何想要瞟他一眼的人都有看到标题的机会——这是荷马著作的一个西班牙译本,古典而非附庸风雅。然后,他收起海滩上的摊子,把它放入一个干净的避沙处(有条理和明晓事理的普里迪),接着,缓缓起身,悠闲自得地舒展一下他那宽大结实的身躯(巨猫般的普里迪),并把凉鞋踢到一边(毕竟是无忧无虑的普里迪)。
>
> 普里迪投入大海的怀抱!有几种可供选择的仪式。首先,由漫步闲逛变为奔跑,接着一头扎入水中,然后平稳地改为优雅的自由泳,有力地向远处的地平线游去。当然,并不是真正地游向地平线。他会突然翻身仰泳,用腿拍打出一片白花花的水花,从而以某种方式表明,如果他愿意的话,他本可以游得更远;然后,他会从水中起身,站立片刻,为的是让大家都能看清楚这是谁。①

在印象管理的过程中,第一印象是至关重要的。戈夫曼研究了服务员如何在其社会地位低于顾客的情况下表现出微妙的进攻性,这是她们工作能力的重要体现。

> 有经验的女侍者自信而且毫不犹豫地对付顾客。例如,她也许发现,一位新来的顾客在她还没能收拾掉残羹剩菜并换掉餐桌布之前,就径自抢先入座。现在,他正依靠在餐桌上看菜单。于是,她向他表示欢迎,说:"请让我换一下餐桌布好吗?"并且不等回答便从他那里取走菜单,迫使他离开餐桌,接下来她便着手干起活来。这种关系处理得既不失礼貌又很果断,并不会遇到谁支配谁的问题。②

实际上印象管理的主体不只局限于个人,国家、媒体、公司、家庭这些形形色色的群体组织都会进行印象管理。种种公关技巧、危机处理措施也都是在努力

---

① 转引自〔美〕欧文·戈夫曼:《日常生活中的自我呈现》,冯钢译,北京:北京大学出版社2008年版,第4页。
② 〔美〕威廉·富特·怀特:《工作者与顾客相遇时》,载威廉·富特·怀特主编:《工业与社会》,麦克格罗—霍尔1946年版,第132—133页。转引自〔美〕欧文·戈夫曼:《日常生活中的自我呈现》,冯钢译,北京:北京大学出版社2008年版,第9页。

使人们相信它们希望营造的理想形象。国家想要营造出维护公民利益、有能力控制局势的形象,媒体希望受众认为它所提供的信息公正客观,企业努力做出为消费者着想的样子,而家庭更是倾向于在他人面前表现出和睦美满的一面。这就是为什么"9·11"事件后,为了营造出政府仍然掌控局势的形象,布什不得不冒着风险从隐藏地回到白宫发表演说。

戈夫曼还引入了"前台"和"后台"两个概念解释表演。他用"前台"来指称特定表演的场所,一个人在前台表演时会展现出一种理想化的形象,试图进行操控。当一个人的活动呈现在他人面前时,他会努力地强调活动的某些方面,极力抑制不利于他所期望造成的印象的活动。而这些被掩盖的事实则会在"后台"凸显出来。后台相当于休息室和准备区,它对于观众来说是隐蔽的。在这里演员们能够加强印象管理技能训练,也可以放松下来,暂时忘掉自己扮演的角色。"前台"和"后台"概念可以广泛地运用到传播研究中来,例如对一个家庭来说,客厅最有可能被当做前台,卧室则被视为后台,因此不仅它们的装修布置不同,人们在客厅和卧室中也会有不同的言语行为,而有的时候,整个房子都可以被视为后台;对教师来说,可能讲台是前台,而教工休息室则是后台;对于服务员来说,餐厅是前台,而厨房是后台。斯宾塞·卡希尔的一个研究小组考察了购物中心、大学、餐馆酒吧等处的公共卫生间中的后台行为,发现如果在一次集体演出中因为差错而失去控制,"剧组"有时会躲进卫生间隐藏尴尬,商量对策,并相互打气[①]。

"如果一位工人想要成功地制造成天卖力干活的样子,他就必须由一个安全的地方来藏匿他实际不到一天时间就能完成全天的任务的秘密。如果要给死者亲属造成死者安然深睡的幻觉,殡仪员就必须设法阻止死者亲属进入工作间,以便对尸体进行脱水、剥制、化装,从而为最后的演出做好准备。如果精神病院的某位职员想让前来探望的病人家属对医院有一个好印象,他就必须把探望者挡在病房,特别是慢性病房之外,把外来者限制在专为接待设置的探望房里,在这儿可以配有讲究的摆设,并能确保所有在场的病人都穿着得体、干净,举止相对正常并受到善待。同样,许多服务性维修行业,都会要求顾客把需要保养、维修的物品留下而先离开现场,以便工匠能在私下里干活。等顾客回头来取回他的汽车、手表、裤子或收音机时,他会看到物品运转良好,但他不会知道维护过程中的工作数量和种类,更不会知道工作中出现了多少差错以及判断收费合理性所

[①] Cahill SE, Distler W, Lachowetz C, et al. Meanwhile Backstage Public Bathroom and the Interaction Order. *Journal of Contemporary Ethnography*, 1985, 14(1): 33-58.

需的其他服务细节。"①只有前台和后台配合良好,表演才能够取得成功。戈夫曼将我们的注意力转移到后台,有利于使我们明白公共场合中人们的自我表现被后台隐匿的事实。

(二) 仪式

戈夫曼对于社会日常生活仪式性一面的阐发也是非常独到的,他意识到琐碎的日常生活中的各种仪式对社会秩序维持都有着必要性。"很高兴又能见到你""请!""再见"等套话和肢体动作实际上都是一些仪式,引导着互动的开始、发展和结束。②

仪式要求特定的人占有特定事物或空间,以一定的方式说话和表达面部表情,这些都是社会组织和秩序维持的重要因素。个体只有遵守与他的社会地位相适应的仪式活动,才能够保证自己社会角色的尊严。

我们不妨先来看一段萨特在其小说《恶心》(Nansea)中对打招呼仪式的精彩描写:

> 街对面的人行道上,一位先生挽着妻子的手臂,凑到她耳朵边上说了几句话,微笑了起来,她立刻小心翼翼地收起奶油色面孔上的一切表情,像盲人一样走了几步。这是明确的信号:他们要打招呼了。果然,片刻之后,这位先生便举起了手。当他的手指接近毡帽时,它们稍稍犹豫,然后才轻巧地落在帽子上。他轻轻提起帽子,一面配合性地稍稍低头,此时他妻子脸上突然堆出年轻的微笑。一个人影点着头从他们身边走过去,但是他们那孪生的笑容并没有立刻消失。出于一种顽磁现象,它们还在嘴唇上停留了一会儿。当这位先生和夫人和我迎面相遇时,他们恢复了冷漠的神气,但嘴边还留有几分愉快。③

在戈夫曼看来,仪式调整着参与社会互动的个体,规定互动方式,纠正错误行为。最为明显的是这些仪式维持着人的风度和尊重。尊重作为一种人际互动礼仪,表达了个体希望互动的愿望,以及保证以特定方式对待互动者的一种承诺。尊重仪式可以分为规避仪式和在场仪式两种类型。前者用来与他人保持一

---

① 〔美〕欧文·戈夫曼:《日常生活中的自我呈现》,冯钢译,北京:北京大学出版社2008年版,第99页。
② 〔美〕乔纳森·H. 特纳:《社会学理论的结构》,邱泽奇、张茂元等译,北京:华夏出版社2006年版,第380页。
③ 〔法〕萨特:《萨特文集》(第1卷),沈志明、艾珉主编,北京:人民文学出版社2000年版,第56页。

定距离,避免侵犯他人的"理想边界",这种仪式在不同等级之间尤为明显。后者表明个体如何关注互动者,并将如何对待互动者。戈夫曼将互动看作连续和辩证的过程,同时包含规避和在场两种仪式。风度则表明一个人想要通过衣着、举止等行为传达自身品质的信息。通过风度仪式,个人向他人展现自身形象。[①]这样,通过尊重和风度仪式,个体将自身投入际遇,通过运用相关规则和展示自身的能力来遵从上述仪式,表达对他人的尊敬并展示自身特征。在特定情境中,对尊重仪式和风度仪式的利用,为社会整合提供了基础。

柯林斯(Randall Collins)在《互动仪式链》一书中专门研究了"吸烟"这样一个根植于人类文化的仪式符号。他认为,吸烟仪式在群体中会产生特定类型的情感能量,这些能量在身体中被体验为吸烟效果。在他看来,吸烟效果是被社会建构的,而非简单的对吸入身体的化学物质产生的生理反应结果。人们通过社会仪式和社会解释而具有这种身体体验,因此鲁滨逊式的吸烟者永远不会存在。这并不是说不存在生理过程,而是说社会背景决定着相似自然物质被感知到的情感效果。柯林斯提出了吸烟仪式的三种类型:放松和隐遁仪式、欢饮仪式、优雅仪式。不同的烟草吸食方式的特点,在不同的时代具有不同的仪式意义。

在 20 世纪早期,吸雪茄打破了性别界限,因此,在一定意义上回到了作为 18 世纪鼻烟特征的优雅仪式。在美国,吸雪茄首先同上层阶级"花花公子"联系在一起,后来扩展到了工人阶级。但是,香烟迅速变成了大量生产和大量消费的产品,越来越便宜而且到处可以买到,在消费上不像雪茄那样差别明显。香烟烟嘴一度提供了雅致性和对社会平等性的抵抗,其中一些烟嘴饰有昂贵珠宝。香烟烟嘴还提供了戏剧性的吸引力:它们使香烟更显眼,可以在很大的角度上拿香烟,用各种各样的移动来传达不同的态度。总统富兰克林·罗斯福把香烟盒烟嘴放在牙间,以扬扬得意的向上角度咬着,这是他的商标,传达了坚决的乐观主义。既可以用高贵或者傲慢的姿态衔持烟嘴,也可以用被称为"潇洒"的角度衔持。而摆弄烟嘴的方式也可能具有一些符号意义,表明一个人对世界的态度。举例来说,在 20 世纪 40 年代,把香烟随意挂在唇角,且很少把它拿走,这传达了强硬家伙的风格,即愤世嫉俗的老练。这与优雅式吸烟的手部动作相比,毫无疑问取得了它的一些效果,优雅的吸烟会反复把香烟放进嘴里,又拿出来,并在空中做很多挥动动作。这些姿态还提供了展示一个人手部的机会;对上层阶级女士而言,

---

[①] 〔美〕乔纳森·H.特纳:《社会学理论的结构》,邱泽奇、张茂元等译,北京:华夏出版社 2006 年版,第 380—381 页。

这一般包括炫耀一个人的珠宝。①

戈夫曼还注意到,在仪式互动过程中,每个人都会运用一定的策略来保护彼此的面子,维持积极的社会形象。当这种努力受到威胁时,我们会选择使用"面子功夫"(face-work)来维护自己的面子。幽默、借口、礼貌、道歉、解释等是经常被运用的技巧。戈夫曼指出两大类维护面子的方式:修复式策略(corrective strategies)和预防式策略(preventative strategies)。修复式策略发生在面子受到威胁后,预防式策略则被用来降低面子威胁的可能性。

将戈夫曼的面子理论作为分析框架,布拉克特研究了言情小说读者所运用的"面子功夫"②。由于言情小说被社会认为是对智力和情感成长有害的娱乐方式,女性读者们经常需要在社交场合中想办法维护自己的面子。运用戈夫曼的分类,布拉克特将这些策略归入防御性策略和修复性策略两大类中。防御性策略包括掩饰自己的阅读,批评粗制滥造的言情小说和浅薄的言情小说读者;修正策略包括强调言情小说中的知识价值,以及它们在读者生活中扮演的角色(作为休闲或逃避,而非靠着小说过幻想生活)。此外,布拉克特还发现了一种"区分策略"(separation strategy),即这些读者们强调自己与人们通常批评的言情小说读者不同。布拉克特认为,这种策略可以用于防御性的情形中,也可以用于修复性的情形中。

(三)框架

在1974年出版的《框架分析》一书中,戈夫曼提出了"框架"(frame)的概念,将其视为人们认识和阐释外在客观世界的认知结构。

戈夫曼区分了三种类型的框架:原初框架(primary frames)、模态(modulations)和骗术(deceptions)。原初框架指不依赖于对事物先在解释的框架,被人们看作是"真的"。模态则是对原始框架的一种复制,在一种新的情境中展开。例如,两个情敌在原始框架中斗争的情形被搬上戏剧舞台时,就变成了一种斗争的模态,由于进入了新的情境,它的意义也发生了改变。如果在日常生活领域,看到两位情敌相互殴打的观众会立即报警。但在剧场舞台上表演上述情景时,台下观众如果报警干预,就违背了适用于剧场正常运作的剧场的原始框架,因为

---

① 〔美〕柯林斯:《互动仪式链》,林聚任、王鹏、宋丽君译,北京:商务印书馆2009年版,第425—426页。
② Brackett K P. Facework strategies among romance fiction readers[J]. *The Social Science Journal*, 2000, 37(3): 347-360.

剧场的原始框架要求观众单纯被动地观看。因此模态其实是一种原始框架应用于另一种原始框架之中。① 与模态不同的是，骗术中，演员和观众并非都清楚地知道这是怎样发生的。"例如，在一架飞机航行于高空的时候，遇到了危险紧急的情况，急需空中服务人员立即组织旅客镇定下来听从指挥。为此，空中服务人员本身要装出镇静的样子，尽量掩饰他们发自内心的恐惧。在这种情况下，空中服务人员的镇静行为就是模拟和复制一般的冷静状态，尽管他们自己本来就已经很恐慌。"② 这里的"紧急情况"才是原始框架，是一种"真实的"存在，而"保持镇静"是一种骗术。无论模态还是骗术，由于在复制过程中进入了新的情境，原始材料都发生了变化，并产生了新的意义。

实际上，原始框架、模态和骗术三个层次的框架是相互关联的，个人在情境中的行动总是与这三种框架有关。社会框架包含着规则，这些规则决定着什么被排除在外，什么被保留在内。框架也可以意味着操控，成功的角色扮演者会将特定情境纳入有利于自身的框架。

框架理论的起源可以同时追溯到社会学家对真实的解释以及心理学家对基模的说法。戈夫曼认为，框架是人们将社会真实转换为主观思想的重要凭据。通过框架，人们能够将社会事件"翻译"为主观认知。框架可以说是个人面对社会所建立的思考框架，它源自过去的经验，但经常受到社会文化意识的影响。框架的这种真实的再造并不能够完美地复制真实世界的原始面貌，人们在构建事实的时候，实际上反映了自己对事实的内在看法。③

戈夫曼之后，框架研究进一步深入。加姆森将框架分为两类，一类是"界限"（boundary），另一类是"架构"（building frame）④。由前者观之，框架像是人们观察世界的镜头，在镜头中的景色才是我们认知世界的部分。由后者观之，框架帮助人们建构意义，以了解社会事件的原因和脉络。钟蔚文和臧国仁发现了框架的反面意涵，指出框架为人们提供思考或解释外在世界基础的同时，也使人们有意无意地忽略了框架界限外的真相⑤。也就是说，框架虽然可以协助人们思考

---

① 高宣扬：《当代社会理论》，北京：中国人民大学出版社 2005 年版，第 465 页。
② 同上。
③ 臧国仁：《新闻媒体与消息来源——媒体框架与真实建构之论述》，台北：三民书局 1999 年版，第 28—31 页。
④ Gamson, W. A. (1992). *Talking Politics*. Cambridge: University of Cambridge Press.
⑤ Chung, Wei-Wen and Tsang, Kno-Jen（钟蔚文/臧国仁）(1992). *The Search of News Frames: Their Faction and Structure*. Unpublished manuscript. / Chung, Wei-Wen &. Tsang, Kno-Jen（钟蔚文/臧国仁）(1993). *News Frames Reconsidered: What Does Frame Do to Reality*. Paper presented at the AEJMC convention, Kansas City, MO.

或整理信息,但又成了意识形态或刻板印象的主要来源,框限了人们的主观认知活动,无可避免地产生了偏见。①

20世纪80年代以来,框架理论被引入新闻传播领域,产生了"新闻框架"概念。新闻框架是新闻媒体对新闻事实进行选择性处理的特定原则,这些原则来自新闻媒体的立场、编辑方针和利益关系,又受到新闻活动特殊规律的制约。在特定新闻文本中,框架通过一系列符号体系表现出来,形成对意义的构建。例如在进攻伊拉克的战争报道中,如果一家媒体在报道中较多使用"反恐""反独裁""解放伊拉克人民"等词语,另一家使用"资源争夺""入侵""霸权主义"等词语,那么两者分别使用了"正义"框架和"非正义"框架来解读这同一个事件,必然产生截然不同的效果。在新闻报道中,框架的存在是不可避免的,而它作为媒体对新闻事件定性的主导性框架,对受众理解和认识新闻具有重要影响。②

沃菲斯菲尔德(Wolfsfeld,1993)在对新闻框架的研究中发现,大部分政治冲突其实都可以看做是对框架意义的争夺。争议双方不断尝试提出各自的解释版本,以供大众媒体采用。一般情况下,新闻媒体或采用竞争双方中某一方的解释,或用"平衡报道"的方式处理正义主题。总之,新闻媒体面对错综复杂的社会事件,必须与不同的组织和个人建立互动关系并省视各自立场。沃菲斯菲尔德将影响新闻框架形成的因素归纳为这样五点:媒体组织的自主性,信息的提供者,媒体组织的流程或常规,新闻工作者的意识形态,社会事件受到原始组织影响的程度。③

臧国仁等人提出从新闻组织框架、新闻个人框架以及文本框架三个层面看待框架建构问题。钟蔚文和臧国仁曾以"1997香港回归"事件进行文本分析,探讨7月1日当天各地(国)报纸在新闻和标题中如何呈现与诠释此事。在对比中他们发现,《人民日报》主标题为"中英香港政权交接仪式在香港隆重举行",客观表现了事件的重要议题与主要参与者。但是其次级标题明显披露了立场,也突出了事件的主角:"中华民族永载史册的盛事、世界和平正义事业的胜利;江泽民主席庄严宣告中国政府对香港恢复行使主权、李鹏总理等中国政府代表团成员及英国查尔斯王子、布莱尔首相等出席"。《中国日报》英文版主标题为"Home At Last",运用了"回家"这个隐喻。同样的倾向反映在该报道的导语中:"1997

---

① 臧国仁:《新闻媒体与消息来源——媒体框架与真实建构之论述》,台北:三民书局1999年版,第33—34页。
② 郭庆光:《传播学教程》(第2版),北京:中国人民大学出版社2011年版,第209—210页。
③ 臧国仁:《新闻媒体与消息来源——媒体框架与真实建构之论述》,台北:台湾三民书局1999年版,第109—111页。

年 7 月 1 日零点,在中国盼望了 156 年后终于来到。"与此相比较,《泰晤士报》的报道正与《中国日报》中"回家"的隐喻相对,其标题为"Final Farewell to Hong Kong"。标题中隐藏的主语是"英国",而"中国"遭到了完全的忽略,被视为被动者、接收方和事件的背景。更为有趣的是,《泰晤士报》在导语中使用了"让渡"一词,反映了英国人面对香港交还中国的心情。在这个事件中,台湾媒体的立场最为"尴尬"。香港回归虽然是百年盛事,但中英谈判并未包括台湾,使得台湾媒体在报道中既要保持愉快心态却又得有所矜持,既要保持客观又要避免涉入过深。《联合报》的标题为"香港易帜,主权回归中国";《中国时报》标题为"香港回归,主权移交完成,解放军进驻;特区政府成立,临立会就职";《自立早报》为"香江易主,五星旗随中国国歌升起"。这些报纸的标题各有差异,但是整体观之并没有使用如同《人民日报》或《泰晤士报》一样的情绪用语,而是倾向于在事件中使用较为中性的词语,如"易帜""移交""易主"等,有意彰显它们在事件中第三者的旁观角色。至于香港的《南华早报》,主标题仅有"移交"二字,副标题为"江泽民表示不干涉人权",关心的焦点不言而喻。美国《纽约时报》标题为"中国重享对香港之控制,结束英国 156 年统治"。该报随后在新闻正文中加以"一块资本主义下的自由领土转移为共产统治",有对抗意涵,表现了美国媒体对香港交还中国的前途尚有疑虑。[1]

五、符号互动论研究方法的局限

符号互动理论是一个具有强大解释力的理论框架,增强了我们观察多种语境下人类传播行为时的洞察力,但是这个理论也存在着一定的局限性。

首先,符号互动论是一个微观理论,因此对它最大的批判来自它对个人和主观因素的过分强调,致使这一理论无力解决社会中权利与结构的问题。虽然符号互动论并不否认互动的社会文化背景,仍有不少批评者认为它对社会结构没有足够的关注[2]。符号互动论在产生之初确实在一定程度上存在这种问题,然而在发展过程中也逐渐出现了一些研究,能够将宏观与微观社会视角很好地结

---

[1] 臧国仁:《新闻媒体与消息来源——媒体框架与真实建构之论述》,台北:三民书局 1999 年版,第 144—146 页。

[2] Kuhn M. (1964) Major trends in symbolic interaction theory over the past twenty-five years. *Sociological Quarterly 5*, 61-84; Meltzer B. N., Petras J. W. & Reynolds L. T. (1975) Symbolic Interactionism: Genesis, Varieties and Criticism, Routledge & Kegan Paul, Boston.

合起来①。例如卡罗尔·布鲁克斯·加德纳的性别与谈话骚扰的研究②。在许多场景中,这些令人讨厌的互动类型常常使妇女感觉受到了某种羞辱。如果我们脱离社会中性别不平等背景,单纯观察微观互动过程,只能获得对这些互动的孤立理解。加德纳将女性受男性骚扰的现象与更大的性别不平等制度联系起来,如男性在公共空间中享有的特权、女性受到的普遍强奸威胁等。这样我们就能够认识到问题出现的本质,从而在根本上解决问题。阿莉·霍克希尔德在《人类情感的商业化》③中对空姐"客服培训"中的情感管理研究,在《街头世故:一个城市社区中的种族、阶级与变迁》中对"躲避艺术"等问题的研究也是宏观和微观视角相结合的例子④。

其次,有的批评指出,符号互动论的理论前提存在一些模糊的地方,且缺乏实证经验。由于符号互动论旨在揭示人类行动的复杂性和多变性,因此其理论本质上是多变而暧昧的。它长期停留在描述性工作中,没有进一步发展概括性的理论。有研究者认为,符号互动论无论是在理论上还是在实质上都没有为研究提供明确的程序和技巧⑤。针对这个批评,布鲁默认为,符号互动论是指导人们研究经验世界的哲学途径,而非具体的研究方法。有支持者认为,符号互动理论并不是一个统一的理论,而是一个可以为许多理论提供支持的理论框架。

还有一些批评者抱怨,符号互动论低估了情感和潜意识因素在人类行为中的作用⑥。它将人放置在理性认知层面来分析,只关心事情如何发生而忽视事情为何发生,这也显示出其理论单薄的一面。

总之,符号互动论并不完美,但它仍然是一个具有启发性的、长盛不衰的理论。它不仅能够在多种语境中得以应用,而且有着不断完善发展的生命力。作为解释社会互动行为的概念工具之一,符号互动论成功地激发了为数众多的理论思考,已经在很大程度上完成了理论应该达到的目标,这是我们不得不予以肯定的。

---

① LaRossa R. & Reitzes D. C. (1993) Symbolic interactionism and family studies. In Saucrebook of Family Theories and Methods: a Contextnal Approach(Boss P. G., Doherty W. J., LaRossa R., Schumm W. R. & Stenmetz S. K. eds). Plennm Press, New York, pp. 135-163.

② Gardner C B. Passing by: *Gender and Public harrassment* [M]. University of California Press, 1995.

③ Hochschild A R. *The managed heart: Commercialization of human feeling* [M]. University of California Press, 2003.

④ Anderson, 1990.

⑤ Kuhn M. (1964) Major trends in symbolic interaction theory over the past twenty-five years. *Sociological Quarterly 5*, 61-84; Meltzer B. N., Petras J. W. & Reynolds L. T. (1975) Symbolic Interactionism: Genesis, Varieties and Criticism, Routledge & Kegan Paul, Boston.

⑥ Ibid.

第四篇

批判理论及其研究方法

第一章
批判研究导引

批判理论是社会科学理论中的一个重要理论传统,其中包含了丰富的内容并具有深厚的学术传统,与康德的批判思想、黑格尔的辩证法、马克思主义、弗洛伊德的精神分析以及存在主义、结构主义、后现代主义等都有着密切的关联。批判理论否定科学主义的实证主义方法论,并形成了坚持整体性和历史性,跨越美学、哲学、社会学、人类学等多门学科的一种综合性的理论体系。

一、何谓批判理论

对于批判理论的解释有狭义和广义之分。狭义的批判理论就是指法兰克福学派及其相关方向的研究,而广义的批判理论则包含甚广,具体到媒介批判领域仍有多个分支,但其仍共享着批判传统的一些本质特征,坚持把使人从资本主义的奴役和异化中脱离出来、寻求人的解放作为最终目标。

狭义的批判理论主要包括法兰克福学派及其相关方向的研究。法兰克福学派,是指以德国法兰克福大学的"社会研究所"为中心的一群社会科学学者、哲学家和文化批评家所组成的学术流派。代表人物主要有霍克海默、阿多诺、马尔库塞、哈贝马斯等。法兰克福学派的理论也被称为"批判理论",主张从哲学、社会学的角度研究和批判现代资本主义社会,对资本主义社会中的文化危机及现代西方文明进行批判。就传播学领域而言,法兰克福学派反对美国实证主义取向的量化传播研究,主张用质化的方法探讨传媒在控制大众思想、合理化现有秩序中所扮演的角色。

广义的批判理论则包含甚广,丹尼斯·麦奎尔归纳出了广义的媒介批判理论的五个主要流派:一是把媒介视为统治阶级工具的经典马克思主义。二是媒介政治经济学,探讨媒介所有权和市场影响所带来的弊病。三是把媒介视为构建文化的一种手段的法兰克福学派。四是霸权理论,认为统治阶级所宣扬的虚假的意识形态或思维方式赢得了主导地位,遮蔽了社会的真实状况。五是文化研究,主要考察受众对媒介内容的阐述。

虽然批判学派的多种流派各持一说,自成一派,但它们有一个共同的倾向,即都反对美国的经验学派。批判学派认为经验学派所采用的经验的、以定量和统计为主的实证主义的研究方法非常肤浅,是维护现行制度的一种做法。相反,他们提倡一种整体性的、解释的、批判的方法,将研究直接聚焦于大众传媒在资本主义社会中的地位和作用,分析、批判大众传播的社会政治经济背景和意识形态功能。

二、批判理论的哲学基础和方法论逻辑

批判理论走过了相当漫长的道路,有着深刻而长远的哲学基础和思想历史,提出了与经验学派全然不同的学术立场和研究方法,并逐渐形成了独特的方法论特征和逻辑,弥补了经验学派研究的不足,对传播与媒介文化研究产生了重要的影响。

(一) 批判理论的哲学基础

这一部分从批判传统的几位具有代表性的哲学家和学者入手,探究批判理论的哲学基础和思想历史。

首先,在康德那里,批判哲学首先是认识论的问题,批判意味着关注理性与获得知识的条件及局限性问题。康德的《纯粹理性批判》主要就是探究人类获得知识的可能性问题。所谓"纯粹理性",是指独立于一切经验的纯粹思辨的理性;而批判则是指对这种理性能力进行一种思考,来考察人类知识获得的可能性,最重要的还有其范围与界限。"我所说的批判,指那种……'可以不依靠任何经验而独立求得一切知识'的一般理性能力的批判。因此,这种批判将决定一般的形而上学可能或不可能,而且确定它的各种来源、范围与限度——这一切都是按照原理而定的。"[①]在这里,康德明确指出了其批判的对象是人类的一般理性能力,考察的是它的各种来源、有效性范围与限度,也就是说,康德对于纯粹理性的考察与批判有一种对于人类认知能力批判的意味。

其次,黑格尔的辩证思想和异化理论为批判理论家们提供了重要的思想武器。黑格尔辩证法是德国古典哲学最重要的成果之一,其基本思想是概念的辩证发展。异化理论最早也是在黑格尔哲学中出现的。他认为自然界、人类和社

---

① 〔德〕康德:《纯粹理性批判》,韦卓民译,武汉:华中师范大学出版社1991年版,第96页。

会意识形态都是观念的客观化即外在的表现。所谓异化,就是客观化的过程。这些辩证思想和异化理论一方面深刻地影响到了马克思,马克思批判地吸取了其中的合理内核,创立了唯物辩证法,并且汲取了黑格尔辩证法革命进取的精神,将辩证法看成是革命的、否定的方法,并将它运用到自己的政治经济学批判当中。

另一方面,黑格尔的辩证法还对西方马克思主义产生了重要的影响。不同于正统的马克思主义,西方马克思主义试图把马克思主义解释成一种人道主义,并强调马克思思想与黑格尔思想的连续性,注重对于黑格尔有价值的思想遗产的回归,主要是回到黑格尔的辩证法的立场,关注社会历史过程,强调一种总体的辩证法或者说是一种整体性。这从某种程度上来说是为了抵御实证主义对马克思主义的侵蚀,反对一种孤立的、分门别类的"细部"研究,而注重社会历史的整体性和联系性。

再次,马克思主义也是批判理论的思想来源之一。马克思认为,社会生产方式决定了社会的本质,经济是所有社会结构的基础,批判主要起源于经济物质基础与其所产生的政治和意识形态的上层建筑的不平等性上,以及由商品的物质联系的不平等性所造成的人的异化。批判学派接受了马克思的异化理论和人本主义思想,采用了马克思的分析范畴,坚持对资本主义社会和制度的批判,并且承认马克思的解放目标。

法兰克福学派正是西方马克思主义的主要流派之一,秉承的是黑格尔—马克思批判现代性的传统,他们所提出的"启蒙辩证法"的分析,以及用"文化工业"的概念来解释意识形态操纵和与文化操纵等思想都与马克思主义分不开。马克思的政治经济学和唯物史观也使得传播政治经济学始终关注所处的社会政治经济环境,聚焦大众媒介与政治经济权力之间的关系。除此之外,马克思主义关于权力和意识形态的观念也为文化研究提供了一个重要的批判视角,从而带来了文化意识形态的形成。

最后,弗洛伊德对于批判理论的最主要贡献在于其精神分析理论。弗洛伊德的精神分析理论关注个体内在,认为人类行为的解释存在于个体之中,特别是存在于无意识之中,试图通过考察个体的无意识来解释人的行为。在《传播学史》中,罗杰斯非常注重弗洛伊德对于法兰克福学派的重要影响。法兰克福学派"侧重于马克思、弗洛伊德以及先锋派的艺术和文学,法兰克福学派的批判学者是新马克思主义者……他们的意识形态是左派马克思主义的,但也是弗洛伊德的、哲学的、文学的、人道主义的和理智的。"①罗杰斯认为,法兰克福学派将弗洛伊德精神分析理论和马克思主义理智地结合起来,提出了今天的批判的传播理论。除此之外,精神分析方法还影响了批判理论对于大众文化的分析。法兰克福学派主要从精神控制的层面来分析大众文化,认为大众文化通过无限的娱乐消费给人带来一种鸦片式的欢愉,消解了人们内在的超越维度和反抗维度,它有一种欺骗性和操纵性,其维护的是资产阶级的意识形态。

(二) 批判理论的方法论逻辑

批判理论否定和排斥科学主义的实证主义方法,推崇人文主义的学术传统,将人文领域的历史、美学、哲学和社会科学领域的社会学、人类学等多种知识和方法论传统结合在一起形成了一种综合的批判。这种综合的批判方法往往是一种关注历史、社会、文化环境的整体性的、解释性的批判。理论思辨的方法对于批判理论来说也是非常重要的,理论的或者说形而上的思辨是从理论出发而不是从现象出发,从而使得研究得以超脱现有的现象进行反思,"能够使系统、目标、程序、改革、控制和观念不被视为当然,而是通过被反思从而可能更'积极地'发挥作用。"②批判理论的方法论逻辑是这样展开的。

第一,批判理论坚持整体性和历史性的研究。

首先,关于传统理论,霍克海默在《传统理论与批判理论》一文中认为"它倾向于纯数学的符号系统。……逻辑演算本身甚至已经合理化到了如此程度,以至理论形成至少在自然科学的大量领域里变成了数学构造的事情。"③这种理论研究以自然科学为榜样,实际是将理论研究从其历史、社会语境中割裂出来,将理论缩小为一个无整体性、无历史性的封闭自足的系统,导致了传统理论"只见树木,不见森林",忽视了社会整体。而批判理论坚持一种整体性、制度性、综合性的研究。在传播政治经济学中特别强调的一点就是"媒介非中心化",也就是说在研究媒介时,不只是以媒介为中心,而是把传播现象置于社会历史的大背景之中。

其次,批判理论认为理论是一个历史进程的因素。理论研究应该是历史的,

---

① 〔美〕E. M. 罗杰斯:《传播学史:一种传记式的方法》,殷晓蓉译,上海:上海译文出版社2005年版,第95页。
② 〔美〕马茨·艾尔维森、卡伊·舍尔德贝里:《质性研究的理论视角》,陈仁仁译,重庆:重庆大学出版社2009年版,第147页。
③ 〔德〕马克斯·霍克海默:《传统理论与批判理论》,摘自《批判理论》,李小兵等译,重庆:重庆出版社1989年版,第183页。

要结合具体的历史环境做出判断,科学事业只是历史活动中的一个非独立的因素。一方面,作为研究主体的人所感知到的周围客体,包括认识客体和经验事实都带有人类劳动的痕迹,都具有历史的特征。另一方面,社会生活是社会各个生产部门的劳动结果,包括科学理论在内也是劳动和历史的结果。理论研究的主题、工具和对象都是由特定社会形态所实行的生产方式制造的。所以说,理论研究是具有历史性的,是结合具体的历史环境所得出的。

第二,批判理论不是纯粹的理论,而是联系社会实践、促使社会变革的力量。

传统的理论研究归根结底是近代科学和近代工业的产物。霍克海默认为传统的理论研究方法模式"外表上很像由工业生产技术支配的社会生活的其余方面"[①]。这种传统理论往往以一种纯粹理论的面貌出现,它只是一种脱离历史与社会的简单的认识活动,而并没有考虑理论对于整个人类生活的影响。传统理论过多地关注操作层面的问题,而忽略整体的价值问题,倾向于把既有的社会体制作为前提条件来看,在本质上是一种肯定现存秩序、知识形态的顺世哲学。而批判理论怀疑并批判在当下看似合理的制度,更重要的是它关注的不只是纯粹的理论批判,而更加关注人类实际生活状况的改善。

霍克海默提出批判理论的目的"绝非仅仅是增长知识本身。它的目标在于把人从奴役中解放出来"[②]。这句话作为批判理论的根本宗旨,也显示出了批判理论与传统理论的不同之处。批判理论力图超越现存的社会秩序,对现存社会持一种批判态度,并力图通过理论和批判实践的结合来超越现存秩序,从而在实践中把人从现存制度的奴役之中解放出来,它的落脚点在于实践,是变革现存世界的实践活动的一种重要形式。

第三,批判理论坚持主体性和价值介入,否认传统理论所说的那种绝对的客观性原则。

传统理论认为,对社会的科学研究可以做到价值中立与完全的客观。传统理论表现为一种"超然物外"的"纯客观的"知识理论,一种独立于社会进程的纯粹理论。而批判理论则认为,传统理论忽视了与特定群体的复杂关系。批判理论从变革现存社会制度出发,对于现存制度采取一种批判的态度,这决定了理论研究和价值的不可分割性,研究者必须对自己的立场保持批判性和反思性,不能盲目地以客观中立自居,进而落入对于现有秩序的默认与维护之中。所以说,理

[①] 〔德〕马克斯·霍克海默:《传统理论与批判理论》,摘自《批判理论》,李小兵等译,重庆:重庆出版社1989年版,第184页。

[②] 同上书,第232页。

论的批判本身就是带有强烈的个人意识介入、价值介入的不妥协的社会实践。批判理论更加重视人、关心人、反映人，主张关注人的主体意识和价值观，对人的有目的的社会行为中所蕴含的意义和价值观念进行解释与理解。作为批判理论分支之一，传播政治经济学就坚持通过价值和道德哲学的准则来评价、理解传播的结构和历史，它超越了功效的技术问题，而与公正、平等和公众福利的基本道德问题紧密结合。

第二章
法兰克福学派及其研究方法

批判学派是当代传播学研究中的主要派别之一,无论是在学术立场还是在方法论上都与经验学派有着很大的区别。而批判学派正是在法兰克福学派的影响下,以欧洲学者为主形成和发展起来的学派。因此,法兰克福学派是批判学派最为重要的分支,也是传播学的重要流派之一。作为批判学派最重要的分支,法兰克福学派有着深刻的哲学基础和思想渊源,并形成了一整套不同于实证分析和经验研究的批判方法和哲学方法论。这些对于当今的传播批判研究、文化研究、政治经济学研究等多个领域都有着重要的影响。同时,法兰克福学派的理论和思想并不是停滞不前的,而是处于不断的发展补充当中。

一、法兰克福学派概述

法兰克福学派作为一种社会哲学流派,有着深刻的思想和理论渊源,这些为其对现代西方文明和资本主义社会进行分析批判奠定了深厚的思想和哲学基础。其中,法兰克福学派对于大众传媒的批判尤其引人注目,开创了传媒批判理论的先河,对传媒研究做出了巨大的贡献。

(一)何谓法兰克福学派

法兰克福学派是指以德国法兰克福大学的"社会研究所"为中心的一群社会科学学者、哲学家、文化批评家所组成的学术流派,在20世纪三四十年代发展起来,是当代西方的一种社会哲学流派,代表人物有霍克海默、阿多诺、马尔库塞、哈贝马斯等。他们最大的特色在于建立其所谓的"批判理论",并且以批判的社会理论而著称,因此,法兰克福学派也被称为批判学派,法兰克福学派的理论也被称为"批判理论"。法兰克福学派是20世纪最大的马克思主义流派,是西方马克思主义的主要流派之一,其代表人物大都信奉马克思主义,主张从哲学、社会学的角度研究和批判现代资本主义社会,对资本主义社会中的文化危机及现代西方文明进行批判,他们的研究是横跨哲学、文学、社会学、心理分析、美学、历史学等多学科的综合性研究。

霍克海默在1930年开始担任社会研究所所长,并于1937年发表的文章《传统理论和批判理论》中正式提出了"批判理论"这一概念,说明了批判理论的含义、性质和根本目标,阐明了批判理论与传统理论的不同。批判理论坚持主张关于社会的辩证观点,宣称社会现象必须总是从它们的历史语境来看,实现了的形态必须从否定方面来理解,即以它们自己的对立面以及可能存在的性质不同的社会条件为基础。法兰克福学派正是以社会批判理论为自我标榜,并以社会批判理论闻名于世。在霍克海默和法兰克福学派的成员们看来,对社会关系进行一种理性的批判不仅是可能的,也是推动社会发展所必需的。

(二) 法兰克福学派的思想来源

法兰克福学派的理论与马克思主义、卢卡奇的物化思想以及弗洛伊德的精神分析等有着直接的联系。

从理论来源来看,大部分批判理论与西方马克思主义有一定联系。其代表人物大都信奉马克思主义,他们秉承黑格尔—马克思批判现代性的传统,很多研究工作都是在捍卫并发扬马克思的一些思想遗产。马克思主义对于资本主义社会的批判以及一些基本理念,例如物化理论、人本主义思想、辩证冲突、宰制、压迫等理念,对于法兰克福学派的影响是十分深远的。法兰克福学派的工具理性批判正是马克思对于异化的批判的一个延续,其对于大众文化的意识形态和文化操纵问题的关注也与马克思主义分不开。

卢卡奇在马克思的商品概念和商品拜物教分析的基础上,提出了"物化"这一术语。马克思虽然没有明确提出物化概念,但是其对于商品拜物的分析已经阐明了物化理论的基本点。马克思在《资本论》中阐释商品拜物教时认为,商品形式的奥秘主要在于:商品形式在人们面前把人们本身劳动的社会性质反映成劳动产品本身的物的性质,反映成这些物的天然的社会属性。卢卡奇正是在这样的基础上,拓展其释义,将它从马克思所限定的经济领域推广至国家、法律和经济制度等社会各个领域。卢卡奇在《历史与阶级意识》一书中提出的物化概念指出,商品中人与人的关系表现为物与物的关系,人所创造的物反过来控制着人,商品生产成为一种超越社会之上的统治力量,渗透到现代社会的各个方面。法兰克福学派进一步挖掘了物化批判的基础,对于其工具理性批判产生了重要的影响。

弗洛伊德的精神分析对于法兰克福学派也产生了重要影响,精神分析理论关注个体内在,认为人类行为的解释存在于个体之中,特别是存在于无意识之中,试图通过考察个体的无意识来解释人的行为,其开拓了人类心理无意识的新的研究领域。罗杰斯认为,法兰克福学派的批判理论是弗洛伊德精神分析理论和马克思主义的一种理智结合。弗罗姆、马尔库塞等法兰克福学派的重要代表人物都十分注重心理分析,弗罗姆首先倡导将弗洛伊德的心理分析理论同马克思主义的革命理论结合起来,以弗洛伊德关于个体的社会心理学的微观层次来补充马克思主义关于社会变革的解释的宏观层次。

(三)法兰克福学派的批判内容

在《传播学史》中,罗杰斯认为法兰克福学派的基本学说主要包括以下三点:首先是对于实证主义的批判,其次是对于马克思主义的批判,再次是对于社会的批判。除此之外,还有对于现代科学技术的批判。

首先是对于实证主义的批判,实证主义认为真实的、"实证"的事实可以从观察和实验中获得。法兰克福学派认为,社会科学是一种虚假意识,它是在价值中立的外衣掩盖下认可现状。他们反对实证主义对于经验事实可靠性和理论客观性的追求。在他们看来,"在知识的所有领域中,除了逻辑的和经验的规律外,还要有理性的作用,但支配理性的原则显然不是由经验和逻辑所能证明的。他们反对实证主义把科学与知识等同起来,强调实证主义突出科学的作用,必然造成'人完全变成哑巴,只有科学才能说话'。他们对实证主义的批判归结到一点,就是批判其反人道主义"。[①]

其次是对马克思主义的批判。虽然法兰克福理论家的行为与马克思主义有着一致的规范立场,也是旨在促成一个没有人类剥削的理想社会,但是法兰克福学派却认为马克思主义一方面并没有完全摆脱实证主义,另一方面马克思主义又坚持无产阶级将不可避免地引起革命,这场革命将消灭异化和统治。

再次是对于社会的批判,法兰克福学派认为社会具有引导个体对其状况采取虚假接受态度的非理性因素。这也是传统理论与批判理论的最重要的区别,传统理论在本质上是维护社会本有的制度,把自己置于现存的社会分工之上,默认现存的社会制度;而批判理论则是质疑和批判现存的制度和体系,目的在于把人们从现有制度的奴役之中解放出来。

除了罗杰斯所述的三个方面之外,对于现代科学技术社会功能的批判,同样也很重要。法兰克福学派的成员一方面认为,科学技术在现代文明社会中是第

---

① 言玉梅:《当代西方思潮评述》,海口:南海出版公司2001年版,第133页。

一生产力;另一方面,他们同样认为科学技术已经成为一种意识形态,因而在现代文明社会中的社会功能主要方面是消极的。"科学技术不仅履行了生产力职能,还履行了意识形态职能,它作为生产力实现了对自然的统治,而作为意识形态则实现了对人的统治,因而,在科学技术的发展与人的本质的实现之间形成反比关系,即科学越发展对人的压抑越厉害。"① 法兰克福学派认为,在当代发达工业社会,随着科学技术进步和生产自动化的发展,人们的物质生活和劳动条件得到了改善,但人们并没有摆脱异化之苦,相反,物质生活的改善是以人的革命精神丧失、牺牲自己的人格和尊严为代价的。资本主义对人的统治是利用科学技术进步形成的"合理化"原则来阻止人民参与政治,使工业社会成了技术统治的极权社会。在文化方面,统治阶级竭力通过精神产品的"商品化"和"标准化"来控制人们的精神和心灵自由。

(四) 法兰克福学派的传播批判

就传播领域来说,法兰克福学派的传播批判理论是他们社会批判理论的一部分,他们反对美国实证主义取向的量化传播研究,发展了一种针对文化与传播的批判性、跨学科的研究方法,采用质化、解释的方法将研究直接聚焦于大众传媒在资本主义社会中的地位和作用,以及其社会政治经济背景和意识形态偏见。

传播批判是法兰克福学派的一大特征。批判的社会科学在本质上往往是经济和政治的,这一研究的很多内容都与传播有关。法兰克福学派将对传播的政治经济学批判、文本分析和大众接受研究结合起来。文化工业是法兰克福学派的重要概念,用以批判资本主义社会下大众文化的商品化及标准化。而资本主义社会的传播活动也被法兰克福学派认为是一种文化工业,它们帮助稳定社会秩序和现状,帮助现存的资本主义社会的意识形态合法化。

在自由主义传统中,大众传播媒介享有高度的自治,被称为对于行政、司法、立法三权起制衡作用的第四种权力,帮助人们更好地实现自由和解放。但是,在法兰克福学派看来却不是这样的,相反他们认为,大众传媒并没有带来人性的自由与解放,而是导致了文化的异化与物化。大众传播产品像文化工业中的其他产品一样遵循着商品交换的运作规律,也具备了文化工业产品的共同特征:永远带着批量生产的物化特征。大众传播产品也是千篇一律的。不仅如此,大众传媒从未真正独立于统治阶级的权力之外,相反其通过灌输虚假的需要和幸福意识,促使人们认同于社会现实和现实秩序,进而操纵他们的日常生活,帮助维持

---

① 言玉梅:《当代西方思潮评述》,海口:南海出版公司2001年版,第134页。

统治阶级的统治合法性。

在传播领域,法兰克福学派的成员用批判精神突破了以往传统经验性实证研究方法的局限,对传播、传播体制、社会与文化之间深层次的联系给予了前所未有的关注,对传播研究产生了很大影响。从总体上看,法兰克福学派认为资本主义社会的大众传播媒介在本质上是意识形态国家机器,国家借助传播媒介的力量对大众思想进行灌输和控制,并摧毁高级文化。

二、法兰克福学派的批判研究方法

在《传统理论和批判理论》中,霍克海默在提出"社会批判理论"时,全面而系统地批判了"传统理论"及其方法论的基础——实证主义。霍克海默认为,传统理论所使用的是实证的方法,实证的方法也是经验性研究方法,这种方法强调感觉经验、排斥形而上学传统,将哲学的任务归结为现象研究,以现象论观点为出发点,拒绝通过理性把握感觉材料,运用可观察、可测定、可量化的经验材料来对社会现象或社会行为进行实证考察,坚持价值中立与客观性。法兰克福学派认为实证主义的经验性研究方法存在很大的问题。

首先,霍克海默认为实证的方法是一种非批判的思维方式,它从现实中的现象出发,和现实社会是一种相互维护和印证的关系。实证的方法崇拜事实而不能辨别历史的否定性,这必然导致顺从主义和保守主义,进而使得实证方法成为维护社会不平等秩序的工具,打上了社会统治对个体的整合和驯化的烙印。

其次,现代实证社会学科的研究方法主要体现为通过系统的社会调查数据资料进行量化研究。量化研究仅仅对"数据"感兴趣,把数据看做是"科学的本质",社会理论只不过是"从数据的整理中抽象出来的东西"。而对阿多诺来说,"把实验对象的反应看做是社会科学知识之最终源泉的研究方法是极为肤浅的"[1],数据只不过是证明社会理论正确性的附属现象而已。把文化和可测数量完全等同是大众文化物化特性的典型体现。

再次,实证的方法要求研究者坚持客观中立的立场,反对个人情感的介入,并且在政治伦理上保持客观、公正、中立,在社会学研究中不作任何个人的价值判断,排除主观性,以达到所要求的严格的客观性和科学性。法兰克福学派认为这种带有绝对色彩的客观中立不但是不可实现的,而且是具有欺骗性的,它具有

---

[1] Bernard Bailyn, Donald Fleming, *The Intellectual Migration*, Cambridge: Harvard University Press, 1969, p. 343.

维护现有体制的欺骗性。

最后,实证主义是在孤立地理解社会现象,主张研究者只是单纯地解释世界,把价值与理论研究分开,坚持方法上的个体主义和严格的中立主义,肯定现状,服务于现状,变成了资本主义条件下一种新的劳动分工。而研究者从个体出发,妄断社会,可能导致"只见树木,不见森林"的错误。

法兰克福学派反对传统理论的实证主义的研究方法,认为自然和社会不具有同一性,不能直接把自然科学的方法移植到社会研究中。他们发展出了以人文主义思想为基础的,把哲学、社会学、心理学等各门学科结合起来的一种跨学科的批判的研究方法,采用一种质化的、解释的、思辨的方式对社会作综合性研究,提倡整体地、联系地、历史地来进行社会研究。批判研究的方法注重哲学和形而上的思辨、辩证法与心理分析方法等。批判的研究方法主要有以下几个要点:

首先,坚持整体地、历史地进行研究。法兰克福学派把研究对象放到资本主义商品交换的经济结构下加以研究;把研究对象放到具体的历史语境下加以批判,而不是追求永恒不变的结论。在进行理论研究时,既要坚持整体性,联系整个社会实践,也要坚持历史性,结合具体的历史环境作出判断。

其次,提倡价值介入和主体性的介入。法兰克福学派认为,理论研究与价值是不可分割的,研究者必须对自己的立场保持批判性和反思性。理论的批判本身就是不妥协的社会实践,其目标是否定现有秩序而不是肯定现有秩序,所以要坚持人的主体意识和价值观的介入,注重意义、价值观念的研究和社会意识形态批判。

再次,批判的研究坚持主张关于社会的辩证观点,宣称社会现象必须总是从它们的历史语境来看,实现了的形态必须从否定方面来理解,以它们自己的对立面以及可能存在的性质不同的社会条件为基础。

最后,法兰克福学派注重哲学思辨而非事实现象,他们认为在探索社会现象时,理论应优先于"事实"的结合,正如在政治学中把理论放在实践之前一样。他们希望通过思辨的方法而不是实证的方法来批判性地揭示和研究商品消费、通俗文化等社会现象中的意识形态、压迫与霸权等。

批判学派在方法论上以思辨为主,反对实证的方法,但这并不意味着法兰克福学派是全然排斥实证主义的量化方法的,阿多诺等人在美国期间从事的《权威人格》研究中就采用了大量的定量数据研究的方法。"并非只有阿多诺一人在40年代就获得方法上的经验……《哲学与社会科学研究》停刊后,它的几个成员花了更多的时间用于经验工作。"①除此之外,社会研究所的成员通过在德语流亡者为主要受众的报纸《建设》上刊登广告之类的方式来收集数据,进而探讨德国非犹太人帮助受希特勒迫害的犹太人的模式。此外,研究所1943年开始的对美国工人中反犹主义的集体研究,也收集和整理了大量的资料,进行了资料的量化分析。

(一) 法兰克福学派的哲学方法论

法兰克福学派反对传统理论的经验性的研究方法,推崇一种以思辨为主的、整体性的、历史性的研究。包括霍克海默在内的法兰克福学派的不少学者,形成了相关的批判性的哲学方法论,例如启蒙辩证法、否定的辩证法以及本雅明的具有历史性的辩证法等。这些哲学方法论成为法兰克福学派学者批判资本主义社会的科学技术、工业文化等现代文明的有效方法和力量。

1. 启蒙辩证法

霍克海默作为法兰克福学派的创始人,有《传统理论和批判理论》《理性之蚀》《工具理性批判》等大量著作,尤其突出的是在1947年与阿多诺合著的《启蒙辩证法》,这是一本对过度启蒙、科学技术理性进行反思和批判的著作,也是对现代性批判最深刻的著作之一。霍克海默通过对启蒙精神的历史透视和现实剖析,对启蒙精神进行了反思和批判。最初的启蒙目标是为了祛除幻想的神话,而后来启蒙却又过度强调了理性的作用,从而使得启蒙理性本身变成了神话。启蒙破除了幻想的神话,但是又建立起新的对工具理性的盲目信仰,建立在纯粹、中立基础上的工具理性崇拜导致启蒙又重新退化为神话。工具理性是启蒙精神、科学技术和理性自身演变和发展的结果,它是一种通过精确计算功利的方法,实现最有效的达到目的的理性,是一种以工具崇拜和技术主义为生存目标的价值观。启蒙理性的发展高扬了工具理性,以至于出现了工具理性霸权,从而使得工具理性变成了支配、控制人的力量。

霍克海默对工具理性进行了深刻的反思与批判,并且把批判的矛头直指科学技术。对于科学技术的批判是对于启蒙精神批判的一个延续。"科学的成果,至少在部分上可以有助于工业生产,然而,当面临作为一个整体的社会进程的问题时,科学却逃避着它的责任。"②也就是说,从批判理论来看,工具理性作为技

---

① 〔美〕马丁·杰伊:《法兰克福学派史》,单世联译,广州:广东人民出版社1996年版,第257页。
② 〔德〕马克斯·霍克海默:《传统理论与批判理论》,摘自《批判理论》,李小兵等译,重庆:重庆出版社1989年版,第3页。

术合理性,在一定程度上推动了科技进步和工业生产的发展,但是无益于整体的社会进程。对于工具理性的盲目崇拜,对人类社会的整体进程来说是没有意义的,其可能带来的是人的异化、人的个性与本性的压抑,人与人、人与自然关系的恶化,工具理性形成了某种霸权。霍克海默对于工具理性的批判,成为批判学派中最为重要的批判方向与内容。

案 例

文化工业批判

2. 否定的辩证法

在法兰克福学派的哲学方法论中,"否定的辩证法"是一个极为重要的组成部分,也是用来批判当代资本主义社会、建立社会批判理论的一个重要方法。

"否定的辩证法"这个概念是阿多诺在《否定的辩证法》这部著作中首次正式提出的。根据该书"序言"所说,否定的辩证法"试图用逻辑一致性来代替同一性原则,用那种关于不被同一性所控制的事物的观念来代替被推于最上位的概念的最高权威"。① 它的企图之一就是把辩证法从肯定的本质中解放出来。

否定的辩证法致力于通过概念而超越概念,它的根本作用就在于清除对概念的崇拜,改变概念形成的方向,使之从同一性转向非同一性,这是否定的辩证法的关键。因而,"否定的辩证法就是对非同一性的一贯性认识"。② 非同一性原则是贯穿否定的辩证法的最重要原则,否定的辩证法就是要用非同一性的思想代替同一性原则。"否定辩证法……告诫人们,要从那些根本不能让自身摆脱的'同一性'思维和自满精神中'解放非同一性',从那些只能对之加以歪曲并造成不可预见后果的思维中解放'非同一性'。"③

阿多诺认为,否定的辩证法与传统的辩证法是根本不同的。传统的辩证法

---

① 〔德〕西奥多·阿多诺:《否定的辩证法》,张峰译,重庆:重庆出版社1993年版,第2页。
② 同上书,第3页。
③ 同上书,第6页。

承认同一性,认为矛盾双方是对立的统一,任何肯定都是包含着否定因素的肯定,任何否定都是包含着肯定因素的否定、是辩证的否定。而否定的辩证法中则包含着绝对的否定性,以往的辩证法使矛盾双方达到虚假的同一,而否定的辩证法中的矛盾是不可调和的绝对否定,它本身不具有对立统一关系。绝对的否定性不带有任何肯定性内容,具有彻底的破坏性。

在否定的辩证法的指导下,阿多诺直接把批判的矛头指向现代资本主义社会,以及现代资本主义社会所带来的人的物化。阿多诺认为资产阶级的每一次发展都在要求加强同一性,商品交换原则是同一性原则的社会基础,"商品交换是这一原则的社会模式,没有这一原则就不会有任何交换"[①],正是通过交换不同一的个性和成果而成了同一的,商品交换原则的扩展使整个世界成了可通约的和同一的。因此这个原则造成了个人与社会的一种虚假的、表面的同一。在这里,人类的劳动被还原为社会平均时间,人与人、人与物之间都可以具有同等的价值,居于同样的地位,人与物成为可交换的、具有同一性的事物,人类被物化。同时,个人与社会的同一,使得个人生活不可避免地社会化,并从属于社会总体,最终导致的是个性的压抑与同化。正如否定的辩证法中的非同一原则,阿多诺竭力坚持不受限制的个人及个性化自由,从而尊重和恢复特殊的非同一性事物应有的权利与地位。阿多诺在对现代资本主义文化理论进行激烈批判的同时,对于文化工业,尤其是流行音乐的本质特征与其社会功能也都给予了深刻的揭露。

> **案 例**
>
> **对于流行音乐的研究**
>
>

3. 历史辩证法

本雅明是法兰克福学派的重要代表人物,不同于霍克海默以及阿多诺等人,他采取了在马克思主义中融入犹太宗教思想的立场,分析和研究现实人类社会和大众文化。本雅明的大众文化研究不局限于政治目的和阶级利益,他从独特

---

① Theoder W. Adorno, *Negatiue Dialectic*, New York: Continuum, 1990, p.143.

的历史观出发,进行跨语言、历史、宗教、哲学的综合性的学术研究。

本雅明的历史观首先是打破历史的连续统一性,反对连贯的历史主义,他主张从历史中捕捉"单子",在当下的历史环境中进行研究。本雅明强调关照"当下",从"当下"出发,在碎片化的"单子"中去发现历史的意义和规律。这种研究不是康德式的自上而下,即不是用先验的模式去统摄,而是自下而上,即从碎片化的现象入手,去感悟体验。《拱廊街计划》是本雅明最重要的著作之一,这部作品集中地体现了本雅明从现象出发、自下而上的研究方法。《拱廊街计划》倾注了本雅明13年心血,是其在1926年到1940年期间,对于巴黎的文化、历史、哲学、经济、建筑等方面所记录的笔记和收集的材料,这些内容大多是拼贴性的、碎片化和片段化的,却是最为重要的。本雅明打断历史的线性发展流,把不同的重要现象从他们所处的历史连续体中抽出来,将历史瞬间定格、停顿、静止在形象的细微处,然后对其给予辩证的反思,揭示事物的本质,这种研究方法被称为"定格的辩证法"或"凝固的辩证法",也被称为"辩证意象"。

本雅明的贡献还在于他对于工业技术以及工业技术条件下的文化艺术的辩证分析。虽然文化工业作为一个特定术语是阿多诺和霍克海默在1947年提出的,但实际上,在1935年出版的《机械复制时代的艺术作品》中,本雅明已经对相关内容做了仔细的研究。对于工业技术下的艺术文化分析,本雅明避开了政治意识形态和阶级利益等方面,对于技术、艺术做辩证的、历史的分析。本雅明强调,要把艺术放入生产它的特定的历史语境中进行研究,才能准确地把握其本质。本雅明有一种"技术决定论"的思想,他从技术的角度出发,在历史的条件下,辩证地分析技术所带来的文化艺术的变迁以及对于受众影响的变迁。

除此之外,本雅明艺术文化的研究对于文化研究也产生了重要的影响。一方面,本雅明首先开启了对于受众的能动作用的分析;另一方面,本雅明从各种边缘话语出发,打破了原有的学科界限,将边缘大众文化引向中心,进入主流研究的话语。

案 例

机械复制时代的艺术作品

(二) 批判方法论的具体体现

前面所述的都是法兰克福学派较为抽象的哲学方法论,其运用于具体对象的分析批判上,体现为各种更加直观具体的方法。其中,意识形态批判和心理分析是法兰克福学派学者最为重视和常用的批判方法。

1. 意识形态批判

对于以霍克海默、阿多诺等为代表的第一代法兰克福学派成员来说,意识形态批判是他们对社会进行批判的重要手段和方法。

意识形态在经典马克思主义、西方马克思主义乃至后马克思主义理论当中,都是非常重要的概念。严格说来,意识形态研究并不是一种有严格操作程序的具体研究方法,但意识形态研究也的确可以作为一种独特的研究思路和视角,对于传播学和媒介研究来说,当然也可以将意识形态研究视为一种方法论范式。意识形态作为一种研究方法,是基于这样一个认识:将一切文化产品都看作是特定社会的表现形式。由于传播学和媒介文化同文化研究之间的亲缘性关系,意识形态方法也被传播学吸纳。对于传播学来说,意识形态分析意味着以意识形态的视角来看待大众传媒,意味着揭露隐藏在传播现象和传播文本背后的意识形态因素。这是一种关于意义的深层解读模式,也就是说符号能指网络背后还有一个意识形态所指网络,正是无所不在的意识形态决定了文本的深层含义。

借助意识形态的视角,我们可以获得对大众传播媒介本身更为全面的理解。大众传媒既是资本主义企业,又是意识形态国家机器,同时可以成为公共领域。在后现代语境下,大众传播媒介被视为意识形态和权力角逐的场域,其中充斥着对话语权的争夺。第二次世界大战期间,法兰克福学派的成员大多旅居美国,他们将目光聚焦于作为资本主义企业的大众传媒在资本主义社会中的地位,分析、批判大众传播的社会、政治、经济背景,并提出了诸如"谁控制了大众传播?""为什么?""为了谁的利益?"等一系列问题。他们除了对媒介资本化问题进行分析之外,重点揭露了大众传播媒介作为"收编"的意识形态本质。这些研究无疑深化了人们对资本主义社会大众传播媒介属性的认识。

法兰克福学派的意识形态批判主要从实证主义、启蒙精神、科学技术、大众文化四个方面的意识形态属性进行揭示。首先,实证主义是以反对形而上学和先验论的姿态出现的,在法兰克福学派看来,实证主义也是一种权力和支配的体现,具有意识形态性质。其次,法兰克福学派认为启蒙运动中的启蒙精神中包含着否定自我的力量,启蒙以祛除神话为己任,它试图通过以理性消除迷信、用知识代替幻想的方法达到祛除神话的目的。但是启蒙倒退成"神话",最终启蒙精神成为一种意识形态。再次,法兰克福学派把科学技术作为一种意识形态进行批判,这是对于启蒙精神批判的延续,他们将科学技术理解为现代资本主义社会中新的意识形态。法兰克福学派形成了一个著名论断"科学技术即意识形态"。最后,霍克海默、阿多诺和马尔库塞等人对待大众文化的基本态度是把它作为一种主流意识形态加以批判。在资本主义社会中,标准化、商品化的大众文化造成文化个性和独特精神的丧失,抑制了大众的判断能力,消解了人们对于现实的反抗。他们把大众文化比喻为"社会水泥"来形容大众文化对于人们的思想的凝固和压制,大众文化履行着麻痹大众的意识形态的功能。

案例

对于电影的意识形态分析

2. 心理分析

前面已经提到,法兰克福学派受到了弗洛伊德精神分析法的深刻影响。法兰克福学派自始至终注重心理分析,其对于人的关系、人文主义、人道主义以及对于人的主体性和人的意识变化的关注必然引起它对心理分析的看重。法兰克福学派的成员在对于文化工业尤其是广告等的批判研究中,以及在《权威与家庭》《逃避自由》《权威人格》《爱欲与文明》等诸多研究著作中都恰当地运用了心理分析的方法。

弗罗姆是最为重视心理分析的法兰克福学派人物,其最先提出用弗洛伊德的心理分析来补充马克思主义的宏观分析。在探索人性和自由概念不断变化的关系的《逃避自由》中,在分析纳粹主义时,弗罗姆认为不管是只强调政治、经济因素而排斥心理因素,或者相反,都不正确。"纳粹主义是个心理学问题,但心理因素本身是由社会政治经济因素塑造而成的;纳粹主义是个经济政治问题,但是它对整个民族的统治主宰是建立在心理基础之上的。"[①]

在《权威与家庭》中分析家庭与权威的辩证关系时,霍克海默认为屈从于权

---

① 〔美〕埃里希·弗罗姆:《逃避自由》,刘林海译,北京:国际文化出版公司2007年版,第141页。

威有其特定的心理根源和社会根源：要么是人屈从于自己根深蒂固的心理惰性和无能为力，要么是人受制于绵延不断的、专制的生活条件。

阿多诺的《权威人格》则是法兰克福学派心理分析研究的重要著作，这是一本借助于精神心理分析法来研究法西斯主义心理的书，其中深入研究了作为希特勒法西斯政权社会心理基础的权威主义人格特征。在对于法西斯煽动宣传进行分析时，阿多诺坚持了马克思主义和弗洛伊德思想的结合，一方面把握政治、经济的因素，另一方面坚持心理分析。在心理分析方面，阿多诺强调了煽动者对于心理因素的重视，他指出，煽动者是根据心理的考虑而不是通过合理的陈述来赢得追随者，当然心理因素与社会的经济以及政治性内涵都联系在一起。

除此之外，法兰克福学派的第二代代表人物哈贝马斯也非常注重心理分析问题，在《认识与兴趣》的导言中，他指出"心理分析在这本书中占有重要位置。这里需要说明的是，我对这个问题的认识局限于对弗洛伊德著作的研究；我无法依据实际的经验分析"。[①] 该书第三章正是借用弗洛伊德心理分析的范畴框架去阐释现代资本主义社会扭曲的社会交往关系。

三、哈贝马斯的认识论及方法论转向

哈贝马斯是公认的法兰克福学派第二代代表人物，在哈贝马斯这里，法兰克福学派发生了一个转变，开拓了新的领域并转向新的方向，哈贝马斯在认识论与方法论上都有新的发展。作为法兰克福学派第二代的代表人物，从某种程度上说哈贝马斯起到了承上启下的作用，"一方面，他继续前辈的批判和主题，如作为意识形态的技术，如对工具理性的批判。另一方面，他推进了批判，发展了批判，如从对理性的消极面批判（工具理性），到对理性积极面的阐发（交往理性），并发展为社会批判的规范基础"。[②]

（一）哈贝马斯的科学技术意识形态批判

哈贝马斯加深并拓展了霍克海默、阿多诺等对于科学技术作为一种意识形态的分析和研究，进一步发展了他们的思想。哈贝马斯把当代资本主义社会称为晚期资本主义时期，认为这一时期不同于以往，是人类历史上一个新的历史时期，有了新的时代特征。首先就表现为，国家对于社会经济等各方面的干预更加频繁，而科学技术作为一种意识形态则越来越合理化，这是因为"在今天的后工

---

① 〔德〕尤尔根·哈贝马斯：《认识与兴趣》，郭官义、李黎译，上海：学林出版社1999年版，第2页。
② 于海：《西方社会思想史（第3版）》，上海：复旦大学出版社2010年版，第366页。

业社会,由于国家介入经济事务而掌握了科学技术的管理和使用权,因而这种合理性是围绕着通过技术和有目的的合理关系的中介的政治权威而组织起来的。在这种情况下,生产和技术的分配手段不是作为可以与社会和政治分开的纯粹仪器的总和,而是作为先验地决定着这些手段的生产以及使用和发挥这些手段的操作系统在运转。科学技术本身已取得了合法的统治地位,成了理解一切问题的关键"。①

在现代社会中,作为第一生产力的科学技术越来越重要,成为维系社会发展进步、正常运行的必不可少的重要力量。随着科学与技术越来越重要,其似乎正在成为一种决定社会其他方面发展运转的中心力量。除了生产力之外,社会生活、社会制度、政治系统等的发展变化似乎都围绕着科学技术发展进步的逻辑,也就是说,科学和技术成为一种自主性的、决定性的力量,它似乎决定了社会事态必然发展的规律性,所有的一切都服从于科学技术的逻辑和规律,因此,科学技术不再仅仅是第一生产力,更成为控制包括人类在内的社会其他方面的意识形态。

"总之,到了晚期资本主义,科学和技术的准独立的进步表现为独立的变数;而最重要的各个系统的变数,例如经济的增长实际上取决于科学和技术的进步……也就是说,在晚期资本主义社会,科学技术作为第一位的生产力不仅决定着经济的增长、社会系统的发展,还由此获得了独立性的外观,这就产生了技术统治论的假象,技术统治论就成为晚期资本主义的意识形态。"②而这种技术的统治却很难被人们察觉,因为与传统的政治意识形态的统治相比,这种统治是隐形的,大多数人对于技术保持中立的态度,甚至认为其是进步的和先进的。因此,其统治的合法性从未得到人们的怀疑,也因此,技术的统治对象已经包括了所有人,没有人可以幸免。技术的统治正是在人们的毫无反抗中履行着强大的意识统治功能。哈贝马斯认为,对于这种技术统治是可以扬弃的,而实现扬弃的方法就是交往合理化,哈贝马斯认为,可以通过交往行为重建交往合理性,来克服这种技术的统治。

哈贝马斯把人的行为分为两个范畴:一是工具行为,二是交往行为。所谓工具行为,也就是通常所说的劳动,它是按照技术规则进行的。而技术规则又是以经验知识为基础的,它是工具性的、策略性的,是手段,目的性的,

---

① 黄新华:《哈贝马斯的科学技术意识形态论述评》,载《马克思主义研究》1999年第1期,第67—71页。
② 叶晓璐:《法兰克福学派的意识形态批判及其存在论视域》,上海:复旦大学2005年博士学位论文,第88页。

它涉及的是人与自然的关系。所谓交往行为,则是指人与人之间的相互作用,它以语言为媒介,通过对话达到人与人之间的相互理解和一致。他认为,人类奋斗的目标不是使劳动即工具行为合理化,而是使交往行为合理化。因为交往行为的合理化意味着人的解放、个体化、不受控制,而工具行为的合理化则意味着技术控制力的扩大。由此,哈贝马斯的研究重点不再是法兰克福学派第一代代表人物的工具理性批判而转向交往理性研究。①

由此,哈贝马斯提出了其最为重要的交往理性的观点。"交往理性"是哈贝马斯学说的中心概念,并且是哈贝马斯用来支持其理论的普遍性的主要论旨。伴随着交往理性,在理论与方法论上有两个方面的转向。其一是从工具理性到交往理性的转变,其二是从意识哲学到语言哲学的转向。而这些都是哈贝马斯在有关于以兴趣为导向的认识论的思考与讨论的基础上提出的。

(二)以兴趣为导向的认识论

《认识与兴趣》是哈贝马斯进行社会批判的一本重要的著作,这本书被认为是哈贝马斯专门论述认识论的专著,他以兴趣为导向重新考察认识论。他试图把兴趣引入认识论,以认识兴趣作为认识的基础,其目的在于反对客观主义、科学主义,重新把价值问题引入认识论。他提出批判理论的基础是由认识的兴趣构成的。在绪论中,哈贝马斯说"《认识与兴趣》一书,是在以学习的态度同皮尔士、狄尔泰和弗洛伊德的著作的辩论中所获取的认识。我后来撰写的《交往活动的理论》,就是从这些用交往理论对实证主义、解释学和心理分析所作的思考中产生的"。②也就是说,哈贝马斯的兴趣导向认识论对于其交往理性等思想都有着重要的影响。

哈贝马斯努力建构一种以自我反思为基础的、具有强烈社会性的、批判的社会认识论。哈贝马斯从认识的兴趣方面,比较了关于认识的不同的观点,他区分了技术的兴趣、实践的兴趣和解放的兴趣,分别对应着经验—分析性科学、历史—解释性科学和社会批判性的科学。

技术的兴趣是指对创造和培育人类生存所需资源的认识发展,自然科学及其应用,如技术、医药是技术认知兴趣的最终理由。哈贝马斯把技术兴趣作为人类基本的认识兴趣之一,这就肯定了科学技术在社会发展中的合法地位和作用。在哈贝马斯看来,当代资本主义社会出现的科学理性和人文价值失衡的问题不

---

① 黄新华:《哈贝马斯的科学技术意识形态论述评》,载《马克思主义研究》1999 年第 1 期,第 67—71 页。

② 〔德〕尤尔根·哈贝马斯:《认识与兴趣》,郭官义、李黎译,上海:学林出版社 1999 年版,第 2 页。

在于科学技术本身,而在于它在社会生活中无节制的膨胀和扩张。实证主义的错误就在于,它把技术兴趣作为唯一的兴趣,把技术兴趣曲解为只是对技术上有用的知识的兴趣,而不懂得从人类生活自我反思的维度理解技术兴趣,不懂得其他兴趣对技术兴趣的制约和限定。

实践的认识兴趣是主体间进行语言交往的兴趣,它产生于主体间通过对话而相互理解的交往实践。历史解释学主要阐释的是这种兴趣。这种兴趣的提出对于克服把自然科学作为唯一认识形式的实证主义的偏失、对于促使认识论研究关注主体间的语言交往问题具有重要意义。历史解释学的认知兴趣关涉语言、交往与文化。其焦点是特定文化中或文化之间,不同历史时期的人之间的理解。

哈贝马斯认为:"技术的和实践的认识兴趣作为指导认识的兴趣,只有同理性反思的解放性的认识兴趣相联系,这就是说,在不受心理化或现代客观主义影响的情况下,才能不被误解。"[①] 很显然,哈贝马斯对理性兴趣的区分旨在突出"理性遵循的是解放性的认识兴趣"[②]。在他看来,技术的认识兴趣已经被单纯的工具理性所吞没,实践的认识兴趣已被行政系统所扭曲,因此人类就会产生从扭曲的关系和扭曲的理解中摆脱出来、解放出来的兴趣。各种批判的社会科学就是建立在解放的认识兴趣基础之上的。他把解放的认识兴趣理解为一种自我反思的力量,它把主体从依附于对象化的力量中解放出来,是在人与人之间建立一种没有统治的交往关系和取得一种普遍的、没有压制的共识。

而哈贝马斯力图证明,解放的认识兴趣就立足于人们日常交往中的"交往理性"。哈贝马斯认为,以往人们只承认经验—分析的知识是真正的客观知识,导致的结果是将理性概念局限在工具理性的范围内,而工具理性至多能解决主体对客体的认识和改造问题,我们在研究人类行为时如果仅仅以主—客体关系为基础,我们所看到的人类理性就必然只剩下工具理性。但人类行为除了涉及工具性的主体—客体关系外,还涉及规范性的主体间关系。主体间关系的规范性基础就是所谓的交往理性。哈贝马斯凸显解放旨趣的认识论和超越形而上学思维模式、突破主—客分析的后形而上学哲学观,是他重建批判理论及走向社会实践的理论模型——交往行为理论的理性根基。

(三)交往理性的方法论基础——普遍语用学

哈贝马斯本人非常注重方法论问题,其方法论也是非常突出的。他的方法

---

① 〔德〕尤尔根·哈贝马斯:《认识与兴趣》,郭官义、李黎译,上海:学林出版社1999年版,第2页。
② 同上书,第201页。

论不仅与他的认识论融为一体,而且与他的后形而上学哲学观甚至与他的整个理论活动都是浑然一体的。在《曹卫东讲哈贝马斯》中,曹卫东指出,在阿多诺的指导之下,哈贝马斯开始注重对于原著的系统研究,进而掌握了解释学的方法;同时,阿多诺还要求哈贝马斯认真阅读马克思和弗洛伊德,最终还使哈贝马斯认识到了美国社会学(主要是实用主义)和英国分析哲学的重要性。"总而言之,方法论上的解释学和内在批判,认识论上对马克思主义和精神分析的综合,以及把实用主义引入语言哲学,构成了哈贝马斯社会理论的三大支柱。"①

19世纪末20世纪初开始的现代西方哲学的"语言转向",构成了哈贝马斯批判理论转向语言哲学的广阔背景。哈贝马斯把法兰克福学派的辩证理论与哲学释义学结合起来,尤其注重米德的基于符号的社会互动理论和乔姆斯基的语言学研究成果,最终在批判理论中实现了影响重大的、以交往行为为核心的、从传统的意识哲学向语言学的转向。

意识哲学将世界分为主体和客体,同时把理性视为主体的本质。在意识哲学中,理性与主体是抽象而独立的,完全脱离了历史环境、主体之间的互动以及生活境遇。因而,哈贝马斯批评意识哲学,"没有顾及人类生活根本性的交互主体性本质,以及人的交往技能在创造和维持社会生活方面所起的作用"②。因此,哈贝马斯逐步超越了这种主客体相对立的意识哲学,而转变了自己的思路。

哈贝马斯通过使用语用学来摆脱意识哲学,摆脱主客对立的形而上学模式,从而从以往意识哲学认识论的死胡同中走出来,摆脱了主客体的争论。哈贝马斯从米德那里得到了启示,米德关注于以符号为中介的个体之间的互动,其激发了哈贝马斯超越意识哲学范式,哈贝马斯认为:"个体化不是一个独立的行为主体在孤独和自由中完成的自我实现,而是一个以语言为中介的社会化过程和自觉的生活历史建构过程,通过用语言达成相互理解,通过与自身在生活历史中达成主体间性意义上的理解,社会化的个体也确认了自己的认同。"③哈贝马斯注重主体间通过语言媒介所进行的沟通、交流,认为这种基于主体间性的对话与互动帮助人们完成社会化并确立自身,主体正是在语言的互动过程中形成的。

语言是一种主体间沟通的媒介,哈贝马斯提出了普遍语用学的三种功能,分别是表述性功能、表达意向性功能和施为性功能。哈贝马斯认为,施为性功能才是普遍语言最重要、最独特的功能。所谓施为性功能即以言行事的功能。这种

---

① 曹卫东:《曹卫东讲哈贝马斯》,北京:北京大学出版社2005年版,第49页。
② 〔英〕安德鲁·埃德加:《哈贝马斯:关键概念》,杨礼银、朱松峰译,南京:江苏人民出版社2009年版,第28页。
③ 〔德〕尤尔根·哈贝马斯:《后形而上学思想》,曹卫东、付德根译,南京:译林出版社2006年版,第173页。

功能使听者认同言者,进而进入共同的价值取向,并最终达到一致的行为。这种话语交流者之间的人际互动也形成了哈贝马斯普遍语用学的特征。总之,哈贝马斯提出的语用学带有某些独创特质,其摆脱并超越了意识哲学,把焦点置于主体的互动之上,注重语言的作用,认为主体是通过语言在和其他主体的互动中形成的,而不是在和客体的对立中产生的。

通过普遍语用学,哈贝马斯实现了言语行为理论的建构,这种普遍语用学的建构使得哈贝马斯完成了批判理论由意识哲学向语言哲学的重要转换。这也成为其向交往理论进军的重要一环。正是通过普遍语用学的建立,哈贝马斯才真正通向了交往理性。

(四) 交往理性的建立

哈贝马斯交往理性的提出针对的核心是对于工具理性的批判。和其他学者不同,哈贝马斯把工具理性看作是一个更广范围的理性概念的一部分,哈贝马斯反感工具理性,但并不是针对理性本身。哈贝马斯并没有简单地继承传统,而是广泛地综合当代西方解释学、语言学、精神分析学等各派理论成就,来致力于交往理性的建构,试图为晚期资本主义社会提供正常的评价标准,从而为批判的社会理论奠定理性基础。

"不同于以往法兰克福学派的批判理论,他建构了一套以交往行为理论为核心的系统的哲学。其哲学的关键因素是把评价和批判转移或'分散'到社会市民身上,而不是把它们视为首先是自由理智的批评家的功能。哈贝马斯批判哲学的首要任务不是去揭示一些支配关系或者其中的意识形态。他主要关注的是个体之间交往的批判基础、可能性暗示与障碍所在,指向的是'对话'能详细考察现存主导条件这一潜能,以便在伦理与政治问题上能获得有根据的立场。"[①]他所关注的是个体之间的交往,"交往"一词在哈贝马斯的术语用法中是某种相互的意思,而不是指所有的活动,其所指的交往行为包含有达到互相理解和同意的对话能力。

> 交往理性这个概念所具有的内涵最终是基于在辩谈中以不受限制的、统一的、能带来共识的力量为中心的经验,在这样的谈话中不同的参与者克服他们纯粹的主观看法,并由于双方在理性上相互有根据的信任而确保双方在客观世界和他们主体间的生活世界的统一……因此高层次的交往理性

---

① 〔美〕马茨·艾尔维森、卡伊·舍尔德贝里:《质性研究的理论视角》,陈仁仁译,重庆:重庆大学出版 2009 年版,第 142 页。

意味着认识是基于可理解的陈述的,这些陈述反映了诚实与真诚,是真实的或正确的,它们与通常规则是相符的。在以语言为基础的互动中,根本的假定是陈述者应该能够激发并遵守内在有效性的宣称,或者能够修正已表达的观点。交往行为于是构成了社会中以及社会制度中、日常生活中的社会互动的潜在的重要方面。会话促进了交往理性又充满着交往理性……①

也就是说,在促进交往理性中,以语言为媒介的会话与沟通起着非常重要的作用。哈贝马斯认为,交往行为是与客观世界、社会世界、主观世界这三个世界同时发生联系,把这三个世界作为一个整体来理解和参与的活动。在这里语言不再是一种单纯的工具,而是"作为参与者与世界发生关系,相互提出可以接受和驳斥的运用要求的理解过程的一种媒介",②这也就意味着,语言是一种可以带来理解的工具,它使得主体之间得以沟通与交流,进而能够实现理解与合作,达到交往理性。

他坚持认为,社会正是通过以语言为基础的交往行为而实际地运转和前进的,交往行为"不仅是达到理解的过程……同时行动者正在参与互动,通过互动,他们发展、巩固和更新了他们在社会群体中的成员关系和他们自身的身份。交往行为不仅是解释的过程,在此过程中文化知识'对照世界得以检验';交往行为同时是使社会整合和社会化的过程"。③ 哈贝马斯所提出的这种摆脱工具理性的交往理性,成为其批判理论重建的桥梁。

哈贝马斯的批判方法是批判性的、综合性的研究方法,与法兰克福学派第一代批判家的研究方法相比,哈贝马斯的批判有着明显的实证主义、保守主义的色彩,因为他把语言学、社会学和人类学等引入到批判理论中,援引实用主义和语言学建立了一种不同于意识哲学的崭新的真理观,稀释了西方人本主义的批判传统,钝化了人文价值批判的锋芒。哈贝马斯表现出的语言哲学的转向,也代表着一种新实用主义的转向,因为新实用主义的重要哲学基础之一就是语言哲学。新实用主义所探讨的问题,涉及语言哲学、科学哲学、哲学解释学、解构主义等重要哲学流派。哈贝马斯的语言哲学的转向与20世纪新实用主义的转向是一致的。

---

① 〔美〕马茨·艾尔维森、卡伊·舍尔德贝里:《质性研究的理论视角》,陈仁仁译,重庆:重庆大学出版社2009年版,第138页。
② 〔德〕尤尔根·哈贝马斯:《交往行为理论》(第1卷),张博树译,重庆:重庆出版社1994年版,第134—135页。
③ 〔美〕鲁思·华莱士、〔英〕艾莉森·沃尔夫:《当代社会学理论》,刘少杰等译,北京:中国人民大学出版社2008年版,第88页。

第三章
传播政治经济学及其研究方法

传播政治经济学作为西方传播学领域批判学派的分支之一,不同于经验学派,该理论流派在资本主义社会关系的整体中来考察传播体系,将传播活动作为一种经济活动,关注西方传播体制的经济结构和市场经济运行过程,通过对传播的所有权、生产、流通和受众消费等层面的分析,试图展现传播权力结构如何运作,尤其是在信息转化为商品过程中如何运作。这里将论述传播政治经济学的起源和发展,梳理其核心概念和关注的焦点问题以及传播政治经济学研究的方法论特征。

一、从政治经济学到传播政治经济学

传播政治经济学是政治经济学在传播媒介领域内的一种延伸,其学科母体和方法论支点是政治经济学,它们表现出对一些共同问题的关注。因此探讨传播政治经济学必须从政治经济学入手,政治经济学的研究对象、研究路径、方法论等都是传播政治经济学的基础。

(一) 政治经济学的含义与方法论特征

政治经济学作为一门学科,狭义上来说是指关于社会关系尤其是权力关系研究的一门学科。各种权力关系彼此建构着资源(包括传播资源)的生产、分配与消费等。"一种更加普遍的政治经济学的定义是关于社会生活中的控制与存在的研究。控制特指一个社会是如何组织其自身、管理其事务的,以及如何适应或者不适应所有社会都会面临的必然挑战的。存在则是指人们如何生产其所需以便再生产其自身以及社会。"[①]控制过程是政治性的,因为它涉及了一个社群

[①] 〔加〕文森特·莫斯可:《传播政治经济学》,胡春阳、黄红宇、姚建华译,上海:上海译文出版社2013年版,第3页。

内各种关系的社会性组织。存在过程是经济性的,因为它涉及了生产和再生产。

另外一种描述聚焦于构成本方法特性的重要本质,它超越了一般的定义所探讨的东西,而对其含义进行拓展,这既是政治经济学的研究路径,也是其研究的四大特征,即历史性、社会整体性、道德哲学和实践性。

首先,政治经济学始终被置于理解社会变迁和历史转型目标的前沿。对于亚当·斯密、大卫·李嘉图和约翰·斯图亚特·穆勒等古典理论家来说,这意味着全面认识资本主义大革命,即以农业劳动为主要基础的社会转向商业、制造业,乃至最后成为工业社会的过程。对于马克思等批判政治经济学家来说,他们的任务是考察推动资本主义发展和变迁的动态力量。

其次,政治经济学自创建之始就主张本学科必须植根于广泛意义上的社会整体中,检视社会关系的总体,这些社会关系的总体组成了经济、社会和文化生活。从亚当·斯密所处的年代开始,政治经济学就以研究社会生活中的共同结构及多重限制为己任。随着马克思主义、制度经济学、保守主义和新马克思主义理论家的相继出现,政治经济学始终如一地通过解释政治和经济之间的相互影响,以二者与更广泛的社会领域之间的关系,坚持了政治和经济间的整体性。

再次,政治经济学是道德哲学,道德哲学被理解为既关注有助于创造社会行为的价值观,也关注那些应该成为引导改变社会行为而进行奋斗的道德准则,研究建立社会行为的价值及指导人们努力改变社会行为的道德原则。当代政治经济学在道德哲学上主张将民主推及社会生活的所有方面,即除了在政治上保证人们的参政权之外,还须将民主延伸至经济、社会及文化领域,要求实现收入平等、普及教育等。

最后,政治经济学的研究坚持社会实践性的维度,也就是坚持思想和行为的一致性。具体来说,它反对传统的学术立场,因为其把研究领域和社会干预领域分裂;政治经济学始终把知识生活看作是社会变革的一种形式,把社会干预看作是学习的一种形式。实践对于政治经济学的认识论前提和本质内涵的发展均十分重要。

(二) 传播政治经济学

传播政治经济学诞生于20世纪40年代末的美国,美国学者达拉斯·斯迈思是该学科的主要奠基人。传播政治经济学以政治经济学理论为框架,并吸收了法兰克福学派和制度学派的一些观念来研究特定的传播现象和传播活动,主要有北美和欧洲两个较大分支。

1. 传播政治经济学的含义

前面已经提到,可以将政治经济学的研究对象视为社会关系,特别是权力关系,它们交互组成了资源的生产、分配和消费。根据这一立场,传播的产品,诸如报纸、书籍、电影和受众等都是主要资源,这使得我们在传播研究中注意到市场运作的过程。比如说,传播产品是如何从一系列生产者如电影制片厂,转移到批发商、零售商及消费者手中,随后消费者的购买及注意力等信息又如何反馈到生产环节,从而形成新的生产过程。它提倡人们关注影响市场的主要力量或过程,引导研究者检视伴随生产、分配和消费线路不断变化的控制方式。因此,政治经济学这个术语在媒介研究中经常涉及一些宏观问题,如媒介的所有权与控制,以及将媒介工业与其他媒介、其他工业、政治经济和社会精英联合在一起的其他因素。它一般研究媒介兼并、商业化、国际化的过程,探究受众和广告的利润驱动原理及其对媒介行为和媒介内容的影响。

政治经济学这个术语在媒介研究中具有广泛的"批判"意义,其实质上是作为一种社会批判方法,主要关注传媒视野的经济结构和动态过程,并把研究焦点放在对传媒所有权结构和传媒控制结构的经验分析上,放在传媒的市场力量和运作方式上。也就是说,传媒机构以及传媒产品、传媒内容等必须作为社会组成的一部分,尤其是与政治系统密切相关的经济系统的组成部分,传媒产品的内容受到市场、媒介所有权拥有者的根本经济利益以及政治利益的影响。

传播政治经济学,是传播批判学派的主要分支,是以政治经济学理论为框架,研究传播活动的一个传播学流派,除了达拉斯·斯迈思这个学科的奠基者外,传播政治经济学的代表人物还有赫伯特·席勒、格拉姆·默多克、戈尔丁、马特拉等。从总体上看,西方传播政治经济学主要以马克思主义政治经济学为基础,同时吸收了制度经济学、新马克思主义政治经济学观念以及法兰克福学派的理论。作为一个传播学流派,"这个流派完全有别于美国主流的实证学派,它着重分析传播体制的经济结构与市场经济体制的运行过程,从而揭示传播与文化工业的复杂性,以及通过资本实现的传播与文化活动对社会过程的影响。通过对传播的所有权、生产、流通和受众消费等层面的分析,传播政治经济学试图展现传播的社会权力关系"。[①]

"传播政治经济学是在资本主义社会关系的整体中来考察传播体系的,它与广告、公关、受众分析等应用型传播研究截然不同。同时,也不可以把它与政治传播、媒体经济、健康传播、组织传播、人际传播、网络传播、跨文化传播等以传播

---

① 赵月枝:《传播与社会:政治经济与文化分析》,北京:中国传媒大学出版社2011年版,第3页。

领域或传播技术划分的传播学分支相提并论。"①传播政治经济学扎根于政治经济学,其作为一种研究取向和方法论,有着与政治经济学相统一的历史性、整体性、道德哲学以及实践性等特性。传播政治经济学可以用来分析整个社会传播过程与各个具体传播领域。

2. 传播政治经济学的理论渊源

从整体上看,传播政治经济学的主要理论来源是马克思主义政治经济学,同时还吸收了批判学派以及制度学派的一些观念。

马克思的政治经济学和唯物史观对传播政治经济学最直接的影响就在于使它不像主流传播研究那样脱离政治、经济等要素孤立地考察大众媒介的效果及其对社会的影响,而是关注媒介所处的社会政治经济特征,关注谁拥有媒介、控制媒介、经营媒介的问题。因此,传播政治经济学从一开始就将大众传播活动置于广泛的政治经济环境下,从大众媒介与政治经济权力的关系角度来考察媒介生产过程及其对媒介内容以及社会的影响。

批判学派的文化工业理论不仅揭示了在西方国家媒介作为产业的本质,而且强调了它们在资本主义制度下的意识形态功能,这对传播政治经济学的直接影响就是使它不仅关注资本主义大众传播媒介作为一个经济组织的运作过程及其特征,而且关注传播活动对社会的影响,特别是其意识形态功能。此外,传播政治经济学还借鉴了制度学派的历史观和整体观,关注国家、企业等权力组织与大众传播组织的相互作用。

传播政治经济学基本上可以等同于批判的传播政治经济学。传播政治经济学兼具了批判学派的一些特点。在《传播与社会:政治经济与文化分析》一书中,中国著名传播政治经济学学者赵月枝指出了批判研究的一些特征,并认为这些特征为传播政治经济学研究所继承和共享。这些特征主要有:(1)从研究命题看,批判研究一般集中研究传播和社会权力之间的关系,强调历史感和对宏观社会背景的分析,集中研究媒体体系的所有权和控制,媒体结构、意识形态、意义和身份认同与其他大的社会结构的关联,以及传播制度和文化结构层面的分析。(2)从方法论上看,批判研究倾向于宏观的、整体性的研究方法,同时也不排斥实证的研究,但认为问题的相关性与重要性比技巧的完美更重要。(3)批判研究明确表明学术研究是以价值观或道德哲学作为引导的,他们的研究强调知识的批判性力量,旨在通过弱化和消除统治性的权力关系建立起一种公平正义的社会生活共同体。(4)批判研究不仅批判现存的资本主义社会关系,而且把研

---

① 赵月枝:《传播与社会:政治经济与文化分析》,北京:中国传媒大学出版社2011年版,第19页。

究作为一种社会实践,主张通过研究来影响社会,改变现状。批判研究致力于提供可能导致社会变革的知识力量,为个人和群体的解放创造知识文化资源。

可以看出,上述的批判学派的四个特点与政治经济学的特征在本质上也是相统一的,传播政治经济学传承了这些思想精髓,将传播现象放在一个广泛的历史社会背景下来进行研究。

3. 传播政治经济学的哲学基础

在莫斯可的经典传播学著作《传播政治经济学》一书中,莫斯可从认识论和存在论的基本原则引出了传播政治经济学的哲学基础。

认识论是理解我们如何认识事物的一种路径,为我们如何认知事物提供了一个框架,莫斯可认为传播政治经济学建立在一个现实主义的、兼容并蓄的、建构性的和批评性的认识论基础之上。它是现实主义的,"主要是因为它承认观念和社会实践都是实在的。在这个意义上,它既不同于提倡只有观念才实在的律则式,又不同于主张观念不过是为人类行动的个别现实贴上标签的个殊式。由此出发,政治经济学也是包容的,因为它反对本质主义或者将所有的社会实践简化为唯一一种政治经济学解释的倾向,提倡一种将观念视为研究一个多元化社会领域的出发点或者切入点的理论范式"。[1]此外,认识论是建构性的,政治经济学将社会生活理解为一套互相构成的过程,"它的各个单元在形成的不同阶段互相作用,其方向和影响只能在具体的研究中得以描述。最后,这种政治经济学理论范式是批判的,因为它将知识视为与其他知识体系和社会价值互相比较的产物,它常常将在研究中获取的知识与替代性的知识体系进行比较,比如新古典主义经济学、多元政治科学和文化研究"。[2]

除了认识论基础之外,莫斯可还探讨了存在论,存在论为理解存在的本质提供了一个框架。具体来说,存在论的区分在于将各种事物视为结构或者视为过程,以及结构与过程哪一个应该更加受到重视。传统的政治经济学强调物或者结构,例如跨国媒介公司和监管它们的政府。莫斯可则认为传播政治经济学将各种社会过程和社会关系置于最显著的位置,这就意味着承认社会变革无处不在,各种结构不断发生变化。传播政治经济不否认研究媒介机构的重要性,可是认为这种研究要建立在分析一种社会过程——比如将故事转化为电影和其他有销路的产品——的基础上。

---

[1] 〔加拿大〕文森特·莫斯可:《传播政治经济学》,胡春阳、黄红宇、姚建华译,上海:上海译文出版社 2013 年版,第 163 页。
[2] 同上书,第 164 页。

"传播政治经济学提倡这样一种理解方式:将指导思想的抽象概念和我们的感官所接受的具体观察都接受为真实的存在。因此,它反对在某些理论当中盛行的观点:只有我们的观念或者只有我们的观察——而不是两者都包括在内才是实在的。传播政治经济学也反对这种立场:现实不存在,观念和观察在重要的意义上都不实在。"[①]也就是说,传播政治经济学承认观念和社会实践都是实在的,是基于一种唯实的、包容的、建构的、批判的认识论。

(三) 传播政治经济学的代表人物与研究取向

传播政治经济学基本上可以分为北美和欧洲两个较大的分支,除此之外,还有第三世界国家的相关研究。

北美的政治经济学研究取向始自达拉斯·斯迈思与赫伯特·席勒,这两位学者在这个领域中影响深远,并波及世界各地。斯迈思是传播政治经济学的学科建立者,他开设了第一门此类课程,他不仅是一位倾向于马克思主义的学者,而且是一位将学术分析、政策研究和行为参与结合为一体的身体力行的典范。其代表性的理论有"受众商品论""依附理论"等。赫伯特·席勒比斯迈思晚了半个世纪,1969年出版的席勒专著《大众传播与美利坚帝国》得到了广泛关注。在圣地亚哥期间,席勒完成了一系列著作,以此来定义美国传播政治经济学。这些著作对世界范围的批判观点的兴起影响深远,它们一直将传播研究置于广泛的政治经济背景之下。他随后的著作《传播与文化主宰》提出了文化帝国主义的问题。

欧洲的传播政治经济学代表人物主要有格拉姆·默多克、戈尔丁、马特拉、加汉姆等。默多克将兴趣放在传播社会政策的研究上,带着从事过电影业的经验进入传播领域的研究,创办了《媒介、文化与社会》杂志。1974年,默多克与戈尔丁的著作《论大众传播政治经济学》是一个奠基性的成果,因为它勾勒出媒介政治经济学分析的概念图,被公认为推动发展的一步。他们以英国的媒介作为研究对象,探讨存在于出版业、报业、广播电视业、电影业与唱片业中的结盟与集中化现象。除了提出已被接受的媒介集中化趋势——整合与多元化经营之外,他们也关注当时仍处于发展中的一个新议题,即英国媒介的国际化。最后,他们还关注到议题的更广泛内涵,包括对娱乐与信息的限制性选择。

第三世界的传播政治经济学研究从对抗发达国家的力量出发,因为它是从

---

① 〔加〕文森特·莫斯可:《传播政治经济学》,胡春阳、黄红宇、姚建华译,上海:上海译文出版社2013年版,第162页。

一系列发生在世界各地的不同形式的社会斗争中锤炼出来的。第三世界研究主要从两个方面出发。首先,他们批判了保守主义与自由主义的发展策略,认为这些发展策略是前殖民力量在反帝国主义斗争中取得政治和军事胜利之后所发动的一种反攻。其次,第三世界提出一系列研究观点,最为人所知的就是依附理论,这些理论建立了理解全球政治经济转型的框架体系。

二、传播政治经济学关键概念

第二部分将涉及一些关于传播政治经济学方法论的重要概念,这些概念对于理解传播政治经济学的研究路径以及研究方法有着重要意义。

(一) 反本质主义

莫斯可认为,后现代女性主义者哈拉维的观点对于传播政治经济学来说很重要,因为她质疑了各种本质主义,"不管是建立在阶级、社会性别还是种族基础之上,哈拉维的论断超越了这些路径;她回避了本质主义,而是将她的论证建立在切入点和多重测定上"。[①] 传播政治经济学研究的一个重要准则就是反本质主义。

前面讨论传播政治经济学的哲学基础时,已经说明了传播政治经济学反对现实不实在、观念和观察在重要的意义上都不实在的立场;相反,传播政治经济学提倡观念与观察都是实在的一种唯实论。"这种哲学就意味着现实是由许多因素构成的,不能被简化为一种本质。仅仅是经济(比如,金钱是推动媒介的唯一力量)或者仅仅是文化(比如,人民的价值观塑造了媒介)都无法像魔钥似的开启我们对传播的理解。这种哲学基础也将社会变革、社会过程和社会关系的观念推至最显著的位置,这些观念要求重新评估政治经济学的传统重点,即强调媒介企业等社会机构,或者将社会阶级视为一种结构,而不是一种社会关系。"[②]

(二) 媒介非中心化

传播政治经济学回避了传播本质主义,也就决定了对于传媒的分析并不只是以媒介为中心的,而是把传播现象置于社会大背景之下,以将其作为社会很多

[①] 〔加〕文森特·莫斯可:《传播政治经济学》,胡春阳、黄红宇、姚建华译,上海:上海译文出版社2013年版,第264页。

[②] 同上书,第162页。

因素的一部分,关注资本主义发展过程、积累方式的演变以及传播在演变过程中的地位与作用。媒介非中心化意味着将传播体系看做是社会中根本的经济、政治、社会和文化基本过程中不可分割的一个组成部分。

媒介的政治、经济、社会、文化诸方面与教育、家庭、宗教及其他机构活动可以平行对待,在坚持媒介非中心化的角度之下,媒介被作为一种交换的社会过程来理解,其产品是社会关系的标志或具体表现。传播不只是由政治、经济、科学及社会学术来解释的文化背景,传播实践同样建构着社会,传播是与社会互相建构而成的。传播政治经济学探讨传播是如何在社会中建构的,形成传播渠道的社会因素以及通过这些渠道传播信息的范围。

实际上,坚持媒介非中心化的研究大大提升了媒介研究,"把其从原先孤立的、边际化的、没有理论化的研究地位升级到对广大资本主义体系的生产与再生产体系进行研究的根本地位。媒介去中心化的过程将资本、阶级、矛盾、冲突和反抗斗争概念置于前台,对默多克和戈尔丁来说,对资本的分析是'传播政治经济学的明显开端'。具体来说,这意味着大众媒介首先和最重要的是工业的、商业化的组织,它生产和分配商品"。[①]

(三) 制度学派

在传播政治经济学的初创时期,传播政治经济学的奠基人斯迈思就认为应该关注大众媒介与社会的关系,即关注大众媒介作为一种经济力量对社会的影响以及社会政治、经济权力机构对大众传播活动的作用,强调以一种"历史的""制度的"方法来研究传播现象。

所谓"制度"的方法来自制度学派。制度学派是19世纪末20世纪初诞生在美国的一个经济学派别,重要代表人物有凡勃伦、康蒙斯、米切尔等。制度学派以研究"制度"而得名,根据凡勃伦的定义,制度是"广泛存在的社会习惯",本身有着进化的过程。因此,制度学派所研究的内容,除了经济的、市场的因素之外,还包括法律的、社会的、伦理的、历史的等各种因素。

制度学派强调制度的、结构的、历史的社会文化分析方法。这里所说的制度、结构的含义极为广泛,其中既包括所有制、分配关系,又包括国家、法律制度、意识形态等。它把所有这些制度、结构并列在一起,用以解释社会经济变化的原因。制度学派采用历史方法、社会达尔文主义和职能主义心理学,批评传统经济

---

① 〔加〕文森特·莫斯可:《传播政治经济学》,胡春阳、黄红宇、姚建华译,上海:上海译文出版社2013年版,第122页。

学的方法论,承认资本主义制度存在各种弊端和缺陷,强调对资本主义各种经济关系的改良,这些形成了制度学派的传统。

受制度学派分析研究的影响,传播政治经济学着重探讨传播是如何在社会中建构的,形成传播渠道的社会因素以及通过这些渠道传播信息的范围,这有助于将这些结构与传播实践置于资本主义贸易以及国际分工等更宽广的领域中。

(四) 商品化

商品化、结构化以及空间化是莫斯可对传播政治经济学研究所归纳的三个切入点,这里将分别加以介绍,首先是商品化。"所谓商品化就是将因使用而产生价值的物品转化为可以销售的产品,其价值来自它们能交换来的东西。一个典型的例子就是将一个故事转变成一部可以在市场上售卖的电影或者小说的过程。"[1]商品化是理解特定的传播制度与实践的切入点,传播实践与技术促进了整个社会一般的商品化过程。传播中的商品化是多种形式的,商品化不仅适用于传播内容,也适用于受众以及媒介劳动。

传播领域的商品化中最基本的是传播内容的商品化。"资本主义社会的报纸生产史涉及众多过程,包括商品化——它将新闻报道者变成了一名工资劳动者,靠出售其劳动力或者撰写新闻报道的技能来换取工资。资本将那种劳动力转化为一篇报纸文章或者一个专栏,它们和其他新闻报道与广告一起形成了一个套装产品。传播研究一般倾向于集中关注作为商品的内容,进而识别出内容的商品地位与其意义之间的关联。结果,传播被视为一种特殊的、异常强大的商品。"[2]除此之外,新媒介还扩展了将内容商品化的机会,因为它们主要基于数字化过程,将包括数据、文字、图像、电影和声音在内的传播转化为一种通用语言。

商品化的第二个维度是受众的商品化。"受众商品论"是斯迈思最具代表性的理论观点,他指出广告电视节目等媒介内容产品实质上并不是媒介产生的真正商品。在1951年,他便提出,商营大众传播媒介的主要产品是受众的注意力,由此奠定了其后的受众商品理论。他认为,受众是大众媒介的主要商品,媒介产品是用来吸引受众的,大众媒介生产受众,并将他们卖给广告客户。"被广告商购买的受众为其提供的服务的本质是什么?用经济学的术语来说,受众商品是一种被用于广告商品销售的不耐用的生产原料。受众商品为买他们的广告商所

---

[1] 〔加〕文森特·莫斯可:《传播政治经济学》,胡春阳、黄红宇、姚建华译,上海:上海译文出版社2013年版,第14页。
[2] 同上书,第170页。

做的工作就是学会购买商品,并相应地花掉他们的收入。"①

商品化研究的第三个维度是劳动的商品化。传播政治经济学家对于制度对媒介生产的控制和这种控制对受众的影响——包括受众劳动力的概念——给予了相当大的关注。为了检视内容和受众的商品化,人们倾向于忽略劳动力商品和生产现场发生的过程。"布雷弗曼的著作通过直接面对资本主义劳动过程的变革,引领了知识界结束这种边缘地位的潮流。在他看来,劳动是概念或者预见、想象和设计业务的能力,以及实行或者将之付诸实施的能力的统一体。在商品化的过程中,资本插手令概念和实行、专门技术和未经训练实施的能力分离。它还将概念的权力集中于管理阶级——它要么是资本的一部分,要么代表其利益。最后,资本重组劳动过程,以回应这种在生产现场中技术和权力的新分配。"②

(五) 空间化

吉登斯曾使用"时空延伸"这一术语,来探索时间和空间在世界范围内的影响力的减弱。电子邮件可以轻易地穿过半个地球,这种便捷性揭示了时间和空间能够更好地作为弹性资源的合理性。传播政治经济领域中的空间化就是这样的含义,指克服社会生活中空间和时间限制的过程。对于传播政治经济学家来说,空间化具有特殊的重要性,因为传播是在社会中实现空间化的主要手段之一。传播领域内的空间化是这样一种过程:大众媒介和传播技术克服了地理空间的限制。比如,电视将全球事件的图像传送到世界各地,克服了距离障碍。传播政治经济学将空间化视为企业权力在传播产业的制度延伸。

空间化研究强调的是组织活动的地理和制度的延伸,传播政治经济学所特别论述的空间化,主要涉及传播产业中企业权力的制度延伸,这主要表现在媒介公司规模的快速增长上。因此,媒介的空间化扩展与传媒公司的集中化以及传媒权力的集中化不可分割。传播政治经济学尤其关注传媒产权集中的不同形式,以此来研究权力在传播领域的运作。企业的集中对整个社会具有深远的影响,其与传播的生产、分配和交换的控制密切相关,过度的集中可能会产生霸权限制竞争,进而限制社会可获取的信息和娱乐的多样性。所有权作为媒介集中的主要制约因素,是政治经济学家最感兴趣的问题,所有权的集中限制了生产者和销售者,进而限制了传播和信息的流通。

---

① 〔英〕奥利弗·博伊德—巴雷特、克里斯·纽博尔德:《媒介研究的进路:经典文献读本》,汪凯、刘晓红译,北京:新华出版社2004年版,第273页。
② 〔加〕文森特·莫斯可:《传播政治经济学》,胡春阳、黄红宇、姚建华译,上海:上海译文出版社2013年版,第170页。

(六) 结构化

社会结构和个人哪一个更有影响力？是我们创造了历史，还是历史创造了我们？也就是说，社会结构和人类能动性的关系以及其对于社会生活所产生的影响力究竟是怎样的，这些问题长期困扰着哲学家和社会学者。"传播政治经济学为这些问题提供了重要的启示；同时，通过对社会结构和人类能动性之间建立的连接，这些问题拓展了传播政治学路径的研究领域。正像空间化提供了政治经济学与地理学之间的联系，结构化连接了政治经济学与社会学。"①

传播政治经济学的结构化过程既强调结构，又不忽视能动性。社会生活由结构和能动性相互构建而成，这就相当于马克思所描述的人民创造了历史，但是并非是在自己所创造的条件中创造，而是受到环境的限制，社会行动发生于其中的结构所提供的机遇与局限中。也就是说，社会和个人分别创造了彼此。人类是结构的产物，而结构是人类社会活动或者能动性的产物。传播政治经济学强调结构和能动性之间权力的重要性，以及将结构化植入社会分析的批判趋向中。"这个焦点从实质和方法论上深化了政治经济学的权力分析。为完成对权力的研究，政治经济学运用了适合对权力进行大规模分析的概念和方法。例如，这些概念与方法使传播政治经济学能够检视默多克新闻集团如何通过合并、购买、劳动实务以及借贷来积蓄力量，进而扩大媒介和信息商品的生产，以左右政府的规范政策。"②

传播政治经济学的结构化过程研究，关注权力研究，包括权力的所有权问题，这就会趋向于强调社会阶级的结构化，阶级结构化是解释社会生活的一个重要的切入点。但是传播政治经济学是反对本质主义的，为了避免把所有的社会关系简化为阶级关系的本质主义的倾向，传播政治经济学也关注结构化的其他维度，例如社会性别、种族、社会运动等问题，这些维度与阶级一起，组成了传播中众多的社会关系。

结构化的分析运用阶级、社会性别、种族和社会运动术语，"将这些关系范畴作为对传播实践中的社会关系的描述，包括它们是如何组织起来服务于个体的能动性，而正是个体的能动性产生了这些关系范畴"。③ 社会阶级、社会性别和种族等共同构成了整个结构化过程的一个重要方面。

---

① 〔加〕文森特·莫斯可：《传播政治经济学》，胡春阳、黄红宇、姚建华译，上海：上海译文出版社2013年版，第239页。
② 同上书，第242页。
③ 同上书。

(七) 依附理论

依附理论是传播政治经济学派创始人斯迈思的代表理论之一,依附理论的含义是指:跨国企业以少数资本主义核心国家为基础,受到各自国家的资助,通过设定资源、生产及劳动的市场交易条件,来控制核心国之外的国家。通过控制交易条件及市场结构的方式,跨国资本建立了所属腹地的经济活动条件,包括该地区的发展。就好的一面来说,这造就了依附发展;就坏的一面来说,这变成了非发展性的发展。斯迈思重要的学术著作《依附之路》就用辩证分析法揭示了加拿大依附发展问题中的垄断资本现象。另一种依附取向则是文化领域的。那些对媒介与文化感兴趣的学者考察了由跨国媒介公司和国家控制的生产、行销及接受的流程中的依附现象。

依附理论有广泛的影响力,但同时受到广泛的批判。被批判是因为它只重视跨国企业在发展上的影响力,忽视了对内部阶级与权力关系的分析。但是依附理论仍然为文化分析提供了更大的空间,这是第三世界批判传播研究长期的兴趣所在。对依附理论的批判特别为文化帝国主义的研究提供了更大的空间,从而使进一步考察整体政治经济流程和涉及信息接受与文化构成的过程与斗争成为可能。

(八) 媒介集中

前面提到在考察媒介的空间化扩展时,不可避免地要研究媒介的集中。媒介的企业集中对整个社会具有深远的影响。企业集中使得企业能够更好地控制传播的生产、分配和交换,但可能会形成垄断进而限制竞争,限制社会可获取的信息和娱乐的多样性。

媒介集中不仅在内部——各媒介之间发生,而且在外部——媒介公司与非媒介公司之间发生。政治经济学家对集中的许多不同形式都存有兴趣,不过,他们最主要的兴趣集中在所有权的问题上。所有权的集中使得公司可以使用在一系列市场中运作的资源。此外,分析的焦点从纯粹的产品数量转移到了产品的多样性。"正是通过这个过程,集中具有了这样的特征,即相关公司的合作计划,既是机会也是责任,彼此的区别变小了,竞争也缓和了。这个过程由许多日常接触与互动构成,赋予了集中一种霸权的性质,一种理所当然运用权力的权利。"[①]

---

① 〔加拿大〕文森特·莫斯可:《传播政治经济学》,胡春阳、黄红宇、姚建华译,上海:上海译文出版社 2013 年版,第 212 页。

媒介集中化研究所面临的一项日益艰巨的任务就是考察媒介产业的逐步整合如何跨越了传统产业和技术分工的界限。产权集中化问题包括公司的纵向整合使其在特定工业部门中控制越来越多的生产线，另外就是传播产业内部或外部的公司跨部门横向整合。比如，通过整合，像索尼、贝塔斯曼等大集团延伸了它们的直接产权控制，不只是在国内甚至在国际上形成了某种程度的霸权和对媒介内容多样性的控制。

将印刷业中的产权问题加以系统化研究的是赫尔曼和乔姆斯基的《制造共识》。他们观察到报业从有利于政治经济核心势力与组织把关人的角度对国际新闻进行筛选编排，并以"大众媒介规模、产权、盈利额的方向"为起点开始研究。另一位研究者是贝迪凯恩，他提供了有关媒介集中化的类似分析，他认为媒介集中化（包括新闻与娱乐业的不断整合趋势）渐渐淡化了信息与广告内容的区别。北美在电信业方面的政治经济学研究也特别关注商业集中化的问题。杜波夫指出，由于政府的支持，首先在电报业中产生了垄断，随着电话业的兴起，电磁波谱的分配以及新信息传播技术的发展，这种垄断扩展到了各个行业。

三、传播政治经济学的方法论特征

莫斯可在《传播政治经济学》中说道，任何一门学科面临的挑战之一就是本质主义这种倾向，也就是说，把现实简化为学科的中心要素的倾向。传播政治经济学为避免这种本质主义倾向，提倡一种去中心化的传播媒介研究，把社会过程和社会关系置于研究的前沿，把传播看做是一种社会交换过程，交换的产品是一种社会关系的标记或者体现。广义地说，传播和社会是相互建构的。

斯迈思在1954年发表的《关于传播理论的一些看法》一文针对传播研究方法论问题进行了探讨，他抨击了主流传播研究所使用的"逻辑实证主义的科学"方法，认为它过于强调"来自实验室的、由各种变量的统计测量保证的证据"，忽视了"来自历史学、社会学、政治学以及经济学的证据"。斯迈思呼吁传播研究者拓宽方法观，将经验方法与严密的逻辑规律结合起来，主张使用"制度的、历史的理论"方法。斯迈思认为主流的传播研究从社会学、社会心理学、信息科学等学科出发研究传播现象，未能理解政治、经济问题对理解传播过程的重要性。他强调研究大众传播活动必须研究有关的政策和机构，特别是权力问题。因此，传播政治经济学从一开始就确立了一种历史的、制度的宏观定性研究的方法。

这种宏观的定性研究的方法反对传统的传播学引以为教条的经验主义方法论，反对以实证调查为主的行为主义研究范式。其更多地关注现实的社会政治经济背景对传播活动的制约,以及人们在物质地位上的不平等对传播活动的决定性影响。在传播政治经济学中,传播不仅是一个信息传输和交换的过程,还是人类的一种社会实践活动,所以其关注的不仅是媒介本身,也包括社会经济、政治、文化的有机组成,研究者追踪媒介与文化、家庭、教育等制度体系的关系,以及它在社会生活中所发挥的能动作用。同政治经济学一脉相承,传播政治经济学的方法论具有四个相同的特征,即历史分析、广泛的社会整体理解、道德哲学以及作为实践的社会干预(实践)。

(一) 历史分析

历史分析既作为一种研究维度,又作为一种研究方法,在政治经济学研究中有着悠久的历史,政治经济学家康奈尔、华莱士·克莱门特都非常注重历史分析。康奈尔认为"要让历史成为理论的有机部分,必须将社会机构视为不断构成的,而不是不断被再生产的"。[①] 克莱门特在政治经济学中为历史设定了一个清晰的视界,"在寻求理解历史转型——包括变革的行动者和驱动力——的意义上,它在本质上是历史的和动态的"[②]。

在传播政治经济学的结构化研究中,历史维度是非常重要的,关于社会性别以及种族等最有趣、最重要的研究都聚焦于社会历史的分析。"萨克斯顿就用这样的方法研究了美国白人种族主义的历史,他强调经济杠杆的作用,包括从奴隶市场到被隔离的职业市场;同时他也注重文化的力量,其中就包括对于种族自卑感和大众娱乐(比如白人扮演的化妆黑人滑稽乐队的表演)的学术分析——这些都生产了一系列的种族(和社会阶级)关系……"[③]

在《传播政治经济学》一书中,莫斯可强调了政治经济学家对历史分析的重视,并分析了历史研究路径的变化。他认为,从20世纪90年代中期到当前的研究继续着从政治经济的视角去追求历史分析的趋势。但是,这种研究已经不同于较为传统的传播研究中的历史分析,传统的历史研究倾向于强调个人,比如像默多克这样的媒介巨鳄被看作是媒介发展的驱动力,也就是把媒介大人物的历史作为媒介历史的中心,但是这种研究不利于理解媒介。之后的研究,聚焦于媒介技术发展历史的研究,这种对于媒介技术历史的研究算是较为深思熟虑的做法。然而,这种路径倾向于夸大技术效应,给技术以自我生命而忽视了社会和政

[①] 〔加拿大〕文森特·莫斯可:《传播政治经济学》,胡春阳、黄红宇、姚建华译,上海:上海译文出版社2013年版,第35页。
[②] 同上。
[③] 同上书,第262页。

治势力对技术发展的影响。当前,历史研究转向社会和政治的研究,它已经倾向于对政策和政治做倒转研究。莫斯可认为,相对于传统的媒介巨人的研究或者技术神话的研究,这种视角更有意义。"这种媒介认识解释了当下合法的媒介体系是深刻抗争的历史结果,这抗争不仅关乎资本家和他们在政府中的联盟,还包括工会、市民群体、消费者联合以及各种社会公正组织。"[①]

案 例

对于广播的历史分析

(二) 整体性分析

传播政治经济学主张去媒体中心论,避免传播本质主义,置传播现象于资本主义社会不平等权力关系的大背景之下,并且从全球视角来研究问题,将传播体系看做是社会中根本的经济、政治、社会和文化过程的一个组成部分。默多克和戈尔丁认为,不能孤立地研究不同的媒介部门,因为它们通过法人控制相互联系起来,而且只有参考广阔的经济背景才能理解媒介的各种行为。

马克思主义政治经济学是传播政治经济学的重要理论来源之一,传播政治经济学者因此也关注媒介领域内的生产力的发展、资本对公共财产的剥夺、雇佣劳动与劳资矛盾、阶级分化、资本的全球扩张趋势、国家与资本及社会的关系等问题。具体来说,比如传播技术的演变和劳动者对传播技术的掌握、资本将原先处于公共领域的传播文化资源私有化、传播产业中劳工的状况及其与资本的关系、媒体全球化的主要推动力量、传播资源和技术手段不平等的社会分配等问题。总之,传播政治经济学把传播作为更广阔的社会整体中的一个方面,作为资本主义生产关系的生产和再生产过程的一个部分来考察。对于媒介的整体性的研究是把其置于更加广阔的社会和文化领域之间并注重理解政治和经济之间的

[①] 〔加拿大〕文森特·莫斯可:《传播政治经济学》,胡春阳、黄红宇、姚建华译,上海:上海译文出版社 2013 年版,第 141 页。

联系。

整体性分析或者说制度性的宏观分析是传播政治经济学研究的最重要的方法论特征,因为其本身就受到制度学派等研究的影响。在整体性的研究中,传播政治经济学者试图揭示:"政治经济权力中心与传播权力中心(比如国家、传媒集团、社会力量)之间是怎样的相互建构的关系。例如,赫伯特·席勒就在《大众传播与美利坚帝国》一书中揭示,经济实力与信息控制、形象制造、舆论建构的融合是新权力的本质。"①

席勒从整体性角度分析考察了美国政府、军队与大众媒介的关系,以及商业媒介与政府、军队如何结成利益共同体。在研究商业广播的崛起时,席勒注重制度的作用,指出这些媒介的发展在各个方面被包围着它们的市场体制所主导。市场经济为美国广播赢得其早期的特征以及较为持久的风格创造了制度氛围,它首先把广播媒介推向了设备制造商,接着又将它推向商业广播公司的怀抱,无线电广播成为加速生产与消费循环中的一个有效的参与者。

案 例

卡伦英国劳工报业研究

(三) 道德哲学

传播政治经济学坚持通过价值和道德哲学的准则来评价、理解传播的结构和历史,并评判传播过程是否有助于实现民主、平等、公正和正义。它超越了功效的技术问题,与公正、平等和公众福利的基本道德问题紧密结合。在整体性研究的基础上,"传播政治经济学从一定的价值观出发,对传播机构和过程进行衡量与评估。衡量的内容包括传播业在经济中的地位,意义的生产从属于资本积累的程度,传播产业所有权的集中、多元化程度,国家权力、传播机构、广告、市场逻辑对内容、形式和受众群体组成的影响程度,传播资源和权利在阶级、性别、种

---

① 赵月枝:《传播与社会:政治经济与文化分析》,北京:中国传媒大学出版社 2011 年版,第 11 页。

族、地区、国家间的分配形态等"。① 传播政治经济学所特别关注的有政治、商业与传媒的同谋,媒介信息文化产品不平等和文化入侵,以及对于媒介集中所带来的霸权与内容控制的批判反思等问题。

案例1

政治与传媒的同谋

案例2

媒介集中

案例3

媒介文化入侵

---

① 赵月枝:《传播与社会:政治经济与文化分析》,北京:中国传媒大学出版社2011年版,第11页。

(四）实践行动主义

传播政治经济学研究尤其是欧洲的相关研究倾向于融入各种新马克思理论传统，主动谋求与社会变革的各种运动紧密相连，尤其是维护服务公众的传播系统。也就是坚持研究与行动的统一，即实践，这是政治经济学路径的根本特征。

传播政治经济学认为真正的知识不是纯理论的和纯粹概念的东西，而是理论和实践相结合的产物，是在理论和实践相互建构的过程中产生的。学术有其特定的实践目标，而传播政治经济学学术实践的目标是挑战不平等的社会权力关系，深化民主和提高人类的解放程度。"传播政治经济学以'民主''公民权利''社会公正'和'参与'等理念为理想价值目标，积极寻求通过国家的途径实现干预，主张参与传播政策的制定过程，从而使之民主化，使传播政治经济学提倡的规范价值观成为政策议题并逐步得以实现。同时，传播政治经济学者还通过非政府的途径干预社会传播，通过参与劳工的社会运动以及非政府组织的传播活动和自下而上的媒体改革运动，进行有关意义的抗争和替代性传播实践，从而更好地实现公民的社会文化传播权利。"①

> **案 例**
>
> **自由出版组织**
>
>

（五）制度研究与个人研究的结合

传播政治经济学从总体上遵循制度性的、宏观的研究而缺乏个人层面的、微观的分析，不少传播政治经济学学者发现了这种研究偏向的局限性，在《传播政治经济学》一书中莫斯可写道，当人们到达了处于社会复杂程度上层的政治经济学，微观或者人际层次研究的那些问题消失殆尽。这既限定了理论的全面性，又

---

① 赵月枝：《传播与社会：政治经济与文化分析》，北京：中国传媒大学出版社2011年版，第11页。

限定了它的社会应用。由于缺乏与人际层次的直接遭遇，政治经济学很难解释经验的领域和情感的领域。人们在这两个层面上的经验往往存在着巨大落差。一方面，人们感受到制度层面的权力运作；另一方面，人们也感受到自己的日常存在，这种经验是发生在小群体之间的一系列互动，以文字、影像为媒介，也以人们自己为媒介。如果传播政治经济学对于后者不加以研究，那么它就对人们行动的后果无法作出评判。在认识到这个问题之后，许多学者对于斡旋制度和个人两个层次之间的研究做出了巨大的努力，并且收获了大量的理论反思。

前面已经提到，结构化理论强调社会行动和能动性，并通过考察权力在构成的、互动的、微观的层次上的运作，扩展权力的概念，研究的重点不仅有社会性也有微观性。为完成对权力的研究，政治经济学运用了适合对权力进行大规模分析的概念和方法。例如，这些概念与方法使传播政治经济学能够检视默多克新闻集团如何通过合并、购买、劳动实务以及借贷等途径来积蓄力量。同时注重在微观的层次上扩展权力的概念，例如，新闻集团的董事面对如此众多的、复杂的宏观压力，如何制定出优先的议事议程，决定进入此特定市场而不是另一个。

有关商品化的研究也体现了传播政治经济学宏观和微观研究的一个结合。商品化是传播政治经济学研究非常重要的一个切入点，很重要的一点就在于它使得私人生活与公共生活的研究彼此联系，因此也就把研究个人生活的微观层面与公共生活的宏观层面联系在一起。"在方法论方面，就如何使宏观的全球政治经济分析与中观的传播组织机构研究，以及微观的观众接受、个人主体性塑造和意识形态认同等三个层面相互连接这个问题上，瓦斯科和蓬达库等人也成果颇丰。而萨斯曼对全球传播政治经济的分析不但一直强调商业、政治、意识形态和技术逻辑之间复杂的相互建构关系，而且在其著作中把政治经济学运用到对政治竞选过程的分析之中。"[①]

传播政治经济学对于微观层次的个人主体性的思考实质上受到了文化研究坚持主体性分析和个人文本解读的影响。文化研究对于政治经济学的演进在一些方面有所助益。文化研究坚持对于实证主义的广泛的批判，也影响了传播政治经济学对于实证主义的反思。传播政治经济学在文化研究的影响下体现出了更加广阔的包容性，但是与文化研究相比，政治经济学仍然有其自身的鲜明特色。

政治经济学仍旧坚持历史研究的价值，整体的、宏观的制度性思考，道德上的承诺并且坚持克服社会研究和社会实践间的差距。"因此，政治经济学与文化

[①] 赵月枝：《传播与社会：政治经济与文化分析》，北京：中国传媒大学出版社2011年版，第19页。

研究中倾向于对主观性和主体的研究大相径庭,同时与文化研究中拒绝思考历史实践和社会整体的倾向迥异。此外,政治经济学同文化研究中采用专业化语言的倾向不同,因为在它看来,专业化研究的使用违背了文化分析的初衷,即文化分析应该为普通人所享用,因为他们对文化分析的社会建构负责。"①

---

① 〔加〕文森特·莫斯可:《传播政治经济学》,胡春阳、黄红宇、姚建华译,上海:上海译文出版社2013年版,第278页。

第四章
符号学研究方法

在文化与传播研究领域,符号与意义理论具有普遍的重要性,这些理论在文学、语言学、哲学领域产生了广泛的影响。如果我们想要了解西方现代文化理论,就不得不对形成于 20 世纪初并在整个 20 世纪欧洲学术思潮变迁中始终处于基础性位置的符号学理论有所了解。尽管符号学对晚近时期的批判理论来说非常重要,但从其理论根源上来讲,无论是皮尔士传统还是索绪尔传统的符号学都是一种诠释性质的学说,它们所提供的,更多是方法论层面的东西,这些宝贵的思想资源(尤其是索绪尔)后来被广泛运用于马克思主义的文化与媒介研究中,对这些领域的发展产生了至关重要的影响。有鉴于此,我们将符号学方法以及结构主义和后结构主义的研究方法视为整个西方批判研究阵营的重要组成部分,事实上它们也确实为文化研究、女性主义等批判思潮提供了理论上的基础。

一、符号与符号学的基本理论

虽然符号随处可见,但要为符号和符号学下定义却十分复杂。美国哲学家皮尔士和瑞士语言学家索绪尔分别开创了符号学最重要的两个体系。前者从科学探究的视角研究符号学,其内涵涉及自然宇宙中的一般符号问题;而后者则注重对符号能指和所指的研究,力图揭示意义的产生和符号系统中的结构关系。

(一) 符号学的两个系统

在现代符号学理论的起源上,存在着两个直接的来源:一个是美国哲学家、科学家皮尔士,另一个是瑞士语言学家索绪尔。这两位思想家几乎是在同一时期开始形成各自的符号学理论,但是他们彼此之间并不知道对方的研究工作,不同的学术背景使得他们的理论在哲学基础和方法论意义上具有很大的差异性。

皮尔士的符号学思想直接来源于康德、洛克等人,他将符号视为逻辑学的同义词,他研究符号学问题的目的是更好地理解逻辑学,反之亦然,研究逻辑学问题也是为了更好地阐述宇宙的符号性质。正是因为这个原因,皮尔士的符号学具有普遍性的意义,是对世界的一般符号原则所进行的研究。他的理论对与自然科学相关的领域的学者具有很大的启发性,如计算机科学、人工智能研究等,在很多情况下,我们通常也将皮尔士的符号学称为指号学。而索绪尔的理论发展自欧洲语言学。他关注的是语言中的符号学问题,尽管他本人在《普通语言学》一书中提出对符号进行独立研究并创立符号学学科的设想,甚至认为语言学只是符号学的一个部分,符号学的范围要大于语言学的范围,但是他的符号学思想还是带有很强烈的语言学色彩。对于一般符号学(宇宙的符号性质)的原则,他没有进行论述,他的理论似乎不太适合人类社会生活之外的领域,如动物的符号现象以及种种自然界的符号现象。不过,有趣的是,他的语言符号学原则后来超越了语言学范围,在人类学和文学、经济学、政治学等领域得到了空前的发展,正像叶尔姆列夫指出的:不存在语言学符号学说明不了的对象。① 因此,语言学传统的符号学理论最终也发展成了一种万能的解释理论,运用语言符号学中所阐释的思想原则,符号学家们也能对诸如流行时装、摄影图像、食品系统甚至是社会组织和机构进行研究,不过主要还是限于人文社会科学领域。

　　由于存在两个不同的源头,并且学术差异明显,因此,在英语世界中,符号学具有两个意义相同的名词:Semiology 和 Semiotics,"这两个词都用来指这门科学,它们唯一的区别在于,前者是索绪尔创造的,欧洲人出于对他的尊重,喜欢用这个名词;操英语的人喜欢使用后者,则出于他们对美国人皮尔士的尊敬"。② 对于符号学的两个来源问题,翁贝托·艾柯在《符号学理论》中进行了说明,他认为:关于该学科应该称作 semiotics 还是 semiology,有一些争论。semiology 指索绪尔的定义;semiotics 或 semiotic 指皮尔士和莫里斯的定义。这种划分方法在以后的符号学和语言学家那里得到了延续,"如叶尔姆斯列夫(Hjelmslev,1943)建议,将符号学分成(a)科学符号学和(b)非科学符号学,二者都由(c)元符号研究构成。研究非科学符号学的元符号学是 Semiology,其术语则是由 meta-Semiology 研究。……梅兹(Metz)效法叶尔姆斯列夫,建议将自然科学的所有形式化现象称作 Semiotics,把人文科学的那些形式化状况称作 Semiology。格雷马(Greimas)建议把 Semiotics 这一术语应用到表达科学上,而把 Semiology 这一术语应用于各种内容科学"。③

---

① 〔意〕乌蒙勃托·艾柯:《符号学理论》,卢德平译,北京:中国人民大学出版社 1990 年版,第 34 页。
② 语出皮埃尔·格劳德,转引自〔英〕霍克斯:《结构主义和符号学》,瞿铁鹏译,上海:上海译文出版社 1987 年版。
③ 〔意〕乌蒙勃托·艾柯:《符号学理论》,卢德平译,北京:中国人民大学出版社 1990 年版,第 34 页。

(二) 符号

"符号"向人们传递一种可以进行迅速知觉检索的简单信息,是一种视觉的图像,也是一种象征物。人类在长期的生产、生活实践中,发现、创造了大量的象征符号,几乎涉及人类精神活动的一切方面。法国哲学家马里坦蹭说:"没有什么问题像与记号有关的问题那样对人与文明的关系如此复杂和如此基本的了。记号与人类知识和生活的整个领域相关,它是人类世界的一个普遍工具,正像物理自然世界中的运动一样。"[1]虽然符号作为实在随处可见,但对于其概念的界定却并不容易。

正如前文所述,符号学有两个完全不同的源头,因此对于符号的定义也有所区别。

索绪尔来自语言学领域,他认为有关"符号"的科学将成为社会心理学的一个分支,语言学则是符号科学中最为重要的一个部门。他认为"凡符号系统,其构成成分便是其区别之所在"[2],符号的任务和本质就是区别于其他符号。同时,索绪尔还认为,符号与意义形影相随才是符号的现实,随意地将"符号"与"意义"分离,想象它只指"物质部分"是错误的,二者就像一张纸的正反两面,没有意义就没有符号,没有符号同样也没有意义。在与意义相联系的过程中,索绪尔的符号观念成为结构主义者的研究基础,在能指和所指的结合中产生意义,又在不同的切分方式中收获不同的意义结构。这一看法也延续到了法国学者罗兰·巴特的思想中,他将结构语言学看做符号学的组成部分,同时也不仅限在这个范围内,而是将之发展为实用符号学,使符号学与一般文化学结合起来,符号的范围也随之扩展到语言之外的领域,这将在下文中有所提及。

与之相对,皮尔士认为人类的认知、思维,甚至人本身,在本质上都是符号,进一步地说,皮尔士甚至认为人自身是人使用的一个符号,即"每一个思想是一个符号,而生命是思想的系列,把这两个事实联系起来,人用的词或符号就是人自身"。[3] 与索绪尔能指和所指的系统不同,皮尔士认为符号是由符号、所指和在人的头脑中产生的认识三者构成的,将人头脑中的认知作为符号产生作用的一个必要组成部分,体现出皮尔士符号学观点与索绪尔等欧洲符号学思想的根本区别。

---

[1] 李幼蒸:《理论符号学导论》,北京:社会科学文献出版社1999年版,第1页。
[2] 〔瑞士〕费尔迪南·德·索绪尔:《普通语言学手稿》,于秀英译,南京:南京大学出版社2011年版,第230页。
[3] 〔美〕瓦尔:《皮尔士》,郝长墀译,北京:中华书局2003年版,第116页。

从上述分析中我们可以看到,索绪尔的语言符号是表达交流的工具,与意义相联系;而皮尔士的符号则是人类抽象思维的工具,人通过使用符号达到认知的目的。

(三) 符号学

尽管从表面上看,符号学还未真正成为一门独立的学科,甚至没有一所大学拥有"符号学系",但更深入地探索就能发现,符号学的方法其实渗透在今日绝大多数的人文学科中,且发挥着重要的作用,反映了符号学本身的内在学术张力。

符号学(semiotics/ semiology),简单来讲,就是研究符号和符号的运作的学问;或者表述为:从符号系统对意义的社会性生成所做的研究。符号学与其说是一门学术性的学科(discipline),不如说是一种理论取向(approach)及其相关的研究方法。

符号学主要有三个主要的研究对象:

(1) 符号本身:如符号种类、不同种类的符号传递讯息(message)的不同方式。符号与它的使用者之间的关系。

(2) 由符号组成的符码(code)或符号系统(systems)。这个领域就是研究一个社会的文化如何因其自身需要,或因开拓不同传播途径之需而发展出的各种符码。

(3) 符号或符码运作所依托的文化(culture)。当然,文化也依赖符号或符码的运用以维系其存在与形式。

对于符号学,皮尔士和索绪尔两位先驱有不同的论述。皮尔士的符号学和他的逻辑学研究是密不可分的。他认为逻辑学在一般意义上只是符号学的别名,是符号的带有必然性的或形式的学说。皮尔士从科学探究的视角研究符号学,其符号学(也称指号学)理论所要探讨的范围并不局限于人类社会中语言等符号现象,而是广泛涉及整个宇宙中的一般符号学问题,与他的逻辑学研究相互协调一致。他的符号学原则可以很自然地运用于包括动物的符号现象、天体的符号现象等自然界中的符号学问题,就其范围而言,远比索绪尔符号学广泛和普遍。在后者眼中,符号学被设想为一门研究社会中符号生命的科学,它表明符号由什么构成,符号受什么规律支配。此外,语言学不过是符号学这门总的科学的一部分,符号学所发现的规律可以应用于语言学,后者将在浩如烟海的人类学的事实中圈出一个界线分明的领域。可见,索绪尔的符号学研究并不是建立在科学和逻辑的探究的基础之上的,而是建立在语言学基础之上的,主要研究的是以语言学为基础的人类社会中的符号现象。

从20世纪的学术思潮发展看,欧洲的符号学理论以及结构主义、后结构主义、后现代主义等五花八门的理论均与索绪尔传统的符号学相关。皮尔士的符号学一开始并没有在它的原产地北美得到广泛重视,虽有莫里斯等人加以发展,但学术影响远不能与索绪尔传统在欧洲的发展相提并论。然而,在最近三四十年,皮尔士的影响逐渐扩展开来,许多欧洲理论家也广泛关注皮尔士的学说,并深入挖掘,使之发扬光大,阿佩尔、艾柯、哈贝马斯等重要的哲学家就是其中的赫赫有名者。符号学的焦点在于符号文本(text),这不同于线性的或流程的传播模式,后者只重视过程而不太重视文本。有些传播模式对文本几乎采取完全忽略的态度,这是两种研究途径最大的不同之一。另一个明显的不同在于对受众地位的认识不同,在符号学里,受众在传播中扮演着非常重要的、积极的角色。他们有时候倾向于使用"读者"或者"阅听人",以此来替代"受众",以强调接受者的主动性和积极性。在符号学看来,读者是参与文本意义生产的重要一环,而不是单纯被动地接受媒体提供的讯息的存在。

正是由于对"文本"的关注,使得符号学的研究对象一直处于不明确的扩展之中,在皮尔士、莫里斯、西比奥克等研究者看来,符号是一切的基础,关于符号文本的泛化可以扩展到人类生活各个方面,他们在某种意义上建立起一个"符号帝国",认为符号学的研究对象不单是符号,也应包括符号的作用和指号的过程。索绪尔则提出了一门"研究社会中符号生命的科学"的设想。这一设想主要由法国结构主义学者罗兰·巴特所继承,他在20世纪60年代对普及与拓展符号学发挥了关键作用。作为一项艰巨的精神探索,符号学力图揭示与分析意义是如何产生于符号系统的结构性关系,而非产生于单个符号的外在现实。从这一点上来看,虽然索绪尔和皮尔士所发展的两种完全不同的符号学研究系统在符号范畴和研究方法上有所不同,但在将符号学研究过程化的导向中却保持了一定的相似性。

二、皮尔士传统:源自科学的指号学思想

在传播研究中,我们有时倾向于将符号和意义理论视为美国主流传播学与欧洲传播研究之间的重要区别,因为欧洲的符号与意义理论已经得到了充分的发展,并且成为一种用于媒介现象分析的最常见的、最基本的研究方法与工具;相比较而言,尽管美国的符号学与意义理论由于皮尔士的创造性努力,在其起步阶段上并不逊色于欧洲,但是没有得到广泛继承、发扬和应用。对符号与意义理论的探讨并不是美国主流传播学关注的重点,它在这方面的理论发展基本上是

很欠缺的。但这种现象的存在并不妨碍符号和意义概念在美国主流传播学范式中同样占据着重要位置。在主流传播学范式的设计大师施拉姆看来,符号乃是"人类传播的要素……是传播中可以还原成'意义'的要素"。① 在他的经典著作《传播学概论》中,他花了两个章节的篇幅论述符号和意义及与此相关的语言等问题。可见,符号学问题其实并不单单是欧洲学术界思考的问题,事实上在传播和文化研究领域中,它具有普遍性,是我们思考和分析媒介文化现象时必须具备的基础性知识。

需要特别说明的是,为了更清楚地将皮尔士和索绪尔两支不同的符号学区分开来,在下面的论述中将皮尔士的源自科学的一般符号学称为"指号学",将索绪尔源自语言学的结构符号学称作"符号学"。

(一)皮尔士关于指号的解释

查尔斯·皮尔士是美国最伟大的哲学家之一,他的著作"不仅包含了哲学的整个领域,而且对于很多科学学科有着实质性的贡献"。② 在符号学领域,皮尔士最大的贡献是提出了以科学为基础的指号学。溯其根源,皮尔士的指号学思想来源于约翰·洛克,在《论人类的理解力》一书中,洛克写道,最后的学科的任务是"考虑符号的性质,心智利用符号来理解事物,或者把知识传达给他人"③。以此为起点,皮尔士发展了一种很周密的指号学理论,与索绪尔强调能指与所指的任意性和协议性不同,皮尔士的重心放在自然符号体系中,他认为符号学是一个基础性学科,只利用现象学和数学。从研究内容的外延来看,皮尔士的源于科学观念的指号学是作为基础的一般指号学,是广义的。

首先,从定义上看,出于对现象学的基础反思,皮尔士将"指号"定义为"对于某人代表某物的任何东西",对于一个符号的考察必须同时涉及三个方面的东西,即"解释意"(interpretant)、"指号"(representamen)和"对象"(object)。指号是第一者,被称为它的对象的事物为第二者,而被称为指号解释意的为第三者,这三个成员被"三个一组"的关系捆绑在一起,不以任何方式存在于"两个一组"关系的综合体之中。在皮尔士看来,指号在其内在性上是三合一的,三者之间的关系确定了指号化过程的确切本质。对于这种三合一关系,约翰·费斯克用三角形的图像加以表示。

---

① 〔美〕施拉姆:《传播学概论》,陈亮等译,北京:新华出版社1984年版,第67页。
② 〔美〕瓦尔:《皮尔士》,郝长墀译,北京:中华书局2003年版,第1页。
③ 同上书,第95页。

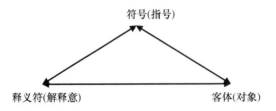

图 1　费斯克的指号、对象、解释三者关系示意图①

图中双向箭头强调：每一要素只有在与另外两者相联时，才能被理解。指号只能表达对象，并告诉它是关于什么的，并不能提供对象的认识或识别，因此它的存在不但以对象为前提，也与解释意的传达息息相关。对象是指号指涉的自身之外的某物，并且这个对象是被人所理解的东西，也就是说，它在使用者心里产生某种效果，这种效果我们称之为解释意。值得注意的是，这里的"解释意"并不能被简单地等同为指号的使用者，而应是皮尔士所说的"适当的意指效果"，也就是说它是一个精神上（心理上）的概念，是由指号和指号使用者对客体的经验所共同产生的。因此，解释意并不是固定不变的，也不是词典所定义的，而是随着使用者的经验范围之变化而有所不同的。

（二）指号的三个基本类型

皮尔士指号学的一个主要贡献和特点就是他对指号的类型做了相当复杂精细的分类，在这个领域中，几乎再难找到像他那样耗费大量精力从事指号分类研究的哲学家。索绪尔显然在这个领域无法与他等量齐观。他关于指号分类的论述主要体现在 1903 年、1904 年的论文和 1908 年给魏尔比夫人的信中。总体来讲，皮尔士的指号学类型理论同样贯彻了他的三合一的现象学范畴分析理论，他主要从三个角度切入：一是从指号的载体属性的角度进行分类，二是从指号与其对象之间的关系的角度进行分类，三是从指号与其解释者的关系角度进行分类。

1. 从第一种角度的分类看，由于指号都是有其形体的，也就是说，指号的功能通常都是由一些我们能够看到的物体或者表象来承担的，因此，对指号载体属性的分类也就是对表象（representament）的分类。据此，皮尔士将指号分为**"特性指号"**（qualisign）**"单一指号"**（sinsign）和**"法则指号"**（legisign）。所谓"特性指号"是指"指号之所以成为指号所具有的那种特性，事实上，除非这种特性能够

---

① 〔美〕约翰·菲斯克：《传播研究导论过程：过程与符号》，许静译，北京：北京大学出版社 2008 年版，第 35 页。

进一步地具体化,否则,它并不能够实际地发挥指号的作用。不过,具体化与指号的特性之间并没有关系"。① 对这种抽象的论述,瓦尔解释说,红的特性(redness),这个指号就是皮尔士所说的特性指号,严格来说,仅仅一个特性是不能起到指号作用的,除非它进一步体现于一个存在的东西里。按照他的现象学范畴论,这种表象属于物体现象分类中的第一(Firstness)。

单一指号与法则指号之间存在着"标志"(token)与"类型"(type)的关系。单一指号是特性指号在具体事件或物体上的体现,是一个作为指号而实际存在的事物或事件,它仅能通过它所具有的特性才能如此出现,它的存在取决于它的特性。而所谓法则指号,则与此正好相反,它们是"类型"而不是"标志"。"类型指号是一种指号法则,这种法则通常是由人来建立的。它并不是一个实际存在的物体,而是一种一般意义上的类型。"②这种类型的意义取决于人们的约定俗成,类型指号的特点还在于:它必须在一个存在的东西里具体体现,皮尔士将这种作为类型的每一次单独体现的"个例"称为"复制品"。"复制品就是单一指号,因此每一个类型指号都需要单一指号来体现。不过,这里说的单一指号还不是一般意义上的单一指号,它们不是那种被视为具有一定意义的特定的实际发生的事件,如果复制品与类型赋予它的法则不相适合的话,它是无意义的。"③

"这就把我们带到了一个著名的区分,一个常常归功于皮尔士的区分,即类型—标志(type-token)的区分。英语单词'飞机'是一个类型指号。它不是一个存于某人大脑里的单一的东西等待着和别人交流,像在接力赛里的接力棒一样。但是,在个别说出'飞机'这个单词的时候,例如,一个孩子指着天空的时候,它就是在单一的实际事件里被具体化了,从而成为一个单一指号或标志。'飞机'这个单词在这一段里出现了三次。这三个词是同一类型的三个标志。"④

2. 皮尔士关于指号分类理论中最著名的分类方法就存在于他从指号与其对象之间的关系的角度进行的分类中。在这种分类关系中,皮尔士分辨出**肖像**(icon)、**指向**(index)和**象征**(symbol)三种指号类型。他说:"每一种指号由其指涉客体来决定:第一,如果指号带有客体的某种特性,那么这种指号,我称之为肖像;第二,如果指号就是物体本身或者说指号的个体存在与物体个体存在有实质性关联,那么这种指号叫做指向;第三,依照习惯能大致确定其能被解释为对某

---

① Peirce, *The Essential Pierce* Ⅶ, Bloomington: Indiana University Press, 1992, p.291.
② Ibid.
③ Ibid.
④ 〔美〕瓦尔:《皮尔士》,郝长墀译,北京:中华书局2003年版,第98页。

件事物的指示,这种指号就是象征。"①

肖像指号的特点是,它在某些方面酷似它的指涉物,或者说它带有其指涉客体的某些特征,视觉指号很明显地属于这种类型的指号。照片、公路上的标志牌、地图都是一种肖像指号。"不过,肖像也可能是语音上的:拟声语便是企图用声音来做模仿。丁尼生(Tennyson)的诗句:The hum of bees in immemorial elms,就是以文字的声音模拟蜜蜂的声音。贝多芬的田园交响曲里,采用了许多音乐上的肖像(musical icons)来比拟大自然的声音。我们也可以由此推论,某些香味是动物指示其发情状态时所发出的气味肖像。甚至,(我们所绘的)皮尔士的'指号—物体—解释'的模式也是一种肖像,企图为三者间的抽象结构关系,复制出具体的形象。"②当然,皮尔士也谈到了一些特殊的情况,他指出:如果认为所有的肖像都与它们所指示的东西必然有酷似的关系的话,那就未免太绝对化了。"当一个醉醺醺的人被用来展示与他相反的有节制的品德时,这肯定是一个肖像,但它是不是通过相似性来指示的却很值得怀疑。"③不过,皮尔士随即承认,这种问题确实显得"有些微不足道了"④。

另一个问题是:指号所带有的事物的这些特征和形象与它所指的对象存在与否其实是无关的。在公路上立着的有鹿穿过的路标是肖像的很好的例子:它是以一个很有特点的图画或图表来指示它所代表的东西的。由于这个指号是通过指号本身的特征(在一个五边形的黄色的平铁板上画一个黑色的四条腿的形状)来指示的,因而它可以不管有没有鹿都起到象征的作用。由于肖像是以在某种程度上与它所指的东西相似来指示的,而且由于指号的这些要素独立于它所指对象的存在与否,因此肖像不能够提供任何保证在指号本身之外有它指涉的东西存在。一个指示有半人半马的怪兽穿过的指号,是警告有半人半马的怪兽穿过,这一点和一个指示有鹿穿过的指号是一样的。

如果说肖像是通过自身的特征来指示而与其对象存在与否无关的话,那么与之相反的是指向(index)。指向是通过这样的一个特征来指示的,那就是,如果它所指的对象不存在的话,它的这个特征也就消失了。也就是说,指向是通过皮尔士所说的"与事实相对应"的关系或"存在性关系"来指示的。皮尔士说,指向的功能像一个指示代词;它使得注意力集中在所指示的对象而不描述它。一个例子就是人指向一个闪电的方向。这里,指号的真实性不像肖像那样依赖于

---

① John Fiske, Introduction to Communication Studies, New York: Routledge Press, 2002, p.47.
② Ibid.
③ Peirce, The Essential Pierce VII, Bloomington: Indiana University Press, 1992, p.13.
④ Ibid.

指向的行为与所指的现象之间的相似性;而是像皮尔士所说,它是依赖于实际出现的存在的某些因素。这个因素,以其在不同显现形象(apparition)之间的相似性和它自身内在的本质特征的力量,透过时间和空间在它的显现形象的持续性之中显露自身,从而使得它与所有其他的事物不同。也就是,指向所表明的是,存在于外在对象和主体的感官和记忆之间的动态的关系。这种关系暗示着一种强加于思考着的心灵的无可争议的实在性,一个那时和那里。在皮尔士看来,这种无可争议的实在性不必一定是存在于人心之外的东西,它也进入数学家的想象性的构造,甚至进入梦中。由于指向是通过与呈现在人脑海里的对象的动态关系来指示的,因而是持续而不是相似决定了它的真理性。

对于肖像来说,无论它所代表的东西是否出现或存在,这都不影响它的意义。与之形成鲜明对比的是,指向在指示时"所具有的特性是这样的,它的对象不存在的话,它也不具有这个特性"①。然而,与肖像一样,指向始终保持着象征的特征,无论它是否被理解为一个指号。一个上面有弹孔的罐子,皮尔士说,是枪击的指号(没有枪击也就没有洞),这与是否有人想得到把它归于枪击无关。

指号的三个最基本类型的最后一个是象征符。它的特点在于:它既不酷似它的客体对象,不具有它的客体对象的特征;它也不像指标那样依赖于它的客体对象的存在。事实上,象征符是一种由指号的解释者依据习惯、习俗或者规则来指涉其对象的指号。皮尔士认为,对于指号而言,一般性的名字或描述,需通过观念的联系方式或者名字与指示的特征之间的习惯性关系来指示其对象。阿拉伯数字指号就是一种典型的象征符,这些指号与它指涉的客体之间没有特征上的共享或分享关系。谁也说不清楚"1"所指涉的客体的形象特征是什么,现实生活中也不存在"1"这种物体,人们用这个指号来指涉"1"的概念,完全是一种约定俗成、习惯或者说规则要求的结果。这样的例子还很多,中国文化中的"龙"这一指号也是这样一种情况。从形象上看,中国文化中的"龙"的特征与西方文化中的"龙"的特征并不相同,现实生活中也没有"龙"这种生物实际存在。"龙"的指号意义是这一指号的使用者依据其文化习俗而在心理概念上进行的指涉,因此它的意义取决于解释者的心理概念与指号指涉之间的文化连接关系。这就有点像索绪尔在论述指号的能指与所指之间的关系时所说的那种情况,能指与所指之间的关联是一种文化和习惯的产物,在能指和所指之间并不存在着必然的、事实性的关系,因此,一个所指可以通过多个能指来表达。同样象征符与它所指涉

---

① 〔美〕瓦尔:《皮尔士》,郝长墀译,北京:中华书局2003年版,第104页。

的事物之间也不是必然的、事实性的关系,所以,"龙"这一象征指号在东西方文化中具有不同的指号形式和文化含义也就是很自然的事情了。

约翰·费斯克提醒我们:皮尔士对于指号的三个分类并不是截然区分或者互相排斥的。一个指号就很有可能有不同分类的属性。比如下图中所表示的交通指号,就是混合了肖像、指标和象征的指号。

图2　肖像(图像符号)—指标(标志符号)—象征(象征符号)①

当我们在道路上看到这个指号时,如果它的颜色是红色,那么这首先就是一种"警告",而这个图案的形象本身就是它的指涉物(十字路口)的模仿,也就是说,它与它的指涉对象具有相似的关系。因此这个指号是肖像指号。同时,这个指号又是一种象征指号,在我们约定俗成的文化惯例和规则中,这个指号代表的是"十字路口"而不是"医院""教堂"或者"学校"。在日常生活中,十字路口这整个指号是一个指标,意在提示我们:前面有个十字路口;而当它印在交通规则手册或是这本书上的时候,便失去了指标的作用,因为它和所指涉的客体之间失去了物理上或者空间上的联系。

我们看到,在这种分类方法中,皮尔士的三元分类法依然是贯穿始终的。肖像、指标、象征符的分类依然是现象学范畴论的应用。肖像是独立于其他事物的,与它的指涉物的实际存在没有关系,因此它是第一(First);指标,由于它是与第二个事物有关系才成为它所是的东西,因此是第二(Second)。最后,象征符,由于它是把两个对象联系起来而成为它所是的东西,所以是第三(Third)。

---

① 〔美〕约翰·菲斯克:《传播研究导论:过程与符号》,许静译,北京:北京大学出版社2008年版,第41页。

3. 最后一种分类方法是从指号与解释项之间的关系的角度上进行分类的，据此可以把指号分为**表位**(rheme)、**述位**(dicent)以及**论证**(argument)。

表位是一种"质的可能性的指号，它被理解为代表这个或那个可能的对象"①，可以是真的或是假的，只是一种可能的解释。

而述位则是现实存在的指号，是一种描述的语句，典型的例子是命题——一个命题把不同的表位组合在一起，成为一个复杂的整体。一个述位必定包含表位，作为它的一部分做出指示而得以解释整个事实。瓦尔举例认为，"钻石是硬的"将"钻石"作为主语，与"是硬的"作为谓语联系起来，正是这种连接方式能够让人确定谓语是不是对于主语的真的陈述。

论证，对于它的解释者而言则是一个法则的指号。一个论证表明它要决定的是什么样的意义，也就是论证的结论。

以上是皮尔士根据指号的三个要素而进行的分类，他认为以上三分法可以组合在一起，如下表所示。

表意层次	从指号的载体属性的角度进行分类	从指号与对象之间的关系的角度进行分类	从指号与其解释者的关系角度进行分类
第一性	特性指号	肖像	表位
第二性	单一指号	指标	述位
第三性	法则指号	象征	论证

表中三列进行组合（并非每一种组合都是可能的），能够产生共十种不同的分类结果，皮尔士指出，这种分法仍不尽完善，其中有许多亚类值得注意。根据他的观点，每一个指号都有"两个对象"和"三个意义"。两个对象即动力对象（真正有效但不直接呈现）和直接对象（指号所直接代表的对象）。除了两个对象之外，每一个指号都有三个意义，即直接意义、动力意义和最终产生的意义。

从以上介绍中我们可以看到，皮尔士的传统把指号过程视为一个更宏大更根本性的过程，并且把物理世界本身纳入人类指号过程，把我们这个物种的指号过程视为自然界的指号过程的一部分。虽然皮尔士的传统在起初受到了学界的忽视，但现在正在产生越来越大的、不可忽视的影响。

（三）指号学的发展和影响

由于发端自科学和理性，皮尔士系统的指号学体现出对符号呈现的一般性

---

① 涂纪亮、周兆平：《皮尔斯文选》，北京：社会科学文献出版社 2006 年版，第 281 页。

和广泛性理解,能够为一般的符号系统研究提供统一的方法论理论。在皮尔士建立起指号学的框架之后,又经过了莫里斯、西比奥克等人的发展,体系不断完善,影响日渐扩大。

莫里斯对 20 世纪三四十年代的符号学发展起了决定性的影响,他的学术思想受到皮尔士的指号学和乔治·米德的符号互动论及美国实用主义、逻辑实证主义的影响,其代表作是《符号学理论基础》及《符号、语言和行为》。皮尔士的指号学更多从认知的角度对符号进行研究,而莫里斯则继承了他的观点,认为指号学应该研究各种指号,并将其应用扩展到动物使用的,甚至一切有机物使用的指号之中。莫里斯是第一位企图按照指号及其分类观点来重新描述世界的哲学家。与皮尔士相比,莫里斯更注重研究指号的过程,意指作用不仅是产生意义或表达意义,更重要的是产生行动。莫里斯从指号三角关系所涉及的三个关联物之中归结出指号过程的三个方面的基础:符形学研究符号载体和其他符号载体之间的关系,符义学研究符号载体与它们的所指之间的关系,符用学研究符号载体与它们的解释者之间的关系。此外,他还提出了纯符号学(研究元语言)和描写符号学(语言应用于符号学)两门学科。[①]

继皮尔士和莫里斯之后,美国另一位学者西比奥克则以广阔独特的视角将指号学的触角伸向更远的地方。他是一个泛符号论者,提出了动物指号学,跨学科的思路使指号学将人类文化领域和自然科学领域打通,西比奥克把自然和社会中的一切现象都纳入同一的指号学系统中,并建立起一个新的更大的分类系统。

除了将指号理论进行跨学科整合研究之外,西比奥克还是一位著名的符号学学术运动推广者和组织者,他促进国际符号学会的创立,并成为其会刊 *Semiotica* 的主编,正是这些富有影响力的活动和书籍将皮尔士的指号学思想推广到美国之外的更大的地域。西比奥克所构建的国际发展框架跨越了哲学、语言学、生物学、数学、信息科学等众多不同学科,不再仅限于人文领域,创立了如内生符号学、植物符号学、动物符号学、人类符号学、生物符号学、生理符号学等众多分支。

---

① 郭鸿:《现代西方符号学纲要》,上海:复旦大学出版社 2008 年版,第 66 页。

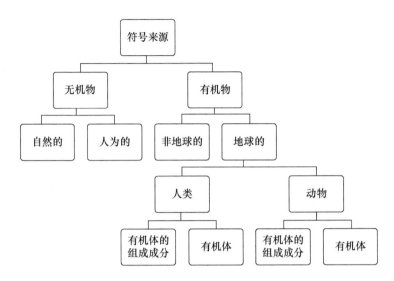

图 3　西比奥克以符号学来源确定的符号分类
(转引自郭鸿,2008:70)

三、索绪尔传统:源自语言学的符号学思想

索绪尔的符号学(语言学)理论是大多数结构主义者思想的来源,霍克斯认为索绪尔的革命性贡献在于他主张一种"关系"的研究视角,这种视角认为:研究语言不仅应该根据语言的历史演变或发展,从具体的语言现象中对语言进行历时性研究,而且应该对语言进行抽象性的共时态研究,这种研究着眼于将语言视为一个静态的结构性整体,这一结构整体之中的各个组成部分之间的各种复杂"关系"是研究共时语言学的核心。这一研究视角的重大历史意义就在于它表明:语言不仅具有其历史的范围,而且具有其结构的属性。索绪尔的思想对结构语言学影响巨大,同时他的结构思想也逐渐跨出语言学的领域而扩展到了范围广泛的人文社会科学的各个领域,成为西方结构主义思潮的重要理论源头。

(一) 索绪尔的符号学思想

在索绪尔那里,语言符号是我们依靠联想机制将两种心理要素连接在一起而形成的。索绪尔区别出这种连接机制所连接的两种要素并"不是事物和名称,而是概念和音响形象"①。这里所谓的"音响形象",并"不是物质的声音,纯粹物理的东西,而是这声音的心理印迹。我们的感觉给我们证明的声音表象。它是属于感觉的,我们有时把它叫做'物质的',那只是在这个意义上说的,而且是跟联想的另一个要素,一般更抽象的概念相对立而言的"。②

因此,符号"是一种两面的心理实体……是概念和音响形象的结合",索绪尔建议用符号这个词表示两者结合的这个整体,用所指和能指分别代替概念和音响形象。他解释说:"如果我们用一些彼此呼应同时又互相对立的名称来表示这三个概念,那么歧义就可以消除。我建议保留用符号这个词表示整体,用所指和能指分别代替概念和音响形象。后两个术语的好处是既能表明它们彼此间的对立,又能表明它们和它们所从属的整体间的对立。至于符号,如果我们认为可以满意,那是因为我们不知道该用什么去代替,日常用语没有提出任何别的术语。"③

我们应该注意到,索绪尔显然在这里强调了一种二元对立的分类思想,这种二元对立的双价分类法在索绪尔的理论中得到了贯穿,比如他对语言和言语、共时与历时、外延与内涵、聚合(paradigm)与组合(syntagm)等二元对立关系的论述无不如此。

1. 符号的重要特征

符号与概念或者说能指与所指之间的构成关系是任意性的、不自然的,但与此同时,对社会语言共同体的交际而言,语言符号中能指和所指的关系是非随意性的,是带有一定强制性的。这种特征导致语言一方面具有相对稳定性,可以充当一定时期人们之间相互交流的工具,另一方面又因地域、文化、历史传统不同等因素而衍生出诸多不同种类的语言,而且每一种语言都不断地在历史的连续性中发生演变。

索绪尔指出:能指和所指之间没有任何必然的关系,它们之间的结合完全处于惯例和习俗的原则,是约定俗成的结果。例如,汉语的"书"与英语的"Book"表达的意义是相同的,但是它们所使用的能指(声音、形象)却很不相同。即便是在汉语中,"书"的能指从古到今也是不断变化的,而不是固定不变的。因此,能指与所指之间的关系是任意的,是靠惯例和习俗,或者说约定俗成的规则来使

---

① 〔瑞士〕费尔迪南·德·索绪尔:《普通语言学教程》,高名凯译,北京:商务印书馆1982年版,第101页。
② 同上书,第33页。
③ 〔瑞士〕费尔迪南·德·索绪尔:《普通语言学手稿》,于秀英译,南京:南京大学出版社2011年版,第102页。

用的。

上面所谈论的语言符号的特征对于符号分析和文化意义的理解具有重要的启发：希望通过符号的认知来实现认识事物的真相，或者获得对事物意义的确定掌握都是不可能的。一方面符号组合具有任意性和约定俗成性的特征使得符号与事实真相之间总是存在着动态差异，也使得人对符号意义的把握成为一个始终处于动态过程之中的活动。另一方面，惯例和习俗的存在往往使得符号能指的操纵成为可能，通过这种操纵，操纵者可以实现它所希望的一些结果。比如，电视广告总是将商品与名人挂钩，引起人们的误解：只要使用这种商品，我们就能拥有名人的能力，取得名人的成就。刘翔、博尔特为耐克和彪马的鞋子做广告，会使人按照惯例原则联想到这些运动员的出色成绩是拜他们的鞋所赐，尽管两者之间不能说毫无关系，但是对于普通大众来说，这种联系的效用几乎是可以忽略不计的，因为任何有清醒头脑的人都不会反对这样的判断：即使你穿上最好的鞋，也不可能在赛跑中赶上穿一双草鞋，或者干脆不穿鞋的牙买加飞人博尔特。当然，也许有人指出：人们穿上彪马也不至于将自己与飞人的速度联系起来，但是人们还是会去购买博尔特代言的鞋。也就是说，符号的能指可能并没有与速度相联系，那么它很可能是与高贵、品质（一定社会阶级、社会地位及其生活方式）联系在一起了。按照习俗，我们都希望拥有名人们使用的那些商品，除了功能上的企图之外，我们还希望自己与他们一样显得有品位。事实上，广告商所关注的也只是效果问题，也就是广告形象产生什么样的广告心理效果问题，这种效果的作用机制需要依靠人们的习俗和惯例来完成。博尔特、刘翔或者盖伊这些人在广告中也只是一些可以飘忽滑动的能指，如果他们在比赛中失败了，或者说他们并不具有骄人的运动成绩，那么就不会再被选择来作为与"快速""超凡品质"等所指相结合的能指。可见，广告的运作是借助于符号的一系列特点来进行的。

在电视或者电影中，符号的任意性关系和社会强制性关系也具有重要的启发意义。《哈利·波特》或者《指环王》这样的带有强烈英国文化传统的魔幻电影对于中国观众来说具有一定的陌生性。刚刚接触到这样的电影的时候，很多中国观众不能明白其中影像符号的文化所指意义，比如猫头鹰、魔杖、扫帚等能指是指什么？这些东西对于英国文化传统中的人来说，其文化所指是明确的，看到这些符号（能指），英国人可以立即凭借他们的习俗和惯例原则将猫头鹰与信使、魔杖与魔法、扫帚与飞行联系起来。而对于中国观众来说，信使的能指可能应该是鸽子或者猎鹰（少数民族）；而魔杖或者魔棒的角色则由神仙手中的拂尘、和尚手中的法杖等各种法器来替代；至于扫帚，任何情况下中国人都不会把它同飞行联系起来。这样,要看懂一部外国魔幻电影,中国观众必须通过学习才能掌握这些能指符号的文化含义,或者说"要学会一些结构性联想或符码来协助我们阐释符号"①,这种学习对异文化的人来说真是满足其好奇心理和探究心理的机会,当然,如果我们的学习没有见效,或者说如果我们不能正确把握这些"结构性联想或符码",那么,接受必然是失败的,这种情况很容易在外语学习中感受到。

2. 符号特征意义——符号与真相

从符号的重要特征这一点我们实际上已涉及符号与真相的问题。意大利符号学家翁贝托·艾柯说过,如果符号可以揭示真相,那么它也可以用来制造假象,"符号学可以研究任何作为符号的事物。符号可以有意换成别的事物,这个别的事物并不需要存在,或者不需要出现在特定时刻符号所代表的位置上。因此,符号学是一门研究任何有可能变成假象的事物的学科。如果某件事物不能变成假象,那么相对的,它也不能说明真相;那么它就什么也'说明'不了。因此,我认为'假象原理'应当是一门相当全面的一般符号学的课程"。②

(二) 索绪尔符号学的发展

索绪尔的符号学由罗兰·巴特所继承和发展,根据罗兰·巴特的建议,我们将在接下来的时间里学习索绪尔符号学的几个重要的方面,即语言与言语、共时态与历时态、聚合关系与组合关系。注意:这些术语之间的关系也都是两两相对的,符合索绪尔二元对立的双价的分析模式。

1. 语言与言语

语言:语言结构就等于是语言(Langage)减去言语。语言结构既是一种社会性的制度系统,又是一种值项(valeurs)系统。正如社会性的制度系统一样,它绝不是一种行为,它摆脱了一切事先的计虑。语言结构是语言的社会性部分,个别人绝不可能单独地创造它或改变它。它基本上是一种集体性的契约,只要人们想进行语言交流,就必须完全受其支配。此外,这个社会的产物是自主性的,正如一种本身具有规则的游戏一样,因为人们不经学习是无法掌握它的。作为值项系统的语言结构是由一定数目的成分组成的,对其他成分来说每一成分既是一种有量值的东西,又是一种较大的功能项,在其中程度不等地出现着其他的相关值项。从语言结构的角度来看,记号相当于一枚钱币,这枚钱币等价于它

---

① 〔美〕阿瑟·阿萨·伯杰:《媒介分析技巧》,李德刚、何玉译,北京:中国人民大学出版社 2005 年版,第 22 页。
② 同上书,第 25 页。

能购买的一定效用,但它的价值也可以相对于其他含值较高或较低的钱币来衡量。语言结构的制度性与系统性显然是相互联系的,因为语言结构是一个由约定性的(部分上是任意性的,或更准确些说,非理据性的)值项组成的系统,它抵制任何个别人所做的改变,因此它是一种社会性的制度。

言语:与作为制度和系统的语言结构相对,言语在本质上是一种个别性的选择行为和实现行为,它首先是由组合作用形成的。"由于组合作用,说话的主体可以运用语言结构的代码来表示个人思想"[可以把扩展的言语链称作话语(discourse)]。其次,它是由"心理—物理机制形成的,这类机制使言语能将这些组合作用表现于外"。例如,我们当然不能把发音行为与语言结构相混,不论依赖语言制度与系统的个人是在高声还是低声说话,吐字缓慢还是快速等,都不可能改变这个制度和系统。言语的组合性显然是重要的,因为它意味着言语是由一些相同记号的反复结合形成的;因为这些记号既在几种话语中重复出现,又在同一种话语中重复出现(尽管记号可按无限多种言语表达来组合),所以每一记号都成为语言结构的一个成分。同样,由于言语基本上是组合性的,所以它相当于个别的行为,而不相当于一种纯创造性的行为。

罗兰·巴特认为语言与言语的二分法在索绪尔的语言学中占据着中心的地位,而且与以前的语言学相比,它们具有重要的革新意义。语言与言语的区分自然也是与共时语言学/历时语言学的划分密切相关的。不过,语言和言语的二分法着眼于结构性整体系统及其社会规则与这一结构性整体之下个人的个性化符号组合之间的辩证关系。

语言结构和言语这两个词中的任何一个,显然都只能在一种把二者结合起来的辩证过程中来规定其完整的意义:没有言语就没有语言结构,没有语言结构也就没有言语,正如梅洛—庞蒂指出的,真正的语言实践只存在于这一交互关系中。V. 布龙达尔也说过,"语言结构是一个纯抽象的实体,一种超越个人的规范,一种基本类型的集合,它们被言语以无穷无尽的方式实现着"。[1] 因此,语言结构和言语处于一种相互含蕴的关系中。一方面,语言结构是"由属于同一社会内各主体的言语实践所呈现的蕴藏",[2] 而且它是由诸多个别标记组成的集合体,在每一孤立个人的层次上它只能是不完全的;语言结构只能在"言语流全体"中才能有完全的存在,而人们也只有在语言系统中将言语抽出时才能运用言语。然而另一方面,语言系统也只能从言语中产生。从历史上说,言语现象总是先于

---

[1] 〔法〕罗兰·巴尔特:《符号学原理》,李幼蒸译,北京:中国人民大学出版社2008年版,第5页。
[2] 同上。

语言结构现象的,是言语使语言结构发生演变的;从发生学上说,语言系统是经由环绕着它的言语之学习而在个人身上形成的,人们并不教导婴儿学习语法和词汇这类大致相当于语言结构的东西。总之,语言结构既是言语的产物,又是言语的工具,这一事实具有真正的辩证法的性质。我们将注意到,从语言学过渡到符号学观点时,不可能存在(至少对索绪尔来说)一门关于言语的语言学,因为言语全体在被理解成通信过程时已经属于语言结构了;因此存在的只有一门关于语言结构的科学。于是,我们可立即排除以下两个问题:(1)是否应当在语言结构中先去研究言语这样的提法是徒劳无益的,因为没有其他选择;人们只能在言语具有语言学("发音学")性质的方面对其加以研究。(2)预先考虑如何把语言结构和言语加以分开也是徒劳无益的,在这个问题上并不存在一种预先已有的方法,正好相反,语言学(稍后还有符号学)研究的要义,正在于使语言结构与言语区分开来,同时这也正是意义确立之过程。[①]

2. 语言与言语的二分法在媒介文化研究中的意义

对于语言和言语的二分法在媒介文化中的意义问题,伯杰在《媒介分析技巧》一书中论述道:文本(如电影、电视节目和广播电视广告等)就"像语言"一样,而语言学的规律可以应用于文本。语言的功能是通过建立我们所学习的体系与规则来传播信息、感情和观念。正如写作与言说有自己的语法一样,不同媒介和各类文本同样有自己的语法。

索绪尔区分了语言(language)和言说(speaking),而这一点在此是有用的。语言是一种社会设置,它由系统化的规则与传统构成,使我们可以言说(或者更宽泛地说,可以交流)。每个人以他或她自己的方式"言说",但这种言说是以人人熟悉的语言和规则为基础的。如《星际迷航记》可以看作是言语(speech),观众之所以能够理解,是因为观众通晓该语言;也就是说,观众理解符号以及符号所指代的意义。我们懂得该节目类型(genre)的常规,或者说,我们知道什么可以接受,什么不可以接受。我们了解这些符码。

有时候也会出现混乱的现象,节目制作者使用的符码并非观众所了解的符码,这样就造成沟通不畅。一般来讲,事情复杂化的原因在于,人们并不明白规则与符码,虽然人们对其有所反应,但不能清晰地表达。在电影或电视节目中,某个场景本意是表达哀伤,结果却引起了观众的笑声,即是这种混淆的例子。

因此,很明显,人们一直都在"言说"。即便他们口头没有出声,但他们的发型、眼镜、衣服、面部表情、姿态和手势等都在向他人沟通或"言说"(也就是说,一

[①] 〔法〕罗兰·巴尔特:《符号学原理》,李幼蒸译,北京:中国人民大学出版社2008年版,第5—6页。

直都在进行着表达)。他人只要感觉敏锐,或对符号和能指有所留意,就会察觉到这些信息。马娅·派因斯(Maya Pines)从符号学方面对此做出了阐释。

符号学家认为,我们所做的每一件事情都在以各种符码的方式发送有关我们的信息。同时,我们也在接收无数隐含在音乐、手势、食品、仪式、书籍、电影或广告等里面的信息。不过我们很少意识到在接收这类信息,而解释这些信息运作的规律也让我们感到困难。

派因斯又说,符号学家所做的,就是传授我们如何破译这些规则,"让它们进入意识的层面"。我将我们所发送和接收的信息比作"言语"。索绪尔告诉我们,言语总是暗示了一种现有的系统,而这种系统本身也在不断演变。

这里有两点是值得注意的:

第一,各种符号所组成的符码系统[可以理解为整体的媒介文本(文本类型)]就像是语言结构,具有自己的社会性规则,而各个具体的电视电影文本中符号的组合与使用就像是言语。如果我们头脑中的符码系统与电视中使用的符号及符码系统存在巨大差异,解读意义就成了问题,要么看不懂,要么出现误读。

第二,对各种媒介文本中使用的符号(言语)来说,它们必然是来自于一定的符码系统的,因此,从个别的符号使用情况完全可以探知或者认识与其相联系的符码系统,也就是说,从媒介文本中,我们可以探知其背后所隐藏的文化意义系统。这也就是为什么媒介文本的符号学解读可以用于分析社会文化意义(如意识形态)。

3. 共时态与历时态

索绪尔在《普通语言学教程》中对历时语言学和共时语言学进行了比较,他以共时的(synchronic)一词表示与结构有关的分析,以历时的(diachronic)一词表示历史分析的意思。这两种研究途径是研究符号学/语言学的两条不同而并非相互排斥的途径。共时性研究着眼于某一时刻的语言(language)状态。历时性分析着眼于某一给定语言的历史变化。

索绪尔强调共时性研究的重要性,他将语言作为一个结构化的整体以理解其内部关系。共时性研究基本上是属于抽象性的,因为从经验上讲不可能使一种沿着其轨迹变化的语言停止下来,然后观察其状态。但是,抽象正是索绪尔所青睐的,因为按照他的论点,过去人们专注于特定语言及其词语,以至于未能发展出可以理解经验性事实的一套有关普通语言(language-in-general)的理论。

共时性研究成为许多符号学探讨的规范,其中的要点就是将许多不同符号体系的某一抽象体系(符码)里的种种元素(符号)及其内部关系孤立出来。索绪尔预计,共时性研究最终将导致一种理论上更适用的历时性研究,甚至导致一种两者结合的研究。索绪尔并不是反对历时性研究,而是希望改变当时人们不关注共时研究的状况,他希望在一个更加坚固的基础上来进行历时性的研究。他设想的这种两相结合的研究被称为泛历时态(panchronic)。这可能正是如今符号学的发展情形,其间人们更多地关注特定媒介与制度化话语的历史发展而非迄今为止的状态。

4. 能指与所指(signifier/signified)及其相互的关系

索绪尔认为:一个符号有两个组成的单元:一个是符号的声音—形象;另一个是符号代表的概念。索绪尔使用"能指"和"所指"这样两个词来表达这两个组成单元。他说:"我建议让符号(sign)一词表示一个整体,概念和声音—形象分别由所指(signifier)和能指(signified)代替。所指和能指相互对立,且有别于整体。"[①]符号的两者没有必然的联系,没有自然而然的规定性,它们的结合往往是社会约定俗成的结果。一个所指可以和许多不同的能指相结合构成符号。

5. 组合关系与联想关系

索绪尔认为在语言状态中,一切都是以关系为基础的。联想和组合就是在两个不同的范围展开的语言要素之间的关系,通过这两种关系,符号可以被组织成符码和信息。我们还记得上面讲的:一个符号的意义是取决于它与其他符号的关系的。而一个符号与其他符号之间的关系主要就是联想和组合的关系。语言的联想维度涉及的是选择问题,而组合维度关乎的是合成问题。

联想关系(paradigmatic relation)就是一组同类元素/单元(units),其中某一个可能被选出的元素可以同选自其他联想关系的元素共同组成一个组合关系,形成一个表意整体。按照索绪尔的语言学,所有的语言与符码都建筑在由这两个维度所构成的坐标上。字母表就属于一种联想关系,从中选出的字母可以组合起来以形成书写词语(组合关系)。某人的所有行头也形成若干联想关系,如针对衬衫、领带、袜子等系列的联想关系,将它们加以合成就形成一个组合关系(他当天的穿着)。一个路标属于一个组合关系,它由两个联想关系(一为符号的形状,一为其中的象征)的元素所构成。由此说来,一个联想关系就是一组总体上具有谱系相似性的元素。其中,每个元素都必须同其他元素相区别而获得意义。也就是说,其意义是由它与同一联想关系中未被选出的其他元素的关系而界定的。

组合关系(Syntagmatic relationship)是指为了形成一个表意整体(a signifying whole)而对选自联想关系的种种元素(units)进行的某种组合。一个句子

---

① 〔瑞士〕索绪尔:《普通语言学教程》,高明凯译,北京:商务印书馆1980年版,第92页。

是词语的组合关系,一则广告是视觉符号的组合关系,一段旋律是音符的组合关系。组合关系可以是空间上的组合(视觉的组合关系),也可以是时间上的组合关系(听觉的或音乐的组合关系)。这些元素可以互相作用,从而改变彼此在组合关系中的含义。所以,每个组合关系都具有自己一套独一无二的意义。同样,同一词语在不同的句子中可能具有完全不同的意义。所以,在某个组合关系中,某个因素的意义取决于它与其他因素如何相互作用,然而在某个联想关系中,其意义则取决于它与其他因素如何相互区分。

6. 意义与意义分类

(1) 什么是意义

意义是西方哲学家,尤其是语言哲学领域探讨的主要话题,不同的哲学流派对意义的解释有很大的不同。对于文化研究来说,意义与符号密切联系,密不可分。通常情况下符号是文化分析与文化批判的手段,意义则是这些研究的目的。媒介文化研究,尤其是欧洲的文化研究在很大程度上都是有关意义的生产和运作的研究,通过细致的分析以便揭示文化领域中各种意义的生产、消费、操控、欺骗、抵制、协商等机制,总的来说,意义这一词语所表达的是一个精神内容的运动过程,只有在这一过程中,意义才具有相对确定的意义。

对意义进行研究本身是具有挑战性的工作,意义研究专家格雷马斯认为:"要谈论意义并谈出点有意义的东西来简直比登天还难。"[①] 严格说来,在传播与文化研究的领域中,意义属于研究对象,而不属于先于分析而存在的一种给定的或不言而喻的东西。因此,意义不应被假定居于任何东西之中,不管它们是文本、言说、节目、行动或者行为,即使这种活动和对象可能被理解为充满意义。意义是产物或结果,所以,人们会常常与之遭遇。换句话说,意义是难以进行定义的,我们只能将它以归类的模糊方法加以把握,例如,我们可以将它归入人类的精神活动领域,但是意义究竟是什么,却很难有确定的定义。从西方理论界的研究来看,意义是什么几乎是无法回答的,因为意义的生成过程是连续的、变动不居的,随着条件和环境的变化而随时变化的。因此,对于研究者来说,我们所要关心的应该是意义的生成过程,意义的生成条件以及意义与符号、文化之间的复杂关系,而不是对"意义之意义"进行定义。

郭庆光在《传播学概论》一书中对意义进行了探讨,他认为所谓意义,就是人对自然事物或社会事物的认识,是人给对象事物赋予的含义,是人类以符号形式传递和交流的精神内容。这是一个极为广义的概念,在这里,人类传播活动中交

---

① 〔法〕格雷马斯:《论意义》,吴泓缈、冯学俊译,天津:百花文艺出版社2005年版,第3页。

流的一切精神内容,包括意向、意思、意见、认识、知识、价值、观念等,都包括在意义的范畴之中。意义本身是抽象的和无形的,但可以通过语言以及其他符号得到表达和传递。因此,符号是意义的载体和表现形态。

这是一种抽象的静态意义观,它虽然指出意义是精神内容,但尚不能把握"意义生成"或"意义理解"的动态特点。意义理解是一个动态的过程,皮尔士指出:符号的意义存在于符号——对象——符号的解释者这样的三合一的整体性关系中,符号的解释需要其他符号作为解释者来完成。对符号的解释因此是没有止境的。也就是说,符号意义的生成就像思想一样,始终处于过程之中,是没有穷尽的。索绪尔则认为符号的意义必须在符号之间的相互关系中加以确定,单独一个符号的意义是难以确定的。比如"好"这个词,它只有在与"坏"的比较关系中才能确定其意义。因此,正如费斯克在《传播研究导论》一书中指出:"意义并不是一个被整齐包装在信息里绝对不变的概念。相反地,意义是一个动态的过程。符号学者用创造、制造或协商等形容词来形容这个过程。协商大概是其中最恰当的一个词,它暗示了人和信息之间的予取往返。意义是符号、符号意和客体间灵活互动的结果:意义有历史性,会随着时间的流转而改变。甚至,我们可以放弃'意义'一词不用,转而采取皮尔士所用的更生动字眼'表意行为'(semiosis)"[①]。

(2) 符号意义的分类

我们可以从语言学和符号学角度对意义进行分类,主要有外延意义与内涵意义、隐喻意义和转喻意义等。

① 外延(denotation)意义与内涵(connotation)意义

外延是某个符号能指与其所指对象间的简单关系或字面关系。它假定这种关系具有客观性而无涉价值——不管它们存在多少差异,当照相机对着什么东西产生其影像时,照相机的机械/化学功能的影像产物就生成了影像的外延意义。像数学那种高度专业化的语言:4+8=12 属于一个纯粹的外延表述,是完全客观的、不关价值的意指序列。

内涵是指出现在符号的外延意义的文化和价值层面的附加意义。按照罗兰·巴特的说法:内涵,它指的是从原初的符号系统(索绪尔说的能指—意指—所指,也就是外延)发展出的具有第二层意义的附属系统。简单讲就是指附加于符号的外延意义之上的文化上的含义。于是,它形成意义中那些联想的、意味深长的、有关态度的或是评价性的隐秘内容。以照相为例,机械/化学过程产生外

---

① 〔美〕约翰·费斯克:《传播研究导论》,许静译,北京:北京大学出版社 2008 年版,第 39 页。

延意义,但是,人对焦距、取景与光线之类特征的有意选择则形成内涵,因为这些选择要受到人的文化、价值观念的影响。

② 隐喻(metaphor)意义和转喻(metonymy)意义。

隐喻就是将未知的东西转换成已知的术语加以传播。例如,"轿车甲虫般地前行"这个隐喻就假定,我们不知道轿车怎么运动,但我们的确知道甲虫匆匆穿过地面的行进模样。这个隐喻即把甲虫的特征转换到轿车身上。雅各布森主张,隐喻和转喻是两种传播意义的基本模式。他认为,隐喻模式具有诗的特征。它也具有广告的特征,即形象从已知的文化神话中产生,而神话的特征经过转换被赋予未知的产品。野性的西部成为某种牌子的香烟的隐喻,旧金山的明媚阳光成为某种牌子的化妆品的隐喻。

隐喻按照联想关系运作,即它们把未知的东西嵌入一种新的联想关系,未知的东西由此获得部分新的意义。在"航船犁开(plough)大海"这个隐喻中,"航行"(sail)一词作为未曾说出而属于未知的东西被嵌入"分开实在之物的方式"这个联想关系,同切开、撕开、锯开、割开、剪开、砍开、扯开等词语相并列。通过某种想象,读者将这个联想关系的一般特征同从中所选"犁开"二项的具体特征进行置换(transpose),从而赋予未知术语"航行"以一种新的意义。

于是,隐喻就要求一种积极的、富于想象的解码行为:读者不得不去发现哪个特征才能进行有意义的置换。接收者这种积极介入的行动为诗人和广告主所寻求,诗人们希望解码活动能够提供同编码相对应的想象程序,广告主希望这种他们所期望的合作行为能使接受者更易受到产品广告词的影响。

转喻是用某物的某个部分或要素来代表其整体。按雅各布森的理论,转喻和隐喻是两种传播意义的基本模式。他指出,转喻是小说特别是现实主义小说的典型模式。一部现实题材警匪连续剧的各种场景,就是故事所在的整座城市的各种转喻,我们对这座城市的看法随着所选的转喻而变化。纽约或伦敦是肮脏的、昏暗的、腐朽的、作奸犯科层出不穷的地方,还是适宜大型商贸活动的繁华场所,均取决于对转喻的选择。

新闻是转喻性的:一个得到报道的事件被当做整个现实的代表,而它只是这个现实的一部分。纠察线上的两三个罢工者,是一场纠纷中工会势力的转喻;贝尔法斯特大街上的士兵,是北爱尔兰英国驻军的转喻;由手持盾牌的防暴警察组成的防线,是与全民无政府状态相对的那种维持法律与秩序的强制力量的转喻。

转喻按照组合关系运作。如果某人的话还未说完,句子的其余部分还悬在"空中",此时我们已能将它的剩余意思连接起来;同样,我们也能从已经获知的部分"故事"里,将它的其余部分连接起来。不过,转喻的运作总是看不见的:隐喻通过其人为性和对其解码所需的想象力,把人们的注意力引向自身;转喻则似乎是自然而然的,于是很容易被看成是天经地义的,从而使人认识不到另外一种转喻可能给同一整体以完全不同的画面。一个激烈冲撞的罢工者与一个冷漠生厌的罢工者,虽然同属罢工场景的一部分,但他们可能作为意义不同的转喻被呈现。神话总是转喻式地发挥作用。一个转喻引发我们对其所属整体的构建,一个形象将以同样方式引发一系列的概念。

转喻将完整事实的一个部分作为整个事件的转喻呈现给观众,这种运作机制有点像"指标"的运作机制,如天亮起床,看见地上是湿润的,则标示了一个下雨的事实。如果窗外一片雪白,那么夜里肯定是下了霜雪。谚语常说一叶知秋,一片枯黄的叶子,也就是整个天气转入秋季的指标。指标与转喻的作用机制类似,但指标没有"喻"的机制,它是对它所属的事件的一种实指。而转喻与其所属事件之间的关系是一种以偏概全、以点带面的关系。喻体的选择具有任意性。因此,电视收视率的真相难以被觉察出来,往往会使缺乏批判思考能力的观众视为是"自然"发生的事实。这一类的例子数不胜数,CNN对西藏事件的报道,所使用的图片就是对于整个事实的一种转喻。我们可以说,新闻报道都具有转喻性,因为如果变换表述方式,或者换用报道图片的话,新闻所传达的事件会发生很大的不同。值得注意的是:指标和转喻的区别,也就是是否部分真实反映了本体的问题是一个认识论的问题,做出这样的判断实际上就是在探讨认识真相,获得真理的问题,这个问题需要实践加以回答,也就是说使用实践的检验标准,或者说实用主义的真理标准,即以最终得到的实际效果来加以评判。

四、符号学方法在传播和文化研究中的应用

符号学作为一种基本的人类行为和文化分析方法而被广泛地运用于与传播、媒介与文化相关的研究领域,对于推动这些领域的深入发展起到了至关重要的作用。符号学使得传播研究得以在实证研究之外,构建以人文诠释和批判为主要旨趣的研究领域,从而极大地扩展了传播与媒介文化研究的范围、深度和多样性。经典的美国式实证传播研究所关注的主要是信息传播的过程,以及人的传播行为过程,对这样两个传播过程的关注催生了香农—韦弗传播模式和拉斯韦尔的五"W"传播模式,实证传播学的基本研究框架得以围绕着这两个模式展开,并在此基础上发展出其他一些传播模式,共同构建起实证传播学的理论和方法框架。与此不同,人文主义倾向的诠释和批判研究的一个重要关注点是人的传播行为和媒介文本的符号学解释,侧重于对意义的研究。社会行动与媒介文

本意义是如何产生、流转和变化的？这些复杂的意义操作机制背后所隐藏的社会意识形态和文化运行机制究竟意味着什么？在表面的符号行为和符号文本背后究竟潜藏了哪些社会权力运行的秘密？潜藏了哪些人类精神和意识的秘密？这些微妙而复杂的问题的解决，都因为符号学方法的借鉴而成为可能。因此，鉴于符号学在人文性质的传播和文化研究中所具有的基础性地位，人们其至将符号学视为当代人文研究中的"数学"，虽然这种略带夸张的说法并不准确，但多少还是反映了符号学在包括传播和媒介文化研究在内的人文社会科学研究中所具有的重要性。

(一) 福尔摩斯与指号学

正如上文所说，西比奥克是皮尔士指号学一个支派的代表学者之一，与语言结构范围内的符号学不同，西比奥克提倡泛指号学，即将生物学、医学等很多其他自然科学学科纳入到指号的分析范围之中，从而拓展出更宽广的研究领域。西比奥克和他的夫人曾有个十分有趣的研究，在《福尔摩斯的符号学——皮尔士和福尔摩斯的对比研究》一书中，他们将指号学的方法应用于先驱皮尔士和英国作家柯南·道尔创作的著名侦探小说中的虚构人物福尔摩斯之上，并将两者进行对比。在西比奥克看来，指号学中最重要的就是对指号的使用本身。因此皮尔士与福尔摩斯两个看似毫不相关的人物能够通过指号学而连接起来。

福尔摩斯在全世界，尤其在西方，具有极其广泛的影响，几乎是一个家喻户晓的人物。随着英国 BBC 改编剧《神探夏洛克》的全球走红，其影响力进一步扩大。我们甚至可以认为，福尔摩斯本身就已经成为一个侦探的符号，他细致入微的观察和精密谨慎的逻辑成为这个人物的主要形象特征。在文学和大众传播的历史上，几乎没有一个虚构的人物能够像福尔摩斯一样被全世界人民当做真人对待。遍布世界的福尔摩斯博物馆、俱乐部等将这个虚构的人物当做真实存在的名人来追捧，福尔摩斯的周年纪念会其至比其作者柯南·道尔的纪念会更为热闹，他甚至还享有像真人一样被建成铜像的荣誉。更为重要的是，福尔摩斯被当做真人一样研究，发展出"夏洛克学"。这种史无前例的传播现象是文学史和文化史上的一个特例，其中很重要的一个原因就是福尔摩斯这个形象本身所具有的魅力，在侦探剧情的悬念之外，福尔摩斯异于常人的解读符号的能力也是形成作品魅力的要素之一。

西比奥克正是对福尔摩斯破案过程中的指号学运用进行了细致的解读，所选用的方法是将其与皮尔士进行对比。通过比较，西比奥克发现福尔摩斯所使用的推理方法并不是严格的逻辑意义上的演绎法，而是皮尔士所谓"试推法"的一种特殊推理法。有趣的是,皮尔士本人也曾有过运用试推法破案的实践。二者的统一性在于,通过寻找生活细节中的特殊指号,找到它所对应的意义,并进行观察推理,运用逻辑的方法将这一意义与事实相联系,得到更为准确的结果。

在《福尔摩斯的符号学》一书中,第一部分叙述了并非侦探的皮尔士是怎样敢于采取搜查行动的;第二部分则将夏洛克·福尔摩斯称为符号学家;在第三部分和第四部分中,作者探讨了二者相似的原因,即福尔摩斯的原型是苏格兰医生约瑟夫·贝尔,而皮尔士本人也精通医学,西比奥克认为指号学"根源于古代医学治疗"[1],因此疾病、犯罪和指号学之间有着很强的联系。

我们可以用柯南·道尔在创造福尔摩斯之前所遇到的"原型"——医生约瑟夫·贝尔向病人例行检查提问的一段记录,来看看指号与其意义的应用。

> 一位带着一名幼儿的女人被带进来。贝尔和她互相道了早安。
> "你是从布恩提斯兰德走过来的吧?"
> "是的。"
> "你走过因弗雷兹路吧?"
> "是的。"
> "你的另一个孩子呢?"
> "留在我雷兹的妹妹家了。"
> "你仍旧在亚麻油厂工作吧?"
> "是的。"
> "先生们,你们看,当她向我问早安时,我注意到了她的费夫口音,你们知道,在费夫最近的城镇是布恩提斯兰德。你们注意到她脚底边上的红泥吗?爱丁堡20英里内只有植物园有这种红泥。因弗雷兹路紧靠着植物园,是她从雷兹到这儿最近的路。你们注意到她胳膊上挂着的外衣对身边这孩子来说是否过大了?所以她从家里出来时带着两个孩子。最后,她右手指头上染有皮炎,这是布恩提斯兰德亚麻油厂工人的职业病。"[2]

所有的一切细节都被认为是有意义的指号,口音、脚底的红泥、手指上的皮炎等都被一一对应为某种线索,正是这些线索的堆集逐渐勾勒出一个完整的形象。这也是西比奥克对皮尔士指号学的一种应用。

---

[1] 〔美〕托马斯·西比奥克、珍妮·西比奥克:《福尔摩斯的符号学》,钱易、吕昶译,北京:中国社会科学出版社1991年版,第51页。

[2] 同上书,第58页。

（二）罗兰·巴尔特及其神话学

罗兰·巴尔特是当代法国最重要的符号学家、文化分析家和文学批评家之一，也是结构主义和后结构主义思潮的重要代表。他运用索绪尔的语言学理论去分析文学与通俗文化现象，发展出一些重要的文化理论。由于他在文化研究历史上的特殊贡献，巴特经常被视为该领域最重要的拓荒者之一。他的著作包括《写作的零度》、《神话》、《论拉辛》、《符号学原理》等。其中《神话》是一本出版于1957年的经典性著作，很多学者将它视为文化研究的奠基之作。该书国内译名有所不同，车槿山译为《神话集》、许蔷蔷等人翻译为《神话：大众文化诠释》、屠友祥翻译为《神话修辞术》，我们可以比较笼统地称之为《神话》。书中关键概念Myth一词，一般翻译为"神话"，也有的人译为"迷思"，指的是同样的东西。该书由两个部分构成：一部分是由巴特在1954—1956年期间，每月按时撰写的批评性的分析文章，内容涉及日常生活中的各种热门的话题，一篇文章具体分析一个文化现象。包括爱因斯坦的大脑、嘉宝的脸、摔跤、牛排和油炸土豆、脱衣舞、肥皂粉和洗涤剂、婚姻现象、玩具，乃至火星人、占星术等。第二部分是有关神话批评的理论论述，在这篇理论长文中，巴特比较全面系统地阐释了他的神话批评理论。

1. 符号学分析的目的：揭开资本主义文化神话运作机制的神秘面纱

巴特在书中表明自己写作这些文化分析文章的主要目的有两个。

一是通过文化分析对资本主义社会中的通俗文化的语言作意识形态批评，以便解释出资本主义文化文本背后所隐含的意识形态运作机制。在初版序言中，巴特说他思索通俗文化现象的原因，主要是难以忍受其中的自然与历史总是混淆不清，即那些本应具有特定"历史"和"政治"意义的媒介文本，总是以掩藏"历史"和"政治"的方式呈现于世人面前，好像一切都是自然而然的，人们生产媒介文本仅仅只是为了传达一些信息而已，一切对于文本的理解和解读似乎都应该停留在文本的字面（能指）意义上。"报刊、艺术、常识不断地拿'自然'来装扮现实，使之呈现'自然'之貌。我们生活于现实这一存在物之中，尽管如此，它仍然完全是历史的现实：总之，在时事的记叙、报道中，我看到'自然'和'历史'每时每刻都混同难辨，我想要在表面看似得体的不言而喻的叙述中重新捉住意识形态的幻象，我觉得这幻象就藏匿于叙述之中。"① 巴特想要告诉人们，在看似"自然"的现实存在背后，隐藏了资本主义权力和意识形态运作的秘密，通过符号学

---

① 〔法〕罗兰·巴特：《神话修辞术》，屠友祥、温晋仪译，上海：上海人民出版社2009年版，第20页。

的神话分析,这些"自然"的东西将还原为"历史"的东西,即还原其真相。

因此,神话学分析的第二个目的就是发展通俗文化的符号学解析方法。在阅读索绪尔的著作后,巴特产生了这样一种信念:倘若采取符号学的视角把"集体表象"看作一种符号系统,就可以超越过去我们思考文化现象的方法,超越批评揭露现实的方式,就能够借助于符号学分析深入细致地了解资本主义社会中各种神话运作的秘密,而正是通过这种巧妙的神话运作机制,资产阶级文化得以以"自然"的面貌将自己的阶级文化转变成公共文化。

2. 神话及其符号体系

巴特的神话理论是一项非常精致而复杂的研究,在题为"今日神话"的理论阐述中,巴特指出"神话"包含多种具体的含义。

首先,神话是一种广义上的言说方式,即一种特殊的表意方式。巴特强调,要理解神话必须首先明确一点:神话不是客体、概念,或者想象之类的东西,而是一种传播(或者交流)体系和一种信息(或表意的形式)。而这里所谓的言说,即意义的陈述表达方式。因此,神话乃是在一定条件下进行的一种特殊的言说。这种理解来自索绪尔语言与言语的区分,语言是结构性的存在,虽然我们并不会注意到语言结构的模样,但它限定了我们使用语言的可能性和条件,我们能够切身地感受到的是平常使用语言的结果,即言语。言语是对于语言的运用,但每个人的言语方式都可以不同,可以有自身的特色。我们可以在言语中灵活地传达含义丰富的意义,可以正话反说,可以指桑骂槐,也可以巧言令色地达到欺骗误导他人的效果,而神话基本上也就是属于这种带有欺骗性的言说的方式,这种方式的根本特点就是把历史的东西呈现为自然的东西,让人们在不经意的情况下将资本主义意识形态作为一种自然存在的事物加以接受,并且对此完全没有任何觉察。

其次,神话是一种意指作用。对索绪尔来说,某个符号或符号系统与其指涉现实(referential reality)的关系即为意指关系。罗兰·巴特发展了索绪尔的观点,他认为意指是一个符号化的行为与过程,即一个可被理解为将能指与所指结成一体的行为与过程。意指是神话现象得以产生的根本原因,因此巴特说"意指作用就是神话本身"。[①]

在前面的内容中,我们了解到索绪尔认为符号可以区分出两个构成单元:一个是符号的声音—形象;另一个是符号代表的概念。索绪尔使用"能指"和"所

---

① 〔法〕罗兰·巴特:《神话——大众文化诠释》,许蔷薇、许绮玲译,上海:上海人民出版社1999年版,第180页。

指"这样两个词来表达这两个构成单元。构成符号的两个单元没有必然的联系，没有自然而然的规定性，它们的结合往往是社会约定俗成的结果。并且，一个所指概念可以和许多不同的能指相结合构成一个整体符号。将两个原本互不相关的事物结合起来形成一个符号的机制就是这里所说的意指作用。神话利用意指过程连结能指与所指的功能和作用形成符号的功能，通过操作符号能指将人们对于符号（文本）的意义联想锚定在某些特定的意义上，而能指与所指之间的联想习惯乃是由历史文化传统和媒体展示决定的，或者说是我们的共享文化代码所决定的。比如在提及春节的时候，我们自然而然会想到红灯笼、春节晚会、烟花爆竹、春联等，这些都是由于历史文化的原因而形成的意指作用，即人们长期以来一直就灯笼、春联、春晚这些符号能指来传达春节这一所指意义，时间长了就形成了一种定式思维，只要看到这些符号，就让人联想到过年和喜庆的意义，这就是所谓的意指作用。

这种意指作用被广泛地运用于商业广告之中，比如当我们在推销汽车的时候，广告上的汽车总是奔驰于美丽空旷的海边，或者一望无际的沙漠，即便是以城市为背景，这些城市里的道路也是宽敞而整洁的，这些呈现与电视屏幕上的广告符码，其目的显然是在意指一种快速、舒适、空阔而让人游刃有余的高品质生活。在这种意指机制的作用下，人们自然而然地将汽车与舒适的高品质生活结合起来，并因此而购买该品牌的汽车。然而事实上，这种意义的"锚定"只是由于神话意指作用而产生的幻象，符号关系中的能指和所指从根本上讲并不存在自然的关系，从解魅的角度上讲，它们的关系仍旧是任意的。在购买汽车之后，你会发现广告中的那些符号化的能指景象并不会出现在你的生活中，实际情况可能是这样的：城市的交通异常拥堵，车速异常缓慢，海边、沙漠或宽阔大马路上的那种自由驰骋的感觉完全是在梦中才会有的感觉。

影视明星的产生机制也大体如此，明星效应正是利用了人们的日常经验和联想意指机制。明星总是被包装成某种意义上的"典范公民"的样子，他们在影视作品中的形象总是使人们将其与特定的意义（内在的道德、修养、文化等）联系起来。但事实上，明星包装的机制不过是商业力量在能指层面上进行的一种操作活动，与明星本人的真实生活没有太大关系。明星们通过作品的演绎将自己的形象置入作品的情境，从而具有了"典范性"，但实际上他们自己并不像他们演绎的作品人物那样生活。然而，"粉丝"们无法分清现实与梦幻之间的界限，在他们的头脑中，符号能指（光鲜完美的形象）与所指（如这个人是一个真正的道德典范，十全十美的好人）之间的那种意指联系根深蒂固，难以改变，他们无法想象的事情是：现实生活中的明星与影视上的他们所扮演的角色完全没关系。

最后，神话是一个复杂的符号学系统，通过不同符号系统上能指和所指的运作变化，符号的意指作用会出现奇妙的变化，产生奇妙的效果。

巴特指出："神话是一个奇特的系统，它从一个比它早存在的符号学链上被建构：它是一个第二秩序的符号学系统。那是在第一个系统中的一个符号（也就是一个概念或所指和一个意象或能指相连的整体），在第二个系统中变成了一个能指。我们在这儿必须回想一下神话言谈的素材（语言本身、照片、图画、海报、仪式、物体等），无论刚开始差异有多大，只要它们一受制于神话，就被简化为一种纯粹的意指功能。神话在它们身上只看到同样的原料；它们的单一性在于它们都降为单纯语言的地位。无论它处理的是字母的还是图像的写作（文本），神话只想在其中见到整体符号，一个全面的符号，第一个符号学链的最终名词。也正是这最终名词（符号），变成了它所建立的较大系统中的第一个名词（能指），它只是一较大系统中的一部分。"（见图4）①

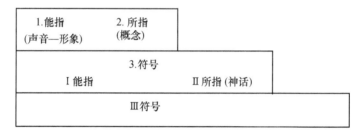

图4　巴尔特关于神话的示意图②

可见神话里有两个符号学的系统，其中一个与另外一个相互交错。由于存在着不同序列的意指作用，我们看到：符号系统是可以不断扩大的，当一个由能指和所指构成的整体符号系统被用来意指另外的一个概念时，那么就会产生扩大了的符号系统。那个旧的符号系统变成新的符号系统的能指，而它意指的是一个新的所指，这个所指就是处于第二意指序列的内涵和神话。

例如，当我们使用"玫瑰"作为表达激情的符号时，它具有两个符号学层次。在第一个符号层次上，"玫瑰"的能指是它的颜色、形状、气味等物性层面的形象，而它的所指是一种植物学意义上的"花"。当我们用玫瑰代表一种激情时，第一符号层次的整个符号就变成了第二层次符号整体中的能指，换句话说，作为植物

---

① 〔法〕罗兰·巴特：《神话——大众文化诠释》，许蔷蔷、许绮玲译，上海：上海人民出版社1999年版，第173页。

② 同上书，第173页。

的"玫瑰"变成了一个能指,而它在新的符号体系中的所指变成了"我的激情"。

巴特在分析神话的符号学体系时,对出版于1955年的法国杂志《巴黎竞赛》封面进行了分析,从而揭示了一张封面照片是如何运用神话言说方式将"历史"和"意识形态"现象呈现为"自然"现象(去政治化表达)的。

图5 黑人士兵向国旗敬礼

他描述说,这本杂志的"封面上,是一个穿着法国军服的年轻黑人在敬礼,双眼上扬,也许凝神注视着一面法国国旗。这些就是这张照片的意义。但不论天真与否,我清楚地看见它对我的意指:法国是一个伟大的帝国,它的所有子民,没有肤色歧视,忠实地在她的旗帜下服务,对所谓殖民主义的诽谤者,没有什么比这个黑人效忠所谓的压迫者时所展示的狂热有更好的答案。因此我再度面对一个更大的符号学体系:有一个能指,它自身已凭着前一个系统形成(一个黑人士兵正在进行法国式敬礼);还有所指(在此是法国与军队有意混合);最后,通过能指呈现所指"。①

如果我们了解一下当时法国所面临的问题,或许就能很清楚地知道这张照片所要实现的意图,自然难免会对它所传达的意识形态及其效果感到惊讶。20世纪50年代,法国正遭受原殖民地人民风起云涌的独立运动,法国军队在越南和安哥拉等地正在遭受节节败退,法国殖民当局急需消除反殖民运动的影响,挽救法国帝国主义的形象。可见,杂志上的照片完全符合统治阶层意识形态任务的需要。这张照片本身就是一个神话,其初级意指系统中的所指是画面所呈现的黑人士兵敬礼的形象,但照片的神话运作使得人们的照片体验和领悟进入了更深的一层。到了次级意指系统中,初级意指系统中的符号则便成了能指,而它的所指则变成了所有法国殖民地人民对法国民族性和军事力量的自愿效忠。这种神话的呈现看起来是自然而然的,完全没有隐藏什么的痕迹,但这种积极而特别的符号学操纵与呈现,所取得的去历史化和去政治化效果却是异常惊人的,人们在不知不觉的情况下,将这幅照片的符号系统所传达的意义领悟为一种事实的呈现,然而它实际上只不过是符号学的操作,是具有帝国主义意识形态倾向的文化工作者所制造出来的一个神话而已。

---

① 〔法〕罗兰·巴特:《神话——大众文化诠释》,许蔷蔷、许绮玲译,上海:上海人民出版社1999年版,第175页。

第五章
结构主义与后结构主义

一、结构主义方法的概念及特点

严格来说,"结构主义"是指 20 世纪五六十年代以法国巴黎为中心,继而在欧美知识界形成的一种时髦的思想方式。结构主义的思想源头是索绪尔的语言学理论。索绪尔写于 1916 年的《普通语言学教程》几乎被看作是结构主义思想的圣经,它不仅提供了研究语言的新思路,而且创立了对语言进行科学研究的原则。四五十年代,法国人类学家列维-斯特劳斯受到雅各布森结构音位学的启发,开始把索绪尔的语言学方法用于神话结构和亲属关系结构的分析,创立了结构主义人类学。在列维-斯特劳斯的影响下,罗兰·巴特对符号结构和文学结构的分析、拉康对无意识结构的分析、阿尔都塞对马克思作品的"症候阅读"、福柯的知识构型理论、格雷马斯的结构语义学等,合力将结构主义革命推向高潮,在很短的时间内,结构主义就席卷了语言学、人类学、历史学、社会学、文艺学等几乎所有人文学科,成为名副其实的文化研究方法之一。尽管其黄金时代犹如昙花一现,很快为解构主义所取代,但继承并发扬结构主义精神的符号学、叙事学理论与方法却突破重围,在后结构主义时代依然占据着不可替代的学术地位。可以说,结构主义所确立的语言分析方法,已经深深地渗透进了西方思想,强劲地推动了西方的文化领域的"语言论转向",并通过解构主义影响了其后所有的文化思潮。

总体来看,结构主义既非单一的学术流派,亦非现象学式的哲学改造运动,而是关于世界的一种思维方式,是思想方法上的一场广义的革命。它试图用一种全新的科学模式,来推翻并取代以往以人为本、注重主观思辨、意识形态色彩浓厚的人文主义研究模式,以及习以为常的历史阐释方式。结构主义方法一个重要的特点就是把"如何"(how)置于"什么"(what)之前,所以,我们与其把结构主义当作一种像分析哲学、现象学那样的哲学理论,不如当作一种行之有效的科学方法。

在拉丁文中,作为"结构主义"核心概念的"结构"一词原先写作 Structum,意思是指"经过聚拢和整理,构成某种有组织的稳定统一体"①,按此含义,一个分子、一幢大厦、一个单词、一本小说、一套游戏、一种传统都是"结构";而实际上,结构主义方法所关注的焦点,并非人的意识(如现象学)或存在状态(如存在主义),而是人类社会和文化现象中普遍存在的系统与结构关系,即整体性的结构以及结构内部的各要素之间的关系组合。瑞士结构主义心理学家皮亚杰(Jean Piaget)在《结构主义》一书中指出"结构"有以下三个特征:一为整体性,即结构是按一定组合规则构成的整体;二为转换性或同构性,即结构中各个成分可按照一定的规则互相替换,而不改变结构本身;三为自身调整性,即组成结构的各个成分都相对制约、互为条件而不受任何外部因素的影响,组成这个系统的各个成分在性质和意义两方面,都取决于这个系统本身的一套规范。

结构主义的概念中,有两个要点最值得关注。首先,结构主义分析注重整体性。结构是事物存在的基本方式,对一个结构而言,整体性应摆在首位,在结构中个体没有自己独立的属性,个体的性质是由整体的结构关系决定的——结构主义在方法上特别强调整体性研究和内部关系结构研究是正确的,其隐在的方法论前提在于:整体大于部分之和,关系大于关系项。

第二,在结构分析中,"二元对立"是最基本也是最重要的关系。相对于以价值评判为目的的传统作品分析方法,以二元对立为根本原则的结构主义分析方法,在某种意义上可说是一种"革命",而索绪尔语言学的二元对立思维则是这一方法论革新的坚实基础。简单来说,《普通语言学教程》归纳并提出了结构语言学的"四个二元对立"法则,即语言(langue)与言语(parole)、能指(signifier)与所指(signified)、共时(synchronic)与历时(diachronic)、句段(组合,syntagmatic)与联想(聚合,paradigmatic)。索绪尔认为,语言符号的功能有赖于它与其他符号的关系,即与它们的差异,依赖于它在整个系统中的位置。也就是说,符号系统必须有两个以上的符号,二元对立是符号系统最基本的结构形式,所以,符号至少要有一个对立的"他者",才有存在的价值和意义。差异原则具有方法论意义,差异产生对立,这意味着我们在研究符号文本结构的时候,要以二元对立为原则,不应该把孤立的语言符号作为研究的对象,而是要以符号之间的关系作为研究的对象。在结构主义者看来,二元对立不仅是语言符号系统的规律,还是人类文化活动各个符号系统的规律,因此,法国结构主义者把索绪尔的语言学模式普遍地运用到各种社会文化现象的分析中,在他们看来,任何文化现象都可看作

---

① 赵一凡、张中载、李德恩:《西方文论关键词》,北京:外语教学与研究出版社 2006 年版,第 252 页。

是可以分析的文本,而二元对立结构成为既简便又实用的分析文本的工具。

对于传播与媒介文化研究来说,结构主义方法的应用十分重要。一方面,在人文社科领域,传统的批评模式大都带有一种主观的、道德价值批判或意识形态批判性的精英主义色彩,而缺少科学的、客观的、本体性的技术分析,比如法兰克福学派等第一批现代人文主义者对传媒的批判,总带有某种精英主义的偏颇,一种非理性的感性义愤。因此,结构主义(包括后来的符号学、叙事学)被吸收进传播与媒介文化批判理论中是十分必要的。结构主义的优势就在于,它具有经验学派和批判学派的双重特质,是二者的过渡桥梁,是转向第二阶段传播与媒介文化批判理论的开始。它与经验学派一样追求传播的规律和模式,有科学的分析方法、可操作的步骤;又不同于经验学派对既定体制的认同即其御用性研究,而是有着批判学派的质疑立场。

另一方面,文化作为一种结构,媒介作为传播文化的手段和工具,与文化本身构成不可分割的整体结构,这意味着结构主义方法可以有的放矢地探入其内部,分析某一具体文化形态(如某部电影)的结构,或文化系统内部不同文化形态(如电影系统与文学系统)之间的结构关系。文化学意义上的"文化结构"(cultural structure),指的是文化发展过程中各部分的组合与配置,具体而言,指构成某一时期某一地域或民族及其阶层文化内容的形式与手段,有学者将其划分为:文化特质(culture trait)、文化集丛(culture complex)和文化模式(pattern of culture)。结构主义的二元对立和语言符号分析方法,在宏大的文化结构研究中无疑能取得删繁就简、去粗取精的独特效果。

总之,结构主义方法能够在全世界众多学科领域产生如此巨大的影响,关键在于它积极吸收和整合了其他人文科学和自然科学的理论和方法,如语言学、符号学、人类学、心理学甚至数学,体现出强烈的科学雄心,其方法表现出显著的跨学科性、互文性。相对于文本之外的研究方法而言,结构主义方法更偏重于文本技术分析,注重内部、结构模式的形式分析,而缺少超语言学的价值和意义判断以及主体性的、历时性的社会历史批评,因为作为一种方法,结构主义的特别之处就是将各种审美价值问题悬置起来,以便集中讨论产生文本意义的生成条件和内在规律——这是它的优势,当然,也是其缺陷所在。所以,在面对媒介文本时,如果我们能把结构主义方法与文化研究方法、意识形态方法等结合运用,将更有利于我们全面理解和把握传媒作为文本的内在结构与外在特性。

二、结构主义方法的经典研究

(一) 雅各布森语言交际六功能结构与信息传播接受研究

罗曼·雅各布森(Roman Jakobson,1896—1982)是 20 世纪著名的美籍俄裔语言学家、符号学家和诗学家,是形式主义—结构主义的领袖,他的学术思想为结构主义、符号学、文艺学、人类学等众多领域的发展做出了不可磨灭的贡献。其中,最具代表性和影响力的是他的语言交际理论(Verbal Communication Theory),该理论已成为传媒文化研究中重要的认识论与方法论之一。

1958 年春天,在印第安纳大学举办的一次研讨会上,雅各布森最后总结发表了题为《结束语:语言学与诗学》的演讲,提出了语言交际六功能(the six basic function of verbal communication)结构模式:

```
                      语境(指称功能)
                      信息(诗性功能)
发送人(情绪功能)—————————————————接收人(意动功能)
                      接触(交际功能)
                      代码(元语言功能)
```

他认为,人类所有的语言交际行为,无论是书面的或是口头的,都由六个要素组成,即发送人(addresser)、接收人(addressee)、语境(context)、信息(message)、[①]接触(contact)和代码(code),其中信息是核心。当信息的焦点集中在不同的因素上就产生六种不同的功能,相应的依次是:情绪功能(emotive function)、意动功能(conative function)、指称功能(referential function)、诗性功能(poetic function)、交际功能(phatic function)和元语言功能(metalingual function)。雅各布森认为,情绪功能以发送人为中心,旨在直接表达发送人对涉及对象的情绪态度;意动功能倾向于对接收人的定位和要求;指称功能是最常见的语言的语境指称或认知功能;交际功能集中于交流渠道(通道),尤其体现在那些旨在建立、延长、终止交流或者确定交流畅通的话语里;元语言功能也就是对语言代码本身做注解的功能,它关注语言本身的运用,阐明语码使用的方式;诗性

[①] "信息"一词在雅各布森的表述中有两种含义:六功能模式中的"信息"指发送者向接收者发出的东西,指语言符号;而在阐述功能模式过程中所提到的"信息",相当于通常意义上所说的某种意思传达,相当于 information。"语境"指的是指称物,属于言外语境,即 non-verbal context,是交际活动所在的现实环境。

功能就是"意向于信息本身,为了其自身目的而聚焦于信息",[①]具有自我指涉性(self-referentiality)。

虽然雅各布森研究的对象是语言交际,但这种交际模式同样可适用于一般的交际模式和文化的媒介传播过程中,具体体现在以下几个方面。

1. 发送人:情绪功能

情绪功能显示出说话人对话题的态度,它往往会造成某种情绪的印象,不管该情绪是真还是假。语言中纯粹的情绪层次是由感叹词或感叹号来表现的,比如李白《蜀道难》开篇连用三个感叹词"噫吁嚱",惊叹蜀道之险峻。另外,情绪功能也会传达出明显的信息。为了证明这一点,雅各布森曾请莫斯科斯坦尼斯拉夫斯基剧院的一个演员,用50种不同的情绪状态创造出"今天晚上"这一短语的五十种不同信息。这些信息被录制下来,其中大多数得到了莫斯科人正确的解读,也就是说,所有这些情绪密码都是经得起语言学分析的。另一个情绪功能能够传达明显信息的例证是,在广告媒介中,发送人的情绪往往与其所代表角色的性别、身份、地位以及所传递信息本身密切相关,如在广告中出现身着白大褂、带着金边眼镜、置身于各种精密仪器旁的"专家",以激动而又貌似专业的口吻介绍某最新研究产品,与其角色身份相应的话语情绪直接构成了信息的重要组成部分,也因此顺利传达出"科学、专业、权威、值得信赖"等信息所指。

2. 接收人:意动功能

任何信息的传播都意味着交际双方存在着直接或间接的对话可能,即使是自言自语也意味着"我"与另一个"我"的对话和交流,因而传播的目的性和指向性对接收人而言就体现为明确的意动功能,即传播的效果和目标。雅各布森将"接收人"与"解码者"放在同等重要的位置来看待。文本信息的内容和意义只有在编码者(发送人)和解码者(接收人)的互动交换中才能生成意义和效果,信息传播的最初起点就已经预设了接收人的存在;反过来,接收人的存在又会对信息传播的方式、途径、技巧乃至说话人的情绪、语速、语调等产生重要影响,这也是儿童文化产品和成人文化产品在媒介传播过程中有显著不同的原因所在。当然,意动效果的实现,一定是说话人、信息、语境、代码等多种因素有机结合、共同合力的结果,需要具体深入的探析。

3. 语境:指称功能

雅各布森语言交际六要素中的"语境"按其自己所言,就是"指称物"(refer-

[①] Roman Jakobson, "*Poetics and Linguistics*", *Language in Literature*, edited by Krystyna Pomorska and Stephen Rudy, Cambridge: The Belknap press of Harvard University press, 1987, p. 69.

ent),即有关信息的内容。一般来说,科学话语以及日常生活中的普通话语侧重于指称功能,意义往往单一,它主要由语言符号的字面意义所确定和传达。从这个意义上来说,保证所传达信息内容的清晰、单纯、易懂,对于传播意图和传播效果的实现,对于各种媒介文化抢占生活化、大众化的公共话语领域,是最基本的,也是最重要的。在艺术流派中,最适宜发挥这种功能的往往是现实主义艺术,因为构成艺术的符号(比如文学的语言符号、绘画的线条符号等)以指向现实语境和指称世界为目的,重在意义、思想等内容的明确传达,而并非符号形式的自我显现。反过来说,对于某些不以传达内容为目的的信息文本(如某些超现实主义、现代主义、后现代主义的先锋艺术)来说,指称功能的故意颠覆很可能导致传播的失败,当然,从另一个角度来说,也就意味着特殊的或多重意义生成的可能。比如20世纪20年代的法国和德国兴起的先锋派电影运动,其重要特点在于反传统叙事结构而强调纯视觉性,追求超现实主义的或表现主义的镜头的组合,甚至借助一系列并无内在联系的镜头的组接进行一种精神分析,在此情况下,接收人对语境和指称功能的把握将遭遇到挫折,如法国女导演谢尔曼·杜拉克(Germain Dulac)的短片《贝壳与僧侣》(1928)等。

4. 接触:交际功能

接触,按雅各布森所言,是在发送人和接收人之间的物质通道和心理连接,以使二者进入和保持在传达过程中——可以看出,其所担当的正是"媒介"的功能。我们不妨将其中的物理通道理解为"物理媒介"或"媒介形态",将心理连接理解为"寒暄媒介"。前者指的是通常意义的媒介,表现为物理设备或工具(如口头媒介、印刷媒介、电子媒介、数字媒介),是用来建立交流的基本条件,是让发送人和接收人进入交流的显性通道。[①] 此外,要保证交际的正常进行,还必须要检查通道是否畅通,要有用于保持渠道畅通的机制,这就是"心理连接",即"寒暄媒介",它并不提供实质性的信息,而是表现为一种"寒暄",常见于电话用语(如"喂!你能听到我的话吗?")、日常礼节性对话("吃了吗?""吃了!")、网络基本用语("呵呵")等。值得注意的是,在当下的数字媒介时代,心理连接与交流往往在"新媒介"造成的"媒介融合"浪潮中被忽略或被遮蔽。

5. 代码:元语言功能

交际的双方不仅要保持交际渠道顺畅,还需要检查他们是否运用了同样的代码。这时,焦点就转移到代码本身,起作用的是元语言功能。现代逻辑学已经区分出了语言的两个层次——谈论客体的"客体语言"(object language)和谈论

[①] 赵勇:《不同媒介形态中的大众文化》,载《辽宁大学学报》2011年第4期。

语言代码本身的"元语言"。所谓"代码"就是交际双方完全掌握或部分共享的表意系统,如文字、图像、手势、声音等符号。代码具有社会性,其表意规则与惯例必须为交际双方所共同认可,才能保证交际的效果。也就是说,这种代码可能具有相对的群体性、地域性、民族性的色彩,而对语言本身进行解释的"元语言功能"就必须发挥作用,否则信息将无法得到正确的理解。比如网络用语(包括表情符号、变形字体等)作为网民之间的交际代码,意思是明确的,但对于不熟悉这套代码的人来说,想要真正理解"童鞋""给力""稀饭"等语词的所指则是很困难的。

6. 信息:诗性功能

在雅各布森看来,当信息传播的意图聚焦在信息本身,强调语言媒介自身特性的时候,那么传播的诗性功能就显现出来。这种符号自指性的诗性功能,是语言艺术(诗歌)的主导功能,但它并不仅仅局限于诗歌,演说家的演讲、日常交谈、新闻、广告、科学论文等,都可以运用诗性手法,表现诗性功能,只不过在这些符号系统的等级秩序中,诗性功能处于次要位置。事实证明,在文化的媒介传播过程中,媒介手段自身的诗性功能将非常有利于传播意图和传播效果的更好实现。比如,艾森豪威尔的政治竞选口号"I like Ike";"利群"集团的广告语——"人生就像一场旅行,不必在乎目的地,在乎的,是沿途的风景,以及看风景的心情";某房地产广告——"面朝大海,春暖花开";乌镇的广告宣传语——"来过,就不曾离开"等。这种借助于诗性手法的媒介宣传,无疑更富有创造性和诱惑性,更有利于突破日常话语规范的束缚和审美惰性,凸显其独特的文化品位和人文内涵,从而使其传播意图得以更顺畅、更诗意地实现,达到"润物细无声"的最佳传播效果。

值得注意的是,在雅各布森的结构功能体系中,对立范畴绝非单向的、排他的封闭体,而是在某种条件下可以相互转换、相互制约的矛盾统一体。在对系统内部各组成要素关系的描述中,雅各布森的研究始终带有辩证的特征。当我们面对一个文化文本的时候,首先可以把它当作一个处于交际过程中的、具有多功能性的文本结构(比如一部电影),既要考察其在整个的文化系统(如电影文化系统)中与其他文本(电影)之间的差异关系,也要综合交际六要素来考察其结构本身(这部电影本身)居于主导地位的功能,以及与从属功能之间的对立关系。通过前者的分析,可以确定它的社会价值和历史意义;通过后者的阐释,则可以明了其内部元素的各种关系组合,显示其独特的艺术价值和生成机制。宏观结构与微观结构的综合分析才是比较全面的、辩证的结构主义方法。

(二) 列维-斯特劳斯结构主义文化人类学研究

被称为"结构主义之父"的列维-斯特劳斯(Claude Lévi-Strauss),早在20世纪四五十年代就在雅各布森的影响下发表了他的结构主义代表作《亲属关系的基本结构》和《结构人类学》,但这些努力似乎被现象学、存在主义的浪潮淹没了,没能够在学术界产生强大的冲击。但是,在他针对萨特的《辩证理性批判》而发表《野性的思维》之后,一场由结构主义取代现象学、存在主义的运动终于轰轰烈烈地展开了。简要来说,他的主要贡献在于:"将烹饪、礼仪、服饰、审美活动以及其他文化与社会实践当作语言来进行研究,指出每项实践都是一种独特的传播途径与表达形式。"[1]也就是说,他所追求的目标是整个文化的"语言"(langue)及其系统和一般法则,他是通过分析各种"言语"(parole)的方式来追踪文化的足迹的。

传播在列维-斯特劳斯的结构思想中是占有中心位置的。列维-斯特劳斯的结构主义人类学,是在对以往人类学学派(特别是20世纪初以博阿斯为代表的历史人类学学派)方法上的某些重要缺陷进行反思和批判的基础上提出的,其最根本的原则就是:避免轻率地在表象和现象的层次上对文化现象作出普遍性的概括,而必须把这种概括放在更深的、无意识的层次上,因为只有人们的无意识才是文化普遍性的基础,世界各民族之间在思维方式上并没有根本的区别。这对于我们的传播与媒介文化研究来说,意味着探究世界范围内各民族文化传播背后的深层结构的可能。

1. 二元对立

列维-斯特劳斯所采用的主要探究方法正是二元对立的结构主义分析方法,二元对立随处可见,如文化与自然、男人和女人、左手和右手、上和下、黑与白、好与坏、我们与他们,等等,它们构成了人类文化的原初形态,因而充满着文化的意义。列维-斯特劳斯不仅用二元对立来解释神话,而且把亲族关系、婚姻习俗、饮食方式、图腾观念等都纳入二元对立的关系中来考察,比如生和熟,甚至原始部落人们脸上的神秘图案等。威尔·莱特在《六把枪》一书中正是应用了列维-斯特劳斯的结构主义方法来分析好莱坞生产的西部电影的,然而他所关注的并非如何揭示影片的精神结构,而在于探寻神话是如何通过自身的结构向社会成员

---

[1] 〔英〕约翰·斯道雷:《文化理论与大众文化导论》,常江译,北京:北京大学出版社2010年版,第139页。

传播某种观念或秩序的。① 他认为西部片经历了三个发展阶段:经典时期、过渡主题时期和专业化时期。虽然各个时期各类影片迥然不同,但二元对立的基本结构是不变的,如下表。

经典西部片 的二元对立结构	内部社会	外部社会
	好	坏
	强大	羸弱
	文明	野性

专业化西部片 的二元对立结构	英雄	社会
	外部社会	内部社会
	好	坏
	羸弱	强大

威尔·莱特的文本结构分析,实质上已经突破了列维-斯特劳斯的静态的二元对立结构,并将之由方法论引向历时性的、动态的、深层次的人类历史文化结构中,从而更具有文化社会学、文化人类学的普泛意义。

2. 模糊类目

一些同时拥有对立二元的属性的项目,列维-斯特劳斯称之为"模糊类目"(或译作"中介项目")。模糊类目是难以二分的,它兼具对立二元的属性,使二元的界线模糊不清。这使得它们负载了太多的意义,在概念上的力量过于强大。它们得到双方的意义,具有向文化中产生意义的基本结构(二元对立结构)挑战的能力,因此必须受到文化的控制。最典型的控制方式有两种:将这些类目"神圣化"或是将它们列为"禁忌"而加以排斥。许多文化都会借助模糊类目,以连接两个分界太强硬、太严格的类目。比如在宗教和神话中,就有大量的人物形象(天使、基督)——有人性也有神性,作为人与神的中介,也有许多形象是介于人与兽之间(狼人、狮身人面、半人半马、美女蛇)和介于生与死之间(吸血僵尸、鬼魂、复活)。这在儿童媒体文化中更是司空见惯的,正如罗伯特·艾伦所发现的,儿童媒体的突出特点就是自然/文化类目的模糊,整个20世纪的儿童文学中频繁出现将人类行为和动物形象嫁接的情况,而这种情况正是儿童玩具制造商和电视行业联手合作导致和商业化的结果。这种观点与方法,对我们分析《西游记》《喜羊羊与灰太狼》这样的国产动画片以及相关文化产品是同样有效的。

---

① Will Wright, Six Guns and Society: A Structural Study of the Western, Berkeley: University of California Press, 1975, p.17.

3. 神话研究

列维-斯特劳斯的神话研究是他最具影响力的理论成果。他指出，神话的语言方式和语言是一样的，神话是由一个个"神话素"构成的，类似于构成语言的"词素"和"音素"，只有在关系组合中神话素的意义才能显示出来；而在形形色色的神话背后，存在着高度同质化的、普遍永恒的结构，对社会发挥着某种社会文化功能。在当代社会中，传播媒介所承担的功能，与部落社会、口头传播社会里神话所发挥的社会文化功能是极为相似的，从某种程度来说，传播媒介就是"今日的神话"。在社会结构和思想结构中，二元对立的矛盾随处可见，如城市与农村、富人与穷人、先进与落后等，而媒介神话往往以一种带有"欺骗性"的方式来应对和调和由各种对立矛盾所引起的焦虑，使人们不至于变得精神分裂或制造出太多的文化紧张。

4. 跨界仪式

跨界仪式是用来缓解从一种类目跨越到另一类目的困难的。一般说来，要跨越的类目距离越远，其仪式就越精致、越重要。比如，在所有社会里，在度过"生命与无生命"（"出生与死亡"）过程时，都要举行仪式，以赋予意义。媒介中也存在跨界仪式，电视、电影中，片头、片尾的字幕、台标、台名以及渐渐响起的背景音乐等皆可以视为一种跨界仪式的符号表现，它们使观众随着类目的改变而相应调整自己的观赏心态，如在娱乐节目和新闻之间或是新闻和连续剧之间。这类符号通常有预示即将播出的节目的类型的作用。如果没有这些跨界仪式，电视节目则可能会变得混淆不清，甚至会令人觉得很奇怪。更进一步来说，每一个电视节目的意义均受到横组合和纵聚合关系的影响，比如要判断和理解湖南卫视《天天向上》这个节目的意义，则必须要将它置于历时性的横组合（节目播出时间表上的位置）之中，同时置于共时性的纵聚合（同类型娱乐节目中的位置）之中，在这样的结构性定位中确定它的意义——这不妨视为索绪尔结构语言学方法在电视媒介文化研究中的活用。

当然，在日益商业化和娱乐化的时代，这种基于横组合关系的"跨界仪式"可能会被有意模糊化。在英国，电视公司被规定必须用某种特殊符号来清楚地区分开一般节目和广告，其作用就是标明不同类目之间的界线。而在美国则没有这样的规定，因此广告和节目很容易相互混淆，使观众无法分辨它们。那种随时任意插播的广告阻止了跨界仪式的产生，产生的混淆节目与广告的结果就更为明显。雷蒙·威廉斯（Raymond Williams）发明了"电视流"（television flow）这一术语，来描述这种不间断的传播现象，而观众则被"淹没"于节目之流中。越来越商业化的大众媒介倾向于消除跨界仪式，故意模糊节目与广告之间的界线，原因就在于大众媒介为我们提供的大量娱乐节目并不是"免费的午餐",实际上是将观众"卖"给广告商,节目不过是诱饵,消费才是真正目的。所以,有提示区隔二者作用的跨界仪式注定要被淡化甚至取消。

三、后结构主义的方法及特点

1966年,正当结构主义如日中天的时候,德里达(J. Jacques Derrida)在美国约翰霍布金斯大学召开的学术研讨会上发布了具有强烈解构色彩的《人文科学话语中的结构、符号与游戏》,从而在一场旨在宣扬结构主义的会议上完成了后结构主义的出场仪式。其实,严格来说,"美国人所谓的后结构主义早在结构主义范式衰微之前就已经存在。事实上,后结构主义的成功是与结构主义的大获全胜同步完成的"。[①] 也就是说,结构主义的分化源自于其内部的保守和激进两种倾向的斗争:一部分结构主义者(如格雷马斯等)效仿列维-斯特劳斯,借助于语言学模式静态地分析一切社会文化现象,以二元对立结构阐释文学和艺术,继续肩负结构分析的"科学使命",致力于建设结构主义诗学或叙事学;与此同时,德里达、巴尔特、克里斯蒂娃、福柯、拉康等人则不满于静态的结构分析,而力主以某种游戏性的方式瓦解结构,否定意义的确定性,开始享受"文本的愉悦"与"能指的嬉戏",形形色色的两极对立范畴,如能指/所指、自然/文化、语音/书写、感性/理性(这些范畴构成了结构分析的工具)均受到质疑,被多样化地处理,被撒播在无限的游戏之中。

其实早在结构主义的奠基人——索绪尔的语言理论中就已经埋下了后结构主义反叛的端倪。比如上文提到的索绪尔的"差异":在索绪尔那里,能指与所指的关系是任意的,符号的意义取决于其在差异系统中所处的位置,差异决定符号的意义。可以说,索绪尔的差异原则囿于语言系统的框架之内,强调的是共时的、空间性的语言要素之间的联系,反映了能指的线性特征,符号之间并不交织、转换,所以意义相对于符号系统归根结底是静态的,是一种"当下"和"存在"。后结构主义可以看作是一种"后索绪尔主义",因为它依然关注语言学方法,只不过它采取了不同于结构主义的策略,也就是说,它源自于对结构主义的批判继承,突破了结构主义的科学的"结构"观念。

后结构主义最重要的特点之一,就是它打破了结构主义系统观念,强调"互

[①] 〔法〕弗朗索瓦·多斯:《从结构到解构——法国20世纪思想主潮》(下卷),季广茂译,北京:中央编译出版社2005年版,第23页。

文性"。在后结构主义者看来,充满世界的行为与事物,没有一项只有一种意义、一种可能的阐释,意义的背后并不存在任何牢不可破的结构,意义始终处于生成的过程之中,而绝无固定的落脚处,也就是说,我们眼中的文本的"意义"只是永无止境的阐释链上的一个转瞬即逝的停顿而已。从这个意义上说,后结构主义的"文本"概念已并非结构主义所确定的系统结构,文本的固定结构和稳定秩序遭到了颠覆和拆解,任何文本都不再是一个意义明确的符号单元,而是都与别的文本互相交织、吸收的,正如法国符号学家、女权主义批评家朱莉娅·克里斯蒂娃(Julia Kisteva)所言:"任何作品的文本都是像许多行文的镶嵌品那样构成的,任何文本都是对其他文本的吸收和转化。"[①]每个文本都是其他文本的镜子,它们相互参照,彼此牵连,形成一个潜力无限的开放网络,以此构成文本过去、现在、将来的巨大开放体系和文学符号学的演变过程,这正是后结构主义的一个重要范畴——"互文性"(或称"文本间性",intertextuality)的意指所在。

　　菲斯克在 1978 年写的《电视文化》中认为,"互文性"是文本产生意义的主要原因。他主要从"水平"和"垂直"两个层面上来解释"互文性"是如何运作并产生文本意义的:水平面上,文本类型的意义产生于它与其他相关文本类型的关联,比如电影类型片中的喜剧片,是因为有其他诸如枪战片、武打片、言情片、恐怖片等类型片的存在而获得其意义的;垂直面上,文本的意义产生于原始文本与次级文本之间的互文性,比如一部电影的意义是由影片本身和它的次级文本如海报、文宣、播映后的媒介影评等共同打造的,正是次级文本引导、限制着受众对原始文本意义的理解,帮助促成了原始文本的"偏好意义",与原始文本构成了互文关系。另一方面,我们还应当考虑到,广义的"互文性"还意味着一个文本与赋予该文本意义的各种语言、知识代码、文化意义生产实践之间相互指涉的关系。比如,书店里的一本书,不仅涉及这本书与其中涉及的其他书(文本)的关系,还涉及这本书与书架上其他书的关系,还涉及这本书与书店整个氛围之间的关系。在这里,"互文性"就超越了"文本"的范围,而与"非文本"相互指涉,进入到更为广阔的文化视野中。

　　进一步来说,多媒体其实就是媒介的互文,我们无时无刻不身处于媒介互文的巨大网络之中,所面对的每一个文本都是媒介交互网络中的一个小小的节点,正如我们每个人都是社会关系网络中的一个节点一样,甚至可以说,在人本身以及人与人之间都形成某种意义上的"互文"关系。而且,在后现代的生存环境和

[①] 〔法〕朱丽娅·克里斯蒂娃:《符号学:意义分析研究》,转引自朱立元编著:《现代西方美学史》,上海:上海文艺出版社 1993 年版,第 947 页。

话语语境中,事实上根本就没有"作为一个整体的系统",每个人都可以随便在哪一点上介入社会和政治生活,介入媒介文化的眼花缭乱的文本之中。当然,需要警惕的是,在泛文本观念中,任何文本都存在于广阔无边的互文中,它不再承担作者的创造性和成为审美作品的责任,"而是游弋在一种文化空间之中,这种文化空间是开放的、无极限的、无隔离的、无等级的,在这种空间中,人们将重新发现仿制品、剽窃品甚至还有假冒品,一句话,各种形式的'复制品'——这便是资产阶级所从事的粗俗的实践活动"。① 也就是说,过分强调后结构主义时代的"互文性",可能会成为消解原创、鼓励盗版的借口,正如过分突出能指的游戏、意义的延异,可能会陷入不可知论、相对主义、虚无主义的深渊一样。事实正表明,随着"机械复制时代"后工业技术的高速发展,粗制滥造的复制品日益泛滥,内容简单重复、思想意义扁平的各类文化文本日益增多,改编、翻拍、续集、恶搞之风此起彼伏,文化创新成为整个传播过程中最薄弱的环节,这些现象与对"互文性"的过度推崇和误用、滥用不无关系。无论如何,"解构"不应当是终极目的,文化、文本、意义、生活乃至"人"本身都应当在建构中获得它们存在的本体价值。

四、后结构主义方法的经典研究

(一) 德里达的解构式阅读

德里达以"解构"思想而著称,而解构主义取得空前的学术成就,主要是作为一种文学分析的方法论,一种"否定的解释学"(一种关于不在场而非在场的解释学),一种"读就是写"的文本策略。这种策略把书写领域视为自治的领域,它隶属于一般的文本性,超出了哲学与文学的种类差异——这涉及他对传统哲学、文学、诗学、修辞学文本的批判性阅读。而综观他对福柯、列维-斯特劳斯、弗洛伊德、拉康等人文本的解构式阅读可以发现:作为一个文本解读者,他应该是一个"修补匠"(bricoleur),利用文本中的一些现成的工具和零星废料,对该文本进行敲敲打打、修修补补的工作。所谓"解构式阅读",也就是抓住文本的矛盾和歧义进行重写,尤其是要抓住一些有歧义的概念或用词,因为任何文本都有一些边缘性因素,有一些可供寄生的"缝隙",文本解构者挤进去,参与进去,使文本膨胀起来,活动起来,既增值了文本,又削弱了它,从这个意义上来说,解构既意味着破

---

① 〔法〕罗兰·巴特:《显义与晦义——批评文集之三》,怀宇译,天津:百花文艺出版社 2005 年版,第 161 页。

坏,又意味着建设。

　　解构阅读是按照这样的方式来具体操作的:抓住文本的矛盾和歧义进行重写,尤其是要抓住一些有歧义的概念或用词。德里达显然是玩能指游戏的高手,比如在《柏拉图的药》中,他抓住的是柏拉图文本中"药"(pharmakon)这个概念;在《论文字学》中,他抓住的是卢梭文本中的"增补"(supplement)这一概念;在马拉美那里,他抓住的则是"婚姻"(hymen)这个概念;如此等等。对于传统批评来说,其目标在于消除语词歧义,恢复单一意义,以求能指与所指相对应,符号可以指称对象或表象观念。而解构批评则恰恰迷恋于概念歧义,通过把概念的多重含义置入文本,使得文本的单一意义消除了,从而动摇(重写)了文本的结构,也因此取消了符号的表象或指称功能,让其恢复了物质性的存在。更重要的是,这些概念存在于待解构的文本之中,这也就意味着,解构的运作是要发现文本的自身解构性,在看似尊重文本的基础上完成重构的革命。德里达自己也说道:"(解构式)阅读必须始终将矛头对准被作者采用的语言和未被采用的语言之间的关系。这种关系是隐匿的,就连作者本人也浑然不觉。上述关系乃是……一种指意结构,是由批判式(解构式)阅读实践生产出来的……因此,阅读的使命便在于揭穿文本中不可见之物的真面目。"①

　　如果我们只是简单地将文本视为二元结构加以分析的话,那么由此结构而产生的种种权力关系就会牢牢站稳脚跟,也就是说,解构式阅读要实现"揭穿文本中不可见之物的真面目"的使命,就必须颠覆二元对立的等级制结构关系。在德里达看来,对于结构主义而言至关重要的二元对立并非简单的结构性关系,而是一种权力关系,是将一种宰制性的词语体系凌驾于其他词语体系之上,而这种不可见的"凌驾性"(或者说优先性、特权性)并非从符号与符号的关系中自然而然产生的,而是在关系的建构过程中被生产出来的。② 比如,在词语"男人"与"女人"的二元对立中,当我们对"男人"做出描述的时候,总是意味着"女人"作为一种缺席而存在,对立双方是互相依存、互相促进的,每一方都要依靠另一方的缺席来获得自己的在场与意义。在性别关系的历史建构中,"男人"比"女人"享有了优先的权力,甚至这也成为天经地义的思维模式。从这个意义上说,波伏瓦的名言"女人不是生来就是女人,而是被造就成了女人"是正确的,换句话说,"男人"是被造就成了"男人","男人"占据着高于"女人"的地位,也是文化造就的结

---

① Derrida, *Of Grammatology*, Baltimore: John Hopkins University Press, 1976, pp.158—163.
② 〔英〕约翰·斯道雷:《文化理论与大众文化导论》,常江译,北京:北京大学出版社2010年版,第154—155页。

果,这无疑也揭示了德里达所言的"暴力层级"(violent hierarchy)关系。对于解构主义者来说,调和对立双方的矛盾不是他们要做的,"要想将二元对立彻底解构,我们必须颠覆整个等级制"。也就是说,与其接受"男女平等"的"双重欺骗性",不如对其进行解构式的阅读,以此来摧毁二元对立结构,揭露支撑着这一结构的乃是特定"暴力"的真相;而这种暴力,其实是关于性别与性取向的一系列可疑的假设。

案 例

对电影《与狼共舞》的解构式阅读

(二)福柯的谱系学方法

福柯从不承认自己是结构主义者,自然他也不会承认自己是解构主义者,与其对他进行简单的归类,不如直接考察其方法,这更利于我们的媒介文化研究实践。

在纪念伊波利特的文章《尼采·谱系学·历史》中,福柯1971年第一次系统论述了谱系学(Genealogy)方法。他开篇即言道:"谱系学枯燥、琐细,是一项极需耐性的文献工作。它处理各种凌乱、残缺、几经转写的古旧文稿。"[①]这意味着,谱系学不仅要求细节知识,要求大量堆砌的材料,还要求足够的耐心;它并非是对起源问题做实证主义的历史探查,事实上,谱系学反对理想意义和无限目的论的元历史展开,反对有关起源的研究。这自然是对尼采的"道德谱系学"的继承与发展,是对传统历史观的批判和对新历史方法即谱系学的建构。在福柯看来,传统历史学总是试图为事物的产生寻找形而上学的高贵本质,而谱系学则义无反顾地拒绝这种假定。虽然谱系学也研究起源,但不是要奠定什么基础,也不是要寻找同一性的根源,相反,它是要打破那些被认作是同一的东西,并尽力消解它,要昭显我们所经历的一切非连续性,要反对理想意义和无限目的论的元历

---

① 〔法〕米歇尔·福柯:《尼采·谱系学·历史》,见杜小真编:《福柯集》,上海:上海远东出版社2003年版,第146页。

史展开,要呈现那些被想象成自身一致的东西的异质性。传统的历史观不需要事件,或者把事件仅仅当作装饰,它所追求的是本质特征、最终意义和永恒价值。但是,谱系学告诉我们,世界和历史只不过是无数纠结缠绕的偶然事件,我们在无数流逝的事件中生活,并无原初的坐标——这无疑是一种消解本质、意义、价值或真理的解构主义历史观和方法论。

当然,在福柯自身的知识谱系中,"谱系学"并非凭空而来,在此之前的作品中实际上就蕴含了谱系学的倾向,如果我们将《事物的秩序》(The Order of Things,1966)、《知识考古学》(L'Archéologie du Savoir,1969)和《尼采·谱系学·历史》(1971)作为一个整体联系起来考察,我们就不难发现考古学与谱系学方法之间存在着密切的关系。① 也就是说,从知识考古学到谱系学,并无必然的理论区隔,而是一种自然而然的延续、发展和成熟。在福柯看来,"权力"无所不在,无处不在,但又无处可寻,可以认识到的是:一方面,权力制造知识,知识被权力建构,"权力和知识是直接相互连带的;不相应地建构一种知识领域就不可能有权力关系,不同时预设和建构权力关系就不会有任何知识",② 权力与知识在现代社会形成一个牢不可破的共同体。另一方面,在后来对监狱、规训、性等研究中,福柯进一步在"身体"上发现了现代人的奥秘,即唯有"身体",才是权力最直接的焦点和产物,才是规训和惩罚的所在,换言之,当代人不可避免地成为被权力所规训而不自觉的人,成为"权力—知识—身体"共谋下的产品,成为了"驯服而有用的肉体"。谱系学的考察,正是对这一现状的直接揭示。可以说,晚期福柯以"权力—知识—身体"三角关系的谱系学分析,取代其早年的"知识考古学"的结构主义方法,放弃对"深层"的探索,即放弃或颠倒传统历史下意识的形而上幻想,放弃所谓的真理、道德、自由、主体这些宏大叙述,而将目光转向表层,转向局部、具体、细节的研究。而"全景敞视主义"(panopticism)研究无疑是谱系学分析方法的代表性研究之一。

在《规训与惩罚》一书中,福柯对边沁设计的"全景敞视监狱"(panopticon)进行了深入的分析和批判。边沁设计了一种圆形监狱,监狱正中是监视囚犯的高塔,可以看到圆形监狱周边所有囚室的情况。圆形监狱是一个完美的规训机构的设计方案。对于身居全景敞视机制中的囚禁者而言,一方面身体被限制而失去自由,另一方面,还要面对无所不在的监视,这监视也正是无所不在的权力机制的隐秘显现,每个人都感受到无形的"权力的凝视",而不得不主动遵守着权

---

① 参见杨大春:《文本的世界》,北京:中国社会科学出版社1998年版,第164—165页。
② 〔法〕米歇尔·福柯:《规训与惩罚》,刘北辰、杨远婴译,北京:三联书店2012年版,第29页。

力的规范。因此,他的身份是双重的,即既是控制者,又是被控制的对象。而在福柯看来,这座监狱是权力与知识结合的范本,是一种"全景敞视主义"的"规训—机制",即一种通过使权力运作变得更轻便、迅速、有效地来改善权力运作的功能机制,一种为了实现某种社会规范而使强制更加巧妙的设计。相较于17世纪受瘟疫袭扰的城市所采取的"规训—封锁"来说,18世纪的这种规训意象已经表现出规训机制的逐渐扩张,遍布整个社会机体,"规训社会"由此而形成。也就是说,监狱原本是社会之微型宇宙,而在权力机制的运作之下,这个残酷而精巧的铁笼"被推广至整个社会,并以日常生活之名界定了权力的关系"①,每个日常的、社会的人都成为被全景式的权力所监视、所"囚禁"、所规训的笼中之人,而这正是我们日常生活的常态。

在《文化理论与大众文化导论》中,斯道雷将福柯的这种"全景敞视机制"敏锐地推向大众媒介文化的研究领域。在他看来,这种以监视为手段的规训机制对大众文化产生了深远的影响,这尤其体现于"监视型"的媒体之中,比如一些真人秀的电视节目,如《老大哥》(*Big Brother*)、《我是名人》(*I'm a Celebrity*)、《放我出去》(*Get Me out of Here*)等。这些节目可被称为"全景敞视型节目",其意图在于使电视机前的观众把自己假想为监视剧中的"真人"(仿佛全景监狱中的囚徒)的监视者(仿佛狱监)。然而不幸的是,就在我们观看节目中被规训的"真人"的同时,我们自身也成了被规训的对象。我们在观看他者被规训和惩罚的同时,我们的身体乃至精神也始终被"囚禁"在房屋之内,电视之前,节目之中,正如当我们沉浸于一些揭露名人隐私的八卦杂志或一些备受争议的娱乐节目中(如《非诚勿扰》《康熙来了》),自己的窥视欲和娱乐快感得到满足的时候,那些规训名人的标准与法制同时也潜在地规训着我们,我们甚至不知不觉地就以自我规训的方式顺从了杂志或节目所宣扬的美学标准、道德规范及行为准则等。由此可见,我们从来就不是什么"监视主体",而是始终处于权力的凝视之下的,难以逃脱,正如斯道雷最后所言,"尽管我们坐在电视机前面而非电视节目中,但这并不意味着我们就能免于规范的束缚——想要安全逃脱全景敞视机制的控制,是绝无可能的"。② 这种处境颇似卞之琳所写的《断章》:"你站在桥上看风景,看风景的人在楼上看你。明月装饰了你的窗户,你装饰了别人的梦。"可以说,这个"梦"正是福柯的谱系学方法所要揭示的幻象,"你"并非"主体",而是像任何"话

---

① 〔英〕约翰·斯道雷:《文化理论与大众文化导论》,常江译,北京:北京大学出版社2010年版,第161页。
② 同上书,第163页。

语"一样,只不过是权力和知识始终合谋操控的场域("风景")而已,换言之,"主体"只不过是支配身体的权力技术学的效应。

案 例

用谱系学方法解读电影《楚门的世界》

第六章
文化研究及其方法

一、文化研究概念及范式

"文化"是一个复杂而庞大的概念,而"文化研究"则是人文和社会科学领域许多知识和方法论传统结合而产生的一种研究范式。狭义的文化研究是指由英国当代研究中心的学者所发展起来的研究传统,主要是对话语和权力结构的分析,其"文化主义"与"结构主义"相对立的范式在葛兰西的"文化霸权"概念提出后发生转向,作为一个与社会发展关系密切的研究领域,文化研究也在当今找到了许多新的议题。

(一) 什么是文化研究

在进行文化研究之前,首先要定义"文化"这个词,然而这一定义却有超乎想象的困难。正如雷蒙德·威廉斯所言:"英文里有两三个最复杂的字,文化正是其中之一……因为目前在许多不同的知识领域,以及许多殊异的思想体系里,文化都是其中最重要的概念。"[①]根据他的说法,当前有关"文化"的三种用法,隐约反映了种种历史变迁。

- 指涉个人、群体或社会的智识、精神和美学发展。
- 泛指各式各样的知识和艺术活动及其产物(电影、艺术、戏剧)。在这个用法里,文化大致与"文艺"(The Arts)同义,因此我们有"文化部长"(Minister for Culture)。
- 指涉一种民族、群体,或者社会的整体生活、活动、信仰和习俗。[②]

[①] 〔英〕约翰·斯道雷:《文化理论与大众文化导论》,常江译,北京:北京大学出版社2010年版,第2页。
[②] 转引自〔英〕菲利普·史密斯:《文化理论的面貌》,林宗德译,台北:韦伯文化国际出版有限公司2004年版,第1—2页。

从雷蒙德的叙述中,"文化"这一术语在三个相对独特的意义上被使用:第一是作为发展过程的文化。第二是艺术及艺术活动。第三是习得的、首先是一种特殊生活方式的符号的特质。在不同层面上,文化研究的意义也大不相同,例如莎士比亚的一部戏剧既可以被看做当时英国生活方式、美学萌芽的一种产物,也可以是一个伟大的文化作品,还可以是英国文化发展的一个阶段,每个层面都是相对独立且有较大不同的。澳大利亚文化研究学者杰夫·刘易斯将文化定义为"一种由特定的社会群体创造的想象和意义的集合。这些意义可能是一致的、分离的、重叠的、争论的、连续的或者间断的。特定的社会群体可能围绕着很宽泛的各阶层人群、活动和目的而组成。传播是核心力量,将社会群体与文化结合起来,在当代文化中,这些传播的过程是由各种形式的全球联网媒介支配的"。[1]

由于文化概念的广义性,文化研究也成为最"时髦"的学术领域之一。文化研究通常被界定为关于文化的研究,我们首先要区分狭义和广义两种内涵。狭义上的文化研究是一个特殊概念,特指由英国当代文化研究中心研究者发展起来的研究传统,尤其关注文本和受众研究,有特定的前提假设,即我们所谓的大写的文化研究(Cultural Studies),例如文化研究的先驱斯图亚特·霍尔一直拒绝给文化研究下一个简单明了的描述性定义,他认为文化研究实际上是一种话语的建构,即"一串(或一群)观念、形象和实践,它们提供行为方式、知识形式,以及一个与特定主题、与社会活动或社会制度相关联的引导"[2]。而广义上的文化研究则是指"对文化的研究"(study of culture),是指将文化作为一般对象而进行的研究,比如对某个民间文化的研究、对官场文化、对亚文化的研究等,当代文化研究学者安·格雷就认为文化研究的一项关键性特征在于"它将文化理解为由'生活的种种面向'所构成,同时也构成了'生活的种种面向',即文化就是日常生活的物质、社会以及象征性实践"。[3]

无论是哪种范畴的文化研究,有一个特征都是十分明显的。在人文社会科学领域里,文化研究以使用多种设计方法而著称,它将人文领域(文学、媒介研究、历史、美学、哲学等)和社会科学领域(社会学、人类学、政治科学等)的许多知识和方法论传统结合在一起,产生异常高产且深刻的成果。本节所要重点展示

---

[1] 〔澳〕杰夫·刘易斯:《文化研究:基础理论》,郭镇之等译,北京:清华大学出版社 2013 年版,第 15 页。
[2] Lawrence Grossberg, Cary Nelson, paula A. Treichler, Cultural Studies, New York: Routledge, 1992, p.278.
[3] 〔英〕安·格雷:《文化研究:民族志方法与生活文化》,许梦云译,重庆:重庆大学出版社 2000 年版,第 1—2 页。

的,就是文化研究在方法论上的这一特征。

(二) 文化研究的范式及转变

虽然文化的概念可以大得没有边界,但其真正作为一个研究领域被重视,却是在第二次世界大战之后的近半个世纪。在此期间,文化研究的范式经历了几次重要的转变。总的来说,西方马克思主义的意识形态是文化研究之基础,英国伯明翰学派的兴起将文化研究正式推上历史舞台,葛兰西转向是文化研究发展过程中的重要调整,而从语言学到视觉文化的转变则是当今文化研究的特色之一。

1. 基础:马克思主义与文化意识形态

文化研究中的许多重要问题都与社会不公正、不平等相关,其重要的基础就是西方马克思主义,马克思关于权力与社会关系的革命性观点影响了许多代激进分子和批判思想家。①马克思主义关于权力和意识形态的观念有利于发展文化研究的批判视角,从而促进文化意识形态的形成。马克思和恩格斯声称:"统治阶级的思想在每一时代都是占统治地位的思想。这就是说,一个阶级是社会上占统治地位的物质力量,同是也是社会上占统治地位的精神力量。"②英国文化研究早期代表人物理查德·霍格特、斯图亚特·霍尔、雷蒙德·威廉斯、E. P. 汤普森等人本身就有着浓厚的西方马克思主义背景,关注英国工人阶级的生活,对工业革命后期的英国保持着警醒和批判的态度。霍格特和威廉斯都来自工人阶级,并长期在面向工人阶级的非义务学校中任教,这使得他们能够打破早年由利维斯所树立的文化传统,而融入马克思主义和文化意识形态批判的思想。马克思主义对文化研究的影响是不断发展的,英国文化研究学者转向阿尔都塞主义和葛兰西的霸权主义,都是马克思主义的新发展。文化研究者在新的问题上,在马克思注意到但未深入研究的对象——语言、象征符号、文化、意识形态、霸权等方面,都进行了新的探索。

2. 起源:英国伯明翰学派的兴起

"我所感兴趣的那些问题无法被安置在现有的任何一个学科里面。我希望有一天我们能拥有一个自己的学科。"③雷蒙德·威廉斯曾在《漫长的革命》一书

---

① 〔澳〕杰夫·刘易斯:《文化研究:基础理论》,郭镇之等译,北京:清华大学出版社2013年版,第47页。
② 〔英〕约翰·斯道雷:《文化理论与大众文化导论》,常江译,北京:北京大学出版社2010年版,第74页。
③ 同上书,第69页。

的前言中带着遗憾写道。仅仅在这番言论发表三年后的1964年,英国伯明翰大学当代文化研究中心(Centre for Contemporary Cultural Studies,CCCS)宣告成立,霍加特是该中心的第一任主任。其实,早在20世纪早期,英国就存在对产业工人阶级文化与传统不大重视但持续的关注。尽管利维斯主义和法兰克福学派一直为精英文化抗争,对大众文化进行无情的批判,但在马克思主义影响之下的民间文化和流行文化业正在萌芽。利维斯主义的基本立场是:"文化始终是少数人的专利",利维斯和汤普森认为"'少数人'如今却意识到自己正深陷于一个新的环境之中。这个环境不但令人厌恶,更充满敌意……'文明'与'文化'正在成为对立物"①。大众文明和群氓文化曾被利维斯主义者视为正统文化的异端和威胁,而在霍加特等人的眼中则并非如此,"他们开创了文化主义的传统,更为大众文化研究的文化研究路径奠定了基调"②。广泛吸收了社会历史、人类学与芝加哥学派社会学的英国文化研究开始冲破精英主义的束缚,不再用内容的优劣来评价文化,而是从社会学的角度把文化看成是某个时期多层次的"鲜活"的整体,认为"文化是社会存在与社会意识之间的协商和对话"③。

3. 调整:文化研究的葛兰西转向

与第一任主任霍加特更加关注文学不同,他的继任者霍尔强调对社会文化的认识,更加关注对社会不平等的批判。霍尔在《文化研究:两种范式》一书中指出,文化研究中"文化主义"的线索,随着"结构主义"知识背景的出现被打断了。影响文化研究的"结构主义"主要来自一位结构主义马克思主义者,法国学者阿尔都塞,他从对整体的社会结构与实践展开讨论,关注意识形态与国家机器间的关系,他认为文化不仅是一种生活经验的再现,而且是一种意识形态,涉及对个人和群体的无形控制。阿尔都塞的理论使文化研究从早期纯粹的对文化经验的研究,转向了对政治权力的运作与文化再现关系的考察。然而,无论是"文化主义"还是"结构主义","都不足以将文化研究构造成一个有明确概念和充分理论根据的领域"④,因此,文化研究出现了著名的葛兰西转向,意图克服阿尔都塞意识形态理论的局限性。安东尼奥·葛兰西是20世纪最重要的马克思主义思想家之一,也是西方马克思主义发展史上最关键的人物,他在10余年的铁窗生涯

---

① 〔英〕约翰·斯道雷:《文化理论与大众文化导论》,常江译,北京:北京大学出版社2010年版,第28,29页。
② 同上书,第45页。
③ 〔英〕E. P. 汤普森:《英国工人阶级的形成》,钱乘旦、杨豫等译,北京:译林出版社2001年版,第78页。
④ 〔英〕霍尔:《文化研究:两种范式》,孟登迎译,转引自罗钢、刘象愚编:《文化研究读本》,北京:中国社会科学出版社2000年版,第61页。

中留下《狱中札记》,在这部书稿中他提出了"霸权"的概念,对文化研究影响深远。葛兰西认为霸权是一个政治概念,可用来解释为什么资本主义制度下社会革命迟迟不得发生。在一定历史阶段,占据统治地位的阶级为了确保他们社会和文化上的领导地位,除了剥削和压迫,还劝诱被统治阶级接受它的道德、政治和文化价值。倘使统治阶级在这方面做得成功,就无须使用强制和武力手段。社会精英通过将本阶级的私利普遍化来建立他们的领导权。这些私利被大多数人认可,因为大众将它们理解为自然的和普遍的价值,于是这种"霸权"将不同意见中立化,并将他们的价值观、信仰和文化意义植入普遍的社会结构,从而形成一种领导权。需要注意的是,"文化霸权"并不是法兰克福式的自上而下的文化征服,而是一个经由谈判和斗争达成妥协的动态领域,是一个支配与抵抗的力量不断调整、趋于平衡的过程。这是在文化主义范式和结构主义范式之外的另一种范式,被雷蒙德·威廉斯等人用来分析更广泛的文化和媒介现象,承认文本有更多的"意义协商"的空间,文化既不是自下而上的,也不是自上而下的,而是一个动态的过程,充满了矛盾、抵制、妥协和合作。文化霸权不只有压迫,也能够容纳其他阶级的利益。但是,一旦知识和道德方面的文化领导权出现问题,不足以维护统治阶级的权力延续,那么文化霸权完全有可能被军队、警察、监狱等强制性国家机器所替代。

4. 发展:多领域的实践性理论工作

虽然政治和日常生活实践始终是文化研究的核心,与西方马克思主义一脉相承,但还是呈现出新的发展趋势。在保持学术性质的政治性和实践性不变的前提下,文化研究在具体的研究领域实现了扩展,主要体现在以下几个方面。

第一,从广泛文化现象的实践逐渐聚焦到媒介语言和媒介文本,用语言学、符号学等文本分析的方法找到全新的视角。理解文化就是探讨意义如何通过语言的象征实践象征性地产生,索绪尔认为,语言并不反映独立对象的先在和外部的现实,而是一个类似语言的符号体系通过一系列概念和语音的差异从其自身内部构造意义。通过语言学的发展,文本意义的不稳定性被揭示出来,也为霍尔等文化研究者提供了一种除美国效果研究传统的线性简化论和法兰克福学派意识形态批判之外的新的媒介和文本分析的方法。法国语言理论与伯明翰式文化研究的结合对英国和其他地区文化研究课题的拓宽贡献极大。

第二,同样是随着媒介的变迁,视觉文化在文化研究中开始崛起。海德格尔曾预言人类终将进入"世界图像时代","从本质上来看,世界图像并非意指一幅关于世界的图像,而是指世界被把握为图像了"。① 这个预言在一定程度上揭示了当代文化的基本特征。本雅明、鲍德里亚等人都对此有精彩的理论阐述。在视觉文化研究中,我们试图建立一种批判的视觉,进而重新审视人们观看的方式和表征的历史。② 本雅明在《机械复制时代的艺术作品》中指出,机械复制技术的出现使传统艺术的"灵韵"衰落或丧失,正是现代科学技术的发展和大众接近、占有艺术摹品的动机促使机械复制成为当代文化的一个重要特征。而在鲍德里亚看来,后现代文化则是一种"拟像",是一种与原本一模一样的复制品,而原本自身则并不存在。"仿真"的过程模糊了原本和复制品之间的界限,在受众头脑中建构出一个"超级真实"。

第三,大众文化与消费文化紧密相连,成为研究新热点。文化领导权的集中区分了统治者和大众,在美国等地开展了广泛的受众调查,目的在于掌握被统治者的动向,并从中找到消费热点而产生利益。以米歇尔·德赛杜、约翰·费斯克为代表的研究者给予大众文化和消费文化极大的关注度,前者认为作为"弱者"的大众消费者其实不仅仅是被动地接受作为"强者"的传播者所发出的信息,还会以消费习惯、文化选择等行为进行抵抗;后者则提倡受众的"快乐政治学",大众在进行媒介文化消费之时以狂欢和身体的快感为导向进行选择。在他们看来,大众文化和消费文化主要是以媒介高速发展前提下文化的可复制性和娱乐性为基础而展开的,例如安迪·沃霍尔等艺术家看到了大众文化的商业潜力,开始用艺术迎合大众品味而成为消费品,类似的文化现象都成为研究者们所关心的热点。

第四,青年亚文化、种族主义、女性主义的崛起深刻地影响着文化政治。有大众的流行的文化,就有与之相对应的小众文化,即萌芽于20世纪中后期的青年亚文化,年轻人展示出不同的穿衣风格、音乐文本、美学风格等,对传统的社会价值观和生活习惯形成冲击,并通过抵抗的行为对传统文化政治形成挑战。其实,在青年亚文化产生影响之前,女性主义和种族主义的崛起已经对传统文化政治构成了影响,社会弱势群体在政治上寻求发言权和管理权,在文化上同样要求一定的身份和地位,掀起一阵阵运动浪潮。文化研究也在这些群体的冲击之下调整了研究的方向,扩展了研究的对象和领域。

第五,经济和政治的全球化带来文化地域的扩展与交融。生产力水平的提高、交通运输业的发展、媒介技术的进步等,都共同指向全球化进程的加速。不

---

① 〔德〕海德格尔:《林中路(修订本)》,孙周兴译,上海:上海译文出版社2004年版,第91页。
② 陶东风、和磊:《文化研究》,桂林:广西师范大学出版社2006年版,第121页。

同文化、种族、国家的人群在全球化的进程中迎来最大的冲突和融合,一方面在多元文化的冲击之下文化生态的混合带来各国文化差异的消除,而与之相反的另一方面,全球化环境中的各国也比以往任何时候都更注重发展本国独有的文化,形成独特的两极现象。媒介对于全球文化的交流起到建构的作用,多元主义、全球主义和霸权主义的论断在文化研究中并存,在一定程度上与政治经济学批判研究也有所交融。

二、文化研究方法论

正如前文所述,文化研究在方法论上最突出的特点就是它的融合性。从宏观和本质上看,文化研究无疑是批判的,而从具体方法上看,它又与文本、个案的阐释密不可分。正是由于这种特性,文化研究在学科分类上也与一般研究不同,它不但是融合多个领域的、跨学科的,甚至也是挑战原有学科分类体系的、反学科的学术。文化研究具有很强的政治实践性,是一个意识形态争斗的领域。

(一)文化研究的诉求

从学术诉求上来看,文化研究既是宏观的、批判的,又是微观的、阐释的,在批判的研究方法中文化研究的特殊性即在此。从根本的目的和诉求上看,文化研究寻求人的解放,企图从资本主义的奴役和异化中脱离出来,获得人的全面自由的发展。文化研究的诉求,本质上是政治性和实践性的,运用了一种综合的方法,也因此形成一种综合的批判。斯图亚特·霍尔在《表征》中研究了福柯的权力观念,批判和反对"马克思主义意识形态理论中的这一强大的经济因素或阶级简化论"[1],而更关注话语与权力之间的关系。与传播政治经济学相比,文化研究在一定程度上否认了经济决定论,转向对上层建筑的深入研究;与法兰克福学派相比,文化研究又否认了文化工业和精英文化的批判传统,认为大众文化既不是"一种为了利润和意识形态被给予的文化"[2],也不是自下而上自发兴起的能动的文化,而是一种折中平衡的文化,以抵制和合作为标志。约翰·斯道雷在分析文化研究的政治性时同样特别看重葛兰西的霸权概念,强调文化与政治之间的辩证的关系,虽然政治与权力对文化生产和消费产生结构性的操纵影响,但文

---

[1] 〔英〕斯图亚特·霍尔:《表征:文化表象与意指实践》,徐亮、陆兴华译,北京:商务印书馆2003年版,第49页。
[2] 陶东风主编:《文化研究精粹读本》,北京:中国人民大学出版社2006年版,第87页。

化研究中仍"坚持文化消费的积极的复杂性和受情景制约的能动性"[①]。文化研究的重点在于分析文化文本的生成和传播机制，以及其对社会各阶层所产生的影响，在实践之中对文化现象进行批判。文化学者约翰·费斯克更是直接将文化视为一种微观政治，他认为"文化（及其意义和快乐）是社会实践的一种持续演进，因此它具有内在的政治性，它主要涉及各种形式的社会权利的分配及可能的再分配"[②]。可以说在宏观层面上，无论是伯明翰学派的代表人物，还是美国其他学者的文化研究无疑都是批判的，甚至在文化研究进行后现代转向之后仍然保持着批判的本性。没有批判的视角，文化研究也就不能形成前后相承的理论体系。

而从具体的方法上看，文化研究改变了法兰克福学派宏观批判的方法，着眼于微观，用文化文本分析、民族志等具体的研究操作方法对文化理论进行支撑。如果说批判是"破"，则阐释则是文化研究"立"之根本，在微观的研究方法之上，文化研究才能形成独有的理论，而不仅仅流于空谈。也正是因为有了这样的视角和方法，才能使研究者更关注文化的社会实践，形成具体的关注领域，无论是媒介文化研究还是亚文化研究以及其他类似研究，研究者都对相关领域进行了细致入微的阐释和表述。相比于理论推导理论的宏观方法，文化研究则更倾向于从某一个案或是某种文化现象切入，从现象到理论再回归于现象，体现出阐释的方法在研究中的巨大力量。

（二）文化研究中的意义问题

意义是西方哲学，尤其是语言哲学领域探讨的主要话题，不同的哲学流派对意义的解释有很大的不同。20世纪西方人文科学的意义研究经历了从超验的和实证主义的意义研究到追求交往对话的共生意义的研究的范式转变，维特根斯坦在《哲学研究》中提出"意义就是使用"，成为意义分析走向日常语言分析的一个标志。媒介文化研究，尤其是欧洲的文化研究在很大程度上都是有关意义的生产和运作的研究，通过细致的分析以便揭示文化领域中各种意义的生产、消费、操控、欺骗、抵制、协商等机制，总的来说，意义这一词语所表达的是一个精神内容的运动过程，只有在这一过程中，意义才具有相对确定的意义。

劳伦斯·格罗斯伯格将意义描述为"最明显也是最不明显的所有事情"[③]，

---

① 陶东风主编:《文化研究精粹读本》，北京：中国人民大学出版社2006年版，第90页。
② 〔美〕约翰·费斯克:《解读大众文化》，杨全强译，南京：南京大学出版社2000年版，第2页。
③ 〔美〕格罗斯伯格:《媒体原理与塑造》，杨意菁、陈芸芸译，台北：韦伯文化事业出版社1999年版，第114页。

进一步说,他认为意义并非天然存在的而是由人们制造的,人们之所以能够对某一事物形成认识,产生意义并在群体中获得意义的认同,其实正是文化起到了至关重要的作用:"意义、历史以及生活方式之间的关系,其实正是文化的意义,人们不能忽略他们所生活的文化。"[1]然而,格罗斯伯格同时也指出即使是通过文化和生活而得出的意义也只是一个事实,并不一定是真实的,"真实与文化之间的关系是不容易被领悟的,它必定保留一些进退两难的困境,因为意义同时是等着人们去发掘的一些事情,但同时是人们脑海中想象以及描绘世界的一些事情"。[2],这也正与费斯克所言的意义是一个动态的过程不谋而合。

不仅如此,文化研究中的意义更多显示出批判性和政治实践性,不仅是阐释,更像是一个意识形态争斗的领域。霍尔运用"接合/表达"(articulation)的概念从两个方面指出意义在文化研究中的存在形式。在第一个层次上,霍尔认为文化文本并不是被嵌入意义的,意义必须被表达和制造出来;在第二个层次上,霍尔认为意义通常是在一种语境条件中被制造出来的。斯道雷针对霍尔的观点进行延伸,认为意义必须在文化消费的实践中才能被积极生产。既然意义是一种社会生产,则不可避免地成为一个斗争和谈判的领域。在这一领域之中,文化符码的意义不可避免地与意识形态和特定的社会利益相联结,文本并不是意义生产的源泉,而只是意义表达的一个场所,社会生产意义,社会利益影响意义的形成。

除了意义生产之外,意义的消费也与政治有着密切的关系,文化消费的特殊性在于这并不是一个对已有产品的简单消费过程,文化也不是某种早已制造出来为我们所消费的东西。相反地,文化正是在多种多样的文化消费实践中被创造出来的东西。因此意义从来就不是明确的,而通常是地方性的,取决于语境的,而文化消费的语境则往往又与意识形态和社会实践中的利益关系有着深刻的联系。费斯克认为"意义很难被掌握(我们也很难阻止他人掌握意义),亦很难被控制,皆因对意义与快感的生产与对文化商品的生产截然不同。在文化经济中,消费者扮演的角色并非存在于线性经济交易的末端,而意义与快感的流通致使生产者和消费者之间并无任何明晰的界限"[3]。可以说大众从媒体和文化产品中所获得的意义,并不是单一静止的,而是过程性的,表意的过程与受众和文

---

[1] 〔美〕格罗斯伯格:《媒体原理与塑造》,杨意菁、陈芸芸译,台北:韦伯文化事业出版社1999年版,第116页。
[2] 同上。
[3] 〔英〕约翰·斯道雷:《文化理论与大众文化导论》,常江译,北京:北京大学出版社2010年版,第268页。

本的互动紧密相关。在这个过程中,文化既是意义传播发生的背景,同时也在意义中得到强化。我们也可以概括地认为,在文化研究之中,符号学和阐释学对意义问题能指和所指的分析倾向被更具政治性和实践性的文化分析倾向所取代,意义更像是一种表征。诚如布尔迪厄所言:"我们相信,知识分子更关心表征——如文学、戏剧、绘画等——而非被表征之物,而人民则大多期待那些规束性表征与风习能够让自己'天真地'相信被表征之物。"①

(三) 文化的意识形态批判

意识形态之于文化研究的重要性,诚如约翰·斯道雷在《文化理论与大众文化导论》中所说,意识形态是大众文化研究中的一个关键概念。格里莫·特纳也指出意识形态是文化研究中最重要的概念范畴,詹姆斯·凯瑞甚至声称干脆将英国文化研究描述为意识形态研究,这样更简洁,或许也更准确。其实,在之前的葛兰西、法兰克福学派和阿尔都塞的理论中,也都是从意识形态的角度来理解流行文化的。可见,意识形态对于文化研究和大众文化的重要性在西方学者中是有普遍共识的。正是这样的共识形成了研究者思考文化的一个非常重要的视角和路径。在此意义上,意识形态也被视为一种研究方法。

霍克海默和阿多诺将美国传播媒介描述为一种从上向下"有意识地结合其消费者"的"文化工业";阿多诺对《洛杉矶时报》上的占星术专栏进行过研究,认为其传达了一种特定的资本主义意识形态。艾莉尔·多夫曼(Ariel Dorfman)与阿芒·马特拉(Armand Mattelart)在《如何解读唐老鸭:迪士尼卡通的帝国意识形态》一书中,指出米老鼠的小拳头后面,支撑着它的正是帝国主义本质的文化价值观,《米老鼠和唐老鸭》传达的是个人主义与反马克思主义的意识形态。1964 年成立的伯明翰大学当代文化研究中心,在理论上认同文化和意识形态的相对独立性,广泛吸取理论资源,特别是葛兰西和阿尔都塞的思想。在研究实践中,伯明翰学派对包括媒介和传播在内的大众文化现象进行了深入解读。

意识形态作为一种研究方法,基于这样一个认识:将一切文化产品都看作是特定社会的表现形式。

在传统的西方马克思主义理论中,经济基础决定上层建筑的论断带来了对经济的极大关注。然而,多数文化研究者则拒绝接受经济简化论的观点,因为文

---

① 〔英〕约翰·斯道雷:《文化理论与大众文化导论》,常江译,北京:北京大学出版社 2010 年版,第 271 页。

化具有特殊性和相对独立性,物质发展水平对文化和习俗的发展并不起到决定性的作用。简单地说,在发达国家有文化,在贫穷落后的地区同样有独特的文化,这就是文化特殊性的一大例证。经济因素对于分析文化可能是必要的,但绝不是决定性的。我们需要依据文化自身的规则、逻辑、发展和有效性等方面来观察文化现象。文化并非是稳定的,而是建构性的,是一种相对独立存在的意义和实践。从其发展规律上来看,文化形态和发展程度虽然与其经济基础有一定的关系,但与政治和意识形态有更大的渊源,文化研究发展了基于政治价值观和意识形态分析的评价标准。

关于意识形态的一个很大的误读就是马克思主义中关于意识形态虚假性的论述,认为它是统治阶级用来控制人民的一种手段,而非来自真实的生活和实践。阿尔都塞首次提出了意识形态的双重性,他认为意识形态是一把双刃剑:一方面,它构成了人民生活的真实情况,而不是虚假的;另一方面,意识形态被设想为一套更详细的意义设定,它以误认和误传权力和阶级关系的方式理解世界(一种意识形态的话语),在这个意义上,意识形态是虚假的。[1] 根据阿尔都塞的说法,每一个社会阶层几乎提供所需的意识形态来实现它在阶级社会中的角色,也提供了阶层汇总的人们想象一致性的可能空间。意识形态并不总是贬义的,它其实是生活的经验,是许多系统观点的一个体系,其作用是将各种社会因素的集团组织并结合在一起,充当社会黏合剂的作用。从意识形态双重性来看,它不应简单地被看做是统治的工具,而应被看做是在各层次社会关系的权力关系中具有特定后果的话语。

意识形态分析用于文本分析,就是要解读出文本的意识形态信息。但意识形态分析本身是随着意识形态理论的发展以及整个理论话语的发展而发展的,因而意识形态分析也可以从不同的角度展开,主要可以从以下几个方面入手。

一是揭示文本的意识形态倾向,分析作者及其所属阶级的意识形态,关注媒体文本如何歪曲事实,如何错误地表达社会大众的真正利益。在意识形态理论视野中,传播文本是意识形态的表现。在传统马克思主义批评家看来,所谓意识形态分析,当然是指分析出文本所代表的那个阶级的声音。无论这种声音是直接表达,还是通过曲折的、不容易被人察觉的方式表达出来。文本的声音是统治

---

[1] 〔英〕克里斯·巴克:《文化研究:理论与实践》,孔敏译,北京:北京大学出版社2013年版,第64页。

阶级的声音。而处于被统治地位的阶级,他们被剥夺了话语权,他们在媒介话语中是失语的。一些群体,有时候根本没有发言的权力。

二是分析意识形态的结构性效应,意识形态结构性的局限和由此造成的意识形态效果。这种分析主要是基于阿尔都塞及其学派的理论。文本不是阶级的简单再现,而是阶级关系的再现。作者是在多元决定的状态下写作的,因而文本受到各种力量的拉扯,而非直接再现作者的意识形态倾向。阿尔都塞的学生马舍雷就曾经以列宁对托尔斯泰的分析,来说明文本结构与社会结构的关系。相较于简单的阶级决定论,阿尔都塞及其学派更多是从阶级关系和社会结构与文本之间的对应关系来入手的。阿尔都塞曾经提出过所谓"症候式阅读"的方法,其目的就是要在"显在话语"背后读出"无声话语"。这样就对文本的明晰性进行了质疑,文本并不是直接简单地反映某一阶级的意识,而是表现为意识形态症候——文本的空白、沉默、断裂和缝隙中隐藏着意识形态的声音。

三是可以对意识形态生产过程的分析,探讨媒介如何在制定社会规范、塑造社会共识时自觉或者不自觉地帮助统治阶级建构合理的社会形态。这种分析是基于这样的认识——意识形态并非是稳定的,而是建构性的。其理论基础源自英国文化研究学者对葛兰西的霸权理论的吸收。斯图亚特·霍尔就认为任何一种意识形态都会面临其他意识形态的挑战,都必须通过斗争获得合法性与霸权地位,文本是意识形态争夺的重要场域。在此基础上霍尔提出了著名的编码/解码理论,重要的不是去关注文本本身,而是文本的生成过程,同时关注受众对文本的接受。《编码/解码》一文发表于 1980 年出版的《文化·媒介·语言》(*Culture, Media, Language*)一书中。但该文只是压缩版,原文题为《电视话语中的编码和解码》,1973 年发表于伯明翰文化研究中心的内部刊物 CCCS 论文集第 7 卷。霍尔对传统的"信源—信道—信宿"传播模型提出了批评,认为这种模型过分强调信息的线性交换。他引入了马克思商品生产模式,将传播看做是一个生产、流通、消费和再生产的过程。他强调了媒介讯息生产的制度结构,解码和编码过程是相对独立的。

大致说来,用意识形态方法来进行文本研究可以从以上三种路径入手。但这三种路径也并非孤立的,意识形态分析往往和政治经济学、身份政治、亚文化、性别、种族等具体的问题相互交错。

> **案例**
>
> 好莱坞超级英雄电影中的意识形态分析
>
>

(四) 以学术实践为导向的跨学科与反学科

文化研究是一种综合性的对文化的研究,"是一个令人兴奋的且不固定的课题"①,要完成这样的任务,任何一门学院化的学科都是不可能做到的。文化研究并不是要研究清楚某一学科领域内的问题,而是要用已有领域内的知识来研究文化问题,并对当前的文化现实做出批判。总的说来,文化研究在学术研究形式上表现为跨学科的,而在实质上则承接了法兰克福学派对现代性的批判,是以解放实践为导向的反学科的,是对学科化和制度化的一种批判。

文化是在不断变化的现实中建构的文本和实践。文化研究包括对各种联系的测绘,目的是看看这些联系是怎样形成的,在哪里它们又可以重新形成。因此,文化研究的探索必须总要穿越学科之间的界限。为了保持活力和开放性,不能把自己限定在一个固定的框架内,而是针对现实的变化,不断地发展出"接合知识"(conjunctural knowledge),对普通人的日常生活中的权力与不平等做出批判。当下的文化现象纷繁复杂,文化领域变化多端,因此我们可以看到文化研究者灵活地运用语言学、符号学、人类学、社会学、哲学、精神分析和文学批评多种不同学科的分析,以及马克思主义、结构主义、后结构主义、后现代主义、女性主义、后殖民主义等多种理论。跨学科的开放性,成为文化研究不断向前发展的动力。霍尔提出:"文化研究具有多种话语,其中存在着许多不同的理论,它是一个复合的整体,每一部分具有不同的历史……我坚持这种看法!"②

---

① 〔英〕克里斯·巴克:《文化研究:理论与实践》,孔敏译,北京:北京大学出版社 2013 年版,第 38 页。
② 转引自刘海龙:《大众传播理论:范式与流派》,北京:中国人民大学出版社 2008 年版,第 353 页。

文化研究至少与以下几个学科有密不可分的关系：

1. 文学：从历史上看，文化研究首先来自文学研究，在学科体制上，它是英文系的产物。它从文学研究之中汲取了文本分析的主要方法，最终却因为反对精英主义而逐渐与文学决裂。

2. 社会学：在与社会学的关系中，二者都关心特定文化群和亚文化群的意义建构，考察边缘群体的生活方式。文化研究理论的发源与传统社会学的文化理论息息相关，许多文化研究者本人就是社会学家，而许多社会学家也在进行文化研究。但要将文化研究与社会学学科画上等号，或将其归属于社会学，则是不对的。文化研究更注重意识形态和权力的研究，是一种政治，而社会学研究则更像是一种科学，讲究结构和量化分析，企图超然于道德和政治的纷争之外。

3. 人类学：文化也是人类学的传统研究领域，文化研究首先借鉴了民族志的研究方法，将社会生活视为文本，加以条分缕析，十分类似于人类学的田野调查。然而，人类学家感兴趣的多是农村、社区等，而文化研究关注的则是经典的文化现象。一般来讲，文化研究之"文化"的范围要大于人类学的研究范围，也包括政治权力、历史等维度。

4. 传播学：霍尔等人对电视的研究正是典型的传媒偏向，关于表征和编码/解码的理论无不显出传播学的端倪。文化研究者并不是简单分析传媒表达的内容，而是运用符号学和结构主义的方法，将传媒看做一个编码的话语系统，由此见到一系列二元对立：多数和少数、规范和失范、道德和颓废、成熟和不成熟等，并对此进行意识形态的分析。

与文化研究相关的学科还有很多，进一步说，它不但是跨学科的，还是反学科的。格雷姆·特纳曾指出："文化研究的动力部分地来自对学科的挑战，正因为这样，它总不愿意成为学科之一。"[①]早在古希腊时代，亚里士多德就开始对学科进行分类，打破了"哲学王"的统治。发展至近现代，随着"科学"精神和现代性的崛起，学科分类体系不断完善，甚至成为学术研究的最基本的细胞。每个学科都通过在一定范围内"圈地"来体现出自身的独特性，通过学科之间的界限来研究对象、问题、方法、衡量程序等环节的合法性。学科分类当然为研究的精细化和分工化创造了条件，但也在一定程度上限制了科学研究的完整性，在某一体系内形成"专业态度"的知识分子更容易对普遍的社会矛盾和社会不公正现象表现出漠不关心，他们在某一学科领域内钻研越深，距离生活世界的实践和公共领域反而越远。亨利·A.吉罗克斯、保罗·史密斯等人在《文化研究的必要性》一

---

① 转引自陶东风、和磊：《文化研究》，桂林：广西师范大学出版社2006年版，第7页。

文中集体呼吁文化研究要成为一种"反学科的实践",他们认为学科"反映了文化的、社会的和体制的需要"[①],明确指出"正确的文化研究应当是与内在的、在充满压迫的社会中必须做的事相关的。这种行为的前提条件必然是对各种流行的实行批判与对抗"[②],并主张创造"抵抗的知识分子"来进行这种解放性的政治实践。英国研究者马克·J.史密斯认为"权力关系是社会科学实践的操作方式中内在固有的一部分"[③],现代学科的构建来自科学的崛起,而科学本身就是一种意识形态,学科限制的背后也有话语和权力的争夺。因而,文化研究反对这种限制,对学科体制进行批判,这是一种包含政治努力的形而上学思考。

正是在反学科中,文化研究积极进入了许多学科所没有包含或不能涵盖的领域,发现了其他研究者尚未发现的东西,批判人们习以为常的事物,以使我们更全面、完整地认识世界。霍尔坚定地宣称文化研究拒绝被任何一门学科收编,也拒绝成为一门新的学科。英国伯明翰文化研究中心在20世纪60年代后期对工人阶级青少年群体中流行的剃光头、开飞车、身着奇装异服等亚文化进行研究,就是文化研究突破学科边界并以反学科的视角关注现实问题的一个证明——在教育学、社会学、历史学、文学等任何领域都无法进行这样一个完整的文化现象研究。

至于文化研究的学科到底是什么,托尼·本内特的观点或许可以作为参考:

- 文化研究是一个跨学科的领域,在这个领域中,不同学科的视角可以被选择性地运用来考察文化和权力之间的关系。
- 文化研究与分类的所有实践、机构和系统相关,通过它们灌输一个群体的特定价值观、信仰、能力、生活习惯和行为习惯。
- 文化研究探讨的权力形式是多种多样的,包括性别、种族、阶级、殖民主义,等等。文化研究旨在探讨这些权力形式之间的联系,并发展思考文化与权力的方法,这些方法可以在追求改变的过程中被运用。
- 文化研究最主要的机构场所是那些高等教育机构,不过,它力图打造在学术之外与社会和政治运动的联系,与文化机构、文化管理人员的联系。[④]

---

① 罗钢、刘象愚:《文化研究读本》,北京:中国社会科学出版社2000年版,第79页。
② 同上书,第85页。
③ 〔英〕马克·J.史密斯:《文化——再造社会科学》,张美川译,长春:吉林人民出版社2005年版,第148页。
④ 〔英〕克里斯·巴克:《文化研究:理论与实践》,孔敏译,北京:北京大学出版社2013年版,第7页。

三、理论思辨的方法

　　诚如理查德·约翰逊在《究竟什么是文化研究》一文中所指出的那样,文化研究是一个批判的过程,并非结果导向的,这就决定了研究方法上的特殊性。在英国文化研究中,对"文化理论"的关注成为一个标志,理论思辨的方法也成为进入文化研究之门的钥匙之一。一个理论由概念和概念之间的关系决定,而思辨的方法则是从理论出发,对命题进行分析辩驳的方法。文化来源于社会实践,而理论则将通俗具体的文化活动进行抽象化整理,以一种新的知识和语言体系将现象进行规范。理论思辨的方法使我们能够超脱于文化的现象而进行反思,用一种系统、确定、有序的方式将文化在一种新语言中呈现出来。"概念"的归纳和确定是文化研究的一个关键部分,也是各文化理论的核心。对文化概念的定义无疑是文化研究中最重要的一个前提,威廉斯、霍尔等伯明翰学派旗帜人物在开展研究之前首先对文化概念进行了理论辨析,将文化从利维斯的精英主义立场转向工人阶级文化的探索,并逐渐将之作为一种政治,以批判的视角进一步将文化实践与现象抽象为文化理论,并形成有序的研究体系。文化现象古已有之,而文化研究却在近一世纪才真正成型并兴盛起来,这与理论思辨方法的运用有很大的联系。葛兰西将"霸权"理论用于解释统治集团与被统治集团之间的互动方式的机制,提供了一种对社会关系的全新的描述视角,在此基础上带来了一个范式革命:文化不再是法兰克福学者眼中一成不变的自上而下的强加的文化,也不是自下而上的完全自发的文化,而是一种权力"协商"的结果,是上层统治者与底层被统治者对于相关文化现象、制度等进行"收编"与"反抗",从而形成一种全新的大众文化。大众文化之中包含着种种矛盾与冲突,既不属于精英阶层,又不属于工人阶层,而是一种混合体,这种文化现象在葛兰西的"霸权"理论诞生之后才获得了最简明有效的阐述。理论思辨的方法让我们能够从琐碎的日常生活的经验中脱离出来,进行理性的分析和思考,从而找到新的认识世界的方式和思路。

　　总的说来,理论思辨的方法对于文化研究的作用可被表述为以下几个方面:第一,理论是一种全新的语言体系,能将琐碎的经验上升为有序、系统的表述,从而让着重于实践的文化研究在感性体验之外获得理性的力量,成为一个专门的研究领域,这也是文化研究得以形成和发展的基础和前提;第二,理论的表述为整体的文化实践提供了局域聚焦的可能性,理论体系之间各有侧重,作为本体的文化也因理论的不同而在文化研究中进行范式转变,思辨的过程能够让不同理论命题在冲击碰撞的过程中螺旋上升,进而使得研究视野不断被拓宽,对文化现象的剖析也愈加深刻;第三,理论指导实践,在理论思辨的方法中形成的大量文化研究理论能够反过来指导文化实践,帮助我们认清文化现象,寻找更好的发展方向。

四、批判的民族志

文化研究学者莫利等人在进行媒介受众研究之时大胆地采用了民族志方法,在文化研究以及媒介受众研究等领域均产生了较大的影响,使得当时在受众研究中占主流的实证主义研究方法以及结构主义方法产生转向。从莫利的《全国观众》研究之后,采用民族志方法进行受众研究的学者越来越多,成果也日渐丰富。

文化研究对民族志方法的采用主要体现在两个方面。第一,文化研究在日常生活文化、亚文化的研究中广泛地使用了民族志方法,这是本节的重点;第二,文化研究学者在进行媒介受众研究时,突破性地采用了民族志方法,对此后的传播研究,特别是媒介受众研究产生了较大的影响。

(一)民族志方法与日常生活文化

文化研究主要以日常生活文化、大众文化为研究对象,打破了英国传统文学研究中注重历史经典、精英文化的传统,文化研究之所以能以日常生活文化作为研究对象,是与文化研究中独特的文化观分不开的。作为英国文化研究奠基人之一的雷蒙德·威廉斯对"文化"一词给予了三种界定方式。第一,"文化"是指我们称之为伟大传统的那些最优秀的思想和艺术经典。第二,"文化"是知性和想象作品的整体。这两种分别是理想化的和文献式的文化定义方式。威廉斯的第三种定义方式,是文化的"社会"定义,文化是一种整体的生活方式。正是最后一种定义,奠定了文化研究的理论基础。①把文化作为一种生活方式,不仅包括了前两种定义,而且包含了被前两种定义所排斥的内容,包括"生产组织、家庭结构、表现或制约社会关系的制度的结构,社会成员借以交流的独特方式等"。②这样一种社会化的文化定义,扩大了文化研究的范围,并且把原来被学者所忽视的日常生活文化包括其中,从有巨大收视群体的电视节目、电视剧,到流行读物、

---

① 罗钢、刘象愚主编:《文化研究读本》,北京:中国社会科学出版社2000年版,第7页。
② 同上书,第126页。

流行歌曲,再到各种青年群体的独特打扮、造型以及行为方式……都成为文化研究的内容。

研究内容的广泛对研究方法提出了挑战,如何才能去理解这些庞杂的日常生活内容,怎样分析它们的结构,解读它们的意义?文化研究学者采取了跨学科的方法来解决这一问题,他们采用了民族志这一人类学方法来研究日常生活文化,特别是亚文化问题,开创了文化研究中独特的民族志传统。

理查德·霍加特首先在文化研究当中采用了民族志方法,他在1958年出版的《文化的用途》(The Use of Literature)一书中用一种民族志式的方法来考察工人阶级文化,该书分为两个部分。第一部分题为"古老秩序",描绘了作者童年时期,即20世纪30年代的工人阶级文化;第二部分题为"新的转变",讲述传统工人阶级文化如何在20世纪50年代遭遇大众娱乐的威胁。[①] 其中,对第一部分的描述是以霍加特自己对20多年前的童年生活的记忆为蓝本的,霍加特本人就出身于一个工人阶级家庭,他从自己童年时代的生活记忆入手,在我们眼前生动逼真地复活了那一个时期工人阶级的生活和文化氛围,有学者评价道:"该书的巨大影响来源于这种自传、文学想象和批评感性的混合,读者依据一个置身于这种生活内部的人的视野看到了工人阶级的具体形象,并通过他亲炙了这种经验。"[②]霍加特这种著述方式开创了英国文化研究中颇有特色的民族志传统。

虽然霍加特开创了这一传统,但他本人并未坚持使用这一方法进行文化研究,对于民族志的方法问题也没有系统的论述。在文化研究领域中,广泛地使用民族志方法,并在理论上进行系统研究的,是以保罗·威利斯为代表的亚文化学者。

(二) 亚文化研究与民族志

20世纪六七十年代,英国文化研究的学术中心伯明翰学派,对当时英国社会出现的无赖青年、光头仔、摩登派、嬉皮士、朋克、嬉皮士等做过深入的研究,这些青年或身着奇装异服招摇过市,或听着节奏强烈的摇滚音乐,或过着一种离经叛道的生活方式(如剃光头、开飞车、文身、吸毒等)。文化研究学者将以上这些青年的生活方式称为"亚文化",每一种亚文化都是一种独特的生活方式,都有独

---

① 〔英〕约翰·斯道雷:《文化理论与大众文化导论》,常江译,北京:北京大学出版社2010年版,第46页。
② 罗钢、刘象愚主编:《文化研究读本》,北京:中国社会科学出版社2000年版,第6页。

特的风格。这种独特风格使得它不同于主流文化,缺乏主流文化的包容性,位于亚文化群体外围的人很难理解亚文化对于其成员的含义。文化研究学者通过运用民族志方法以及各种理论对当时的亚文化进行分析解读,他们认为,亚文化构成了对体现中产阶级价值观念的英国主流文化的一种象征形式的反抗,是青年人群的"文化抵抗"。伯明翰学派的成员合作撰写的《仪式抵抗》、保罗·威利斯的《学会劳动》等都是以民族志方法研究亚文化的代表作品。下面主要以《学会劳动》一书对民族志使用为例,更全面地展现亚文化研究中的民族志特色。

《学会劳动》是伯明翰学派最重要的青年亚文化研究的著作之一,它源于1972—1975年社会科学研究委员会(the Social Science Research Council)的一个研究项目,此项目旨在研究出身于工人阶级的男孩从学校走到工作岗位的转变过程。这本书用民族志的研究方法详细记录了1972—1975年间生活在工业城镇——铁锤镇(Hammer Town)的一批工人阶级青少年的成长经历。[1] 作者威利斯研究了这些少年在高中的学习经历并一直跟随到他们开始工作的前六个月时间。采用的研究方法就是和这些男孩一起进入他们的班级及工作场所:当男孩在校读书时,威利斯访谈他们的父母、中学老师、高中老师、就业辅导员;当男孩们进入社会工作时,他则访谈他们的领班、经理、管理员。另外,威利斯找到其他五组年轻人群体作为对照组,他们分别是从同一学校、其他学校、混合不同阶级和文化背景的群体选出来的。整个研究也对该城镇和当地情况进行了详尽了解。除此之外,威利斯也分析了这群工人阶级孩子就读的学校中的训练和控制结构以及意识形态系统,并且分析了这些主体被建构的过程。[2]

(三) 文化研究中的民族志的特点

1. 关注日常生活中的美学

保罗·威利斯在思考民族志方法时认为,民族志与文化研究的结合与文化研究的日常生活美学是分不开的[3],文化研究重视的是对大众文化的研究,并且注重考察生活方式,在文化研究早期,威廉斯、霍加特、汤普森等人都非常注重考察工人阶级的生活方式,而不是文本研究,这就为民族志方法与文化研究的结合打下了基础。虽然民族志起源于人类学,并以亚文化为考察对象,但民族志方法

---

[1] 李婷婷:《保罗·威利斯与英国青年亚文化研究》,北京语言大学硕士论文,2007年,第12页。
[2] 同上书,第13页。
[3] 同上书,第29页。

对情境性的强调、对生活原貌本身的重视,以及对细节的注重,都与文化研究关注日常生活的旨趣不谋而合,特别是在霍加特的《识字的用途》提供了一个清晰的记录和分析日常生活的民族志模式后,一系列的文化研究的奠基者以自身的研究成果成为从事民族志研究的先锋人物。

2. 体现研究客体的主动性与意义

文化研究作为一个交叉学科,受到了多种理论传统的影响,罗兰·巴特的符号学以及阿尔都塞的意识形态理论都对文化研究产生了很大的影响,成为文化研究有力的理论工具。但是不管是符号学还是意识形态理论都有强烈的结构主义的印记,倾向于研究语言符号下的隐蔽意义或者是隐而不显的社会意识形态结构。这样的理论往往比较注重日常生活或者大众文化的种种形式,关注"漂浮的能指",而容易忽略人的实践活动本身,将人的主体性概念化、客体化,人的主动性往往会受制于结构,这也是结构主义理论遭人诟病之处。继结构主义之后,学者日益开始关注主体的意义和具体的现象,这就自然要求研究方法更加重视社会生活各方面的细微差别。而文化研究当中的民族志方法的采用正好可以弥补这一缺憾,研究者深入到研究对象的生活中去,观察、参与到研究对象的生活实践当中,充分发现研究对象的主动性以及意义,从结构主义中将人的主体性解放出来,发现他们在结构中的能动作用。

3. 以批判理论为支撑

文化研究的最大特色在于其尖锐的批判性,通过对大众文化、商品以及消费的研究,深刻地剖析当代文化的病症,发现资本主义意识形态发挥其"霸权"的形式,并分析在这一状况下人们的种种"抵抗"策略。虽然民族志方法本身并没有理论预设以及倾向性,但民族志方法却在最大程度上保留了原材料的开放性以及完整性,通过民族志方法搜集大量的原始材料,可以为后来的理论工作建立良好的基础。保罗·威利斯认为民族志方法并不缺少理论性,"我们必须认识到理论形式的重要性。即使再自然主义的叙述也需要逻辑性,如何选材、如何提炼都是叙述再建构的重要环节"。[①] 文化研究通过民族志方法,把充分丰富的原始材料与深刻的批判理论的思考相结合,从而使得这一领域成为当今最为开放、影响波及全球的学术传统之一。

---

① Paul Willis, "Notes on Method," in Stuart Hall(ed), *Culture*, *Media*, *Language*, London, Hutchinson, 1980, p.91.

> **案 例**
>
> 保罗·杜盖伊对索尼随身听的文化研究
>
>

五、文本分析的方法

文本分析的方法已经成为人文社会学科的一个重要方法,文化研究也不例外。此处的文本,并不是单一的文字文本,而具有更丰富的含义,包括书籍、新闻、杂志、电影、电视节目、网页、音乐制品等。罗兰·巴特宣称,既然任何事物都是象征性的或者充满意义的,那么任何事物也都可以被当做文本。"传统形式的文本分析力求说明高雅艺术所蕴含的审美品质、道德价值观和内在意义。当代文化研究则发展出一种独特的文本分析方法,将文本置于历史的、物质的和文化的背景之中。"[①]作为一项跨学科的研究,文化研究能够将对于生活实践的理解接合到对消费的探讨以及文本的使用上,坚称在日常生活中,以及在观念的生产中,文本都扮演着极为重要的角色。

安·格雷在《文化研究:民族志与生活方法》中提出"我们该如何在文化研究中探讨文本"的问题,对此,他认为文本的选择应该考虑:

- 针对这个文本所提出的问题为何?
- 提出此问题的意义何在?
- 该文本及其生产、消费之间的关系如何,以及应该用哪些方法来检视这些关系?

文化研究中不但综合运用了符号学、意识形态分析、精神分析等多种文本分析的方法,还在实践中开创出其独有的编码/解码的分析方法。

[①] 〔澳〕杰夫·刘易斯:《文化研究:基础理论》,郭镇之等译,北京:清华大学出版社 2013 年版,第 27 页。

(一) 综合运用多种文本分析方法

在前文中已提到文化研究不但是跨学科的,在实质上更是反学科的,这就意味着在具体研究方法的运用上,文化研究也并不囿于某一种方法,而是围绕实践性和批判性进行多种文本分析方法的综合运用,文本的含义也因此得到了扩展。

在符号学中,费尔迪南·索绪尔认为语言的"能指"和"所指"共同构成了符号。因而在符号学体系中的文本分析方法将文本视作一种"特定的意指实践"来处理,并不进行具体的文学或美学的分析,而是对文本的代码化过程进行分析,即文本如何成为一种符号并表达其能指和所指的含义。这是一种对文本结构特征及其建构的现实—想象之间的关系进行技术分析的过程。在索绪尔的符号学观点中,语言系统不可避免地要受到言语活动的社会文化语境的束缚。这也启示我们,在进行文本分析的时候,文化研究需要考虑与文本产生的社会背景和文本运用的具体方式。文本将必定与其所在的处所、生产的时间以及具体的生产背景产生联系和互动,文本与实践背后潜藏着基本的文化结构,正是因为这个结构的存在,文本和实践才能产生意义。因此,我们应该在特殊的语境之中进行符号学的文本分析。

意识形态视角下的文本分析方法则更侧重于展示文本信息背后所蕴含的意识形态意义,并揭露意识形态因素通过文本的组织方式而对主体产生的种种作用。罗兰·巴特曾说,"我讨厌看见人们将自然和历史搞得混乱不堪,我要将那些隐而未言之物统统展示在人们面前,戳穿意识形态侮虐世人的假面"。在他的《神话学》一书中,巴特对包括角斗、肥皂粉与清洁剂、玩具、牛排与薯片、旅游以及公众对科学的态度等之内的诸多文化形态进行了讨论,将隐藏于大众文化文本与实践中的意涵揭示出来。在巴特的文本分析之中,符号具有多义性,神话的背后正是意识形态的驱使与控制。

精神分析的文本分析方法是借用拉康的精神分析对主体建构过程的描述,研究意识形态如何通过其表征系统对主体的建构和形成施加影响,以及社会中的个体如何被文本召唤、刻写、缝合入某个特定的主体的位置。拉康认为:"我们的一切欲望就是寻找自己缺乏的东西","我们的一切认同感其实都是误认,我们所认同的对象也并不是我们自身,而仅仅是镜中的一个又一个潜在的影像"[①]。这种精神分析的方法被引入文化研究领域,则多用于分析大众媒介所产生的文

---

① 〔英〕约翰·斯道雷:《文化理论与大众文化导论》,常江译,北京:北京大学出版社 2010 年版,第 125 页。

本，如电影、电视、歌曲等背后所映射出的本能和欲望，分析文本快感之所以产生的精神来源。

(二) 编码/解码的方法

在《编码和解码》中，霍尔主张文本解读过程必须考虑两种相互关联的情况。首先，涉及一切实践与程序的意义生产过程，都与文化文本的集合有关；其次，观者对于文本的解读同样与文本意义的产生有着不可分割的关系。前者与特定意义的编码有关，编码是透过符码的使用和既有的惯例来进行，且适用于特定类型的编制程序的过程；后者则与解码相关，假定受众是一个由社会建构而成的主动角色。编码/解码的模式挑战了主流的传播模式，也挑战了既存的实证主义内容分析概念以及对于受众的理解方式。斯图亚特·霍尔本人由于接受了多种范式的转变，而发展出一种新的分析文本符号的思想体系。正如文化研究本身的侧重点一般，编码/解码的意义模式也主要与权力有关，各种文本生产者的编码过程都被特殊的文化经验所左右，包括意识形态的视角，以及如何建构一个成功媒介产品的信念。文本借助编码的过程携带了一系列意义的潜能，借此能够以不同的方式来解释能指，这就是霍尔所强调的文本的多义性。解码是一个反映的过程，在这个过程中，受众或消费者面对文本中一连串可能的意义，这些意义的潜能为胜出而斗争，但受众倾向于聚集在所谓的主导意义或偏好解读上。霍尔认为，多元解读总是有可能的。他将编码/解码研究视为一个转折点或典范的转移，因为这种方法将文化研究从传播研究带到文学理论、电影文本、精神分析、女性主义及后结构主义的起始之处。

案 例

以编码/解码方式分析婚恋交友电视节目《非诚勿扰》

第七章
女性主义媒介研究方法

女性主义(Feminism,又被译为女权主义)代表了一种研究的立场,即研究者具有女性意识,关怀女性生存处境,为女性能取得与男性平等的社会地位、主体地位而努力。20世纪,女性主义就已产生了广泛影响,在美国,女性主义与新历史主义、后现代主义曾被看作当代最有影响力的三大文化思潮。其实,我们很难精确定义女性主义,由于女性主义流派众多,这些流派孕育在不同历史时期的不同语境中,因而其主张并不完全一致,也就是说女性主义并没有确定的本质内涵,而是极具包容性、差异性的文化思潮。如以第三世界女性、黑人女性为主的女性主义思想就与以西方白人女性为主的女性主义思想存在着观念上的差异与对抗。正因为如此,女性主义研究必须尊重女性群体本身的差异性。

女性主义这个词源于早期法国的女性主义运动,女性主义运动就是要为女性获取与男性平等的社会地位。女性主义研究者除了引导女性运动之外,还从学理上分析性别文化,她们用女性视角审视男女不平等的社会事实,解析、批判父权制文化对女性社会性别的建构及其隐含的男性霸权意识等。当然,社会性别的建构经历了复杂的历史过程,它与政治、宗教、种族等问题息息相关,女性主义研究也必然会融入多种其他学科,如政治学、宗教、社会学、心理学、哲学、文化研究等。尽管女性主义研究的标志性标签是探讨社会中的性别意义,但是,由于多种学科都介入到了女性研究中,因而它不可能有统一的研究方法,说到底,女性主义是跨学科的研究。

随着电子媒介、互联网技术的发展,大众传媒成为建构性别文化的重要阵地,大众传媒着力打造的女性形象越来越吸引人们的眼球,因而媒介就成为与女性文化密切相关的领域。正因为如此,女性主义也被纳入了传播与媒介研究中,并已取得一些研究成果。1978年,塔奇曼等编著的《壁炉与家庭:媒介中的妇女形象》是较早探讨媒介与妇女形象问题的著作,此后又相继出现了祖伦的《女性主义媒介研究》、卡特等编撰的《新闻、性别与权力》、伊恩·昂的《观看〈达拉斯〉》等著名研究。由于流派不同,观点各异,女性主义传媒研究在发展过程中逐渐呈现出多元化趋势,不过总的特点是都关注传媒与社会性别的相互作用关系。从社会性别视角出发,从分析性别权利结构入手,对传媒在社会性别建构方面发挥的作用进行评估。

在具体的研究路径与方法使用方面,女性主义体现了一种综合性策略,即在女性主义的基本观念和原则下,广泛运用已有的研究工具和方法。具体而言,主要包括两类路径:一类是采取社会科学研究方法,如问卷法、访谈法、调查法、实验法等。这类方法注重量化研究,研究结果相对确定。不过需要特别注意的是,女性主义研究与一般社会科学研究方法不同,它更强调批判性的女性意识,无论是否使用定量化的研究方法,女性主义研究的宗旨和目的都隐含了对于现存性别文化的批判。因此在实证方法的运用过程中,即在设置问卷或者访谈等环节,研究者都比较强调营造两性平等的语境,采用女性视角分析评价研究结果。不仅如此,研究者也会对社会科学研究方法中存在的性别歧视、男性霸权等倾向进行反思与批判。因此,女性主义对于实证社会科学方法的运用仅仅是一种技术层面的借鉴,它的研究目的与宗旨具有明显的批判性质,与实证主义社会科学以行政和市场导向为目的而进行的研究具有本质上的差别。

另一类是文化批评的研究方法。这类方法直接体现出强烈的批判意识,着重对女性的生存处境进行文化分析。这类研究是建立在存在主义、马克思主义、精神分析学、结构主义、解构主义等学说的基础之上的,借鉴这些理论资源,在研究过程中以女性主义的视角对其进行批判、发展与重新解释。显然,上述两类研究倾向并不冲突,彼此之间可以相互参照,而且"随着文化研究与后现代主义的争论,本土、社会性别、种族、阶级各层次抗争的重要性更加突出,媒介与性别的研究作为跨学科的研究领域,方法上已经体现出兼容并蓄的特色。比如,媒介效果与色情和暴力问题的研究,借用心理研究的实验设计;田野调查用于评估媒介涵化效果及议程设置等"。[1]

另外,女性主义研究也是基于经验的,女性的生存处境是实实在在的社会事实,因而无论是哪种思路都不能成为单纯的知识架构、逻辑推理,它必须是干预生活、介入生活的。因而,在传播学中纳入女性主义研究就应在关注传播领域中女性生存经验的基础上,评析女性话题,把传播理论与女性主义文化相结合,一方面用女性主义的视角解读大众传媒构建的女性文化,分析大众传媒与女性主义文化之间存在的对抗与冲突。另一方面,用传播学的视角,呈现不同传播方式对女性主义文化发展的影响,最终推动女性生存处境的改进。

---

[1] 张敬婕:《性别与传播》,北京:中国传媒大学出版社2009年版,第23页。

本章第一节介绍女性主义的发生与发展,第二节介绍女性主义媒介研究的进路,第三节介绍女性主义媒介研究的议题,第四节评析贝尔·胡克斯的女性主义电影研究案例。

一、女性主义的发生与发展

女性主义运动已经有近三百年的历史了,近三百年来,女性主义者致力于关心女性的权利、尊严、生活与生存,批判造成性别歧视的父权制(patriarchy),为实现男女平等而斗争。父权制已有数千年的历史,它把"男尊女卑"的两性不平等关系作为合理的伦理法则来约束女性。在父权制社会中,女性被建构成应受男性统治的、低等的、从属的形象,女性的各种权利,如受教育权、财产权等都由男性掌控,她们的身份被囿于家庭,主要的职能是生育,她们几乎退出了全部的社会生产活动。

为实现男女平等,几代女性主义者经历了艰苦的奋斗,她们逐步反抗"男尊女卑"这种不公平、不公正的伦理结构,为女性争得应有的权利。如今,女性主义已取得了卓著的成果,尤其是在人文科学与文化公共领域中,"性别歧视"已成为饱受批判的现象。不过,父权制数千年的文化影响并没有被彻底根除,女性常被再现为"他者",女性主义还是一项未完成的事业。

下面,本文将系统梳理女性主义运动的三次浪潮及成果。

(一) 女性主义的源起

女性主义思想非常复杂,并非铁板一块的观念,本文按照女性主义运动的发生、发展对其进行大致梳理。至今,女性主义运动有三次浪潮。第一次发生在18世纪中叶至20世纪初,当时女性主义运动的主要流派是自由主义女性主义。女性主义第一次浪潮的目标是争取女性权利,如选举权、受教育权、就业权等,重点争取选举权。

女性主义的第一次浪潮出现在法国,后影响至英国、美国等其他国家和地区。值得注意的是女性主义思想萌芽早在中世纪就已经出现了[①],不过直至18世纪末才在法国、英国出现了争取妇女权利的女性主义运动。正是法国大革命倡导的"自由、平等、博爱"的启蒙思想,唤起了女性争取男女平等权利的愿望,进

---

① 克里斯蒂娜·德·皮赞(Christine de Pizan,1364—1436)的《女性之城》(*The City of Ladies*,1405)批判了当时认为女性低劣的"仇女"症。

而推动了女性主义运动的第一次浪潮。1791年奥林普·德·古日发表了一篇《女权宣言》,拉开了女性主义运动的大幕,接着英国的玛丽·沃尔斯通克拉夫特(Mary Wollstonecraft,1759—1799)于1792年发表了《为女权辩护》(*A Vindication of the Rights of Woman*),认为女性和男性一样具有理性,呼吁女性应有独立人格,不应做男性的附属品。后来,哈里亚特·泰勒的《妇女的选举权》(1851)、约翰·斯图亚特·穆勒的《妇女的屈从地位》(1869)继承了沃尔斯通克拉夫特的观念。因而,以古日、沃尔斯通克拉夫特为主导的这次运动被称为"女权主义的第一次浪潮"。在这次浪潮中,出现了Feminism(女性主义、女权主义)这一范畴。

女性主义运动第一次浪潮为大多数国家的女性赢得了选举权,特别是通过法律保障了女性的权益,这是女性主义运动第一次浪潮的历史贡献。1848年7月,在纽约召开了美国第一届女性权利大会,发表了仿照《独立宣言》的《情感宣言》,强调女性应与男性享有平等的权利;1919年,美国国会通过了《宪法第十九条修正案》,美国妇女获得了选举权;19世纪50年代英国出现了以芭芭拉·利·史密斯为发起人的第一个女权组织,提倡女性应与男性享有平等的公民权和政治权,并讨论女性的教育、就业等问题。之后,英国妇女于1928年获得了选举权。自1894年新西兰妇女取得选举权至今已有上百个国家的妇女具有了选举权,除此之外,有关妇女的婚姻自由权、财产权、教育权、就业权等问题也得到了关注,因而妇女问题与阶级革命、人类的政治、经济制度等的改造结合在了一起。

值得注意的是,这一时期的女性主义认为社会习惯与社会法律等对妇女的限制是造成妇女地位低下的原因,只要法律保障女性获得相应的社会权利,就可以实现男女平等,她们主张女性要向男性看齐,争取参与公共事务。这一时期女性主义者缺乏对性别的生物属性(sexuality)、社会属性(gender)的分析,因而没能解释女性被压迫的文化、制度原因,女性主义运动的第二次浪潮在其基础上,推进了这一研究。

(二)女性主义的第二次浪潮

女性主义的第二次浪潮大约出现在20世纪50年代至八九十年代之间,存在主义女性主义、激进女性主义、马克思主义女性主义、精神分析女性主义等流派都出现在这一时期,代表性的研究者有西蒙·波伏娃(Simone de Beauvoir)、凯特·米利特(Kate Millett)、舒拉米斯·费尔斯通(Shulamith Firestone)、朱丽叶·米切尔(Juliet Mitchell)、艾里斯·扬(Iris young)等,这一时期女性主义观念非常丰富,研究者从不同角度,诸如文化、精神分析、政治、经济、阶级等,分析女性遭受压迫的深层原因。

西蒙·波伏娃的《第二性》对"女性主义运动的第二次浪潮起到了推波助澜的作用……波伏娃在书中指出了男人如何将自己定义为自我(self),而将女人定义为他者(other);如何以男性为主体,女性为非主体。她犀利地指出,世上只有一种人性,那就是男性;女性只不过是从男性的偏离;这个世界是一个男人的世界"。① 在波伏娃看来,女人这种性别不是自然生成的,而是被男权文化建构的。波伏娃强烈批判男权文化对女性造成的结构性压迫,把女性形塑为男性的"他者"、"第二性",认为这种性别制度是压迫女性的深层原因。

对女性主义第二次浪潮推波助澜的还有贝蒂·弗里丹(Betty Friedan)的《女性的奥秘》。弗里丹主张女性通过快乐的性行为取代强制性、强迫性的性行为来获得解放,呼吁女性不要沉溺于做"家庭主妇",她还是"全国妇女组织"的创始人之一,领导"全国妇女组织"在教育、经济、政治等不同方面推动美国的妇女解放运动;舒拉米斯·费尔斯通的《性的辩证法》认为,生育机制是女性受压迫的根本来源,应通过改变生育机制,解放女性;凯特·米利特的《性政治》认为,压迫女性的父权制的基础是性政治,"这是一套借个别男人支配各个女人之方式存在的人际权力制度。男女间的关系,一如政治生活中男人间的关系,是一种支配与附属的关系,在米利特看来,男性—女性关系是所有权利关系的典范。但它是借性关系来表达的……社会借经济、心理、法律等方式使妇女附属于男人……"② 也就是说,在米利特看来,男性支配女性的事实已经被意识形态化为合情合理的了。此外,还有简纳维(Elizabeth Janeway)的《男人的世界,女人的地方》、玛丽·黛莉(Mary Daly)的《妇女生态》等,都是这一时期的经典作品。

女性主义第二次浪潮同样产生了广泛的社会影响,在美国、英国、法国、德国等国家相继成立了不同性质的女性协会,为挑战男权社会、争取男女平等而斗争。1979年,联合国大会第34届会议通过了《消除对女性一切形式的歧视公约》,至此,针对消除性别歧视达成了国际共识,这可以说是女性主义运动的标志性成就。

在女性主义运动的第二次浪潮中,女性主义研究更加深入了,研究者批判了造成女性遭受压迫的社会文化与制度等方面的原因,进一步探讨了女性气质、雌雄同体、生育机制、女性意识等话题,这一时期的性别研究融合了政治学、马克思主义理论、精神分析学、存在主义等学说,形成了性别文化的社会、心理研究,以

---

① 李银河:《女性主义》,济南:山东人民出版社2005年版,第28页。
② 顾燕翎主编:《女性主义理论与流派》,台北:女书文化事业有限公司2000年版,第126页。

此批判男权文化对女性的种种控制。

(三) 女性主义的第三次浪潮

20世纪80年代兴起了女性主义的第三次浪潮,这一时期的女性主义者深受拉康、德里达、福柯等学说的影响,她们在整合精神分析学、解构主义、后殖民主义、生态学等的基础上,批判之前女性主义研究中存在的"白人中心主义""人类中心主义"等倾向,并扩展了对青年女性、少数民族女性、同性恋女性等亚文化群体以及生态环境等的关注。

这一时期女性主义内部充满了争议,特别是第三世界女性、黑人女性抵抗白人女性主义者的"种族中心主义",提倡重新定义"女性主义"。后现代主义女性主义、生态女性主义、多元文化与全球女性主义等流派都出现在这一时期。代表性的研究者有埃莱娜·西苏(Helen Cixous)、露丝·伊丽格瑞(Luce Irigaray)、茱莉亚·克里斯多娃(Juia Kristeva)、贝尔·胡克斯(Bell Hooks)、爱利·凯·萨勒(Ariel Kay Salleh)等。这些研究者反思之前的女性主义思潮,认为其用性别差异理论建构了性别歧视,把性别问题从政治、经济、种族、殖民等问题中分离了出来,并遮蔽了女性群体本身的差异性。因而,这一时期的女性主义者更注重批判种族、阶级、政治、殖民等因素给女性造成的压迫,反对女性主义文化中的二元对立观念,提倡尊重女性自身的差异性。

总之,这一时期的女性主义者主要"颂扬当今世界上妇女身份的多样性和差异性,批评女性主义第二次浪潮关注的中心过于狭窄,主要是白人中产阶级妇女的体验,忽视了少数族裔和同性恋妇女的体验;颂扬传统上认为是'非女人气质'(unfeminine)的情感和体验,主张妇女也可以愤怒(angry)、积极进取(aggressive)和直言不讳(outspoken);颂扬妇女的性(sexuality)并鼓励妇女探索性的种种选择"。[①]

女性主义三次浪潮,也可以看成是女性主义发展的三个阶段。当然,这不是对女性主义思想的简单归类。女性主义思想非常复杂,不仅流派众多,而且流派内部的争论较多,对其简单归类是不可行的。不过,通过这三个阶段,我们能够看到女性主义思想拥有自己的历史,已经发展成为一种学说。尽管不同女性主义流派的研究方法、视角等有差异,不过她们都致力于批判女性遭受压迫的原因,寻求实现男女平等的方法。

---

① 转引自程锡麟、方亚中:《什么是女性主义批评》,上海:上海外语教育出版社2011年版,第11页。

二、女性主义媒介研究的主要方法

媒介与女性主义研究一直有密切的联系。女性的历史是在传播媒介中被书写、呈现的。传播研究与女性主义研究的交叉结合,是女性主义研究的一个重要视角。女性主义者认为女性不是自然存有的性别,而是被塑造与建构的。媒介就参与了女性形象的塑造与建构,而今电影、电视、杂志等就塑造了大量的女性形象,如时尚杂志中的都市丽人、影视剧中的灰姑娘、野蛮女友等,这些女性形象还渗透着人们对当代女性的理解。因而在女性主义研究中,研究者应该关注传播媒介的影响。

女性主义研究者对已有的传播媒介、传播研究多持批判态度,批判其充满了性别歧视、潜隐着男权文化的理念等,如贝蒂·弗里丹(Betty Friedan)、吉尔曼·格里尔(Germaine Greer)、克莱尔·肖特(Clare Short)等都批判过媒介的妇女再现。当然要在这里一一陈述女性主义媒介研究的所有理论成果,是不可能的(琐碎又驳杂)。不过,我们可以尝试归纳女性主义介入媒介研究的方式,探索女性主义的研究议题糅合到媒介传播研究进程的范式与主题之中。

就已有的女性主义媒介研究成果来看,女性主义媒介研究者更关注女性在传媒领域中的参与情况,她们多采用经典传播学的研究方法来整合女性主义研究,既关注女性作为生产者与消费者如何参与媒介活动,又关注女性在传媒中是如何被塑造的。

女性主义媒介研究是跨学科的,其方法也是多元化的。就目前已有的研究来看,量化分析、文化批评相结合的研究取得的成果最为卓著。

(一)社会科学的量化分析方法

量化分析是对女性在传媒领域中的参与情况进行统计。采用量化分析的方法,要做的就是收集资料,并对资料进行分析。收集资料的方式可根据研究对象确定,通常采用的方法有问卷调查、焦点访谈、小组访谈。

问卷调查是常用的量化分析方法,研究者要精心设计问卷,选定回答问卷的合适的人群。这种方法可以探讨的主体很多,诸如调查传媒中公众的满意度,问卷调查法可以统计出相关的数据,以便作为进一步分析的依据。不过问卷调查形式相对封闭,不利于反映女性实际生存经验的复杂性。

焦点访谈、小组访谈

焦点访谈与小组访谈是女性主义媒介研究常用的方法，研究者可与一个或一组参与访谈的人直接交流。访谈中，研究者可以预设主题，对受访者进行引导，也可由受访者畅所欲言，敞开心扉谈论。这种方法获取到的信息更加丰富、深入，话题涉及的范围较广，尤其适合受众研究。

量化分析的方法要对传媒领域中女性的参与情况等做出数据统计，并对数据进行分析处理，以便对女性在传媒中的经验进行准确描述。因而量化分析能更清晰地描述在传媒领域中存在的性别歧视，诸如女性在传媒领域中的从业比例、媒体中女性形象在不同领域中出现的比例、广告中女性各类形象所占的比例等。量化分析的弊端在于不便于对性别文化做深入的剖析与批判。

（二）文化研究方法

女性主义传播研究与文化研究有非常密切的关系，它们拓展了彼此的研究视野，女性主义需要文化研究整合其思想，而当代文化研究也引入了女性主义研究来拓展新的理论空间。把文化研究作为女性主义媒介研究的策略，除了二者之间有紧密的联系之外，采用文化研究策略还可以把传播中的权力、意识形态、媒介符号的编码、解码与性别文化、女性媒介形象塑造等议题结合在一起。

当前，大众传媒与大众文化、大众的日常生活息息相关。因而当代女性主义研究者高度关注大众传媒，更谨慎批判其存在的"性别歧视"。在传媒领域中进行女性主义媒介文化研究，首先，应把传播活动解读为一种文化生产活动。作为一种文化生产活动，传播过程起码包括生产、文本、接受三个相互联系又相互区别的环节。另外，传播活动也是符号的互动过程，传播者与接受者通过符号转化对信息进行编码与解码，信息的编码与解码伴随女性文化的生产与接受。因而本文以霍尔的编码/解码理论为基础，结合传播活动的三个环节，进行研究。

1. 霍尔的编码/解码

斯图亚特·霍尔是英国文化研究中的巨擘之一。他的编码/解码理论提供了文化分析的有效模式。在媒介文化分析中，我们可以借用霍尔的理论。霍尔强调，受众对符号解码的结果并不一致，也就是说符号的编码与解码并不是完全对等的。

如图所示[①]（霍尔分析电视节目的符号学图表）：

[①] 〔英〕斯图亚特·霍尔：《编码，解码》，载罗钢编著：《文化研究读本》，北京：中国社会科学出版社2000年版，第355页。

作为意义话语的节目

编码意义结构 1　　编码意义结构 2
知识构架　　　　　知识构架
生产关系　　　　　生产关系
技术基础结构　　　技术基础结构

霍尔通过上图,直观说明了电视节目的符号意义编码与解码并不一定是对称的,即图中编码意义结构 1 与编码意义结构 2 之间不一定是对称的。霍尔当时谈此问题是想纠正传媒研究中只关注电视节目内容分析的倾向。

上图还指出了编码者与解码者在知识构架、人格特征等方面的差异,会导致符号转换过程中出现"误读"的情形。就如霍尔所说:"总是存在着不仅仅以一种方式归类、安排和解码一个事件的可能。但是,我们说'主导的'因为存在着一种'被挑选出来的'解读方案;在这些解读内镌刻着制度\政治\意识形态的秩序,并使解读自身制度化。在'被挑选出来的意义'的多个领域镶嵌着整个社会秩序,它们显现为一系列的意义、实践和信仰;如对社会结构的日常知识、'事物如何针对这一文化中所有的实践目的而发生作用'、权力和利益的等级秩序以及合法性、限制和制裁的结构。"① 霍尔指出,阐释过程中主导霸权分析模式已经被"制度化"为自然的了,正是这种看似自然的符号互动过程,深受社会权力结构的制约,而正统的符号学分析忽略了这一点。

霍尔认为,除了主导霸权(dominant—hegemonic)解码模式之外,还有协商(negotiated)解码模式与对抗解码模式。后两种解码模式体现了符号转换中受众的矛盾、抵制态度。霍尔对编码/解码符号互动过程中权力关系的分析,启发了媒介文化研究在符号互动过程中展开性别权力关系的解析。

2. 媒介文本生产:性别文化的生产研究

媒介生产就是利用不同的媒介形态,诸如电影、电视、新媒体对信息进行编码,生产媒介文化产品。媒介生产的因素有生产者、参与者、文本。在媒介生产过程中,我们可以探讨的话题有:女性是否作为生产者参与了整个生产过程?与男性相比,女性参与的情形(男女比例、女性是否有话语权等)怎样?媒介生产是否渗透了男权意识等。

媒介生产同时在生产媒介文化,现今的媒介文化形态已被理论家进行过多维度的解读,如消费文化、景观文化等都是对它的经典概括。而值得我们关注的

---

① 〔英〕斯图亚特·霍尔:《编码,解码》,载罗钢编著:《文化研究读本》,北京:中国社会科学出版社 2000 年版,第 354 页。

是无论哪一种文化形态,女性都是传媒的重要生产资料。当然,媒介在生产女性形象的同时,也把一种对女性的定义、观念编码进了女性形象中。也就是说,大众传媒中的女性形象并非女性的"自然形象",而是在权力结构控制下建构的女性形象。

当代女性主义研究对现代媒体批评非常激烈,也正是因为现代传媒建构女性形象时渗透了男权文化,对女性存在性别歧视,有贬低、压抑女性的倾向。波伏娃曾说过,女人不是生来就是女人,而是在社会中成为女人的。现代传媒怎样成就现代女性呢?当我们打开电视、翻开时尚杂志、登上互联网,随处可见的是那些光鲜靓丽、妩媚动人、性感时尚的丽人,她们守候在那里,等待捕捉受众艳羡的目光。当然,这些女性并不专为观赏而在,她们还是符号,携带着丰富的意义,可指称物质的享受、高品位的消费、奢华的生活、感官的刺激等。显然,在现代传媒打造的消费社会中,女性是刺激消费的符号,她们与物质的享受、感官的刺激有天然的联系。这显然是父权制文化中男性与精神、女性与物质相联系的隐秘延续。毕竟,控制媒介机构的多是男性,以他们为代表的传媒帝国制造媒介产品时已在其中编码了父权制文化。在过去的女性主义文学批评中,波伏娃等一批学者曾经通过解读文学史,阐释文学史中存在的男女不平等现象。在女权主义文学批评中,有两个非常重要的视点,分别是女性在文学史中是如何被书写的,以及书写女性的作者代表着什么样的性别立场。在现代媒介批评中,这两者同样是关注女性问题的重要着眼点。因而女性主义媒介研究,要考量传媒机构作为一种权力机构,有怎样的性别立场,如何书写女性。

此外,在媒介生产过程中,两性的性别结构也是值得研究的,而且在西方国家,这方面的研究已有成效。荷兰女性主义研究者祖伦谈到"现有的研究间接地表明了一种世界性的趋势。首先,媒介产业由男人支配,在西方尤其是由白人男性掌控着……另外,就像大多数其他部门一样,媒体也有明显的垂直分工体系。在这个体系中,男人操控技术领域,而女人则挤在行政部门。从本质的层面讲,妇女倾向于在那些被看做是她们家庭职责的延伸领域里占有优势,如儿童和教育相关的媒体、节目或者部门;消费类节目和家庭节目……而在诸如政治、国际和经济新闻及新闻时事节目等'真正的'领域,妇女仍是少数派"。[1] 职场中的性别歧视在我国同样随处可见,在媒体工作中同样如此。类似新闻记者之类的职位,传媒机构更趋向于聘任男性工作人员。此外,在行政机构中,管理层中男性人数的比例同样远远超过了女性,女性在职场中要取得成功,付出的艰辛比男性更

---

[1] 〔荷〕祖伦:《女性主义媒介研究》,曹晋译,桂林:广西师范大学出版社2007年版,第68页。

多。显然,社会对女性的能力缺乏认同,女性还是被认为难以应付有挑战性的工作、不能独立处理问题、不够理性果敢等,女性还是被认为主要的职责在处理琐碎的家务。因而在男性掌控的传媒帝国中,并没有消除性别歧视,完全实现真正的男女平等。

3. 媒介文本分析:女性形象解读

如果说在女性主义媒介研究中,要对媒介文本进行女性主义批评,那就应对其塑造的女性形象进行解读。这种对文本内容进行评析的方式也是女性主义研究的经典方法。在媒介文本分析中,核心议题就是传媒是否"再现"了社会生活中的女性。这涉及女性的价值、能力、尊严、生存境遇、社会角色等是否得到了传媒的合理刻画。

多数女性主义媒介研究者认为传媒没有真实刻画女性,而是延续了传统父权制文化建构的女性刻板形象。女性的价值、尊严、社会角色等也没有得到认可。因而有的女性主义者认为传媒掩盖了女性的社会存在,只在肥皂剧中认可其家庭主妇的身份。

如果从话语实践角度切入,媒介"建构"女性的事实就是显而易见的了。正如霍尔所言:"现实存在于语言之外,但它永远要依靠并通过语言来中介。我们所能知道的和我们所说的一切不得不在话语中并通过话语来产生……语言没有零度。自然主义和'现实主义'对所再现的事物或者概念的明显忠实地再现就是语言对'真实'的某种明确表述的结果和效果。这是话语实践的结果。"[①]在霍尔看来,我们所理解的和表述的只不过是话语实践的结果,只不过,在长期的话语实践中,符号表述已经显得完全"自然化"了,因而就有了人们所谓的自然主义和现实主义中的"再现"。正如语言没有零度,媒介同样如此。长久以来,耳濡目染的是电影、电视剧、广告、新闻、报纸中塑造的女性形象,这就形成了人们对女性的普遍认识,这也成了女性约定俗成的"自然形象",而媒介文本编码时的意识形态性却被隐藏了。

对媒介文本进行意识形态批评,也是女性主义媒介研究的核心议题之一。马克思主义女性主义者侧重分析意识形态对社会性别的决定性作用。她们认为媒介具有意识形态性,它代表着霸权性的父权制文化,因而其建构的女性形象多是女性刻板形象,这是为了维护性别关系的"共识"。女性主义者深入讨论了在资本主义关系中,男性由于在经济、政治等方面的霸权,支配了传媒塑造刻板的、

---

① 〔英〕斯图亚特·霍尔:《编码,解码》,载罗钢编著:《文化研究读本》,北京:中国社会科学出版社2000年版,第350页。

供男性支配的女性形象的事实。当然,马克思主义女性主义者的理论研究也是在借鉴心理分析、符号学、结构主义等理论的基础上完成的。

4. 媒介文本接受:性别接受差异性

媒介文本接受是传播活动得以实现的关键环节,正如马克思所言,生产中介着消费,消费也中介着生产。生产与消费互相制约、彼此影响。传播活动也是如此,媒介生产与接受同样互为中介、互相制约,因而媒介接受的影响力同样是值得探讨的话题。

这里,首先要说明的是,传播活动并非是从生产到接受的单一线性活动,而是非常复杂的互动过程,在这种互动过程中,交织着种族、性别、阶级等权力关系的对抗与妥协。

受众是非常复杂的群体,在进行研究的时候,要考虑受众的身份,除了性别之外,还应关注他们的职业、种族、宗教信仰、年龄等,因为受众的职业、种族、年龄、宗教信仰等都会对他们的性别观念造成影响。本文在第一节女性主义的第三次思潮中就谈到了这一问题。女性主义研究本身对不同的妇女群体的意义并不相同,而且后现代女性主义者也反对把女性主义理解成一种同质化的理论观念,她们更倾向于把女性主义理解为多元的、异质的、能尊重差异的文化观念,主张女性主义者应参与实践活动。就拿种族对接受的影响来说,不同种族的受众对媒介文本的接受类型是有明显差异的。我们在研究的过程中,应考虑这一点。

除此之外,还应考虑媒介文本类型不同,受众接受也有明显差异。因而在研究过程中,还应先分析媒介文本的类型,然后再对其接受的性别差异进行分析。

根据媒介文本的传播方式,我们可以把其分为书写印刷媒体、电子媒体与网络媒体。其中,纸质媒体主要包括报纸、杂志;电子媒体主要包括广播、电视、电影。当然,这样的分类比较笼统,而且现在各种媒体之间有明显的融合趋势。为了进一步细化,我们还可以根据主题把媒体中的文本细化为新闻类、故事类、游戏类,等等。其中新闻还可分为社会新闻、娱乐新闻、体育新闻等;故事还可分为电视剧、电影、小说、戏剧等;这里不是要把媒介文本类型全部罗列出来,这样做既不可能,也不恰当,因为媒介文本非常复杂,它往往具备多种特性,这还需在具体的语境中解析。

这里强调媒介文本类型的重要性是想表明,不同媒介文本的接受类型有一些明显的倾向性。换句话说,不同的传播方式影响了性别差异的产生,因而在研究的过程中,应尽量细化媒介文本的类型,这样可以比较清晰、具体地对其接受情形进行分析。尤其是现在有些专门为女性打造的媒介文本类型,诸如女性健康、时尚家居、亲子教育、家庭婚恋等,锁定的就是女性群体。而这些文本是否做到了关注女性的生存,尊重两性平等,还是需要细究的。

即便没有明确表态是为女性量身定做的媒介文本,它的受众群体也会有明显的性别差异。就拿电视剧来说,情感故事类的肥皂剧,其女性受众比例就明显高于男性受众。当然,分析两性接受差异时,还应考虑到种族、职业、年龄等对其的影响。这是因为,女性群体是有差异性的群体,因而受众研究应考虑其差异性。

三、女性主义媒介研究的主要议题

研究的议题就是理论的焦点或者说主题,一种理论、学说等的主题和焦点可能存在着多种解释的可能性,但是它大致框定了理论研究的边界。就拿女性主义研究来说,女性主义有多个流派,各个流派之间观点各异、争论很大,但是,它们之间共同探讨的一些议题,就决定了其是女性主义的,而非其他。本节试图在驳杂的女性主义研究中概括出其中的核心议题,这也是女性主义媒介研究的切入点。

女性主义关怀女性的生存,认为女性的处境不仅受生物特性的影响,还受社会文化、惯例习俗的制约,女性主义要剖析、批判男尊女卑,男女不平等的社会事实,并努力改变女性的社会地位。因而女性主义研究的核心议题大致有:分析造成两性不平等的外部因素,如父权制、社会性别;剖析两性不平等的现实表现,如女性刻板形象、女性他者形象;倡导改造女性生存处境、重塑女性形象等。

父权制(patriarchy):人类的一种社会制度,正是这种制度对妇女造成了结构性的压迫。父权制社会规定,社会的权力、资产由男性掌控,资产的形式是男性世袭制的。男性拥有主体性的地位,女性是附属于男性的,其命运也由男性掌控。在父权制社会中,两性之间的关系是男尊女卑的,男性是权力阶层,女性处于社会的底层。当然,在不同的文化语境中,父权制社会对妇女的压迫形式并不完全相同,这种压迫还与种族、阶级、宗教有密切的联系。女性主义媒介研究者特别关注父权制文化在现代传媒中的渗透及影响。

社会性别(gender):为了与生理性别(sex)相区分,女性主义研究者提出了社会性别这一范畴。她们认为,人类性别观念的形成不仅受生物特征的影响,更受社会历史文化的影响,社会历史文化建构起了人类的性别观念,人的性别认同同样是在成长过程中逐渐确立的。社会性别也可以理解为生理性别的社会意义,其内涵在不同的历史文化语境中是有差异的。不同流派的女性主义者对社会性别的看法也不同:如法国女性主义者波伏娃认为,同男性相比较,女性就是第二性,即男性的他者;而维蒂格呼吁打破性别观念,她认为性别是两性政治对立的语言指标,事实上只有一个性别,即女性,男性并不是一个性别,而是代表着一种普遍性,因而只有打破性别观念女人才能同男人一样获得主体性。女性主义媒介研究者认为,现代传媒是建构女性社会性别的重要领域,电视剧、电影、广告等媒体都在"生产"女性,因而她们呼吁受众要清醒地意识到媒体中的女性并非女性的"自然再现",而是对女性的社会性别的建构。

女性刻板形象:男权文化建构的女性形象,这类形象具有女性的气质。女性气质就是男权文化为女性量身打造的并能使女性"成为女性"的诸多"标准"特质,如温柔、听话、顺从、美丽、同情、怜悯、敏感、直觉,等等,这些特质成为女性被认可的标志。女性气质与男性气质(诸如理性、决断、坚强、进取等)相对,而且被认为是不重要的、无价值的。女性主义者认为,这种具有标准女性气质的女性形象,是男权文化建构起来的女性刻板形象,并不是女性的自然形象。女性主义研究者通过分析女性刻板形象,解读其中潜在的性别歧视,批判男权文化对女性的虚假塑造,企图还原真实的女性气质,还原女性的真实存在。

他者:在女性主义研究中,较早论及"他者"的是法国的波伏娃。在《第二性》中,波伏娃指出,在男权文化中,相对于男性来说,女性就是第二性,即他者。女性作为他者是指女性在社会上的生存与处境处于客体的位置(男性是主体),依附于男性,并受到男性的种种限制。当然这种限制不是由女性生物学上的特征引发的,而是由男权文化规定的。也就是说,男权文化通过认定女性为他者(规定女性特质)来确定男性的主体性,女性的存在是通过男性来定义的,女性只有成为男性所规定的"真正的女人"才能获得认可,男性是女性神话的创造者。正因为如此,女性主义研究特别重视女性作为他者的生存处境及原因。马克思主义女性主义者认为,在私有制社会中,由于劳动分工的不同,男性在经济生活中的地位决定了其在社会生活中处于统治地位,女人沦为男人的附属品。女性主义媒介研究者侧重于分析媒体建构的女性形象所呈现的"他者"属性,及其背后的权力关系。

凝视(gaze):在父权制文化中,凝视特指男性的视觉行为,在男性凝视的目光下,女性被"物化"为观看的对象,尤其是女性的身体往往被色情化地形塑,供男性观看。凝视获取到的视觉愉悦被认为与形象引发的性快感有关。弗洛伊德、拉康都曾用精神分析法对视觉愉悦的心理特征进行过研究。当代女性主义媒介研究者倾向于在女性主义、精神分析学、媒介文化之间就此话题展开论说,不过她们不仅关注女性作为凝视对象的媒介建构、男性凝视的性别歧视等,还拓展了对女性凝视与性别、种族之间关系的研究。

身体:在男权文化中,身体与精神这对二元对立的范畴象征了两性的性别结构。其中,精神与男性、身体与女性相联系,精神不仅比身体高级,还承担着控制身体的职能,精神与身体之间的关系是两性性别等级的写照。当然,这也是有文化渊源的,19世纪之前的基督教神学中,身体是隐喻性的,它指向欺骗、罪恶、女性、地狱等堕落性的意义,需要精神赋予它积极的意义。此外,人类对女性身体的书写,也体现了两性之间的权力关系。女性的身体是被展示的对象,是一种"文化表演",女性的性别认同也是对身体文化的认同。可见,女性的身体有符号性的意义,是被建构的对象。男权文化对女性身体程式化的塑造遮蔽了其中的权力关系,女性主义研究者批判的是其中存在的权力关系。当下,传媒已成为展示女性身体的重要阵地,女性身体与性感、娱乐、时尚、个性、品味、装饰等消费社会的文化追求密切相关,成为消费文化、娱乐文化的符号。女性主义媒介研究者认为传媒受男权文化控制,把女性身体塑造成供消费的符号,这是性别歧视的隐晦表现。此外,女性主义媒介研究者还关注黑人女性身体、第三世界女性身体的媒介建构,并质疑、批判其中存在的种族歧视等其他问题。

女性主义研究者特别关注现代传媒。在她们看来,传媒受男性控制,体现了男权文化的意识形态性。因而,传媒对两性的刻画,特别是电视(尤其是肥皂剧、娱乐节目)、电影、广告等,都隐晦体现了性别歧视。当然,除了两性关系之外,女性主义媒介研究者还深入讨论了两性关系同种族、阶级等其他社会因素的关联。因而,女性主义媒介研究的议题非常丰富,方法也是多样化的,本文仅罗列了部分常用的范畴,并简要介绍了女性主义媒介研究的进路,以供参考。

四、女性主义媒介研究方法案例评析

本节评介美国学者贝尔·胡克斯的女性主义电影研究案例。贝尔·胡克斯,美国当代作家、女权主义者、社会活动家。她著述甚丰,现已出版了三十多部作品,还经常参加各种与女性主义相关的社会活动,如在全美各地做演讲、参与纪录片的拍摄工作等。贝尔·胡克斯在用她的方式推进女权运动,关注种族、性别、阶级、教育、大众媒介与女性主义等话题。

(一) 立论的中心:"对抗性的注视"

本节讨论贝尔·胡克斯的《对抗性的注视:黑人女性观众》[①],在这篇文章

---

① 〔美〕贝尔·胡克斯:《对抗性的注视:黑人女性观众》,本文载《视觉文化读本》,陈永国主编,北京:北京大学出版社2009年版,第376—389页。原载 The Feminism and Visual Culture Reader (Ed) Jones, Amelia (London and New York: Routledge, 2003), pp.94-104。

中,作者讨论了电影中种族与种族主义对社会性别的视觉建构的影响,并提出黑人女性应采用"对抗性注视"来抵制主流意识形态所塑造的黑人女性刻板形象,重构黑人女性形象。

贝尔·胡克斯认为"注视"这种视觉活动,不仅是人的视觉行为,还具有文化意义,有政治性的色彩。换句话说,用文化研究的视域看,"注视"这一视觉活动,是人的政治活动。贝尔·胡克斯看到了人类视觉活动的历史性,她叙述了在男权社会中,女性被剥夺了"注视"权利的历史事实,还特别叙述了黑人的经验,"创伤性关系(白人奴隶主仅仅因为受奴役的黑人注视的眼神而惩罚黑人)影响了黑人父母对孩子的教育以及黑人的注视观。奴隶制的政治、这种种族化的权力关系政治,使得奴隶被剥夺了注视的权利"。①

从人类学、社会学的视角来看,人类的行为一旦在社会生活中被"规定",具有了"仪式性",那么它就有了内在的文化逻辑,就可以把其看做是符号或文本,就其内隐的社会的权力关系、意识形态性进行文化分析。

贝尔·胡克斯就采用了文化研究的方法,对"注视"这一行为进行了符号式的解码。贝尔·胡克斯认为在社会结构中,有的阶层有"注视"权利,有的阶层没有"注视"权利。如在阶级社会中,剥削阶级有"注视"权利,被剥削阶级没有"注视"权利,不过被剥削阶级不会完全放弃"注视",他们会通过"注视"进行对抗。同理,在菲勒斯中心主义(男权中心主义)的历史语境中,男性有"注视"的权利,女性没有,而女性也不会完全放弃"注视",她们通过"注视"对抗男性对其的压制。这也是贝尔·胡克斯倡导的。

除了抵制男权文化对女性的压迫之外,贝尔·胡克斯还阐明,女性主义应尊重种族差异,对黑人妇女来说,她们还应通过"注视"抵制"白人中心主义"附加给她们的种族歧视。这就需要摆脱对"妇女"的抽象思考。"妇女"这个概念极具男权文化特色,它"抹除了女性在特定的社会—历史环境中的差异,抹除了女性被定义为历史主体而不是作为心理主体(或非主体)间的差异……因为只有在人们以抽象的方式想象'妇女',使她们变成一种虚构或幻想时,种族这一问题才显得无足轻重。难道我们真的以为书写白人女性形象的女性主义理论家将这一特定的历史主体纳入'妇女'的总体范畴而丝毫没有'看到'这一形象的白人性吗"?②贝尔·胡克斯立足于美国的文化语境,指出了黑人女性在美国文化中是缺席的。

---

① 〔美〕贝尔·胡克斯:《对抗性的注视:黑人女性观众》,载《视觉文化读本》,陈永国主编,北京:北京大学出版社 2009 年版,第 376 页。
② 同上书,第 383 页。

在她看来,美国女性主义运动,把"妇女"理解为一个抽象整体,压制了种族性的差异。她还引用了斯图亚特·霍尔的观点,指出了白人将黑人建构为抽象化的整体。贝尔·胡克斯立足于好莱坞电影与相关的电影理论阐发这个问题。好莱坞电影是一种有着巨大能量的知识生产空间,它的影响力遍及全球,其影片中植入的文化观念,也已成为建构价值体系的重要元素。可见,贝尔·胡克斯以电影文本为例进行阐释是很有见地的。

(二) 电影的性别意识解析

贝尔·胡克斯一方面采用文本分析的方法,解读电影中塑造的黑人女性形象。另一方面,她采用访谈的方式,关心黑人女观众对影片的态度。此外,她还对女性主义电影理论进行了有效批判。

贝尔·胡克斯批判了美国电影中普遍存在的性别与种族歧视,她指出在多数影片中,被注视的女性是金发白人女性,黑人女性是缺席的,被忽略的。即便有些影片塑造了黑人女性形象,这些形象也只是陪衬和背景,是被歪曲的。胡克斯讨论了电影《阿莫斯与安迪》中塑造的黑人女性塞弗尔,影片中,塞弗尔是陪衬和背景,是一个令人憎恨的人物,丑陋、脆弱、好笑、不停地抱怨,是人们都不愿与之为伍的形象(观众拒斥她,对她没有认同感)。塞弗尔这样一个在荧屏中被塑造的典型女性形象,显然是被大众媒体扭曲了的形象。正因此,贝尔·胡克斯指出,在黑人社区中,大众媒体被看做是一种重复生产和维护白人至上观念的知识和权力体系,其对黑人的再现是刻板的、不符合事实的。

针对大众媒体塑造的黑人女性刻板形象,观众是怎样的接受态度呢?贝尔·胡克斯通过访谈的方式,访问了美国不同地方、不同年龄、不同阶层的黑人女观众,她得出的结论是:"大多数黑人女性坚定地认为,去看电影的时候她们从未期待看到对黑人女性的令人信服的再现。她们都强烈地意识到电影中的种族主义……是对黑人女性状况的粗暴的涂抹。"[1]因而黑人女性观众并不认同媒体中的刻板黑人女性形象。但是,有些黑人女性观众为了体验看电影的快乐,只能回避种族主义的问题,并停止对其分析、批判,而把自己想象为白人女性,获得替代性满足。而大多数黑人女性观众会抵抗种族主义,她们中有些人不去看电影,以免受到伤害,有些人采用"对抗性的注视","不但不会因为黑人女性的缺席,或是添加的粗暴再现而受到伤害,还质疑作品本身,培养一种方式,来回首过去的

---

[1] 〔美〕贝尔·胡克斯:《对抗性的注视:黑人女性观众》,见《视觉文化读本》,陈永国主编,北京:北京大学出版社2009年版,第379页。

种族与性别关系,总结影片的内容、形式及语言等方方面面"。①

贝尔·胡克斯甚至还认为,在黑人社区,由于黑人观众对大众媒体塑造的黑人形象持否定态度,因而看电视(盯着屏幕上的白人)就成为培养观众的批判眼光的一种方式。因为通过电影院或电视屏幕这样的隐私领地,可以释放出黑人被压抑的注视,而不必受到统治结构对其的惩罚、监督。贝尔·胡克斯对此的分析极具后现代色彩。她认为,在看电影时,黑人女性已经超越了性别文化中二元对立的主体认同(作为观看者的男性与作为被看者的女性之间的二元对立关系)。也就是说黑人女性观众在接受影片时,并不认同影片中被编码的性别文化,既不认同被看的白人女性形象,也不认同作为观看者的男性,那么她们就超越了男性观看者与被看者的女性形象之间的二元对立关系,与以白人为中心的男权主义性别文化发生了冲突,并形成了与其权力关系的对抗。

贝尔·胡克斯还批判了主流女性主义电影理论存在的种族歧视现象。她指出女性主义电影理论没有把黑人女性的再现或黑人女性观众理论化,也就是说女性主义电影理论没有把黑人女性的声音纳入理论对话中,造成了黑人女性在电影理论中的失语。

黑人女性要抵抗强加给她们的主导认知方式和观看方式,需要选择一个合适的抵抗场所。贝尔·胡克斯认为,"在以阶级压迫、种族主义和性别歧视为主导的语境下,只有通过抵抗、斗争、阅读、'违背本性'的注视,黑人妇女才能重视我们(黑人女性)注视的过程并予其以公开的命名"。② 贝尔·胡克斯积极评价了曼赛亚·迪阿瓦诺的《黑人观众:认同与抵抗问题》、罗瑞娜·贾门和玛格丽特·马什蒙特编辑的《女性注视:作为大众文化观者的女性》,因为它们在理论的层面论及了黑人女性的对抗注视。此外,从批判的政治化立场出发,拍黑人电影,以此解构主流影片对黑人女性的虚假再现,也是一种对抗的方式。黑人女制片人卡米莉·贝勒普斯、凯瑟琳·柯林斯等已经开始做这样的工作了。黑人女性题材的影片要对抗主流电影的性别歧视、种族歧视,就必须改变主流电影那种白人至上的男权主义元叙事模式,凸显黑人女性在公共领域中作为主体的存在,并"邀请观众进行不同以往的注视。它们批判性地介入和改变了传统的电影实践,改变了对观众状况的看法。《幻象》《灰尘的女儿》《回忆的激情》③使用结构

---

① 〔美〕贝尔·胡克斯:《对抗性的注视:黑人女性观众》,载《视觉文化读本》,陈永国主编,北京:北京大学出版社2009年版,第382页。
② 同上书,第385页。
③ 《幻象》(Illusions)、《回忆的激情》(Passion of Remembrance)、《灰尘的女儿》(Daughters of Dust)这三部影片都以黑人女性为题材。

的电影实践来削弱现存影片的宏大叙事,即便仅仅是在视觉的领域内对主体性进行再理论化。它们没有提供肯定'现实的'再现,以回应现存的叙述总体化的性质,它们所提供的是一种激进的分离。它们为批判的黑人女性观众开辟了言论空间,不仅仅提供了多种多样的再现,而且想象了构成身份的全新越界的可能性"。[①] 当然,黑人题材影片还需在主流媒体中立足,才能释放其文化生产的能量,其还需要取得主流媒体的认同。

(三) 评点贝尔·胡克斯的研究方法

《对抗性的注视:黑人女性观众》是一篇充满了批判色彩的女性主义媒体文化研究文本。在该文中,作者把媒介批评和文化研究融合在了一起。她采用批判性的立场,分析了主流媒体文化(好莱坞电影、主流电影理论)中存在的性别歧视、种族歧视,呼吁黑人女性对主流媒体保留"对抗性的注视"的立场,争取在媒体中发出自己的声音,重构黑人女性形象,取得主体性的身份认同。

贝尔·胡克斯的精彩分析,显然运用了文化研究的思路,她着手分析的问题,诸如电影话语权的控制、黑人女性的刻板形象、黑人女性观众对主流电影的接受状况等问题,涉及的权力关系、受众研究、主体身份认同等问题,都是文化研究的核心议题。她的受众研究,是在斯图亚特·霍尔的三种解码模式(霸权式解码、协商性解码、对抗性解码)理论基础上建构起来的。她提倡黑人女性观众的"对抗性的注视"显然发展了斯图亚特·霍尔的"对抗性解码"。

不过,贝尔·胡克斯不是简单套用文化研究的套路,她还把社会学的研究思路引入到了文化分析中(当然,文化研究很难与社会学研究完全分离)。贝尔·胡克斯采用了社会学中的内容分析、谈话分析方法,对黑人女性观众对主流电影的接受情况做了调查,把经验研究与文化分析整合到了一起。

不过,贝尔·胡克斯在访谈时,仅采访了黑人女性观众对主流电影的看法,忽视了白人女性观众、男性观众的看法。这样一来,文本中,作者对男性"注视"的文化分析就是在已有女性主义所建构的性别差异的文化基础上形成的,因而作者是否夸大了性别差异对受众的影响,还有待进一步研究。此外,贝尔·胡克斯提倡的"对抗性"注视,从学理上看,对种族歧视、性别歧视等社会问题是一种抵制策略。实际上,通过对抗性"注视"这一视觉行为,还是很难彻底清除文化中根深蒂固的性别与种族偏见。

---

① 〔美〕贝尔·胡克斯:《对抗性的注视:黑人女性观众》,载《视觉文化读本》,陈永国主编,北京:北京大学出版社2009年版,第389页。

后记

一百多年以前年,当被称为有史以来最成功的心理学著作之一的《心理学原理》出版时,他的作者,同时也是现代美国心理学的重要奠基人威廉·詹姆斯,在寄给出版商的一封信中对他花费了整整13年时间撰写的这本经典著作做了如下的一段评论:"它不过证明了两件事实:第一,没有所谓的心理科学;第二,威廉·詹姆斯是个无能之辈。"①这可能是我所见过的最精彩且最真诚的书评之一,它不仅体现了一位真正的科学家和思想家苏格拉底般的智慧与坦诚,同时也表明了一个真切的事实:一切在言说中被建构起来的,都是对混沌的暂时性分形,心理学话语的建构也同时意味着对其他心理事实的虚无,这个道理是萨特在他的那本名著中所要讲述的核心。不过作为一种智慧,在中国春秋时代的思想家庄子表述得极为精当,"果且有成与亏乎哉?果且无成与亏乎哉?有成与亏,故昭氏之鼓琴也。无成与亏,故昭氏之不鼓琴也"(《庄子·大宗师》)。由此看来,詹姆斯在撰写了多达千页的心理学奠基之作后,确实体悟了成与亏之间的辩证关系。

在这本教材即将完成出版时,我很乐意依样画葫芦地模仿詹姆斯的做法宣称:其实并不存在什么像灵丹妙药那样一吃就能管用的方法,因为课本上的方法不过是从研究的实践中总结抽象出来的东西,它与思维和此在的在世存在本身是难以割裂的。从本质上说,方法的学习与掌握是一种技艺,需要在学术生活的实践中加以不断练习才能领悟和掌握。如果用海德格尔的话讲,思想(及其方法)是一种"手艺"。"手艺"在这里两个方面的意思:一个是强调思维的肉身性以及与此相联系的情境性,任何手艺都扎根于生活世界的实践之中;另一个是强调思想的技巧性和方法上的熟能生巧,思想并不是胡思乱想,佛家所批评的"打妄想"状态与思想并不是一回事。思想首先意味着要面向至关重要的问题,然后才

---

① B·R·赫根汉:心理学史导论(第四版),郭本禹等译,上海:华东师范大学出版社2004年版,第501页。

是对问题的层层分析与追问,而能否转向切要的问题,能否对问题进行操作和处理,能否通过调动知识储备解决问题,这些都有赖于长期的实践和练习。

需要说明一下,这本教材是集体努力的结果,感谢每一位编撰者所做出的努力,尤其要感谢北京大学出版社的周丽锦老师,如果没有她的支持、帮助和努力,这本教材便难以问世了。

本书具体章节的分工编撰任务如下:

主编:王颖吉

副主编:王鑫,闫爱华

第一篇　传播与媒介研究基础(王颖吉,闫爱华)

第二篇　实证的传播研究

第一章　实证传播研究导引(王华萍)

第二章　实证研究的设计与测量(王颖吉、李清)

第三章　抽样的逻辑(潘柏霖,田松)

第四章　定量研究的资料收集方法("实验研究"由王华萍撰写,"内容分析"由孙权撰写,其余部分均由朱方撰写)

第五章　定量研究的资料分析(孙颖东)

第三篇　诠释取向的研究方法

第一章　现象学研究方法(王颖吉、齐琪)

第二章　诠释的民族志(周诗妮)

第三章　历史研究方法(蔡蕾)

第四章　叙事学研究方法(王鑫)

第五章　话语分析研究方法(赵丽薇)

第六章　技术—文化诠释方法(王华萍)

第七章　精神分析研究方法(王鑫)

第八章　符号互动论研究方法(孙怡君)

第四篇　批判理论及其研究方法

第一章　批判研究导引(孟萌萌)

第二章　法兰克福学派及其研究方法(孟萌萌)

第三章　传播政治经济学及其研究方法(孟萌萌)

第四章　符号学研究方法(王颖吉,闫爱华)

第五章　结构主义与后结构主义（江飞）

第六章　文化研究及其方法（周巍惠）

第七章　女性主义媒介研究方法（郑二利）

尽管我们尽量避免出现错误，但由于自身的认知和研究水平都有局限性，因此不可避免地会出现错误和不当的地方，因此也希望读者能够保持批判审视的态度阅读和使用这本教材，并将发现的问题反馈给我们，我们会在以后再版时加以纠正、改进和完善。

编者

2017 年 6 月于北京

教师反馈及教辅申请表

北京大学出版社本着"教材优先、学术为本"的出版宗旨,竭诚为广大高等院校师生服务。

本书配有教学课件,获取方法:

第一步,扫描右侧二维码,或直接微信搜索公众号"北大出版社社科图书",进行关注;

第二步,点击菜单栏"教辅资源"—"在线申请",填写相关信息后点击提交。

如果您不使用微信,请填写完整以下表格后拍照发到 ss@pup.cn。我们会在 1—2 个工作日内将相关资料发送到您的邮箱。

书名		书号	978-7-301-	作者	
您的姓名				职称、职务	
学校及院系					
您所讲授的课程名称					
授课学生类型(可多选)	□ 本科一、二年级 □ 高职、高专 □ 其他_____			□ 本科三、四年级 □ 研究生	
每学期学生人数	_____人			学时	
手机号码(必填)				QQ	
电子信箱(必填)					
您对本书的建议:					

我们的联系方式:

北京大学出版社社会科学编辑室
通信地址:北京市海淀区成府路 205 号,100871
电子信箱:ss@pup.cn
电话:010-62753121 / 62765016
微信公众号:北大出版社社科图书(ss_book)
新浪微博:@未名社科-北大图书
网址:http://www.pup.cn